Die Mitbestimmung des Betriebsrats bei Dienstkleidung

Europäische Hochschulschriften

European University Studies

Publications Universitaires Européennes

Reihe II **Rechtswissenschaft**

Series II Law

Série II Droit

Band/Volume **5919**

Alexandra Borz

Die Mitbestimmung des Betriebsrats bei Dienstkleidung

PL ACADEMIC RESEARCH

Bibliografische Information der Deutschen Nationalbibliothek
Die Deutsche Nationalbibliothek verzeichnet diese Publikation in der Deutschen Nationalbibliografie; detaillierte bibliografische Daten sind im Internet über http://dnb.d-nb.de abrufbar.

Zugl.: Jena, Univ., Diss., 2016

27
ISSN 0531-7312
ISBN 978-3-631-72112-4 (Print)
E-ISBN 978-3-631-72113-1 (E-PDF)
E-ISBN 978-3-631-72114-8 (EPUB)
E-ISBN 978-3-631-72115-5 (MOBI)
DOI 10.3726/b11020

PL Academic Research ist ein Imprint der Peter Lang GmbH.
Peter Lang – Frankfurt am Main · Bern · Bruxelles · New York · Oxford · Warszawa · Wien

Diese Publikation wurde begutachtet.

www.peterlang.com

Inhaltsverzeichnis

1. Teil. Einleitung

„An einem unfreundlichen Novembertage wanderte ein armes Schneiderlein auf der Landstraße nach Goldach, (...). (...) Das Fechten fiel ihm äußerst schwer, ja schien ihm gänzlich unmöglich, weil er über seinem schwarzen Sonntagskleide, welches sein einziges war, einen weiten dunkelgrauen Radmantel trug, mit schwarzem Sammet ausgeschlagen, der seinem Träger ein edles und romantisches Aussehen verlieh, zumal dessen lange schwarze Haare und Schnurrbärtchen sorgfältig gepflegt waren und er sich blasser, aber regelmäßiger Gesichtszüge erfreute. Solcher Habitus war ihm zum Bedürfnis geworden, ohne daß er etwas Schlimmes oder Betrügerisches dabei im Schilde führte; (...) lieber wäre er verhungert, als daß er sich von seinem Radmantel und von seiner polnischen Pelzmütze getrennt hätte, die er ebenfalls mit großem Anstand zu tragen wußte."[1] Am Ende der Novelle des Schweizer Dichters Gottfried Keller wird gegen den Schneidergesellen Wenzel Strapinski aufgrund seines „zweifelhaften"[2] Auftretens ein rechtliches Verfahren vor Personen von höherem Rang eröffnet[3]. Für die Beteiligten stellte sich die Frage, ob Kleider Leute machen, das heißt, ohne Zutun des Betroffenen und/oder Berücksichtigung der persönlichen Verhältnisse eine standesgemäße Zuordnung, Verleihung einer Identität und Wertzuschreibung der Person ausschließlich erfolgen kann und darf. Der Radmantel des Wenzel Strapinski war demnach nicht nur ein Kälteschutz an einem ungemütlichen Herbsttag. Seine öffentliche Erscheinung ebnete ihm einerseits den Weg in eine höhere Gesellschaftsschicht; andererseits engte dieses Auftreten den Schneidergesellen in seiner freien Entfaltung und in seinem Umgang mit anderen Menschen ein. „(...) Also ging der Mantelträger ohne Widerspruch (...) dort hinein und schloß ordentlich hinter sich zu. Dort lehnte er sich bitterlich seufzend an die Wand und wünschte der goldenen Freiheit der Landstraße wieder teilhaftig zu sein, welche ihm jetzt, so schlecht das Wetter war, als das höchste Glück erschien. Doch verwickelte er sich jetzt in die erste selbsttätige Lüge, weil er in dem verschlossenen Raume ein wenig verweilte, und er betrat hiermit den abschüssigen Weg des Bösen."[4] Diese bereits 1874 von Keller illustrierte Zwiespältigkeit zwischen Freiheit und Einschränkung bei der Kleiderwahl prägt bis heute die gesellschaftliche Denkweise.

So empfiehlt gegenwärtig der Business-Knigge folgenden Orientierungsmaßstab für die erfolgreiche Beantwortung der Kleiderfrage im Geschäftsalltag eines Arbeitnehmers: „Es geht vor allem darum, was Ihr Betrachter von Ihnen denkt, wenn er Sie sieht. (...) Ich kann meine Kleidung also nutzen, um Botschaften zu senden. (...) Machen Sie nicht jede Mode mit, sondern finden Sie Ihren eigenen Stil (...)."[5]

---

1 *Keller*, Die Leute von Seldwyla, S. 280.
2 *Keller*, Die Leute von Seldwyla, S. 324.
3 *Keller*, Die Leute von Seldwyla, S. 324.
4 *Keller*, Die Leute von Seldwyla, S. 284.
5 *Quittschau/Tabernig*, Business-Knigge, S. 34.

Es besteht, salopp formuliert, der Anspruch und zugleich die Erwartung, dass Kleider auch Betriebe machen, indem mit Hilfe der äußeren Erscheinung die eigens auferlegte Unternehmensphilosophie übermittelt und der gewünschte Wiedererkennungswert in der Gesellschaft erzeugt wird. Bei näherer Betrachtung des zu realisierenden unternehmensbezogenen Handelns des Personals zeigt sich die bereits in der Novelle konturierte Gegensätzlichkeit von Kleidung im Arbeitsleben: Es kann eine Diskrepanz zwischen der Individualität eines Arbeitnehmers und dessen Verpflichtung gegenüber dem Arbeitgeber bestehen. Wenn an den Mitarbeiter herangetragen wird, sich im Sinne seiner Umgebung und somit des von ihm repräsentierten Unternehmens zu kleiden, aber auch der eigenen Persönlichkeit Ausdruck zu verleihen, begünstigt dies einen individuellen Konflikt des Betroffenen. Jener Zwiespalt kann sich sogleich auf den anderen Beteiligten und die Umwelt auswirken. Muss deshalb das Arbeitnehmerinteresse hinter den Vorstellungen des Arbeitgebers anstehen oder kann die Persönlichkeitsentfaltung der Angestellten auf Kosten des Betriebs Geltung erlangen? Inwieweit steht die Rechtsordnung, insbesondere das Betriebsverfassungsrecht, den Betroffenen als ebenso für den Schutz des Einzelnen verstandener „Radmantel“ zur Verfügung? In welchem Ausmaß kann die Zusammenarbeit von Arbeitgeber und Betriebsrat zu einer für beide Seiten berechtigten Ausgleichslösung beitragen? Wie wird schlussendlich eine Vereinbarkeit der Gegensätze erreicht?

§ 1. Problemstellung

Das Arbeitsverhältnis prägt das Leben des Arbeitnehmers zu einem nicht unwesentlichen Teil und definiert dessen Persönlichkeit.[6] Die Art und Weise, Arbeit zu leisten, wird so entscheidend für die Bestimmung des eigenen Selbstwertgefühls und der individuellen Wertschätzung, die der Mitarbeiter in seinem Lebenskreis erfährt.[7] Die persönliche Kleiderwahl im Berufsleben kann diese Werte täglich maßgebend beeinflussen.

Demgegenüber hat der Arbeitgeber ein Interesse daran, dass Kleidungsvorschriften eingehalten und Grenzen des Individualinteresses, resultierend aus der Berufsausübung und dem Kundenkontakt, beachtet werden.[8] Eine vom Arbeitgeber vorgegebene Einheitskleidung kann die „Visitenkarte“ des Unternehmens sein und als Grundlage für den wirtschaftlichen Erfolg, der die Gewinnchancen am Markt bestimmt, dienen.[9]

---

6 *BAG* 10.11.1955 BAGE 2, 221, 224.

7 *BAG* 10.11.1955 BAGE 2, 221, 224; *BAG* 27.02.1985 BAGE 48, 122, 131; *LArbG Düsseldorf* 14.11.2005 LAGE Nr. 2 zu § 87 BetrVG 2001 Betriebliche Ordnung, zu B. V. 2. b) der Gründe.

8 *LArbG Hamm (Westfalen)* 07.07.1993 LAGE Nr. 14 zu § 611 BGB Direktionsrecht, zu II. der Gründe.

9 *Strohm*, AuA 2000, 456, 463.

Ausgehend von der Annahme des *BAG*[10], dass das Arbeitsverhältnis die Person des Arbeitnehmers in seiner Gesamtheit erfasst, ist der Arbeitgeber angehalten, alles zu unterlassen, was die Würde des Betroffenen aus Art. 1 I GG und die freie Entfaltung seiner Persönlichkeit gemäß Art. 2 I GG i. V. m. Art. 1 I GG einschränken kann. Dieses berechtigte Interesse des Arbeitnehmers kollidiert auf verfassungsrechtlicher Ebene mit der unternehmerischen Entscheidungsfreiheit des Arbeitgebers gemäß Art. 12 I GG, unabhängig und frei wirtschaftlich tätig zu werden.

I. Interesse des Arbeitnehmers

Wird eine Kleidungsregelung vom Arbeitgeber eingeführt, verändert sich der Arbeitsalltag der Arbeitnehmer sichtbar.[11] Die einheitliche Kleidung wird von verschiedenen Mitarbeitern differenziert wahrgenommen und beurteilt.[12] Ästhetische Einschätzungen haben deshalb sowohl unter den Arbeitnehmern als auch im Verhältnis zum Arbeitgeber Konfliktpotential.[13] Die Bereitschaft zum Tragen der Kleidungsstücke ist abhängig von mehreren Faktoren, wie der Kleidung selbst, der betrieblichen Organisation und dem Verhalten Einzelner.[14]

Eine einheitliche Bekleidungsvorschrift stellt einen gezielten Eingriff in das allgemeine Persönlichkeitsrecht des Arbeitnehmers dar, die Bekleidung nach eigenem Geschmack auszuwählen.[15] Die Rechtfertigungsbedürftigkeit von entsprechenden Vereinbarungen, die aus verschiedenen Rechtsquellen resultieren können, hängt von der Intensität der Begrenzung der verfassungsrechtlich gewährleisteten Freiheit ab.[16] Zur Sicherstellung der Freiheitsrechte der Arbeitnehmer dürfen aus diesem Grund keine bedeutsameren betrieblichen Interessen vorliegen, die stärker als individuelle Persönlichkeitsbelange zu gewichten sind.

---

10 *BAG* 10.11.1955 BAGE 2, 221, 224.

11 *Thüsing*, JZ 2006, 223, 223.

12 *LArbG Hamm (Westfalen)* 07.07.1993 LAGE Nr. 14 zu § 611 BGB Direktionsrecht, zu II. der Gründe.

13 *Weinbrenner*, ArbRAktuell 2010, 260, 260.

14 *Strohm*, AuA 2000, 456, 462.

15 *BAG* 13.02.2007 BAGE 121, 147, 156; *LArbG Köln* 08.06.1988 LAGE Nr. 5 zu § 87 BetrVG 1972 Betriebliche Ordnung, zu I. 1. der Gründe; *LArbG Hamm (Westfalen)* 07.07.1993 LAGE Nr. 14 zu § 611 BGB Direktionsrecht, zu II. der Gründe; Düwell/*Lorenz*, BetrVG Handkommentar, § 75 BetrVG Rn. 42; von Bedeutung für die Ausübung der Freiheit etwa GK-BetrVG/*Kreutz*, § 75 BetrVG Rn. 124; nun auch *Fischer*, NZA-RR 2015, 169, 169; differenzierend in Abhängigkeit der Ursachen für eine Entscheidung siehe *Wiese*, FS Roeber, 671, 700; a. A. zumindest in der Begründung *BAG* 01.12.1992 BAGE 72, 40, 43, demzufolge eine Verletzung der Persönlichkeitsrechte der betroffenen Arbeitnehmer abzulehnen sei, weil der Kläger keine Argumente vorgebracht habe, die für die Ungeeignetheit der Kleidung oder eine Beeinträchtigung der Würde der Arbeitnehmer sprechen würden.

16 *Heusch*, Grundsatz der Verhältnismäßigkeit, S. 66; beurteilt in Abhängigkeit von der Kleidungsart etwa *Fischer*, NZA-RR 2015, 169, 171.

II. Interesse des Arbeitgebers

Der Arbeitgeber kann allein über den öffentlichen Unternehmensauftritt bestimmen; der Arbeitnehmer muss sich in dieses gewählte Marketingkonzept einfügen.[17] Das Image und die glaubhafte Darstellung des Unternehmens werden maßgeblich durch dessen Präsentation, unter anderem mithilfe des Erscheinungsbilds des Arbeitnehmers, verwirklicht.[18] Das Verlangen nach einer unternehmenseinheitlichen Kleidung wird daher vielfach als Teil einer gemeinsam gelebten Unternehmensphilosophie, der Förderung der Corporate Identity und mit der Vermittlung von Kompetenzqualität und Servicequalität für den Kunden begründet.[19] Zudem können durch einen solchen dominanten unternehmensspezifischen Auftritt neu eingestellte Mitarbeiter schneller und problemlos integriert werden.[20] Letztendlich wird das äußere Auftreten der Arbeitnehmer somit zum Wettbewerbsfaktor für das Unternehmen.[21]

Die betroffene Berufsfreiheit des Arbeitgebers schützt eben diese Darstellung der unternehmerischen Tätigkeit in der Öffentlichkeit und mithin die Art und Weise der Berufsausübung im Sinne des Art. 12 I GG. Aufgrund dessen entsteht ein berechtigtes Arbeitgeberinteresse, die Störung des Betriebsfriedens zu verhindern und die damit einhergehende Gefahr einer nicht ordnungsgemäßen Erfüllung arbeitsvertraglicher Pflichten abzuwenden. Hierbei handelt es sich zugleich um eine Ausformung des Organisationsrechts des Arbeitgebers im Hinblick auf die Funktionsfähigkeit des Betriebs gemäß Art. 12 I GG und Art. 14 I GG.[22]

III. Lösung des Spannungsverhältnisses im Betriebsverfassungsrecht

Die Persönlichkeitsinteressen der Arbeitnehmer und die unternehmensbezogenen Werte der Arbeitgeber sind in Ausgleich zu bringen. Als geeigneter Anknüpfungspunkt dafür dient der Betrieb, weil der Arbeitnehmer in diesem seine vertraglich

---

17 *Duchstein*, BB 2011, 1717, 1721.

18 *Fischer*, NJW 2015, 744, 746 m. w. N.; *LArbG Köln* 08.06.1988 LAGE Nr. 5 zu § 87 BetrVG 1972 Betriebliche Ordnung, zu I. 1. der Gründe; *Thüsing*, JZ 2006, 223, 223.

19 *Von Münch*, Kleidung und Recht, S. 22; *Fischer*/BAG 17.11.2015, jurisPR-ArbR 8/2016, Anmerkung 5.

20 *Strohm*, AuA 2000, 456, 463.

21 *Fischer*/BAG 17.11.2015, jurisPR-ArbR 8/2016, Anmerkung 5; *Strohm*, AuA 2000, 456, 463.

22 *Amthauer*, Auswirkungen des AGG auf die Betriebsverfassung, S. 140; jedoch unterfällt die Dienstkleidung nicht dem alleinigen Schutz des konkreten Bestands an Rechten und Gütern gemäß Art. 14 I GG, da sie bereits im Arbeitsvertrag geregelt sein kann und möglicherweise mittelbar Gewinnchancen und Umsatzmöglichkeiten steigert, die nicht von der Eigentumsgarantie umfasst werden, siehe *BVerfG* 18.03.1970 BVerfGE 28, 119, 242; *BVerfG* 16.03.1971 BVerfGE 30, 292, 335; *BVerfG* 08.06.1977 BVerfGE 45, 142, 173; *BVerfG* 21.06.1977 BVerfGE 45, 272, 296; *BVerfG* 31.10.1984 BVerfGE 68, 193, 222.

geschuldete Arbeitsleistung innerhalb einer vom Arbeitgeber vorgegebenen, geplanten und geleiteten Arbeitsorganisation erbringt[23]. Der soeben beschriebene Interessenkonflikt in Bezug auf eine betriebseinheitliche Kleidervorgabe wird daher seine Wirkung sachlich und persönlich in der Betriebsstätte entfalten. Demnach stellt das Betriebsverfassungsrecht für einen sachnahen Interessenausgleich einen, wenn nicht gar den entscheidenden Rechtsbereich dar. Es verspricht – zum einen durch die Berücksichtigung der Grundrechte und zum anderen im Rahmen der Mitbestimmung an sich – eine Auflösung des Spannungsverhältnisses mit Hilfe dieser Mechanismen.

Im Individualarbeitsrecht und im kollektiven Arbeitsrecht befürwortet der überwiegende Teil von Rechtsprechung und Lehre die mittelbare Drittwirkung der Grundrechte.[24] Durch die Abkehr von der Annahme einer unmittelbaren Grundrechtswirkung[25] wird der Rechtsgehalt der Grundrechte vor allem über die Konkretisierung von Generalklauseln und der sonstigen wertungsoffenen Zentralbegriffe des bürgerlichen Rechts vermittelt.[26] Ein Einfallstor für die freie Entfaltung der Persönlichkeit gemäß Art. 2 I GG i. V. m. Art. 1 I GG und dessen weitere Spezifizierungen bildet § 75 II 1 BetrVG.[27] Sinn und Zweck dieser Norm ist die freiheitssichernde Funktion, sowohl im gesetzlich legitimierten Bereich als auch in der freiwilligen nicht erzwingbaren Mitbestimmung.[28] Dadurch erfolgt auf betrieblicher Ebene eine Abwägung zwischen den Grundrechten der Arbeitnehmer und den grundrechtlich geschützten Arbeitgeberwerten im Rahmen einer praktischen Konkordanz.[29]

---

23 *Fitting*, BetrVG Handkommentar, § 87 BetrVG Rn. 63.

24 *BVerfG* 14.02.1973 BVerfGE 34, 269, 280; *BAG* 27.02.1985 BAGE 48, 122, 139; von Münch/*Kunig*, GG Kommentar, Vorbemerkung zu den Art. 1–19 GG Rn. 16.

25 *BAG* 03.12.1954 BAGE 1, 185, 193.

26 *BVerfG* 15.01.1958 BVerfGE 7, 198, 206; *Stern*, Staatsrecht III/1, S. 1543, S. 1561; Dreier/*Dreier*, GG Kommentar, Vorbemerkung Rn. 98; *Jarass*/Pieroth, GG Kommentar, Vorbemerkung vor Art. 1 GG Rn. 13; *Pieroth/Schlink/Kingreen/Poscher*, Grundrechte, S. 51, S. 53; a. M. unter Bezugnahme auf die Schutzfunktion der Grundrechte *BVerfG* 07.02.1990 BVerfGE 81, 242, 255; Grundsätzliches zu der Annahme des Betriebsverfassungsrechts als Teil des Sonderprivatrechts Arbeitsrecht in Däubler/u. a./*Däubler*, BetrVG, Einleitung Rn. 69; *Fitting*, BetrVG Handkommentar, § 1 BetrVG, Rn. 262; Richardi/*Richardi*, BetrVG Kommentar, Einleitung Rn. 131; *Gamillscheg*, Kollektives Arbeitsrecht, Bd. II, S. 161; *Zöllner/Loritz/Hergenröder*, Arbeitsrecht, S. 606; kritisch *Bachmann*, Private Ordnung, S. 137.

27 *BAG* 19.01.1999 BAGE 90, 316, 322 f.; *BAG* 12.12.2006 BAGE 120, 308, 308; GK-BetrVG/*Kreutz*, § 75 BetrVG Rn. 31; vermittelnd *Waltermann*, Rechtsetzung, S. 245, demgemäß die Frage nach der Wirkungsweise der Grundrechte im privatrechtlich geprägten Verhältnis der Betriebspartner aufgrund von § 75 BetrVG irrelevant sei.

28 Düwell/*Lorenz*, BetrVG Handkommentar, § 75 BetrVG Rn. 41; *Fitting*, BetrVG Handkommentar, § 75 BetrVG Rn. 136; *Löwisch/Kaiser*, BetrVG Kommentar, § 75 BetrVG Rn. 5.

29 *Kolle/Deinert*, AuR 2006, 177, 179.

Neben diesem Interessenausgleich über den gesetzlich festgelegten Schutzauftrag und die Förderpflicht der Betriebsparteien aus § 75 II 1 BetrVG ist der Betriebsrat im Hinblick auf den gemeinsamen Abschluss einer Betriebsvereinbarung im Sinne von § 77 BetrVG möglicherweise mit der Aufgabe betraut, eine vom Arbeitgeber vorgelegte Kleiderordnung auf ihre Rechtmäßigkeit zu überprüfen und etwaige Unstimmigkeiten anzuzeigen. Die in Frage kommenden Mitbestimmungsrechte des Betriebsrats sollen das Spannungsverhältnis nach Maßgabe einer repräsentativen Arbeitnehmerbeteiligung unter Einschränkung der Regelungsbefugnis des Arbeitgebers lösen.[30] Im Falle einer Nichteinigung von Arbeitgeber und Betriebsrat besteht der vorstehend erörterte Anspruch im Rahmen der Ermessensausübung einer angerufenen Einigungsstelle gemäß § 76 V 3 BetrVG.

§ 2. Ziel der Untersuchung

Die Betriebsverfassung ist anlässlich aufkommender Reformbedürfnisse im Hinblick auf strukturelle betriebliche Veränderungen in den Jahren 1952 und 1972[31] umfassend weiterentwickelt worden und stellt sich heute als ein gewachsenes Regelwerk dar.[32] Die aus diesen Gründen zuletzt vorgenommenen nachhaltigen Änderungen im Jahr 2001[33] umfassten Festschreibungen der bisherigen Rechtsprechung des Bundesarbeitsgerichts beziehungsweise Konkretisierungen zur Flexibilisierung einzelner Handlungsmöglichkeiten des Betriebsrats[34]. Im Rahmen dieser Erweiterung der Beteiligungsrechte ist ein gesteigertes Selbstbewusstsein der Betriebsräte zu verzeichnen, welches zu einer umfassenden Ausschöpfung der durch das Betriebsverfassungsgesetz eingeräumten Teilhabemöglichkeiten führt.[35] Auf diese Weise wird die gleichsam gewünschte Machtbegrenzung des Arbeitgebers und damit die geforderte Stärkung der Betriebsräte[36] umgesetzt.[37] Die aufgeführten Zielrichtungen bedingen die vermehrte Anrufung der Einigungsstelle gemäß § 76 V BetrVG, die Einleitung arbeitsgerichtlicher Beschlussverfahren nach §§ 2a I Nr. 1, II, 80 ff. ArbGG sowie die Geltendmachung des einstweiligen Rechtsschutzes. Dabei wird auch deutlich, dass die rechtspraktische Bedeutung der Dienstkleidung im Arbeitsalltag

---

30 *Fitting*, BetrVG Handkommentar, § 87 BetrVG Rn. 3; Richardi/*Richardi*, BetrVG Kommentar, § 87 BetrVG Rn. 8; Wlotzke/*Preis*/Kreft, BetrVG Kommentar, § 1 BetrVG Rn. 4 f.; *Löwisch/Kaiser*, BetrVG Kommentar, § 87 BetrVG Rn. 1.

31 *Gesetzesentwurf der Bundesregierung* 29.01.1971, BT-Drucksache 06/1786, S. 1.

32 *Hexel/Lüders*, NZA 2010, 613, 615.

33 *Gesetzesentwurf der Bundesregierung* 02.04.2001, BT-Drucksache 14/5741, S. 1.

34 *Von Hoyningen-Huene*, Betriebsverfassungsrecht, S. 15.

35 *Döring*, DB 1980, 689, 689.

36 *Gesetzesentwurf der Bundesregierung* 02.04.2001, BT-Drucksache 14/5741, S. 1.

37 Richardi/*Richardi*, BetrVG Kommentar, § 87 BetrVG Rn. 101, Rn. 122; *Heilmann*, AuA 1995, 48, 48.

zugenommen hat.[38] Die mannigfaltigen Ausgestaltungsmöglichkeiten dieser Kleidungsart lassen im betriebsverfassungsrechtlichen Bereich und in Unternehmen ohne Betriebsrat verschiedene Regelungen einer Dienstkleidung entstehen. Ebenso fordert die Vielgestaltigkeit der Berufsbranchen von den Vereinbarungsadressaten der entsprechenden Maßnahmen betriebsbezogene Individualität zu realisieren. Anlässlich dieser Entwicklungen hat sich eine überwiegende Auffassung in Rechtsprechung und Lehre bezüglich etwaiger Mitbestimmungsrechte des Betriebsrats im Rahmen des § 87 I BetrVG herausgebildet, welche umfassend und vollständig der Teilhabeförderung mittels des Betriebsverfassungsgesetzes Rechnung trägt. Demnach ist der Betriebsrat bei der Einführung[39] und Ausgestaltung[40] einer Dienstkleidungsordnung sowie im Hinblick auf den arbeitszeitbezogenen Umkleidevorgang[41] zwingend zu beteiligen. Regelmäßig bezwecken diese Dienstkleidungsangelegenheiten ein einheitliches Erscheinungsbild in der Öffentlichkeit und erfassen aus diesem Grund die kundenrepräsentativ tätige Belegschaft des Betriebs als Kollektiv. Insbesondere wird dabei auf die in erster Linie erfolgende Bedürfnisbefriedigung des Arbeitgebers durch Schaffung einer auf den Betrieb bezogenen Ordnungsregel verwiesen und insofern die Schutzbedürftigkeit der Arbeitnehmer begründet. Dieses sich stetig wiederholende Begründungsmuster wirkt auffällig in Anbetracht dessen, dass die mit den rechtlichen Streitigkeiten befassten Institutionen gehalten sind, eine konkrete und einzelfallbezogene Entscheidung zu treffen. Die vorgenommene Interessengewichtung unter Zugrundelegung des betroffenen Arbeitnehmerverhaltens im Betrieb erscheint angesichts der vermuteten Motivlage und der verschiedenen Gestaltungsmöglichkeiten unzureichend. Es wird auf diese Weise der Eindruck erweckt, dass die Sachverhalte in ihrer rechtlichen Behandlung mittlerweile einer Allgemeingültigkeit unterliegen. Im Bereich der einheitlichen Bekleidungsvorschriften bedeutet dies eine restriktive Handhabung überwiegend aus Arbeitnehmersicht und damit eine vorschnelle Annahme etwaiger Beteiligungsrechte des Betriebsrats. Unberücksichtigt bleibt dabei stets eine etwaige Diskrepanz zwischen den Interessen des Einzelnen und denjenigen des Betriebsrats selbst. Womöglich stellen

---

38 Die Datenbank „juris" zeigt bei Verwendung der Eingabegriffe „Dienstkleidung" und „Mitbestimmung" 101 veröffentlichte Fälle in der Zeit von März 1977 bis November 2015 an, die den deutschen Arbeitsgerichten zur Entscheidung vorgelegt wurden. Dies erfolgte laut *Fischer*/BAG 17.11.2015, jurisPR-ArbR 8/2016, Anmerkung 5, im Regelfall durch ein betriebsverfassungsrechtliches Gremium.

39 Stetige Rechtsprechung des Gerichts *BAG* 01.12.1992 BAGE 72, 40, 40; *BAG* 13.02.2007 BAGE 121, 147, 153; *BAG* 17.01.2012 BAGE 140, 223, 226 f.

40 Ständige Rechtsprechung des Gerichts *BAG* 08.08.1989 AP Nr. 15 zu § 87 BetrVG 1972 Ordnung des Betriebes, zu B. I. 3. der Gründe m. w. N. zu Lehrbeiträgen; *BAG* 01.12.1992 BAGE 72, 40, 43; *BAG* 17.01.2012 BAGE 140, 223, 227.

41 Grundlegend *BAG* 11.10.2000 BAGE 96, 45, 45 f., 51; nachfolgend weiterentwickelt in Zusammenhang mit der Auffälligkeit einer einheitlichen Bekleidung siehe *BAG* 10.11.2009 AP Nr. 125 zu § 87 BetrVG 1972 Arbeitszeit, zu B. II. 1. der Gründe; *LArbG Berlin-Brandenburg* 16.11.2011 NZA-RR 2012, 134, 135.

sich Arbeitnehmer vor, beispielsweise von Kleidungsvorgaben durch ihren Repräsentanten vollständig oder zumindest in der Ausgestaltung verschont zu bleiben. Die verfassungsrechtliche Prägung des Betriebsverfassungsgesetzes soll zwar eine Gefährdung der Arbeitnehmergrundrechte vermeiden, aber gleichsam darf dies nicht als Aufforderung zu einer intensiveren Beeinträchtigung der Einschätzungsprärogative des Arbeitgebers verstanden werden.[42] Eine Verlangsamung des ökonomisch geprägten Bedürfnisses des Arbeitgebers nach einer effizienten, flexiblen und rationalen Gestaltung der innerbetrieblichen Entscheidungsprozesse durch die Mitbestimmung des Betriebsrats[43] ist auch angesichts des zulässigen Teilhabegedankens zu verhindern. Daher ist es Ziel, dem vorliegenden Ausmaß an mangelnder Argumentation in gerichtlichen Entscheidungen, verbunden mit dem pauschalen und gleichzeitig einfach handhabbaren Verweis auf den Mitbestimmungszweck, mit einer angemessenen Untersuchung und Bewertung von Dienstkleidungsangelegenheiten entgegenzutreten.

Zur Klärung der vorstehend angeführten Problematik werden die vorhandenen Judikate und wissenschaftlichen Literaturbeiträge kritisch beurteilt, weitere untersuchungsbedürftige Aspekte aufgezeigt und diese im Hinblick auf die bestehende Interessenlage betrachtet. Die Berücksichtigung von betriebsverfassungsrechtlichen Vorgaben und gesellschaftlichen Anforderungen begründet die Notwendigkeit für Anpassungen und Empfehlungen zur praktischen Umsetzung von Dienstkleidungsangelegenheiten.

§ 3. Aufbau der Untersuchung

Nach der einleitenden Problemdarstellung wird nun im folgenden zweiten Teil der Untersuchungsgegenstand „Dienstkleidung“ konkretisiert. Die Kleidungsarten im Arbeitsleben sind dafür voneinander abzugrenzen und zu definieren.

Im dritten Teil, der einen Schwerpunkt der Bearbeitung bildet, wird untersucht, ob Mitbestimmungsrechte des Betriebsrats alle Berufe und Gewerbe erfassen oder ob ein mitbestimmungsfreier Bereich besteht, in dem der Arbeitgeber allein und unabhängig über die Einführung und Ausgestaltung einer betriebseinheitlichen Kleidervorgabe entscheiden darf. Danach kann es sich in allen übrigen Fällen und im Hinblick auf den entsprechend notwendigen Kleiderwechsel um eine mitbestimmungspflichtige soziale Angelegenheit gemäß §§ 87 I Nr. 1, 2 BetrVG handeln. Bei der Darstellung des breiten Meinungsspektrums und dessen betriebsverfassungsrechtlicher Wertung muss die Vielzahl von Einzelfällen berücksichtigt werden. Im Gleichlauf mit der Frage nach dem Bestehen erzwingbarer Mitbestimmungsrechte ist zu erörtern, ob den Interessen der Arbeitnehmer und damit des Betriebsrats mit Hilfe der abgestuften Beteiligungsrechte ausreichend Rechnung getragen werden könnte.

---

42 *Hexel/Lüders*, NZA 2010, 613, 615.
43 *Joussen*, RdA 2005, 31, 31.

Nach der Festlegung dieser generellen Beurteilungsmaßstäbe der Mitbestimmung des Betriebsrats wird darauf aufbauend im vierten Teil deren Durchführung betrachtet. Insbesondere handelt es sich dabei um folgende Aspekte: die Analyse des Umfangs vorliegender Initiativrechte, das Zuständigkeitsverhältnis von Einzelbetriebsrat und Gesamtbetriebsrat für eine etwaige betriebsübergreifende Kleiderordnung, die Befugnis und Reichweite der Regelungsmöglichkeit durch die Einigungsstelle sowie die Rechtsfolgen im Fall des mitbestimmungswidrigen Verhaltens der Betriebspartner.

Im Anschluss werden im fünften Teil die Grenzen, die dem Betriebsrat in der Ausübung der Mitbestimmungsrechte durch die Belange des Arbeitgebers gesetzt sind, erörtert. Im Rahmen dieses weiteren Schwerpunkts der Arbeit spielen der in § 87 I BetrVG angeordnete Gesetzesvorrang und Tarifvorrang, das Verhältnis von Mitbestimmungsrechten und Persönlichkeitsrechten sowie der Unternehmensgegenstand eine ausschlaggebende Rolle. Zur vereinfachten und praxisbezogenen Veranschaulichung dieser ausgewählten rechtlichen Vorgaben erfolgt die Darstellung anhand von regelmäßig in der Praxis verwendeten sowie untersuchungsrelevanten Formulierungen einer Dienstkleidungsordnung. Hierbei können nur diejenigen Regelungen herangezogen werden, welche eine Niederlegung in den jeweiligen Entscheidungsbegründungen der Rechtsprechung gefunden haben.

Bevor eine thesenhafte Zusammenfassung der Ergebnisse erfolgt, werden Leitlinien für die Auflösung eines denkbaren Konkurrenzverhältnisses zwischen abgeschlossenen Betriebsvereinbarungen und etwaigen vertraglichen Gestaltungen in Form von Arbeitsvertragsregelungen oder Tarifvertragsklauseln entwickelt.

2. Teil. Abgrenzung der Kleidungsarten

Zur Beantwortung der durch die beschriebene Interessenproblematik aufgeworfenen Rechtsprobleme bedarf es der Bestimmung des Untersuchungsgegenstands. Dies setzt die Abgrenzung der Dienstkleidung gegenüber den bestehenden Kleidungsarten im Arbeitsleben voraus.

Problematisch ist, dass im Arbeitsrecht für bestimmte Formen der Bekleidung die entsprechenden Definitionen fehlen oder die Kleidungsbegriffe sowohl unterschiedlich als auch synonym verwendet werden[44]. Letzterer alternativer Gebrauch ist jedoch zu vermeiden, weil die einzelnen Kleidungstypen im Beruf differenzierte, sich aus verschiedenen Rechtsvorschriften ergebende Funktionen erfüllen.[45] Im Hinblick auf eine vereinheitlichende Betrachtung ist deshalb ein gegenstandsbezogener Rückgriff auf andere Rechtsgebiete notwendig. In diesem Fall werden das Recht des öffentlichen Diensts und das für die Beschäftigtengruppe geltende Personalvertretungsrecht herangezogen. Der Personalrat nimmt in den öffentlichen Verwaltungen und Betrieben Aufgaben wahr, die den Betriebsräten entsprechend dem Betriebsverfassungsgesetz zugewiesen worden, wobei die besonderen Verhältnisse des öffentlichen Diensts und die strukturellen Unterschiede der beiden Anwendungsgebiete zu berücksichtigen sind.[46] So gesehen wird das Personalvertretungsrecht als eigenständige und vom Betriebsverfassungsrecht unabhängige Materie betrachtet.[47] Die Rechtsprechung zum Betriebsverfassungsgesetz ist deshalb nicht unmittelbar maßgebend für die Auslegung des Bundespersonalvertretungsgesetzes und anders herum.[48] Allerdings soll es Ziel sein, einzelne Kleidungsformen so präzise wie möglich zuzuordnen. Dafür werden die Gemeinsamkeiten der beiden Rechtsbereiche hervorgehoben. In puncto Abgrenzung der Kleidungsarten kann die von der Privatwirtschaft abweichende Aufgabe des öffentlichen Diensts, erstrangig Anforderungen des staatlichen Diensts und somit der Fürsorge für die Allgemeinheit

---

44 Zum Beispiel in *BAG* 01.12.1992 BAGE 72, 40, 40, wonach das Gericht die Arbeitshosen und die Arbeitsjacken im Verlauf der Entscheidungsbegründung als Arbeitskleidung und Dienstkleidung qualifiziert; missverständlich daher auch *Fischer*, NZA-RR 2015, 169, 171, der für die Zweckbestimmung einer Dienstkleidung beispielshalber auf den durch eine „Hygienekleidung" gewährleisteten Schutz Dritter anführt.

45 *Strohm*, AuA 2000, 456, 456; so erkennbar im Rahmen der verschieden genutzten Bekleidungsstücke für einen Rettungsassistenten in einem Krankentransport eines Kreisverbandes, vgl. *Sächsisches Landesarbeitsgericht*, Urteil vom 10.12.2014 – 2 Sa 424/14 –, juris Rn. 14 ff.

46 *Ilbertz/Widmaier/Sommer*, BPersVG Kommentar, § 1 BPersVG Rn. 28.

47 *Thiele*, PersV 1990, 99, 102.

48 *BVerwG* 02.05.1957 BVerwGE 4, 357, 359.

zu genügen[49], zunächst unbeachtlich bleiben. Denn das Personalvertretungsrecht weist eine vergleichbare Interessenlage wie das Betriebsverfassungsrecht auf. So soll das Betriebsverfassungsgesetz die gleichberechtigte Teilhabe des Arbeitnehmers an Arbeitgeberentscheidungen gewährleisten.[50] Gleichsam verwirklicht der Personalrat die Beteiligung der Beschäftigten an der Regelung der Dienstverhältnisse sowie Arbeitsverhältnisse und vertritt die Interessen der Arbeitnehmer.[51] Dementsprechend kann der Personalrat infolge seiner Funktion und Rechtsstellung ebenso als der Betriebsrat des öffentlichen Diensts bezeichnet werden.[52] Die Betriebsverfassung für die Privatwirtschaft und das Personalvertretungsrecht für die öffentlichen Verwaltungen weisen somit die gleiche Intention auf.[53] Die Verwirklichung der Zielrichtung erfolgt in beiden Rechtsbereichen durch ein abgestuftes, aber unterschiedlich ausgestaltetes System von Beteiligungsrechten an bestimmten Maßnahmen des Arbeitgebers[54] oder der Dienststellenleitung[55]. Deshalb werden die Beiträge aus dem Personalvertretungsrecht im Interesse des Arbeitnehmerschutzes einbezogen, zumal eine überschneidende Verwendung einzelner Kleidungstypen stattfindet. So stellt zum Beispiel die Uniform im öffentlich-rechtlichen Dienstverhältnis für Soldaten oder Polizisten eine Art der Dienstkleidung dar.[56] Jene wird ebenso in privatrechtlich organisierten Unternehmen wie beispielshalber bei Flugbegleitern eines

---

49 *Gesetzesentwurf der Bundesregierung* 04.07.1952, BT-Drucksache 01/3552, S. 14 f., demgemäß grundsätzlich von verschiedenen Geltungsbereichen des Betriebsverfassungsrechts und des Personalvertretungsrechts auszugehen sei; *BAG (GS)* 12.03.1987 AP Nr. 35 zu § 5 BetrVG 1972, zu II. der Gründe; *Widmaier*, PersV 1978, 299, 304, der hinsichtlich einer entsprechenden Anpassung der Beteiligungsrechte des Personalrats an die des Betriebsrats Bedenken im Hinblick auf die Vereinbarkeit mit den Anforderungen des staatlichen Diensts äußert.

50 *Gesetzesentwurf der Bundesregierung* 16.02.2001, BR-Drucksache 140/01, S. 52, woraufhin der Wunsch der Arbeitnehmer sei, stärker in die betrieblichen Angelegenheiten einbezogen zu werden, die sie selbst oder ihre unmittelbare Arbeitsumgebung erfassen würden.

51 *BVerfG* 26.05.1970 BVerfGE 28, 314, 322; Altvater/u. a./*Altvater*, BPersVG, § 1 BPersVG Rn. 13; *Richardi/Dörner/Weber*, Personalvertretungsrecht Kommentar, Einleitung Rn. 73.

52 *Wendeling-Schröder*, AuR 1987, 381, 384 f.

53 Schaub/*Anuschek/Koch*, Arbeitsrechts-Handbuch, S. 2662.

54 Einteilung der Beteiligungsrechte des Betriebsrats in Abhängigkeit von ihrer Intensität *Gäbert*, NZA 1986, 412, 412; *Richardi/Bayreuther*, Kollektives Arbeitsrecht, S. 281; Richardi/u. a./*Matthes*, Münchener Handbuch zum Arbeitsrecht, § 238 Rn. 1; *von Hoyningen-Huene*, Betriebsverfassungsrecht, S. 209; GK-BetrVG/*Kreutz*, § 50 BetrVG Rn. 20.

55 Altvater/u. a./*Berg*, BPersVG, vor § 66 BPersVG Rn. 2, Rn. 6; *Ilbertz/Widmaier/Sommer*, BPersVG Kommentar, Einleitung Rn. 24; *Richardi/Dörner/Weber*, Personalvertretungsrecht Kommentar, Einleitung Rn. 77 f.

56 *Von Münch*, Kleidung und Recht, S. 25.

Luftfahrtbetriebs als berufstypische Bekleidungsform genutzt.[57] Bereits aus der Bezeichnung der „Dienstkleidung" und dem damit eröffneten Bezug zum öffentlichen Dienst lässt sich eine Anwendbarkeit personalrechtlicher Leitlinien rechtfertigen.[58]

Ein möglicher Rückgriff auf das Einkommenssteuerrecht scheidet hingegen aus. Grundsätzlich sind die Aufwendungen für Kleidung finanzielle Notwendigkeiten der Lebensführung gemäß § 12 Nr. 1 2 EStG und daher in der Einkommenssteuererklärung nicht abzugsfähig, auch wenn sie gleichzeitig der Förderung des Berufs dienen.[59] Die Geltendmachung als Werbungskosten gemäß § 9 I 3 Nr. 6 EStG kommt nur in Betracht, wenn sich der zu fördernde und damit berufsbezogene Teil der Aufwendungen nach objektiven Maßstäben und in leicht nachprüfbarer Weise von den nicht berücksichtigungsfähigen Ausgaben der privaten Lebensführung abgrenzen lässt sowie von übergeordneter Bedeutung ist.[60] Grundlegend ist diese nach objektiven Maßstäben zu treffende Unterscheidung zwischen Berufssphäre und Privatsphäre nicht möglich, da selbst die typische Berufskleidung in vielen Fällen mit der individuellen Intention getragen wird, das menschliche Anliegen des Bekleidens an sich zu verwirklichen.[61] In Anbetracht dieser schwer vorzunehmenden Differenzierung erscheint das Einkommenssteuerrecht für eine Abgrenzung der Kleidungsarten nicht geeignet. Darüber hinaus differenziert das Einkommensteuergesetz lediglich zwischen der typischen Berufskleidung und „normaler" oder bürgerlicher Kleidung.[62] Letztere Bekleidungsform unterscheidet sich insoweit von der typischen Berufskleidung, als das sie üblicherweise auch außerhalb der beruflichen Sphäre getragen wird und eine private Nutzung objektiv nicht vollkommen ausgeschlossen ist.[63] Aus den vorstehend genannten Gründen erfolgt eine an verschiedenen Beurteilungsmaßstäben ausgerichtete Bewertung der Bekleidungsart im Einkommenssteuerrecht und im Arbeitsrecht. Dies lässt sich zum Beispiel an der

---

57 *Von Münch*, Kleidung und Recht, S. 25.

58 Beispielsweise bestimmt der Personalrat in Berlin über den „Erlass von Trageordnungen für Dienstkleidung" gemäß § 85 II Nr. 7 PersVG Berlin mit. Es handelt sich dabei um ein eingeschränktes Mitbestimmungsrecht, weil die oberste Dienstbehörde diese Entscheidung einer Einigungsstelle zur Überprüfung vorlegen kann, vgl. § 81 II PersVG Berlin.

59 *BFH* 27.11.1978 BFHE 126, 533, 540; *BFH* 09.03.1979 BFHE 127, 522, 523; *BFH* 20.11.1979 BFHE 129, 149, 151.

60 *BFH* 19.10.1970 BFHE 100, 309, 314 f.; *BFH* 06.07.1989 BFHE 158, 221, 223 f., woraufhin dies nicht gelte, selbst wenn der Betroffene die Kleidung eigens zur Nutzung im Beruf angeschafft und diese vorwiegend aufgrund der ausgeübten Tätigkeit getragen habe sowie die entsprechenden Aufwendungen infolge der beruflichen Gepflogenheiten besonders hoch gewesen seien; *BFH* 20.03.1992 BFHE 168, 83, 85; eine restriktive Handhabung postulierend *FG Hamburg* 26.03.2014 EFG 2014, 1377, 1378.

61 *BFH* 20.03.1992 BFHE 168, 83, 85 m. w. N.; *FG Hamburg* 11.09.1987 EFG 1988, 116, 116; *Tipke*, StuW 1979, 193, 202; Schmidt/*Loschelder*, EStG, § 9 EStG Rn. 241.

62 *Tipke*, StuW 1979, 193, 202.

63 *BFH* 20.11.1979 BFHE 129, 149, 153; *BFH* 06.12.1990 BFHE 163, 134, 135; *FG Hamburg* 26.03.2014 EFG 2014, 1377, 1379; Schmidt/*Loschelder*, EStG, § 9 EStG Rn. 242.

weißen Kleidung der Mitarbeiter in einem Krankenhaus offenkundig illustrieren: Nach Ansicht des *BFH*[64] kann eine weiße Hose eines Arztes nicht ohne Weiteres als Berufskleidung qualifiziert werden, weil die Farbe Weiß allein nicht geeignet ist, dem Kleidungsstück einen solchen Charakter zu verleihen. Vielmehr komme es darauf an, ob die Verwendung der Kleidung außerhalb der Arbeitszeit aufgrund des rein funktionalen Charakters ausgeschlossen erscheine. Die weiße Oberbekleidung sei von vornherein nicht als Berufskleidung zu qualifizieren, da sie von jedermann getragen und nicht im Fachhandel erworben werden könne.[65] Auch der Umstand, dass ein größerer Prozentsatz einer Berufsgruppe diese Kleidung trägt und eine identische Farbgebung vorherrscht, ändert nichts an dieser Tatsache.[66] Hingegen erfolgt entsprechend der Meinung des *BAG*[67] die Zuordnung der weißen Oberbekleidung des Pflegepersonals in die Kategorie „Dienstkleidung", weil die Kenntlichmachung während der Arbeitszeit im Interesse des Arbeitgebers erfolgt. Diese Differenzierung gegenüber dem Kreis der sonstigen Personen, die sich in einem Krankenhaus aufhalten, erreiche man gerade durch die Bestimmungen über Farbe und Material.[68] Angesichts dieser vergleichenden Betrachtung sind nur die personalrechtlichen Grundsätze für die Konkretisierung des Untersuchungsgegenstands anwendbar.

§ 4. Arbeitskleidung

Die Arbeitskleidung dient während der Erbringung der Arbeitsleistung dem Schutz der individuellen Zivilkleidung und wird entweder an Stelle dieser oder in Ergänzung zu ihr getragen.[69] Teilweise ist, resultierend aus den arbeitsvertraglichen Verpflichtungen, eine Schutzwirkung vor Schmutz und Hitze beziehungsweise Kälte zu gewährleisten, die eine Begrenzung in der Kleiderwahl mit sich bringt.[70] Bei der typischen Arbeitskleidung handelt es sich zum Beispiel um Overalls oder Schuhen mit Stahlkappen.[71]

Eine gesetzliche Fixierung für die Notwendigkeit und den Umgang mit der Arbeitskleidung sowie einer überhaupt bestehenden Arbeitgeberverpflichtung zur Bereitstellung dieser Bekleidung ist nicht ersichtlich.[72] Es kann angenommen

64 *BFH* 06.12.1990 BFHE 163, 134, 136.
65 *BFH* 06.12.1990 BFHE 163, 134, 136.
66 *FG Hamburg* 11.09.1987 EFG 1988, 116, 117.
67 *BAG* 13.02.2003 BAGE 104, 348, 350 ff.
68 *BAG* 13.02.2003 BAGE 104, 348, 350 ff., dementsprechend entscheidender Anknüpfungspunkt für die Qualifizierung einer Kleidungsart der Inhalt der Regelung sei, infolge dessen die Benennung der Arbeitgeberanordnung an sich unbeachtlich bliebe.
69 Küttner/*Kreitner*, Personalbuch 2016, Arbeitskleidung Rn. 1; Schaub/*Koch*, Arbeitsrechts-Handbuch, S. 862.
70 *Strohm*, AuA 2000, 456, 456; Bepler/u. a./*Keilhold*, BeckOK TVöD-BT-E, § 43 Rn. 32.
71 Bepler/u. a./*Keilhold*, BeckOK TVöD-BT-E, § 43 Rn. 32.
72 Schaub/*Koch*, Arbeitsrechts-Handbuch, S. 863.

werden, dass sich der Arbeitnehmer freiwillig und vorwiegend aus praktischen Gründen entscheidet, derartige Kleidungsstücke zu tragen.[73] Demzufolge obliegen dem Einzelnen die Anschaffung und die korrespondierenden Kosten der jeweiligen Kleidung. Denn diese Aufgaben würden jedenfalls bestehen, wenn keine spezielle Arbeitskleidung vorgesehen wäre und lediglich die eigene individuelle Zivilkleidung getragen werden könnte.[74] Die Pflege und die Reinigung der privaten Kleidung werden durch die sie schonende Arbeitskleidung überflüssig.[75] In Anbetracht dessen erscheint die Kostentragung durch den Arbeitnehmer sachgerecht. Etwas Anderes gilt nur, wenn dies von den Arbeitsvertragsparteien vereinbart wird.[76]

§ 5. Berufskleidung

Im Hinblick auf die Definition der Berufskleidung ist maßgeblich das zur Arbeitskleidung Gesagte anzuwenden.[77] Allerdings ist eine Abgrenzung zur Arbeitskleidung nötig, um verschiedene Bekleidungsausprägungen in die jeweilige Kleidungsart einordnen zu können. Die Berufskleidung ist, wie der Wortlaut schon andeutet, durch zusätzliche berufsspezifische Kennzeichen geprägt, die für die Art des Berufs zweckmäßig oder in diesem üblich sind.[78] Die Berufsbezogenheit der Kleidung kommt damit äußerlich sichtbar zum Ausdruck. Deshalb kann unter die typische Berufskleidung beispielsweise der Kittel beim Arzt, die Tracht der Kellner, die Uniform bei Fahrern öffentlicher Verkehrsmittel sowie die adäquate Kleidung von Koch und Schornsteinfeger gefasst werden.[79]

Angesichts der Außenwirkung dieser Bekleidungsform ist der Arbeitgeber für die Erstbeschaffung, Ersatzbesorgung und Unterhaltung verantwortlich.[80] Eine mögliche Beteiligung des Arbeitnehmers an den Kosten der Wiederanschaffung und der Reinigung der Berufskleidung hängt von ihrem Gebrauchsvorteil außerhalb der Arbeitszeit ab.[81] Der Kostenanteil des Arbeitgebers wird umso größer, je geringer

---

73 Küttner/*Kreitner*, Personalbuch 2016, Arbeitskleidung Rn. 2; zur Auswahlkompetenz der Kleidungsstücke etwa *BAG* 13.02.2003 BAGE 104, 348, 352.

74 *Heilmann*, AiB 1994, 7, 10.

75 *LArbG Hamm (Westfalen)* 07.07.1993 LAGE Nr. 14 zu § 611 BGB Direktionsrecht, zu II. der Gründe.

76 Schaub/*Koch*, Arbeitsrechts-Handbuch, S. 863.

77 Vgl. siehe 2. Teil. § 4.

78 Schaub/*Koch*, Arbeitsrechts-Handbuch, S. 862 f.

79 *Strohm*, AuA 2000, 456, 456.

80 *BAG* 01.12.1992 BAGE 72, 40, 44; teilweise enger für die Ersatzbeschaffung *BAG* 19.05.1998 BAGE 89, 26, 29 f.

81 *LArbG Niedersachsen* 16.07.2007 LAGE Nr. 13 a zu § 307 BGB 2002, zu II. 2. a) bb) der Gründe; einschränkend in Abhängigkeit des Arbeitnehmerwunschs über eine entsprechende Verwendung siehe *Linsenmaier*, RdA 2008, 1, 11.

der Gebrauchswert der Berufskleidung für den Arbeitnehmer aufgrund des besonderen Erscheinungsbilds ist.[82]

§ 6. Schutzkleidung

Unter Schutzkleidung sind Kleidungsstücke zu verstehen, die bei speziellen Tätigkeiten an bestimmten Arbeitsplätzen anstelle oder über der individuellen Zivilkleidung zum Schutz gegen Unfälle, Witterungsunbilden, gesundheitliche Gefahren, ungewöhnliche starke Verschmutzung oder Abnutzung getragen werden.[83] Unter die genannten Bedingungen sind mechanische oder thermische Einwirkungen, Beeinträchtigungen durch Nässe, Wind, Staub, Funken, Strahlung, heiße Dämpfe, elektrische Spannung, Kontaminationen mit feuerflüssigen Massen, Chemikalien oder Keimen, Gefährdungen durch den Straßenverkehr sowie Schädigungen durch sich bewegende Teile zu fassen.[84] Für den Schutz vor diesen spezifischen Dienstgefahren werden zum Beispiel Schutzanzüge, Mützen, Helme, Schutzbrillen, Atemschutzmasken, Handschuhe oder Gummistiefel nötig.[85]

I. Rechtsgrundlagen

Die Schutzkleidung unterfällt der verpflichtenden Vornahme von Schutzmaßnahmen bei gefahrträchtigen Tätigkeiten gemäß § 618 I BGB.[86] Diese Norm stellt eine Teilausprägung der Fürsorgepflicht des Dienstberechtigten gegenüber dem Dienstverpflichteten dar und erfasst damit alle Arten eines Dienstverhältnisses.[87] Demnach erfolgt zulässigerweise die Anwendung auf den Arbeitsvertrag als speziellen Dienstvertrag.[88] Der Arbeitgeber wird gemäß § 618 I Hs. 2 BGB verpflichtet, Dienstleistungen, die unter seiner Anordnung oder seiner Leitung vorzunehmen sind, so zu regeln, dass der Verpflichtete gegen Gefahr für Leben und Gesundheit soweit geschützt ist, wie die Natur der Dienstleistung es gestattet. Schutzzweck

---

82 *LArbG Niedersachsen* 16.07.2007 LAGE Nr. 13 a zu § 307 BGB 2002, zu II. 2. a) bb) der Gründe.

83 *Strohm*, AuA 2000, 456, 456; Küttner/*Kreitner*, Personalbuch 2016, Arbeitskleidung Rn. 1.

84 *Strohm*, AuA 2000, 456, 456.

85 Küttner/*Kreitner*, Personalbuch 2016, Arbeitskleidung Rn. 14; beispielhaft aufgeführt für den Fall eines Rettungsassistenten in einem Krankentransport eines Kreisverbandes in *Sächsisches Landesarbeitsgericht*, Urteil vom 10.12.2014 – 2 Sa 424/14 –, juris Rn. 20 ff.

86 Dauner-Lieb/Langen/*Klappstein*, BGB, § 618 BGB Rn. 12; MüKO/*Henssler*, § 618 BGB Rn. 50.

87 Dauner-Lieb/Langen/*Klappstein*, BGB, § 618 BGB Rn. 5; ErfK/*Wank*, § 618 BGB Rn. 1 f.; Jauernig/*Mansel*, BGB Kommentar, 15. Auflage, § 618 BGB Rn. 1, Rn. 4.

88 MüKO/*Müller-Glöge*, § 611 BGB Rn. 5 f., Palandt/*Weidenkaff*, Einführung vor § 611 BGB Rn. 3; ErfK/*Preis*, § 611 BGB Rn. 1.

des § 618 I BGB bildet damit der vorsorgliche Schutz des Dienstleistenden vor mit der Dienstleistung verbundenen Gefahren für Leben und Gesundheit, die von den technischen Einrichtungen des Betriebs drohen.[89] Der zwingende Mindeststandard aus § 618 I BGB kann gemäß § 619 BGB nicht im Voraus durch einzelvertragliche Regelungen abbedungen werden.[90] Erfüllt der Arbeitgeber seine gesetzliche Verpflichtung nicht, steht dem Arbeitnehmer nach herrschender Meinung ein Zurückbehaltungsrecht gemäß § 273 BGB zu.[91] Der Arbeitnehmer kann daher seine Arbeitsleistung unter Fortbestand der Vergütungsansprüche[92] solange zurück halten, bis die erforderliche Schutzkleidung zur Verfügung gestellt wird.

Die gesetzliche Bestimmung des BGB wird durch öffentlich-rechtliche Normen des Arbeitsschutzrechts, Unfallverhütungsvorschriften der Berufsgenossenschaften und Tarifverträge erweitert und konkretisiert.[93]

II. Kostenverteilung

Die Regelungen zum finanziellen Aufwand werden meist in den tariflichen beziehungsweise vertraglichen Vereinbarungen fixiert.[94] Die durch § 618 I BGB konkretisierte Fürsorgepflicht des Arbeitgebers führt dazu, dass die Schutzkleidung im Regelfall vom Arbeitgeber kostenlos zur Verfügung gestellt wird und nach Beendigung des Arbeitsverhältnisses wieder herauszugeben ist.[95]

Die Kostentragung für die Ersatzbeschaffung einer Kleidung ist nach Ansicht des *BAG*[96] im Rahmen des Aufwendungsersatzes gemäß § 670 BGB dem Arbeitnehmer zu erstatten. Der Arbeitnehmer handele im Interesse des Arbeitgebers, wenn er diese sich selbst beschaffen würde. Etwaige Aufwendungen für eine dem Arbeitgeber

---

89 MüKO/*Henssler*, § 618 BGB Rn. 1.

90 *BGH* 15.06.1971 BGHZ 56, 269, 273; *BAG* 21.08.1985 AP Nr. 19 zu § 618 BGB, zu II. 1. der Gründe; MüKO/*Henssler*, § 619 BGB Rn. 1; von Staudinger/*Oetker*, Kommentar zum BGB, § 619 BGB Rn. 2, wobei historisch gesehen die Einbeziehung vertraglicher Bestimmungen bis zum Abschluss des Dienstverhältnisses zu erfolgen habe; zur Herleitung der ausgelösten Rechtsfolge im Fall eines Verstoßes siehe von Staudinger/*Oetker*, Kommentar zum BGB, § 619 BGB Rn. 3.

91 *BAG* 08.05.1996 BAGE 83, 105, 118; *Molkentin*, NZA 1997, 849, 852; MüKO/*Henssler*, § 618 BGB Rn. 91; von Staudinger/*Oetker*, Kommentar zum BGB, § 618 BGB Rn. 257; ErfK/*Wank*, § 618 BGB Rn. 25 ff.

92 *BAG* 02.02.1994 BAGE 75, 332, 337; *Molkentin*, NZA 1997, 849, 852; Küttner/*Kreitner*, Personalbuch 2016, Arbeitskleidung Rn. 13.

93 *BAG* 18.08.1982 BAGE 40, 50, 53; Bepler/u. a./*Dielmann*, BeckOK TVAöD-BT-Pflege, § 11 Rn. 1; *Heilmann*, AiB 1994, 7, 7.

94 Küttner/*Kreitner*, Personalbuch 2016, Arbeitskleidung Rn. 15.

95 *BAG* 10.03.1976 AP Nr. 17 zu § 618 BGB, zu 1. der Gründe; *BAG* 18.08.1982 BAGE 40, 50, 55; Schaub/*Koch*, Arbeitsrechts-Handbuch, S. 863; zur Begrenzung der anfallenden Kosten mittels festzustellender Zumutbarkeit für den Arbeitgeber siehe *BAG* 18.12.1972 AP Nr. 81 zu § 611 BGB Fürsorgepflicht, zu den Gründen, Blatt 198.

96 Grundlegend *BAG* 21.08.1985 AP Nr. 19 zu § 618 BGB, zu II. 2. der Gründe.

obliegende Besorgungssaufgabe wären auf diese Weise getätigt.[97] Die finanzielle Belastung für die Reinigung der Kleidung ist vom Arbeitgeber zu tragen.[98]

Eine Teilung der Kosten (im Voraus) kommt lediglich dann in Betracht, wenn der Arbeitnehmer die Kleidung ebenso zu privaten Zwecken nutzt[99] und dadurch einen erheblichen privaten Gebrauchsvorteil erlangt[100]. Anderenfalls liegt ein Verstoß gegen § 619 BGB vor, weil die entsprechenden Pflichten des Arbeitgebers insoweit verkürzt oder in dieser Hinsicht umfassend beseitigt werden.[101]

Darüber hinaus ist der Arbeitgeber gemäß § 34 I ArbStättV verpflichtet, dem Arbeitnehmer außerhalb der Arbeitszeit die Lüftung, Trocknung und Aufbewahrung der Bekleidung zu ermöglichen.

§ 7. Dienstkleidung

Die Dienstkleidung wird während der Arbeitszeit anstelle der Zivilkleidung getragen, um einer besonderen Kenntlichmachung im dienstlichen Interesse zu nützen.[102] Dieses Ziel verwirklicht sich beispielsweise bei Uniformen der Bahn, Post oder Luftfahrtbetriebe.[103] Desgleichen genügt der gewünschten dienstlichen Erkennbarkeit zum Beispiel ein bestimmtes einheitliches Kleidungsstück, wie ein Anzug, Hemd oder eine Krawatte.[104] Darüber hinaus fällt unter die Bandbreite der möglichen

---

97 *BAG* 21.08.1985 AP Nr. 19 zu § 618 BGB, zu II. 2. der Gründe; *BAG* 14.02.1996 BAGE 82, 164, 167; zustimmend Bepler/u. a./*Dielmann*, BeckOK TVAöD-BT-Pflege, § 11 Rn. 1.

98 *LArbG Düsseldorf* 26.04.2001 LAGE Nr. 10 zu § 618 BGB, zu den Gründen, Blatt 2.

99 *Heilmann*, AiB 1994, 7, 8.

100 *BAG* 10.03.1976 AP Nr. 17 zu § 618 BGB, zu 3. a) der Gründe; *BAG* 18.08.1982 BAGE 40, 50, 54; *LArbG Düsseldorf* 26.04.2001 LAGE Nr. 10 zu § 618 BGB, zu den Gründen, Blatt 2.

101 Offen gelassen von *BAG* 10.03.1976 AP Nr. 17 zu § 618 BGB, zu 2./3. der Gründe; entschieden in *BAG* 18.08.1982 BAGE 40, 50, 53; zustimmend *Müller-Petzer*, Fürsorgepflichten des Arbeitgebers, S. 14; zur Erweiterung des Gesetzeswortlauts auf Bestimmungen in einer Betriebsvereinbarung oder einem Tarifvertrag etwa *BAG* 10.03.1976 AP Nr. 17 zu § 618 BGB, zu 3. d) der Gründe; *BAG* 18.08.1982 BAGE 40, 50, 55; von Staudinger/*Oetker*, Kommentar zum BGB, § 619 BGB Rn. 16, demzufolge jene rechtliche Vorgehensweise aus der normativen Wirkung dieser Regelungsinstrumente abzuleiten sei; Bamberger/Roth/*Fuchs*, Kommentar zum BGB, § 619 BGB Rn. 4; MüKO/*Henssler*, § 619 BGB Rn. 6; Dauner-Lieb/Langen/*Klappstein*, BGB, § 619 BGB Rn. 1.

102 *BAG* 19.05.1998 BAGE 89, 26, 30; *LArbG Baden-Württemberg*, Urteil vom 11.05.2004 – 14 Sa 126/03 –, juris Rn. 25; vor Inkrafttreten des TVöD siehe Ramdohr/*Hindahl*, Tarifrecht Kommentar, Teil 1a, § 67 BAT Rn. 1.

103 *BAG* 13.02.2003 BAGE 104, 348, 350; Küttner/*Kreitner*, Personalbuch 2016, Arbeitskleidung Rn. 7.

104 Vor Inkrafttreten des TVöD etwa Ramdohr/*Hindahl*, Tarifrecht Kommentar, Teil 1a, § 67 BAT Rn. 1.

Dienstkleidungen die Garderobe mit äußerlichen Kennungszeichen, wie Logos oder Aufdrucken, zur Realisierung von Werbezwecken.[105]

I. Rechtsgrundlagen

Entsprechend der Meinung von *Küttner*[106] existieren sowohl in öffentlich-rechtlichen Bestimmungen wie Unfallverhütungsvorschriften als auch in kollektivrechtlichen Regelungsinstrumenten wie dem Tarifvertrag oder der Betriebsvereinbarung Vorschriften zur Dienstkleidung. Weiterhin bestehe die Möglichkeit, im Rahmen der arbeitsvertraglichen Vereinbarungen zwischen Arbeitnehmer und Arbeitgeber Regelungen über eine einheitliche Bekleidung zu treffen. Fehle eine ausdrückliche Bestimmung auf individualrechtlicher Ebene, kann eine Nebenpflicht im Arbeitsvertrag des Arbeitnehmers konstituiert oder das Direktionsrecht des Arbeitgebers gemäß § 106 S. 2 GewO angewendet werden.[107]

Ferner ist es unter Inbezugnahme der vorstehenden Erläuterungen zu § 618 I BGB erwägenswert, diese einzige gesetzliche Erfassung einer Kleidungsart des Berufslebens entsprechend auf die dienstliche Bekleidung anzuwenden. Dadurch besteht zugleich die Verwendungschance des zum allgemeinen Beschäftigungsanspruch akzessorischen Erfüllungsanspruchs auf Herstellung eines arbeitsschutzkonformen Zustands[108] sowie der Bereitstellungspflicht und korrespondierenden Kostenverteilungsgrundsätze der Kleidung. Bei dem dafür notwendig zu ziehenden Analogieschluss handelt es sich um die Übertragung einer im Gesetz vorgesehenen Rechtsnorm auf einen rechtsähnlichen, aber ungeregelten Sachverhalt.[109] Die Voraussetzung dafür bildet das Vorhandensein einer planwidrigen Regelungslücke, die infolge einer vergleichbaren Interessenlage mit Hilfe der gesetzlich fixierten Norm geschlossen werden kann.[110] Im Fall der Dienstkleidungsangelegenheiten ist bereits schwerlich nachzuweisen, dass der Gesetzgeber die zweifellos gegebene Lücke nicht überlegt ließ[111].[112] Insoweit sind rechtliche Maßstäbe für eine einheitliche Kleidervorgabe weder in Form eines Verbots noch im Rahmen eines

---

105 *Von Münch*, Kleidung und Recht, S. 22 f.

106 Küttner/*Kreitner*, Personalbuch 2016, Arbeitskleidung Rn. 4 ff.

107 Küttner/*Kreitner*, Personalbuch 2016, Arbeitskleidung Rn. 4 ff.

108 Unter Einräumung eines Auswahlermessens für den Arbeitgeber hinsichtlich der zu ergreifenden Maßnahmen grundlegend *BAG* 17.02.1998 BAGE 88, 63, 66; nachfolgend *BAG* 12.08.2008 BAGE 127, 205, 208; *BAG* 19.05.2009 BAGE 131, 18, 23; sympathisierend Bamberger/Roth/*Fuchs*, Kommentar zum BGB, § 618 BGB Rn. 21; von Staudinger/*Oetker*, Kommentar zum BGB, § 618 BGB Rn. 248, Rn. 251; Jauernig/*Mansel*, BGB Kommentar, 15. Auflage, § 618 BGB Rn. 5; Dauner-Lieb/Langen/*Klappstein*, BGB, § 618 BGB Rn. 20.

109 *Larenz/Canaris*, Methodenlehre, S. 202.

110 *Zippelius*, Juristische Methodenlehre, S. 55; *Rüthers/Fischer/Birk*, Rechtstheorie, S. 533.

111 *Rüthers/Fischer/Birk*, Rechtstheorie, S. 509.

112 Bereits angedeutet in 1. Teil. § 2.

Gebots gesetzlich festgehalten, woraufhin es jeglichen privatrechtlichen Vorschriften entbehrt. Dementsprechend kann aus der historischen Entwicklung des in Frage stehenden § 618 BGB kein etwaiges Regelungsbedürfnis abgeleitet werden. Denn jene Rechtsnorm wurde seit dem Inkrafttreten des Bürgerlichen Gesetzbuchs nicht geändert.[113] Selbst der Rückblick auf die als Vorbild dienenden Vorschriften des damaligen Gewerbepolizeirechts gemäß §§ 120 a, 120 c GewO a. F. lässt auch angesichts der gleichen sprachlichen Fassung keinen anderen Schluss zu. Danach bestand für alle Gewerbeunternehmer in jeglichen Dienstverhältnissen die Pflicht, ihre Arbeiter gegen Gefahren für Leben und Gesundheit zu schützen.[114] So judizierten die Gerichte über die zu ergreifenden Schutzmaßnahmen des Arbeitgebers gemäß § 618 BGB zwangsläufig nur um die Jahrhundertwende, wobei es in dieser Zeit noch an einer konkreten Verbindung zum Arbeitsschutz mangelte.[115] Die im Laufe der Rechtsentwicklung geschaffenen Spezialnormen[116] reduzieren nun in deren gegenwärtigen Verfügbarkeit die Bedeutung des § 618 BGB auf die Transformation der schutzrechtlichen Vorschriften in die vertraglichen Privatverhältnisse.[117] Gleichermaßen realisiert sich diese Beschränkung der Normreichweite beispielsweise durch die von dem Ausschuss für Arbeitsstätten gemäß § 7 ArbStättV erlassenen Technischen Regeln über Arbeitsstätten (TRA), die im Betrieb umgesetzt werden.[118] Nicht nur infolge der dargestellten Wirkungsweisen ist die individualrechtliche Durchsetzung von § 618 BGB als obsolet zu betrachten.[119] Ebenfalls verhindert das im kollektivrechtlichen Bereich eingeräumte Mitbestimmungsrecht des Betriebsrats über die Arbeitssicherheit gemäß § 87 I Nr. 7 BetrVG einen nötigen Rückgriff auf die zivilrechtliche Vorschrift, weil es zur Erfüllung öffentlich-rechtlicher Arbeitsschutznormen anwendbar ist.[120] Wenngleich es an einem etwaigen Zusammenhang

---

113 *Müller-Petzer*, Fürsorgepflichten des Arbeitgebers, S. 13; von Staudinger/*Oetker*, Kommentar zum BGB, § 618 BGB Rn. 1.

114 *BGH* 05.02.1952 BGHZ 5, 62, 65.

115 MüKO/*Henssler*, § 618 BGB Rn. 6; von Staudinger/*Oetker*, Kommentar zum BGB, § 618 BGB Rn. 15.

116 Vgl. 2. Teil. § 6. I.

117 MüKO/*Henssler*, § 618 BGB Rn. 6; von Staudinger/*Oetker*, Kommentar zum BGB, § 618 BGB Rn. 19.

118 MüKO/*Henssler*, § 618 BGB Rn. 29 f. m. w. N. zu Lehrbeiträgen, wonach sich trotz der dadurch vorgenommenen Konkretisierung des § 3 a I ArbStättV die formulierte Wirkung im Hinblick auf die in § 618 I BGB fixierte Schutzpflicht einstelle.

119 Von Staudinger/*Oetker*, Kommentar zum BGB, § 618 BGB Rn. 8 f. m. w. N. zu Lehrbeiträgen.

120 Von Staudinger/*Oetker*, Kommentar zum BGB, § 618 BGB Rn. 8, Rn. 198, demzufolge angesichts der Konkretisierungsfunktion von öffentlich-rechtlichen Normen der Arbeitssicherheit im Hinblick auf den Pflichtenmaßstab des § 618 I BGB Differenzierungsschwierigkeiten zu befürchten seien. Deshalb sei ein entsprechender Bezug in Gestalt rahmenrechtlicher Regelungen zum Arbeitsschutz ausreichend, um ein Mitbestimmungsrecht des Betriebsrats zu begründen; GK-BetrVG/*Wiese/Gutzeit*, § 87 BetrVG Rn. 591; Wlotzke/Preis/Kreft/*Bender*, BetrVG Kommentar,

zu nur rahmenrechtlich angelegten Sicherheitsbestimmungen[121] mangelt, verbleibt möglicherweise noch das Eingreifen des Mitbestimmungstatbestands gemäß § 87 I Nr. 1 BetrVG[122]. Abgesehen von den Konkurrenzen zwischen den vorhandenen inhaltsbezogenen Rechtsnormen kann angenommen werden, dass der Gesetzgeber aufgrund der angedeuteten Vielzahl an Gestaltungsmöglichkeiten bis heute nicht von einer offensichtlichen Erforderlichkeit einer Fixierung der Dienstkleidungsangelegenheiten ausgeht. Eine korrespondierende gesetzliche Niederlegung erscheint unter diesem Aspekt und in Anerkennung der dem Wandel ständig ausgesetzten Kleidungsart wenig praktikabel. Selbst wenn der gesetzgeberische Wille unbewusst von einer in der Konsequenz zu Recht gebotenen Zurückhaltung beeinflusst wird, stellt sich die Annahme einer vergleichbaren Interessenlage von Schutzkleidung und dienstlicher Bekleidung sodann als problematisch dar. Zunächst lässt die Erweiterung des Schutzzwecks von § 618 I BGB auf die Persönlichkeitssphäre des Dienstverpflichteten[123] und die Integration von allen durch den Dienstberechtigten vorgenommenen Maßnahmen nicht rein technischer Natur[124] eine Ähnlichkeit der Sachverhalte erkennen. Demnach macht die entsprechende Anwendung des § 618 I BGB in Ansehung des Eingriffs einer einheitlichen Kleidervorgabe in die Persönlichkeitsrechte der Arbeitnehmer[125] und der Verknüpfung des notwendigen Umkleidevorgangs mit der Arbeitszeitlage des Einzelnen einen sachgerechten Eindruck. Obgleich dieser Aussichten kommt der regelmäßig nötigen Schutzkleidung ausschließliche Bedeutung hinsichtlich körperschädigender Gefahren für das Personal zu. Dagegen orientiert sich der Zweck der Dienstkleidung an dem dienstlichen Interesse des Betriebsinhabers, ein einheitliches Auftreten in der Öffentlichkeit zu gewährleisten. Der insoweit hervorgerufene Zusammenhang zum Betrieb und damit einer etwaigen Mitbestimmung des Betriebsrats[126] lässt sich mittels § 618 I BGB nicht entsprechend umsetzen. Hängt die zu ergreifende Maßnahme von der Zustimmung des Betriebsrats ab, ist der Erfüllungsanspruch des Betroffenen auf die Ausübung des Initiativrechts durch den Arbeitgeber zum Abschluss einer Betriebsvereinbarung gerichtet. An einer erfolgversprechenden Sicherstellung des Arbeitnehmerschutzbedürfnisses lässt sich zweifeln, wenn zu befürchten ist, dass eine Einigung zunächst

---

§ 87 BetrVG Rn. 139; a. A. Däubler/u. a./*Klebe*, BetrVG, § 87 BetrVG Rn. 216 ff.; Hess/u. a./*Worzalla*, BetrVG Kommentar, § 87 BetrVG Rn. 396.

121 GK-BetrVG/*Wiese/Gutzeit*, § 87 BetrVG Rn. 594.

122 *BAG* 24.03.1981 BAGE 35, 150, 157.

123 *Müller-Petzer*, Fürsorgepflichten des Arbeitgebers, S. 15, woraufhin die Einbeziehung aufgrund der von der Fürsorgepflicht des Arbeitgebers umfassten Aufgabe, die guten Sitten und den Anstand zu wahren, vorzunehmen sei; MüKO/*Henssler*, § 618 BGB Rn. 3; zustimmend von Staudinger/*Oetker*, Kommentar zum BGB, § 618 BGB Rn. 12.

124 Zum Beispiel die Lage der Arbeitszeit erfassend etwa von Staudinger/*Oetker*, Kommentar zum BGB, § 618 BGB Rn. 20.

125 Vgl. 1. Teil. § 1. I.

126 Vgl. 1. Teil. § 2.

im Versuchsstadium der guten Absicht stecken bleibt. Desgleichen wirkt die mit § 618 BGB einhergehende Unabdingbarkeit der individualrechtlich zu treffenden Schutzmaßnahmen gemäß § 619 BGB im Rahmen von Dienstkleidungsangelegenheiten fehlgeleitet. So besteht keine Notwendigkeit für die Anwendung des § 619 BGB, da günstigere Betriebsvereinbarungen stets zulässig sind.[127] Trotz der erwähnenswerten Begründungsansätze für die wirksame Annahme einer vergleichbaren Interessenlage überwiegt im Endeffekt die mit der jeweiligen Kleidung im Betrieb verfolgte Intention und damit die vorhandene Unterschiedlichkeit[128]. Kann nicht mit Hilfe angestellter Vermutungen zum Gesetzgeberwillen über die Planwidrigkeit der Gesetzeslücke hinweggeholfen werden, muss eine analoge Anwendung von § 618 I BGB auf die Dienstkleidung ausscheiden.

II. Kostenverteilung

Aus den bisherig dazu verfassten Ausführungen geht hervor, dass die Kostenübernahme für die Erstbeschaffung, Ersatzaufbringung und Unterhaltung der Kleidung durch den Arbeitgeber üblich ist, insofern das mit der Einführung einer Dienstkleidung verbundene dienstliche Interesse verfolgt wird.[129] Diese Verpflichtung trifft den Arbeitgeber vor allem dann, wenn er das Tragen einer besonders ausgestalteten Kleidung zum Zwecke der Vereinheitlichung wünscht.[130]

Für den Fall, dass sich in den genannten Vorschriften keine Bestimmung über die Finanzen findet, ist nach den Grundsätzen von Treu und Glauben gemäß § 242 BGB unter Berücksichtigung der arbeitgeberseitigen Fürsorgepflicht eine Entscheidung zu treffen.[131] Dafür sind die Höhe der Kosten im Verhältnis zum Arbeitsverdienst und die Gebrauchstauglichkeit der Dienstkleidung außerhalb des Arbeitsverhältnisses ausschlaggebend.[132] Als Maßstab für die Bestimmung des privaten Gebrauchsvorteils, der in den ersparten Aufwendungen für die Anschaffung einer individuellen Kleidung liegt, gilt das für die Berufskleidung Gesagte.[133] Überdies können die betriebliche Übung und der Gleichbehandlungsgrundsatz die Rechtsgrundlage für die Kostenübernahme bilden.[134] Eine anteilige Tragung der Finanzen durch den

---

127 Von Staudinger/*Oetker*, Kommentar zum BGB, § 619 BGB Rn. 18.

128 Im Gegensatz zu den eine Gleichbehandlung rechtfertigenden Gründen *Zippelius*, Juristische Methodenlehre, S. 55.

129 *BAG* 01.12.1992 BAGE 72, 40, 44 f.; *BAG* 19.05.1998 BAGE 89, 26, 29; *BAG* 13.07.2010 AP Nr. 1 zu § 2 TVöD, zu A. II. 3. b) cc) der Gründe; zur fehlenden Verpflichtungsmöglichkeit im Sinne des § 618 BGB siehe *Müller-Petzer*, Fürsorgepflichten des Arbeitgebers, S. 14.

130 *Heilmann*, AiB 1994, 7, 8.

131 Küttner/*Kreitner*, Personalbuch 2016, Arbeitskleidung Rn. 10.

132 Küttner/*Kreitner*, Personalbuch 2016, Arbeitskleidung Rn. 10.

133 Vgl. 2. Teil. § 5.

134 Schaub/*Koch*, Arbeitsrechts-Handbuch, S. 863.

Arbeitnehmer ist grundlegend zulässig[135], wobei aus Schutzgründen eine entsprechende Kostenabwälzung von ungefähr 50 % nicht geregelt werden kann[136].

Sollte der Arbeitgeber die Dienstkleidung auf seine Kosten zur Verfügung stellen, kann der Arbeitnehmer von einer leihweisen Überlassung ausgehen, die mit Abschluss des Arbeitsverhältnisses endet.[137] Diesbezüglich würde der Arbeitnehmer für schuldhafte Beschädigungen oder einen Verlust gemäß §§ 280 I, 823 I BGB in Form von Schadensersatzleistungen haftbar gemacht werden können.[138] Die richterlich geschaffene Privilegierung für den Bereich der Arbeitnehmerhaftung in Form der Grundsätze des innerbetrieblichen Schadensausgleichs findet Anwendung.[139]

III. Zielvorstellung als Differenzierungsgarant

Insgesamt zeigt sich nach Abgrenzung der genutzten Kleidungsformen im beruflichen Alltag der Arbeitnehmer, dass sich aus den Definitionen der Arbeitskleidung, der Berufskleidung und der Schutzkleidung ähnlich gelagerte Bekleidungsfunktionen ableiten lassen. Die Kleidungsstücke der jeweiligen Bekleidungsart sind primär auf den Schutz des betreffenden Trägers ausgerichtet. Lediglich in Bezug auf dessen inhaltliche Ausformung muss differenziert werden: Die Arbeitskleidung, als auch die Berufskleidung dienen dem Schutz der Zivilkleidung, wohingegen die Schutzkleidung ihre Wirkung im Hinblick auf die Gefahren für die körperliche Integrität des Einzelnen entfaltet. Die Berufskleidung kommt darüber hinaus mittelbar dem Schutz anderer Personengruppen zu Gute, indem notwendige Berufsstandards mit Hilfe der Bekleidung erfüllt werden. Davon unabhängig kann die Zielrichtung der Dienstkleidung verstanden werden. Diese Bekleidungsform setzt das dienstliche Interesse des Betriebsinhabers um, wobei dessen Inhalt einer näheren Spezifizierung durch den Arbeitgeber zugänglich ist.

Aufbauend auf die erarbeitete Bestimmung der Dienstkleidung wird sich als Nächstes der fundamentalen Frage eines Mitbestimmungsrechts des Betriebsrats im Hinblick auf eine einheitliche Kleidervorschrift gewidmet.

---

135 *Schmid/Roßmann*, Arbeitsverhältnis der Besatzungsmitglieder, S. 73.

136 *BAG* 01.12.1992 BAGE 72, 40, 40.

137 Küttner/*Kreitner*, Personalbuch 2016, Arbeitskleidung Rn. 10; so beispielsweise formuliert in *BAG* 17.11.2015 NZA 2016, 247, 248.

138 Küttner/*Kreitner*, Personalbuch 2016, Arbeitskleidung Rn. 10.

139 Schaub/*Linck*, Arbeitsrechts-Handbuch, S. 599 m. w. N.; MüKO/*Wagner*, § 823 BGB Rn. 115.

3. Teil. Mitbestimmungsrechte des Betriebsrats

Sowohl für den Arbeitgeber als auch für den Betriebsrat ist die gesicherte Kenntnis über die Reichweite der denkbaren Beteiligungen notwendig für die effektive Wahrnehmung der ihnen obliegenden Rechte und Pflichten. Mitbestimmungsrechte des Betriebsrats über die Einführung und Ausgestaltung der Dienstkleidung ergeben sich nur aus dem Bereich der sozialen Angelegenheiten gemäß § 87 BetrVG. Im personellen und wirtschaftlichen Bereich des Betriebsverfassungsgesetzes sind keine Mitbestimmungsrechte ersichtlich. Insoweit können die besagten Regelungen unter die Ordnung und das Verhalten der Arbeitnehmer im Betrieb gemäß § 87 I Nr. 1 BetrVG subsumiert werden. Abgesehen von der wesentlichen Problematik der Zulässigkeit solcher Maßnahmen und den ästhetischen Inhalten kommt in Betracht, das Umkleiden als Arbeitszeit im Sinne des § 87 I Nr. 2 BetrVG zu qualifizieren.

Eingangs werden die grundlegenden Merkmale und Leitlinien des jeweiligen Mitbestimmungstatbestands dargelegt. Darauf aufbauend ist zum einen die von der herrschenden Meinung geforderte teleologische Reduktion des § 87 I Nr. 1 BetrVG[140] näher zu beleuchten, um im Anschluss daran einer denkbaren Mitbestimmung des Betriebsrats den richtigen inhaltlichen Anknüpfungspunkt zuzuordnen. Nach dem untersuchten Mitbestimmungsrecht des Betriebsrats bei der Einführung und Ausgestaltung einer Dienstkleidungsvorgabe wird in Anlehnung an die formulierten Beurteilungsmaßstäbe zum anderen geklärt, ob und inwieweit das erforderliche Ankleiden von der Arbeitszeit umfasst und dementsprechend ein Mitbestimmungsrecht des Betriebsrats begründet wird.

§ 8. Einführung und Ausgestaltung gemäß § 87 I Nr. 1 BetrVG

Der Betriebsrat hat gemäß § 87 I Nr. 1 BetrVG, soweit eine gesetzliche oder tarifliche Regelung nicht besteht, in Angelegenheiten der Ordnung des Betriebs und des Verhaltens der Arbeitnehmer im Betrieb, mitzubestimmen. Nach überwiegender Ansicht ist die Einführung einer Dienstkleidung unproblematisch zulässig und unterfällt dem Mitbestimmungstatbestand des § 87 I Nr. 1 BetrVG, wenn der Zweck eines einheitlichen äußeren Erscheinungsbilds erreicht werden soll.[141] Im gleichen

140 *BAG* 11.06.2002 BAGE 101, 285, 287; Schaub/*Koch*, Arbeitsrechts-Handbuch, S. 2478; *Fitting*, BetrVG Handkommentar, § 87 BetrVG Rn. 66; *Wißmann*, NZA 2003, 1, 5.

141 Stetige Rechtsprechung des Gerichts *BAG* 01.12.1992 BAGE 72, 40, 40; *BAG* 13.02.2007 BAGE 121, 147, 153; *BAG* 17.01.2012 BAGE 140, 223, 226 f.

Umfang wird ein Mitbestimmungsrecht des Betriebsrats für die Ausgestaltung einer Dienstkleidungsvorschrift angenommen.[142]

I. Grundlagen des Mitbestimmungsrechts

Das erzwingbare Mitbestimmungsrecht des § 87 I Nr. 1 BetrVG umfasst das Zusammenleben und Zusammenwirken der Belegschaft im Betrieb.[143] Der Arbeitnehmer erbringt seine vertraglich geschuldete Arbeitsleistung innerhalb einer vom Arbeitgeber geleiteten Arbeitsorganisation.[144] Mithin kann der Arbeitgeber aufgrund seines Organisationsrechts gemäß Art. 12 I GG und seines Direktionsrechts gemäß § 106 S. 2 GewO auf den betrieblichen Bereich einwirken.[145] Durch die Verkürzung der Regelungsbefugnis des Arbeitgebers werden die jeweiligen Interessen zu einem gleichberechtigten Ausgleich gebracht[146], um so eine Teilhabe des Arbeitnehmers an der Gestaltung des Zusammenlebens im Betrieb zu gewährleisten[147].

1. Persönlicher und sachlicher Geltungsbereich

Notwendige Voraussetzung für das Eingreifen des Mitbestimmungstatbestands ist ein kollektivrechtlicher Bezug der Maßnahme.[148] Dies ist der Fall, wenn die

---

142 Ständige Rechtsprechung des Gerichts *BAG* 08.08.1989 AP Nr. 15 zu § 87 BetrVG 1972 Ordnung des Betriebes, zu B. I. 3. der Gründe m. w. N. zu Lehrbeiträgen; *BAG* 01.12.1992 BAGE 72, 40, 43; *BAG* 17.01.2012 BAGE 140, 223, 227.

143 Stetige Rechtsprechung des Gerichts grundlegend *BAG* 24.03.1981 BAGE 35, 150, 156; nachfolgend *BAG* 21.08.1990 AP Nr. 17 zu § 87 BetrVG 1972 Ordnung des Betriebes, zu II. 1. a) der Gründe; *BAG* 01.12.1992 BAGE 72, 40, 42; *BAG* 08.06.1999 AP Nr. 31 zu § 87 BetrVG 1972 Ordnung des Betriebes, zu B. I. 1. der Gründe; *BAG* 28.05.2002 BAGE 101, 216, 221; *BAG* 11.06.2002 BAGE 101, 285, 286.

144 *Fitting*, BetrVG Handkommentar, § 87 BetrVG Rn. 63.

145 *BAG* 24.03.1981 BAGE 35, 150, 155 f.; *BAG* 23.10.1984 BAGE 47, 96, 105 f.; *BAG* 01.12.1992 BAGE 72, 40, 40; *BAG* 23.07.1996 AP Nr. 26 zu § 87 BetrVG 1972 Ordnung des Betriebes, zu B. I. 2. a) aa) der Gründe; *BAG* 11.06.2002 BAGE 101, 285, 287.

146 *Fitting*, BetrVG Handkommentar, § 87 BetrVG Rn. 3; Richardi/*Richardi*, BetrVG Kommentar, § 87 BetrVG Rn. 8; Wlotzke/*Preis*/Kreft, BetrVG Kommentar, § 1 BetrVG Rn. 4 f.; *Löwisch/Kaiser*, BetrVG Kommentar, § 87 BetrVG Rn. 1.

147 *BAG* 24.03.1981 BAGE 35, 150, 156 m. w. N.; *BAG* 23.10.1984 BAGE 47, 96, 105; *BAG* 23.07.1996 AP Nr. 26 zu § 87 BetrVG 1972 Ordnung des Betriebes, zu B. I. 2. a) aa) der Gründe; *BAG* 27.01.2004 BAGE 109, 235, 238.

148 *Schriftlicher Bericht des Ausschusses für Arbeit und Sozialordnung* 14.10.1971, BT-Drucksache 06/2729, S. 2, der zustimmend im Hinblick auf die Errichtung eines Betriebsrats und damit der Eröffnung der Mitbestimmungsrechte mindestens fünf wahlberechtigte Arbeitnehmer, von denen drei wählbar sind, fordert; grundlegend *BAG* 07.09.1956 BAGE 3, 207, 211 f., demzufolge sei die Möglichkeit einer generellen Betriebsvereinbarung nicht gegeben, weil das Mitbestimmungsrecht nicht erst dadurch geschaffen werde; nachfolgend *BAG (GS)* 03.12.1991 BAGE 69, 134, 162; *BAG* 18.10.1994 AP Nr. 70 zu § 87 BetrVG 1972 Lohngestaltung, zu B. I. 1. der

betrieblichen Angelegenheiten abstrakt generell und damit unabhängig von dem konkreten Arbeitsverhältnis geregelt werden.[149] Der kollektive Anknüpfungspunkt wird nicht nur angenommen, wenn eine Vielzahl von Arbeitnehmern persönlich betroffen ist, sondern auch, wenn eine Maßnahme für einen Arbeitsplatz in mehreren Fällen greift oder eine generelle Regelung persönliche Wünsche berücksichtigt.[150] Das Gleiche gilt für unterschiedliche Einzelmaßnahmen zwischen denen ein innerer Zusammenhang besteht.[151] In Abgrenzung dazu handelt es sich um eine individuelle Bestimmung, wenn Regelungsanlass sowie Regelungsinhalt sich auf die in dem einzelnen Arbeitnehmer liegenden Umstände gründen und deshalb eine Anpassung an die berechtigten persönlichen Bedürfnisse erforderlich machen.[152] Als Entscheidungshilfe können die Auswirkungen betrachtet werden, die infolge des Austauschs des betreffenden Mitarbeiters eintreten.[153] Ändert sich nichts an der Sachlage, ist die Angelegenheit prinzipiell der Mitbestimmung des Betriebsrats zugänglich.[154]

Unter einem Arbeitnehmer werden gemäß § 5 I BetrVG Mitarbeiter verstanden, die in einem Arbeitsverhältnis zum Betriebsinhaber stehen und unselbstständige

---

Gründe; Düwell/*Kohte*, BetrVG Handkommentar, § 87 BetrVG Rn. 7; Hess/u. a./*Worzalla*, BetrVG Kommentar, § 87 BetrVG Rn. 19; Wlotzke/Preis/Kreft/*Bender*, BetrVG Kommentar, § 87 BetrVG Rn. 10; GK-BetrVG/*Wiese*, § 87 BetrVG Rn. 198; *Löwisch/Kaiser*, BetrVG Kommentar, § 87 BetrVG Rn. 2; a. M. Däubler/u. a./*Klebe*, BetrVG, § 87 BetrVG Rn. 23, woraufhin das Mitbestimmungsrecht unabhängig davon bestehe, ob alle Arbeitnehmer oder nur ein einzelner Mitarbeiter betroffen seien.

149 Wlotzke/Preis/Kreft/*Bender*, BetrVG Kommentar, § 87 BetrVG Rn. 10; *Löwisch/Kaiser*, BetrVG Kommentar, § 87 BetrVG Rn. 2; *Wank*, FS Wiese, 617, 630; a. A. *Raab*, ZfA 2001, 31, 39, dementsprechend aus dem Normzweck des einzelnen Mitbestimmungstatbestands ein mutmaßlicher Individualschutz abzuleiten sei.

150 *BAG* 18.11.1980 AP Nr. 3 zu § 87 BetrVG Arbeitszeit, zu 2. b) der Gründe; *BAG* 08.11.1983 BAGE 44, 226, 232; *BAG* 13.10.1987 BAGE 56, 197, 214; *Raab*, NZA 1993, 193, 196; *Löwisch/Kaiser*, BetrVG Kommentar, § 87 BetrVG Rn. 2.

151 *BAG* 24.11.1987 BAGE 56, 346, 356; *BAG (GS)* 03.12.1991 BAGE 69, 134, 162 m. w. N.; *BAG* 20.01.1998 AP Nr. 73 zu § 77 BetrVG 1972, zu B. II. 2. b) aa) der Gründe; GK-BetrVG/*Wiese*, § 87 BetrVG Rn. 33 m. w. N.

152 *BAG* 18.11.1980 AP Nr. 3 zu § 87 BetrVG Arbeitszeit, zu 2. b) der Gründe; *BAG* 11.1986 AP Nr. 21 zu § 87 BetrVG Arbeitszeit, zu B. II. 1 der Gründe; *BAG* 24.11.1987 BAGE 56, 346, 356; *BAG*, Beschluss vom 12.11.1991 – 1 ABR 12/91 –, juris Rn. 13; *BAG* 16.03.2004 BAGE 110, 45, 58; *BAG* 24.04.2007 BAGE 122, 127, 134; *Fitting*, BetrVG Handkommentar, § 87 BetrVG Rn. 16; Wlotzke/Preis/Kreft/*Bender*, BetrVG Kommentar, § 87 BetrVG Rn. 10; Richardi/*Richardi*, BetrVG Kommentar, § 87 BetrVG Rn. 29; GK-BetrVG/*Wiese*, § 87 BetrVG Rn. 15; *Löwisch/Kaiser*, BetrVG Kommentar, § 87 BetrVG Rn. 2; *Raab*, NZA 1993, 193, 196; kritisch hinsichtlich der Abgrenzungskriterien *Wank*, FS Wiese, 617, 631.

153 Däubler/u. a./*Klebe*, BetrVG, § 87 BetrVG Rn. 23; Richardi/*Richardi*, BetrVG Kommentar, § 87 BetrVG Rn. 29.

154 *Raab*, NZA 1993, 193, 196; Däubler/u. a./*Klebe*, BetrVG, § 87 BetrVG Rn. 23.

Arbeit im Betrieb leisten.[155] Nach Meinung des *BAG*[156] definiert sich der Ausdruck „Betrieb“ funktional. Aus dem Sinn und Zweck des Mitbestimmungsrechts gemäß § 87 I Nr. 1 BetrVG ergebe sich, dass nicht die Organisation der dem Arbeitgeber zur Verfügung stehenden Sachmittel betroffen sei, sondern das Zusammenwirken der Arbeitnehmer. Es sei lediglich die Arbeitnehmertätigkeit im Rahmen der Betriebsorganisation erfasst. Schlussfolgernd sei davon auch das Arbeitnehmerverhalten außerhalb der Betriebsstätte, beispielsweise gegenüber Kunden, Lieferanten und Geschäftspartnern, von dem Mitbestimmungsrecht des Betriebsrats betroffen.[157] Es gilt zu berücksichtigen, dass die inhaltliche Bezugnahme des Mitbestimmungsrechts auf das Zusammenwirken der Arbeitnehmer keine Legitimation für einen Eingriff in die private Lebensführung darstellt.[158] Solange sich die Maßnahme jedoch auf die Dauer der beruflichen Tätigkeit erstreckt, verfügt der Betriebsrat über ein zwingendes Mitbestimmungsrecht.[159]

Der inhaltliche Prüfungsgegenstand des § 87 I Nr. 1 BetrVG ist laut Auffassung des *BAG*[160] immer die Einzelregelung des Arbeitgebers. Würden Verhaltensregeln mit unterschiedlichem Inhalt in einem Gesamtwerk zusammengefasst seien, habe dies nicht zur Folge, dass jene umfassende Fixierung pauschal mitbestimmungspflichtig oder mitbestimmungsfrei sei. Respektive sei hinsichtlich der Beteiligungspflicht nach dem Inhalt der einzelnen Regelungen zu differenzieren.[161] Demzufolge greift das Mitbestimmungsrecht für alle gestaltenden Maßnahmen des Arbeitgebers: Sowohl wenn im Betrieb eine einheitliche Betriebsordnung geschaffen werden soll, als auch wenn der Arbeitgeber Gegenstände der betrieblichen Ordnung durch Einzelanweisungen oder arbeitsvertragliche Bestimmungen regeln möchte.[162]

---

155 Düwell/*Kohte*, BetrVG Handkommentar, § 87 BetrVG Rn. 4.

156 Grundlegend *BAG* 13.06.1989 BAGE 62, 100, 107.

157 *BAG* 13.06.1989 BAGE 62, 100, 107; *BAG* 27.01.2004 BAGE 109, 235, 239; *BAG* 22.07.2008 BAGE 127, 146, 164.

158 *BAG* 19.01.1999 BAGE 90, 316, 324; *BAG* 28.05.2002 BAGE 101, 216, 222; *BAG* 27.01.2004 BAGE 109, 235, 239.

159 Dahingehend entsteht zum Beispiel eine Abhängigkeit von der Ausgestaltung der Trageverpflichtung einer Dienstkleidung, so für den öffentlichen Dienst vor Inkrafttreten des TVöD Ramdohr/*Hindahl*, Tarifrecht Kommentar, Teil 1a, § 67 BAT Rn. 3; im betriebsverfassungsrechtlichen Bereich siehe *Besgen*, Betriebsverfassungsrecht, S. 495, der deshalb eine Mitbestimmung des Betriebsrats bei Kleiderordnungen formuliert.

160 *BAG* 22.07.2008 BAGE 127, 146, 146, 161.

161 *BAG* 22.07.2008 BAGE 127, 146, 146, 161.

162 *BAG* 28.05.2002 BAGE 101, 216, 222; *Fitting*, BetrVG Handkommentar, § 87 BetrVG Rn. 68.

2. *Tatbestandsvarianten*

Nach heute vorherrschender Meinung des *BAG*[163] ist bei arbeitgeberseitigen Maßnahmen zwischen dem mitbestimmungspflichtigen Ordnungsverhalten und dem mitbestimmungsfreien Arbeitsverhalten zu unterscheiden. Ob eine Regelung das Ordnungsverhalten oder das Arbeitsverhalten betrifft, wird nach dem objektiven Zweck der jeweiligen Maßnahme beurteilt.[164] Dieser bestimmt sich nach dem Inhalt der Vereinbarung und der Art des zu beeinflussenden betrieblichen Geschehens.[165]

Regelungen, die dazu dienen, das sonstige Verhalten der Arbeitnehmer zu koordinieren, betreffen die Ordnung des Betriebs.[166] Zur Durchsetzung und Bewahrung dieser betrieblichen Ordnung sind allgemeingültige Verhaltensregeln und Anordnungen aufzustellen.[167] Es ist ausreichend, wenn Anreize zu ihrer Befolgung gegeben[168] oder Sanktionen für Verstöße gegen sie angedroht werden[169]. Daneben wird die Aufstellung von Verhaltensnormen erfasst, durch die der ungestörte Arbeitsablauf gesichert und ein reibungsloses Zusammenleben und Zusammenwirken der

163 Grundlegend *BAG* 09.12.1980 AP Nr. 2 zu § 87 BetrVG Ordnung des Betriebes, zu B. I. 2. der Gründe m. w. N.

164 Ständige Rechtsprechung des Gerichts *BAG* 09.12.1980 AP Nr. 2 zu § 87 BetrVG Ordnung des Betriebes, zu B. I. 2. der Gründe m. w. N.; *BAG* 24.11.1981 BAGE 37, 112, 116; *BAG* 08.11.1994 BAGE 78, 224, 228 f.; *BAG* 19.01.1999 BAGE 90, 316, 324; *BAG* 25.01.2000 BAGE 93, 276, 280; *BAG* 28.05.2002 BAGE 101, 216, 223; *BAG* 11.06.2002 BAGE 101, 285, 286 f.; *BAG* 13.02.2007 BAGE 121, 147, 151; *BAG* 22.07.2008 BAGE 127, 146, 163.

165 Stetige Rechtsprechung des Gerichts *BAG* 08.11.1994 BAGE 78, 224, 227 f. m. w. N.; *BAG* 11.06.2002 BAGE 101, 285, 287; *BAG* 13.02.2007 BAGE 121, 147, 151.

166 Ständige Rechtsprechung des Gerichts *BAG* 24.03.1981 BAGE 35, 150, 155; *BAG* 01.12.1992 BAGE 72, 40, 42; *BAG* 11.06.2002 BAGE 101, 285, 286 f.; *BAG* 22.07.2008 BAGE 127, 146, 163.

167 Schaub/*Koch*, Arbeitsrechts-Handbuch, S. 2479.

168 Richardi/u. a./*Matthes*, Münchener Handbuch zum Arbeitsrecht, § 243 Rn. 3.

169 *BAG* 12.09.1967 BAGE 20, 79, 81; *BAG* 24.03.1981 BAGE 35, 150, 155; *BAG* 17.10.1989 BAGE 63, 169, 176.

Mitarbeiter gewährleistet werden soll.[170] Infolge dessen hat der Betriebsrat ebenfalls in Angelegenheiten des Ordnungsverhaltens der Arbeitnehmer mitzubestimmen.[171]

Maßnahmen zur Regulierung des Arbeitsverhaltens sind solche, durch welche die Arbeitspflicht unmittelbar konkretisiert und eingefordert wird.[172] Zum einen werden daher alle Verpflichtungen umfasst, bei denen der Arbeitgeber kraft seiner Organisationsmacht und Leitungsmacht näher bestimmt, welche Arbeiten in welcher Weise auszuführen sind.[173] In diesen Fällen besteht kein Mitbestimmungsrecht des Betriebsrats, weil sich die betreffende Tätigkeitsbeschreibung aus dem Arbeitsvertrag bereits durch die Ausübung des Direktionsrechts nach Maßgabe des § 106 S. 1 GewO konkretisiert.[174] Zum anderen unterliegen alle individualrechtlichen Befugnisse, mit denen der Arbeitgeber auf ein Fehlverhalten des Arbeitnehmers reagiert, dem Arbeitsverhalten.[175]

---

170 Grundlegend *BAG* 27.05.1960 BAGE 9, 238, 240; *BAG* 12.09.1967 BAGE 20, 79, 82, wonach mit Hilfe von Betriebsbußen auf das von der betrieblichen Ordnung geforderte Arbeitnehmerverhalten im Betrieb Einfluss genommen werden solle; *BAG* 24.03.1981 BAGE 35, 150, 154 ff., das zwar letztlich diese Einschränkung auf das betriebliche Ordnungsverhalten vornimmt, aber zunächst von der Mitbestimmung über beide Tatbestandsmerkmale ausgeht. Solle nur ein Bezug zur betrieblichen Ordnung hergestellt werden, wäre eine zusätzliche Aufführung des Verhaltens der Arbeitnehmer im Betrieb überflüssig gewesen. Ansonsten würden Ausgestaltungsregelungen der betrieblichen Ordnungen das so verstandene Verhalten der Arbeitnehmer mit umfassen; nachfolgend *BAG* 18.04.2000 AP Nr. 33 zu § 87 BetrVG 1972 Überwachung, zu B. II. 1. a) der Gründe; *BAG* 22.07.2008 BAGE 127, 146, 164; *BAG* 10.03.2009 BAGE 129, 364, 367 m. w. N.

171 Däubler/u. a./*Klebe*, BetrVG, § 87 BetrVG Rn. 53.

172 *BAG* 27.05.1960 BAGE 9, 238, 241; *BAG* 08.12.1981 BAGE 37, 212, 214; *BAG* 08.06.1999 AP Nr. 31 zu § 87 BetrVG 1972 Ordnung des Betriebes, zu B. I. 1. der Gründe m. w. N.; *BAG* 11.06.2002 BAGE 101, 285, 287; *BAG* 27.01.2004 BAGE 109, 235, 238; missverständlich jedoch die Terminologie von *BAG* 01.12.1992 BAGE 72, 40, 43, demgemäß „die Festlegung einer Kleiderordnung die Art und Weise der Verrichtung der Arbeit betrifft" und daher der Mitbestimmung des Betriebsrats unterliege.

173 *BAG* 27.05.1960 BAGE 9, 238, 241; *BAG* 08.11.1994 BAGE 78, 224, 227; *BAG* 08.06.1999 AP Nr. 31 zu § 87 BetrVG 1972 Ordnung des Betriebes, zu B. I. 1. der Gründe; BAG 18.04.2000 AP Nr. 33 zu § 87 BetrVG 1972 Überwachung, zu B. II. 1. a) der Gründe; *BAG* 27.09.2005 BAGE 116, 36, 41 f.; Richardi/*Richardi*, BetrVG Kommentar, § 87 BetrVG Rn. 194.

174 Zustimmend Richardi/u. a./*Matthes*, Münchener Handbuch zum Arbeitsrecht, § 243 Rn. 3, Rn. 10; *von Hoyningen-Huene*/BAG 23.10.1984, AP Nr. 8 zu § 87 BetrVG 1972 Ordnung des Betriebes, zu 2.

175 *BAG* 30.01.1979 AP Nr. 2 zu § 87 BetrVG 1972 Betriebsbuße, zu I. 2. b) der Gründe; *BAG* 17.10.1989 BAGE 63, 169, 178, woraufhin ein Verstoß gegen die kollektive Ordnung zugleich als Verstoß gegen die arbeitsvertraglichen Pflichten zu qualifizieren sei und daher das Mitbestimmungsrecht entfallen müsse.

Entgegen der früheren Auffassung der Rechtsprechung, wonach ein Zusammentreffen der beiden beschriebenen Tatbestandsmerkmale „Ordnung des Betriebs" und „Verhalten der Arbeitnehmer im Betrieb" zu einer Mitbestimmungsfreiheit der Maßnahme führte[176], ist gegenwärtig entscheidend, welcher Regelungszweck überwiegt[177]. Demgegenüber statuiert die Literaturmeinung explizit ein Mitbestimmungsrecht des Betriebsrats, da nicht ausschließlich die Arbeitsleistung näher bestimmt wird.[178] Diese Auslegung begünstigt die Möglichkeit einer Mitbestimmung des Betriebsrats vor allem dann, wenn die geschuldete arbeitsvertragliche Pflicht nur im geringen Umfang betroffen ist.[179] Die am Regelungszweck vorgenommene Grenzziehung ist nach Ansicht der *Lehre*[180] nicht durchführbar. Allein die Tatsache der Bezugnahme auf das Arbeitsverhalten rechtfertige nicht den Wegfall des Mitbestimmungsrechts. Der durch die betreffende Regelung hergestellte Zusammenhang sei lediglich für die Ausübung und damit die Schranken der Mitbestimmung des Betriebsrats relevant. Der Anordnung an sich könne der Betriebsrat nicht wirksam widersprechen. Hingegen werde durch die Ausgestaltung der besagten Maßnahme das Ordnungsverhalten berührt, infolge dessen ein diesbezügliches Mitbestimmungsrecht gegeben sei.[181]

II. Teleologische Reduktion des Regelungsbereichs

Ob die beschriebenen Leitlinien eine zweifelsfreie Abgrenzung zwischen mitbestimmungsfreiem und mitbestimmungspflichtigem Verhalten überhaupt denkbar erscheinen lassen, ist mit Blick auf die Eröffnung des Anwendungsbereichs von § 87 I Nr. 1 BetrVG und dessen inhaltlicher Reichweite für Dienstkleidungsangelegenheiten zu prüfen. Dahingehend wird die Rechtscharakterisierung der in dem Tatbestand des § 87 I Nr. 1 BetrVG vorgenommenen teleologischen Reduktion in Frage gestellt.

---

176 *BAG* 30.01.1979 AP Nr. 2 zu § 87 BetrVG 1972 Betriebsbuße, zu I. 2. b) der Gründe.

177 *BAG* 11.06.2002 BAGE 101, 285, 287.

178 *Fitting*, BetrVG Handkommentar, § 87 BetrVG Rn. 66; Richardi/*Richardi*, BetrVG Kommentar, § 87 BetrVG Rn. 180; Däubler/u. a./*Klebe*, BetrVG, § 87 BetrVG Rn. 55; Wlotzke/Preis/Kreft/*Bender*, BetrVG Kommentar, § 87 BetrVG Rn. 37.

179 *Fitting*, BetrVG Handkommentar, § 87 BetrVG Rn. 66.

180 Richardi/*Richardi*, BetrVG Kommentar, § 87 BetrVG Rn. 180; GK-BetrVG/*Wiese*, § 87 BetrVG Rn. 208 f.; Wlotzke/Preis/Kreft/*Bender*, BetrVG Kommentar, § 87 BetrVG Rn. 37.

181 Richardi/*Richardi*, BetrVG Kommentar, § 87 BetrVG Rn. 180; GK-BetrVG/*Wiese*, § 87 BetrVG Rn. 208 f.; Wlotzke/Preis/Kreft/*Bender*, BetrVG Kommentar, § 87 BetrVG Rn. 37.

1. Eingeschränkter Wortlaut

Was den Sprachgebrauch betrifft, hatte das *BAG*[182] schon in seinen Entscheidungen zu § 56 I Buchstabe f) BetrVG 1952 als Vorgängernorm des heutigen § 87 I Nr. 1 BetrVG das Mitbestimmungsrecht des Betriebsrats nur bedingt angeordnet. So seien keine Mitbestimmungsrechte für arbeitsnotwendige Maßnahmen ersichtlich. Eine solche Erforderlichkeit ergebe sich daraus, dass der Arbeitnehmer seiner Arbeitspflicht ohne Beachtung der betreffenden Regelung nicht ordnungsgemäß nachkommen könne.[183] Die beschriebene methodische Vorgehensweise wurde bald als konturenlos und wenig präzise qualifiziert, da einerseits die Bestimmung der Arbeitsnotwendigkeit und andererseits alternativ zu beurteilende Sachverhalte kaum denkbar erschienen.[184]

In der weiterführenden Rechtsprechung blieb es dennoch bei einer nur bedingten Anwendbarkeit der Mitbestimmung des Betriebsrats. Die Verkürzung des Wortlauts ist gegenwärtig darin zu sehen, dass das *BAG*[185] unter dem Arbeitsverhalten nur noch diejenigen Regeln und Weisungen versteht, die bei der unmittelbaren Leistungserbringung zu beachten sind. Diese gehören zu den „klassischen" Aufgaben des Arbeitgebers und schließen eine Beteiligung des Betriebsrats angesichts seiner fehlenden Organstellung zur Kontrolle von Arbeitsbedingungen aus.[186] Mithin ist nach heute überwiegend bestehender Ansicht eine teleologische Reduktion des

---

182 Grundlegend *BAG* 27.05.1960 BAGE 9, 238, 238, das zwar nicht explizit von arbeitsnotwendigen Maßnahmen spricht, aber Konkretisierungen im Hinblick auf die Arbeitspflicht von der Mitbestimmung des Betriebsrats ausgliedert.

183 *BAG* 27.05.1960 BAGE 9, 238, 238; *BAG* 15.12.1961 BAGE 12, 124, 127; *BAG* 12.09.1967 BAGE 20, 79, 82; Richardi/u. a./*Matthes*, Münchener Handbuch zum Arbeitsrecht, § 243 Rn. 16, woraufhin von der Mitbestimmungsfreiheit der arbeitsnotwendigen Maßnahme auszugehen sei, da diese sich trotz Bestandteil des Ordnungsverhaltens in gewissem Umfang auf das Arbeitsverhalten beziehe; *Edenfeld*/BAG 13.02.2007, AP Nr. 40 zu § 87 BetrVG 1972 Ordnung des Betriebes, zu 1., demzufolge die arbeitsvertragliche Erforderlichkeit neben dem Zweck eines einheitlichen Erscheinungsbilds als denkbare Zielsetzung zu qualifizieren sei; *Brose/Greiner/Preis*, NZA 2011, 369, 374, die für die Lösung ihrer beispielhaften Sachverhalte ebenso auf die Erforderlichkeit der Maßnahme für die ordnungsgemäße Erbringung der Arbeitsleistung abstellen.

184 *Fitting/Auffarth/Kaiser*, BetrVG Handkommentar, 14. Auflage, § 87 BetrVG Rn. 30 m. w. N.; *Weiss/Weyand*, BetrVG, § 87 BetrVG Rn. 17.

185 *BAG* 08.11.1994 BAGE 78, 224, 228 f.; *BAG* 23.07.1996 AP Nr. 26 zu § 87 BetrVG 1972 Ordnung des Betriebes, zu B. II. 2. a) aa)/bb) der Gründe; ebenso Düwell/*Kohte*, BetrVG Handkommentar, § 87 BetrVG Rn. 31; *Henssler*/BAG 08.08.1989, SAE 1990, 343, 344, aufgrund dessen der fehlende Bezug zum Zusammenleben und Zusammenwirken der Arbeitnehmer eine Erweiterung der mitbestimmungspflichtigen Maßnahmen begründe; *Wiese*/BAG 08.08.1989, AP Nr. 13 zu § 87 BetrVG 1972 Betriebliche Ordnung, zu I. 1.; *Wißmann*, NZA 2003, 1, 5.

186 Wlotzke/Preis/Kreft/*Bender*, BetrVG Kommentar, § 87 BetrVG Rn. 34.

überschießenden Wortlauts des § 87 I Nr. 1 BetrVG erforderlich.[187] Dabei wird der Gesetzestext einer nach dem Plan des Gesetzes zu weit geratenen Norm eingeschränkt, um so den nicht vollständig zum Ausdruck kommenden Gesetzgeberwillen zu konkretisieren.[188] Angesichts der sprachlichen Fassung des 87 I Nr. 1 BetrVG würde sonst jedes Verhalten der Arbeitnehmer im Betrieb, die Art und Weise der Erbringung der Arbeitsleistung eingeschlossen, der Mitbestimmung des Betriebsrats unterworfen werden.[189] Dies entspricht nicht dem Willen des Gesetzgebers[190], weil dadurch andere, speziell geregelte Mitbestimmungstatbestände wie zum Beispiel § 87 I Nr. 2 BetrVG oder § 87 I Nr. 6 BetrVG obsolet würden[191]. Ferner wären systematisch betrachtet, Wertungswidersprüche im Verhältnis zur Anwendbarkeit der Mitbestimmung des Betriebsrats in personellen Angelegenheiten zu erwarten.[192] Infolge dieser Ausführungen handelt es sich um einen einheitlichen Tatbestandskomplex, etwa das Verhalten der Arbeitnehmer, soweit die äußere Ordnung des Betriebs davon betroffen ist.[193]

Dazu kann auf das von der *Bundesregierung*[194] und dem *BAG*[195] angeführte Verhältnis zwischen dem Direktionsrecht des Arbeitgebers gemäß § 106 S. 2 GewO

---

187 *BAG* 11.06.2002 BAGE 101, 285, 287; *Borgmann/Faas*, NZA 2004, 241, 243; *Raab*, NZA 1993, 193, 199 f., bestätigt in *Raab*, ZfA 2001, 31, 39; *Henssler*/BAG 08.08.1989, SAE 1990, 343, 344; Schaub/*Koch*, Arbeitsrechts-Handbuch, S. 2478; *Fitting*, BetrVG Handkommentar, § 87 BetrVG Rn. 66; *Wißmann*, NZA 2003, 1, 5.

188 *Rüthers/Fischer/Birk*, Rechtstheorie, S. 539, wonach dadurch die Bedeutung des Normzwecks gegenüber dem Wortlaut hervorgehoben sei; *Larenz/Canaris*, Methodenlehre, S. 210; *Meys*, Rechtsfortbildung extra legem im Arbeitsrecht, S. 8; *Zippelius*, Juristische Methodenlehre, S. 42.

189 *BAG* 24.03.1981 BAGE 35, 150, 154 f.; Wlotzke/Preis/Kreft/*Bender*, BetrVG Kommentar, § 87 BetrVG Rn. 34; *Wißmann*, NZA 2003, 1, 5; *Fitting*, BetrVG Handkommentar, § 87 BetrVG Rn. 66; *Borgmann/Faas*, NZA 2004, 241, 244, wonach zugleich die Gefahr, dass der Arbeitgeber bei Zweifeln über den Umfang des Direktionsrechts alle denkbaren Konkretisierungen schon in den Arbeitsvertrag aufnehme, eingedämmt werden könne; missverständlich *Raab*, NZA 1993, 193, 199, der sich für die Argumentation der herrschenden Meinung ausspricht, aber einleitend den Wegfall der Beschränkung in § 87 I Nr. 1 BetrVG formuliert, welcher dazu führen würde, dass nur das Verhalten in Bezug auf die betriebliche Ordnung mitbestimmungspflichtig wäre.

190 GK-BetrVG/*Wiese*, § 87 BetrVG Rn. 172.

191 Im Bereich des § 87 I Nr. 2 BetrVG formuliert siehe *BAG* 08.12.1981 BAGE 37, 212, 214; für § 87 I Nr. 6 BetrVG angenommen etwa *BAG* 23.10.1984 BAGE 47, 96, 106 f.; *Raab*, NZA 1993, 193, 199.

192 *BAG* 23.10.1984 BAGE 47, 96, 106 f.; *Raab*, NZA 1993, 193, 199 f., der dafür beispielhaft das Verhältnis von § 94 BetrVG zu § 87 BetrVG im Fall der so genannten Erfolgskontrollen durch Vorgesetzte beleuchtet.

193 *BAG* 22.07.2008 BAGE 127, 146, 163; GK-BetrVG/*Wiese*, § 87 BetrVG Rn. 175 m. w. N.; zustimmend *Etzel*, Betriebsverfassungsrecht, S. 197.

194 *Gesetzesentwurf der Bundesregierung* 17.04.2002, BT-Drucksache 14/8796, S. 24.

195 *BAG* 23.06.2009 AP Nr. 3 zu § 106 GewO, zu II. 1. a) der Gründe.

und den Mitbestimmungsrechten verwiesen werden. Danach sei das Weisungsrecht aufgrund der Situation im Betrieb durch § 87 I Nr. 1 BetrVG eingeschränkt. Es sei zu beachten, dass das Direktionsrecht sich auf die Ordnung und das Verhalten der Arbeitnehmer im Betrieb beziehe. Der Wortlaut des Mitbestimmungsrechts gemäß § 87 I Nr. 1 BetrVG sei ebenfalls auf diese Komponente des Weisungsrechts erstreckt.[196] Nach Meinung von *Brose/Greiner/Preis*[197] besteht daher ein systematischer Zusammenhang zwischen § 106 S. 2 GewO und § 87 I Nr. 1 BetrVG, der Konkretisierungen möglich macht. Der richtig interpretierte Begriff des Arbeitsverhaltens begrenze und definiere eben die Reichweichte der Mitbestimmung des Betriebsrats. Maßgeblich für die Inhaltsbestimmung der Tätigkeit sei nur der Arbeitsvertrag und das in diesem Rahmen bestehende Direktionsrecht gemäß § 106 S. 2 GewO. Des Weiteren sei alles mitbestimmungsfrei, was sich aus der geschuldeten Tätigkeitsbeschreibung ergebe. Demgegenüber sei jede vom Arbeitgeber vertraglich oder kraft Weisung vorgegebene Regelung zum Ordnungsverhalten als Konkretisierung von bestehenden Nebenpflichten zu verstehen.[198] Für den Fall zweier Regelungsbereiche müsste der Arbeitnehmer die dadurch entstandene Schutzlücke auf eigene Kosten durch selbstständig eingeleitete Gerichtsverfahren füllen.[199]

In dem anlassgebenden Fall über die Mitbestimmungsrechte des Betriebsrats hinsichtlich der zu kategorisierenden Berufskleidung[200] von Fahrern im öffentlichen Nahverkehr[201] wurde dem Wortlautargument zwei nebeneinanderstehender Tatbestände eben diese Absage erteilt. Gegenstand der Entscheidung war die Anordnung gegenüber den Fahrzeugführern einer Straßenbahn, Namensschilder zu tragen. Nach Ansicht des Gerichts sei in diesem Fall die Aufhebung der Anonymität des Arbeitnehmers gegenüber Dritten nur von untergeordneter Wichtigkeit für die Erfüllung der Arbeitspflicht. Es sei der Randbereich der arbeitsvertraglich geschuldeten Leistung betroffen. Der objektive Regelungsinhalt der Maßnahme bestehe darin, dass die Kunden auch aus dem durch das Namensschild geprägten äußeren Erscheinungsbild des Fahrers positive Rückschlüsse auf die Dienstleistungsbereitschaft des Betriebs ziehen könnten. Dadurch würde eine bestimmte Unternehmenskultur zum Ausdruck gebracht werden, deren Repräsentant der Fahrer sei. Dies sei für die Erbringung der Arbeitsleistung „Fahren" nahezu ohne jede Bedeutung, denn die Aufgabe werde ohne die nach außen getragene Darstellung der Identität des einzelnen Fahrzeugführers verrichtet. Infolge der begrenzten Dauer des Gesprächskontakts würde der Kunde den Namen kaum wahrnehmen und daher im

196 *BAG* 23.06.2009 AP Nr. 3 zu § 106 GewO, zu II. 1. a) der Gründe.
197 *Brose/Greiner/Preis*, NZA 2011, 369, 372.
198 *Brose/Greiner/Preis*, NZA 2011, 369, 372.
199 *Kaiser*, FS Kreutz, 183, 196.
200 Vgl. 2. Teil. § 5.
201 *BAG* 11.06.2002 BAGE 101, 285, 287 f.; a. M. *BAG* 18.04.2000 AP Nr. 33 zu § 87 BetrVG 1972 Überwachung, zu B. II. 1. b) der Gründe, woraufhin bei Schaltertests die Arbeitsleistung des beratenden Arbeitnehmers vordergründig betroffen sei.

Kommunikationsprozess nur selten verwenden. Das eigentliche Arbeitsprodukt sei deshalb nicht betroffen.[202]

Letztlich geht die herrschende Rechtsauffassung von einer umfassenden Regelungsbefugnis der Betriebsparteien für das Verhalten der Arbeitnehmer aus, die lediglich bei einem Bezug zum unmittelbaren Leistungsaustausch eingeschränkt wird.[203] Die bereits ausgeführte Annahme von Rechtsprechung und Lehre, dass alle eine Dienstkleidung betreffenden Sachverhalte mitbestimmungspflichtig sind[204], entspricht diesen Leitlinien.

2. *Explizite Normfassung*

Laut der Mindermeinung handelt es sich um zwei nebeneinanderstehende Tatbestände, die sich jeweils auf die Gestaltung des Zusammenlebens und Zusammenwirkens der Arbeitnehmer erstrecken.[205] Entsprechend der Entscheidung eines Gerichts[206] und einigen Vertretern der *Lehre*[207] werden die Termini des § 87 I Nr. 1 BetrVG gewissermaßen wie eine Tautologie behandelt. Danach seien zwei unterschiedliche Begriffe in der gesetzlichen Norm mit dem Wort „und" verbunden. Gerade das selbstständige Nebeneinanderstehen der Gesetzesworte spreche gegen eine Gleichsetzung beziehungsweise den Bezug des Verhaltens lediglich auf die Ordnung des Betriebs. Werde die Ausübung des Direktionsrechts in Bezug auf die Arbeitspflichten auch dann nicht der Mitbestimmung des Betriebsrats unterworfen, wenn für sie kollektive Regelungen eingeführt würden, entstünde eine Schutzlücke. Der Schutz durch die Mitbestimmung des Betriebsrats sei aber für die Arbeitnehmer von existentieller Bedeutung. Fehle jene Teilhabe, befänden sich die Betroffenen gegenüber dem Arbeitgeber in einer schwächeren Position und könnten Regelungen nicht beeinflussen. Eine methodisch ausgewiesene Auslegung des § 87 I Nr. 1 BetrVG gebiete daher, Anordnungen hinsichtlich der Arbeitsleistung

---

202 *BAG* 11.06.2002 BAGE 101, 285, 287 f.; a. M. *BAG* 18.04.2000 AP Nr. 33 zu § 87 BetrVG 1972 Überwachung, zu B. II. 1. b) der Gründe, woraufhin bei Schaltertests die Arbeitsleistung des beratenden Arbeitnehmers vordergründig betroffen sei.

203 *BAG* 08.11.1994 BAGE 78, 224, 228 f.; *BAG* 23.07.1996 AP Nr. 26 zu § 87 BetrVG 1972 Ordnung des Betriebes, zu B. II. 2. a) aa)/bb) der Gründe; Düwell/*Kohte*, BetrVG Handkommentar, § 87 BetrVG Rn. 31; *Wißmann*, NZA 2003, 1, 5; eingeschränkt *Schlüter*, DB 1972, 139, 142, demgemäß aus der Betroffenheit des Arbeitsverhaltens die Unwirksamkeit einer solchen Anordnung folge.

204 Vgl. 3. Teil. § 8.

205 *BAG* 24.03.1981 BAGE 35, 150, 154 ff., wonach zumindest anfänglich von der Mitbestimmung hinsichtlich beider Tatbestandsmerkmale ausgegangen wird; *Fitting/Auffarth/Kaiser*, BetrVG Handkommentar, 14. Auflage, § 87 BetrVG Rn. 29.

206 *ArbG Köln* 13.07.1989 EzA Nr. 14 zu § 87 BetrVG Betriebliche Ordnung, zu 1. der Gründe.

207 Däubler/u. a./*Klebe*, BetrVG, § 87 BetrVG Rn. 56; *Weiss/Weyand*, BetrVG, § 87 BetrVG Rn. 19; *Pfarr*/BAG 09.12.1980, AP Nr. 2 zu § 87 BetrVG 1972 Ordnung des Betriebes, zu II. 1.; *Trittin/Fischer*, AuR 2006, 261, 262.

der Arbeitnehmer grundsätzlich der Mitbestimmung des Betriebsrats zu unterwerfen. Voraussetzung sei, ein einheitliches Verhalten der Arbeitnehmer bei ihrer Arbeit zu erreichen. Demzufolge seien unter das Mitbestimmungsrecht ebenfalls abstrakt-generelle Kontrollmaßnahmen zu subsumieren, die auf das Verhalten der Arbeitnehmer einwirken würden.[208]

Darüber hinaus beachtet die einschränkende Auslegung des Wortlauts von § 87 I Nr. 1 BetrVG nicht, dass dieses Mitbestimmungsrecht gesetzessystematisch unter dem Überbegriff der sozialen Angelegenheiten fixiert wurde.[209] Soziale Angelegenheiten sind Arbeitsbedingungen im weitesten Sinne, so dass es gleichgültig ist, ob die Arbeitsbedingungen in erster Linie das Arbeitsverhältnis als solches oder die Ordnung des Betriebs betreffen.[210] Weiterhin lässt es sich nach Auffassung von *Pfarr*[211] nicht plausibel begründen, warum das Mitbestimmungsrecht erst eingreift, wenn die Maßnahmen die Arbeitnehmer untereinander in ihrem Zusammenleben und Zusammenwirken berühren. Dies sei mit der Zielrichtung des Betriebsverfassungsgesetzes unvereinbar. Um dem Anspruch des Gesetzes zu genügen und daraufhin ein erzwingbares Mitbestimmungsrecht in sozialen Angelegenheiten zu eröffnen, müsse auch das Arbeitsverhalten der alleinigen Bestimmung des Arbeitgebers entzogen werden.[212]

Im Hinblick auf eine vom Arbeitgeber vorgegebene Kleiderordnung wird mithin eine Entscheidung über eine Zuordnung zum Ordnungsverhalten oder zum Arbeitsverhalten obsolet. Ungeachtet dessen, unter welche der Definitionen die Einführung und die Ausgestaltung einer einheitlichen Bekleidungsvorgabe subsumiert wird, ergibt sich ein Mitbestimmungsrecht des Betriebsrats.

3. *Würdigung*

Es wird deutlich, dass sich die Auswirkungen der verschiedenen Ansichten nur im Bereich des Tatbestandsmerkmals „Verhalten der Arbeitnehmer im Betrieb" zeigen. So bereitet die mögliche Zuordnung zum Ordnungsverhalten der Mitarbeiter keine Schwierigkeiten, weil dem Betriebsrat nach beiden Auffassungen ein Mitbestimmungsrecht gewährt werden müsste. Kommt demgegenüber das Arbeitsverhalten in Betracht, ist nach der überwiegenden Rechtsansicht kein Mitbestimmungsrecht

---

208 *ArbG Köln* 13.07.1989 EzA Nr. 14 zu § 87 BetrVG Betriebliche Ordnung, zu 1. der Gründe; *Däubler*/u. a./*Klebe*, BetrVG, § 87 BetrVG Rn. 56; *Weiss/Weyand*, BetrVG, § 87 BetrVG Rn. 19; *Pfarr*/BAG 09.12.1980, AP Nr. 2 zu § 87 BetrVG 1972 Ordnung des Betriebes, zu II. 1.; heute sympathisierend *Trittin/Fischer*, AuR 2006, 261, 262.

209 *Pfarr*/BAG 09.12.1980, AP Nr. 2 zu § 87 BetrVG 1972 Ordnung des Betriebes, zu II. 1.

210 GK-BetrVG/ *Wiese*, vor § 87 BetrVG Rn. 3.

211 *Pfarr*/BAG 09.12.1980, AP Nr. 2 zu § 87 BetrVG 1972 Ordnung des Betriebes, zu II. 1., III.

212 *Pfarr*/BAG 09.12.1980, AP Nr. 2 zu § 87 BetrVG 1972 Ordnung des Betriebes, zu II. 1., III.

gegeben. Im Gegensatz dazu würde die Mindermeinung dem Betriebsrat ein solches gewähren.

Die Argumente der Kritiker einer teleologischen Reduktion sollen hinsichtlich der sprachlichen Interpretation des Normwortlauts erwähnt werden, um die Deutlichkeit der grammatikalischen Fassung des Gesetzestexts hervorzuheben. *Pfarr*[213] erklärt die Beschränkung auf die „betriebliche Gemeinschaft" als sinnwidrig. Es liege vielmehr näher, das „Verhalten der Arbeitnehmer" mit dem gedachten Gegensatz zum „Verhalten in der privaten Lebensführung" als eine mögliche Geltung von Ordnungsregeln außerhalb des Betriebs anzunehmen. Es könne nicht eindeutig begründet werden, warum sich die Einengung des Direktionsrechts allein auf das Zusammenleben im Betrieb beziehen solle.[214] Folglich ist in der Differenzierung nicht ausschließlich von der Individualisierung oder Spezialisierung der nach dem Inhalt der Arbeitspflicht geschuldeten Handlungen auszugehen.[215]

Zwingende und sachgerechte Schlussfolgerung der Vertreter der Annahme des expliziten Wortlauts kann demnach nur sein, dass infolge der denkbaren Betroffenheit der Persönlichkeitsrechte der Arbeitnehmer jede Kontrollmaßnahme des Arbeitnehmerverhaltens der Mitbestimmung des Betriebsrats unterliegt.[216] Demgemäß besteht der Anspruch, die Aufstellung jeglicher Verhaltensstandards der Regelungsbefugnis des Arbeitgebers zu entziehen.[217] In der Konsequenz kommt auch die herrschende Ansicht zu diesem Ergebnis, wenn die geschaffene Zwischenlösung des „Ordnungsverhalten" als Ausweichmöglichkeit für die Begründung eines Mitbestimmungsrechts verstanden wird.

Indessen kann berechtigterweise aus der Aufführung der beiden Begriffe in einem Tatbestand und deren jeweiligen Kombination mit dem Wort „Betrieb" geschlussfolgert werden, dass jene in Verbindung miteinander stehen.[218] Die grammatikalische Ambiguität der Tatbestandsformulierung begründet damit auch die Eingängigkeit der herrschenden Argumentation. Wörter, die durch ein „und" verbunden sind, beziehen sich entweder auf unterschiedliche Fälle oder verschiedene Komponenten eines Sachverhalts.[219] Folglich entsteht dadurch die Chance für eine offene Interpretation[220] im Sinne der bevorzugten, in dem Fall, der herrschenden Rechtsauffassung.

---

213 *Pfarr*/BAG 09.12.1980, AP Nr. 2 zu § 87 BetrVG 1972 Ordnung des Betriebes, zu II. 1.
214 *Pfarr*/BAG 09.12.1980, AP Nr. 2 zu § 87 BetrVG 1972 Ordnung des Betriebes, zu II. 1.
215 *Böttner*, Direktionsrecht des Arbeitgebers, S. 41.
216 *Weiss/Weyand*, BetrVG, § 87 BetrVG Rn. 19.
217 *Weiss/Weyand*, BetrVG, § 87 BetrVG Rn. 19; *Pfarr*/BAG 09.12.1980, AP Nr. 2 zu § 87 BetrVG 1972 Ordnung des Betriebes, zu III.
218 Insoweit aber zweifelhaft im Hinblick auf Entscheidungsbegründung *Wiese*/BAG 08.08.1989, AP Nr. 13 zu § 87 BetrVG 1972 Betriebliche Ordnung, zu I. 2.; *Raab*, NZA 1993, 193, 199.
219 GK-BetrVG/ *Wiese*, § 87 BetrVG Rn. 172.
220 GK-BetrVG/ *Wiese*, § 87 BetrVG Rn. 172; gleichermaßen *Wiese*/BAG 08.08.1989, AP Nr. 13 zu § 87 BetrVG 1972 Betriebliche Ordnung, zu I. 2.

Mit Blick auf die Gesetzessystematik muss laut Auffassung von *Raab*[221] berücksichtigt werden, dass die Überschrift des dritten Abschnitts „Soziale Angelegenheiten" nicht zwangsläufig zur Mitbestimmung des Betriebsrats über alle inbezugnehmenden Sachverhalte führt. Aus der nicht abschließenden Aufzählung der Mitbestimmungstatbestände könne folgen, dass lediglich einzelne Fälle der Mitbestimmung des Betriebsrats unterliegen. Dahingehend sei die funktionelle Zuständigkeit des Betriebsrats im Bereich der sozialen Angelegenheiten unschädlich.[222]

Aus der Rechtscharakterisierung des Direktionsrechts wird deutlich, dass auf der einen Seite das Verhältnis im Betrieb und auf der anderen Seite das Individualverhältnis zwischen Arbeitnehmer und Arbeitgeber den Gegensatz für die notwendige Differenzierung im Bereich des § 87 I Nr. 1 BetrVG bilden kann. Das Weisungsrecht des Arbeitgebers gemäß § 106 GewO erscheint insoweit als geeignetes Abgrenzungskriterium. Denn es erlaubt lediglich, die im Arbeitsvertrag rahmenmäßig umschriebene Leistungspflicht im Einzelnen nach Zeit, Art und Ort zu bestimmen und diejenigen Anordnungen, die zur Aufrechterhaltung der Ordnung im Betrieb notwendig sind, zu treffen[223]. Demzufolge ist für die Befolgung von Weisungen der für die Arbeitnehmer gezogene Umkreis der Fremdbestimmung entscheidend.[224] Die selbst auferlegten Pflichten des Arbeitgebers entfalten hingegen nur mittelbare Folgen für den Arbeitnehmer; es wird lediglich ein dazugehöriges Forderungsrecht des Mitarbeiters begründet.[225] Diese einseitige Leistungsbestimmung durch einen Vertragspartner bildet die Ausnahme, weil die rechtsgeschäftliche Inhaltsbestimmung eines rechtlichen Verhältnisses und des entsprechenden Verhaltens gewohntermaßen von beiden an der Rechtsbeziehung Beteiligten vereinbart wird.[226] Jene atypische Befugnis zur einseitigen Leistungsbestimmung ist in der Rangpyramide der arbeitsrechtlichen Gestaltungsfaktoren, die insbesondere die Anerkennung des „Stufenbaus der Rechtsordnung"[227] untermauert[228], an rangniedrigster Stelle zu

---

221 *Raab*, NZA 1993, 193, 200.

222 *Raab*, NZA 1993, 193, 200.

223 *BAG* 14.12.1961 AP Nr. 17 zu § 611 BGB Direktionsrecht, zu II. 1. der Gründe; *BAG* 25.10.1989 AP Nr. 36 zu § 611 BGB Direktionsrecht, zu II. 2. b) der Gründe; *BAG* 23.06.1993 AP Nr. 42 zu § 611 BGB Direktionsrecht, zu I. 3 der Gründe; *BAG* 11.10.1995 AP Nr. 45 zu § 611 BGB Direktionsrecht, zu I. 1. der Gründe; *BAG* 07.12.2000 AP Nr. 61 zu § 611 BGB Direktionsrecht, zu I. 2. der Gründe.

224 *Blanke*, Verwaltungsmodernisierung, S. 23.

225 *Böttner*, Direktionsrecht des Arbeitgebers, S. 6.

226 *Bötticher*, AuR 1967, 321, 322, demgemäß lediglich eine „faktische Macht des Arbeitgebers" bestehe.

227 *Kelsen*, Reine Rechtslehre, S. 62 f.; *Adomeit*, Rechtsquellenfragen im Arbeitsrecht, S. 72.

228 Qualifiziert als rechtsfortbildende Anwendung der Kollisionsgrundsätze der allgemeinen Rechtsquellenlehre im Arbeitsrecht *Adomeit*, Rechtsquellenfragen im Arbeitsrecht, S. 75 f., S. 102 f.; von Staudinger/*Richardi/Fischinger*, Kommentar zum BGB, § 611 BGB Rn. 727 f.; *Zöllner/Loritz/Hergenröder*, Arbeitsrecht, S. 69 f.; Richardi/u. a./*Richardi*, Münchener Handbuch zum Arbeitsrecht, § 5 Rn. 13.

finden[229]. Aus dem geltenden Rangprinzip, wonach die ranghöhere der rangniederen Rechtsquelle bei bestehender Normkollision vorgeht, kann abgeleitet werden, dass die kollektiven Normenverträge des Arbeitsrechts, der Arbeitsvertrag selbst und das dispositive Recht Vorrang vor dem Weisungsrecht haben.[230] Folglich fehlt es bereits an der Erforderlichkeit für das Direktionsrecht, wenn die fragliche Maßnahme schon nach ihrer Art einer arbeitsvertraglichen Regelung zugänglich ist und durch ein anderes, vom Direktionsrecht zu unterscheidendes Gestaltungsrecht konkretisiert werden kann.[231] Fernerhin ergibt sich dies aus dem zwangsläufigen Inhalt der jeweils zu treffenden Bestimmung. So ist laut *BAG*[232] in Abgrenzung zu den Mitbestimmungsrechten des Betriebsrats nicht die äußere Form und das Zustandekommen der Maßnahme ausschlaggebend. Sobald betriebliche Angelegenheiten betroffen seien, könne nur durch Betriebsvereinbarungen eine einheitliche Bestimmung getroffen werden. Eine einseitige Anordnung durch den Arbeitgeber sei ausgeschlossen.[233] Zugleich zeigt sich dadurch, dass ein lückenloser und allseitiger Schutz vor einseitigen Anordnungen nicht absolut durch das Betriebsverfassungsrecht bezweckt wird.[234] Ein dementsprechender Wunsch bietet allein kein rechtlich wirksames Interpretationskriterium.[235]

Nach allem wird ersichtlich, dass eine Entscheidung dahingehend getroffen werden muss, aus welchem Bereich und zu welchem Zweck die Regelungsbefugnis des Arbeitgebers gemäß § 87 I Nr. 1 BetrVG rechtlich zulässig teilweise belassen oder vollständig eingeschränkt werden kann. Diese Einschätzung beurteilt sich entweder anhand des Direktionsrechts als Konkretisierung des Arbeitsverhaltens oder der Persönlichkeitsrechte als Verwirklichung eines umfassenden Arbeitnehmerschutzes. Anschließend kann erst der Umfang des Mitbestimmungsrechts des Betriebsrats im Fall des § 87 I Nr. 1 BetrVG bestimmt werden.

Die im Rahmen der herrschenden Meinung erfolgende Differenzierung lässt sich nur eingeschränkt realisieren. So wird in der Langzeitbetrachtung ersichtlich,

---

229 Von Staudinger/*Richardi/Fischinger*, Kommentar zum BGB, § 611 BGB Rn. 729.

230 *Kelsen*, Reine Rechtslehre, S. 84; *Rüthers/Fischer/Birk*, Rechtstheorie, S. 169 f.; *Hueck*/BAG 11.06.1958 AP Nr. 2 zu § 611 BGB Direktionsrecht, zu 1.; von Staudinger/*Richardi/Fischinger*, Kommentar zum BGB, § 611 BGB Rn. 727; ErfK/*Preis*, § 611 BGB Rn. 236 f.; *Zöllner/Loritz/Hergenröder*, Arbeitsrecht, S. 78.

231 *Böker*, Weisungsrecht des Arbeitgebers, S. 17 f.

232 *BAG* 28.05.2002 BAGE 101, 216, 222 f.

233 *BAG* 28.05.2002 BAGE 101, 216, 222 f., das zur Bestimmung des betrieblichen Anknüpfungspunkts auf das übliche Berufsbild, hier des Zeitungsredakteurs, zurückgreift und die Regelungstiefe der beabsichtigten Vereinbarung als weiteres Indiz heranzieht.

234 *BAG* 23.10.1984 BAGE 47, 96, 107 f.

235 *Von Hoyningen-Huene*/BAG 23.10.1984, AP Nr. 8 zu § 87 BetrVG 1972 Ordnung des Betriebes, zu 1.

dass die höchstrichterliche Rechtsprechung nicht konsequent fortgeführt wird.[236] Trotz der gleichen Vorgehensweise und Begriffsverwendung unterscheidet sich die Argumentation des Gerichts in den jeweiligen Entscheidungen. Nach Ansicht von *Mletzko*[237] schafft eben die dadurch entstehende Fülle unterschiedlicher Rechtsprechung einen rechtsunsicheren Raum. Nicht nur von Betriebsräten und Arbeitgebern seien vage Einschätzungen zu erwarten, sondern auch von den sie beratenden Anwälten. Dieser Zustand sei unbefriedigend, weil hierdurch oftmals die Geltendmachung eines Mitbestimmungsrechts und eine spätere mögliche gerichtliche Auseinandersetzung ausbleiben. Die Rechtsunsicherheit betreffe daher beide Betriebsparteien. Seien Betriebsfrieden und positive Motivation der Arbeitnehmer Bausteine des betrieblichen Zusammenlebens und des Erfolgs des Betriebs, komme man an einem weiteren Verständnis des § 87 I Nr. 1 BetrVG[238] nicht vorbei[239].

So zeigt sich die Problematik der fehlenden Widerspruchsfreiheit und der teilweise mangelnden Überzeugungskraft der Begründungen des Gerichts nach Auffassung von *Heese*[240] im Fall der Namensschilder. Die unscharfen Kriterien würden dazu führen, dass die Instanzgerichte häufig alles dem Ordnungsverhalten zuschrieben, was sich nicht eindeutig als Arbeitsverhalten einordnen lasse. So seien die bisherigen Abgrenzungskriterien fraglich, weil beispielsweise eine Regelung des Arbeitgebers, wonach jeder Fahrer nach jeder Haltestelle die neu zugestiegenen Fahrgäste unter Nennung seines Namens begrüßen müsste, nicht unter das mitbestimmungspflichtige Ordnungsverhalten falle. Hingegen wäre bei der Anbringung von Namensschildern ein Mitbestimmungsrecht gegeben, obwohl diese Verfahrensweise weit weniger aufwendig sei. Ungeachtet der offenen Frage, auf welche individualrechtliche Norm sich die Einführung und das Tragen der Namensschilder stütze, müsse sich die Beurteilung über ein Mitbestimmungsrecht an den gegenteiligen Interessen von Arbeitgebern und Arbeitnehmern orientieren.[241]

Trotz dieser Bedenken wird die Rechtsprechung im Ergebnis von *Mletzko*[242] und *Heese*[243] als berechtigt eingestuft, so dass auch aus diesem Grund der teleologischen

236 *BAG* 23.10.1984 BAGE 47, 96, 108, wonach sich die Grenzziehung zwischen Arbeitsverhalten und Ordnungsverhalten als problematisch erweise; Däubler/u. a./*Klebe*, BetrVG, § 87 BetrVG Rn. 55; *Heese*/BAG 11.06.2002, AuR 2003, 234, 234.

237 *Mletzko*, AiB 2003, 629, 630.

238 Dementsprechend *BAG* 11.06.2002 BAGE 101, 285, 286, infolge dessen von einer weiten sprachlichen Fassung des § 87 I Nr. 1 BetrVG auszugehen sei. In der Folge müsse das Arbeitsverhalten angesichts von Sinn und Zweck der Mitbestimmung als mitbestimmungsfrei eingestuft werden; *Wißmann*, NZA 2003, 1, 5.

239 *Mletzko*, AiB 2003, 629, 630.

240 *Heese*/BAG 11.06.2002, AuR 2003, 234, 234.

241 *Heese*/BAG 11.06.2002, AuR 2003, 234, 234.

242 *Mletzko*, AiB 2003, 629, 630.

243 *Heese*/BAG 11.06.2002, AuR 2003, 234, 234.

Reduktion des § 87 I Nr. 1 BetrVG zugestimmt werden sollte[244]. Nicht allein die sprachliche Auslegungsmöglichkeit und die häufige Verwendung der zusammengesetzten Bezeichnung „Ordnungsverhalten" führen zu einer Einschränkung des Wortlauts. Die berechtigten Anmerkungen über die Differenzierung der Gerichte führen am Ende nur dazu, dass eine Erweiterung der Auslegung des Ordnungsverhaltens gefordert wird, um dem Arbeitgeber nicht die Konkretisierung dieser Pflichten einseitig zu überlassen. Den Kritikern zustimmend, widerspricht die fehlende Integration des Arbeitsverhaltens in die Mitbestimmungsrechte des Betriebsrats dem Sinn und Zweck einer gleichberechtigten Teilhabe an allen Arbeitgeberentscheidungen beziehungsweise einer paritätischen Mitwirkung am Zusammenleben und Zusammenwirken der Arbeitnehmer.[245] Insofern ist die Definition des Gerichts angreifbar, da sie den Eindruck vermittelt, dass allein ein in Frage stehender Zusammenhang zwischen den Mitarbeitern die Mitbestimmung des Betriebsrats auslösen kann.[246] Jedoch ist dieser Orientierungsmaßstab gedanklich mit dem Zusatz „im Betrieb" zu versehen, wie es bereits die ständige Rechtsprechung angenommen hat.[247] Dazugehörig kann nur das Weisungsrecht des Arbeitgebers als Differenzierungskriterium verstanden werden, welches infolge der arbeitsrechtlichen Entwicklung bereits in seiner sprachlichen und inhaltlichen Fassung unter Beibehaltung fundamentaler und anerkannter Regelungen angepasst wurde.[248] Die subsidiäre Anwendbarkeit des Direktionsrechts ergibt sich ausschließlich im Verhältnis zur individualrechtlichen Regelungsebene, die eben nicht das Zusammenleben und Zusammenwirken der Arbeitnehmer im Betrieb betrifft. Dementsprechend kann sich die inhaltliche Unterscheidung ausschließlich auf das Leistungsverhalten und damit auf das Arbeitsverhalten der Arbeitnehmer beziehen. Die Chance, sich dafür den üblichen Leitlinien eines Berufsbilds und den bisherigen Fallentscheidungen zu bedienen, wird als ausreichend erachtet, um der schwierigen Grenzziehung zwischen dem Direktionsrecht und dem Arbeitsverhalten gerecht zu werden. Die entstehende Problematik an sich spricht nicht gegen die Richtigkeit dieser Differenzierung.[249] Dagegen ist die Begründung eines das Ordnungsverhalten und das Arbeitsverhalten umfassenden Mitbestimmungsrechts des Betriebsrats im Hinblick auf den Schutz der Persönlichkeitsrechte nicht sachgerecht. Der Gesetzgeber hat

244 Insofern auch *Henssler*/BAG 08.08.1989, SAE 1990, 343, 344, dementsprechend verbleibende Differenzierungsschwierigkeiten in Anbetracht des Regelungszwecks gelöst werden könnten.

245 *Gesetzesentwurf der Bundesregierung* 16.02.2001, BR-Drucksache 140/01, S. 52, angesichts dessen die Zielsetzung des Betriebsverfassungsgesetzes bei Fragen zum Inhalt und Bestand des Arbeitsverhältnisses oder zur Gestaltung der Arbeitsorganisation Berücksichtigung finden solle; Wlotzke/Preis/Kreft/*Bender*, BetrVG Kommentar, § 87 BetrVG Rn. 34.

246 GK-BetrVG/*Wiese*, § 87 BetrVG Rn. 176.

247 Vgl. 3. Teil. § 8. I. 1.

248 *Gesetzesentwurf der Bundesregierung* 17.04.2002, BT-Drucksache 14/8796, S. 1.

249 *BAG* 23.10.1984 BAGE 47, 96, 108.

den Betriebspartnern Schutzpflichten in puncto grundrechtlich gesicherter Freiheitsrechte in § 75 II 1 BetrVG auferlegt. Darin enthalten ist die Bestimmung, dass Arbeitgeber und Betriebsrat die freie Entfaltung der Persönlichkeit der im Betrieb beschäftigten Arbeitnehmer zu schützen und zu fördern haben. Neben diesem festgeschriebenen Schutzauftrag und der Förderpflicht der Betriebsparteien kommt der Vorschrift gleichzeitig die Bedeutung einer Auslegungsregel gesetzlicher Bestimmungen – insbesondere der Beteiligungsrechte des Betriebsrats – zu.[250] Infolge dessen fungiert jene Form der Berücksichtigung der Arbeitnehmerinteressen als verpflichtender Maßstab zur Einschränkung der Mitbestimmung des Betriebsrats. Sie entfaltet ihre Wirkung daher nur im Rahmen der endgültigen Überprüfung eines zulässig ausgeübten Mitbestimmungsrechts[251], aber dient nicht als Kriterium für die Frage nach dem grundsätzlichen Bestehen eines solchen. In diesem Sinne wird die notwendig nach außen zu erfolgende Abgrenzung, also aus dem betrieblichen Bereich heraus, sachgerecht durch das Direktionsrecht des Arbeitgebers realisiert. Diesbezüglich sollte eine Norm zur Mitbestimmungsfreiheit des Arbeitsverhaltens im Betriebsverfassungsgesetz geschaffen werden. Das Ziel, dem Arbeitgeber in einem gewissen Umfang diese Unabhängigkeit und Einschätzungsprärogative zu gewährleisten, liegt im Bereich der gesetzlichen Ausgestaltung der mitbestimmungsrechtlichen Vorgaben.

4. *Ergebnis*

Abschließend wird erkennbar, dass sich Rechtsprechung und Lehre zumindest dahingehend einig sind, das Ordnungsverhalten der Arbeitnehmer in jedem Fall einer Mitbestimmung durch den Betriebsrat zu unterstellen. Der Argumentationsgang der Befürworter und Gegner einer teleologischen Reduktion im Hinblick auf das Arbeitsverhalten ist allerdings bezüglich der Trennschärfe und der Aussagekraft der Begründungen nicht befriedigend. Zum Beispiel sind die Erklärungen zu ausbleibenden Gerichtsverfahren – einerseits bedingt durch die notwendigen Prozesskosten zur Schließung einer Schutzlücke und andererseits ausgelöst durch eine Rechtsunsicherheit über die Gesetzesbegriffe – mit Skepsis zu bewerten. Eine Verringerung des Strebens nach gerichtlicher Geltendmachung der eigenen Rechte kann durch die zahlreich eingelegten Klagen der Betroffenen nicht bestätigt werden.[252] Infolge dessen muss beiden Auffassungen, was das anbelangt, die Argumentationsgrundlage genommen werden. Darüber hinaus sind, wie vorstehend beschrieben, einige

---

250 *Fitting*, BetrVG Handkommentar, § 75 BetrVG Rn. 4; GK-BetrVG/*Kreutz*, § 75 BetrVG Rn. 135; *Edenfeld*/BAG 13.02.2007, AP Nr. 40 zu § 87 BetrVG 1972 Ordnung des Betriebes, zu 2.

251 *BAG* 19.01.1999 BAGE 90, 316, 323; *Ehmann*/BAG 29.06.2004, AP Nr. 41 zu § 87 BetrVG 1972 Überwachung, zu 1.

252 In der Datenbank „juris" befinden sich unter dem Suchbegriff „§ 87 I Nr. 1 BetrVG" 294 Entscheidungen der Arbeitsgerichtsbarkeit in einem Zeitraum von August 1973 bis September 2016.

Begründungen jeweils für beide Rechtauffassungen anwendbar und für die jeweilige Interpretation freigegeben.[253]

Immerhin könnte aus diesen Gründen die rechtliche Charakterisierung der zu differenzierenden Normbegriffe dahingestellt bleiben. Gleichwohl führen diverse Argumentationswege nicht dazu, dass eine im Ergebnis gefestigte Rechtsprechung und überwiegend einheitliche Lehrbeiträge automatisch an Wert verlieren oder in ihrer Überzeugungskraft geschmälert werden. Diese Tatsache ist vor allem hinsichtlich betriebseinheitlicher Kleidervorgaben von Bedeutung. Nur die Anerkennung der teleologischen Reduktion des § 87 I Nr. 1 BetrVG bietet die Möglichkeit des Arbeitgebers, frei und unabhängig im Rahmen seines Direktionsrechts und damit dem mitbestimmungsfreien Arbeitsverhalten über jene Bestimmungen zu entscheiden.

III. Kleiderordnung als mitbestimmungsfreies Arbeitsverhalten

Das betroffene Arbeitsverhalten der Arbeitnehmer äußert sich entweder in arbeitsleistungsbezogenen Maßnahmen oder Regelungen sonstiger Art, die sich ausschließlich auf das Verhältnis zwischen Arbeitnehmer und Arbeitgeber erstrecken.[254] Neben den synallagmatischen Hauptleistungspflichten werden von der Mitbestimmungsfreiheit auch die Konkretisierungen vertraglicher Nebenpflichten als Ausformung der herkömmlichen Treuepflicht gemäß § 242 BGB berücksichtigt.[255]

Die Treuepflicht steckt den allgemeinen Rahmen für Anforderungen an das äußere Auftreten des Arbeitnehmers ab, wobei Branchenüblichkeit, Ortsüblichkeit oder Betriebsüblichkeit für ihre nähere Bestimmung herangezogen werden können.[256] Dies liegt darin begründet, dass der Arbeitnehmer eine durch den Arbeitsvertrag festgelegte Funktion innerhalb eines fremden Arbeitsbereichs sowie Lebensbereichs erfüllt und deswegen ein Gesamtverhalten schuldet, dass nicht die berechtigten Arbeitgeberinteressen nach Maßgabe der von ihm übernommenen

---

253 Vgl. 3. Teil. § 8. II. 3.

254 *BAG* 27.05.1960 BAGE 9, 238, 241; *BAG* 24.03.1981 BAGE 35, 150, 155; *BAG* 24.11.1981 BAGE 37, 112, 116; *BAG* 08.12.1981 BAGE 37, 212, 214; *BAG* 10.04.1984 AP Nr. 7 zu § 87 BetrVG 1972 Ordnung des Betriebes, zu 2. der Gründe; *BAG* 23.10.1984 BAGE 47, 96, 105; *BAG* 14.01.1986 BAGE 50, 330, 333; *BAG* 08.08.1989 AP Nr. 15 zu § 87 BetrVG 1972 Ordnung des Betriebes, zu B. I. 2. der Gründe.

255 Jauernig/*Mansel*, BGB Kommentar, § 242 BGB Rn. 16; Bamberger/Roth/*Sutschet*, Kommentar zum BGB, § 242 BGB Rn. 40; *Wiese*, FS Roeber, 671, 688; *Raab*, NZA 1993, 193, 201; Richardi/u. a./*Matthes*, Münchener Handbuch zum Arbeitsrecht, § 243 Rn. 11.

256 *LArbG Hamm (Westfalen)* 07.07.1993 LAGE Nr. 14 zu § 611 BGB Direktionsrecht, zu II. der Gründe; *Wiese*, FS Roeber, 671, 688; anders *Fischer*, NZA-RR 2015, 169, 170, demgemäß es sich um eine Hauptleistungspflicht handele. Denn das Tragen einer adäquaten Bekleidung sei Teil der arbeitsvertraglichen Verpflichtung ohne Bezug zum Verhalten des betroffenen Arbeitnehmers im Betrieb.

Funktion schädigt.[257] In der Regel ergibt sich daher bereits aus der Weisungsbefugnis des Arbeitgebers die Bestimmung zum Tragen einer branchenüblichen Kleidung.[258] So ist es beispielsweise nach Ansicht des *LArbG Hamm*[259] zulässig, ein gepflegtes Erscheinungsbild von Verkäufern, die im übergeordneten Preissegment tätig sind, zu erwarten. Dieses sei in einem Möbelhaus gehobener Klasse nicht ungewöhnlich und müsse dem vom Arbeitgeber festgelegten Charakter der Produkte entsprechen. Bei der Auswahl der Bekleidung sei die allgemeine Verkehrsanschauung zu beachten. Demgemäß könne ein Auftreten der Arbeitnehmer in Jeans und Turnschuhen, mit offenem Hemdkragen, ohne Krawatte und Sakko berechtigterweise verboten werden.[260]

Insoweit handelt es sich allerdings nur um die individualrechtliche Weisung zum Tragen einer „korrekten" Kleidung[261] ohne weitere Angaben zu deren Ausgestaltung. Dementsprechend werden lediglich die Wirksamkeit solcher Anordnungen und denkbare Rechtsfolgen einer Anweisungsverletzung für den Einzelnen bestimmt. Die Begründung einer einheitlichen Bekleidungsvorgabe für alle Arbeitnehmer orientiert sich jedoch gerade nicht unmittelbar an dem Argument der Branchenüblichkeit. So kann eine etwaige Überschreitung dieser Bedingung ein gesteigertes Kontrollbedürfnis in Form der Mitbestimmung durch den Betriebsrat hervorrufen.[262] Im Gegensatz dazu werden im Folgenden Gerichtsentscheidungen besprochen, welche die Mitbestimmungsfreiheit der Dienstkleidungsangelegenheiten in Erwägung ziehen und diese um mögliche Zwecke erweitern. Außerdem wird ein Lehrbeitrag vorgestellt, der die rechtliche Einordnung der Einführung einer Kleiderordnung in das Arbeitsverhalten gemäß § 87 I Nr. 1 BetrVG bewusst befürwortet; in puncto Ausgestaltung einer einheitlichen Bekleidungsvorschrift hingegen nur eingeschränkt ein Mitbestimmungsrecht entfallen lässt.

---

257 *BAG* 08.08.1989 AP Nr. 15 zu § 87 BetrVG 1972 Ordnung des Betriebes, zu B. I. 3. der Gründe; *BAG* 19.05.1998 BAGE 89, 26, 30; *BAG* 13.02.2003 BAGE 104, 348, 352; *LArbG Hamm (Westfalen)* 07.07.1993 LAGE Nr. 14 zu § 611 BGB Direktionsrecht, zu II. der Gründe; *ArbG Mannheim* 16.02.1989 BB 1989, 1201, 1201; *Wiese*, FS Roeber, 671, 688.

258 *BAG* 10.10.2002, BAGE 103, 111, 119 m. w. N., infolge dessen der Arbeitgeber aus berechtigtem Interesse und den zu erfüllenden Kundenerwartungen den „Stil des Hauses" vorgeben dürfe; zustimmend *Böttner*, Direktionsrecht des Arbeitgebers, S. 40; kritisch *Brose/Greiner/Preis*, NZA 2011, 369, 373 f., demnach mit Blick auf den Anwendungsbereich des § 87 I Nr. 1 BetrVG lediglich von einer Nebenpflicht über das Tragen sozial- beziehungsweise berufsadäquater Kleidung zu sprechen sei.

259 *LArbG Hamm (Westfalen)* 22.10.1991 LAGE Nr. 11 zu § 611 BGB Direktionsrecht, zu B. 1. b) der Gründe.

260 *LArbG Hamm (Westfalen)* 22.10.1991 LAGE Nr. 11 zu § 611 BGB Direktionsrecht, zu B. 1. b) der Gründe.

261 Moll/*Reinfeld*, Münchener Anwaltshandbuch zum Arbeitsrecht, § 33 Rn. 27.

262 *Brose/Greiner/Preis*, NZA 2011, 369, 376; gegenwärtig ebenso *Fischer*, NZA-RR 2015, 169, 169 f.; noch anders *Gamillscheg*, AcP 164 (1964), 385, 434.

1. *Bestandsaufnahme*

Das nachstehende Material soll nicht nur die Chance einer Anerkennung der Mitbestimmungsfreiheit von betriebseinheitlichen Kleidervorgaben aufzeigen, sondern auch auf eine Inkonsequenz des Gerichts und möglicherweise auf eine allgemeine Unsicherheit in der zu beurteilenden mitbestimmungsrechtlichen Behandlung von Trageordnungen für Dienstkleidung hindeuten. Dabei ist zu berücksichtigen, dass keine höchstrichterliche Entscheidung existiert, die ausdrücklich eine Mitbestimmungsfreiheit für die Einführung einer einheitlichen Bekleidungsvorgabe bestimmt hätte. Im Hinblick auf die Ausgestaltung einer Dienstkleidung muss Gleiches festgestellt werden.

a) BAG vom 15.12.1961

Schon frühzeitig beschäftigte sich das *BAG*[263] mit der Vorgabe einer einheitlichen Kleidung für die Arbeitnehmer. Der zu entscheidende Sachverhalt betraf die Anweisung, bei der Herstellung und Verpackung von Margarine weiße Drillichkleidung einschließlich einer Mütze zu tragen. Es bestehe von Grund auf die Möglichkeit eines diesbezüglichen Mitbestimmungsrechts des Betriebsrats. Dieses sei gegeben, wenn die Arbeitsleistung auch ohne die betreffende Regelung erbracht werden könne oder sie infolge der bereits vorhandenen Umsetzung im Betrieb von den Arbeitnehmern befolgt werden müsse. Ersteres sei bei Rauchverboten oder einer Kleiderordnung der Fall; das Zweite gelte zum Beispiel für die genannten Anweisungen in einem Bürobetrieb ohne Kundenkontakt. Allerdings werde ebenfalls von einer mitbestimmungsfreien Maßnahme ausgegangen, wenn die Kleidung für die Gestaltung der Arbeitspflicht notwendig sei. Mangels besonderer arbeitsvertraglicher Regelung könne nur der Arbeitgeber durch Weisungen die Arbeitspflicht konkretisieren. Dahingehend trage er die Verantwortung für das Arbeitsergebnis und für die Sicherheit der Arbeitnehmer. Die Mitbestimmungsfreiheit sei damit als Ausnahmefall zu statuieren, dessen Vorliegen der Arbeitgeber näher zu begründen habe. Für den zu behandelnden Sachverhalt bedürfe es weiterer Aufklärung durch das Landesarbeitsgericht, da es insoweit an einem ausreichenden Vortrag des Betriebsrats im Hinblick auf die Ausgestaltung der Kleiderordnung mangele. Es sei nicht klar, warum die Arbeitnehmer mit unmittelbarem Kundenkontakt, wie beispielsweise Ladenarbeiter, Mützen tragen müssten, aber Meister und Betriebshandwerker aus der Produktion nicht. Nach der Aufbereitung des genauen Tatbestands komme es darauf an, ob der Arbeitgeber die beschriebene Abgrenzung im Bereich des § 56 I f) BetrVG 1952 konsequent oder abweichend handhabe. Die Mitbestimmungsfreiheit der Maßnahme ginge durch die Inkonsequenz verloren, wenn der Arbeitgeber über die Vernachlässigung der Trageverpflichtung im Rahmen der Arbeitsnotwendigkeit hinwegsehe oder sie als Bedingung außerhalb dieser Erforderlichkeit bestimme.[264]

263 *BAG* 15.12.1961 BAGE 12, 124, 125 ff.
264 *BAG* 15.12.1961 BAGE 12, 124, 125 ff.

Obwohl die erste Entscheidungsbegründung eine aus hygienischen Gründen zu tragende Kleidung behandelte, gab sie den Hinweis auf eine denkbare Mitbestimmungsfreiheit einer betriebseinheitlichen Kleidervorschrift. Im Rahmen der beispielhaften Abgrenzung zum Mitbestimmungsrecht des Betriebsrats nimmt sie aus heutiger Sicht Bezug auf die Dienstkleidung und ist deshalb für diese Untersuchung von Relevanz.

Zunächst lässt sich daraus ableiten, dass im Hinblick auf die Trageordnungen für Kleidung ein Regel-Ausnahme-Verhältnis für die Beteiligung des Betriebsrats besteht. Demnach handelt es sich bei dem Mitbestimmungsrecht um eine widerlegbare Vermutung zu Gunsten des Betriebsrats. Insoweit ist der Arbeitgeber für die Mitbestimmungsfreiheit beweispflichtig. In dem besprochenen Sachverhalt wird angesichts der Arbeitsnotwendigkeit der Einführung einer Dienstkleidungsvorgabe ein Mitbestimmungsrecht postuliert. Trotz noch vorzunehmender Feststellungen besteht die Tendenz des Senats, dem Betriebsrat ebenso für die Ausgestaltung der einheitlichen Kleidervorschrift Mitbestimmungsrechte einzuräumen.

Aus der Entscheidungsbegründung ergibt sich in dieser Hinsicht Folgendes: Ein Mitbestimmungsrecht des Betriebsrats fehlt, wenn die Arbeitsleistung nicht ohne die besagte Maßnahme erbracht werden oder aufgrund einer ausbleibenden Umsetzung keine Geltung beanspruchen kann. Im übertragenden Sinne entspricht dies der Senatsentscheidung zur damaligen Begrenzung des heutigen § 87 I Nr. 1 BetrVG mit Blick auf die Mitbestimmungsfreiheit von arbeitsnotwendigen Maßnahmen.[265] Obgleich diese Rechtsprechung als überholt gilt, findet gegenwärtig in der Konsequenz eine inhaltlich gleiche Vorgehensweise statt. Die Arbeitsnotwendigkeit einer Regelung liegt in der Konkretisierung der Arbeitspflicht durch das Weisungsrecht des Arbeitgebers begründet. Gleiches hat das Gericht, wie vorstehend beschrieben, zur Bestimmung des Arbeitsverhaltens gemäß § 87 I Nr. 1 BetrVG angenommen.[266] Demnach hat in der Rechtsprechungsentwicklung lediglich eine Subsumtion der Arbeitsnotwendigkeit unter einen anderen Begriff stattgefunden.[267] Trotz dessen steht die besprochene Entscheidung mit der heutigen Rechtsprechung nicht in Einklang. Der Senat gewährt dem Betriebsrat dann Mitbestimmungsrechte, wenn der Arbeitnehmer gerade keinem Publikumsverkehr ausgesetzt ist. Es wird jedoch ersichtlich, dass sich die für die Mitbestimmung des Betriebsrats entscheidende Zielrichtung der betreffenden Maßnahme zentral an dem Verhältnis zu außerhalb des Betriebs stehenden Personengruppen orientiert. Zugleich spielt deshalb der persönliche Anwendungsbereich der jeweiligen Kleiderregelung eine ausschlaggebende Rolle für das Mitbestimmungsrecht.

---

265 *BAG* 27.05.1960 BAGE 9, 238, 238.

266 Vgl. 3. Teil. § 8. I. 2.

267 *Henssler*/BAG 08.08.1989, SAE 1990, 343, 344, demgemäß ein vergleichbarer Argumentationsweg der Gerichte erkennbar sei.

b) BAG vom 08.06.1999

Knapp 40 Jahre später hat sich die Rechtsprechung des Senats infolge verschiedener gesellschaftlicher und wirtschaftlicher Gegebenheiten entwickelt, aber sich nicht grundlegend verändert. Die Abgrenzung der Mitbestimmungsrechte des Betriebsrats von Arbeitgeberweisungen gemäß § 106 GewO und die Zweckkopplung der betreffenden Regelungen blieben unberührt. Allein deren Inhalte hatten sich an die geänderten Verhältnisse angepasst. Aus diesem Grund ist die folgende Rechtsprechung zur Mitbestimmung bei Vornamenangaben in der Geschäftskorrespondenz mit Außenstehenden anzuführen. Der vortragende Antragsteller, ein Betriebsrat, stellte explizit einen Vergleich zur Vorgabe einer einheitlichen Kleidung auf[268], weshalb sich das Gericht damit gezwungenermaßen auseinandersetzen musste.

Das *BAG*[269] nahm in dem zu behandelnden Fall eine Art Negativabgrenzung des Arbeitsverhaltens vor. Einzig und allein die ausschließliche Betroffenheit des innerbetrieblichen Verhaltens der Arbeitnehmer sei nicht geeignet, die Mitbestimmungsfreiheit der Maßnahme zu begründen. Die daraus folgende Konsequenz, bei Regelungen über das Auftreten gegenüber Betriebsfremden bestünden nie Mitbestimmungsrechte, könne nicht hingenommen werden. Diese Art der Trennung bedürfe einer Einschränkung. Beispielshalber sei eine einheitliche Kleidung zwar für Kunden sichtbar, aber könne ebenfalls zum Zweck der Förderung des Zusammengehörigkeitsgefühls der Arbeitnehmer und ihrer Identifikation mit dem Betrieb angeordnet werden. Dieser Aspekt führe zur Mitbestimmung des Betriebsrats über die besagte Maßnahme. Die hier betroffene Geschäftskorrespondenz beschränke sich jedoch auf die Unternehmensdarstellung in der Öffentlichkeit, wodurch das eigentliche Arbeitsprodukt konkretisiert werde. Die Form der Geschäftsbriefe sei unerlässlich für die in der Gesellschaft und Wirtschaft geltende Kompetenz und Seriosität des Betriebs. Würde dem Sachbearbeiter die äußere Gestaltung des Geschäftsschreibens überlassen werden, könne eine daraus resultierende Vielfalt bei den Adressaten zu Unsicherheiten führen. Uneinheitliche Merkmale hinsichtlich des Briefkopfs, Logos oder der Schriftarten seien geeignet, die Autorisierung des jeweiligen Betriebs in Frage zu stellen. Davon abgesehen sei für die rechtliche Bewertung nicht erheblich, ob nur eine Telefonnummer oder zusätzlich der vollständige Name angegeben werde. Die Korrespondenz sei Teil der Kommunikation mit den Kunden und signalisiere Offenheit sowie Transparenz des Unternehmens. Diese Zielrichtung lasse sich nur mit der Erbringung der Arbeitsleistung in Verbindung setzen.[270]

Neu ist im Gegensatz zu der Entscheidung des *BAG* vom 15.12.1961[271] die Nennung weiterer Zwecke für die Vorgabe einer einheitlichen Kleidung. Neben der Stärkung

268 *BAG* 08.06.1999 AP Nr. 31 zu § 87 BetrVG 1972 Ordnung des Betriebes, zu A.

269 *BAG* 08.06.1999 AP Nr. 31 zu § 87 BetrVG 1972 Ordnung des Betriebes, zu B. I. 2. der Gründe.

270 *BAG* 08.06.1999 AP Nr. 31 zu § 87 BetrVG 1972 Ordnung des Betriebes, zu B. I. 2. der Gründe.

271 *BAG* 15.12.1961 BAGE 12, 124, 125 ff.

des Zusammengehörigkeitsgefühls bezieht das Gericht die neuesten Entwicklungen zur „Corporate Identity" in ihre Rechtsauffassung mit ein. Die wiederholte Betonung des Außenbereichsbezugs von betreffenden Maßnahmen im Einvernehmen mit den Vorinstanzen deutet wieder daraufhin, dass allein der Kundenkontakt, ohne weitere Zweckbindung, das Mitbestimmungsrecht des Betriebsrats gemäß § 87 I Nr. 1 BetrVG entfallen lassen kann.

Abgesehen davon lässt die alleinige Entscheidungsbefugnis der Arbeitnehmer über die Auswahl ihrer Kleidung eine ähnliche Unsicherheit der Außenstehenden wie bei der Gestaltungsfreiheit einer Geschäftskorrespondenz befürchten. Darüber hinaus bedingt Kleidung mittelbar die Ausformung von Transparenz und Offenheit des Betriebs, weil sie tauglich sein kann, die Kommunikation mit den Kunden auszuschließen[272]. Insofern können die gerichtlichen Erwägungen hinsichtlich der Mitbestimmungsfreiheit von Vornamenangaben in einem Briefkopf für Dienstkleidungsangelegenheiten genutzt werden.

c) BAG vom 18.04.2000

Das Gericht[273] judizierte in einer Urteilsbegründung nur ein einziges Mal, dass das äußere Erscheinungsbild im weitesten Sinn der Arbeitsleistung zuzuordnen ist. Eingebettet in die Frage nach dem Mitbestimmungsrecht des Betriebsrats bei so genannten Schaltertests von Bankangestellten wurde dieser Teilaspekt aufgegriffen. Im Rahmen der Überprüfung der Arbeitnehmer sei maßgebend von einer Bestandsaufnahme der Servicequalität und Beratungsqualität aus Sicht der Kunden auszugehen. Dadurch werde keine Beeinflussung des Verhaltens der Mitarbeiter bezweckt. Infolge dessen sei ein Bezug zum Ordnungsverhalten gemäß § 87 I Nr. 1 BetrVG nicht ersichtlich. Überdies werde vordergründig die geschuldete Arbeitsleistung betrachtet, die unter anderem auch die Leistungspräsentation gegenüber dem Kunden beinhalte. Sei folglich die Kleidung Gegenstand des Schaltertests, könne deren rechtliche Qualifizierung als geschuldete Arbeitsleistung angenommen werden. Der Kunde und damit auch der Arbeitgeber würde ein seriöses Auftreten des Bankangestellten erwarten.[274]

In Anbetracht der hiesigen Einbeziehung der Kleidung der Mitarbeiter in die Urteilsgründe kann auf die Mitbestimmungsfreiheit von Maßnahmen über das äußere Erscheinungsbild geschlossen werden. Ferner wird ersichtlich, dass die Kundenerwartungen die Ansprüche des Arbeitgebers bedingen und ihn auf diese Weise in seinem Handeln leiten.

---

272 *Brose/Greiner/Preis*, NZA 2011, 369, 380, wonach dies selbst unter Beachtung von Art. 4 I GG zumindest für eine Vollverschleierung islamischer Frauen gelte.

273 *BAG* 18.04.2000 AP Nr. 33 zu § 87 BetrVG 1972 Überwachung, zu B. II. 1. b) der Gründe.

274 *BAG* 18.04.2000 AP Nr. 33 zu § 87 BetrVG 1972 Überwachung, zu B. II. 1. b) der Gründe.

d) BAG vom 13.02.2007

Im Fall der Kleiderordnung für ein konzessioniertes Spielcasino[275] musste das Gericht entscheiden, ob der getroffene Einigungsstellenspruch trotz mangelnder Regelung über den finanziellen Beschaffungsaufwand wirksam war. Unter Bezugnahme auf die vorinstanzlichen Entscheidungen bestehe eine Regelungskompetenz der Einigungsstelle im Hinblick auf die Anordnung, eine einheitliche Bekleidung zu tragen. Zur Gestaltung der betrieblichen Ordnung gehöre die Einführung einer Dienstkleidung, welche die Förderung des äußeren Erscheinungsbilds zum Ziel habe. Gleichwohl könne es sich dabei ebenfalls um das mitbestimmungsfreie Arbeitsverhalten handeln, wenn sich die Maßnahme darauf beschränke oder ihr Schwerpunkt in der für die vertragsgemäße Erfüllung der Arbeitspflicht geforderten Gebotenheit liege. Der Arbeitgeber bezwecke in Bezug auf das Spielcasino hingegen nicht primär die Erfüllung der Besuchererwartung, sondern wünsche, das einheitliche Auftreten der Beschäftigten zu verwirklichen. Die gleiche Zielrichtung sei für die Ausgestaltung der Kleiderordnung der Croupiers vorgegeben. Im Ergebnis bewirke die Unvollständigkeit nicht die Unwirksamkeit des Einigungsstellenspruchs. Es handele sich bei der Frage der Kostenübernahme und der finanziellen Beschaffungsverteilung um eine Rechtsfrage, die nicht der Regelungskompetenz der Einigungsstelle unterliege.[276]

Demgemäß greift das Gericht seine Rechtsprechung vom 15.12.1961[277] wieder auf und erklärt ausdrücklich eine denkbare Mitbestimmungsfreiheit der betriebseinheitlichen Kleidervorgabe. Insoweit ist die Formulierung des Senats jedoch missverständlich. Im ersten Teil der Begründung wird durch den sprachlichen Ausdruck „darauf" auf den vorhergehenden Satz Bezug genommen, wobei unklar bleibt, ob sich die Dienstkleidung auf das Arbeitsverhalten oder auf die Einführung dieser Dienstkleidungsvorschrift beschränkt. Außerdem gibt der zweite Begründungsabschnitt lediglich die gängige Definition des Tatbestandsmerkmals „Verhalten der Arbeitnehmer im Betrieb" gemäß § 87 I Nr. 1 BetrVG wieder.[278] Ob dies auch für die Ausgestaltung der Kleiderordnung angenommen werden kann, bleibt offen. Es wird allein auf die Zweckbindung dieser Gestaltungsmöglichkeit einer Kleiderordnung Bezug genommen.

Überdies formuliert das Gericht im Gegensatz zu früheren Entscheidungen zurückhaltender, dass die Ansprüche und Erwartungen der Kunden primär die Mitbestimmungsfreiheit bedingen. Unabhängig hiervon ist die Argumentation des Senats im Hinblick auf die mitbestimmungsrechtliche Einordnung der Maßnahme zirkulär. Die Uniformität wird in Ansehung der Senatsentscheidung vom 18.04.2000[279]

---

275 *BAG* 13.02.2007 BAGE 121, 147, 151 ff.

276 *BAG* 13.02.2007 BAGE 121, 147, 151 ff.

277 *BAG* 15.12.1961 BAGE 12, 124, 125 ff.

278 Vgl. 3. Teil. § 8. I. 2.

279 *BAG* 18.04.2000 AP Nr. 33 zu § 87 BetrVG 1972 Überwachung, zu B. II. 1. b) der Gründe.

gerade mit Blick auf die Anforderungen der Gesellschaft und damit auf das Image des Unternehmens eingeführt. Dieser Zweck soll allerdings laut Gericht nicht das mitbestimmungspflichtige Ordnungsverhalten begründen können.

e) Ansicht von Kaiser

Die genannte Autorin ging sowohl von der Mitbestimmungsfreiheit der Einführung als auch der Ausgestaltung einer Dienstkleidungsordnung aus. Ihrer Meinung[280] nach entbehrt es der Überzeugungskraft, wieso der Arbeitgeber zwar mitbestimmungsfrei vorschreiben dürfe, dass der Arbeitnehmer eine der Arbeitsleistung angepasste dezente Kleidung tragen solle, aber nicht auch ein einheitliches Erscheinungsbild mitbestimmungsfrei anordnen könne. Es zeige sich daher keine Differenzierung in der Grundentscheidung über eine einheitliche Bekleidungsvorschrift, sondern nur hinsichtlich ihrer Ausgestaltung. Der Arbeitgeber dürfe mithin erst recht mitbestimmungsfrei festlegen, dass eine Dienstkleidungsvorgabe für Arbeitnehmer mit Kundenkontakt überhaupt aufgestellt werde. Durch die folgenden Detailregelungen konkretisiere der Arbeitgeber die Dienstleistung, nämlich die vertraglich geschuldete Beratung, Bedienung oder Behandlung der Kunden, „Gäste" und Patienten. Immerhin gäbe es keine zweite Chance für den ersten Eindruck. Durch die äußere Erscheinung werde der Betrieb maßgeblich geprägt, wobei § 87 I Nr. 1 BetrVG nicht darauf abziele, den Betriebsrat als den ausschlaggebenden Geschmackswächter zu qualifizieren und zu legitimieren. Eine allenfalls in Betracht kommende Mitbestimmung des Betriebsrats bei Ausgestaltungsspielräumen der serviceorientierten Einheitskleidung werde indessen von vorneherein durch die mitbestimmungsfreie Konkretisierung des Arbeitsprodukts begrenzt. Dass der Arbeitgeber den Arbeitnehmern bei Einzelfragen der Bekleidung Spielräume lasse, mache aus einer mitbestimmungsfreien Konkretisierung der Arbeitspflicht keine mitbestimmungspflichtige Regelung über das Verhalten der Arbeitnehmer im Betrieb. Des Weiteren bezwecke § 87 I Nr. 1 BetrVG keine Verstärkung des Individualschutzes. Der Arbeitnehmer könne Eingriffe in sein Persönlichkeitsrecht selbst vor den Arbeitsgerichten rügen. Aufgrund unterschiedlicher ästhetischer Vorstellungen sei den Betreffenden besser mit einer freien Auswahl der Kleidung gedient, als mit mitbestimmten einheitlichen Vorgaben.[281]

In der Lehre steht jene umfassende Ansicht in deren Eindeutigkeit (noch) allein auf weiter Flur. Dies schmälert allerdings nicht den Wert der vorgebrachten Argumente gegen ein Mitbestimmungsrecht des Betriebsrats, zumal gegenwärtig Tendenzen der Befürwortung durch andere Autoren offensichtlich werden[282].

---

280 *Kaiser*, FS Kreutz, 183, 185 ff.

281 *Kaiser*, FS Kreutz, 183, 185 ff.

282 Der Autorin folgend Hess/u. a./*Worzalla*, BetrVG Kommentar, § 87 BetrVG Rn. 134; *Löwisch/Kaiser*, BetrVG Kommentar, § 87 BetrVG Rn. 47 f.; im Ergebnis ebenso für die Einführung einer Dienstkleidung, Richardi/*Richardi* BetrVG Kommentar, § 87 BetrVG Rn. 180, wonach dem Betriebsrat für die Anordnung einer Maßnahme kein

Allerdings muss eingeräumt werden, dass mit der Annahme einer Mitbestimmungsfreiheit der Kleiderordnung ebenso die Gefahr besteht, dadurch den Arbeitgeber zum alleinigen Sittenwächter über seine Arbeitnehmer zu berufen[283]. Die Autorin relativiert ihr Zugeständnis der Mitbestimmung des Betriebsrats sofort wieder im Fall von etwaigen Ausgestaltungsspielräumen des Arbeitgebers. Daher bedarf es sachlich gerechtfertigter Gründe, warum nur dem Arbeitgeber, nicht dem Betriebsrat, eine solche Gestaltungsfunktion zulässigerweise zukommen sollte.

f) Zwischenergebnisse

Schließlich ergeben sich aus der Zusammenschau von Urteilen und einem Lehrbeitrag verschieden beachtenswerte Punkte, die sich allesamt für die Anerkennung einer denkbaren Mitbestimmungsfreiheit einer einheitlichen Bekleidungsvorgabe anführen lassen. Legitimiert wird diese Perspektive durch die berechtigten Kundenerwartungen, die gewissermaßen die betrieblichen Interessen des Arbeitgebers beeinflussen. Maßgebend für die Mitbestimmungsrechte des Betriebsrats sind deshalb die angegebene Zweckbindung und die Auswahl der betroffenen Arbeitnehmer. Einzig in der ersten Entscheidungsbegründung differenzierte das Gericht zwischen der Einführung einer Bekleidung und deren Ausgestaltung; jedoch lediglich im Hinblick auf die Schutzkleidung. Für die Dienstkleidung blieb eine solche Unterscheidung aus. Indes führte der Lehrbeitrag größtenteils eine umfassende Mitbestimmungsfreiheit an, um die unternehmerischen Interessen des Arbeitgebers ganzheitlich zu sichern. Es wurde deutlich, dass vor allem die Modalitäten einer Trageordnung für Dienstkleidung immer wieder mit Blick auf gesellschaftliche Veränderungen anpassungsfähig bleiben müssen.

Ferner ergeben sich aus den beschriebenen Ausführungen weitere klärungsbedürftige Anknüpfungspunkte. Im Fall der Schaltertests begründete der Betriebsrat das Vorliegen des Mitbestimmungsrechts gemäß § 87 I Nr. 1 BetrVG damit, dass die Bankangestellten die Maßnahme aufgrund fehlender inhaltsbezogener Informationen nicht verweigern konnten.[284] Diese Ansicht deutet darauf hin, dass vorhergehende Mitteilungen an die Arbeitnehmer über die geplanten Regelungen die Mitbestimmung des Betriebsrats ausschließen können. Zugleich stellt sich die Frage, ob die fehlende Chance zur Verweigerung der angeordneten Bestimmung den Schutzbereich der Mitbestimmung eröffnen kann und wann daher in zeitlicher Hinsicht die Mitbestimmungsrechte eingreifen sollten. Überdies ist zu berücksichtigen, ob die Abhängigkeit der Vereinbarung von einer andersartigen Regelung die Mitbestimmungsfreiheit begründen kann. So bleibt zum Beispiel die Übernahme des finanziellen Beschaffungsaufwands durch den Arbeitgeber frei von der erzwingbaren

---

Widerspruchsrecht eingeräumt werden könne, so dass der Arbeitgeber letztendlich Alleinentscheider bliebe.

283 Angenommen für den arbeitsvertraglichen Rahmen in *BAG* 23.06.1994 BAGE 77, 128, 137 unter Bezugnahme auf *LArbG Düsseldorf* 24.02.1969 DB 1969, 667, 668.

284 *BAG* 18.04.2000 AP Nr. 33 zu § 87 BetrVG 1972 Überwachung, zu A.

Beteiligung des Betriebsrats.[285] Denn insbesondere „kann die Ausgestaltung der Kleiderordnung Auswirkungen auch auf die Kostentragungspflicht haben“[286].

Im Anschluss ist daher zu prüfen, ob die Dienstkleidungsordnung tatsächlich mitbestimmungsfrei eingeführt und ausgestaltet werden kann. Um eine fundierte argumentative Auseinandersetzung mit den angesprochenen Aspekten der Zweckanbindung sowie des persönlichen und sachlichen Anwendungsbereichs zu gewährleisten, ist es notwendig, sich einen Überblick über die rechtliche Argumentation der herrschenden Meinung hinsichtlich eines etwaigen Mitbestimmungsrechts des Betriebsrats zu verschaffen.

2. Beurteilungsmaßstäbe für das abzugrenzende Mitbestimmungsrecht

Von Grund auf sind Maßnahmen, die den Bereich der allgemeinen Lebensführung betreffen, nicht der Mitbestimmung des Betriebsrats zugänglich. Zwingende Voraussetzung einer mitbestimmungspflichtigen Regelung ist folglich der Bezug zum Tatbestandsbereich des § 87 I Nr. 1 BetrVG. Die „Ordnung im Betrieb“ muss dazu als Bedingung für ein gedeihliches Funktionieren des Betriebs verstanden werden, dessen Regelungsbedarf sich zwangsläufig aus dem Aufeinandertreffen von einer Vielzahl von Arbeitnehmern ergibt.[287] Das in § 87 I Nr. 1 BetrVG beinhaltete „Ordnungsverhalten“ ist in Abgrenzung zum Arbeitsverhalten nur anzunehmen, wenn keine Auswirkungen auf das Arbeitsergebnis zu erwarten sind.[288]

Zwar bleibt es prinzipiell unbeachtlich, unter welches von dem Mitbestimmungsrecht des § 87 I Nr. 1 BetrVG erfasstes Tatbestandsmerkmal eine betriebseinheitliche Kleidervorgabe zu fassen ist – insoweit steht das in beiden Fällen zugestandene Mitbestimmungsrecht des Betriebsrats im Vordergrund. Nichtsdestotrotz wird überwiegend von der Betroffenheit des Verhaltens der Arbeitnehmer ausgegangen[289], aufgrund dessen im Folgenden das „Ordnungsverhalten“ betrachtet wird.

a) Zweckkopplung

Die Einführung einer Dienstkleidung ist ein Paradebeispiel für das Ordnungsverhalten, weil die vorgegebene Einheitlichkeit ausschließlich der äußeren Repräsentation des Betriebs dient, ohne qualitativen Einfluss auf die Arbeitsleistung der

285 *BAG* 01.12.1992 BAGE 72, 40, 44 f.; *BAG* 13.02.2007 BAGE 121, 147, 153 f.

286 *BAG* 13.02.2007 BAGE 121, 147, 154.

287 *BAG* 27.05.1960 BAGE 9, 238, 240.

288 *Raab*, NZA 1993, 193, 201.

289 *BAG* 08.08.1989 AP Nr. 15 zu § 87 BetrVG 1972 Ordnung des Betriebes, zu B. I. 3. der Gründe; zustimmend *Henssler*/BAG 08.08.1989, SAE 1990, 343, 344; *Wiese*/BAG 08.08.1989, AP Nr. 13 zu § 87 BetrVG 1972 Betriebliche Ordnung, zu I. 3.; Schaub/*Koch*, Arbeitsrechts-Handbuch, S. 2480; insoweit bedenklich Richardi/*Richardi*, BetrVG Kommentar, § 87 BetrVG Rn. 188, der ein Mitbestimmungsrecht bei der Ausgestaltung einer Dienstkleidungsordnung mit einem Lehrbeitrag der Mindermeinung, nämlich *Kaiser*, FS Kreutz, 183, 186 ff., belegt.

Arbeitnehmer zu nehmen.[290] Demgemäß stellt das *BAG*[291] für die Mitbestimmung des Betriebsrats vorwiegend auf den Zweck der Maßnahme ab, das Image, den Stil und den Trend des Unternehmens zu bestimmen. Die Vermeidung eines „exotischen" Auftretens der Mitarbeiter solle positive Rückschlüsse auf den Betrieb zulassen und sei deshalb nicht allein oder nur in erster Linie ein Fall des Arbeitsverhaltens.[292] Parallel zum äußerlich erkennbaren einheitlichen Erscheinungsbild der Belegschaft wird erreicht, dass die Betroffenen als Mitarbeiter des Unternehmens in Abgrenzung zu weiteren sich in diesem Bereich aufhaltenden Personen identifiziert werden können.[293] Somit ist nicht die Aufgabe maßgebend, die der Arbeitnehmer nur in einer bestimmten Kleidung erfüllen könnte[294], sondern die funktionale Uniformität mit Blick auf den Kundenkontakt[295].

Dementsprechend dient auch nach Auffassung von *Brose/Greiner/Preis*[296] die Anordnung einer Dienstkleidung nicht der Konkretisierung der Arbeitspflicht. So gehöre zum Beispiel zur Arbeitsleistung eines Unternehmensberaters die Beratung, aber nicht das Tragen eines dunklen Anzugs mit dunklen Socken. Die „Verkleidung" sei nur ein Teil der Arbeitsleistung, beispielsweise bei Models und Schauspielern. Ähnlich sei der Fall von Bardamen oder Barkeepern zu beurteilen. Werde neben der gastronomischen Dienstleistung zugleich eine Animationsleistung erbracht, könne eine entsprechende Kleidung zur Arbeitsleistung erforderlich sein. Der Mitbestimmungstatbestand wäre nicht erfüllt. Handele es sich lediglich um die Arbeit in einem kleinen Café, sei eine einheitliche Bekleidung nicht erforderlich, um die Arbeitsleistung zu erbringen. Aufgrund des Bezugs zum Ordnungsverhalten im Betrieb ergebe sich ein Mitbestimmungsrecht gemäß § 87 I Nr. 1 BetrVG.[297]

---

290 *Raab*, NZA 1993, 193, 201.

291 Grundlegend *BAG* 08.08.1989 AP Nr. 15 zu § 87 BetrVG 1972 Ordnung des Betriebes, zu B. I. 3. der Gründe.

292 *BAG* 08.08.1989 AP Nr. 15 zu § 87 BetrVG 1972 Ordnung des Betriebes, zu B. I. 3. der Gründe; nachfolgend *BAG* 01.12.1992 BAGE 72, 40, 43; *BAG* 11.06.2002 BAGE 101, 285, 287.

293 *BAG* 17.01.2012 BAGE 140, 223, 227, demzufolge das Bodenpersonal eines Luftfahrtunternehmens von Mitarbeitern anderer Flug-Airlines und Passagieren leichter unterscheidbar sei; *Mletzko*, AiB 2003, 629, 630, der davon ausgeht, dass ein Kunde im Kaufhaus oder Einkaufsmarkt so ohne Schwierigkeiten erkennen könne, wer als Verkäufer tätig sei.

294 *BAG* 01.12.1992 BAGE 72, 40, 43; *BAG* 11.06.2002 BAGE 101, 285, 287; *BAG* 17.01.2012 BAGE 140, 223, 227.

295 *Edenfeld*/BAG 13.02.2007, AP Nr. 40 zu § 87 BetrVG 1972 Ordnung des Betriebes, zu 1.

296 *Brose/Greiner/Preis*, NZA 2011, 369, 372 f.

297 *Brose/Greiner/Preis*, NZA 2011, 369, 372 f.

b) Persönlicher Anwendungsbereich

Die vorgenommene Bindung an den Zweck der Kleidermaßnahme führt gleichzeitig zu der Bestimmung des persönlichen Anwendungsbereichs durch den Arbeitgeber und bei Abschluss einer Betriebsvereinbarung auch durch den Betriebsrat als andere Betriebspartei. Nach *Bertzbach*[298] ist die Bestimmung der betroffenen Arbeitnehmer aufgrund der dadurch sich entfaltenden Rechtswirkungen bereits unerlässlich. Zum Beispiel führe eine Unterscheidung in Mitarbeiter mit und ohne unmittelbaren Kundenkontakt zu einer Mitbestimmung des Betriebsrats gemäß § 87 I Nr. 1 BetrVG. Grund dafür seien die mithin entstehenden Hierarchieprobleme und Selbstwertprobleme im Miteinander der Arbeitnehmer.[299]

Demzufolge ist ein Spruch der Einigungsstelle, der beispielsweise die Vereinbarung „für alle dienstkleidungspflichtigen Mitarbeiter" bestimmt, nach Meinung des *BAG*[300] ebenfalls unwirksam. Dadurch werde der von der Betriebsvereinbarung festgelegte Personenkreis nicht abschließend festgelegt, sondern dem Arbeitgeber eine alleinige Entscheidungsbefugnis eingeräumt. Diese sprachliche Fassung stelle keine ausreichende Konkretisierung des Geltungsbereichs dar. Zur Bestimmung der dienstkleidungspflichtigen Arbeitnehmer müsse im Rahmen des gegebenen Ermessensspielraums der Einigungsstelle eine Untersuchung stattfinden, inwieweit die Verkürzung der Persönlichkeitsrechte durch den vorgegebenen Zweck gerechtfertigt wäre.[301]

c) Sachlicher Anwendungsbereich

Es bestehen keine Zweifel über die Differenzierung in Einführung und Ausgestaltung einer Kleiderordnung und die entsprechende Eröffnung der Mitbestimmungspflicht des Betriebsrats. Wie bereits gezeigt, gehen die Gerichte grundlegend von der Mitbestimmung bei der Gestaltung einer betriebseinheitlichen Kleidervorgabe aus.[302] Im Hinblick auf die Einführung einer solchen einheitlichen Bekleidungsvorschrift bestehen nach rechtskräftigem Urteil des *Hessischen Landesarbeitsgerichts*[303] ebenfalls die Mitbestimmungsrechte des Betriebsrats. Eine begriffliche Unterscheidung im Rahmen der typischen Zweckbindung ergebe keine Auswirkung auf den Umfang des Mitbestimmungsrechts. Eine Beschränkung auf die Ausgestaltung der Kleiderordnung wäre nicht mit dem Sinn und Zweck des Mitbestimmungstatbestands zu vereinbaren.[304] Somit kann das erstrebte Ziel eines öffentlich einheitlichen Erscheinungsbilds nur vom Arbeitgeber durchgesetzt werden, wenn die von den Betriebsparteien getroffenen Betriebsvereinbarungen auch das „Ob" einer

---

298 *Bertzbach*/Hessisches LArbG 08.04.2010, jurisPR-ArbR 6/2011, Anmerkung 4.
299 *Bertzbach*/Hessisches LArbG 08.04.2010, jurisPR-ArbR 6/2011, Anmerkung 4.
300 *BAG* 17.01.2012 BAGE 140, 223, 228.
301 *BAG* 17.01.2012 BAGE 140, 223, 228.
302 Vgl. 3. Teil. § 8.; desgleichen *Henssler*/BAG 08.08.1989, SAE 1990, 343, 345.
303 *Hessisches LArbG*, Beschluss vom 08.04.2010 – 5 TaBV 123/09 –, juris Rn. 44.
304 *Hessisches LArbG*, Beschluss vom 08.04.2010 – 5 TaBV 123/09 –, juris Rn. 44.

Kleiderordnung regeln.[305] Darüber hinaus gehen *Brose/Greiner/Preis*[306] davon aus, dass die Fragen über die Einführung und Ausgestaltung einer Kleiderordnung ohnehin verschmelzen. Der Kern der Mitbestimmung des Betriebsrats liege aber in der konkreten Ausgestaltung der Kleiderordnung. Ohne die detaillierte Regelung zum genauen Auftreten des Arbeitnehmers sei eine einheitliche Bekleidungsvorschrift nur schwer vorstellbar. Deswegen dürfe die Begründung des Mitbestimmungsrechts über die Einführung der Dienstkleidung kein großes Problem darstellen, weil nur schwerlich dagegen sprechende Gründe zu finden seien. Spätestens die Einigungsstelle genehmige die Kleiderordnung.[307]

3. *Würdigung*

Nach der Vorstellung der sich gegenüberstehenden Bewertungsprinzipien ist eine argumentative Auseinandersetzung erforderlich. Diesbezüglich werden die drei wesentlich herausgearbeiteten Anknüpfungspunkte, genau genommen das zu erreichende Ziel der Maßnahme sowie die persönliche und sachliche Reichweite der betreffenden Regelung, diskutiert.

a) Objektiver Regelungszweck

Zumeist finden sich in einer der ersten Klauseln einer Dienstkleidungsordnung folgende, ähnlich formulierte, Zielvereinbarungen über den erstrebten Effekt der einheitlichen Bekleidung: „(...) In der Öffentlichkeit, ganz besonders gegenüber unseren Kunden, kennzeichnet die Uniform den Mitarbeiter als Repräsentanten des Unternehmens; für die Mitarbeiter untereinander ist sie verbindendes Element."[308] oder „Die Unternehmensphilosophie der Gesellschaft, Dienstleistungen auf höchstem Niveau anzubieten, wirkt sich auf die Kleiderordnung der Mitarbeiter/-innen der Gesellschaft aus. (...) Der Mitarbeiter und die Mitarbeiterin sollen aus Sicht des Gastes schnell und

305 *Söllner*, RdA 1968, 437, 439, infolge dessen das alleinige Mitbestimmungsrecht über das „Wie" nicht ausreiche, weil die ablehnende Willensäußerung des Betriebsrats bezüglich der Vereinbarungsmodalitäten die Durchführung der Regelung selbst hindern müsse; *Bertzbach*/Hessisches LArbG 08.04.2010, jurisPR-ArbR 6/2011, Anmerkung 4.

306 *Brose/Greiner/Preis*, NZA 2011, 369, 373.

307 *Brose/Greiner/Preis*, NZA 2011, 369, 373.

308 *BAG* 08.08.1989 AP Nr. 15 zu § 87 BetrVG 1972 Ordnung des Betriebes, zu A.; gleichermaßen *BAG* 17.11.2015 NZA 2016, 247, 248, wo es in einem Auszug aus der Präambel einer Dienstkleidungsordnung heißt: „Das Erscheinungsbild der SSB wird wesentlich durch Verhalten und Auftreten ihrer Mitarbeiter/innen geprägt. Die von der SSB gewollte Kundenorientierung und Außenwirkung verlangt daher von bestimmten Mitarbeitergruppen, dass sie als SSB-Mitarbeiter erkennbar sind und vorbildlich und einheitlich auftreten.".

sicher als Angehörige der N Spielcasino GmbH & Co. KG erkennbar sein."[309]. Daraus schlussfolgert die höchstrichterliche Rechtsprechung zumeist den Zweck eines äußerlich einheitlichen Erscheinungsbilds, der einer Dienstkleidungsvorgabe inne wohnt. Auf den ersten Blick überzeugt dieser Argumentationsweg. Bei näherer Betrachtung richtet sich jedoch besonderes Augenmerk darauf, dass durch eine einheitliche Kleidervorgabe automatisch die Zwecksetzung der öffentlich erkennbaren Uniformität erfüllt wird. In diesem Sinne sind die für ein Mitbestimmungsrecht angeführten Zielrichtungen nur die Folgen der Erfüllung von Kundenerwartungen oder Ansprüchen anderer Personengruppen, wie tatsächlich von den beteiligten Betriebsparteien selbst angeführt. Demgemäß begründen diese Wünsche und Vorstellungen, zum Beispiel über die Verleihung einer „amtsähnlichen" Autorität[310], die Identifikation der Mitarbeiter, die Verbesserung der Repräsentation des Unternehmens oder die Werbung für die angebotene Leistung und das Produkt, die Erforderlichkeit eines einheitlichen Erscheinungsbilds. Sie sind die Voraussetzung für das Entstehen der betrieblichen Interessen des Arbeitgebers. Der von der überwiegenden Auffassung angegebene Zweck kann daher keine Bedingung für die Begründung eines Mitbestimmungsrechts sein.[311] Ein Beispiel aus dem Dienstleistungsgewerbe verdeutlicht diesen Aspekt: Die Anweisung an alle Verkäufer in einem Bekleidungsgeschäft mindestens ein Kleidungsstück der jeweils angebotenen Kollektion zu tragen, kann vordergründig Werbezwecke und die Förderung der Unternehmensidentifikation verfolgen. Stellt sich ein Konsument bewusst selbst die Frage, warum genau dieses Bekleidungsgeschäft und kein anderes von ihm ausgewählt wird, so basiert die Antwort auf den eigenen und guten Erfahrungen nach seinem ersten Besuch. Dies liegt darin begründet, dass genau in diesem Betrieb die persönlichen Ansprüche erfüllt worden. Die Erwartungen in dem Beispielsfall beziehen sich auch auf das Verkaufsangebot. In erster Linie kommt aber der Beratung und dem spürbaren Geschäftsklima unter den Mitarbeitern sowie im Verhältnis zu ihren Vorgesetzten entscheidende Bedeutung zu. Als Teil davon erweckt das äußere Auftreten des einzelnen Arbeitnehmers Vertrauen einschließlich eines „guten" Gefühls der Kunden und vermittelt auf diese Weise eine gewisse Kompetenz des Unternehmens.[312] So haben *Shao/Baker/*

309 *BAG* 13.02.2007 BAGE 121, 147, 148; ähnlich *LArbG Baden-Württemberg*, Beschluss vom 21.10.2015 – 4 TaBV 2/15 –, juris Rn. 2, demgemäß es in einer abgeschlossenen Gesamtbetriebsvereinbarung lautet: „Das äußere Erscheinungsbild der Beschäftigten ist für das Unternehmen P. F. AG von großer Bedeutung. Die Unternehmensbekleidung soll ihre Trägerin oder ihren Träger in ihrer/seiner beruflichen Tätigkeit in der Öffentlichkeit als Angehörige oder Angehörigen der P. F. AG kenntlich machen. (...)".

310 *Schmid/Roßmann*, Das Arbeitsverhältnis der Besatzungsmitglieder, S. 70.

311 Abgrenzungsschwierigkeiten der gewählten Zweckverfolgung postulierend, *Klinkhammer/Schlicht*, ArbRAktuell 2015, 68, 70.

312 Dem folgend unter Bezugnahme auf das Beispiel weißer Fleischerbekleidung etwa *Thüsing*, JZ 2006, 223, 223.

Wagner[313] anhand einer Versuchsreihe eruiert, dass eine professionelle und angemessene Bekleidung eine stärkere Kaufabsicht des Gegenübers hervorruft und die Empfindung über die Beratungsqualität positiv beeinflusst. Dahingehend seien die mentale Einspannung des Einzelnen in die Kaufsituation und das Geschlecht der Versuchsperson moderierende Faktoren für das Abhängigkeitsverhältnis zwischen der Erwartungshaltung und dem danach ausgerichteten Verhalten der Kunden. Je weniger die Versuchsperson in die Thematik des anstehenden Kaufs eingebunden sei, desto größer sei die Wechselbeziehung zwischen den zu untersuchenden Variablen.[314] Aus sozialpsychologischer Sicht handelt es sich nach Auffassung von *Aronson/Wilson/Akert*[315] dabei um „implizite Einstellungen, die unwillkürlich, unkontrollierbar und manchmal unbewusst" sind. Eine Veränderung dieser Anschauungen werde durch das angenommene oder tatsächliche Verhalten anderer Menschen herbeigeführt. Daher sei zum Bespiel die Vermutung, dass Werbung auf den Konsum von Produkten Einfluss nehmen könne, Voraussetzung für das Vorhaben einer kommerziellen Werbung.[316] Demzufolge basieren Einstellungen unter anderem auf affektiven und emotionalen Reaktionen, die beispielsweise bei deren erfreulichem Vorliegen eine korrespondierende positive Haltung des Betroffenen wahrscheinlicher machen.[317] Neben den Einstellungen regulieren wahrgenommene normative Erwartungen anderer Personen die Verhaltensintentionen eines Menschen.[318] Aus diesen Erkenntnissen lassen sich die Bedeutsamkeit einer angepassten Kleidung und damit die Erfüllungsnotwendigkeit der allgemeinen Anforderungen ableiten. Der Arbeitgeber ist gehalten, die bestehenden oder bereits erzeugten Erwartungen aus eigenem Interesse und zu Gunsten der Kunden zu befriedigen oder aufrechtzuerhalten. In diesem Rahmen kann er, angesichts der denkbaren Einwirkung auf die begehrten Ergebnisse, berechtigterweise alle Mittel zur Umsetzung nutzen und deren Anwendung konkretisieren. Insoweit wird der Arbeitgeber in seinem unternehmerischen Denken von den jeweiligen Einstellungen beeinflusst. So geht der von *Brose/Greiner/Preis*[319] vorgenommene Vergleich zum Schauspielberuf oder dem Tätigwerden als Model fehl, wenn nicht automatisch ein einheitliches Erscheinungsbild der Beteiligten durch das „Verkleiden" geschaffen wird. Denn aus sozialpsychologischer Sicht verfolgt zum Beispiel der Modedesigner nichts Anderes, der mittels Models seine entworfene Kleidung präsentiert, um Kollektionsstücke zu verkaufen oder Werbung für seine Person

---

313 *Shao/Baker/Wagner*, Journal of Business Research 57 (2004), 1164, 1169 ff.

314 *Shao/Baker/Wagner*, Journal of Business Research 57 (2004), 1164, 1169 ff., demgemäß die Versuchspersonen mit Hilfe von Fotografien zu ihrer Einschätzung der gezeigten Verkaufssituation befragt wurden. Die Bedingungen änderten sich durch den Wechsel der Kleiderordnung zwischen zu tragenden Anzügen und Alltagskleidung.

315 *Aronson/Wilson/Akert*, Sozialpsychologie, S. 222 ff.

316 *Aronson/Wilson/Akert*, Sozialpsychologie, S. 222 ff.

317 *Stürmer*, Sozialpsychologie, S. 71.

318 *Stürmer*, Sozialpsychologie, S. 71.

319 *Brose/Greiner/Preis*, NZA 2011, 369, 372 f.

sowie Kreationen zu erhalten.[320] Zwangsläufig führt das beschriebene Zweckverständnis dazu, die äußere Erscheinung des Betroffenen als notwendigen Teil der Arbeitsleistung zu qualifizieren, auf die durch eine einheitliche Kleidervorgabe Einfluss genommen und die Art ihrer Verrichtung bestimmt wird.[321] Der Arbeitnehmer ist sich bereits vor seiner Berufswahl oder wird sich zumindest im Rahmen seiner beruflichen Ausbildung über die Kleidungsanforderungen des gewählten Arbeitsfelds bewusst.[322] Somit besteht die persönliche Kenntnis über eine Konfrontation mit einem solchem Reglement und eine hierauf bezugnehmende Erwartungshaltung an den Arbeitgeber. Wer daher zuversichtlich von der Abwesenheit einer solchen Weisung gemäß § 106 S. 2 GewO ausgeht, kann nicht aus Schutzerwägungen heraus auf eine berechtigte Teilhabe an der besagten betrieblichen Entscheidung hoffen. Die dadurch entstehende Freiwilligkeit dieser Arbeitnehmerhandlung kann somit das Vorliegen einer korrespondierenden Verkehrssitte im Sinne des § 242 BGB begründen. Unter diese werden die tatsächlich in einer Gesellschaft geltenden und mithin berechtigten Verhaltensrichtlinien gefasst[323], die sich durch eine gleichmäßige, eigenverantwortliche und gegebenenfalls regionale Übung innerhalb eines längeren Zeitraums für ähnliche Fälle heraus gebildet haben[324]. Jene berechtigten Orientierungsleitsätze wurden von dem Gesetzgeber noch nicht schriftlich fixiert, aber sind durch den Einzelnen nach Treu und Glauben zu erfüllen.[325] Der Inhalt der Verkehrssitte ist mithilfe der empirischen Sozialforschung festzustellen[326], um konkrete Anhaltspunkte für maßgebende soziale Wertentscheidungen zu erhalten[327]. Sämtliche Beteiligte müssen dafür eine

320 Vgl. 3. Teil. § 8. III. 2. a).

321 Im Ergebnis auch *Klinkhammer/Schlicht*, ArbRAktuell 2015, 68, 70, wobei eine mitbestimmungsrechtlich relevante Unterscheidung zwischen dem Zweck eines einheitlichen Erscheinungsbilds und der Erfüllung von Kundenerwartungen erfolgt.

322 Ähnlich *Edenfeld*/BAG 13.02.2007, AP Nr. 40 zu § 87 BetrVG 1972 Ordnung des Betriebes, zu 2., der diesen Argumentationsweg jedoch erst im Rahmen der Verhältnismäßigkeitsprüfung des § 75 II 1 BetrVG einschlägt.

323 *RG* 19.05.1926 RGZ 114, 9, 13, infolge dessen eine Verkehrssitte als Gepflogenheit zu verstehen sei; *Luhmann*, Rechtssoziologie, S. 27; MüKO/*Schubert*, § 242 BGB Rn. 12.

324 *Duchstein*, BB 2011, 1717, 1717.

325 *BGH* 30.03.1990 BGHZ 111, 110, 112, demzufolge der Arbeitgeber das Bestehen der Verkehrssitte substantiiert darlegen müsse; *Luhmann*, Rechtssoziologie, S. 27; *Looschelders*, Schuldrecht AT, S. 31, wobei die berechtigt entwickelten Verhaltenserwartungen nicht zu berücksichtigen seien, wenn diese in einem sozialethischen Widerspruch zu Treu und Glauben gemäß § 242 BGB ständen.

326 MüKO/*Schubert*, § 242 BGB Rn. 14, aber einschränkend in Bezug auf die Verwendung dieses Instrumentariums und seiner Auswirkungen auf die rechtliche Bewertung.

327 Palandt/*Grüneberg*, § 242 BGB Rn. 6; von Staudinger/*Looschelders/Olzen*, Kommentar zum BGB, § 242 BGB Rn. 169, woraufhin der Verkehrssitte eine Indizwirkung

einheitliche Meinung über die Sachverhalte teilen.[328] Vor allem im Rahmen des Arbeitsverhältnisses als Dauerschuldverhältnis[329] kommt § 242 BGB ausschlaggebende Bedeutung zu[330]. Grund dafür ist, dass die Länge des Schuldverhältnisses und die persönliche Einbindung der Beteiligten zu gesteigerten Treuepflichten führen.[331] In jenem Zusammenhang ist die auf diese Weise entstehende Bedeutungsrelativierung der eigenen Interessenwahrnehmung durch die Rechte eines Beteiligten[332], hier des Arbeitgebers, von Bedeutsamkeit. Wie schon aufgezeigt, haben sich im Hinblick auf das äußere Erscheinungsbild Erwartungen und Verhaltensanforderungen sowohl an den Arbeitnehmer als auch an den Arbeitgeber im Laufe der gesellschaftlichen Entwicklung „eingebürgert".[333] Darauf lässt schon allein die Tatsache der vermehrten Forderung einer einheitlichen Kleidung im Berufsalltag und in den Arbeitsrechtsstreitigkeiten schließen. Insoweit wird die Wahrung der Arbeitnehmerinteressen durch den Betriebsrat zu Gunsten der allgemein bekannten Vorstellungen zulässigerweise eingeschränkt. Die gleiche Beurteilung folgt aus der entsprechenden Beachtung der beschriebenen Besonderheiten des betroffenen Rechtsgebiets[334] und der Definition des Arbeitnehmerbegriffs im Hinblick auf die auszuführende, fremdnützige Tätigkeit

---

für die Ermittlung der Beurteilungsmaßstäbe von Treu und Glauben beizumessen sei; *Looschelders*, Schuldrecht AT, S. 31.

328 *Duchstein*, BB 2011, 1717, 1719, der für die Frage der gesellschaftlichen Akzeptanz des Erscheinungsbilds eine Meinungsumfrage in der Bevölkerung durchführen würde. Für diese Erhebung müsse das nähere Umfeld des Betroffenen, wie zum Beispiel die Kunden, befragt werden. Das äußere Auftreten sei nicht akzeptiert, wenn sich über fünf Prozent der relevanten Gruppe abgeschreckt fühlen würden. Diese Fünfprozentregel gelte auch, wenn die Kleidung des Arbeitnehmers als lächerlich oder unvorteilhaft einzustufen sei; bereits ähnlich im Hinblick auf die Orientierung des äußeren Auftretens am Durchschnitt der Kunden im Rahmen der Zulässigkeit von so genannten „Beatle-Frisuren" siehe *ArbG Essen* 17.05.1966 BB 1966, 861, 861.

329 MüKO/*Müller-Glöge*, § 611 BGB Rn. 16; Bamberger/Roth/*Sutschet*, Kommentar zum BGB, § 242 BGB Rn. 8; Dauner-Lieb/Langen/*Klappstein*, BGB, § 611 BGB Rn. 3; Palandt/*Weidenkaff*, Einführung vor § 611 BGB Rn. 5.

330 Von Staudinger/*Looschelders/Olzen*, Kommentar zum BGB, § 242 BGB Rn. 129, wonach ein stärkerer Einfluss von § 242 BGB bei fremdnützigen Tätigkeiten zu verzeichnen sei und sich die größtmögliche Wirkung der Norm im Rahmen eines zielgerichteten Zusammenwirkens der Beteiligten ergebe.

331 MüKO/*Schubert*, § 242 BGB Rn. 99, Rn. 104; Bamberger/Roth/*Sutschet*, Kommentar zum BGB, § 242 BGB Rn. 8.

332 MüKO/*Schubert*, § 242 BGB Rn. 99, Rn. 104.

333 Vgl. 3. Teil. § 8. III. 3. a).

334 Dauner-Lieb/Langen/*Krebs*, BGB, § 242 BGB Rn. 19.

in persönlicher Abhängigkeit[335].[336] Daraus erwächst der Anspruch des Arbeitgebers auf Erbringung der Arbeitsleistung in einer einheitlichen Kleidung und wird somit zu einem Teilaspekt des zweiseitigen Verhältnisses zum Arbeitnehmer. Insoweit ergeben sich zwangsläufig auch ortsübliche Zugeständnisse, wenn beispielsweise eine Kostümierung in den typischen Karnevalshochburgen wie Köln oder Mainz während der Arbeitszeit in Betrieben mit Kundenkontakt getragen und damit die obligatorische Dienstkleidung nicht genutzt wird.[337] Den Einwänden, dass eine einheitliche Bekleidungsvorgabe nicht zwangsweise positive Resonanz bei den Kunden auslöst, geschweige denn überhaupt eine Erwartung an den Betrieb bezüglich einer nach außen verdeutlichten Unternehmensidentität gestellt wird, können auch deshalb die bestehenden gesellschaftlichen und wirtschaftlichen Anforderungen entgegen gehalten werden. Ein seriöses und angepasstes Verhalten der Arbeitnehmer ist für die Begegnung mit Publikumsverkehr unerlässlich, um durch das Auftreten und/oder die äußere Erscheinung den Tätigkeitserfolg nicht zu beeinträchtigen.[338] Allerdings muss überprüft werden, ob die Arbeitnehmerbelange hinter denen sich womöglich lohnenden betrieblichen Interessen des Arbeitgebers zurück treten. Hierbei handelt es sich um einen Bestandteil der Durchführungsgrenzen eines Mitbestimmungsrechts, beispielshalber im Rahmen von § 75 II 1 BetrVG.[339]

Infolge dieser Erkenntnisse kann die Kleidung als denkbarer Garant für den Unternehmenserfolg qualifiziert werden. Sie ist geeignet, die gewünschte Unternehmensphilosophie nach außen zu repräsentieren und bedarf daher der mitbestimmungsfreien organisatorischen Umsetzung im Betrieb. Zwar ist der

335 Stetige Rechtsprechung des Gerichts grundlegend *BAG* 13.12.1962 AP Nr. 3 zu § 611 BGB Abhängigkeit, zu I. der Gründe; nachfolgend *BAG* 21.01.1966 BAGE 18, 87, 90, infolge dessen der Anknüpfungspunkt der Arbeitnehmereigenschaft aus dem Umkehrschluss der „Selbstständigkeit" gemäß § 84 I 2 HGB herzuleiten sei; *BAG* 27.03.1991 AP Nr. 53 zu § 611 BGB Abhängigkeit, zu I. 1. der Gründe; *BAG* 20.11.1994 BAGE 78, 343, 347; *BAG* 22.04.1998 BAGE 88, 263, 270; *BAG* 19.01.2000 BAGE 93, 218, 222.

336 Insofern zustimmend *Wißmann*, NZA 2003, 1, 5, demzufolge die persönliche Abhängigkeit eben ein Merkmal der Arbeitsverpflichtung sei; weitergehend und mit Bezug zum öffentlichen Auftreten des betroffenen Mitarbeiters siehe *SG München*, Urteil vom 04.05.2016 – S 14 R1118/13 –, juris Rn. 22, wonach die Erkennbarkeit des Arbeitnehmers bereits durch ein Namensschild mit dem Firmenemblem gegeben sei und dies für eine enge Einbindung in den Betriebsablauf spreche; im Kontext der Umkleidezeit als Arbeitszeit auch *Fischer*/BAG 17.11.2015, jurisPR-ArbR 8/2016, Anmerkung 5.

337 *Besgen*, BB 2008, 274, 275 f., wonach dann allerdings nicht von einer Suspendierung der Arbeitspflicht auszugehen sei.

338 *Böttner*, Direktionsrecht des Arbeitgebers, S. 40.

339 *BAG* 13.02.2007 BAGE 121, 147, 155 ff.; *ArbG Mannheim* 16.02.1989 BB 1989, 1201, 1202; *Henssler*/BAG 08.08.1989, SAE 1990, 343, 345; *Wiese*, FS Roeber, 671, 678; *Löwisch/Kaiser*, BetrVG Kommentar, § 87 BetrVG Rn. 40; *Fitting*, BetrVG Handkommentar, § 75 BetrVG Rn. 160.

Betriebsrat gemäß § 2 I BetrVG gehalten, das betriebliche Wohl zu berücksichtigen und damit eine Gefährdung der Kundenbeziehungen in seine Abwägung mit einzubeziehen.[340] Indes ist der Grundsatz der vertrauensvollen Zusammenarbeit gemäß § 2 I BetrVG lediglich als Verhaltensorientierung und Auslegungsregel für die Beteiligungsrechte des Betriebsrats ausgestaltet.[341] In Bezug auf die Bedeutsamkeit und die Abhängigkeit der betrieblichen Interessen des Arbeitgebers von der Erbringung der Arbeitsleistung in einem einheitlichen Erscheinungsbild bietet er keine Gewährleistung für eine interessengerechte Wahrnehmung. Die aus § 2 I BetrVG i. V. m. § 74 I BetrVG abgeleitete Forderung einer kooperativen Zusammenarbeit und eines ständigen Dialogs[342] kann mit dem gängigen Argument der überwiegend schutzwürdigen Arbeitnehmerinteressen entkräftet werden. Dabei ist die Wahrnehmung unterschiedlicher Interessen durch § 2 I BetrVG nicht ausgeschlossen[343], weil insbesondere elementare Interessen, wie beispielshalber die Arbeitsplatzsicherheit, durch den Betriebsrat gewahrt werden sollen[344]. Daneben sind die exemplarisch ausgelösten Prozesse einer Identifikationsförderung der Arbeitnehmer, einer Imageverbesserung des Unternehmens oder einer Marktbeeinflussung nur nützliche Begleiterscheinungen neben der Erfüllung der Kundenhaltungen während der Erbringung bestehender Arbeitspflichten. Insoweit ist der kollektivrechtliche Bezug der Maßnahme ein Zufallsergebnis, bedingt durch die gleichartige Tätigkeitserbringung mehrerer Mitarbeiter oder die im Betrieb vorherrschende Arbeitsteilung.[345] Die Anzahl der betroffenen Arbeitnehmer kann nur

---

340 *BAG* 27.01.2004 BAGE 109, 235, 240 f.; ErfK/*Koch*, § 2 BetrVG Rn. 2, demgemäß der Betriebsrat vordergründig das Wohl des Betriebs im Gegensatz zu kurzfristigen Belangen der Arbeitnehmer zu fördern habe; *von Hoyningen-Huene*, Betriebsverfassungsrecht, S. 73, woraufhin nicht streng nach rechtlichen Maßstäben zu urteilen sei und Kulanz hinsichtlich der Pflege des Außenverhältnisses zu Kunden geübt werden solle; Däubler/u. a./*Berg*, BetrVG, § 2 BetrVG Rn. 38.

341 Richardi/*Richardi*, BetrVG Kommentar, § 2 BetrVG Rn. 6; Wlotzke/*Preis*/Kreft, BetrVG Kommentar, § 2 BetrVG Rn. 5.

342 *BAG* 21.04.1983 BAGE 42, 259, 272; Düwell/*Kloppenburg*, BetrVG Handkommentar, § 2 BetrVG Rn. 6; *Fitting*, BetrVG Handkommentar, § 2 BetrVG Rn. 21; *Löwisch/Kaiser*, BetrVG Kommentar, § 2 BetrVG Rn. 5; Richardi/*Richardi*, BetrVG Kommentar, § 2 BetrVG Rn. 6; Wlotzke/*Preis*/Kreft, BetrVG Kommentar, § 2 BetrVG Rn. 2.

343 *BAG* 11.11.1997 BAGE 87, 64, 74, demgemäß § 2 I BetrVG die Unabhängigkeit von Arbeitgeber und Betriebsrat verdeutliche; Düwell/*Kloppenburg*, BetrVG Handkommentar, § 2 BetrVG Rn. 5; *Fitting*, BetrVG Handkommentar, § 2 BetrVG Rn. 21; Richardi/*Richardi*, BetrVG Kommentar, § 2 BetrVG Rn. 6; ErfK/*Koch*, § 2 BetrVG Rn. 1.

344 Däubler/u. a./*Berg*, BetrVG, § 2 BetrVG Rn. 39; Richardi/u. a./*von Hoyningen-Huene*, Münchener Handbuch zum Arbeitsrecht, § 214 Rn. 4; *Gamillscheg*, Kollektives Arbeitsrecht, Bd. II, S. 139.

345 *Henssler*/BAG 08.08.1989, SAE 1990, 343, 344; weitergehend *Fischer*, NZA-RR 2015, 169, 171, wonach eine Maßnahme bereits mitbestimmungspflichtig sei, wenn die

als Indiz für die mitbestimmungsbegründende Kollektivität verstanden werden.[346] Gewissermaßen stellt die Befriedigung der allgemein gültigen Anforderungen, vor allem der Kundenerwartungen, mit der Verwirklichung der betrieblichen Interessen des Arbeitgebers den objektiven Zweck jeglicher Dienstkleidungsmaßnahme dar und begründet so deren Mitbestimmungsfreiheit. Nicht umsonst wird diese Art der Bekleidung wortwörtlich in Verbindung zum „Dienst" und damit der Erfüllung geschuldeter Arbeit gesetzt. Anderenfalls wäre es sinnvoll, den betreffenden Kleidungstyp als „Betriebskleidung" zu bezeichnen, die während der Arbeitszeit anstelle der Zivilkleidung zu einer besonderen Kenntlichmachung im Sinne betrieblicher Interessen zu tragen ist. Das Gleiche muss sachgerecht auch für diejenigen Arbeitnehmer gelten, die keinem unmittelbaren Kundenkontakt ausgesetzt sind. In Anbetracht einer diesbezüglich fehlenden Rechtsklärung sehen selbst die Rechtsprechung und die Lehre kein dringendes Schutzbedürfnis für jene Mitarbeiter, dass es durch die Mitbestimmung des Betriebsrats sicherzustellen gelte. Das betreffende Personal wird ebenso zumindest mittelbar dem Publikumsverkehr begegnen. Das ist zum Beispiel auf dem Weg in das Büro oder in den Pausenraum der Fall. Darüber hinaus ist es vorstellbar, dass diese Arbeitnehmer in einer arbeitsrechtlich geprägten Beziehung zu Lieferanten oder Geschäftspartnern stehen, die als außerbetrieblich qualifizierte Personengruppen auf gleicher Stufe mit den Kunden stehen. Infolge der Subsumtion der gesamten Belegschaft unter den persönlichen Einzugsbereich des Publikumsverkehrs sind die zulässigerweise vorhandenen Erwartungsanforderungen gleichgerichtet und gleichgewichtet zu erfüllen. Der Arbeitgeber ist deshalb kraft seiner Organisationsrechte und seiner Leitungsmacht befugt, die Verrichtung der Arbeit durch den Einsatz einer Dienstkleidung zu bestimmen.

Konsequenterweise überzeugt es nicht, dass die Mitbestimmung des Betriebsrats hinsichtlich einer Kleiderordnung aus dem automatisch bewirkten Effekt der Dienstkleidung resultiert, ein einheitliches Erscheinungsbild zu schaffen. Somit bedarf es einer Spezifizierung und Verdeutlichung der Zweck-Mittel-Relation, um den tatsächlichen Anknüpfungspunkt von einheitlichen Bekleidungsvorschriften herauszustellen. Daher sollte im Rahmen einer Trageordnung für Dienstkleidung wie folgt formuliert werden: Mit Hilfe einer betriebseinheitlichen Kleidervorgabe werden die an den Arbeitgeber gestellten und den Arbeitnehmern bekannten Anforderungen der Gesellschaft durch die Schaffung eines uniformen Auftretens umgesetzt, welche den Bezug zur Art und Weise der Erfüllung arbeitsvertraglicher

---

in Frage stehende Regelung eine betriebliche Komponente auch für nur einen einzelnen Arbeitnehmer aufweise.

346 Vielmehr sei entscheidender Anknüpfungspunkt der Inhalt der Maßnahme siehe *BAG (GS)* 03.12.1991 BAGE 69, 134, 162; *BAG* 28.09.1994 BAGE 78, 74, 79; Düwell/*Kohte*, BetrVG Handkommentar, § 87 BetrVG Rn. 7; Richardi/*Richardi*, BetrVG Kommentar, § 87 BetrVG Rn. 29; *Fitting*, BetrVG Handkommentar, § 87 BetrVG Rn. 17; *Raab*, NZA 1993, 193, 196; Schaub/*Koch*, Arbeitsrechts-Handbuch, S. 2471, wobei im Fall der Prognose über die Betroffenheit mehrerer Arbeitnehmer von einer generellen Regelung auszugehen sei.

Pflichten herstellen. Im Ergebnis führt die dadurch entstehende Mitbestimmungsfreiheit dieser Maßnahme auch zu einem äußerlich erkennbaren einheitlichen Auftreten der Arbeitnehmer im Betrieb – so wie es die herrschende Meinung für die Begründung eines Mitbestimmungsrechts des Betriebsrats fordert.

b) Auswahl der dienstkleidungspflichtigen Arbeitnehmer

Als das Gericht früher die Frage nach dem persönlichen Anwendungsbereich einer einheitlichen Kleidervorgabe regelmäßig mit der vorgenommenen Zweckbindung[347] oder dem betroffenen Regelungsgegenstand[348] implizit beantwortete, war sie nunmehr ausdrücklich hinsichtlich der Reichweite eines Einigungsstellenspruchs zu behandeln. Die besagte Entscheidung des *BAG*[349] über die Unzulässigkeit einer ausbleibenden Konkretisierung der dienstkleidungspflichtigen Arbeitnehmer durch die Einigungsstelle formuliert zwar die Unmöglichkeit einer einseitigen Übertragbarkeit auf den Arbeitsgeber. Gleichwohl berührt dies nicht den Umstand, dass der Arbeitgeber auf betrieblicher Ebene die betroffenen Arbeitnehmer selbst auswählen kann.[350] Demzufolge gestattet es die Einführung einer Dienstkleidung, den Kreis derjenigen Arbeitnehmer festzulegen, die zum Tragen einer einheitlichen Bekleidung verpflichtet sind. In Anbetracht der verschiedenen Berufsfelder ist zu klären, in welchem Arbeitsbereich die Regelung einer Kleiderordnung die größte Wirkung entfaltet und deshalb mitbestimmungsfrei vom Arbeitgeber erlassen werden darf. Daneben ist die darauf bezugnehmende rechtliche Herangehensweise für das besonders gestaltete Arbeitsverhältnis der Leiharbeitnehmer sowie der Betriebsratsmitglieder zu bestimmen.

aa) Berufsfelder[351]

Aufgrund der Vielfalt des Arbeitslebens soll in puncto des wesentlichen Vorkommens einer betriebseinheitlichen Kleidervorgabe eine berufsbezogene Einschränkung erfolgen.

---

347 Grundlegend *BAG* 15.12.1961 BAGE 12, 124, 126 f.; nachfolgend *BAG* 18.04.2000 AP Nr. 33 zu § 87 BetrVG 1972 Überwachung, zu B. II. 1. b) der Gründe.

348 *BAG* 01.12.1992 BAGE 72, 40, 44, demzufolge anfallende Kosten von den Personen zu tragen seien, die dafür verantwortlich wären.

349 *BAG* 17.01.2012 BAGE 140, 223, 227 f.

350 *Winzer*/BAG 17.01.2012, ArbRAktuell 2012, 284, 284, wonach sich die Erforderlichkeit der Personenauswahl durch die Einigungsstelle zwingend aus der Unterscheidung zwischen Mitarbeitergruppen im Rahmen der vom Arbeitgeber vorgegebenen Dienstkleidung herleite.

351 Dafür wird sich an der Liste der staatlich anerkannten Ausbildungsberufe des Bundesinstituts für Berufsbildung (PDF-Datei: 6001114c.pdf), *http://www.bibb.de/de/759.php* sowie an den Berufsvorgaben der Bundesagentur für Arbeit, *https://berufenet.arbeitsagentur.de/berufenet/faces/index;BERUFENETJSESSIONID=xyaPG*

Der Arbeitgeber ist vor allem im Dienstleistungsgewerbe gehalten, die gesellschaftlichen Erwartungen an ein äußeres Erscheinungsbild zu wahren. Dabei bilden der Vertrieb und der Verkauf die zentralen Tätigkeitsbereiche des Arbeitnehmers, wie zum Beispiel in einem Autohaus, Blumengeschäft, Friseurladen, Reisebüro, Bekleidungshaus, Kosmetikstudio oder Musikhandel. Die Arbeitnehmer erbringen in diesen Wirkungskreisen ihre Arbeitsleistung überwiegend direkt am Kunden und stehen im unmittelbaren Kontakt mit dem Publikumsverkehr. Gleichsam lässt sich eine Stärkung des Zusammengehörigkeitsgefühls der Mitarbeiter und der Unternehmensidentifikation vermuten. Damit entfaltet sich in diesem Berufsfeld die Wirkung des äußeren Auftretens der Arbeitnehmer beträchtlich und erfordert diesbezüglich eine alleinige Entscheidungsbefugnis des Arbeitgebers.

Weiterhin kann im Verkehrswesen und Logistikbereich die Uniformität der Mitarbeiter von der Erwartungshaltung der Kunden abhängig sein. So wird von den Arbeitnehmern der Luftfahrtunternehmen, der Eisenbahnbetriebe oder dem Nahverkehr ein einheitliches Erscheinungsbild gefordert, um vorrangig der Autoritätswahrung sowie der Identifikation des Personals Rechnung zu tragen und damit betriebliche Interessen des Arbeitgebers sicherzustellen.

Zudem ist das Ressort der Wirtschaft und Verwaltung durch die Anforderungen der dort verkehrenden Kunden geprägt. Im Bereich der Banken, Verwaltungen, Bürobetrieben, Versicherungen, Kanzleien oder Notariaten wird vorwiegend von dem Anspruch eines seriösen und angepassten Auftretens ausgegangen. Zwischen den Beteiligten besteht regelmäßig ein Dienstvertrag mit Geschäftsbesorgungscharakter gemäß §§ 611 I, 675 BGB. Es handelt sich dabei grundlegend um einen gegenseitigen Vertrag, durch den sich der Dienstverpflichtete zur Leistung der versprochenen Dienste und der Dienstberechtigte zur Zahlung eines entsprechenden Entgelts verpflichtet. Im Gegensatz zum Werkvertrag wird bei der Erbringung der Dienstleistung kein Tätigkeitserfolg geschuldet, aufgrund dessen die zu erfüllende Verpflichtung des Arbeitnehmers im reinen Tätigwerden gegenüber dem Kunden erwächst.[352] Unweigerlich wird im Hinblick darauf hauptsächlich ein Vertrauen der anderen Vertragspartei erwogen und aufrechterhalten.

Neben den aufgeführten Berufsfeldern kann im Arbeitsbereich der Pädagogik, des Baugewerbes sowie der Kunst, Musik und Gestaltung eine Kleiderordnung von Bedeutung sein.

Folglich ergibt sich in allen aufgeführten Berufen eine übereinstimmende Sachlage für die anspruchsberechtigten Personengruppen und den entsprechend ausführenden Arbeitgeber. Aufgrund der Tragweite der allgemein gültigen Anforderungen an ihn und deshalb ihrer erforderlichen Einbeziehung in die Arbeitsleistung eines

---

IXWAONnHKPYatP9yA5btMC1-kT2sjO0f5cNYibs_eH2UQKf!135545908?path=null/berufsfelder orientiert.

352 Palandt/*Sprau*, Einführung vor § 631 BGB Rn. 1; Jauernig/*Mansel*, BGB Kommentar, vor § 611 BGB Rn. 15; von Staudinger/*Richardi/Fischinger*, Kommentar zum BGB, Vorbemerkung zu §§ 611 ff. BGB Rn. 26 f.; MüKO/*Busche*, § 631 BGB Rn. 14.

jeden Mitarbeiters ist die gesamte angestammte Belegschaft in die Dienstkleidungsmaßnahme, betreffend die Einführung, zu involvieren. Die von der herrschenden Auffassung befürchteten Konflikte im Zusammenleben der Arbeitnehmer werden dadurch vermieden.[353] Gleichsam wird verhindert, dass sich der Arbeitgeber den Rechtsfolgen der Nichtbeachtung des betriebsverfassungsrechtlichen Gleichbehandlungsgrundsatzes[354] aussetzt. Insoweit nimmt § 75 I BetrVG auf den arbeitsrechtlichen Gleichbehandlungsgrundsatz Bezug und konkretisiert diesen für den kollektivrechtlichen, betriebsbezogenen Bereich.[355] Laut Gesetzestext sind die Betriebspartner dazu verpflichtet, gemeinsam darüber zu wachen, dass alle im Betrieb tätigen Personen nach den Grundsätzen von Recht und Billigkeit behandelt werden. Neben gegenseitig bestehenden Kontrollpflichten der Betriebsparteien und der erforderlichen Beachtung gegenüber den Arbeitnehmern[356] ist der Arbeitgeber insbesondere bei der Ausübung seines Weisungsrechts, der Gestaltung der Arbeitsbedingungen und der Organisation des betrieblichen Geschehens gehalten, sich von dem Gleichheitssatz leiten zu lassen[357]. Dementsprechend werden im Rahmen des § 75 I BetrVG positive Handlungspflichten normiert.[358] Folglich sind Mitarbeiter oder Gruppen von Arbeitnehmern, die sich in ähnlicher Lage befinden, bei Anwendung einer eigens durch den Arbeitgeber bestimmten Regelung gleich zu behandeln.[359] Eine einheitliche Kleidervorschrift erschöpft sich nicht in

---

353 Vgl. 3. Teil. § 8. III. 3. b).

354 ErfK/*Kania*, § 75 BetrVG Rn. 5; unabhängige Beurteilung von den (Rechtfertigungs-) Vorschriften des allgemeinen Gleichbehandlungsgesetzes siehe *Besgen*, Betriebsverfassungsrecht, S. 306.

355 GK-BetrVG/*Kreutz*, § 75 BetrVG Rn. 38; Richardi/*Richardi/Maschmann*, BetrVG Kommentar, § 75 BetrVG Rn. 2, Rn. 15; Düwell/*Lorenz*, BetrVG Handkommentar, § 75 BetrVG Rn. 13; *Fitting*, BetrVG Handkommentar, § 75 BetrVG Rn. 1, Rn. 30; zur grundlegenden Anerkennung des Gleichbehandlungssatzes als Prinzip des Arbeitsrechts etwa *BAG* 11.04.2006 NZA 2006, 1217, 1218, woraufhin dieses Prinzip auf gleicher Ebene mit einer arbeitsrechtlichen Norm stehe; ErfK/*Preis*, § 611 BGB Rn. 574; Palandt/*Weidenkaff*, § 611 BGB Rn. 111.

356 *Fitting*, BetrVG Handkommentar, § 75 BetrVG Rn. 18; Wlotzke/*Preis*/Kreft, BetrVG Kommentar, § 75 BetrVG Rn. 11; ErfK/*Kania*, § 75 BetrVG Rn. 5.

357 *Fitting*, BetrVG Handkommentar, § 75 BetrVG Rn. 18, Rn. 20; bezüglich des davon unabhängigen Bestehens arbeitsvertraglicher Ansprüche auf Einhaltung des Gleichbehandlungsgrundsatzes etwa GK-BetrVG/*Kreutz*, § 75 BetrVG Rn. 25; *Fitting*, BetrVG Handkommentar, § 75 BetrVG Rn. 31 ff.; Richardi/*Richardi/Maschmann*, BetrVG Kommentar, § 75 BetrVG Rn. 4.

358 Wlotzke/*Preis*/Kreft, BetrVG Kommentar, § 75 BetrVG Rn. 13; *Fitting*, BetrVG Handkommentar, § 75 BetrVG Rn. 18.

359 Ständige Rechtsprechung des Gerichts *BAG* 04.02.1976 BAGE 28, 14, 18; *BAG* 17.05.1978 AP Nr. 42 zu § 242 BGB Gleichbehandlung, zu I. der Gründe m. w. N. zu Lehrbeiträgen; *BAG* 10.03.1982 BAGE 38, 118, 125; *BAG* 27.07.1988 AP Nr. 83 zu § 242 BGB Gleichbehandlung, zu II. 1. der Gründe; *BAG* 19.08.1992 AP Nr. 102 zu § 242 BGB Gleichbehandlung, zu II. 3. a) der Gründe; *BAG* 13.12.1994 BAGE

der Umsetzung einer Norm[360], sondern ordnet eine aus Arbeitgeberinteressen veranlasste Bekleidungsgestaltung an. Jene Trageordnung für Dienstkleidung gilt für die Arbeitnehmer unabhängig von der Dauer der Beschäftigung und der Stellung innerhalb der Betriebshierarchie. Die vergleichsweise Anwendung auf die gesamte Belegschaft folgt aus ihrer identischen oder zumindest ähnlichen ausgerichteten Tätigkeitsausübung[361]. Entbindet der Arbeitgeber Arbeitnehmer ohne Kundenkontakt von einer Kleiderordnung, wären die übrigen Mitarbeiter durch die nicht vorhandene Möglichkeit, die eigene individuelle Kleidung zu tragen, benachteiligt. Wenn davon ausgegangen wird, dass die einheitliche Bekleidungsvorgabe eine Belastung darstellt, bildet sich dadurch gleichzeitig eine Gruppe von Arbeitnehmern, die von dieser unliebsamen Ausübung des Direktionsrechts verschont bleibt. Ein für diese Differenzierung billigenswerter Grund[362] ist infolge der jeweils notwendigen Konkretisierung der Arbeitsverpflichtung nicht ersichtlich. Die hergestellte, nicht nur formale Homogenität des persönlichen Anwendungsbereichs dürfte daher ebenso im Sinne der Arbeitnehmer sein. Die möglicherweise notwendige Differenzierung zwischen einzelnen Mitarbeitern kann im Rahmen der Ausgestaltung der Dienstkleidung erfolgen. Dies erscheint aus den vorstehend erläuterten Gründen angemessen und sachgerecht.

bb) Leiharbeitnehmer

Es stellt sich die Frage, ob sich der persönliche Anwendungsbereich der einheitlichen Kleidungsmaßnahme auch auf die nur kurz im Betrieb befindlichen Arbeitnehmer erstreckt. Der Grundstein für diese Annahme wurde bereits angesichts der Entwicklung der betrieblichen Personalstruktur und dementsprechenden Folgen für die Mitbestimmung des Betriebsrats mit der Reform des Betriebsverfassungsgesetzes von 2001 gelegt.[363] Die nachstehende Erörterung reduziert sich angesichts der gegebenen aufgespaltenen Arbeitgeberfunktion auf die entscheidende Zuständigkeitsabgrenzung zwischen dem Verleiherbetriebsrat und dem Entleiherbetriebrat. Danach entscheidet die Wahl, welcher Arbeitgeber durch seine einheitliche Kleidervorgabe die Arbeitsleistung des Leiharbeitnehmers konkretisieren kann, über eine denkbare

---

79, 8, 11; *BAG* 17.11.1998 AP Nr. 162 zu § 242 BGB Gleichbehandlung, zu III. 1. a) der Gründe; *BAG* 13.02.2002 AP Nr. 184 zu § 242 BGB Gleichbehandlung, zu II. 1. der Gründe; *BAG* 19.03.2003 BAGE 105, 266, 270.

360 *Fitting*, BetrVG Handkommentar, § 75 BetrVG Rn. 38.

361 *BAG* 23.08.1995 BAGE 80, 343, 351 m. w. N. zu Lehrbeiträgen.

362 *BAG* 27.07.1988 AP Nr. 83 zu § 242 BGB Gleichbehandlung, zu II. 1. der Gründe; *BAG* 28.07.1992 BAGE 71, 29, 35; *BAG* 20.07.1993 BAGE 73, 343, 347; *BAG* 15.11.1994 BAGE 78, 272, 275 f.; *BAG* 13.12.1994 BAGE 79, 8, 11; *BAG* 18.09.2001 BAGE 99, 53, 57; *BAG* 14.02.2007 AP Nr. 264 zu § 611 BGB Gratifikation, zu II. 1. der Gründe; ErfK/*Preis*, § 611 BGB Rn. 589.

363 *Gesetzesentwurf der Bundesregierung* 02.04.2001, BT-Drucksache 14/5741, S. 1, dementsprechend solches Personal „ein weiterer Grund für die Erosion der betrieblichen Mitbestimmung“ sei.

Mitbestimmungsbefugnis des betreffenden Betriebsrats. Was die Differenzierung in echte und unechte Leiharbeitnehmer angeht, so ist diese im Fall von Trageordnungen für Dienstkleidung nicht zwangsläufig zu berücksichtigen. Jene Unterscheidung ist irrelevant für die Bewertung, ob und inwieweit Betriebsfremde, die rechtlich dem Stammbetrieb und tatsächlich einem fremden Betrieb zugeordnet werden, der Mitbestimmung des Betriebsrats unterliegen.[364]

Grundlegend werden die Mitbestimmungsrechte für die Leiharbeitnehmer im Verleiherbetrieb wahrgenommen, weil sich die Gestaltung der Rechtsverhältnisse zwischen Arbeitgeber und dem ansässigen Betriebsrat in diesen Betrieben praktikabler regeln lassen.[365] Dies entspricht der Grundentscheidung des § 14 I AÜG, den Leiharbeitnehmer arbeitsrechtlich, sozialrechtlich und zivilrechtlich dem Arbeitgeber im Verleiherbetrieb zuzuordnen.[366] Allerdings wird die Bedeutung der Mitbestimmung gemäß § 87 I Nr. 1 BetrVG während des Einsatzes im Entleiherbetrieb auf Seiten des Verleiherbetriebs gemindert.[367] Insoweit ist der Verleiherbetriebsrat weder tatsächlich noch rechtlich in der Lage, die betriebsverfassungsrechtlichen Aufgaben und Beteiligungsrechte, die an die Eingliederung des Arbeitnehmers in den Betrieb geknüpft sind oder eine Beschränkung durch das Weisungsrecht aufweisen, zu erfüllen.[368] Aus Schutzgründen sollte der nicht generell betriebszugehörige Leiharbeitnehmer deshalb den Weisungen des Arbeitgebers, bei dem er tatsächlich beschäftigt wird und damit den Beteiligungsrechten des in dem Einsatzbetrieb

364 Ebenso *BAG* 10.03.2004 AP Nr. 8 zu § 7 BetrVG 1972, zu B. I. 1. a) aa) der Gründe, woraufhin die Gewerbsmäßigkeit des Verleihers als Abgrenzungskriterium für die betriebsverfassungsrechtliche Stellung der Leiharbeitnehmer unbeachtlich sei; *Kaufmann*, Zuordnung gewerbsmäßig überlassener Leiharbeitnehmer, S. 77; *Müllner*, Aufgespaltene Arbeitgeberstellung, S. 70; *von Hoyningen-Huene*/BAG 15.12.1992, SAE 1994, 112, 112 f.; Richardi/u. a. /*Schüren*, Münchener Handbuch zum Arbeitsrecht, § 318 Rn. 6.

365 *BAG* 19.06.2001 BAGE 98, 60, 64; *Becker*, AuR 1982, 369, 371; *Kaufmann*, Zuordnung gewerbsmäßig überlassener Leiharbeitnehmer, S. 143; *Wißmann*, NZA 2003, 1, 4; *Wlotzke*/Preis/Kreft/*Bender*, BetrVG Kommentar, § 87 BetrVG Rn. 36.

366 Grundlegend *BAG* 15.12.1992 BAGE 72, 107, 112; nachfolgend *BAG* 19.06.2001 BAGE 98, 60, 64; zustimmend *Marschall*/BAG 19.06.2001, AP Nr. 1 zu § 87 BetrVG 1972 Leiharbeitnehmer, zu der Anmerkung, Blatt 896; *Gick*, Arbeitnehmerüberlassung, S. 128; *Fitting*, BetrVG Handkommentar, § 5 BetrVG Rn. 262.

367 *Jüttner*, Arbeitnehmerüberlassung, S. 177.

368 Grundlegend *BAG* 14.05.1974 BAGE 26, 149, 153; nachfolgend *BAG* 15.12.1992 BAGE 72, 107, 114; *BAG* 19.06.2001 BAGE 98, 60, 65; sympathisierend *Fitting*, BetrVG Handkommentar, § 87 BetrVG Rn. 11; ErfK/*Kania*, § 87 BetrVG Rn. 5; *Hamann*/BAG 19.06.2001, EzA Nr. 63 zu § 87 BetrVG 1972 Arbeitszeit, zu I.; *Hamann*, NZA 2003, 526, 527; Schüren/*Hamann*, AÜG Kommentar, § 14 AÜG Rn. 247; *Wißmann*, NZA 2003, 1, 4; Wlotzke/Preis/Kreft/*Bender*, BetrVG Kommentar, § 87 BetrVG Rn. 36.

vorhandenen Betriebsrats im Sinne des §§ 14 II, III AÜG, unterliegen.[369] Neben diesen Erwägungen zu Gunsten des entsendeten Arbeitnehmers folgt die Zulässigkeit der Mitbestimmung des Entleiherbetriebsrats auch aus der Berücksichtigung der Belange der dortigen Belegschaft.[370] Die Tatsache, dass die Leiharbeitnehmer den im Entleiherbetrieb befindlichen Betriebsrat nicht durch ihre Wahl legitimiert haben, stellt keinen Verstoß gegen das Demokratieprinzip dar.[371]

Die praktische Konsequenz aus der funktionalen Qualifizierung des Betriebsbegriffs ist eine Begrenzung der Mitbestimmung angesichts der Tätigkeit des Leiharbeitnehmers im Entleiherbetrieb.[372] Dabei muss berücksichtigt werden, dass durch die Aufspaltung in eine Verleiherbetriebsratstätigkeit und das Agieren des Entleiherbetriebsrats die Gefahr einer ungerechtfertigten Verdopplung der Beteiligungsrechte entsteht.[373] Die somit erforderliche Abgrenzung der jeweiligen Organisationsbefugnisse orientiert sich nach herrschender Auffassung daran, welcher Gegenstand der Mitbestimmung betroffen und wo die entsprechende Arbeitgeberfunktion örtlich gesehen angesiedelt ist.[374] Im Rahmen des § 87 I Nr. 1 BetrVG werden Fragen der

---

369 *BAG* 14.05.1974 BAGE 26, 149, 154; *BAG* 18.01.1989 BAGE 60, 368, 383; *BAG* 28.07.1992 AP Nr. 7 zu § 87 BetrVG 1972 Werkmietwohnungen, zu C. II. 1. b) bb) der Gründe; *BAG* 15.12.1992 BAGE 72, 107, 113 m. w. N. zu Lehrbeiträgen, infolge dessen dem Entleiherbetriebsrat einerseits aufgrund des Mitbestimmungszwecks und andererseits infolge seines Direktionsrechts partiell Beteiligungsrechte, begrenzt auf den Betrieb, zu zugestehen seien; *BAG* 19.06.2001 BAGE 98, 60, 65; *BAG* 16.04.2003 BAGE 106, 64, 67; *BAG* 22.10.2003 BAGE 108, 185, 188; *BAG* 10.03.2004 AP Nr. 8 zu § 7 BetrVG 1972, zu B. I. 1. a) aa)/II. 2. a) aa) der Gründe; *Barth*, Mitbestimmungs- und Beteiligungsrechte, S. 83; Thüsing/*Thüsing*, AÜG Kommentar, § 14 AÜG Rn. 117; *Gick*, Arbeitnehmerüberlassung, S. 128 f.; Richardi/*Richardi*, BetrVG Kommentar, § 5 BetrVG Rn. 97; *Löwisch/Kaiser*, BetrVG Kommentar, § 7 BetrVG Rn. 14; ErfK/*Kania*, § 87 BetrVG Rn. 5; *Etzel*, Betriebsverfassungsrecht, S. 11; a. A. hinsichtlich einer doppelten Betriebszugehörigkeit aufgrund eines umfassenden Schutzbedürfnisses Däubler/u. a./*Trümmer*, BetrVG, § 5 BetrVG Rn. 25, demgemäß sich die Betriebszugehörigkeit aus dem Betriebsbegriff ergebe; *Hamann*, NZA 2003, 526, 527 f.

370 *Müllner*, Aufgespaltene Arbeitgeberstellung, S. 80; *Barth*, Mitbestimmungs- und Beteiligungsrechte, S. 83; *Gick*, Arbeitnehmerüberlassung, S. 129.

371 *BAG* 19.06.2001 BAGE 98, 60, 65; *Kaufmann*, Zuordnung gewerbsmäßig überlassener Arbeitnehmer, S. 93; *Waltermann*, Rechtsetzung, S. 226; *Jüttner*, Arbeitnehmerüberlassung, S. 160.

372 *Kaufmann*, Zuordnung gewerbsmäßig überlassener Leiharbeitnehmer, S. 145 f.

373 *Jüttner*, Arbeitnehmerüberlassung, S. 177.

374 *BAG* 02.11.1993 BAGE 75, 24, 33; *BAG* 19.06.2001 BAGE 98, 60, 60; Thüsing/*Thüsing*, AÜG Kommentar, § 14 AÜG Rn. 100; Schaub/*Koch*, Arbeitsrechts-Handbuch, S. 1311; einschränkend zustimmend ErfK/*Wank*, § 14 AÜG Rn. 14, demzufolge es sich lediglich um ein Indiz für die Zuständigkeit handele; a. M. *Becker*, AuR 1982, 369, 376, wonach ausschlaggebendes Abgrenzungskriterium der Arbeitsvertrag sei; *von Hoyningen-Huene*/BAG 15.12.1992, SAE 1994, 112, 113, demzufolge der Verleiherbetriebsrat über einen Arbeitsvertrag voraussetzende Maßnahmen mitbestimmen

betrieblichen Ordnung vorwiegend durch den Entleiherbetriebsrat übernommen, weil diesem das Erreichen des Betriebszwecks[375] und die Kontrolle des dem Entleiher zustehenden Weisungsrechts gemäß § 106 GewO obliegt[376].[377] Entsandte Arbeitnehmer stehen ebenso wie das Stammpersonal zu dem geregelten Sachkomplex des § 87 I Nr. 1 BetrVG in einer tatsächlichen oder rechtlichen Beziehung.[378] Es gilt im Interesse der übrigen Belegschaft zu gewährleisten, dass die Bestimmungen zur betrieblichen Ordnung auf alle im Betrieb tätigen Personen erstreckt werden.[379] Im Verleiherbetrieb werden korrespondierende Regelungen für den Leiharbeitnehmer lediglich relevant, wenn dieser umfassend der verleiherbetrieblichen Ordnung zugeordnet oder der Entleiher aufgrund der Vereinbarung in seinen Ermächtigungsmöglichkeiten beschränkt wird.[380] Demzufolge sind zum Beispiel Vorschriften über den Aufenthalt in der Verleiherbetriebsstätte[381] oder die wesentliche Anweisung des Vertragsarbeitgebers, sich nach dem im Entleiherbetrieb bestehenden Regeln zu verhalten[382], mitbestimmungspflichtig. Schlussfolgernd entfaltet sich die normative Wirkung von Betriebsvereinbarungen aus dem Entleiherbetrieb auch auf die entsandten Arbeitnehmer.[383]

---

könne und der Entleiherbetriebsrat zu der Ausgestaltung dieser Tätigkeit und Fragen der dortigen betrieblichen Ordnung hinzuziehen sei; desgleichen *Boemke*, Schuldvertrag und Arbeitsverhältnis, S. 593; *Hamann*, NZA 2003, 526, 530.

375 *BAG* 14.05.1974 BAGE 26, 149, 153; ausdrücklich für § 87 I Nr. 2 BetrVG *BAG* 19.06.2001 BAGE 98, 60, 65; *Barth*, Mitbestimmungs- und Beteiligungsrechte, S. 82 f.; *Müllner*, Aufgespaltene Arbeitgeberstellung, S. 79 f.; *Becker*, AuR 1982, 369, 374; Däubler/u. a./*Trümmer*, BetrVG, § 5 BetrVG Rn. 21; *Fitting*, BetrVG Handkommentar, § 5 BetrVG Rn. 268.

376 *Kaufmann*, Zuordnung gewerbsmäßig überlassener Arbeitnehmer, S. 93; Schüren/*Hamann*, AÜG Kommentar, § 14 AÜG Rn. 356.

377 *BAG* 27.01.2004 BAGE 109, 235, 239 f., wonach der Betriebsrat im Verleiherbetrieb die Interessen der fremden Arbeitnehmer nicht ordnungsgemäß wahrnehmen könne und keine Möglichkeit habe mit dem Vertragsarbeitgeber zu verhandeln.

378 *Waltermann*, Rechtsetzung, S. 229.

379 *BAG* 14.05.1974 BAGE 26, 149, 153; *Gick*, Arbeitnehmerüberlassung, S. 128 f.

380 *Jüttner*, Arbeitnehmerüberlassung, S. 177.

381 *Kaufmann*, Zuordnung gewerbsmäßig überlassener Leiharbeitnehmer, S. 146; Thüsing/*Thüsing*, AÜG Kommentar, § 14 AÜG Rn. 21, demgemäß der Verleiherbetriebsrat für alle Angelegenheiten zuständig sei, die in seinen Kompetenzbereich fallen würden.

382 *BAG* 27.01.2004 BAGE 109, 235, 240, infolge dessen dem Entleiher keine unmittelbaren vertraglichen Befugnisse zu zugestehen seien. Deshalb mache es im Ergebnis keinen Unterschied für das Mitbestimmungsrecht gemäß § 87 I Nr. 1 BetrVG, ob der Verleiher selbst Verhaltensregeln aufstelle oder die Arbeitnehmer diesbezüglich zur Befolgung anweise.

383 Anwendbarkeit in Abhängigkeit des Anknüpfungspunkts der Maßnahme etwa *Jüttner*, Arbeitnehmerüberlassung, S. 168; Thüsing/*Thüsing*, AÜG Kommentar, § 14 AÜG Rn. 101; GK-BetrVG/*Kreutz*, § 77 BetrVG Rn. 184; Richardi/*Richardi*, BetrVG Kommentar, § 77 BetrVG Rn. 80; angenommen für § 87 I Nr. 2 BetrVG *Kaufmann*,

Aus dem Rückschluss der überwiegenden Rechtsansicht, wonach die Mitbestimmung des Betriebsrats über die Betroffenheit des Ordnungsverhaltens konzipiert wird[384], ergibt sich die Zuständigkeit des Entleiherbetriebsrats und demgemäß die maßgebliche Organisationsbefugnis des „Beschäftigungsarbeitgebers"[385]. Im Entleiherbetrieb wirkt sich die persönliche Abhängigkeit der Leiharbeitnehmer aufgrund der Eingliederung am stärksten aus.[386] Der „Beschäftigungsarbeitgeber"[387] kann kraft seiner Leitungsmacht und seines Organisationsrechts diesbezügliche Bestimmungen gegenüber den im Betrieb befindlichen Personen unterschiedlich formulieren[388]. Dadurch übt der Entleiher die wesentlichen Gestaltungskompetenzen hinsichtlich der Art und Weise der Erbringung geschuldeter Arbeit aus. In Anbetracht dessen wäre der in seinem Betrieb befindliche Betriebsrat im Fall einer denkbaren Mitbestimmung hinzuzuziehen. Dabei ist es unschädlich, wenn sich eine Regelung der besagten Maßnahme bereits im Überlassungsvertrag befindet, weil der Verleiher insofern seine Entscheidungsmacht, aber nicht sein Direktionsrecht gemäß § 106 GewO genutzt hat[389]. Dass sich zum Zeitpunkt der Entsendung eine inhaltliche Änderung der besagten arbeitsbezogenen Maßnahme aufgrund des getroffenen Überlassungsvertrags ergibt, kann nicht daraus folgen.[390] Denn dafür ist gewiss Voraussetzung, dass in beiden Betrieben bereits die Umsetzung einer Dienstkleidungsordnung erfolgt ist. In puncto Ausgestaltung einer einheitlichen Bekleidungsvorgabe kann mithin nur dem Entleiher die Organisationsbefugnis obliegen, um die an ihn gestellten Kundenhaltungen zu befriedigen und gleichzeitig von der Konfliktvermeidung zwischen den Leiharbeitnehmern und dem Stammpersonal zu profitieren. Die durch den Überlassungsvertrag begründete Übertragung des diesbezüglichen Weisungsrechts ohne Zustimmung des eigenen Betriebsrats liegt in seinem eigenen Verantwortungsbereich und ist damit zulässig.

Allerdings erscheint die Regelungskompetenz des Entleihers im Hinblick auf die mitbestimmungsfreie Einführung einer Dienstkleidung nicht sachgerecht, weil der

---

Zuordnung gewerbsmäßig überlassener Arbeitnehmer, S. 113 f.; *Waltermann*, Rechtsetzung, S. 229 f.

384 Vgl. 3. Teil. § 8. III. 2.

385 *Waltermann*, Rechtsetzung, S. 228.

386 *Waltermann*, Rechtsetzung, S. 228.

387 *Waltermann*, Rechtsetzung, S. 228.

388 Eindeutig hinsichtlich der Zuweisung des Direktionsrechts an den Entleiher siehe *Waltermann*, Rechtsetzung, S. 229; *Fitting*, BetrVG Handkommentar, § 5 BetrVG Rn. 264; *Boemke*, Schuldvertrag und Arbeitsverhältnis, S. 593.

389 A. A. hinsichtlich einer Art Abhängigkeit vom Überlassungsvertrag siehe *Marschall*/BAG 19.06.2001, AP Nr. 1 zu § 87 BetrVG 1972 Leiharbeitnehmer, zu der Anmerkung, Blatt 896 f.

390 A. A. *BAG* 19.06.2001 BAGE 98, 60, 66 f., demzufolge die Zuständigkeit des Entleiherbetriebsrat durch die entstehende Mitbestimmung des Verleiherbetriebsrats einzuschränken sei.

Entleiherbetrieb für den Verleiher den wichtigsten Anspruchsinhaber darstellt[391], dessen Anforderungen durch die betreffenden Arbeitnehmer, auch bei Tätigkeit im Entleiherbetrieb, zu erfüllen sind. Folglich muss dem „Vertragsarbeitgeber"[392] der Leiharbeitnehmer, dem Verleiher, aufgrund des bereits angezeigten Befriedigungswerts dieser Erwartungen und in Ermangelung eines Gestaltungsermessens die alleinige Kompetenz zukommen.[393] Selbst der Eventualität eines bezugnehmenden Weisungsrechts des Entleihers über den Erlass einer Dienstkleidungsordnung wird damit Genüge getan, weil diese grundlegende Entscheidung in beiden Betrieben gleiche Auswirkungen entfaltet.

Letztendlich erfordert die besondere Rolle der Bekleidung für die Erfüllung der Arbeitspflicht die konsequente Teilung eines denkbaren Mitbestimmungsrechts der Betriebsräte und entscheidet damit über die Zuständigkeit der Arbeitgeber. Eine mögliche Verdopplung der Beteiligungsrechte scheidet durch die zwei zu behandelnden Aspekte einer Kleiderordnung aus. Insoweit wird beiden Arbeitgebern gleichberechtigt und gleichwertig die umfassende Verwirklichung ihrer jeweiligen Interessen durch die unabhängige Verrichtungsbestimmung der Arbeitspflicht eingeräumt. Folglich unterliegt der entsandte Mitarbeiter der betriebseinheitlichen Kleidervorschrift in entsprechender Gestaltung durch den Entleiher.

cc) Betriebsratsmitglieder

Unter Berücksichtigung der umfassenden persönlichen Ausweitung der Maßnahmen einer Kleiderordnung muss geklärt werden, ob der Arbeitgeber diejenigen Arbeitnehmer in die Auswahl der dienstkleidungspflichtigen Mitarbeiter einbeziehen darf, die während oder nach der Arbeitszeit im Betriebsrat mitwirken.

Das *ArbG Mannheim*[394] musste darüber entscheiden, ob ein Arbeitnehmer aufgrund der Ausübung seiner Betriebsmitgliedschaft nach Dienstschluss kurze Hosen im Verwaltungsgebäude eines renommierten Betriebs tragen durfte. Es bestehe lediglich die Forderung, sich äußerlich an die Gegebenheiten des Arbeitsverhältnisses anzupassen. Unabhängig von dem mangelnden Verstoß des Erscheinungsbilds des Arbeitnehmers gegen die aufgeführte Verpflichtung betrete dieser das Gebäude zur Ausübung seiner Betriebsratstätigkeit und sei keinem unmittelbaren Publikumsverkehr ausgesetzt. Überhaupt sei der Arbeitnehmer durch sein Aussehen für Dritte nicht als Mitarbeiter des Betriebs erkennbar. Anforderungen an das

---

391 *BAG* 27.01.2004 BAGE 109, 235, 239, das den Arbeitnehmereinsatz in einem Kundenbetrieb zu besprechen hatte; a. M. *BAG* 14.05.1974 BAGE 26, 149, 153, wonach der Entleiherbetriebsrat für eine Kleiderordnung zur Verhinderung einer Zwei-Klassen-Arbeitnehmerschaft zuständig sei.

392 *BAG* 27.01.2004 BAGE 109, 235, 239.

393 Vgl. dazu 3. Teil. § 8. III. 3. a); in diesem Sinne ebenso *Becker*, AuR 1982, 369, 374; *Gick*, Arbeitnehmerüberlassung, S. 128, woraufhin dem Verleiherbetriebsrat generell kein Mitbestimmungsrecht im Rahmen des § 87 I Nr. 1 BetrVG obliegen solle.

394 *ArbG Mannheim* 16.02.1989 BB 1989, 1201, 1201 f.

äußere Erscheinungsbild könnten nur gestellt werden, wenn es die vom Arbeitnehmer übernommene Funktion erfordere. Die Mitarbeit im Betriebsrat bedinge keine Pflicht für lange Hosen.[395]

Durch diese Entscheidung wird die fundamentale Arbeitnehmerpflicht zum Tragen einer „korrekten" Kleidung und damit die dazugehörige Weisungsbefugnis des Arbeitgebers bestätigt.[396] Eine solche Kompetenz wird dem Arbeitgeber jedoch in Bezug auf die Mitglieder des Betriebsrats abgesprochen. Daraus kann geschlussfolgert werden, dass die Betriebsratstätigkeit an sich nicht den Anspruch an ein seriöses und angepasstes Auftreten begründet. Dies entspricht der grundsätzlichen Rechtsprechung der Gerichte über eine Mitbestimmung des Betriebsrats im Hinblick auf Maßnahmen der Betriebsratstätigkeit. Generell können laut Auffassung des *BAG*[397] die Betriebspartner keine Vereinbarungen treffen, die das Verhalten der Betriebsratsbelegschaft bei der Ausübung ihres Amts regeln. Der Zweck der Mitbestimmung liege in der Begrenzung des dem Arbeitgeber im Rahmen des Arbeitsverhältnisses zustehenden Weisungsrechts und nicht in der Einschränkung der gesetzlichen Befugnisse des Betriebsrats selbst. Das Mitbestimmungsrecht des § 87 I Nr. 1 BetrVG entfalle deswegen ebenso, wenn von vornherein kein Direktionsrecht des Arbeitgebers hinsichtlich der Amtsführung der Betriebsratsmitglieder bestehe. Umfang und Inhalt der Betriebsratstätigkeit werde allein durch das Betriebsverfassungsgesetz festgelegt, ohne dass der Arbeitgeber einen Einfluss darauf hätte.[398] Demzufolge stellt auch die Teilnahme an Betriebsversammlungen im Sinne von § 43 I BetrVG keine Arbeitsleistung dar und lässt ein Mitbestimmungsrecht des Betriebsrats entfallen.[399]

Allerdings kann mit Blick auf die Verpflichtung eines einheitlichen Auftretens der Betriebsratsmitglieder nicht von der Betroffenheit der in §§ 37 ff. BetrVG eingeräumten gesetzlichen Befugnisse die Rede sein. Diese Normen formulieren überwiegend finanzielle Benachteiligungsverbote und sprechen dem Arbeitnehmer Freistellungsansprüche im Hinblick auf die Erbringung ihrer Arbeitsleistung zu. Sie ergänzen das in § 78 S. 2 BetrVG gegenüber jedermann geltende Behinderungsverbot sowie Benachteiligungsverbot und Begünstigungsverbot der Betriebsratstätigkeit.[400] Ziel der Normen ist es, das vom jeweiligen Organ wahrgenommene Amt zu schützen und die

395 *ArbG Mannheim* 16.02.1989 BB 1989, 1201, 1201 f.

396 Vgl. 3. Teil. § 8. III.

397 *BAG* 23.06.1983 BAGE 43, 109, 114 f.

398 *BAG* 23.06.1983 BAGE 43, 109, 114 f.

399 *BAG* 14.11.2006 BAGE 120, 162, 172 m. w. N. zu Lehrbeiträgen, infolge dessen die Teilnahme an Betriebsversammlungen gemäß § 44 I 2 BetrVG "wie" Arbeitszeit vergütet werden müsse, obwohl sie selbst keine Arbeitszeit sei.

400 *Fitting*, BetrVG Handkommentar, § 37 BetrVG Rn. 1; ErfK/*Koch*, § 37 BetrVG Rn. 1; GK-BetrVG/*Weber*, § 37 BetrVG Rn. 10; Hess/u. a./*Glock*, BetrVG Kommentar, § 37 BetrVG Rn. 1; Richardi/*Thüsing*, BetrVG Kommentar, § 37 BetrVG Rn. 1; Richardi/u. a./*Joost*, Münchener Handbuch zum Arbeitsrecht, § 220 Rn. 2; Däubler/u. a./*Wedde*, BetrVG, § 37 BetrVG Rn. 1.

Unabhängigkeit sowie Funktionsfähigkeit der Betriebsratstätigkeit sicherzustellen.[401] So ist es nicht ersichtlich, wie eine einheitliche Kleidung das Wirken im Betriebsrat und die sachgerechte Durchführung der übernommenen Aufgaben in einer solchen Weise beeinträchtigen kann. Wird das Direktionsrecht des Arbeitgebers gemäß § 106 GewO zulässig ausgeübt, ist keine Störung oder Behinderung dieser Arbeitsweise offenkundig. Das Betriebsratsmitglied erleidet keine finanziellen Nachteile. Im Gegenteil: Es erfolgt eben keine Schlechterstellung oder Besserstellung im Vergleich zu den anderen Arbeitnehmern des Betriebs. Dementsprechend bleiben die Amtsführung an sich, ihre Grundsätze und die vom Gesetz zugestandenen Rechte der Betriebsratsmitglieder von einer Kleiderordnung des Arbeitgebers unberührt. Insoweit ist diese Bestimmung einer möglichen Mitbestimmung zugänglich. Im Rahmen der Betriebsratstätigkeit kann zwar maßgeblich ein unmittelbarer Kundenkontakt ausgeschlossen werden, der angesichts fehlender zu befriedigender Erwartungen zu einem Mitbestimmungsrecht des Betriebsrats führen würde.[402] Es besteht jedoch die Möglichkeit, auf dem Weg zu Betriebsratssitzungen dem Publikumsverkehr zu begegnen, woraufhin das Erscheinungsbild des jeweiligen Arbeitnehmers fernerhin der Konkretisierung seiner Arbeitspflicht unterliegt. Demgemäß wirken die betriebseinheitlichen Kleidervorgaben des Arbeitgebers während der Betriebsratstätigkeit weiter und begründen die Integration der Betriebsratsmitglieder in die Auswahl der dienstkleidungspflichtigen Arbeitnehmer. In praktischer Hinsicht erscheint dies sachgerecht, weil den Betreffenden ansonsten die Möglichkeit eingeräumt wird, sich aufgrund der mangelnden alleinigen Anordnungsbefugnis des Arbeitgebers vor jeder Betriebsratssitzung umzuziehen. Die Betriebsratstätigkeit würde danach eine Ausnahme vom persönlichen Anwendungsbereich der Dienstkleidung begründen. Im Ergebnis ist das jedoch gerade infolge des Rechtscharakters der Betriebsratstätigkeit gerechtfertigt. Der Betreffende führt gemäß § 37 I BetrVG sein Amt unentgeltlich als Ehrenamt aus. Deshalb begründet sich der private Wirkungskreis des Betriebsratsmitglieds nicht auf einer Verpflichtung aus dem Arbeitsvertrag, sondern ist mit der Erfüllung der arbeitsvertraglich geschuldeten Leistung gleichzustellen und besteht neben dieser Pflicht.[403] Im Fall der Einbeziehung der Betriebsratsmitglieder in den persönlichen Anwendungsbereich einer Kleiderordnung besteht die Gefahr, dass

---

401 *BAG* 21.06.1957 BAGE 4, 192, 193; *BAG* 05.03.1997 BAGE 85, 224, 230, dementsprechend die Akzeptanz der Mitbestimmungsrechte durch den Ausschluss der materiellen Einflüsse gestärkt werden solle; *BAG* 05.05.2010 BAGE 134, 233, 239; sympathisierend Düwell/*Wolmerath*, BetrVG Handkommentar, § 37 BetrVG Rn. 4; *Fitting*, BetrVG Handkommentar, § 37 BetrVG Rn. 7; GK-BetrVG/*Weber*, § 37 BetrVG Rn. 10; Richardi/*Thüsing*, BetrVG Kommentar, § 37 BetrVG Rn. 2; Wlotzke/Preis/*Kreft*, BetrVG Kommentar, § 37 BetrVG Rn. 1.

402 So auch *LArbG Hamm (Westfalen)* 22.10.1991 LAGE Nr. 11 zu § 611 BGB Direktionsrecht, zu B. 1. b) der Gründe.

403 *LArbG Hamm (Westfalen)* 12.04.1976 DB 1976, 1112, 1112; *Hessisches LArbG* 10.03.1977 DB 1978, 167, 167, demgemäß der Betriebsrat als Organ der Betriebsverfassung dem Arbeitgeber ebenbürtig gegenüber stehe; GK-BetrVG/*Weber*, § 37

eine denkbare Arbeitsbefreiung im Sinne von § 78 S. 2 BetrVG ausgeschlossen wird, wenn die Dienstkleidung wie vorliegend als Teil der zu erbringenden Arbeitsleistung zu verstehen ist. Insofern muss die Differenzierung der unterschiedlichen Pflichten eines zugleich als Betriebsratsmitglied tätigen Arbeitnehmers Berücksichtigung finden. Zur Vermeidung von Nachteilen oder einer Schlechterstellung wird dem Betriebsratsmitglied daher auch sein Arbeitsentgelt gemäß 37 II BetrVG unabhängig davon weiter gezahlt.[404]

Folglich kann im Hinblick auf die Betriebsratstätigkeit kein Bezug zum Direktionsrecht des Arbeitgebers und daher zum Arbeitsverhalten des § 87 I Nr. 1 BetrVG nachgewiesen werden. Die Betriebsmitglieder scheiden somit als dienstkleidungspflichtige Arbeitnehmer aus.

c) *Inhaltliche Reichweite*

Aus der vorstehenden Gegenüberstellung der verschiedenen Beurteilungsansätze wird deutlich, dass die herrschende Auffassung, teils weniger differenziert, aber grundsätzlich von der Einführung und Ausgestaltung einer einheitlichen Kleidervorschrift ausgeht, während die Mindermeinung diese Unterscheidung mehr stiefmütterlich behandelt.[405] So gesehen ist zunächst festzustellen, ob die beiden sachlichen Aspekte einer Dienstkleidungsangelegenheit zweckmäßig als Einheit oder jeweils unabhängig voneinander zu betrachten sind.

Eine einteilige Kleiderregelung kann gemäß § 87 I Nr. 1 BetrVG vollständig der Mitbestimmung des Betriebsrats zugänglich sein oder dem mitbestimmungsfreien Arbeitsverhalten unterliegen. Bei der Annahme einer sich in Einführung und Ausgestaltung erschöpfenden Maßnahme führt dies unvermeidlich zu einer in der Gesamtheit erfolgenden mitbestimmungspflichtigen Einstufung. Diese Überlegung lässt den Schluss einer zeitlichen und inhaltlichen Abhängigkeit zwischen den beiden genannten Komponenten einer Dienstkleidungsvorschrift zu, deren Auflösung lebensfremd und nicht durchführbar erscheint. Trotz der für eine einheitliche Beurteilung sprechenden Argumente ist eine Trennung innerhalb des sachlichen Anwendungsbereichs erforderlich. Denn die Aufspaltung des Anwendungsbereichs ermöglicht es, nur etwaige Bestimmungen als mitbestimmungspflichtig zu

---

BetrVG Rn. 12; Hess/u. a./*Glock*, BetrVG Kommentar, § 37 BetrVG Rn. 9, Rn. 12; Richardi/*Thüsing*, BetrVG Kommentar, § 37 BetrVG Rn. 4.

404 Formuliert als „Lohnausfallprinzip" etwa *BAG* 18.09.1973 BAGE 25, 305, 305; *BAG* 31.07.1986 AP Nr. 55 zu § 37 BetrVG 1972, zu 3. a) der Gründe; *BAG* 12.10.1994 AP Nr. 66 zu § 87 BetrVG 1972 Arbeitszeit, zu I. der Gründe; *BAG* 28.06.1995 BAGE 80, 230, 234; *BAG* 05.04.2000 AP Nr. 131 zu § 37 BetrVG 1972, zu 1. der Gründe; zustimmend ErfK/*Koch*, § 37 BetrVG Rn. 6; *Fitting*, BetrVG Handkommentar, § 37 BetrVG Rn. 59; GK-BetrVG/*Weber*, § 37 BetrVG Rn. 61; Hess/u. a./*Glock*, BetrVG Kommentar, § 37 BetrVG Rn. 55; Richardi/*Thüsing*, BetrVG Kommentar, § 37 BetrVG Rn. 34; Richardi/u. a./*Joost*, Münchener Handbuch zum Arbeitsrecht, § 220 Rn. 19.

405 Vgl. 3. Teil. § 8. III. 1.

qualifizieren. Voraussetzung für Letzteres bildet die alleinige und unabhängige Entscheidungsbefugnis des Arbeitgebers über die frei von betrieblicher Mitbestimmung zustande gekommene Vorschrift, die zugleich ohne die mitbestimmungspflichtige Maßnahme umsetzbar bleiben muss.[406] Insofern können die verschiedenartigen Ausgestaltungen einer einheitlichen Bekleidungsvorschrift Berücksichtigung finden und deren Anpassungsfähigkeit sichergestellt werden. Des Weiteren besteht bei einer umfassenden Betrachtung die Gefahr, dass sich der jeweilige sachliche Anknüpfungspunkt als unzulässige Erweiterung und inhaltliche Ausdehnung des Mitbestimmungsrechts darstellen könnte. Folglich ist im Fall einer einheitlichen Kleidervorgabe von einem mehrstufigen Vorgang auszugehen[407], obwohl die Vermischung beider Bereiche in der praktischen Ausübung eingeräumt wird. Aus diesem Grund ist es sachgerecht, die „Einführung" einer Dienstkleidung begrifflich vielmehr als „Erlass" einer Bekleidungsvorschrift zu verstehen. Die „Einführung" beinhaltet etwa die Bekanntmachung und Initiierung, aber auch in missverständlicher Weise die Verbreitung der Bestimmung, die zugleich ausgestaltende und durchführende Elemente enthalten kann.

aa) Erlass

Die Anordnung einer Dienstkleidung kann mit Hilfe eines Satzes am Anfang der verschriftlichten Kleidermaßnahme umgesetzt werden: „In allen Filialen L. Warenhaus Gesellschaft mbH wird zeitnah (unter Berücksichtigung notwendiger Bestellvorgänge) Teamdress eingeführt."[408]. Etwas aufwendiger, aber nicht undenkbar, lässt sich die grundlegende rechtliche Zuordnung zum mitbestimmungsfreien Arbeitsverhalten des § 87 I Nr. 1 BetrVG begründen.

Die Mitbestimmungsfreiheit der Maßnahme kann sich bereits aus der jeweiligen sprachlichen Fassung der Mitbestimmungstatbestände des § 87 I BetrVG ergeben. Der Inhalt der mitbestimmungspflichtigen Angelegenheiten wird zum Beispiel in § 87 I Nr. 6 BetrVG durch die „Einführung und Anwendung von technischen Einrichtungen" oder in § 87 I Nr. 10 BetrVG mittels „Aufstellung von Entlohnungsgrundsätzen und die Einführung und Anwendung von neuen Entlohnungsmethoden" konkretisiert. Eine solche Aufzählung und nähere Bestimmung der betreffenden sachlichen Regelungsbereiche fehlt in § 87 I Nr. 1 BetrVG. Überhaupt lässt die Begründung der überwiegenden Auffassung einen Widerspruch erkennen, wenn sich einerseits das Ordnungsverhalten der Arbeitnehmer „im Betrieb" und damit in der „inneren" sozialen Ordnung entfaltet und andererseits die Zweckbindung auf

406 Bezeichnet als „teilbare" Regelung in Hess/u. a./*Worzalla*, BetrVG Kommentar, § 87 BetrVG Rn. 134.

407 Vgl. 3. Teil. § 8. III. 2. c).

408 *LArbG Düsseldorf*, Beschluss vom 01.04.2009 – 4 TaBV 83/08 –, juris Rn. 7; *LArbG Baden-Württemberg*, Beschluss vom 08.08.2013 – 18 TaBV 3/13 –, juris Rn. 12, Rn. 18; *Weinbrenner*, ArbRAktuell 2010, 260, 260; zur geschichtlichen Entwicklung dieser Pflicht siehe *Thüsing*, JZ 2006, 223, 223.

die „äußere“ Repräsentation konzentriert wird. Es stellt sich die Frage, inwieweit eine Kleiderordnung einen ungestörten Arbeitsablauf unter den Arbeitnehmern sicherstellen und damit den Zweck des Mitbestimmungsrechts gemäß § 87 I Nr. 1 BetrVG verwirklichen soll.[409] Es ist nachvollziehbar, dass Aussehen und Art der eigens gewählten Kleidung Konflikte aufgrund von Missgunst oder „Andersartigkeit“ hervorrufen kann. Das zu diesem Zeitpunkt erforderliche Eingreifen des Arbeitgebers soll deshalb nicht in Abrede gestellt werden. Jedoch ist die Erwartung, dass sich die Arbeitnehmer durch eine einheitliche Bekleidung respektvoller verhalten beziehungsweise sich ein mögliches Konfliktpotential verringert, mit Unsicherheit behaftet. Denn insoweit kann die Kleidung bei einigen Arbeitnehmern nachteilige Auswirkungen in deren sichtbaren Erscheinungsbild entfalten und demgemäß wiederum Gefahren von Auseinandersetzungen im betrieblichen Miteinander entstehen lassen. Konflikte unter den Mitarbeitern werden jedoch nicht mit dem einfachen Hinweis auf einen bezweckten Persönlichkeitsschutz durch die Mitbestimmungsrechte des Betriebsrats gelöst.[410] Der durch die einheitliche Kleidung hervorgerufene betriebliche Bezug ist lediglich eine zwangsläufige Folge ihrer Einführung und der oft vorausgehenden freiwilligen Arbeitnehmerhandlung in Form des Tragens der Bekleidung. Dies lässt nicht von selbst den Schluss auf ein Mitbestimmungsrecht des Betriebsrats zu. Fernerhin wurde bis heute nicht eindeutig nachgewiesen, dass die individuelle Kleidung zu einer Störung innerhalb der betrieblichen Arbeitnehmerschaft geführt hat. Die Gerichtsentscheidungen beruhen in ihrem Sachverhalt jeweils auf einem Interessenkonflikt zwischen Arbeitnehmer und Arbeitgeber[411], unberührt von der sozialen Ordnung im Betrieb. Selbst wenn eine solche Schädigung im Zusammenwirken und Zusammenleben der Mitarbeiter angenommen wird, ist die entsprechende Ursache nicht notwendig in der Dienstkleidungsangelegenheit selbst begründet. So kann sich die etwaige Störung beispielsweise aus den Beziehungskonflikten zwischen einzelnen Arbeitnehmern der Belegschaft ergeben.

409 Insoweit sympathisierend *Wiese*/BAG 08.08.1989, AP Nr. 13 zu § 87 BetrVG 1972 Betriebliche Ordnung, zu I. 3., wonach die Kleidung lediglich für die gegenseitige Erkennbarkeit von Relevanz gewesen sei; a. A. *Fitting*, BetrVG Handkommentar, § 75 BetrVG Rn. 160 a, demgemäß, die durch eine einheitliche Kleidervorgabe bedingte vorteilhaftere Mitarbeiteridentifikation, der Verbesserung des Arbeitsablaufs diene; zur grundsätzlichen Forderung einer einheitlichen und damit mitbestimmungspflichtigen Regelung des Arbeitsablaufs etwa *Raab* ZfA 2001, 31, 48.

410 *Kaiser*, FS Kreutz, 183, 195.

411 Die beispielhaft ausgewählten Gerichtsentscheidungen gehen alle vom Antrag des Arbeitnehmers zur Kostenübernahme der Beschaffung und Reinigung der Kleidung oder des Betriebsrats auf Feststellung eines Mitbestimmungsrechts gemäß § 87 I Nr. 1 BetrVG aus. Begründet wird die jeweils vorgebrachte Ansicht mit der Unzulänglichkeit der vom Arbeitgeber festgelegten oder bereits mit dem Betriebsrat vereinbarten Kleidervorgaben in *BAG* 01.12.1992 BAGE 72, 40, 40; *BAG* 08.08.1989 AP Nr. 15 zu § 87 BetrVG 1972 Ordnung des Betriebes, zu A.; *BAG* 13.02.2007 BAGE 121, 147, 148 f.; *BAG* 17.01.2012 BAGE 140, 223, 223 f.

Hiervon abgesehen ist zu beachten, dass auch die im Rahmen des Direktionsrechts ergehende einzelne Weisung zum Tragen einer „korrekten“ Kleidung nicht ohne Grund vom Arbeitgeber erlassen wird. Das heißt, in diesem Bereich kann ebenfalls von einer gewollten Befriedigung der Kundenerwartung und damit der nötigen Erbringung der Arbeitsleistung ausgegangen werden. Aufgrund dieses Verständnisses stellt sich die Frage, warum die herrschende Meinung hierfür nicht eine Beteiligung des Betriebsrats infolge der Schutzbedürftigkeit der Arbeitnehmer fordert. Vor allem bei einer letztendlich frei zu wählenden Kleidung sind die durch die Mitbestimmung zu vermeidenden Konflikte vorprogrammiert. Wenn bereits deshalb das Verlangen des Betriebsrats zum Verzicht oder der Abschaffung einer Dienstkleidung rechtswidrig ist[412], kann deren Erlass nicht von der Entscheidung dieses Organs abhängig sein. Der Arbeitgeber verlangt beim Erlass einer Dienstkleidung lediglich die Erfüllung einer bereits bestehenden Verpflichtung des Arbeitnehmers.[413] Insoweit erstarkt die ursprünglich aus eigenem Antrieb heraus vorgenommene Handlung des Betroffenen, begründet aus der Verkehrssitte gemäß § 242 BGB, zu einem Anspruch des Arbeitgebers, der nicht mehr den für die Mitbestimmung geforderten Regelungsspielraum der Betriebspartner belässt[414]. Schon daraus ergibt sich für den grundlegenden Aspekt der Einführung einer Dienstkleidung deren Mitbestimmungsfreiheit, die vor allem in den bereits genannten Berufsfeldern von zentraler Bedeutung ist.[415] Primär zeigt sich im Bereich der von Dienstkleidungsordnungen beherrschten Luftfahrtbetriebe[416] die bisher unberechtigte Vorgehensweise der überwiegenden Meinung. Gemäß § 117 I BetrVG ist das Betriebsverfassungsgesetz auf Landbetriebe von Luftfahrtunternehmen anzuwenden. Für die im Flugbetrieb beschäftigten Arbeitnehmer der Luftfahrtbetriebe kann gemäß § 117 II BetrVG durch Tarifvertrag eine Vertretung errichtet werden, wobei der Tarifvertrag über die Zusammenarbeit dieser Vertretung mit den nach dem Betriebsverfassungsgesetz zu errichtenden Vertretungen der Arbeitnehmer der Landbetriebe des Luftfahrtunternehmens abweichende Bestimmungen vom Betriebsverfassungsgesetz vorsehen kann. Demzufolge ergeben sich denkbare Mitbestimmungsrechte des Betriebsrats nur für die Arbeitnehmer im Landbetrieb.[417] Unter Berücksichtigung der sprachlichen Fassung des Gesetzes verbleibt es für die im Flugbetrieb Beschäftigten bei einer freien Entscheidung über

412 *Henssler*/BAG 08.08.1989, SAE 1990, 343, 345, demgemäß es sich dabei um eine Ermessensüberschreitung handele.

413 A. M. *Wiese*/BAG 08.08.1989, AP Nr. 13 zu § 87 BetrVG 1972 Betriebliche Ordnung, zu I. 3., wobei sich in der Konsequenz gleichwohl schlussfolgern lässt, dass die Einführung einer Dienstkleidung mitbestimmungsfrei bleibt.

414 *LArbG Düsseldorf* 14.11.2005 LAGE Nr. 2 zu § 87 BetrVG 2001 Betriebliche Ordnung, zu B. V. der Gründe; *Henssler*/BAG 08.08.1989, SAE 1990, 343, 344; *Wiese*/BAG 08.08.1989, AP Nr. 13 zu § 87 BetrVG 1972 Betriebliche Ordnung, zu I. 3.; Wlotzke/Preis/Kreft/*Bender*, BetrVG Kommentar, § 87 BetrVG Rn. 37.

415 Vgl. 3. Teil. § 8. III. 3. b) aa).

416 Vgl. 2. Teil. § 7.

417 Zum Beispiel angenommen in *BAG* 17.01.2012 BAGE 140, 223, 225 f.

eine Interessenvertretung. Entbehrt es daran, wäre die Teilhabe an der Arbeitgeberentscheidung einer betriebseinheitlichen Kleidervorgabe nicht möglich. Daraus lässt sich indes keinesfalls ein fehlendes Schutzbedürfnis der Arbeitnehmer ableiten, sondern vielmehr die bewusste Hinnahme dieser Sachlage durch den Gesetzgeber im Rahmen seiner Einschätzungsprärogative.[418] Deshalb wird von der herrschenden Meinung der eingeschränkte Geltungsbereich des Betriebsverfassungsgesetzes im Luftfahrtgewerbe als verfassungsgemäß deklariert.[419] Die gerechtfertigte Ungleichbehandlung im Sinne von Art. 3 I GG beruht auf der nicht ortsgebundenen Tätigkeit des fliegenden Personals[420], in deren Folge eine Vertretung durch den ortsansässigen Betriebsrat erschwert wird, geschweige denn eine kontinuierliche, aktive Beteiligung daran denkbar möglich ist[421]. Wenn dementsprechend schon allein die Schwierigkeiten einer Teilhabe an der Betriebsratstätigkeit ausreichen, um Beschäftigte vollständig aus dem Geltungsbereich des Betriebsverfassungsgesetzes herauszunehmen, erscheint der weniger einschneidende Ausschluss der erzwingbaren Mitbestimmung für die Einführung der Dienstkleidungsordnung angemessen. Für die Ungleichbehandlung der betroffenen Arbeitnehmer und damit der jeweiligen Arbeitgeber ist somit kein sachlicher Grund ersichtlich, weil das Ausmaß der

---

418 Vgl. dazu *Gesetzesentwurf der Bundesregierung* 29.01.1971, BT-Drucksache 06/1786, S. 2, wonach lediglich die Seeschifffahrt in den betriebsverfassungsrechtlichen Einzugsbereich fallen sollte. So verblieb es auch im Rahmen der letzten Reform von 2001 bei der Abwesenheit einer Norm für den Flugbetrieb.

419 *BAG* 05.11.1985 AP Nr. 4 zu § 117 BetrVG 1972, zu II. 2. der Gründe; *BAG* 13.10.1987 BAGE 36, 291, 296; *BAG* 20.01.2001 BAGE 97, 52, 55; *Hessisches LArbG*, Beschluss vom 19.09.2006 – 4/9 TaBV 56/06 –, juris Rn. 26, Rn. 28; *LArbG Berlin-Brandenburg* 30.10.2009 LAGE Nr. 1 zu § 117 BetrVG 2001, zu II. 2. der Gründe; Hess/u. a./*Hess*, BetrVG Kommentar, § 117 BetrVG Rn. 3, Rn. 8; Richardi/*Forst*, BetrVG Kommentar, § 117 BetrVG Rn. 3; *Schmid/Roßmann*, Arbeitsverhältnis der Besatzungsmitglieder, S. 212, S. 215 f.; a. A. *Hessisches LArbG*, Beschluss vom 04.07.2006 – 4/18 TaBV 46/05 –, juris Rn. 29, infolge dessen der generelle Ausschluss aus rechtspolitischen Gründen wenig sinnvoll sei; angenommene Unionsrechtswidrigkeit, aber kein Vorschlag zu unionrechtskonformer Auslegung in ErfK/*Kania*, § 117 BetrVG Rn. 1; unionrechtskonforme Auslegung des Wortlauts fordernd *Fitting*, BetrVG Handkommentar, § 117 BetrVG Rn. 6 a f., demzufolge das Betriebsverfassungsgesetz nur unanwendbar sei, wenn ein Tarifvertrag gemäß § 117 II BetrVG die Errichtung einer anderen Vertretung vorsehe; befürwortete Notwendigkeit einer verfassungskonformen Auslegung, wenn ein Tarifvertrag gemäß § 117 II BetrVG keine Bestimmung über die Errichtung einer anderen Vertretung enthalte etwa Däubler/u. a./*Däubler*, BetrVG, § 117 BetrVG Rn. 10 f.; Vorschlag einer Sondervertretung zur allgemeinen Gleichstellung der Mitbestimmungsrechte im Luftfahrtgewerbe siehe GK-BetrVG/*Franzen*, § 117 BetrVG Rn. 9; Wlotzke/Preis/Kreft/*Bender*, BetrVG Kommentar, § 117 BetrVG Rn. 2.

420 *Gesetzesentwurf der Bundesregierung* 29.01.1971, BT-Drucksache 06/1786, S. 58.

421 *BAG* 05.11.1985 AP Nr. 4 zu § 117 BetrVG 1972, zu II. 2. der Gründe; *BAG* 20.01.2001 BAGE 97, 52, 55.

Ortsgebundenheit hinsichtlich der zu untersuchenden Maßnahme ohne Bedeutung ist. Der arbeitstechnische Zweck des Flugbetriebs ist die „tatsächliche Beförderung von Personen oder Gütern durch Luftfahrzeuge“[422]. Die im Landbetrieb Beschäftigten ermöglichen diese Beförderungstätigkeit auf technische, organisatorische und kaufmännische Weise.[423] In der Luft wird die gewünschte und von der herrschenden Meinung als Mitbestimmungsnotwendigkeit erachtete Zweckverwirklichung eines einheitlichen Erscheinungsbilds aus Sicherheitsgründen in größerem Ausmaß erforderlich und in diesem Arbeitsbereich vorwiegend zur Mitarbeiteridentifikation verwirklicht. Insofern konkretisiert die Kleiderordnung die Arbeitsleistung der Beförderung und bestimmt dadurch deren Ausführung. Im Landbetrieb entfaltet sich mit der gleichen Zielrichtung eine vergleichbare äußerlich erkennbare Wirkung. Mithin ist es nicht ersichtlich, warum im Landbetrieb die Notwendigkeit einer Mitbestimmung des Betriebsrats weiter aufrechterhalten werden sollte.

Daneben müssen Vergleiche zu anderen Arten der berechtigten Arbeitnehmerkontrolle zur Erlangung eines sachgerechten Ergebnisses Beachtung finden. So stellt etwa *Däubler*[424] die Einführung einer betriebseinheitlichen Kleidervorgabe der Verwendung von gleichen Sprachanwendungen im Publikumsverkehr des Einzelhandels gegenüber. In diesen Fällen sei nicht die unmittelbare Erbringung der Arbeitsleistung betroffen, weil diese auch ohne die Sprache erbracht werden könne. Zweck der sprachlichen Äußerung sei ebenfalls ein einheitliches Erscheinungsbild des Unternehmens nach außen. Daraufhin gelte das Mitbestimmungsrecht im übertragenden Sinne auch für Bekleidungsvorgaben.[425] Bei näherer Betrachtung stellt sich jedoch die Frage, welche Gemeinsamkeiten zwischen einer Dienstkleidung und Sprachanwendungen gegenüber Kunden bestehen. Zwar gleichen sich die Anordnungen von Sprache und Kleidung in dem jeweils betroffenen Sachverhalt, der Durchführung und ihrer im Betrieb entfalteten tatsächlichen Wirkungen. Dennoch ist nicht von vornherein ausgeschlossen, dass auch mit der Vorgabe bestimmter Sprachformen die Arbeitsleistung der Arbeitnehmer, vor allem im Dienstleistungsgewerbe, konkretisiert wird. Die Kundenanforderungen erstrecken sich neben der Kommunikation in einer bestimmten Sprache[426] ebenso auf gewisse Umgangsformen, die sich in den gesellschaftlichen Anschauungen gefestigt haben und bereits selbstverständlich umgesetzt werden. Der Arbeitnehmer stellt in seiner Gestalt, seinem Aussehen, seiner Mimik und Gestik ein Gesamtbild dar, das den Außenstehenden in vollem Ausmaß präsentiert wird. Jene Elemente eines Mitarbeiters müssen jeweils und in ihrer Zusammenschau den Erwartungen der Kunden und anderer Personengruppen entsprechen und im Rahmen der Arbeitspflicht erfüllt

---

422 *BAG* 14.10.1986 AP Nr. 5 zu § 117 BetrVG 1972, zu B. II. 2. der Gründe; *BAG* 24.06.2008 AP Nr. 8 zu § 117 BetrVG 1972, zu A. II. 2. d) bb) (2) (b) der Gründe.

423 *BAG* 14.10.1986 AP Nr. 5 zu § 117 BetrVG 1972, zu B. II. 2. der Gründe.

424 *Däubler*, AiB 2009, 350, 353.

425 *Däubler*, AiB 2009, 350, 353.

426 *Löwisch/Kaiser*, BetrVG Kommentar, § 87 BetrVG Rn. 50.

werden. Insoweit wird die geforderte qualitative Auswirkung auf die ordnungsgemäße Erbringung der Arbeitsleistung erkennbar[427]. Trotz einer vergleichbaren Interessenlage ist in der Konsequenz von verschiedenen mitbestimmungsfreien und anspruchsbegründenden Chancen der Leistungskontrolle in Bezug auf das Arbeitsverhalten der Arbeitnehmer auszugehen.[428] Des Weiteren muss beachtet werden, dass eine Trageordnung für Dienstkleidung gleichsam ein Verbot in Bezug auf die Wahl einer privaten Kleidung darstellt. Im Vergleich dazu ist eine Arbeitnehmerkontrolle beispielsweise in Form eines Rauchverbots im Betrieb prinzipiell mitbestimmungspflichtig, wobei die Mitbestimmung die allgemeine Handlungsfreiheit der Raucher nur angesichts des Schutzes der Nichtraucher beeinträchtigen kann[429]. Ob im Fall von einheitlichen Bekleidungsvorschriften die wirtschaftliche Unternehmerfreiheit des Arbeitgebers vollständig zu gewährleisten ist, findet im Rahmen der Interessenabwägung, zum Beispiel gemäß § 75 II 1 BetrVG, Berücksichtigung. Daher entfalten mögliche Schutzbedürfnisse des Arbeitnehmers erst zu einem späteren Zeitpunkt ihre Wirkung, so dass zunächst alle Argumente für den Wegfall der Mitbestimmungsrechte bei der Einführung einer Dienstkleidung sprechen.

Selbst wenn sich die herrschende Meinung für die Mitbestimmung des Betriebsrats ausspricht, können auch diese Maßnahmen des Ordnungsverhaltens unter das mitbestimmungsfreie Arbeitsverhalten subsumiert werden. Davon betroffen sind Regelungen, die arbeitsnotwendig sind.[430] Maßgebend für die Abgrenzung ist das Vorliegen einer entsprechenden Verhaltensanforderung im Rahmen einer konkreten Arbeit, obgleich die Handlungsweise bei anderen Arbeitnehmern mitbestimmungspflichtig wäre.[431] In Anbetracht der bisherigen Darstellungen erscheint es nicht unerwartet, dass die Einführung einer Dienstkleidung nur selten als arbeitsvertraglich erforderlich postuliert wird[432]. Dahingehend schätzt zum Beispiel

---

427 *Raab*, NZA 1993, 193, 201.

428 Dementsprechend ergibt sich nicht unweigerlich eine andere Beurteilung für die Mitbestimmung des Betriebsrats über die Leistungskontrolle durch eine Videoüberwachung der Arbeitnehmer gemäß § 87 I Nr. 6. Als Spezialfall, bedingt durch technische Kontrollmöglichkeiten, sollte eine von § 87 I Nr. 1 BetrVG unabhängige Bewertung möglich bleiben, vgl. dazu *BAG* 14.05.1974 AP Nr. 1 zu § 87 BetrVG 1972 Überwachung, zu II. 4. der Gründe; *BAG* 27.03.2003 BAGE 105, 356, 364 f.; *BAG* 29.06.2004 BAGE 111, 173, 176; allgemein zur Charakterisierung dieser arbeitspflichtbezogenen Maßnahmen etwa *Löwisch/Kaiser*, BetrVG Kommentar, § 87 BetrVG ab Rn. 44.

429 *BAG* 19.01.1999 BAGE 90, 316, 322.

430 *Brose/Greiner/Preis*, NZA 2011, 369, 374, die für die Lösung ihrer beispielhaften Sachverhalte ebenfalls auf die Erforderlichkeit der Maßnahme für die ordnungsgemäße Erbringung der Arbeitsleistung abstellen; *Löwisch/Kaiser*, BetrVG Kommentar, § 87 BetrVG Rn. 46; Richardi/u. a./*Matthes*, Münchener Handbuch zum Arbeitsrecht, § 243 Rn. 16.

431 Richardi/u. a./*Matthes*, Münchener Handbuch zum Arbeitsrecht, § 243 Rn. 16.

432 *LArbG Köln* 08.06.1988 LAGE Nr. 5 zu § 87 BetrVG 1972 Betriebliche Ordnung, zu I. 1. der Gründe, aber a. A. in der Revisionsinstanz *BAG* 08.08.1989 AP Nr. 15 zu

Edenfeld[433] problematisch ein, dass die finale Abgrenzung zwischen einem einheitlichen Erscheinungsbild und der Arbeitsnotwendigkeit Konfliktpotential beinhaltet, wenn diese Zielsetzungen ineinander übergehen. Ursache dafür sei die maßgebende Anwendbarkeit der Grundsätze über die Dienstkleidung auf die mit der Kleidung im Arbeitsverhältnis zusammenhängenden Fragen[434]. Darüber hinaus seien verschiedene von Gesetz oder Rechtsordnung abweichende Regelungsformen einer Dienstkleidung Basis für Zweifel im Hinblick auf das Mitbestimmungsrecht des Betriebsrats. So entziehe beispielsweise der oftmals von „Fast-Food-Ketten" verwendete Franchisevertrag dem Arbeitgeber indirekt seine Gestaltungsmöglichkeiten. Nur im Rahmen dieser vertraglichen Vorgaben könne der Arbeitgeber den Erhalt seiner Franchiselizenz gewährleisten.[435] Diese entstehenden Unsicherheiten aus der gleichgelagerten Rechtsprechung und der jeweiligen Rechtsnatur eines Vertragsverhältnisses bedingen jedoch die Notwendigkeit einer eindeutigen Anerkennung der Mitbestimmungsfreiheit.[436] Insoweit sind die gewichtigen Belange des Arbeitgebers mithilfe der konkretisierten Arbeitsleistung konsequent im Betrieb umzusetzen, wobei der negative Einfluss formaler und äußerer Umstände ausgeschlossen werden muss. Wie schon angeführt, folgt im Ergebnis der Arbeitsnotwendigkeit das Gleiche wie bei der Annahme des mitbestimmungsfreien Arbeitsverhaltens im Sinne des § 87 I Nr. 1 BetrVG.[437] Die Konkretisierung der Arbeitspflicht als Ausformung des Direktionsrechts des Arbeitgebers wird für den einzelnen Arbeitnehmer im Fall von Kleiderordnungen erforderlich, um die ordnungsgemäße Erbringung der Arbeitsleistung zu gewährleisten. Es wird bestimmt, wie die Arbeitsleistung auszuführen ist; die Verrichtung der Arbeit erfolgt in der vorgegebenen Kleidung. Im speziellen Bereich der Franchisesysteme wird aufgrund des Arbeitgeberinteresses hinsichtlich der Sicherung der betrieblichen Einkünfte davon auszugehen sein, dass die Vorstellungen des Arbeitgebers über das einheitliche Erscheinungsbild konform mit denen des bereits geschlossenen Franchisevertrags gehen. Demzufolge ist die entstehende Abhängigkeit des Arbeitgebers vom Franchisegeber unschädlich.[438] Voraussetzung

---

§ 87 BetrVG 1972 Ordnung des Betriebes, zu B. I. 3. der Gründe; Richardi/*Richardi*, BetrVG Kommentar, § 87 BetrVG Rn. 188.

433 *Edenfeld*/BAG 13.02.2007, AP Nr. 40 zu § 87 BetrVG 1972 Ordnung des Betriebes, zu 1.

434 *LArbG Köln* 18.08.2010 NZA-RR 2011, 85, 87, demgemäß die Haarfarbe und Fingernagellänge mitbestimmungspflichtig sei; GK-BetrVG/*Wiese*, § 87 BetrVG Rn. 211; Hess/u. a./*Worzalla*, BetrVG Kommentar, § 87 BetrVG Rn. 135.

435 *Edenfeld*/BAG 13.02.2007, AP Nr. 40 zu § 87 BetrVG 1972 Ordnung des Betriebes, zu 1.

436 Entgegen *Edenfeld*/BAG 13.02.2007, AP Nr. 40 zu § 87 BetrVG 1972 Ordnung des Betriebes, zu 1., der daraus den Schluss für die Erforderlichkeit der Mitbestimmung des Betriebsrats zieht.

437 Vgl. 3. Teil. § 8. III. 1. a).

438 A. M. *Selzner*, Betriebsverfassungsrechtliche Mitbestimmung in Franchise-Systemen, S. 53, woraufhin die erzwingbare Mitbestimmung die Umsetzung einer vom

für ein erfolgreiches Franchising ist die Vereinheitlichung des Marktauftritts, um auf der einen Seite einen hohen Wiedererkennungswert des Unternehmens und auf der anderen Seite den Eindruck einer bestehenden Unternehmenskette zu realisieren.[439] Zentrale Bedeutung kommt diesen Systemen auch in dem für eine einheitliche Bekleidungsvorgabe wesentlichen Arbeitsfeld, der Dienstleistungsbranche, zu.[440] Deshalb ist typischer Regelungsinhalt des Franchisevertrags unter anderem die Bestimmung einer systemspezifischen Dienstkleidung.[441] Die Spielräume des Franchisenehmers werden somit bereits durch im Franchisevertrag eingeräumte Kontrollrechte und Weisungsbefugnisse des Franchisegebers[442] gerechtfertigt begrenzt, weil die Arbeitsleistung der betroffenen Arbeitnehmer schon vollständig und ausreichend konkretisiert wird[443]. Insoweit verbleibt sowohl für den Franchisenehmer als auch für dessen Betriebsrat kein Regelungsspielraum, wenn der arbeitstechnische Zweck von Franchiseunternehmen mithilfe betriebseinheitlicher Kleidervorgaben umgesetzt wird. Selbst wenn dem Franchisenehmer als eigenständigem Unternehmer[444] ein darauf bezugnehmendes Weisungsrecht einzuräumen ist, bedarf es angesichts der betroffenen Verrichtung der Arbeitsleistung keiner Mitbestimmung des Betriebsrats bei dem Erlass einer Dienstkleidung. Nicht nur im Bereich des Franchisings scheidet damit der Abschluss dahingehender Betriebsvereinbarungen aus. Die jeweils einzeln vorzunehmende Weisung gemäß § 106 GewO fungiert in der Konsequenz unterschiedslos wie die Betriebsvereinbarung für die gesamte Belegschaft. Zwischen den erzeugten Rechtsfolgen besteht kein tatsächlicher Unterschied: Beide Male werden Bestimmungen über das Tun oder Lassen der Arbeitnehmer getroffen.[445] Die Betriebsvereinbarung als Weisung, ausgestattet mit einem Zustimmungserfordernis des Betriebsrats, führt im selben Maß zur verpflichtenden Wirkung wie das Direktionsrecht.[446] Demgemäß schadet die Einschränkung der

---

Franchisegeber ergangenen Weisung im Betrieb des Franchisenehmers ausschließe; zustimmend GK-BetrVG/*Wiese*, § 87 BetrVG Rn. 210.

439 *Martinek*, Moderne Vertragstypen, Bd. II, S. 17; *Selzner*, Betriebsverfassungsrechtliche Mitbestimmung in Franchise-Systemen, S. 27 f.

440 *Selzner*, Betriebsverfassungsrechtliche Mitbestimmung in Franchise-Systemen, S. 25 f.

441 *Selzner*, Betriebsverfassungsrechtliche Mitbestimmung in Franchise-Systemen, S. 50.

442 *Martinek*, Moderne Vertragstypen, Bd. II, S. 36; *Selzner*, Betriebsverfassungsrechtliche Mitbestimmung in Franchise-Systemen, S. 31; *Fitting*, BetrVG Handkommentar, § 5 BetrVG Rn. 88.

443 Dafür spricht ebenso die Qualifizierung des Franchisevertrags als Dauerschuldverhältnis siehe *BAG* 30.05.1978 AP Nr. 9 zu § 60 HGB, zu II. 3. der Gründe.

444 *BAG* 30.05.1978 AP Nr. 9 zu § 60 HGB, zu II. 3. der Gründe; *BAG* 24.04.1980 AP Nr. 1 zu § 84 HGB, zu I. 1. a) der Gründe.

445 *Böker*, Weisungsrecht des Arbeitgebers, S. 96.

446 *Nikisch*, Arbeitsrecht, Bd. III, S. 273; insoweit einschränkend, dass die bloße Benennung als individuelle Bestimmung nicht für den Ausschluss eines Mitbestimmungsrechts ausreiche grundlegend *BAG* 17.12.1985 BAGE 50, 313, 318;

Betriebsautonomie durch den Wegfall der Mitbestimmung des Betriebsrats hinsichtlich der ausgelösten Rechtswirkungen nicht. Der entstehende Flexibilitätsnachteil im Rahmen einer erforderlichen Anpassung an geänderte Umstände[447] kann im Hinblick auf die bedeutenden Arbeitgeberinteressen sowie ihrer zu gewährleistenden Bewegungsfreiheit in Kauf genommen werden[448]. Ein sachlicher Aufwand und eine zeitliche Verzögerung zur Neuerung eines denkbaren Vertragsabschnitts über den Erlass der einheitlichen Kleidervorgabe sind im Vergleich zu der ansonsten notwendigen Änderungszustimmung des beteiligten Normgebers nicht im besonderen Ausmaß zu erwarten. Mithin begründet der geringe Änderungsumfang keine ausreichende Notwendigkeit für ein Mitbestimmungsrecht des Betriebsrats.[449]

Gemeinhin kann und sollte sich der Schutzauftrag des Betriebsrats trotz der Mitbestimmungsfreiheit der Maßnahme ebenso im Bereich des Arbeitsverhaltens entfalten.[450] Nichtsdestotrotz oder gerade aufgrund der autonomen Handlungsweise der Arbeitnehmer besteht daher für die Betriebspartner die Möglichkeit eine freiwillige, im beiderseitigen Einvernehmen erfolgende Betriebsvereinbarung gemäß § 88 BetrVG über die besagte Maßnahme abzuschließen.[451] Der Erlass einer

---

nachfolgend *BAG* 24.11.1987 BAGE 56, 346, 356; *BAG (GS)* 03.12.1991 BAGE 69, 134, 163; gegen die Aushöhlung der Mitbestimmungsrechte durch den Abschluss einzelner Verträge *Schlüter*, DB 1972, 139, 143.

447 Vgl. 3. Teil. § 8. III. 1. f); desgleichen *Edenfeld*/BAG 13.02.2007, AP Nr. 40 zu § 87 BetrVG 1972 Ordnung des Betriebes, zu 1.; insoweit fraglich Richardi/u. a./*Matthes*, Münchener Handbuch zum Arbeitsrecht, § 243 Rn. 5, demgemäß eine bereits im Arbeitsvertrag bestehende Verpflichtung über das Tragen einer Dienstkleidung die Mitbestimmung nicht ausschließe. Jedoch kann durch das Weisungsrecht des Arbeitgebers die bestehende Verpflichtung nur noch bezüglich der Ausgestaltung einer einheitlichen Kleidervorgabe konkretisiert werden, weil ein Regelungsspielraum für die Betriebspartner über die Einführung einer Dienstkleidungsvorschrift nicht mehr verbleibt. Eine Regelungsverschränkung oder gar Interdependenz der Folgen einer solchen Bestimmung zwischen der individualrechtlich und kollektivrechtlich geschlossenen Vereinbarung sind nicht erkennbar.

448 A. A. in Ermangelung einer praktikablen Ausübung und der Erforderlichkeit einer Änderungskündigung etwa Hess/u. a./*Worzalla*, BetrVG Kommentar, § 87 BetrVG Rn. 98.

449 Anders *Edenfeld*/BAG 13.02.2007, AP Nr. 40 zu § 87 BetrVG 1972 Ordnung des Betriebes, zu 1.

450 *Gamillscheg*, Kollektives Arbeitsrecht, Bd. II, S. 878, demgemäß zum Beispiel zu prüfen sei, ob eine Verkäuferin unabhängig vom Publikumsverkehr ihre Arbeitsleistung im Stehen erbringen müsse.

451 *Fitting*, BetrVG Handkommentar, § 87 BetrVG Rn. 4; Richardi/*Richardi*, BetrVG Kommentar, § 87 BetrVG Rn. 11; verstanden als freiwillige Delegation der Mitbestimmung siehe *Joussen*, RdA 2005, 31, 38; *Strohm*, AuA 2000, 456, 460, demgemäß sich der richtige Umgang der Betriebsparteien mit der Vorgabe einer einheitlichen Kleidung auf diese Weise sicherstellen lasse. Auf diesem Weg seien der Zweck einer Dienstkleidungsangelegenheit und der persönliche Geltungsbereich

Dienstkleidung fällt zwar nicht unter die in § 88 BetrVG aufgeführten Tatbestände; dies ist aber infolge der nicht abschließenden Aufzählung der gesetzlich fixierten Angelegenheiten[452] unschädlich. Insoweit lassen sowohl die Annahme einer auf die sozialen Angelegenheiten reduzierten Zuständigkeit[453] als auch eine umfassende funktionelle Kompetenz des Betriebsrats[454] Regelungen weiterer sozialer Angelegenheiten außerhalb von § 87 I BetrVG zu. Freiwillige Betriebsvereinbarungen werden ermöglicht, wenn sich eine diesbezügliche Befugnis entweder aus dem Gesetz oder den allgemeinen Grundsätzen ergibt.[455] Daher können auch an sich mitbestimmungsfreie Maßnahmen unter den Anwendungsbereich des § 88 BetrVG fallen.[456] Infolge der Anwendbarkeit von §§ 77 II, IV, V BetrVG auf freiwillige Betriebsvereinbarungen[457] wird durch die erzielte normative und zwingende Wirkung gemäß § 77 IV 1 BetrVG selbst der beschriebene geringe Änderungsaufwand eines jeden einzelnen Arbeitsvertrags auf praktikablen Weg vermieden[458]. Dadurch besteht die Aussicht auf eine Erweiterung der erzwingbaren Mitbestimmung[459], die

---

festzulegen sowie eine Bestimmung über den Kleidungswechsel, die Reinigung und die dafür eventuell auftretenden Kosten zu treffen.

452 *BAG* 18.08.1987 BAGE 56, 18, 26; *BAG (GS)* 07.11.1989 BAGE 63, 211, 216; *BAG* 14.08.2001 AP Nr. 4 zu § 77 BetrVG 1972 Regelungsabrede, zu III. 1. der Gründe; *BAG* 12.12.2006 BAGE 120, 308, 312 f.; sympathisierend *Besgen*, Betriebsverfassungsrecht, S. 448; Däubler/u. a./*Berg*, BetrVG, § 88 BetrVG Rn. 2.

453 *BAG (GS)* 16.03.1956 BAGE 3, 1, 4; *BAG* 26.09.1967 BAGE 30, 298, 306; zustimmend GK-BetrVG/*Wiese/Gutzeit*, § 88 BetrVG Rn. 10; Hess/u. a./*Worzalla*, BetrVG Kommentar, § 88 BetrVG Rn. 3; Wlotzke/Preis/Kreft/*Bender*, BetrVG Kommentar, § 88 BetrVG Rn. 2.

454 *BAG (GS)* 07.11.1989 BAGE 63, 211, 216; *BAG* 18.07.2006 BAGE 119, 122, 128; *BAG* 12.04.2011 BAGE 137, 300, 304; *BAG* 07.06.2011 AP Nr. 55 zu § 77 BetrVG 1972 Betriebsvereinbarung, zu II. 2. c) aa) der Gründe; *BAG* 12.12.2006 BAGE 120, 308, 312; ebenso *Fitting*, BetrVG Handkommentar, § 88 BetrVG Rn. 2; Däubler/u. a./*Berg*, BetrVG, § 88 BetrVG Rn. 1 f.; Richardi/*Richardi*, BetrVG Kommentar, § 88 BetrVG Rn. 6 f.; *Linsenmaier*, RdA 2008, 1, 4.

455 *BAG (GS)* 16.03.1956 BAGE 3, 1, 4; *BAG* 18.08.1987 BAGE 56, 18, 26; *BAG (GS)* 07.11.1989 BAGE 63, 211, 216; *BAG* 12.12.2006 BAGE 120, 308, 312 f.; Däubler/u. a./*Berg*, BetrVG, § 88 BetrVG Rn. 2; ErfK/*Kania*, § 88 BetrVG Rn. 1; *Fitting*, BetrVG Handkommentar, § 88 BetrVG Rn. 1; *Löwisch/Kaiser*, BetrVG Kommentar, § 88 BetrVG Rn. 1; Richardi/*Richardi*, BetrVG Kommentar, § 88 BetrVG Rn. 2.

456 Richardi/*Richardi*, BetrVG Kommentar, § 88 BetrVG Rn. 2.

457 Däubler/u. a./*Berg*, BetrVG, § 88 BetrVG Rn. 5; *Fitting*, BetrVG Handkommentar, § 88 BetrVG Rn. 11.

458 GK-BetrVG/*Wiese/Gutzeit*, § 88 BetrVG Rn. 4.

459 *BAG* 28.04.1998 BAGE 88, 298, 304, demzufolge sich eine der erzwingbaren Mitbestimmung vergleichbare Wirkung entfalte; *BAG* 21.01.2003 AP Nr. 117 zu § 87 BetrVG 1972 Lohngestaltung, zu B. II. 2. b) aa) der Gründe; GK-BetrVG/*Wiese/Gutzeit*, § 88 BetrVG Rn. 4; dagegen Richardi/*Richardi*, BetrVG Kommentar, § 88 BetrVG Rn. 9 m. w. N., wonach der Betriebsrat keine vergleichbare Stellung wie im Fall der gesetzlich angeordneten Mitbestimmung erhalte. Die abgeschlossene

von der überwiegend herrschenden Auffassung begrüßt werden dürfte. So verbleibt etwa gemäß § 76 VI 1 BetrVG die Möglichkeit die Einigungsstelle anzurufen, wenn beide Seiten es beantragen oder mit ihrem Tätigwerden einverstanden sind.[460] Voraussetzung für die Ersetzung einer Vereinbarung zwischen Arbeitgeber und Betriebsrat gemäß § 76 VI 2 BetrVG ist, dass sich beide Seiten dem Spruch der Einigungsstelle im Voraus unterworfen oder ihn nachträglich angenommen haben. Der aus dem betroffenem Arbeitsverhalten gemäß § 87 I Nr. 1 BetrVG resultierende mitbestimmungsfreie Erlass einer Dienstkleidungsordnung ist damit unter die sozialen Angelegenheiten zu subsumieren. Folglich kann dem Schutzbedürfnis der Arbeitnehmer und demgemäß der Interessenvertretung durch den Betriebsrat über die Abschlussmöglichkeit der inhaltlich beschriebenen freiwilligen Betriebsvereinbarungen gemäß § 88 BetrVG ausreichend genügt werden.

Daneben sind dem Betriebsrat Mitwirkungsrechte bei der Einführung einer Dienstkleidungsvorgabe zuzugestehen. Im Vergleich zu den Mitbestimmungsrechten wird der Betriebsrat in diesem Rahmen durch die Möglichkeiten der Unterrichtung, Anhörung oder Beratung bei der Entscheidungsfindung des Arbeitgebers beteiligt.[461] Gemäß § 80 II 1 BetrVG ist der Arbeitgeber verpflichtet, den Betriebsrat zur Durchführung seiner Aufgaben nach diesem Gesetz rechtzeitig und umfassend zu unterrichten. Nach Ansicht des *BAG*[462] erhält der Betriebsrat dabei zur effektiven und sachgerechten Wahrnehmung seiner Funktion die Möglichkeit zu prüfen, ob die betreffende Maßnahme seinem Wirkungskreis untersteht und er deswegen tätig werden muss. Dazu seien die allgemeinen Aufgaben gemäß § 80 I BetrVG, die Gewährleistung der in § 75 BetrVG festgelegten Grundsätze sowie alle Mitwirkungsrechte und Mitbestimmungsrechte aus dem Betriebsverfassungsgesetz in Betracht zu ziehen. Die Informierung sei frühzeitig und umfassend durchzuführen, weil dem Betriebsrat Gelegenheit gegeben werden solle, Änderungen für das Vorhaben des Arbeitgebers herbeizuführen und Einfluss darauf zu nehmen. Ziel sei es, Unruhen im Hinblick auf den innerbetrieblichen Frieden und dadurch entstehende Gerichtsverfahren zu vermeiden. Der Arbeitgeber könne die Unterrichtung nur verweigern, wenn offensichtlich keine Verbindung der Maßnahme zu den Mitwirkungsrechten oder Mitbestimmungsrechten des Betriebsrats zu erkennen sei. Die daraufhin erforderliche Informationsversorgung des Betriebsrats ergebe sich aus einer gewissen Wahrscheinlichkeit, dass die in Frage stehende Regelung von seinem Tätigkeitsbereich mit umfasst sei.[463] Eine Zweistufenprüfung zeigt, ob erstens eine

---

Betriebsvereinbarung im Sinne von § 88 BetrVG bilde keine Grenze für arbeitsvertragliche Regelungen zuungunsten des Mitarbeiters.

460 GK-BetrVG/*Wiese/Gutzeit*, § 88 BetrVG Rn. 4; Däubler/u. a./*Berg*, BetrVG, § 88 BetrVG Rn. 10; *Fitting*, BetrVG Handkommentar, § 88 BetrVG Rn. 7; Richardi/*Richardi*, BetrVG Kommentar, § 88 BetrVG Rn. 2.

461 *Richardi/Bayreuther*, Kollektives Arbeitsrecht, S. 279 f.

462 Grundlegend *BAG* 17.05.1983 BAGE 42, 366, 371.

463 Stetige Rechtsprechung des Gerichts *BAG* 17.05.1983 BAGE 42, 366, 371; *BAG* 26.01.1988 AP Nr. 31 zu § 80 BetrVG 1972, zu II. 1. a) aa) der Gründe; *BAG* 31.01.1989

Aufgabe des Betriebsrats gegeben und zweitens die begehrte Information zur Aufgabenwahrnehmung nötig ist.[464] Zur ganzheitlichen Betrachtung dieser Bestimmung ist dem Betriebsrat der persönliche Anwendungsbereich der besagten Maßnahme mitzuteilen.[465] Bei dem Erlass einer Dienstkleidungsordnung können schon allein wegen der unmittelbaren Betroffenheit des Arbeitnehmers nicht von vornherein die Mitwirkungsrechte des Betriebsrats ausgeschlossen werden. Deshalb ist das Auskunftsbegehren des Betriebsrats unabhängig vom Vorliegen der Mitbestimmung des Betriebsrats gemäß § 87 I Nr. 1 BetrVG begründet, weil der Eingriff in die Persönlichkeitsrechte der Betroffenen die Berücksichtigung der Grundsätze aus § 75 II 1 BetrVG erfordert.[466] So gesehen genügt der Arbeitgeber seiner Informationspflicht, indem er dem Betriebsrat seine Aufgabe schlüssig darlegt.[467]

Zusätzlich[468] steht dem Betriebsrat gemäß § 90 I Nr. 4 BetrVG ein Unterrichtungsrecht und Beratungsrecht zu, wenn der im Betrieb bestehende Arbeitsplatz vom Arbeitgeber geplant wird. Danach hat dieser den Betriebsrat rechtzeitig und unter Vorlage der erforderlichen Unterlagen gemäß § 90 I BetrVG zu unterrichten sowie sich mit ihm gemäß § 90 II 1 BetrVG über die vorgesehenen Maßnahmen und ihre Auswirkungen auf den Arbeitnehmer zu beraten. Der Arbeitsplatz wird als der Ort verstanden, an dem der Arbeitnehmer unter den technischen und organisatorischen Gegebenheiten seine Arbeitsleistung innerhalb eines Arbeitssystems erbringt.[469] Ausgehend von einem weitergehenden räumlich-funktionalen Verständnis des

---

AP Nr. 33 zu § 80 BetrVG 1972, zu B. I. 1. a) der Gründe; *BAG* 27.06.1989 AP Nr. 37 zu § 80 BetrVG 1972, zu 1. der Gründe; *BAG* 15.12.1998 BAGE 90, 288, 295 f.; *BAG* 19.10.1999 AP Nr. 58 zu § 80 BetrVG 1972, zu I. 2. b) der Gründe; *BAG* 06.05.2003 BAGE 106, 111, 117 f.; *BAG* 21.10.2003 BAGE 132, 140; *BAG* 24.01.2006 AP Nr. 65 zu § 80 BetrVG 1972, zu B. II. 1. a) der Gründe; *BAG* 10.10.2006 BAGE 119, 356, 359; *BAG* 10.10.2006 BAGE 119, 356, 359; *BAG* 19.02.2008 AP Nr. 69 zu § 80 BetrVG 1972, zu II. 2. a) der Gründe.

464 *BAG* 19.10.1999 AP Nr. 58 zu § 80 BetrVG 1972, zu I. 2. b) der Gründe; *BAG* 06.05.2003 BAGE 106, 111, 118; *BAG* 21.10.2003 BAGE 108, 132, 140; *BAG* 24.01.2006 AP Nr. 65 zu § 80 BetrVG 1972, zu B. II. 1. a) der Gründe.

465 *Gesetzesentwurf der Bundesregierung* 02.04.2001, BT-Drucksache 14/5741, S. 46, wonach auch die in keinem Arbeitsverhältnis zum Arbeitgeber stehenden Personen in § 80 II 1 BetrVG einzubeziehen seien; *BAG* 24.01.2006 AP Nr. 65 zu § 80 BetrVG 1972, zu B. II. 1. b) der Gründe.

466 Vgl. 1. Teil. § 1. I.; rechtliche Beurteilung wie in *BAG* 15.12.1998 BAGE 90, 288, 297.

467 *BAG* 10.10.2006 BAGE 119, 356, 359 f.; *BAG* 19.02.2008 AP Nr. 69 zu § 80 BetrVG 1972, zu II. 2. b) gg) der Gründe, demgemäß der Umfang der Information abhängig von dem Kenntnisstand des Betriebsrats sei; Richardi/*Thüsing*, BetrVG Kommentar, § 80 BetrVG Rn. 49.

468 *Besgen*, Betriebsverfassungsrecht, S. 416.

469 Verstanden als räumlicher Arbeitsplatzbegriff etwa *Ebert*, Recht am Arbeitsplatz, S. 77, woraufhin im Rahmen eines erweiterten Verständnisses anderenfalls die Regelung des § 90 I Nr. 3 BetrVG überflüssig sei; *Fitting*, BetrVG Handkommentar, § 90 BetrVG Rn. 31; *Löwisch/Kaiser*, BetrVG Kommentar, § 90 BetrVG Rn. 4.

Arbeitsplatzes werden neben dessen arbeitstechnischer Gestaltung die Regelung der Arbeitsbedingungen, des Arbeitsverfahrens und der Arbeitsmethoden zur Verrichtung der Arbeit erfasst.[470] Wenn die Dienstkleidung nicht nur im Bereich der Interessenabwägung gemäß § 75 II 1 BetrVG als Teil des Arbeitsverfahrens verstanden wird[471], ist bei der Einführung einer solchen betriebseinheitlichen Kleidervorgabe regelmäßig die Gestaltung des konkreten Arbeitsplatzes[472] betroffen. Wie bei § 80 I BetrVG bildet die Chance des Einflusses auf die Willensbildung des Arbeitgebers das Ziel der Unterrichtung[473], wobei dies fortlaufend während der ganzen Planungsphase sicherzustellen ist[474]. Sobald ernsthafte Überlegungen des Arbeitgebers zur Durchführung einer Regelung bestehen, ist der Betriebsrat umfassend in Kenntnis zu setzen, um anhand des Umfangs und der Folgen der geplanten Bestimmung eine abschließende Beurteilung zu treffen.[475] Demnach wird der Arbeitgeber bereits nach der Ideenfindung angehalten, den Betriebsrat zu beteiligen.[476] In der anschließenden Beratung werden in einem angemessenen Zeitrahmen die Meinungsbildung des Betriebsrats und seine Chance zur Unterbreitung von Änderungsvorschlägen oder

---

470 *Hessisches LArbG* 03.11.1992 LAGE Nr. 32 zu 23 BetrVG 1972, zu den Gründen, Blatt 2; Hess/u. a./*Rose*, BetrVG Kommentar, § 90 BetrVG Rn. 47; *Besgen*, Betriebsverfassungsrecht, S. 419; GK-BetrVG/*Weber*, § 90 BetrVG Rn. 21; Richardi/u. a./*Matthes*, Münchener Handbuch zum Arbeitsrecht, § 255 Rn. 8; Däubler/u. a./*Klebe*, BetrVG, § 90 BetrVG Rn. 14.

471 So aber ausdrücklich für den Dienstleistungssektor, zum Beispiel im Rahmen einer nicht lediglich technisch erfolgten Mitarbeiteridentifizierung siehe *Fitting*, BetrVG Handkommentar, § 75 BetrVG Rn. 160 a.

472 Hess/u. a./*Rose*, BetrVG Kommentar, § 90 BetrVG Rn. 48; Richardi/u. a./*Matthes*, Münchener Handbuch zum Arbeitsrecht, § 255 Rn. 8.

473 *BAG* 11.12.1991 AP Nr. 2 zu § 90 BetrVG 1972, zu II. 3. c) der Gründe; *Hessisches LArbG* 03.11.1992 LAGE Nr. 32 zu § 23 BetrVG 1972, zu den Gründen, Blatt 2; desgleichen GK-BetrVG/*Weber*, § 90 BetrVG Rn. 5; *Fitting*, BetrVG Handkommentar, § 90 BetrVG Rn. 9; Hess/u. a./*Rose*, BetrVG Kommentar, § 90 BetrVG Rn. 51; Richardi/*Annuß*, BetrVG Kommentar, § 90 BetrVG Rn. 21; als Förderung der Selbstbestimmung verstanden Däubler/u. a./*Klebe*, BetrVG, § 90 BetrVG Rn. 1; Düwell/*Kohte/Schulze-Doll*, BetrVG Handkommentar, § 90 BetrVG Rn. 1; ErfK/*Kania*, § 90 BetrVG Rn. 1.

474 Däubler/u. a./*Klebe*, BetrVG, § 90 BetrVG Rn. 19 f.; *Fitting*, BetrVG Handkommentar, § 90 BetrVG Rn. 10; Richardi/*Annuß*, BetrVG Kommentar, § 90 BetrVG Rn. 21.

475 *BAG* 17.03.1987 BAGE 54, 278, 286; so auch Däubler/u. a./*Klebe*, BetrVG, § 90 BetrVG Rn. 23; *Fitting*, BetrVG Handkommentar, § 90 BetrVG Rn. 34; Richardi/*Annuß*, BetrVG Kommentar, § 90 BetrVG Rn. 17; GK-BetrVG/*Weber*, § 90 BetrVG Rn. 6 f.

476 *Gesetzesentwurf der Bundesregierung* 29.01.1971, BT-Drucksache 06/1786, S. 49; sympathisierend Däubler/u. a./*Klebe*, BetrVG, § 90 BetrVG Rn. 20; *Fitting*, BetrVG Handkommentar, § 90 BetrVG Rn. 8; Richardi/*Annuß*, BetrVG Kommentar, § 90 BetrVG Rn. 2.

Alternativwegen ermöglicht.[477] Inhaltlich sind alle mit der Maßnahme zu regelnden Fragen der Organisation, der Finanzen, der Technik sowie der sozialen, personellen und rechtlichen Auswirkungen zu erörtern.[478] Aufgrund der sprachlichen Formulierung des Gesetzestexts werden in der Planungsphase vor allem Anforderungen für die Erfüllungsart der Arbeitspflicht von Bedeutung sein.[479] In Anbetracht der Auswirkung einer einheitlichen Bekleidung auf die Tätigkeit des einzelnen Arbeitnehmers knüpft diese Maßnahme an den konkreten Arbeitsplatz an. Aufgrund der mit der Dienstkleidungsordnung vorgenommenen Konkretisierung der Arbeitspflicht wird an die Verantwortung der einzelnen Arbeitnehmer und im jeweiligen Verhältnis zu anderen Mitarbeitern appelliert, die Weisung des Arbeitgebers ordnungsgemäß zu befolgen.

Darauf aufbauend kann der Arbeitnehmer auch in eigener Sache Mitwirkungsrechte ausüben. In puncto Kleiderordnungen hat der Arbeitgeber den Arbeitnehmer rechtzeitig gemäß § 81 I BetrVG über dessen Aufgabe und Verantwortung und über die Art seiner Tätigkeit sowie ihre Einordnung in den Arbeitsablauf des Betriebs zu unterrichten. Dazu wird der einzelne Arbeitnehmer vor Beginn seiner tatsächlichen Beschäftigung über seine zukünftige Arbeit informiert und damit vertraut gemacht.[480] Zusätzlich zu seinem bisherigen aus der beruflichen Ausbildung resultierenden Kenntnisstand und seinen möglicherweise bereits erworbenen Arbeitserfahrungen erfolgen individuelle Einordnungen in den arbeitstechnischen Zweck, die fachliche Einweisung und Erläuterungen zu den übernommenen Verantwortungsbereichen.[481] Gemäß § 81 IV BetrVG wird somit für den Arbeitnehmer die aus § 90 BetrVG gegenüber dem Betriebsrat bestehende Informationspflicht ergänzt.[482] Dementsprechend hat der Arbeitgeber den Einzelnen über die aufgrund einer Planung von technischen Anlagen, von Arbeitsverfahren und Arbeitsabläufen oder an den Arbeitsplätzen vorgesehenen Maßnahmen und ihre Auswirkungen auf

---

477 *Hessisches LArbG* 03.11.1992 LAGE Nr. 32 zu § 23 BetrVG 1972, zu den Gründen, Blatt 2; ebenso Düwell/*Kohte/Schulze-Doll*, BetrVG Handkommentar, § 90 BetrVG Rn. 19; *Fitting*, BetrVG Handkommentar, § 90 BetrVG Rn. 34; Richardi/*Annuß*, BetrVG Kommentar, § 90 BetrVG Rn. 24.

478 *Fitting*, BetrVG Handkommentar, § 90 BetrVG Rn. 36; GK-BetrVG/*Weber*, § 90 BetrVG Rn. 29.

479 Richardi/*Annuß*, BetrVG Kommentar, § 90 BetrVG Rn. 13.

480 Däubler/u. a./*Buschmann*, BetrVG, § 81 BetrVG Rn. 6; *Fitting*, BetrVG Handkommentar, § 81 BetrVG Rn. 7; Hess/u. a./*Rose*, BetrVG Kommentar, § 81 BetrVG Rn. 6; Richardi/*Thüsing*, BetrVG Kommentar, § 81 BetrVG Rn. 13.

481 *BAG* 10.02.1988 BAGE 57, 295, 301; *BAG* 23.04.1991 AP Nr. 7 zu § 98 BetrVG 1972, zu II. 2. a) der Gründe; zustimmend Hess/u. a./*Rose*, BetrVG Kommentar, § 81 BetrVG Rn. 6 f.

482 GK-BetrVG/*Franzen*, § 81 BetrVG Rn. 19; *Fitting*, BetrVG Handkommentar, § 81 BetrVG Rn. 24; Hess/u. a./*Rose*, BetrVG Kommentar, § 81 BetrVG Rn. 24; zur Forderung des Betriebsrats nach einer verbesserten Teilhabe an Angelegenheiten den Arbeitsplatz betreffend *Gesetzesentwurf der Bundesregierung* 02.04.2001, BT-Drucksache 14/5741, S. 1.

den entsprechenden Arbeitsplatz, die Arbeitsumgebung sowie den Inhalt und Art der Tätigkeit zu unterrichten. Sobald sich konkrete Planungsbestimmungen[483] zum Erlass einer Dienstkleidungsvorschrift abzeichnen, muss der Arbeitgeber dieser Informationspflicht nachkommen. Weiterhin hat der Arbeitnehmer gemäß § 82 I 1 BetrVG den Anspruch, in betrieblichen Angelegenheiten, die seine Person betreffen, von den nach Maßgabe des organisatorischen Aufbaus des Betriebs hierfür zuständigen Personen gehört zu werden. Unter betrieblichen Angelegenheiten werden alle Fragen zur Arbeitsleistung, der betrieblichen Organisation, dem Arbeitsablauf und der Arbeitsplatzgestaltung verstanden, die einen Bezug zur Tätigkeit, Funktion oder Stellung des Arbeitnehmers aufweisen.[484] Ziel ist es, das eigene Arbeitsvertragsverhältnis inhaltlich und auf seinen zukünftigen Bestand zu überprüfen.[485] Infolge dieser maßgeblichen Bezugnahme auf die Konkretisierung arbeitsvertraglicher Pflichten kommt diesem Arbeitnehmerrecht im Fall einheitlicher Kleidungsvorschriften entscheidende Bedeutung zu. Ergänzend ist der Mitarbeiter gemäß § 82 I 2 BetrVG zu Maßnahmen des Arbeitgebers, die ihn betreffen, berechtigt, Stellung zu nehmen sowie Vorschläge für die Gestaltung des Arbeitsplatzes und des Arbeitsablaufs zu machen. Wird dem beschriebenen Anhörungsrecht und dem Recht zur Stellungnahme nur unzureichend Rechnung getragen, kann sich der Arbeitnehmer an die für Beschwerden zuständige Stelle oder den Betriebsrat gemäß §§ 84, 85 BetrVG wenden.[486] Diese Mitwirkungsrechte des Arbeitnehmers sind gemäß § 14 II 3 AÜG ebenfalls nach Maßgabe für die im Entleiherbetrieb beschäftigten Leiharbeitnehmer gültig.[487]

Somit ist der sichergestellte Informationszufluss zwischen Betriebsrat und Arbeitnehmer geeignet, die Mitsprache an den betrieblichen Entscheidungen angemessen zu gewährleisten und gleichzeitig die unternehmerische Einschätzungsprärogative im gebotenen Ausmaß zu erhalten[488]. Daher kann die denkbare Notwendigkeit für Mitbestimmungsrechte erst entstehen, wenn weitere Verhaltensbestimmungen hinsichtlich der Dienstkleidung festzulegen sind.

---

483 GK-BetrVG/*Franzen*, § 81 BetrVG Rn. 20; *Fitting*, BetrVG Handkommentar, § 81 BetrVG Rn. 24; Richardi/*Thüsing*, BetrVG Kommentar, § 81 BetrVG Rn. 22.

484 *Fitting*, BetrVG Handkommentar, § 82 BetrVG Rn. 4; Hess/u. a./*Rose*, BetrVG Kommentar, § 82 BetrVG Rn. 16 f.

485 *BAG* 16.11.2004 BAGE 112, 341, 346.

486 GK-BetrVG/*Franzen*, vor § 81 BetrVG Rn. 31; *Fitting*, BetrVG Handkommentar, § 82 BetrVG Rn. 6; Richardi/*Thüsing*, BetrVG Kommentar, § 82 BetrVG Rn. 10.

487 GK-BetrVG/*Franzen*, vor § 81 BetrVG Rn. 24.

488 *BAG* 31.08.1982 BAGE 40, 107, 114.

bb) Gestaltungsmodalitäten

Die Bandbreite der Ausgestaltungsmöglichkeiten einer betriebseinheitlichen Kleidervorgabe für das betroffene Personal reicht von einer Krawattenpflicht[489], über die Forderung nach einer offen oder geschlossen zu tragenden Jacke[490], bis hin zur Festlegung von Farbe und Material der Strümpfe[491] sowie Unterwäsche[492]. Selbst wenn die Mitbestimmungsfreiheit der Einführung einer Dienstkleidung mit Hilfe ihrer Arbeitsnotwendigkeit und damit im Sinne des Arbeitsverhaltens des § 87 I Nr. 1 BetrVG begründet wird[493], kann unabhängig davon im Bereich der Kleidergestaltung der für die Mitbestimmung geforderte Regelungsspielraum[494] bestehen.[495] So ist zu bedenken, dass der Betrieb zulasten einer Partei zum „Erziehungsinstitut für Schönheitspflege“[496] wird, wenn etwa nur einem Betriebspartner die Regelungsbefugnis der Detailbestimmungen einer einheitlichen Bekleidungsvorschrift obliegt. Ist deshalb aus Gründen des Arbeitnehmerschutzes die Einschaltung des Betriebsrats geboten, kann es sich um eine Bestimmung handeln, die sowohl die Erfüllung der vertraglich geschuldeten Leistung als auch ein bestimmtes Verhalten der Arbeitnehmer im Betrieb betrifft[497]. Im Hinblick auf eine solche „doppelfunktionale“ Regelung, die beide Bereiche des § 87 I Nr. 1 BetrVG umfasst, bestehen

---

489 *LArbG Hamm (Westfalen)* 22.10.1991 LAGE Nr. 11 zu § 611 BGB Direktionsrecht, zu A.; *LArbG Baden-Württemberg*, Beschluss vom 21.10.2015 – 4 TaBV 2/15 –, juris Rn. 12.

490 *LArbG Köln* 29.10.2012 LAGE Nr. 4 zu § 7 AGG, zu dem Sachverhalt, Blatt 2.

491 *BAG* 08.08.1989 AP Nr. 15 zu 3 87 BetrVG 1972 Ordnung des Betriebes, zu A.; *BAG* 13.02.2007 BAGE 121, 147, 148 f.; *LArbG Köln* 29.10.2012 LAGE Nr. 4 zu § 7 AGG, zu dem Sachverhalt, Blatt 3, Blatt 5.

492 *LArbG Köln* 18.08.2010 NZA-RR 2011, 85, 86.

493 Vgl. 3. Teil. § 8. III. 3. c) aa).

494 *LArbG Düsseldorf* 14.11.2005 LAGE Nr. 2 zu § 87 BetrVG 2001 Betriebliche Ordnung, zu B. V. der Gründe; schon früh *Henssler*/BAG 08.08.1989, SAE 1990, 343, 344; *Wiese*/BAG 08.08.1989, AP Nr. 13 zu § 87 BetrVG 1972 Betriebliche Ordnung, zu I. 3.; vgl. auch heute GK-BetrVG/*Wiese*, § 87 BetrVG Rn. 209; Wlotzke/Preis/Kreft/*Bender*, BetrVG Kommentar, § 87 BetrVG Rn. 37; *Fischer*, NZA-RR 2015, 169, 172, wonach dies zum Beispiel für etwaige Verbotsregelungen gelte, die bestimmte Kleidungsstücke im Betrieb ausschließen würden.

495 *LArbG Köln* 08.06.1988 LAGE Nr. 5 zu § 87 BetrVG 1972 Betriebliche Ordnung, zu I. 1. der Gründe; a. M. in der Revisionsinstanz *BAG* 08.08.1989 AP Nr. 15 zu § 87 BetrVG 1972 Ordnung des Betriebes, zu B. I. 3. der Gründe, woraufhin die Einführung und die Ausgestaltung der Dienstkleidung mitbestimmungspflichtig seien.

496 *Wiese*, FS Roeber, 671, 701.

497 So auch Wlotzke/Preis/Kreft/*Bender*, BetrVG Kommentar, § 87 BetrVG Rn. 37; gleichzeitig in Abkehr von der herrschenden Meinung, die nur von der Betroffenheit des mitbestimmungspflichtigen Ordnungsverhaltens ausgeht, vgl. 3. Teil. § 8. I. 2. a)/c).

die bereits angeführten Lösungsansätze von Rechtsprechung und Lehre.[498] Danach muss der überwiegende Regelungszweck ermittelt werden. Insoweit ist der Einfluss auf das arbeitsvertraglich geschuldete Ergebnis des Arbeitnehmers und damit der Bezug zum Arbeitsverhalten gemäß § 87 I Nr. 1 BetrVG nicht von vorherein auszuschließen.

Die Ausgestaltung einer Dienstkleidungsordnung begründet zwar nicht allein das Arbeitsverhalten, dient allerdings in erster Linie der Konkretisierung der Arbeitspflicht[499]. Diese Konsequenz ergibt sich ebenfalls aus den notwendigen Schlussfolgerungen des Falls der Namensschilder[500]. Danach ist die betreffende Vereinbarung dem mitbestimmungsfreien Arbeitsverhalten zuzuordnen, wenn dem Fahrer weitere Tätigkeiten mit vermehrtem individuellem Kundenkontakt aufgetragen wären[501]. Dass nicht ausschließlich die Verrichtung der arbeitsvertraglich geschuldeten Leistung betroffen ist, wie eingewandt wird[502], stellt gerade die Besonderheit dieser überschneidenden Maßnahmen dar. Einzig diese Tatsache kann – vor allem im Hinblick auf die angeordnete Betrachtung des Regelungsinhalts[503] – nicht zu einer pauschalen Entscheidung über ein denkbares Mitbestimmungsrecht des Betriebsrats führen. Aufgrund dessen muss zumindest im Dienstleistungsgewerbe als bedeutungsstärksten Berufsfelds die Ausgestaltung der Kleiderordnung mitbestimmungsfrei bleiben.[504] Wie vorstehend erörtert, erfolgt in diesem Bereich die Erbringung der Arbeitspflicht direkt am und mit dem Kunden, woraufhin die überwiegenden betrieblichen Interessen des Arbeitgebers seine alleinige Entscheidungsbefugnis rechtfertigen.[505] Das vom Arbeitgeber gebotene beziehungsweise geforderte Verhalten ergibt sich daher zwingend aus der Eigenart des Betriebs, der eine Mitbestimmung des Betriebsrats undurchführbar werden lässt[506]. Mithin spielt die optische Gestaltung eine zentrale Rolle für die Umsetzung der Unternehmensphilosophie. Der Arbeitgeber darf dementsprechend nicht als Geschmackswächter verstanden werden, sondern agiert zwangsläufig im Rahmen

---

498 Vgl. 3. Teil. § 8. I. 2.

499 Grundlegend *BAG* 08.08.1989 AP Nr. 15 zu § 87 BetrVG 1972 Ordnung des Betriebes, zu B. I. 3. der Gründe; nachfolgend *BAG* 01.12.1992 BAGE 72, 40, 43; *BAG* 11.06.2002 BAGE 101, 285, 287.

500 *BAG* 11.06.2002 BAGE 101, 285, 287 f.

501 *Mletzko*, AiB 2003, 629, 631; *Wißmann*, NZA 2003, 1, 6; Hess/u. a./*Worzalla*, BetrVG Kommentar, § 87 BetrVG Rn. 134, der von einer so genannten „Ansprechbarkeit" ausgeht.

502 *Fitting*, BetrVG Handkommentar, § 87 BetrVG Rn. 66; Richardi/*Richardi*, BetrVG Kommentar, § 87 BetrVG Rn. 180; Däubler/u. a./*Klebe*, BetrVG, § 87 BetrVG Rn. 55; Wlotzke/Preis/Kreft/*Bender*, BetrVG Kommentar, § 87 BetrVG Rn. 37.

503 *BAG* 22.07.2008 BAGE 127, 146, 164 f.

504 Bedeutsamkeit dieser Branche schon formuliert von *Wiese*, FS Roeber, 671, 687; aktuell in *Fischer*/BAG 17.11.2015, jurisPR-ArbR 8/2016, Anmerkung 5, wonach die Mitarbeiter heutzutage vorzugsweise im Bereich mit Außenwirkung tätig seien.

505 Vgl. 3. Teil. § 8. III. 3. b) aa).

506 *Henssler*/BAG 08.08.1989, SAE 1990, 343, 344.

seiner Notwendigkeiten als Adressat der umzusetzenden Verkehrssitte im Betrieb.[507] Folglich ist zu gewährleisten, dass der Arbeitgeber unabhängig und frei von Einflüssen anderer das äußerliche Auftreten in all seinen Details festlegen und dadurch die Art und Weise der zu verrichtenden Arbeitsleistung bestimmen kann. Diese Mitbestimmungsfreiheit erscheint ebenso hinsichtlich eines praktikablen Entscheidungsprozesses sachgerecht, weil der Betriebsrat angesichts verschiedener Auffassungen über die Gestaltung der Kleidung keine in sich homogene Gruppe darstellt und möglicherweise den eigenen Herrschaftsstrukturen unterliegt. Unabhängig von der Größe des Betriebsrats sind Einigungsschwierigkeiten der jeweiligen Mitglieder nicht ausgeschlossen, so dass zeitliche Verzögerungen und Sachkonflikte entstehen können. Im Hinblick darauf vermögen der Verweis auf die kostenintensive und aufwendige Anrufung der Einigungsstelle sowie anschließend des Arbeitsgerichts nicht zu überzeugen.[508] Eine ästhetische Wahrnehmungsbeurteilung des Vorsitzenden der Einigungsstelle oder des Richters führt in der Konsequenz ebenso zu einer Wertung durch einen Unbeteiligten.[509] Insofern werden das Regelungsinteresse des Arbeitgebers und die problemlosere sowie leichtere Handhabung seiner uneingeschränkten Entscheidungsmöglichkeit verkannt. Denn er weist neben dem Betriebsrat und den Arbeitnehmern selbst, die größte Nähe zum Unternehmen auf. Die automatische Lahmlegung des Betriebs und die Beeinträchtigung der unternehmerischen Entscheidungsfreiheit des Arbeitgebers durch die Mitbestimmung des Betriebsrats dürfen nicht in jedem Fall als gegenstandslose Argumente abgetan werden.[510] Im Bereich der Ausgestaltung muss korrespondierend mit der Ansicht von *Strohm*[511] berücksichtigt werden, dass die Akzeptanz einer Kleidung immer wieder neu aufrechterhalten und gestärkt werden sollte. Die Kleidung im Arbeitsleben umgebe den Menschen im Durchschnitt 8 Stunden pro Tag und habe deshalb Einfluss auf dessen Wohlbefinden. Bei eventuellen Mängeln sei eine sinkende Arbeitszufriedenheit, die Verdrängung der intrinsischen Motivation und eine Leistungsbeeinträchtigung zu verzeichnen. Die ganzheitliche Betrachtung der Thematik durch den Arbeitgeber sei somit unverzichtbar. Entscheidendes Gewicht komme dem Tragekomfort, dem modischen Erscheinungsbild und den individuellen Unterschieden der Mitarbeiter in Bezug auf körperliche Eigenschaften, wie beispielsweise der Armlänge, zu.[512] Folglich ist der Arbeitgeber gehalten, sich an den individuellen Arbeitnehmerwünschen zu orientieren, um ein bestmögliches

---

507 Vgl. 3. Teil. § 8. III. 3. a); im Ergebnis wie ErfK/*Schmidt*, Art. 2 GG Rn. 83, der die mögliche Zuschreibung einer solchen Eigenschaft dem Arbeitgeber lediglich für das außerdienstliche Verhalten auferlegt.

508 *Kappes*, DB 1997, 277, 278.

509 *Kaiser*, FS Kreutz, 183, 193.

510 A. A. *BAG* 07.09.1956 BAGE 3, 207, 213, demzufolge in keinem Fall diesem Argument Existenzberechtigung beizumessen sei. Die Mitbestimmung sei als Förderung der Motivation und Zufriedenheit der Arbeitnehmer sowie als Unterstützung des Betriebsfriedens zu verstehen.

511 *Strohm*, AuA 2000, 456, 462.

512 *Strohm*, AuA 2000, 456, 462.

Ergebnis zur Erfüllung seiner betrieblichen Interessen zu erreichen. Insoweit wird das Tragen der einheitlichen Kleidung aus freien Stücken betont – es unterstützt mittels eines befriedigten Gesamtbilds die ordnungsgemäße Erfüllung der Arbeitspflicht und fördert die Kommunikation zwischen den Arbeitsvertragsparteien. Die Gefahr eines tatsächlichen Widerstands der Arbeitnehmerschaft wird eingedämmt.[513] Das auf diese Weise durch die Betroffenen legitimierte Vorgehen begegnet seinen Grenzen in den Meinungsverschiedenheiten innerhalb der Arbeitnehmerschaft. Daraufhin hat sich die Entscheidung des Arbeitgebers über die Ausgestaltung der einheitlichen Bekleidungsvorschrift lediglich an den Vorstellungen der Arbeitnehmer in Form einer Orientierungshilfe auszurichten, um dadurch weiterhin ein alleiniges Vorgehen sicherzustellen. Aus diesem Grund gelten Begrenzungen mit Blick auf optimal modische Lösungen[514], die der Arbeitgeber hinsichtlich der Bedeutsamkeit der zu erfüllenden Kundenanforderungen und denkbar entstehender Kosten nicht schaffen muss. Den Mitarbeitern kann allerdings durch etwaige äußere Umstände ein Zugeständnis gemacht werden, aufgrund dessen der Umfang der Dienstkleidungsvorschrift sodann anders zu beurteilen ist. Dabei handelt es sich zum Beispiel um die Situation sehr hoher Sommertemperaturen ohne eine vorhandene Klimaanlage im Betrieb[515] oder der trotz des Wetters zu erbringenden Arbeitsleistung im Freien. In diesen Fällen ist es gerechtfertigt, die Einhaltung der betriebseinheitlichen Kleidungsvorschrift nur in einem begrenzenden Ausmaß von den Arbeitnehmern zu fordern. Im Hinblick darauf muss nur gewährleistet werden, dass dem „Ursprungszweck" weiterhin Geltung verschafft wird.[516] Die Kompromisslösung des „Casual Friday" wird dieser Zielrichtung aufgrund der ebenfalls auftretenden Interessengegensätze, wie im Fall einer nicht vorhandenen Dienstkleidung, indes nicht gerecht. Angesichts der Unvorhersehbarkeit gilt Ähnliches für die Ausnahmeregelung über das Tragen „informeller" Kleidung im Fall nicht zu erwartender Kunden[517]. Zur Vermeidung darüber entstehender Auffassungsunterschiede zwischen Arbeitnehmern und Arbeitgeber sind die Anwendungsfälle der Begrenzungen und ihre Handhabung eindeutig vom Arbeitgeber zu

---

513 Allgemeines dazu *Gamillscheg*, Kollektives Arbeitsrecht, Bd. II, S. 699.

514 *LArbG Hamm (Westfalen)* 07.07.1993 LAGE Nr. 14 zu § 611 BGB Direktionsrecht, zu II. der Gründe.

515 *Wiese*, FS Roeber, 671, 689; beispielhaft in einer abgeschlossenen Gesamtbetriebsvereinbarung in *LArbG Baden-Württemberg*, Beschluss vom 21.10.2015 – 4 TaBV 2/15 –, juris Rn. 14 formuliert: „Aufgrund außergewöhnlich hoher Raumtemperaturen in der Filiale kann im Einzelfall und im Einvernehmen zwischen den Betriebsparteien die Krawattentragepflicht präzisiert werden. Einigkeit besteht darüber, dass es sich um zeitlich befristete, besondere Einzelfälle handelt. Die Parteien sind sich ferner darüber einig, dass durch die Ausgestaltung der Krawattentragepflicht das seriöse Erscheinungsbild der Mitarbeiter als Repräsentanten der P. F. AG stets gewahrt bleibt.".

516 Vgl. 3. Teil. § 8. III. 3. a).

517 *LArbG Hamm (Westfalen)* 22.10.1991 LAGE Nr. 11 zu § 611 BGB Direktionsrecht, zu B. 1. b) der Gründe.

formulieren.[518] Dahingehend kann die Bereitstellung von Auswahlmöglichkeiten der Kleidung das Wohlbefinden des Personals steigern.[519] Letztendlich wird deutlich, dass grundsätzlich der funktionelle Zusammenhang zur Ordnung von anderen Arbeitnehmern im Betrieb nicht überwiegt und die Ausgestaltung einer Dienstkleidung vielmehr einen Interessenausgleich mit den Arbeitgebervorstellungen bezweckt. So sind die Ausgestaltungsbestimmungen im Dienstleistungsgewerbe als Erweiterung des Direktionsrechts des Arbeitgebers zu betrachten.[520] Das bereits bestehende Weisungsrecht hinsichtlich der Einführung einer einheitlichen Kleidervorgabe wird demzufolge auf ihre Umsetzung im Sinne detaillierter Gestaltungsregelungen ausgedehnt. Die vergleichbare Tätigkeitsausübung der gesamten Belegschaft bedingt nur zufällig die kollektiven Auswirkungen einer einheitlichen Kleidungsgestaltung. Infolge der an sich individuellen Betroffenheit der Arbeitnehmer und der durch den unmittelbaren Kundenkontakt begründeten Mitbestimmungsfreiheit der Detailregelungen im Dienstleistungsbereich verbleiben dem Betriebsrat immerhin freiwillige Betriebsvereinbarungen gemäß § 88 BetrVG[521] und seine Mitwirkungsrechte gemäß §§ 80 II 1, 90 I Nr. 4, II 1 BetrVG. Für eine ganzheitliche und somit angemessene Informationsversorgung bedarf es einer Erweiterung des Umfangs der Unterrichtungspflicht auf die schemenhaften Vorstellungen des Arbeitgebers über Art, Form und Farbe der Kleidung.[522] Ebenso stehen den Arbeitnehmern ihre betrieblichen Mitwirkungsrechte gemäß §§ 81 I, IV, 82 I BetrVG zu.

Trotz allem lässt sich die Mitbestimmungsfreiheit der Ausgestaltungsmaßnahme zunächst nur für den Dienstleistungsbereich begründen. In allen übrigen wesentlichen Wirkungskreisen der Arbeitnehmer bestehen zwar ebenfalls die oftmals bereits durch freiwillige Arbeitnehmerhandlungen zu befriedigenden Kundenvorstellungen.[523] Gleichwohl dominiert in diesen Berufsfeldern nicht hauptsächlich die Konkretisierung der Arbeitsleistung mithilfe einer einheitlichen Kleidung, da lediglich ein mittelbarer Kontakt zum Publikumsverkehr besteht. Insoweit zeichnet sich in den Bereichen der Logistik und dem Verkehrswesen, der Wirtschaft und Verwaltung sowie der Pädagogik, der Kunst und Musik sowie des Baugewerbes im Vergleich zum Dienstleistungssektor keine dauerhafte und konzentrierte Interaktion ab. Eine

---

518 Zum Konkretisierungsumfang beispielsweise *LArbG Niedersachsen* 16.07.2007 LAGE Nr. 13 a zu § 307 BGB 2002, zu I.

519 *Weinbrenner*, ArbRAktuell 2010, 260, 260.

520 Für die erzwingbare Mitbestimmung in Form einer Betriebsvereinbarung gemäß § 77 BetrVG formuliert etwa *BAG* 11.06.1958 AP Nr. 2 zu § 611 BGB Direktionsrecht, zu den Gründen, Blatt 79; zustimmend bezüglich der Bestätigung der bisherigen Rechtsprechung im Hinblick auf die entstehende Rechtssicherheit *Hueck*/BAG 11.06.1958 AP Nr. 2 zu § 611 BGB Direktionsrecht, zu 1.; GK-BetrVG/*Wiese*, § 87 BetrVG Rn. 10.

521 Vgl. 3. Teil. § 8. III. 3. c) aa).

522 Unterrichtung mittels Vorgabe globaler Merkmale oder Detailregelungen siehe *BAG* 15.12.1998 BAGE 90, 288, 299.

523 Vgl. 3. Teil. § 8. III. 3. b) aa).

Betroffenheit außenstehender Personengruppen lässt sich dabei nicht über ein „vis-à-vis Verhältnis" in der überwiegenden Arbeitszeit begründen. Der Kundenumgang konzentriert sich in diesem Rahmen auf vereinzelte persönliche Gespräche und ist ansonsten durch eine telefonische oder eine schriftliche Kommunikation geprägt. Dementsprechend wird die Arbeitsleistung vornehmlich unter Ausschluss der Kunden erbracht, so dass der „Ursprungszweck" weitgehend seine Berechtigung verliert. Ein vermehrter andersartiger und unmittelbarer Kontakt zu sonstigen außerhalb stehenden Dritten ist ebenfalls nicht zu erkennen. Folglich besteht die Aussicht, dass sich die Auswirkungen der Gestaltungsbestimmungen primär im Zusammenleben und Zusammenwirken der Arbeitnehmer im Betrieb entfalten. Die daraus resultierenden überwiegenden Schutzerwägungen der Arbeitnehmer bedingen, ausgenommen im Dienstleistungsbereich, ein Mitbestimmungsrecht des Betriebsrats über die detaillierten Ausgestaltungsmodalitäten gemäß § 87 I Nr. 1 BetrVG. Dabei ist zu berücksichtigen, ob das Mitbestimmungsrecht infolge von erforderlichen Angleichungen oder Änderungen der Kleidung[524] zwei Mal ausgeübt wird. Eine Mitbestimmung des Betriebsrats über die jeweiligen detaillierten Bekleidungsregelungen wäre zu verneinen, weil bereits ein Verbrauch des betreffenden Rechts erfolgt ist. Das legt es nach Auffassung von *Joussen*[525] nahe, zu erörtern, wann ein wesentlich bestehendes Mitbestimmungsrecht vom Betriebsrat mit welchen konkreten Folgen vollständig umgesetzt ist. Bedeute die Ausübung des Rechts gleichzeitig dessen Verbrauch? Könne der Betriebsrat, wenn er einmal mitbestimmt hat, nicht noch ein weiteres Mal sein Mitbestimmungsrecht, so auch das ihm zustehende Initiativrecht, geltend machen? Unter einem Verbrauch sei eine Situation zu verstehen, in welcher der Berechtigte sein Recht und seine Befugnis wahrgenommen und infolge dessen ausgeschöpft habe. Diese Ausübung des Mitbestimmungsrechts finde bereits durch eine Zustimmung des Betriebsrats statt. Daher stehe ihm das Recht nur einmalig zu. Es aktualisiere sich durch jede neue Gelegenheit. Aus diesem Grund sei eine genaue Überprüfung des Inhalts der jeweiligen Vereinbarung erforderlich.[526] Im Rahmen der Ausgestaltung einer Dienstkleidungsvorgabe stellen nötige Anpassungen, beispielsweise an gesellschaftliche Entwicklungen oder elementare Veränderungen im Belegschaftsstamm, jeweils einen wiederkehrenden Anlass dar. Infolge dieser regelmäßigen Klärungsnotwendigkeit zur Erfüllung der Kundenerwartungen und damit der Befriedigung der betrieblichen Interessen kann immer von einer persönlichen Betroffenheit der Arbeitnehmer ausgegangen werden. Demnach erschöpft sich in der ersten Ausübung der Mitbestimmungsrechte nicht das umfassend zugestandene Recht des Betriebsrats. Die Bedeutung der Flexibilität in der Ausgestaltung einer betriebseinheitlichen Kleidervorgabe begründet insofern ein ständig verfügbares

---

524 *Strohm*, AuA 2000, 456, 462.
525 *Joussen*/BAG 26.10.2004, AP Nr. 113 zu § 87 BetrVG 1972 Arbeitszeit, zu II. 3.
526 *Joussen*/BAG 26.10.2004, AP Nr. 113 zu § 87 BetrVG 1972 Arbeitszeit, zu II. 3.

Mitbestimmungsrecht gemäß § 87 I Nr. 1 BetrVG.[527] Diesbezüglich weisen auch denkbare Anmerkungen der Einigungsstelle über die Notwendigkeit einer gerichtlichen Klärung der Reichweite des Mitbestimmungsrechts und entsprechende Rechtsfragen daraufhin, dass die Mitbestimmung durch eine bereits festgelegte Betriebsvereinbarung noch nicht als verbraucht gelten sollte.[528] Für den Fall, dass das Mitbestimmungsrecht weiterhin zur Verfügung steht, ist zu berücksichtigen, ob eine bestehende Betriebsvereinbarung künftig ihre Bindungswirkung gemäß § 77 IV 1 BetrVG entfaltet oder diese infolge von Zeitablauf, durch Kündigung gemäß § 77 V BetrVG oder im Rahmen einer einvernehmlichen Änderung gemäß § 77 VI BetrVG aufgehoben worden ist.[529]

Schlussendlich besteht für den Betriebsrat in allen Berufsfeldern, mit Ausnahme des Dienstleistungsgewerbes, ein Mitbestimmungsrecht gemäß § 87 I Nr. 1 BetrVG über die Ausgestaltung der betriebseinheitlichen Kleidervorschrift. Der Einwand einer möglichen Ungleichbehandlung verschiedener Betriebe kann in Ansehung des sachlichen Grunds in Form der Berücksichtigung von branchenabhängigen Besonderheiten nicht überzeugen.

d) Zwischenergebnisse

Insgesamt zeigt sich, dass der klassische Interessenkonflikt zwischen Arbeitnehmer und Arbeitgeber nicht zwangsweise zugunsten der vermeintlich schwächeren Arbeitnehmerpartei zu lösen ist. Demzufolge ist es unerlässlich, auch zwischen den kollektiven Verhandlungspartnern ein ähnliches Kräftegleichgewicht zu entwickeln.

Jenseits der Möglichkeit eine Weisung in puncto des Tragens „korrekter“ Kleidung zu erlassen, ist der Arbeitgeber berechtigt, eine Dienstkleidungsvorschrift innerhalb seines Direktionsrechts gemäß § 106 GewO festzulegen. Das äußerliche Auftreten in einem einheitlichen Erscheinungsbild aller Arbeitnehmer liegt in einer in der Gesellschaft bestehenden Verkehrssitte gemäß § 242 BGB begründet. Diese hat sich berechtigterweise infolge des allseitig geltenden „Ursprungszwecks“, der grundlegenden Anforderungserfüllung der Allgemeinheit und damit der Kunden sowie vereinzelter Personengruppen gefestigt. Etwaig andere Auswirkungen eines einheitlichen Auftretens im Betrieb sind als zwangsläufige Begebenheiten oder automatische Effekte impliziert, haben aber keine Folgen für die Beurteilung eines Mitbestimmungsrechts des Betriebsrats. Demgemäß wird die Mitbestimmungsfreiheit

---

527 Anderes Ergebnis für eine bereits in einer Gesamtbetriebsvereinbarung fixierte Anweisung, den Sicherheitsausweis erkennbar vorn auf der Oberbekleidung zu tragen siehe *LArbG Köln* 18.08.2010, NZA-RR 2011, 85, 87.

528 *Hessisches LArbG*, Beschluss vom 08.04.2010 – 5 TaBV 123/09 –, juris Rn. 50.

529 *BAG (GS)* 16.03.1956 BAGE 3, 1, 5; *BAG* 30.01.1970 BAGE 22, 252, 258 f.; *BAG* 17.01.1980 BAGE 32, 293, 295; *BAG* 24.03.1981 BAGE 35, 160, 166; *BAG* 27.06.1985 BAGE 49, 151, 156; *LArbG Hamm (Westfalen)*, Beschluss vom 22.03.2010 – 10 TaBV 13/10 –, juris Rn. 51; ebenso *Fitting*, BetrVG Handkommentar, § 77 BetrVG Rn. 142 ff.

einer Kleiderordnung durch die Erwartungshaltung der Kunden, Lieferanten oder Geschäftspartnern bedingt, die jeder Arbeitnehmer für sich allein zumeist autonom, möglicherweise unbewusst befriedigt. Dieses unaufgeforderte Personalverhalten begründet einen darauf bezugnehmenden Anspruch des Arbeitgebers, der es erlaubt, die Kleidung als Teil der Arbeitsleistung zu qualifizieren, und Schutzerwägungen zu Gunsten der Mitarbeiter in den Hintergrund rücken lässt. Der dadurch erweckte Eindruck eines kollektiven Bezugs der Maßnahme darf nicht über die hauptsächlich persönlichen Einflüsse auf den einzelnen Arbeitnehmer hinwegtäuschen. Insoweit ist weder eine betriebsverfassungsrechtliche Pflichtwidrigkeit des Arbeitgebers noch die Umgehung der Mitbestimmungsrechte zu befürchten.[530] Werden nähere Bestimmungen mittels einer einheitlichen Kleidervorgabe getroffen, wird die Arbeitspflicht des Arbeitnehmers konkretisiert und es verbleibt kein weiterer Regelungsspielraum für den Betriebsrat. Das insofern erfasste Arbeitsverhalten gemäß § 87 I Nr. 1 BetrVG begründet die Mitbestimmungsfreiheit dieser Maßnahme. Der Arbeitgeber kann somit den persönlichen Anwendungsbereich der Trageordnung einer Dienstkleidung eigenverantwortlich bestimmen. Dahingehend ist es im Hinblick auf eine nicht unterschiedslos wirkende Arbeitnehmerbehandlung und die Konfliktvermeidung sachgerecht, die gesamte Belegschaft in den Erlass einer Kleiderordnung einzubeziehen. Allein die Betriebsratsmitglieder sind aufgrund ihrer als Ehrenamt ausgestalteten Tätigkeitsausübung nicht dienstkleidungspflichtig. Darüber hinaus folgt, abgesehen von dem Dienstleistungssektor, aus den übrigen wesentlichen Wirkungskreisen einer einheitlichen Bekleidungsvorschrift eine Einschränkung der Mitbestimmungsfreiheit mit Blick auf ihre Ausgestaltung. Die detaillierten Kleidungsmodalitäten unterliegen infolge der Abhängigkeit von der Intensität des Kundenkontakts in diesen Arbeitsbereichen dem Mitbestimmungsrecht gemäß § 87 I Nr. 1 BetrVG. Gleichsam bedeutet dies angesichts der Weiterentwicklung von Ansprüchen der Mitarbeiter an deren Interessenvertretung, dass das Verhältnis zu dem eigenen Repräsentanten durch ein gefordertes Mehr an Mitspracherechten geprägt wird.[531] Im Rahmen besonderer Unternehmensformen, wie zum Beispiel den Franchise-Systemen, ist anhand der Vertragsausgestaltung, der Betriebsstruktur und der Organisationsbeschaffenheit im Einzelfall über die Mitbestimmung des Betriebsrats zu entscheiden.

Ansonsten wird dem Teilhabegedanken des Betriebsverfassungsgesetzes ausreichend Rechnung getragen, indem bei der Einführung einer Dienstkleidung in

---

530 Zum Begriff der Gesetzesumgehung siehe *BAG* 12.10.1960 BAGE 10, 65, 70, wonach „der Zweck einer zwingenden Rechtsnorm dadurch vereitelt wird, dass andere rechtliche Gestaltungsmöglichkeiten rechtsmißbräuchlich verwendet werden"; zum diesbezüglichen Rückgriff auf arbeitsvertragliche Regelungsformen etwa *BAG* 19.04.1963 BAGE 14, 164, 173; *BAG* 17.12.1968 AP Nr. 27 zu § 56 BetrVG, zu I. der Gründe; *BAG* 31.01.1969 AP Nr. 5 zu § 56 BetrVG Entlohnung, zu 2. f) der Gründe; *BAG* 29.02.2000 AP Nr. 105 zu § 87 BetrVG 1972 Lohngestaltung, zu B. II. 2. b) der Gründe.

531 *Gesetzesentwurf der Bundesregierung* 02.04.2001, BT-Drucksache 14/5741, S. 1.

den angeführten Berufsfeldern und der Ausgestaltung einer Solchen im Dienstleistungsbereich, Mitwirkungsrechte für den Betriebsrat in Form der Unterrichtung und Beratung gemäß §§ 80 II 1, 90 I Nr. 4, II 1 BetrVG verbleiben. Daneben können die Betriebsparteien über die besagten Regelungen freiwillige Betriebsvereinbarungen gemäß § 88 BetrVG abschließen, soweit dadurch nicht gegen das Gesetz oder tarifliche Bestimmungen verstoßen wird[532]. Die betrieblichen Mitwirkungsrechte des Arbeitnehmers gemäß §§ 81 I, IV, 82 I BetrVG vervollständigen ihren eigenen Schutzbereich bei der Einführung und Ausgestaltung einer Dienstkleidung. Auf diesem Weg wird ein angemessener Ausgleich zwischen der alleinigen Entscheidungsbefugnis des Arbeitgebers im Rahmen seines Organisationsrechts sowie seiner Leitungsmacht und den zu wahrenden Arbeitnehmerinteressen, die aus der Beeinträchtigung ihrer Persönlichkeitsrechte resultieren, geschaffen.

4. Ergebnisse

Schlussendlich ist ersichtlich, dass die dokumentierte Rechtsprechung und die Lehrbeiträge eine eindeutige rechtliche Bestimmung hinsichtlich eines Mitbestimmungsrechts des Betriebsrats zur Einführung und Ausgestaltung von betriebseinheitlichen Kleidervorschriften vermissen lassen. Ersteres wird ohne weitere Reflektion dem mitbestimmungspflichtigen Ordnungsverhalten zugeordnet. Einzig die Abwicklung und Gestaltung der Dienstkleidungsordnung bildet den Schwerpunkt der Rechtsstreitigkeiten. Bei allem hält sich die herrschende Meinung indessen mit näheren Ausführungen zurück und gibt lediglich kurze, nicht ausreichende Begründungen ohne grundlegenden dogmatischen Anknüpfungspunkt. Zumeist wird lediglich eine Negation in Beziehung zum Arbeitsverhalten des § 87 I Nr. 1 BetrVG vorgenommen. Nur wenige Stimmen erheben sich gegen die Mitbestimmung des Betriebsrats bei einer einheitlichen Bekleidungsvorgabe und formulieren demgemäß ihre Ansichten über die betreffende Maßnahme im Konjunktiv.

Allein vor dem Hintergrund der anzuerkennenden teleologischen Reduktion des § 87 I Nr. 1 BetrVG kann über das Arbeitsverhalten die Mitbestimmungsfreiheit der Kleiderordnung begründet werden. Insoweit erfolgt über dessen ausschließliche Definition die Abgrenzung zum Ordnungsverhalten der Arbeitnehmer. Im Ergebnis ist daher entscheidend, ob die Einführung und Ausgestaltung der Dienstkleidung untrennbar mit der Erbringung der Arbeitsleistung verbunden ist. Die einheitliche Kleidung als Teil der Arbeitspflicht konkretisiert deren Verrichtung und das Verhalten des einzelnen Arbeitnehmers. Somit steht die wesentliche Entscheidung über das „Ob“ allein zur Dispositionsfreiheit des Arbeitgebers und kann frei von Abstimmungen mit dem Betriebsrat getroffen werden. Ein Grund für die Annahme eines hauptsächlich unabhängigen Entscheidungsrechts des Arbeitgebers wird darin gesehen, dass den Betriebsräten trotz Berücksichtigung und Akzeptanz der Unternehmensfreiheit immer die Aussicht auf deren Einschränkung im Bereich des § 87

---

532 *LArbG Mecklenburg-Vorpommern*, Urteil vom 25.09.2012 – 5 Sa 275/11 –, juris Rn. 50.

I BetrVG verbleibt. Obwohl dem Gesetzgeber die Beeinflussung und Veränderung der Arbeitgeberplanung durch die Mitbestimmung bekannt war[533], sollte diese nur in einem angemessenen Rahmen stattfinden. In Anbetracht der besonderen, auch psychologisch begründeten Rolle, der Kleidung im betrieblichen Bereich kann ein denkbarer mittelbarer Einfluss des Betriebsrats durch Entscheidungsverzögerungen oder Kopplungsforderungen[534] nicht toleriert werden. So gesehen sind Transparenz und Beteiligungsmöglichkeiten hinlänglich durch die eingeräumten Mitwirkungsrechte des Betriebsrats und der Arbeitnehmer gewährleistet[535], um die Wahrung der gesellschaftlich abhängigen Betriebsinteressen gebührend sicherzustellen.

Es wird die Möglichkeit zugestanden, dass die Einheitlichkeit das kollektive Zusammenleben und Zusammenwirken im Betrieb mitgestaltet und sich die Äußerlichkeiten der Arbeitnehmer auf die soziale Ordnung auswirken. Insoweit ist eine Begrenzung der Mitbestimmungsfreiheit auf Seiten des „Wie" sachgerecht. Diese notwendige Verkürzung wird ebenfalls durch die kundenrepräsentative Verhaltensweise der Belegschaft bedingt, aufgrund dessen der mittelbare Publikumsverkehr in bestimmten Berufsfeldern die Mitbestimmungsrechte des Betriebsrats in der Dienstkleidungsgestaltung nicht obsolet werden lässt. Eine mögliche Vereinheitlichung der Mitbestimmungsleitlinien im Hinblick auf Kleiderordnungen durch Zuführung eines geänderten Regelungsgegenstands im Rahmen von § 87 I Nr. 1 BetrVG[536] scheitert an der abschließenden Qualität der aufgeführten sozialen Angelegenheiten[537].

Mit der Einführung und Ausgestaltung einer Dienstkleidung wird in der Praxis die Problematik des vorzunehmenden Kleiderwechsels, dessen örtlicher Umsetzung und einer daraufhin etwaigen Bereitstellung von Ankleideräumen verbunden. Nachfolgend ist somit zu untersuchen, ob und inwieweit diese Vorgänge in die tägliche Arbeitszeit fallen und somit der Mitbestimmung des Betriebsrats unterliegen.

---

533 *Gamillscheg*, Kollektives Arbeitsrecht, Bd. II, S. 699, wonach das Spannungsverhältnis zwischen den Interessen durch das Gesetz selbst aufgelöst worden sei; Richardi/u. a./*von Hoyningen-Huene*, Münchener Handbuch zum Arbeitsrecht, § 210 Rn. 1.

534 *Kappes*, DB 1997, 277, 277; unter Vorbehalten *Gamillscheg*, Kollektives Arbeitsrecht, Bd. II, S. 699 f., da die Begrenzung der unternehmerischen Entscheidungsfreiheit im Bereich des § 87 I BetrVG aufgrund der Kenntnis des Gesetzgebers gerechtfertigt sei.

535 *Von Hoyningen-Huene*, Betriebsverfassungsrecht, S. 210.

536 *BAG* 11.06.2002 BAGE 101, 285, 287 f., woraufhin der antragstellende Betriebsrat vornehmlich den Persönlichkeitsrechten der Arbeitnehmer Geltung verschaffen wollte. Daher bestand die Überlegung von *Heese*/BAG 11.06.2002, AuR 2003, 234, 234, den Persönlichkeitsschutz als tauglichen Mitbestimmungsgegenstand zu qualifizieren.

537 *BAG* 16.03.1956 BAGE 3, 1, 4; vgl. auch *Löwisch/Kaiser*, BetrVG Kommentar, § 87 BetrVG Rn. 1, demzufolge sei der Mitbestimmungstatbestand nicht durch eine Analogie erweiterungsfähig; GK-BetrVG/*Wiese*, § 87 BetrVG Rn. 4; *Fitting*, BetrVG Handkommentar, § 87 BetrVG Rn. 4; Richardi/*Richardi*, BetrVG Kommentar, § 87 BetrVG Rn. 10.

§ 9. Umkleidezeit gemäß § 87 I Nr. 2 BetrVG

Der Betriebsrat hat gemäß § 87 I Nr. 2 BetrVG, soweit eine gesetzliche oder tarifliche Regelung nicht besteht, bei Beginn und Ende der täglichen Arbeitszeit einschließlich der Pausen sowie bei der Verteilung der Arbeitszeit auf die einzelnen Wochentage mitzubestimmen. Nach heute herrschender Ansicht wird das Eingreifen des Mitbestimmungstatbestands im Fall des Umkleidens in eine Dienstkleidung mit deren Auffälligkeit und damit der alleinigen Bedürfnisbefriedigung des Arbeitgebers begründet.[538]

I. Grundlagen des Mitbestimmungsrechts

Die Mitbestimmung des Betriebsrats gemäß § 87 I Nr. 2 BetrVG soll die Interessen der Arbeitnehmer an der Lage ihrer Arbeitszeit und damit gleichsam an der freien Gestaltung ihres Privatlebens gewährleisten.[539] Ebenso wie § 87 I Nr. 1 BetrVG stellt dieses Mitbestimmungsrecht die gleichberechtigte Teilhabe des Arbeitnehmers an der Gestaltung der betrieblichen Entscheidung sicher, um einen Interessenausgleich zwischen Mitarbeitern und Arbeitgeber herzustellen.[540] Demzufolge sind die Betriebspartner gehalten, durch die Einteilung der Lage der geschuldeten Arbeitszeiterbringung eine angemessene Freizeitgestaltung zu ermöglichen.[541] Angesichts

538 Grundlegend *BAG* 11.10.2000 BAGE 96, 45, 45 f., 51; nachfolgend weiterentwickelt in *BAG* 10.11.2009 AP Nr. 125 zu § 87 BetrVG 1972 Arbeitszeit, zu B. II. 1. der Gründe; *LArbG Berlin-Brandenburg* 16.11.2011 NZA-RR 2012, 134, 135.

539 *BAG* 21.12.1982 BAGE 41, 200, 208; *BAG* 18.08.1987 BAGE 56, 18, 33; *BAG* 15.12.1992 BAGE 72, 107, 114; *BAG* 23.07.1996 AP Nr. 26 zu § 87 BetrVG 1972 Ordnung des Betriebes, zu B. II. 2. b) bb) der Gründe; *BAG* 25.02.1997 BAGE 85, 185, 190; *BAG* 28.05.2002 AP Nr. 96 zu § 87 BetrVG 1972 Arbeitszeit, zu B. II. 1. a) der Gründe; *BAG* 29.09.2004 BAGE 112, 87, 92; *BAG* 26.10.2004 BAGE 112, 227, 235; *BAG* 24.01.2006 BAGE 117, 27, 32; *BAG* 03.05.2006 AP Nr. 119 zu § 87 BetrVG 1972 Arbeitszeit, zu B. II. 1. a) bb) der Gründe; *BAG* 14.11.2006 BAGE 120, 162, 168; *BAG* 10.11.2009 AP Nr. 125 zu § 87 BetrVG 1972 Arbeitszeit, zu B. II. 1. der Gründe; sympathisierend Däubler/u. a./*Klebe*, BetrVG, § 87 BetrVG Rn. 81; Düwell/*Kohte*, BetrVG Handkommentar, § 87 BetrVG Rn. 41; ErfK/*Kania*, § 87 BetrVG Rn. 25; *Fitting*, BetrVG Handkommentar, § 87 BetrVG Rn. 101; GK-BetrVG/*Wiese*, § 87 BetrVG Rn. 270; Moll/*Gragert*, Münchener Anwaltshandbuch zum Arbeitsrecht, § 14 Rn. 103.

540 *Fitting*, BetrVG Handkommentar, § 87 BetrVG Rn. 3; Richardi/*Richardi*, BetrVG Kommentar, § 87 BetrVG Rn. 8; Wlotzke/*Preis*/Kreft, BetrVG Kommentar, § 1 BetrVG Rn. 4 f.

541 Zum gleichzeitigen Schutz des Gemeinschaftsinteresses und der persönlichen Bedürfnisse des Personals etwa *BAG* 21.12.1982 BAGE 41, 200, 208; *BAG* 15.12.1992 BAGE 72, 107, 113; *BAG* 23.07.1996 AP Nr. 26 zu § 87 BetrVG 1972 Ordnung des Betriebes, zu B. II. 2. b) bb) der Gründe; *BAG* 25.02.1997 BAGE 85, 185, 190; *BAG* 28.05.2002 AP Nr. 96 zu § 87 BetrVG 1972 Arbeitszeit, zu B. II. 1. a) der Gründe; ebenso *Hamann*, AuR 2002, 321, 323; *Fitting*, BetrVG Handkommentar, § 87 BetrVG

dessen soll eine durch den Arbeitgeber einseitig begründete Verlagerung des wirtschaftlichen Risikos auf den Arbeitnehmer verhindert werden.[542]

Zur Bestimmung des persönlichen Geltungsbereichs gilt das für § 87 I Nr. 1 BetrVG Gesagte.[543] Dementsprechend ist ein kollektiver Bezug der Regelung auf eine Vielzahl von Arbeitnehmern erforderlich.[544] Die Kollektivität der in Frage stehenden Maßnahme entfällt, wenn sich die Lage der Arbeitszeit auf individuelle Interessen eines Arbeitnehmers stützt und deshalb keine Auswirkungen auf die Arbeitszeitbestimmung des übrigen Personals zu verzeichnen sind.[545]

Nach dem Wortlaut besteht ausdrücklich ein Mitbestimmungsrecht über Beginn und Ende der täglichen Arbeitszeit sowie deren zeitlichen Änderung.[546] Unter Ersterem werden sowohl die Auswahl als auch die Anzahl der Wochentage, an denen die geschuldete Arbeitsleistung zu erbringen ist, verstanden.[547] Die Veränderung der Arbeitszeit ist mitbestimmungspflichtig, wenn der Arbeitnehmer seine vertraglich geschuldete Leistung freiwillig oder auf Anweisung des Arbeitgebers außerhalb des festgelegten Zeitraums erfüllt.[548] Jedoch fällt nach überwiegender Auffassung die Festlegung des zeitlichen Umfangs der wöchentlichen Arbeitszeit nicht unter den

---

Rn. 101; GK-BetrVG/*Wiese*, § 87 BetrVG Rn. 270; Richardi/*Richardi*, BetrVG Kommentar, § 87 BetrVG Rn. 256; ErfK/*Kania*, § 87 BetrVG Rn. 25.

542 Richardi/*Richardi*, BetrVG Kommentar, § 87 BetrVG Rn. 255.

543 Vgl. 3. Teil. § 8. I. 1.

544 Düwell/*Kohte*, BetrVG Handkommentar, § 87 BetrVG Rn. 8; *Hamann*, AuR 2002, 321, 323; *Etzel*, Betriebsverfassungsrecht, S. 203; GK-BetrVG/*Wiese*, § 87 BetrVG Rn. 287; Richardi/*Richardi*, BetrVG Kommentar, § 87 BetrVG Rn. 308; Richardi/u. a./*Reichold*, Münchener Handbuch zum Arbeitsrecht, § 36 Rn. 61, demgemäß gewöhnlich von einer betriebseinheitlichen Arbeitszeitbestimmung auszugehen sei; Wlotzke/Preis/Kreft/*Bender*, BetrVG Kommentar, § 87 BetrVG Rn. 56.

545 *BAG* 16.03.2004 BAGE 110, 45, 58; zustimmend *Fitting*, BetrVG Handkommentar, § 87 BetrVG Rn. 100; Richardi/*Richardi*, BetrVG Kommentar, § 87 BetrVG Rn. 308.

546 *BAG* 21.11.1978 AP Nr. 2 zu § 87 BetrVG 1972 Arbeitszeit, zu III. 4. der Gründe; *BAG* 28.09.1988 AP Nr. 29 zu § 87 BetrVG 1972 Arbeitszeit, zu B. II. 1. der Gründe; *BAG* 18.04.1989 BAGE 61, 305, 315; *BAG* 27.06.1989 BAGE 62, 202, 208; gleichermaßen *Fitting*, BetrVG Handkommentar, § 87 BetrVG Rn. 112; Moll/*Gragert*, Münchener Anwaltshandbuch zum Arbeitsrecht, § 14 Rn. 103; Düwell/*Kohte*, BetrVG Handkommentar, § 87 BetrVG Rn. 42.

547 *BAG* 13.07.1977 AP Nr. 2 zu § 87 BetrVG 1972 Kurzarbeit, zu 1. der Gründe; *BAG* 21.11.1978 AP Nr. 2 zu § 87 BetrVG 1972 Arbeitszeit, zu III. 4. der Gründe m. w. N. zu Lehrbeiträgen; *BAG* 13.10.1987 BAGE 56, 197, 211; *BAG* 28.09.1988 AP Nr. 29 zu § 87 BetrVG 1972 Arbeitszeit, zu B. II. 1. der Gründe; *BAG* 16.07.1991 BAGE 68, 155, 160; *BAG* 26.10.2004 BAGE 112, 227, 235; früh sympathisierend *Plander*, AuR 1987, 281, 288; gegenwärtig zustimmend *Fitting*, BetrVG Handkommentar, § 87 BetrVG Rn. 112; ErfK/*Kania*, § 87 BetrVG Rn. 25; GK-BetrVG/*Wiese*, § 87 BetrVG Rn. 295; Moll/*Gragert*, Münchener Anwaltshandbuch zum Arbeitsrecht, § 14 Rn. 103; *Richardi/Bayreuther*, Kollektives Arbeitsrecht, S. 294; Wesentliches zur Lage der Arbeitszeit siehe *Hofmann*, Arbeitszeitgesetz, S. 13 f.

548 *BAG* 14.11.2006 BAGE 120, 162, 168.

Mitbestimmungstatbestand.[549] Grund dafür ist, dass sich dieser nach den rechtsgeschäftlichen Leistungsversprechen des Arbeitnehmers im Arbeitsvertrag oder den Regelungen im Tarifvertrag richtet und daher schon vor dem Eingreifen des Mitbestimmungsrechts bestimmt wird.[550]

Auch daher entspricht nach Ansicht des *BAG*[551] der Arbeitszeitbegriff des § 87 I Nr. 2 BetrVG nicht der Definition der vergütungspflichtigen Arbeitszeit oder der arbeitszeitrechtlichen Bezeichnung im Rahmen von § 2 I ArbZG beziehungsweise der Richtlinie 2003/88/EG. Vielmehr orientiere sich dieser anhand von Sinn und Zweck des Mitbestimmungsrechts.[552] Somit wird im Rahmen von § 87 I Nr. 2 BetrVG unter Arbeitszeit die Zeit verstanden, während der Arbeitnehmer die von ihm in einem bestimmten zeitlichen Umfang vertraglich geschuldete Arbeitsleistung tatsächlich

---

549 Ständige Rechtsprechung des Gerichts *BAG* 21.11.1978 AP Nr. 2 zu § 87 BetrVG 1972 Arbeitszeit, zu III. 4. der Gründe; *BAG* 18.08.1987 BAGE 56, 18, 33; *BAG* 13.10.1987 BAGE 56, 197, 211; *BAG* 28.09.1988 AP Nr. 29 zu § 87 BetrVG Arbeitszeit, zu B. II. 1. der Gründe; *BAG* 27.01.1998 AP Nr. 14 zu § 87 BetrVG 1972 Sozialeinrichtung, zu B. II. 2. b) der Gründe; *BAG* 22.07.2003 BAGE 107, 78, 83; *BAG* 24.01.2006 BAGE 117, 27, 32; *BAG* 15.05.2007 BAGE 122, 280, 288; zustimmend Düwell/*Kohte*, BetrVG Handkommentar, § 87 BetrVG Rn. 42; ErfK/*Kania*, § 87 BetrVG Rn. 25; *Etzel*, Betriebsverfassungsrecht, S. 203; *Fitting*, BetrVG Handkommentar, § 87 BetrVG Rn. 104 f., demgemäß anderenfalls ein Eingriff in den unmittelbaren Leistungsaustausch zu befürchten sei; GK-BetrVG/*Wiese*, § 87 BetrVG Rn. 275; Hess/u. a./*Worzalla*, BetrVG Kommentar, § 87 BetrVG Rn. 192; Richardi/*Richardi*, BetrVG Kommentar, § 87 BetrVG Rn. 256; Schaub/*Koch*, Arbeitsrechts-Handbuch, S. 2484; *Löwisch/Kaiser*, BetrVG Kommentar, § 87 BetrVG Rn. 59; Wlotzke/Preis/Kreft/*Bender*, BetrVG Kommentar, § 87 BetrVG Rn. 54; *Wißmann*/BAG 19.09.2012, ArbRAktuell 2013, 17, 17; a. A. hinsichtlich des Argumentationswegs etwa *Plander*, AuR 1987, 281, 288, 292; *Compensis*, NJW 2007, 3089, 3092 f., demzufolge die teleologische Auslegung des Mitbestimmungsrechts bezüglich der Dauer der Arbeitszeit unnötig sei, weil im Verhältnis zu § 87 I Nr. 3 BetrVG von einer wechselseitigen Ergänzung der beiden Tatbestände auszugehen sei; Däubler/u. a./*Klebe*, BetrVG, § 87 BetrVG Rn. 91.

550 *BAG* 24.01.2006 BAGE 117, 27, 32; zustimmend Däubler/u. a./*Klebe*, BetrVG, § 87 BetrVG Rn. 90; Richardi/*Richardi*, BetrVG Kommentar, § 87 BetrVG Rn. 256; *Richardi/Bayreuther*, Kollektives Arbeitsrecht, S. 294.

551 Grundlegend *BAG* 21.12.1982 BAGE 41, 200, 208; *BAG* 23.07.1996 AP Nr. 26 zu § 87 BetrVG 1972 Ordnung des Betriebes, zu B. II. 2. b) bb) der Gründe; *BAG* 10.11.2009 AP Nr. 125 zu § 87 BetrVG 1972 Arbeitszeit, zu B. II. 1. der Gründe.

552 *BAG* 21.12.1982 BAGE 41, 200, 208; *BAG* 23.07.1996 AP Nr. 26 zu § 87 BetrVG 1972 Ordnung des Betriebes, zu B. II. 2. b) bb) der Gründe; *BAG* 10.11.2009 AP Nr. 125 zu § 87 BetrVG 1972 Arbeitszeit, zu B. II. 1. der Gründe; dergleichen *LArbG Berlin-Brandenburg* 16.11.2011 NZA-RR 2012, 134, 135; *Fitting*, BetrVG Handkommentar, § 87 BetrVG Rn. 96; ErfK/*Kania*, § 87 BetrVG Rn. 25; Düwell/*Kohte*, BetrVG Handkommentar, § 87 BetrVG Rn. 41; Richardi/*Richardi*, BetrVG Kommentar, § 87 BetrVG Rn. 256; die Anwendung des arbeitszeitgesetzlichen Begriffs befürwortend Däubler/u. a./*Klebe*, BetrVG, § 87 BetrVG Rn. 83.

erbringen soll.[553] Dabei kann unberücksichtigt bleiben, ob es sich um die aus dem Synallagma bestehende Hauptleistungspflicht oder eine sonstige Leistung handelt.[554] Mithin ist durch die Bestimmung der Lage der Arbeitszeit die Erfüllung der geforderten Arbeitspflicht zusätzlich zu einer angemessen Freizeitgestaltung sicherzustellen.[555] Die Regelungsmöglichkeiten der Betriebspartner werden insofern durch den Umfang der geschuldeten Arbeitsleistung begrenzt.[556]

II. Kleiderwechsel als Erbringung der Arbeitsleistung

In Anbetracht der bereits entwickelten Grundsätze über die Mitbestimmungsfreiheit der Einführung und der Ausgestaltung einer Dienstkleidung im Dienstleistungsbereich erscheint die denkbare Qualifizierung des Umkleidens als Arbeitszeit im betriebsverfassungsrechtlichen Sinn an sich sachgerecht. Allerdings kann die Wesentlichkeit der alleinigen Entscheidungsbefugnis des Arbeitgebers im Bereich der einheitlichen Kleidervorgaben durch die Mitbestimmung des Betriebsrats gemäß § 87 I Nr. 2 BetrVG geschmälert werden. Somit ist zu untersuchen, inwieweit die vornehmlich bestehende Rechtsansicht diese betriebsverfassungsrechtliche Frage überzeugend unter Anwendung dogmatischer Grundsätze beantwortet. Im Folgenden wird daher das Aufkommen der gegenwärtig herrschenden Leitlinien zur Mitbestimmung des Betriebsrats gemäß § 87 I Nr. 2 BetrVG bei Umkleidevorgängen dargestellt. Ziel ist eine gesicherte Unterstützung der anschließenden argumentativen Auseinandersetzung mit diesen Bewertungsgrundlagen unter Bezugnahme auf die bereits vorstehend erörterte rechtliche Betrachtungsweise der Dienstkleidung.

---

553 *BAG* 14.11.2006 BAGE 120, 162, 168; ebenso *Fitting*, BetrVG Handkommentar, § 87 BetrVG Rn. 96, woraufhin von Arbeitszeit im betriebsverfassungsrechtlichen Sinn zu sprechen sei; Richardi/*Richardi*, BetrVG Kommentar, § 87 BetrVG Rn. 257; Richardi/u. a./*Matthes*, Münchener Handbuch zum Arbeitsrecht, § 244 Rn. 1; im Hinblick auf die arbeitszeitrechtliche Beurteilung der Dienstreise kritisch etwa Däubler/u. a./*Klebe*, BetrVG, § 87 BetrVG Rn. 83, demzufolge der Arbeitszeitbegriff in Anbetracht des betriebsverfassungsrechtlichen Zusammenhangs zu eng ausgelegt worden sei.

554 Däubler/u. a./*Klebe*, BetrVG, § 87 BetrVG Rn. 83; GK-BetrVG/*Wiese*, § 87 BetrVG Rn. 301; Schaub/*Koch*, Arbeitsrechts-Handbuch, S. 2483; Wlotzke/Preis/Kreft/*Bender*, BetrVG Kommentar, § 87 BetrVG Rn. 61; eingeschränkte Auffassung siehe *BAG* 14.11.2006 BAGE 120, 162, 168, wonach von dem zeitlichen Rahmen auszugehen sei, in dem der Arbeitgeber die Erfüllung der vertraglichen Hauptleistungspflichten verlangen könne; sympathisierend Hess/u. a./*Worzalla*, BetrVG Kommentar, § 87 BetrVG Rn. 177.

555 Richardi/u. a./*Matthes*, Münchener Handbuch zum Arbeitsrecht, § 244 Rn. 40.

556 Richardi/u. a./*Matthes*, Münchener Handbuch zum Arbeitsrecht, § 244 Rn. 3.

1. *Entwicklung der gegenwärtigen Rechtsauffassung*

Die Verwendung der Vereinbarung „(...) Die Arbeitnehmer sind verpflichtet, die Dienstkleidung während der Arbeitszeit zu tragen."[557] stellt zugleich den Anlass für die grundlegende Feststellung dar, dass es sich bei der Qualifizierung des zugrundeliegenden Zeitfensters im Sinne des § 87 I Nr. 2 BetrVG um eine Rechtsfrage handelt, die nur der richterlichen Überprüfung zugänglich ist[558]. Die vorab erfolgende Bestimmung der Mitbestimmungsreichweite bedingt eine begrenzte Regelungsmacht der Betriebsparteien hinsichtlich der betriebsverfassungsrechtlichen Arbeitszeit. Deshalb sind auch etwaige Negativregelungen, die lediglich die reine Netto-Arbeitszeit am Arbeitsplatz anrechnen und demgemäß den Umkleidevorgang als Freizeit qualifizieren, unzulässig.[559] Eine denkbare Einbeziehung der Vorbereitungshandlungen des Umkleidens und Waschens kann daher nur im Arbeitsvertrag, Tarifvertrag oder lediglich unter den Voraussetzungen des § 77 III 1 BetrVG durch eine freiwillige Betriebsvereinbarung gemäß § 88 BetrVG geregelt sein.[560] Dementsprechend ist vorerst zu untersuchen, ob die Umkleidezeit, welche teilweise berufsabhängig in Verbindung zu einem Waschvorgang steht, als Arbeitszeit gemäß § 87 I Nr. 2 BetrVG einzustufen ist.

---

557 *LArbG Düsseldorf*, Beschluss vom 01.04.2009 – 4 TaBV 83/08 –, juris Rn. 7; sympathisierend *Weinbrenner*, ArbRAktuell 2010, 260, 260; zur geschichtlichen Entwicklung dieser Pflicht etwa siehe *Thüsing*, JZ 2006, 223, 223.

558 Speziell für den Fall des Kleiderwechsels *Salamon/Ohlendorf*, ArbRAktuell 2012, 61, 61, demzufolge sei bezüglich dieser Vorfrage auch kein spruchfähiger Beurteilungsspielraum für eine angerufene Einigungsstelle gegeben; *Springer/Wrieske*, AuR 2010, 303, 304; *Thannheiser*, AiB 2011, 7, 8; grundsätzlich zur fehlenden Regelungskompetenz über die Definition des Arbeitszeitbegriffs siehe *BAG* 29.10.2002 BAGE 103, 197, 202 f., wonach die rechtliche Charakterisierung nicht der Dispositionsbefugnis der Betriebsparteien unterliege; *BAG* 22.07.2003 BAGE 107, 78, 83, infolge dessen eine Auslegung arbeitszeitrechtlicher Vorschriften vorzunehmen sei; gleichermaßen *Löwisch/Kaiser*, BetrVG Kommentar, § 87 BetrVG Rn. 67.

559 *Springer/Wrieske*, AuR 2010, 303, 305; a. A. unabhängig von einer bestehenden Betriebsvereinbarung und auf eine freiwillige Entscheidungsmöglichkeit der Arbeitnehmer aufbauend etwa *Matthes*/Hessisches LArbG 26.01.2012, jurisPR-ArbR 32/2012, Anmerkung 6, demgemäß der Kleiderwechsel keine Arbeitszeit gemäß § 87 I Nr. 2 BetrVG sei, wenn die geschuldete Arbeitspflicht während der kompletten Arbeitszeit in der Dienstkleidung abgeleistet werden müsse.

560 Richardi/*Richardi*, BetrVG Kommentar, § 87 BetrVG Rn. 275, wonach der Betriebsrat nicht über die grundlegende Arbeitszeiterfassung von Vorbereitungshandlungen zu entscheiden habe; Richardi/u. a./*Matthes*, Münchener Handbuch zum Arbeitsrecht, § 244 Rn. 18; a. M. *BAG* 17.03.1988 BAGE 58, 37, 47; *ArbG Frankfurt am Main* 27.07.2004 AiB 2005, 313, 313; zustimmend *Niechoj*, AiB 2005, 313, 314 f.

a) BAG vom 22.03.1995

Die zu erörternde Rechtsfrage wurde anfangs im Rahmen der Vergütungspflicht der Arbeitszeit diskutiert. Das *BAG*[561] formulierte mit Rückhalt aus der ersten und zweiten Instanz in Ermangelung ausdrücklicher Regelungen, dass der Arbeitnehmer während des Kleiderwechsels regelmäßig nicht die von ihm geschuldete Arbeitsleistung erbringt. Der Umkleidevorgang sei lediglich bei der Tätigkeit, beispielsweise als Model auf Modenschauen, Inhalt der Arbeitspflicht. Sei dies wie in dem zu besprechenden Sachverhalt der adäquaten Berufskleidung eines Kochs nicht der Fall, müssten unter Berücksichtigung der bestehenden Meinungsverschiedenheiten in der Rechtsprechung die Umstände des Einzelfalls Beachtung finden. Diene der Kleiderwechsel zur persönlichen Vorbereitung des Arbeitnehmers, seien daher in erster Linie die organisatorischen Gegebenheiten des jeweiligen Betriebs und die konkreten Anforderungen an den Arbeitnehmer maßgebend.[562]

Obgleich der behandelte Arbeitszeitbegriff in Verbindung zu der Vergütungspflicht gesetzt wird, bildet die vorstehende Rechtsprechung die Entwicklungsgrundlage für die betriebsverfassungsrechtliche Wertung des Kleiderwechsels.[563] Insoweit lässt sich aus der Entscheidungsbegründung das bereits angedeutete Regel-Ausnahme-Verhältnis ableiten, wobei grundsätzlich nicht von der Betroffenheit der Arbeitszeit ausgegangen wird[564]. Die an sich als eigennützig charakterisierte Vorbereitung und Nachbereitung der Erfüllung der Arbeitspflicht kann somit gegebenenfalls als Arbeitszeit bewertet werden, wenn darüber eine besondere kollektivrechtliche oder einzelvertragliche Regelung vorliegt.[565] Anderenfalls ist zu prüfen, ob die besagte Maßnahme den Arbeitsvorgängen oder gar der zu erbringenden Arbeitsleistung „wesensmäßig" zugeordnet werden kann.[566] Dies ist abgesehen von der Arbeit als Model, bei berufsmäßigen Tauchern oder im Fall ständig zu wechselnder Kleidung im OP-Bereich eines Krankenhauses anzunehmen.[567] Abschließend ließ der Senat die Frage offen, ob im Rahmen des Umkleidens eine geschuldete Arbeit erbracht wurde.

---

561 *BAG* 22.03.1995 BAGE 79, 312, 317 ff.

562 *BAG* 22.03.1995 BAGE 79, 312, 317 ff.

563 Ähnlich *Franzen*, NZA 2016, 136, 137.

564 Dergleichen *Kohte/Bernhardt*/BAG 10.11.2009, jurisPR-ArbR 30/2011, Anmerkung 2.

565 *Wiese*/BAG 22.03.1995 SAE 1996, 371, 373; sympathisierend *Adam*, AuR 2001, 481, 482.

566 *Wiese*/BAG 22.03.1995 SAE 1996, 371, 373.

567 *Wiese*/BAG 22.03.1995 SAE 1996, 371, 373; zustimmend *Kohte/Bernhardt*/BAG 10.11.2009, jurisPR-ArbR 30/2011, Anmerkung 2, dementsprechend in der Hinsicht von einer Verdeckung der gegebenen arbeitsschutzrechtlichen Bewertung auszugehen sei; *Adam*, AuR 2001, 481, 481, wobei die vergütungspflichtige Beurteilung über die Vorbereitungshandlungen im Gegensatz zu der persönlichen Vorbereitung des Arbeitnehmers zu überdenken sei.

Zeitgleich führte *Wiese*[568] an, dass bestehende Verpflichtungen mit dem Verweis auf betriebliche Bekleidungsvorschriften unerheblich für die Bestimmung über die Arbeitszeit sind[569]. In Anbetracht der dadurch vorgenommenen Konkretisierung der Art und Weise der zu verrichtenden Arbeitspflicht müsse die Einordnung des dafür nötigen Zeitaufwands weiterhin unabhängig untersucht werden. Folglich seien die Ursache für die Verpflichtung, die vorgeschriebene Benutzung der im Betrieb befindlichen Umkleideräume und überhaupt der notwendig betrieblich vorzunehmende Kleiderwechsel[570] unerheblich. Eine rechtssichere Beurteilung könne auch nicht durch eine mögliche Orientierung an dem zeitlichen Umfang des Umkleidevorgangs gewährleistet werden.[571]

Gegenüber der Rechtsprechung qualifizierte die Lehre sodann die Zeit des Ankleidens und Ablegens der Kleidung generell als Arbeitszeit, sofern der Kleiderwechsel notwendig im Betrieb erfolgte.[572] Diesen Standpunkt befürwortete ebenfalls *Grimberg*[573], der bereits die fremdnützige Erbringung der Arbeitsleistung in den Mittelpunkt der Betrachtung rückte. Wenn der Arbeitgeber eine betriebseinheitliche Kleidung anordne, habe er die Ursache für die erforderliche Bereitstellung von Umkleideräumen und für die Anerkennung als vergütungsrechtliche Arbeitszeit latent begründet. Der dafür erforderliche Kleiderwechsel sei nicht in der privaten Wohnung zu erledigen und angesichts dessen nicht zur Freizeitgestaltung zugehörig. Gesellschaftliche Auswirkungen des Tragens dieser Kleidung auf dem Weg von und zur Arbeitsstätte, wie beispielsweise eine ausgelöste Verwirrung bis hin zu einer Verhöhnung durch außenstehende Personengruppen, seien bei der entsprechenden Beurteilung zu beachten.[574]

---

568 *Wiese*/BAG 22.03.1995 SAE 1996, 371, 372 ff.

569 Nachträglich dem folgend etwa *Salamon/Ohlendorf*, ArbRAktuell 2012, 61, 61.

570 In Anlehnung an *BAG* 28.07.1994 BAGE 77, 285, 288, 290, woraufhin allerdings nur die Auslegung des in dem Tarifvertrag verwendeten Begriffs der „Arbeitsstelle" entscheidungserheblich gewesen sei; später ähnlich zustimmend *Salamon/Ohlendorf*, ArbRAktuell 2012, 61, 61, demzufolge sei die vertragliche Verpflichtung zum Umkleiden im Betrieb nicht allein begründungsrelevant für die Vergütungspflicht dieser Zeit.

571 *Wiese*/BAG 22.03.1995 SAE 1996, 371, 372 ff.

572 *Buschmann/Ulber*, Arbeitszeitrechtsgesetz 1994, § 2 Arbeitszeitgesetz Rn. 3, wonach das Betreten des Betriebsgeländes maßgebend sei; a. M. *Denecke*, Arbeitszeitordnung, 11. Auflage, § 2 AZO Rn. 12, demgemäß sei der durch das Umkleiden festgelegte Arbeitszeitbeginn nicht für alle Sachverhalte anzunehmen, infolge dessen die Umstände des einzelnen Betriebs zu berücksichtigen seien.

573 *Grimberg*, AiB 1995, 533, 534.

574 *Grimberg*, AiB 1995, 533, 534.

b) BAG vom 11.10.2000

In Anlehnung an die bereits angeführte Rechtsprechung des Senats knüpfte das *BAG*[575] zu dieser Zeit an die Entscheidung des Gerichts vom 08.03.1961[576] sowie nachfolgend an die vom 25.04.1962[577] an und verstand unter Arbeit jede Tätigkeit, die der Befriedigung eines fremden Bedürfnisses diente. Für den betreffenden Sachverhalt war dies insoweit relevant, als dass die Zeit des Kleiderwechsels und der Körperhygiene eines Fahrers eines Müllentsorgungstransporters nicht vom Arbeitgeber vergütet wurde. Das Ankleiden und Waschen sei vergütungspflichtig, wenn nicht zugleich ein eigenes Interesse des Arbeitnehmers daran bestehe. Diese nach Maßgabe geltende Fremdnützigkeit sei nicht gegeben, wenn die Kleidung zu Hause angelegt werde und – ohne besonders auffällig zu sein – auch auf dem Weg zur Arbeitsstätte getragen werden könne. Dabei handele es sich nicht um Arbeitszeit. Im Gegensatz dazu sei eine für die ordnungsgemäße Erbringung der Arbeitsleistung notwendige Kleidung, die im Betrieb angelegt werde und dort nach Erfüllung der geschuldeten Verpflichtung verbleiben müsse, vorwiegend fremdnützig im Sinne des Arbeitgebers. Insofern habe auch der Kleiderwechsel im Hinblick auf eine fremde Bedürfnisbefriedigung stattgefunden, wodurch die Vorbereitungshandlung und die Nachbereitungstätigkeit der Arbeitsleistung zur Arbeitszeit gehörten. Demnach sei der Zustand vor der Tätigkeitsausübung wiederherzustellen, der insgesamt fremdnützig zu Gunsten des Arbeitgebers in einem bestimmten zeitlichen Umfang geändert wurde.[578]

Obwohl die erwähnte Müllentsorgungskleidung rechtlich als Schutzkleidung definiert ist oder durch die orangene Farbe der berufsspezifischen Kennzeichnung dienen kann, baut diese Senatsentscheidung den Orientierungsmaßstab für die Definition von Arbeitszeit und damit ihrer Abgrenzung zur Freizeit der Arbeitnehmer weiter aus. Dabei findet insoweit eine Lossagung von der bisherigen Rechtsprechung statt, als dass für die Frage der Vergütungspflicht einer vorbereitenden und abschließenden Handlung der eigentlichen Arbeitsleistung nunmehr ausschlaggebend ist, ob diese Tätigkeit aufgrund der Auffälligkeit der Kleidung von der geschuldeten Arbeitspflicht erfasst wird.[579] Angesichts der daher zu beurteilenden

575 *BAG* 11.10.2000 BAGE 96, 45, 45 f., 51.

576 *BAG* 08.03.1961 BAGE 11, 23, 26 m. w. N. zu Lehrbeiträgen.

577 *BAG* 25.04.1962 AP Nr. 6 zu § 611 BGB Mehrarbeitsvergütung, zu den Gründen, Blatt 24.

578 *BAG* 11.10.2000 BAGE 96, 45, 45 f., 51.

579 Richardi/u. a./*Reichold*, Münchener Handbuch zum Arbeitsrecht, § 36 Rn. 64; *Sommer*, ZBVR online 2010 (Ausgabe 3), 4, 7; *Walker*/BAG 11.10.2000, SAE 2002, 16, 17, wonach jedoch der Anknüpfungspunkt der Fremdnützigkeit für die Beurteilung der Vergütungspflicht zweifelhaft sei, aber im Ergebnis zugestimmt werde; bedenklich hinsichtlich der Klarheit des gängigen Abgrenzungskriteriums siehe *LArbG Mecklenburg-Vorpommern*, Urteil vom 25.09.2012 – 5 Sa 275/11 –, juris Rn. 63.

Fremdnützigkeit[580] einer Arbeitnehmerhandlung ergab sich laut Gericht, zumindest bezüglich der zu bewertenden Arbeitszeitproblematik, etwas Anderes. Diese aus betrieblichen und arbeitsschutzrechtlichen Aspekten vorgenommene Einordnung als Arbeitszeit und damit Bejahung der Erfüllung einer Arbeitsleistung[581] ließ indes nach Ansicht von *Walker*[582] die schon vom Senat skizzierten privaten Arbeitnehmerinteressen[583] außer Acht. Trotz der bestehenden arbeitsvertraglichen Verpflichtung sei bei Schutzkleidung das Umkleiden im Hinblick auf den Schutz der persönlichen Gesundheit und der individuellen Kleidung gleichsam als eigennützig zu qualifizieren. Die Herstellung des vor und nach der Ausübung der fremdnützigen Tätigkeit bestehenden Zustands allein sei nicht geeignet, die vollständige Bedürfnisbefriedigung des Arbeitgebers zu begründen. Demzufolge seien die Vorbereitungshandlungen des Arbeitnehmers zugehörig zu dessen privater Lebensgestaltung. Gleichzeitig seien dadurch die Notwendigkeit der Auslegung bereits bestehender vertraglicher Regelungen und die Vereinbarungsoffenheit im Hinblick auf andersartige Bestimmungen begründet.[584]

Unabhängig von der beiderseitigen Betrachtungsmöglichkeit der Fremdnützigkeit einer Schutzkleidung wird sich im Rahmen der weiterführenden Untersuchung auf die Auffälligkeit beziehungsweise auf die nicht besondere Erkennbarkeit der Kleidung auf dem Arbeitsweg gestützt. Letztere äußerlich sichtbare Erscheinung weist in Ermangelung eines vorwiegend fremden Interesses keinen Bezug zu der geschuldeten Arbeitsverpflichtung des Mitarbeiters auf. Allerdings war für das Gericht gänzlich irrelevant, wie der Kleiderwechsel einer unauffälligen Bekleidung im Betrieb rechtlich zu bewerten ist. Hinsichtlich dieser Konstellation kann der Beurteilungsmaßstab des Senats nicht angewendet werden, weil eine Fremdnützigkeit in Anbetracht des fehlenden Öffentlichkeitsbezugs nicht feststellbar wäre. Dass deshalb keine rechtliche Bewertung darüber erfolgen soll, kann nicht akzeptiert werden. Folglich ist zu untersuchen, ob und inwieweit im Hinblick auf die Umkleidezeit ein alleiniges Arbeitgeberbedürfnis begründet und eine Verbindung zur Erbringung der Arbeitsleistung hergestellt wird.

c) BAG vom 10.11.2009

Circa neun Jahre später war die Frage nach der Bedeutung der Umkleidezeit, qualifiziert als Arbeitszeit, erstmalig in den betriebsverfassungsrechtlichen Rahmen

580 Kritisch bezüglich des Aussagewerts der Fremdnützigkeit etwa *Adam*, AuR 2001, 481, 481 f., 484, demgemäß vielmehr „Arbeitszeit immer vorliegt, wenn der Arbeitnehmer nicht frei darüber verfügen kann, was er tun oder lassen will“.

581 Sympathisierend im Zusammenhang zur Schutzkleidung siehe *Springer/Wrieske*, AuR 2010, 303, 305.

582 *Walker*/BAG 11.10.2000, SAE 2002, 16, 17 f.

583 *BAG* 11.10.2000 BAGE 96, 45, 51, wobei die Eigennützigkeit im Bereich des § 612 I BGB unbeachtlich für das Arbeitsverhältnis sei.

584 *Walker*/BAG 11.10.2000, SAE 2002, 16, 17 f.

einer Mitbestimmung des Betriebsrats gemäß § 87 I Nr. 2 BetrVG eingebettet.[585] Nach Meinung des *BAG*[586] konnte der Arbeitgeber nicht ungeachtet dessen über den Kleiderwechsel als tägliche Arbeitszeit entscheiden. In der zu besprechenden Angelegenheit musste in einer Niederlassung eines schwedischen Einrichtungshauses aufgrund einer dort geltenden Betriebsvereinbarung zum Beginn und zum Ende der täglichen Arbeitszeit eine Zeiterfassungsanlage von den Arbeitnehmern bedient werden. Einzelne Mitarbeiter hatten dieses Gerät erst nach Ende des Umkleidevorgangs betätigt. Die infolge dessen durch den Arbeitgeber erteilten Ermahnungen enthielten indirekt die Anweisung, die Dienstkleidung außerhalb der von der Zeiterfassungsanlage wahrgenommenen Arbeitszeit anzulegen und auszuziehen. Laut antragstellendem Betriebsrat sowie dem zustimmenden Senat sei dadurch die Lage der Arbeitszeit modifiziert worden und erfordere nunmehr die Mitbestimmung des Betriebsrats gemäß § 87 I Nr. 2 BetrVG. Unter Bezugnahme auf die Entscheidung vom 11.10.2000[587] bestimme sich die ein fremdes Bedürfnis hervorrufende Auffälligkeit einer Kleidung nach objektiven Maßstäben. Die besondere Erkennbarkeit sei zu bejahen, wenn die Arbeitnehmer im öffentlichen Raum ohne Weiteres als Angestellte ihres Arbeitgebers identifizierbar seien. Maßgebend dafür seien die Uniformität der Farbgebung und die an die Kleidung angebrachten Firmenlogos. Die subjektive Zumutbarkeit der Gestaltungsmerkmale der Bekleidung an sich, im Sinne von Form, Farbe und Schnitt, blieben irrelevant für die Bestimmung der Auffälligkeit. Demzufolge sei ebenfalls nicht zu berücksichtigen, ob und wie viele Mitarbeiter die jeweils eingeräumte Möglichkeit des Umkleidevorgangs zu Hause oder im Betrieb nutzen würden. Nur im Hinblick auf die entwickelten Auffälligkeitskriterien trage der Arbeitnehmer die Dienstkleidung im Interesse des Arbeitgebers, angesichts dessen eine auf die bestimmte Firmenkultur ausgerichtete Erkennbarkeit und Mitarbeiteridentifikation im Außenbereich zu verzeichnen sei. Demnach erfolge auch die dafür aufgewendete Zeit fremdnützig und lasse den Kleiderwechsel als zugehörig zur Arbeitsleistung des Arbeitnehmers erscheinen. Davon abgesehen könne das Umkleiden zu Hause von den Betriebsparteien nicht verpflichtend für die Belegschaft eingeführt werden, weil dadurch ein Eingriff in die private Lebensführung zu befürchten sei.[588]

Zunächst kann festgehalten werden, dass der Kleiderwechsel bei einer ausbleibenden arbeitsvertraglichen oder tarifvertraglichen Regelung unter die Arbeitszeit gefasst wird, wenn eine vollständige Eigennützigkeit für den Arbeitnehmer auszuschließen ist. Dies bedeutet gleichzeitig die Anforderung an eine umfassende Bedürfnisbefriedigung des Arbeitgebers. Im Vergleich zu der Entscheidung des

585 *Salamon/Ohlendorf*, ArbRAktuell 2012, 61, 61.

586 *BAG* 10.11.2009 AP Nr. 125 zu § 87 BetrVG 1972 Arbeitszeit, zu B. II. 3. a) aa)/cc), b) der Gründe.

587 *BAG* 11.10.2000 BAGE 96, 45, 51.

588 *BAG* 10.11.2009 AP Nr. 125 zu § 87 BetrVG 1972 Arbeitszeit, zu B. II. 3. a) aa)/cc), b) der Gründe.

BAG vom 11.10.2000[589] bedingt einzig das alleinige Interesse und nicht mehr das vorwiegende Ansinnen des Arbeitgebers die Begründung der geschuldeten Arbeitsleistung. Insofern ist eine Abstufung in der Bedürfnisbefriedigung nicht mehr zu erkennen. Gleichbleibendes Konkretisierungsmerkmal im Bereich der Kleidung bildet ihre Auffälligkeit.[590] Der daraus abgeleitete Bezug zu der Fremdnützigkeit der Arbeitnehmerhandlung erscheint als Anknüpfungspunkt[591] für die Begründung eines Mitbestimmungsrechts des Betriebsrats gemäß § 87 I Nr. 2 BetrVG sachgerecht. Insoweit werden die Tätigkeitsausübung in einer fremdbestimmten Arbeitsorganisation und die so gesehen erforderliche betriebliche Teilhabe des Arbeitnehmers betont. Gleichzeitig bleibt die durch die Mitbestimmung gerechtfertigte Begrenzung der Regelungsbefugnis des Arbeitgebers gemäß § 106 GewO gewährleistet.[592] Demzufolge führt diese Senatsentscheidung die bisherige Rechtsprechung konsequent fort.[593] Im Zuge dessen werden die Entscheidungen der Vorinstanzen kassiert. Hinsichtlich der Vergütungspflicht der Umkleidezeit äußerte das Gericht keine neuen oder andersartigen Bewertungen.[594]

Demgegenüber erfolgt aufgrund von Vorgaben dieser Senatsentscheidung zu etwaigen Einschränkungen eine neue Beantwortung der zu klärenden Rechtsfrage, ob eine die betriebsverfassungsrechtliche Arbeitszeit betroffen ist.[595] Im Laufe der Zeit haben sich auch anlässlich der gesellschaftlichen Veränderungen verschiedene Gestaltungsmöglichkeiten der Dienstkleidung abgezeichnet, welche eine Veränderung der geltenden Perspektive bedingen. Deshalb hat das Gericht Abgrenzungskriterien für die Bestimmung einer auffälligen Bekleidung frei von bestehenden Berufsbranchen festgelegt.[596] Zugleich bedeutet dies die Abkehr von einer denkbaren Verbindung zwischen der Mitbestimmung des Betriebsrats bei

---

589 *BAG* 11.10.2000 BAGE 96, 45, 51.

590 Ebenso *Stück*, AuA 2010, 121, 121 f.; aktuell bestätigt in *BAG* 12.11.2013 BAGE 146, 271, 277 f. und *BAG* 17.11.2015 NZA 2016, 247, 249.

591 Zur Bekräftigung des Zusammenhangs zwischen Fremdnützigkeit im Sinne der Erbringung einer Arbeitsleistung und der Arbeitszeit etwa *LArbG Berlin-Brandenburg* 16.11.2011 NZA-RR 2012, 134, 135; *Kohte/Bernhardt*/BAG 10.11.2009, jurisPR-ArbR 30/2011, Anmerkung 2; *Sommer*, ZBVR online 2010 (Ausgabe 3), 4, 7; *Stück*, AuA 2010, 121, 121.

592 Kritische, einseitige Darstellung der Betriebsratsfunktion siehe *Thannheiser*, AiB 2011, 7, 9.

593 *Schindele*/BAG 10.11.2009, ArbRAktuell 2010, 75, 75; *Grobys/Steinau-Steinrück*, NJW-Spezial 2010, 116, 116; bemängelnd *LArbG Mecklenburg-Vorpommern*, Urteil vom 25.09.2012 – 5 Sa 275/11 –, juris Rn. 62.

594 *Springer/Wrieske*, AuR 2010, 303, 304.

595 *Springer/Wrieske*, AuR 2010, 303, 304, woraufhin die besondere Erkennbarkeit der Kleidung ein eigenständig überprüfbares, einschränkendes Merkmal sei; *Thannheiser*, AiB 2011, 7, 11.

596 *Kohte/Bernhardt*/BAG 10.11.2009, jurisPR-ArbR 30/2011, Anmerkung 2; *Salamon/Ohlendorf*, ArbRAktuell 2012, 61, 61; *Springer/Wrieske*, AuR 2010, 303, 303; *Sommer*, ZBVR online 2010 (Ausgabe 3), 4, 7.

Umkleidezeiten und dem Ort von Beginn und Ende der täglichen Arbeitszeit[597]. Aus dem neuen Spezifizierungsmerkmal lässt sich zu Recht die Unmöglichkeit der verpflichtenden Anordnung zum Tragen dieser Dienstkleidung auf dem Weg von und zur Arbeitsstätte durch die Betriebspartner ableiten.[598] Demgemäß nimmt das Mitbestimmungsrecht des § 87 I Nr. 2 BetrVG wegen der Gewährleistung einer sinnvollen Freizeitgestaltung durch eine angemessene Verteilung der Arbeitszeit eine persönlichkeitsrechtliche Richtung auf.[599]

Unabhängig von diesen geschaffenen Orientierungsmaßstäben lassen sich aus der Entscheidungsbegründung angesichts der freiwilligen Auswahl des Umkleideorts durch die Arbeitnehmer[600] drei Konstellationen unter Berücksichtigung der ausgestalteten Dienstkleidungsart betrachten. Dabei mutet die Spezifizierung der betriebsverfassungsrechtlichen Mitbestimmungsreichweite von Arbeitszeit anhand von auffälliger und nicht wesentlich erkennbarer Kleidung zweifelhaft an. Denn beide genannten Kleidungsformen werden von der hiesig verstandenen Definition der Dienstkleidung mit umfasst[601].

Als Erstes wird durch eine Negation bestimmt, inwieweit bei einem Kleiderwechsel keine Fremdnützigkeit und daher kein Bezug zur Erbringung der geschuldeten Arbeitsleistung vorliegt. Diese Kleidung lässt aufgrund nicht vorhandener Firmensymbole in Form von Erkennungszeichen oder Farben keine Unternehmensidentifikation zu. Darunter sind Anzüge, Kostüme oder allgemein anerkannte, elegante Businesskleidung zu fassen.[602]

In der zweiten Variante wird die Fremdnützigkeit der Dienstkleidung hervorgerufen, wenn diese in der Öffentlichkeit infolge ihrer besonderen Auffälligkeit eindeutig die Zuordnung zum Betrieb bewirkt.[603] Dabei ist kritisch anzumerken, dass das Gericht ein objektiv feststellbares Arbeitnehmerinteresse ohne nähere Ausführungen absolut verneinte. Jedoch können der Unternehmensauftritt und die Verbreitung des Bekanntheitsgrads auch eigennützig von den Mitarbeitern unterstützt werden. In diesem Zusammenhang wird darauf hingewiesen, dass die

---

597 So aber *BAG* 17.03.1988 BAGE 58, 37, 47; *ArbG Frankfurt am Main* 27.07.2004 AiB 2005, 313, 313 f.; vgl. auch Däubler/u. a./*Klebe*, BetrVG, 11. Auflage, § 87 BetrVG Rn. 77, wobei der Verweis auf einen Autor der gegenteiligen Meinung bedenklich ist; GK-BetrVG/*Wiese*, § 87 BetrVG Rn. 301.

598 *Thannheiser*, AiB 2011, 7, 8; *Winzer*/BAG 17.01.2012, ArbRAktuell 2012, 284, 284; *Stück*, AuA 2010, 121, 122; auch zutreffend im Hinblick auf die mögliche Vermeidung einer Vergütungspflicht siehe *Adam*, AuR 2001, 481, 482.

599 *Kohte/Bernhardt*/BAG 10.11.2009, jurisPR-ArbR 30/2011, Anmerkung 2.

600 Grundsätzlich zur fehlenden Relevanz des Arbeitsorts bei der Mitbestimmung des Betriebsrats gemäß § 87 I Nr. 2 BetrVG etwa *Springer/Wrieske*, AuR 2010, 303, 304.

601 Vgl. 2. Teil. § 7.

602 *Springer/Wrieske*, AuR 2010, 303, 305.

603 *Grobys/Steinau-Steinrück*, NJW-Spezial 2010, 116, 116; *Thannheiser*, AiB 2011, 7, 8, demgemäß habe das Gericht den Öffentlichkeitsbezug mittelbar als Realisierung des Werbezwecks eingestuft.

Betriebspartner in dem besagten Sachverhalt den Arbeitnehmern die Chance eingeräumt haben, den Kleiderwechsel im eigenen Haus oder im Betrieb zu vollziehen.[604] Insoweit waren sich Arbeitgeber und Betriebsrat über ein eventuelles öffentliches Erscheinen des Personals in der ebenfalls in einer Gesamtbetriebsvereinbarung beschlossenen Dienstkleidung[605] einig. Zumindest der Gesamtbetriebsrat konnte gemäß §§ 50 I 1 Hs. 1, 51 V BetrVG die notwendige Teilhabe der Arbeitnehmer an dieser betrieblichen Entscheidung realisieren und die Konsequenzen des Öffentlichkeitsauftritts in der Interessenabwägung berücksichtigen.[606] Im Hinblick auf diese mitbestimmte und freiwillig gewährte Arbeitnehmerentscheidung über die Auswahl des Umkleideorts können individuelle Belegschaftsinteressen nicht ausgeschlossen werden. Insoweit kommt der tatsächlichen Handhabung des Kleiderwechsels und der entsprechenden Mitarbeiterzahl im Betrieb wenigstens eine Indizwirkung zu.[607]

Die rechtliche Bewertung der dritten Konstellation des Kleiderwechsels einer unauffälligen Kleidung im Betrieb blieb wie bisher vom Gericht unbeachtet. Das Gleiche galt nunmehr ebenfalls für die Gegebenheit, dass eine auffällige Dienstkleidung im Betrieb angelegt und ausgezogen werden kann. Hinsichtlich einer denkbaren Verpflichtung der Arbeitnehmer zum korrespondierenden betrieblichen Umkleidevorgang nahm der Senat keine Stellung.

d) BAG vom 17.01.2012

Im Rahmen der Überprüfung eines Einigungsstellenspruchs, in dem die private Nutzung einer besonders auffälligen Dienstkleidung eines Luftfahrtbetriebs untersagt wurde, judizierte das *BAG*[608] zuletzt im Einvernehmen mit der zweiten Instanz, dass die Wegezeiten nicht als Arbeitszeit zu qualifizieren sind. Diese seien der privaten Lebensführung zuzuordnen und lägen somit außerhalb der arbeitszeitlichen Erbringung der geschuldeten Arbeitspflicht. Gleichsam begründe dies die Notwendigkeit der Einrichtung von Umkleideräumen im Betrieb. Der pauschale Verweis auf die Möglichkeit des Kleiderwechsels in den Toilettenräumen sei ein Ermessensfehler der Einigungsstelle. Diese Möglichkeit sei unangemessen, weil die Toiletten anderen

---

604 *BAG* 10.11.2009 AP Nr. 125 zu § 87 BetrVG 1972 Arbeitszeit, zu A.

605 *BAG* 10.11.2009 AP Nr. 125 zu § 87 BetrVG 1972 Arbeitszeit, zu A.

606 Zum Verhältnis der Gesamtbetriebsvereinbarung zu der Regelung des Einzelbetriebsrats siehe *BAG* 10.11.2009 AP Nr. 125 zu § 87 BetrVG 1972 Arbeitszeit, zu B. I. der Gründe, infolge dessen durch die bestehende Gesamtbetriebsvereinbarung keine Änderung an einem gegebenen Feststellungsinteresse des Einzelbetriebsrats zu verzeichnen sei. Grund dafür sei, dass sich weder in der besagten Regelung eine Bestimmung über die Qualifizierung des Kleiderwechsels als Arbeitszeit finde noch in der Vereinbarung des Einzelbetriebsrats eine solche vorliege.

607 Anders und weiter einschränkend *LArbG Baden-Württemberg*, Beschluss vom 08.08.2013 – 18 TaBV 3/13 –, juris Rn. 71, wonach die Wahrnehmung des Einzelnen und der objektive Regelungszweck der Dienstkleidungsordnung unbeachtlich seien.

608 *BAG* 17.01.2012 BAGE 140, 223, 228 f.

Zwecken dienen würden und hinsichtlich der hygienischen Zustände sowie der Ausstattung der Räumlichkeiten für den Umkleidevorgang ungeeignet wären. Die eingeräumte Chance, die an sich auffällige Dienstkleidung im eigenen Haus anzulegen und auszuziehen, sei zusätzlich aus dem Grund der Beeinträchtigung des Privatlebens kein zweckmäßiger Ersatz für die nötigen betrieblichen Umkleideräume. Die Arbeitnehmerschaft sei gezwungenermaßen gehalten, sofort für den Kleiderwechsel ihr Zuhause aufzusuchen, um sich dafür nicht in die Toilettenräume begeben zu müssen. Angesichts nicht vorhandener Ankleideräume sei den berechtigen Arbeitnehmerinteressen an der Gestaltung ihrer Freizeit nicht ausreichend Genüge getan.[609]

Die Entscheidungsbegründung des Gerichts bestätigt die bereits ergangene Rechtsprechung über die fehlende Möglichkeit der Betriebsparteien zur Verpflichtung der Arbeitnehmer zum Tragen der auffälligen Kleidung auf dem Dienstweg.[610] Genau diese rechtliche Beurteilung erfordert inzwischen die Bereitstellung von Umkleideräumen im Betrieb. Das Gericht verwies den Arbeitgeber und den Betriebsrat im Vergleich zu der Entscheidung vom 10.11.2009[611] auf einen betrieblichen Kleiderwechsel einer auffälligen Dienstkleidung. Dabei bleibt weiterhin ungeklärt, ob dies auf Basis einer verpflichtenden Arbeitnehmeranordnung oder einer freien Entscheidung des Personals geschieht.

e) Zwischenergebnis

Es wird deutlich, dass die durch die fremdnützige Tätigkeitsausübung bedingte Offenlegung persönlicher Umstände lediglich mit Blick auf den Zweck des Arbeitsverhältnisses gerechtfertigt werden kann.[612] Dieser Aspekt ist in Abgrenzung zu dem Grundbedürfnis eines jeden Menschen, gekleidet und gewaschen zu sein, für den Bereich des § 87 I Nr. 2 BetrVG von zentraler Bedeutung, um die Grenze zwischen Arbeitszeit und Freizeit der Belegschaft wirksam zu ziehen. Dafür bildet die derzeitig zu betrachtende Fremdnützigkeit der ausgeübten Arbeitnehmerhandlung in allen wesentlichen Berufsfeldern einen geeigneten betriebsverfassungsrechtlichen Ausgangspunkt. Denn erst durch das Umkleiden in die gewünschte Bekleidung wird der Arbeitnehmer in die Lage versetzt, seine Arbeit anzubieten.[613]

---

609 *BAG* 17.01.2012 BAGE 140, 223, 228 f.

610 Unter Bezugnahme auf *BAG* 10.11.2009 AP Nr. 125 zu § 87 BetrVG 1972 Arbeitszeit, zu B. II. 3. a) cc) der Gründe siehe *BAG* 17.01.2012 BAGE 140, 223, 229; in der rechtlichen Bewertung der aufgeführten Rechtsprechung zirkulär *LArbG Mecklenburg-Vorpommern*, Urteil vom 25.09.2012 – 5 Sa 275/11 –, juris Rn. 63, demzufolge in Abkehr von der Auffälligkeit einer Kleidung deren öffentlicher Bekanntheitsgrad mit Blick auf das repräsentierte Unternehmen für die Charakterisierung der Arbeitszeit entscheidend sei.

611 *BAG* 10.11.2009 AP Nr. 125 zu § 87 BetrVG 1972 Arbeitszeit, zu B. II. 3. a) aa)/cc), b) der Gründe.

612 *Wiese*, ZfA 1971, 273, 299.

613 *Klocke*/LArbG Berlin-Brandenburg 29.10.2015, jurisPR-ArbR 19/2016, Anmerkung 6.

Die dementsprechend angeführte Erkenntnis über einen Zusammenhang zwischen dem Tragen der Dienstkleidung und dazugehörigem Umkleidevorgang wirkt sachgerecht.

Trotz der berechtigten Weiterentwicklung der früheren Rechtsprechung hinsichtlich der vorab zu prüfenden Rechtsfrage der Arbeitszeitdefinition vermag das angeführte Spezifizierungskriterium der Auffälligkeit im Dienstkleidungsbereich nicht zu überzeugen, zumal es an einer möglichen Übertragung in den betrieblichen Wirkungsbereich mangelt. Es ist daher zu überprüfen, ob und unter welchen Bedingungen die ausgelöste Ungleichbehandlung im Rahmen verschiedener Dienstkleidungsformen entfallen sollte. Dabei beeinflussen die Rolle des Umkleideorts, das Ausmaß der Bedürfnisbefriedigung des Arbeitgebers und die rechtliche Charakterisierung der Vorgabe des Kleiderwechsels die betriebsverfassungsrechtliche Bewertung.

2. *Würdigung*

Basis der festgestellten Ungleichbehandlung bildet die im Rahmen dieser Untersuchung verstandene Definition von Dienstkleidung. Danach unterliegen der dienstlichen Erkennbarkeit im Arbeitsalltag Uniformen, werbeträchtige Kleidungsstücke und einheitliche Bekleidungen, die ein seriöses und geschäftsmäßiges Auftreten ermöglichen.[614] Nach den entwickelten Leitlinien der überwiegenden Ansicht sind somit nur die ersten beiden Kleidungsvarianten der auffälligen Dienstkleidung zuzuordnen, wobei der zuletzt angeführte Kleidungstyp einer nicht besonderen Erkennbarkeit unterliegt. Infolge dessen führt das Tragen der jeweiligen Dienstkleidungsform auf dem Arbeitsweg zu verschiedenen Ergebnissen hinsichtlich des Umfangs der Mitbestimmung des Betriebsrats gemäß § 87 I Nr. 2 BetrVG. Das begründete Mitbestimmungsrecht über Beginn und Ende der täglichen Arbeitszeit bei Trägern einer auffälligen Kleidung fehlt im Rahmen der unscheinbaren Dienstkleidung. Der Grund dafür liegt in der Qualifizierung dieses Kleiderwechsels als „persönliche Umkleidezeit“[615], die der privaten Lebensführung des jeweiligen Mitarbeiters zuzurechnen ist. Gleichsam wird dadurch die Verbindung zur Arbeitspflicht des Arbeitnehmers verneint, weil es an einem Zusammenhang des Kleiderwechsels zur Arbeitszeit mangelt. Die differenzierende Wirkung, ausgelöst durch das beschriebene Verständnis von Dienstkleidung, erfordert eine Anpassung im Hinblick auf den geltenden betriebsverfassungsrechtlichen Gleichbehandlungsgrundsatz gemäß § 75 I BetrVG.[616] Zwar müssen die Betriebsparteien im Rahmen der gemeinsamen Festlegung der täglichen Arbeitszeit gemäß § 87 I Nr. 2 BetrVG nicht zwingend eine einheitliche Regelung für sämtliche Arbeitnehmergruppen, wie zum Beispiel Auszubildende, Jugendliche, Angestellte und Arbeiter, oder für alle

614 Vgl. 2. Teil. § 7.
615 *Springer/Wrieske*, AuR 2010, 303, 305.
616 Vgl. 3. Teil. § 8. III. 3. b) aa).

Betriebsabteilungen schaffen.[617] Jedoch bezieht sich diese Chance der unterschiedlichen Arbeitszeitgestaltung lediglich auf den persönlichen Anwendungsbereich der bereits als mitbestimmungspflichtig erachteten Maßnahme. Insoweit ist diese schon wirksam der Regelungskompetenz der Betriebspartner unterworfen. Dahingegen lässt etwa die sachliche Zuordnung der verschiedenen Kleidungsarten zu dem Oberbegriff der Dienstkleidung und die damit korrespondierende Erbringung der Arbeitsleistung der Belegschaft[618] die Erforderlichkeit einer gleichartigen Behandlung der im Voraus zu klärenden Rechtsfrage „betriebsverfassungsrechtliche Arbeitszeit" erst entstehen. Demgemäß wird mit Blick auf die bestehende Verbindung zwischen dem Tragen der Dienstkleidung und dem dazugehörigen Kleiderwechsel der relevante Bezug sowohl zu einer entsprechenden betrieblichen Übereinkunft als auch einer eigens geschaffenen Ordnung des Arbeitgebers hergestellt, in der eine sachfremde Unterscheidung zu rechtfertigen ist[619]. Infolge dessen ist fraglich, ob die herausgearbeitete Auffälligkeit einer einheitlichen Kleidervorgabe im Bereich des Untersuchungsgegenstands der Dienstkleidung den billigenswerten Grund für diese vorgenommene Einschränkung darstellen kann.

Wie bereits beschrieben, liegt der Zweck der Dienstkleidung maßgeblich in der Befriedigung der allgemein anerkannten Kundenerwartungen.[620] Der automatisch ausgelöste Effekt des einheitlichen Auftretens in der Öffentlichkeit, der Verbreitung der Firmenvorstellungen sowie der Förderung der Unternehmenserkennung und des Zusammengehörigkeitsgefühls der Belegschaft sind dienliche Begleiterscheinungen.[621] Insoweit entfaltet die einheitliche Bekleidungsvorschrift gerade im öffentlichen Bereich und im Rahmen der Zugänglichkeit für Dritte ihre Wirkung. Auf dem Weg des Arbeitnehmers von und zur Arbeitsstätte kann dieser Öffentlichkeitsbezug nicht geleugnet werden. Gleichwohl sind die hervorgerufenen Folgen nicht von der Ausgestaltungsart der Bekleidung und damit der Auffälligkeit der Dienstkleidung abhängig. Zur Illustrierung dieser Wertung wird ein Beispiel aus dem Berufsfeld der Wirtschaft und Verwaltung angeführt: Bankangestellte, die zum Tragen einheitlicher Kleidungsstücke im Rahmen eines Business-Dress-Codes verpflichtet werden und sich im Freizeitbereich leger kleiden, können auch in unauffällig definierter Dienstkleidung bereits auf dem Arbeitsweg wenigstens einer Branche zugeordnet werden.[622] Im Hinblick darauf bedingen die Erwartungen und Vorstellungen in der

617 *BAG* 25.02.1997 BAGE 85, 185, 190, demgemäß das Nebeneinanderstehen verschiedener mitbestimmungspflichtiger Arbeitszeiten zulässig sei; ebenso GK-BetrVG/*Wiese*, § 87 BetrVG Rn. 308; *Fitting*, BetrVG Handkommentar, § 87 BetrVG Rn. 113; Däubler/u. a./*Klebe*, BetrVG, § 87 BetrVG Rn. 94; *Etzel*, Betriebsverfassungsrecht, S. 203.

618 Vgl. 3. Teil. § 8. III. 3. b) aa).

619 *BAG* 13.12.1994 BAGE 79, 8, 11; auch in 3. Teil. § 8. III. 3. b) aa).

620 Vgl. 3. Teil. § 8. III. 3. a).

621 Vgl. 3. Teil. § 8. III. 3. a).

622 Im Ergebnis gleichlaufend mit *LArbG Baden-Württemberg*, Urteil vom 11.05.2004 – 14 Sa 126/03 –, juris Rn. 27; *LArbG Mecklenburg-Vorpommern*, Urteil vom 25.09.2012 – 5 Sa 275/11 –, juris Rn. 63.

Gesellschaft ebenso die jeweilige Typisierung der bestehenden Berufsbilder; eine eindeutige Unternehmenszuordnung kann dennoch nicht durch das Tragen dieser Kleidung erfolgen. Entgegen der herrschenden Meinung liegt jene Eindringlichkeit allerdings auch nicht für die auffällige Dienstkleidung vor. In der Entscheidungsbegründung des *BAG* vom 10.11.2009[623] wurde die Gewissheit über das betreffende Unternehmen aus der kennzeichnenden Farbkombination „blau/gelb" abgeleitet. Diese durch das Marketing des Betriebs bedingte Kleiderzusammenstellung habe eine ausschließliche Verbindung zu dem skandinavischen Ursprungsland des Unternehmens hergestellt. Die offenkundig angebrachten Firmenlogos auf der Vorderseite der Hemden, Shirts, Westen und auf den Gesäßtaschen der Hosen seien zusätzliche Hinweise für die Auffälligkeit dieser Dienstkleidung.[624] Wird indes die Eventualität betrachtet, dass es sich um ein kleines, schlicht gehaltenes Unternehmenszeichen handelt[625] oder es gar vollkommen auf einheitlicher Bekleidung fehlt, ist schon keine explizite Assoziation mehr zu dem besagten Betrieb denkbar.[626] Das Farbarrangement blau/gelb wird in Deutschland als „Corporate Design"[627] beispielshalber von einem alltäglich gegenwärtigen Postunternehmen, einem ausgewiesenem Luftfahrtbetrieb, einer bekannten Partei oder einem geläufigen Lebensmitteldiscounter genutzt. Allein die Reihenfolge, die Intensität oder die Gestaltungsform der Farbgebung begründen dabei nicht die ausdrückliche Wiedererkennung des Unternehmens. Erst das kulturelle Erfahrungswissen ermöglicht es, die symbolische Farbchiffre im situativen Kontext einer Institution zuzuordnen. Demgemäß hängt ihre Identifikation nicht lediglich von der Auffälligkeit der Kleidung, sondern auch entscheidend von dem Bekanntheitsgrad des Betriebs und somit der Werbestrategie sowie Popularisierung der Unternehmenskultur ab. Ähnlich wie im Fall einer nicht vorhandenen Dienstkleidung fördert die Bekleidung mithin nur unter der Bedingung einer bereits darüber bestehenden Kenntnis die Verbreitung des Wiedererkennungswerts.

---

623 *BAG* 10.11.2009 AP Nr. 125 zu § 87 BetrVG 1972 Arbeitszeit, zu B. II. 3. a) bb) der Gründe.

624 *BAG* 10.11.2009 AP Nr. 125 zu § 87 BetrVG 1972 Arbeitszeit, zu B. II. 3. a) bb) der Gründe.

625 Vgl. dazu noch *LArbG Baden-Württemberg*, Beschluss vom 08.08.2013 – 18 TaBV 3/13 –, juris Rn. 70.

626 A. A. *BAG* 13.02.2003 BAGE 104, 348, 351, wonach durch die weiße Bekleidung eines Altenpflegers auch unabhängig von ihrer Form, ihrem Schnitt und dem aufgedruckten Namen des Krankenhauses, ein Zusammenhang zu dieser Einrichtung offenkundig sei; ebenso nun in Abkehr von *LArbG Baden-Württemberg*, Beschluss vom 08.08.2013 – 18 TaBV 3/13 –, juris Rn. 70 etwa *BAG* 17.11.2015 NZA 2016, 247, 249, demgemäß die Farbgestaltung für die Bestimmung der Auffälligkeit unerheblich sei. Die Erkennbarkeit der der Öffentlichkeit bekannten Schriftzüge oder Embleme reiche für die Zuordnung zu einem konkreten Unternehmen aus; sympathisierend *Fischer*/BAG 17.11.2015, jurisPR-ArbR 8/2016, Anmerkung 5, nach dessen Ansicht „die Erkennbarkeit die Auffälligkeit indiziert".

627 *Thannheiser*, AiB 2011, 7, 8; *Salamon/Ohlendorf*, ArbRAktuell 2012, 61, 61.

Folglich ist das subjektive Empfinden potentieller Kunden für die Beurteilung der Betriebsidentifizierung ausschlaggebend, weshalb die von der überwiegenden Auffassung geforderte Objektivität der Auffälligkeit nicht existiert.[628] Selbst bei deutlich sichtbar aufgedruckten Unternehmenslogos kann eine adäquate Oberbekleidung die explizite Firmenzuordnung des Arbeitnehmers erschweren.[629] Letztendlich entsteht durch das beeinträchtigende Spezifizierungsmerkmal der Auffälligkeit eine nicht zu duldende Abhängigkeit des Arbeitgebers von der Ausgestaltung seiner Dienstkleidung, die ihn im Hinblick auf eine etwaige Mitbestimmung des Betriebsrats gemäß § 87 I Nr. 2 BetrVG in seiner Unternehmensfreiheit unangemessen hemmt. Das vielfach angeführte, differenzierende Merkmal einer besonderen Auffälligkeit der Dienstkleidung ist in Anbetracht dieser Erkenntnisse nicht überzeugend und kann damit nicht als eingeschränkte Lösung der zu beantwortenden Rechtsfrage gelten. Demzufolge bildet das gefestigte Abgrenzungskriterium der herrschenden Ansicht keine gerechtfertigte Basis für diese ausgelöste Ungleichbehandlung im Rahmen der Mitbestimmungsreichweite des Betriebsrats gemäß § 87 I Nr. 2 BetrVG. Andere sachgerechte Gründe für die unter Umständen begründete Qualifizierung als betriebsverfassungsrechtliche Arbeitszeit – wie beispielsweise der Tragekomfort der Kleidung, die Bekleidungsauswahl im Zusammenhang mit der Jahreszeit, die Zweckmäßigkeit des Umkleidens an sich oder die Beschaffungskosten der Dienstkleidung – bieten angesichts der ihnen innewohnenden Subjektivität keine präzise Differenzierungsmöglichkeit. Trotz der verschiedenen Dienstkleidungsarten werden angesichts des gleichgerichteten Ziels das denkbare Mitbestimmungsrecht und damit die Fremdnützigkeit in demselben Maß berührt.[630] Selbst wenn eine ähnlich stark ausgeprägte Auffälligkeit der besagten Kleidungsmöglichkeiten angenommen wird, ist eine nähere Betrachtung der dadurch ausgelösten Bedürfnisbefriedigung bei den Beteiligten nötig, um der Möglichkeit einer vorliegenden Eigennützigkeit Rechnung zu tragen.

Folglich bedingen der definierte Umfang der Dienstkleidung und die dadurch entstehende gleichartige Interessenlage eine erforderliche Gesamtbetrachtung aus betriebsverfassungsrechtlicher Sicht, unabhängig von der Auffälligkeit einer Bekleidung. Somit bleibt es zur Beantwortung der Rechtsfrage über die Definition von Arbeitszeit einzig bei dem entwickelten Orientierungsmaßstab der Fremdnützigkeit.

---

628 Anders *Fischer*/BAG 17.11.2015, jurisPR-ArbR 8/2016, Anmerkung 5.

629 In Bezug auf die Möglichkeit des Verbergens der Unternehmenszeichen in der Öffentlichkeit etwa *Salamon/Ohlendorf*, ArbRAktuell 2012, 61, 61; a. M. *Springer/Wrieske*, AuR 2010, 303, 305, demgemäß sei die Beurteilung über die Auffälligkeit der Kleidung nicht davon abhängig, ob der Arbeitnehmer beispielsweise per Fahrzeug zur Arbeitsstätte käme und entsprechend nur in einem geringen Ausmaß in der Öffentlichkeit sichtbar sei.

630 Insoweit zweifelhaft *Winzer*/BAG 17.01.2012, ArbRAktuell 2012, 284, 284, der verkennt, dass das Abgrenzungsmerkmal der Auffälligkeit einer Dienstkleidung im Sinne von § 87 I Nr. 2 BetrVG nicht die Unterscheidungsfunktion der Mitarbeiter bezweckt.

Im Folgenden ist deswegen zu klären, inwieweit in Anbetracht der in dem Dienstkleidungsbegriff enthaltenen Kleidungsformen und der örtlichen Tragemöglichkeiten von einer alleinigen Bedürfnisbefriedigung des Arbeitgebers hinsichtlich des erfolgten Umkleidens ausgegangen werden kann. Unter Berücksichtigung der seither stiefmütterlichen Behandlung des Umkleidevorgangs von auffälliger und nicht besonders erkennbarer Dienstkleidung im Betrieb gilt angesichts der formulierten Bewertungen ebenso die Forderung nach einer diesbezüglichen Festlegung praktikabler Leitlinien.

a) Fremdnützigkeit auf dem Dienstweg

Im Bereich des § 87 I Nr. 2 BetrVG ist für das Eingreifen eines Mitbestimmungsrechts des Betriebsrats über Beginn und Ende der täglichen Arbeitszeit die Fremdnützigkeit der Arbeitnehmerhandlung entscheidend. Wie vorstehend formuliert, kann ein solches bezüglich der unauffälligen Dienstkleidung nicht ausschließlich angenommen werden, so dass der Wegfall eines dahingehenden Mitbestimmungsrechts ausreichend begründet ist.[631] Demgegenüber bildet die Annahme eines alleinigen Arbeitgeberbedürfnisses im Rahmen der wesentlich erkennbaren Bekleidung den kritischen Anknüpfungspunkt für die betriebsverfassungsrechtliche Beurteilung.[632] Selbst wenn über diese Dienstkleidungsart eine ausdrückliche Identifikation des Unternehmens denkbar erscheint, ist eine nähere Betrachtung der dazugehörigen Interessenlage unerlässlich, um etwaigen Vorstellungen aus der Arbeitnehmerschaft Rechnung zu tragen.

Es ist nachvollziehbar, dass durch das Tragen einer deutlich erkennbaren Kleidung ein Identifikationseffekt und eine Assoziation der Öffentlichkeit hervorgerufen werden, die das bestehende Arbeitgeberinteresse erfüllen. Unter Berücksichtigung der entwickelten Aspekte im Rahmen von § 87 I Nr. 1 BetrVG wird daher nicht bestritten, dass der betreffende Kleiderwechsel den durch die Fremdnützigkeit bedingten Bezug zur Erfüllung der Arbeitsleistung aufweist. Die als Konkretisierung der zu verrichtenden Arbeitspflicht verstandene Einführung und teilweise angenommene Ausgestaltung der einheitlichen Kleidervorschrift[633] lässt demgemäß eine Verbindung zu der Definition der Arbeitszeit im betriebsverfassungsrechtlichen Sinn erkennen. Im Gegensatz zur Mitbestimmungsfreiheit des Arbeitsverhaltens gemäß § 87 I Nr. 1 BetrVG kann der Umkleidevorgang jedoch im Rahmen von § 87 I Nr. 2 BetrVG eine Mitbestimmung des Betriebsrats auslösen. Grund dafür ist, dass von der Lage der Arbeitszeit nur die Zeitgestaltung der Tätigkeit und nicht die Zuweisung der innerhalb der maßgeblichen Arbeitszeit zu erbringenden Arbeitsleistungen erfasst wird.[634] Der alltägliche Kleiderwechsel ist nicht in der Tätigkeitsausübung des Arbeitnehmers an sich angelegt, sondern konkretisiert diese

631 Vgl. 3. Teil. § 9. II. 2. b).
632 Vgl. 3. Teil. § 9. II. 2. b).
633 Vgl. 3. Teil. § 8. III. 3. a)/c).
634 *BAG* 29.09.2004 BAGE 112, 87, 92.

elementar durch die Dienstkleidungsvorschrift und bestimmt den zeitlichen Ablauf des Arbeitstags.[635] Ein Widerspruch zwischen der rechtlichen Vorgehensweise im Bereich des § 87 I Nr. 1 BetrVG und des § 87 I Nr. 2 BetrVG ist somit nicht ersichtlich, zumal die Einführung und die Ausgestaltung einer Dienstkleidung unabhängig von der Frage des Umkleidevorgangs geregelt werden kann. Ansonsten besteht die Möglichkeit, dass eine solche untrennbare Verbundenheit zu einer nicht sachgerechten Abhängigkeit des Kleiderwechsels von den vorangegangenen Entscheidungen über das „Ob“ und „Wie“ einer einheitlichen Kleidervorgabe führt.

Darüber hinaus wird durch das Tragen einer Dienstkleidung auf dem Weg von und zur Arbeitsstätte nicht die für § 87 I Nr. 2 BetrVG nötige vollständige Fremdnützigkeit realisiert. So gesehen ist ein dem Kleiderwechsel innewohnender persönlicher Nutzen des Arbeitnehmers durchaus vorstellbar. Es ist nicht ausgeschlossen, dass die Belegschaft aus eigenem Willen den Unternehmensauftritt unterstützt und aufgrund alleiniger Verantwortung den werbenden Effekt umsetzt.[636] Hiervon unabhängig kann die Absolvierung des Arbeitswegs in Dienstkleidung die Freizeitgestaltung der Arbeitnehmer erleichtern und sich entgegenkommend auf den jeweiligen Lebensstil auswirken.[637] So ist es beispielsweise denkbar weniger zeitaufwendig, sich bereits im eigenen Haus für den Arbeitstag herzurichten. Allein die erfolgte Nutzung dieser Möglichkeit durch das Personal in der relevanten Entscheidung des Gerichts vom 10.11.2009[638] lässt den Schluss auf das Vorliegen eines individuellen Arbeitnehmerbedürfnisses zu. Auf diese Weise wird das Verhalten der Belegschaft nicht als subjektive Beurteilung über die Auffälligkeit der Kleidung eingestuft, sondern betont und indiziert durch die Eigenverantwortlichkeit der Handlung zugleich die Chance einer eigenen Nutznießung.[639] Als Element der persönlichen Vorbereitung kann das Umkleiden daher nicht nur Bestandteil der geschuldeten Arbeitspflicht sein.[640] Zumeist übernimmt der Arbeitnehmer auf dem

---

635 Zustimmend Richardi/u. a./*Matthes*, Münchener Handbuch zum Arbeitsrecht, § 244 Rn. 18.

636 Zur Eigennützigkeit einer jeden Arbeitnehmerleistung resultierend aus dem versprochenen Entgelt etwa *Adam*, AuR 2001, 481, 481; eingeschränkt hinsichtlich des Tragens unauffälliger Kleidung siehe *Thannheiser*, AiB 2011, 7, 7, woraufhin das Interesse an einem eleganten und glaubwürdigen Auftreten gegeben sei.

637 Im Gleichlauf mit *BAG* 12.11.2013 BAGE 146, 271, 277 und *BAG* 17.11.2015 NZA 2016, 247, 249.

638 *BAG* 10.11.2009 AP Nr. 125 zu § 87 BetrVG 1972 Arbeitszeit, zu B. II. 3. a) aa) der Gründe.

639 Vgl. 3. Teil. § 8. III. 3. a), demzufolge das Tragen einer Dienstkleidung auf einer freiwilligen Arbeitnehmerhandlung beruht, die das Vorliegen einer Verkehrssitte gemäß § 242 BGB begründet. Daraus lässt sich ableiten, dass auch das Umkleiden aus eigenem Willen erfolgt.

640 In Anlehnung an *BAG* 22.03.1995 BAGE 79, 312, 317 ff. etwa *Kohte/Bernhardt/* BAG 10.11.2009, jurisPR-ArbR 30/2011, Anmerkung 2, woraufhin die Förderung der Unternehmenskultur dem Arbeitgeber „wesentlich von Nutzen“ sei.

Dienstweg auch keine Arbeitsaufgaben auf Anordnung des Arbeitgebers, weshalb nicht von einer „Arbeit vor und nach der Arbeit“[641] auszugehen ist.[642] Demzufolge muss lediglich eine überwiegende Befriedigung des Arbeitgeberbedürfnisses durch diese Arbeitnehmerhandlung formuliert werden, die entsprechend dem Standpunkt der heute herrschenden Meinung einen eindeutigen Bezug zur Erbringung der Arbeitsleistung vermissen lässt.[643] Wenn es nicht schon deshalb an einer lückenlosen Kollektivität der Maßnahme angesichts der teilweisen individuellen Betroffenheit mangelt[644], so begründen eben die fehlenden Voraussetzungen des Mitbestimmungstatbestands den Ausschluss des Mitbestimmungsrechts des Betriebsrats gemäß § 87 I Nr. 2 BetrVG[645].

Diese Lösung überzeugt auch, wenn die entstehenden Rechtsfolgen infolge einer generellen Qualifizierung des Dienstwegs als Arbeitszeit betrachtet werden. Die verschieden entfernten Wohnorte der Belegschaft lassen die Anwendung des Mitbestimmungsrechts, unbeachtlich der gleichsam ausgeübten Mitbestimmung des Betriebsrats über die Dauer der Arbeitszeit, nicht praktikabel erscheinen. Ohne Berücksichtigung der mangelnden Chance zur Aufstellung von Zeiterfassungsanlagen benötigt der einzelne Arbeitnehmer je nach Distanz zum Wohnort weniger oder mehr Zeit für den Weg von und zur Arbeitsstätte.[646] Die jeweils benötigte Zeit steht nicht mehr zur Erfüllung der tatsächlich geschuldeten Arbeitsleistung zur Verfügung und kann im Einzelfall eine unangemessene Verkürzung der Arbeitszeit und gleichsam der Freizeit[647] des Arbeitnehmers darstellen. Die durch das Mitbestimmungsrecht des § 87 I Nr. 2 BetrVG gewährleistete Abgrenzung dazwischen kann dies nicht bezwecken, weil dadurch nicht das Schutzbedürfnis der Belegschaft

---

641 *Heilmann*, AiB 1994, 7, 8.

642 Auch *LArbG Baden-Württemberg*, Beschluss vom 08.08.2013 – 18 TaBV 3/13 –, juris Rn. 71 f., demgemäß die Gegenwart des Personals auf dem Dienstweg nicht als fremdnütziges Verhalten zu bewerten sei; weitergehend *ArbG Hamburg*, Beschluss vom 30.07.2014 – 3 BV 29/13 –, juris Rn. 28, wonach der Weg von und zur Arbeitsstätte ausschließlich dem Privatbereich zuzuordnen sei.

643 A. A. hinsichtlich des Grads der Bedürfnisbefriedigung des Arbeitgebers siehe *BAG* 11.10.2000 BAGE 96, 45, 51.

644 Trotzdem formuliertes Mitbestimmungsrecht des Betriebsrats in Hess/u. a./*Worzalla*, BetrVG Kommentar, § 87 BetrVG Rn. 191, demgemäß regelmäßig Auswirkungen auf die Arbeitszeit der übrigen Belegschaft zu verzeichnen seien, infolge dessen auch die Beschränkung auf bloß kollektive Maßnahmen sinnwidrig sei.

645 Dafür anknüpfend an den Ort des Kleiderwechsels und den entsprechend betroffenen Lebenskreis des Arbeitnehmers etwa *Fischer*/BAG 17.11.2015, jurisPR-ArbR 8/2016, Anmerkung 5.

646 Ähnlich ausnahmslos angeführt für Aufenthalte und Übernachtungen im Rahmen einer Dienstreise etwa *BAG* 23.07.1996 AP Nr. 26 zu § 87 BetrVG 1972 Ordnung des Betriebes, zu B. II. 2. b) bb) der Gründe.

647 Zum vergütungsrechtlichen Verständnis von Freizeit als Pendant zur Arbeitszeit siehe *BAG* 17.03.2010 AP Nr. 35 zu § 611 BGB Arbeitszeit, zu II. 1. der Gründe; dem folgend *Thannheiser*, AiB 2011, 7, 8.

sichergestellt wird. Im Gegenteil besteht etwa die Gefahr, dass die geschuldete Arbeitspflicht in einem für den betriebsverfassungsrechtlichen Sinn nicht mehr adäquaten Zeitrahmen erbracht werden muss.[648] Selbst wenn die Möglichkeit besteht, dass etwaige Gestaltungseinwirkungen des Betriebsrats diese nachteiligen Auswirkungen zumindest schmälern könnten, entsteht daran aufgrund der Abwesenheit eines geeigneten Ausgleichs kein grundlegendes Mitbestimmungsinteresse. Mithin ist durch die prinzipielle Zuordnung des Umkleidevorgangs zur täglichen Arbeitszeit nicht die erhoffte Balance zwischen der Arbeitszeit und der privaten Lebensführung zu erzielen. Unbeachtlich dessen führt allein die Bejahung des Mitbestimmungsrechts des § 87 I Nr. 2 BetrVG nicht automatisch dazu, dass der etwaig betroffene zeitliche Rahmen als Freizeit einzustufen ist.[649] So bleiben die übrigen bekannten Arbeitszeitbegriffe von dieser betriebsverfassungsrechtlichen Bewertung unberührt.[650] Daher kann zum Beispiel die Lage der Arbeitszeit in Abhängigkeit von bestehenden arbeitsvertraglichen oder tariflichen Vereinbarungen fortwährend mit Hilfe des Direktionsrechts gemäß § 106 GewO konkretisiert werden, soweit es sich um ein betriebsbezogenes Verhalten des Arbeitnehmers handelt.[651] Wenn schon Regelungen

---

648 Allerdings wird im Rahmen des § 87 I Nr. 2 BetrVG kein Schutz vor Arbeitsbelastung oder Überforderung der Arbeitnehmer gewährt. Dessen Verwirklichung unterliegt der Mitbestimmung des Betriebsrats gemäß § 87 I Nr. 3 BetrVG, vgl. etwa *BAG* 23.07.1996 AP Nr. 26 zu § 87 BetrVG 1972 Ordnung des Betriebes, zu B. II. 2. b) cc) der Gründe.

649 Sympathisierend *Kohte/Bernhardt*/BAG 10.11.2009, jurisPR-ArbR 30/2011, Anmerkung 2, wonach lediglich von einer Einwirkung der besagten Zeit auf das Privatleben auszugehen sei.

650 A. M. *Springer/Wrieske*, AuR 2010, 303, 304, demzufolge sei ein Zusammenhang zu den bestehenden Arbeitszeitbegriffen der verschiedenen Arbeitsrechtsbereiche herzustellen. Die betriebsverfassungsrechtliche Zeitdefinition habe keine Unterschreitung des arbeitsvertraglichen Zeitbegriffs zur Folge. Demgegenüber sei der zeitliche Ausdruck im Bereich des § 87 I Nr. 2 BetrVG weitergehend, da unter Berücksichtigung der arbeitsschutzrechtlichen Bedeutung auch die reine Arbeitstätigkeit erfasst werde, für die keine Vergütungserwartung des Arbeitnehmers bestehe; grundlegend zum Umfang der jeweiligen Arbeitszeitbegriffe siehe *Salamon/Ohlendorf*, ArbRAktuell 2012, 61, 61.

651 *Hofmann*, Arbeitszeitgesetz, S. 14; *Thannheiser*, AiB 2011, 7, 9; zum Bestehen des Direktionsrechts auch bei bereits vorliegenden arbeitsvertraglichen Regelungen etwa *BAG* 23.06.1992 AP Nr. 1 zu § 611 BGB Arbeitszeit, zu II. 2. der Gründe; *LArbG Niedersachsen* 26.07.2001 NZA-RR 2002, 118, 118 f., wobei eingeschränkt von dem Verweis auf die betriebsübliche Arbeitszeit auszugehen sei. Dementsprechend sei aufgrund des Zusammenhangs der Maßnahme mit dem Betrieb keine individualrechtlich gewollte Bindung des Arbeitgebers zu erkennen; gleichfalls *Reichold*, NZA 1998, 393, 397; Richardi/u. a./*Reichold*, Münchener Handbuch zum Arbeitsrecht, § 36 Rn. 95, demgemäß im Rahmen der Einbindung des Arbeitnehmers in die Arbeitsgemeinschaft eine Verdrängung des Weisungsrechts durch bestehende kollektivrechtliche Arbeitszeitregelungen zu verzeichnen sei. Jedoch ist hinsichtlich der Auffassung des Autors missverständlich, warum das Direktionsrecht des

vorliegen, wird dem Betriebsrat die mitwirkungsrechtliche Überwachungsaufgabe gemäß § 80 I Nr. 1 BetrVG zuteil, auf deren Grundlage er gemäß § 80 II BetrVG in Kenntnis über Beginn und Ende der täglichen Arbeitszeit sowie deren Dauer zu setzen ist.[652] Im Hinblick auf die unabhängig nebeneinanderstehenden Termini von Arbeitszeit können ferner Vereinbarungen einer vergütungsrechtlichen Arbeitszeit in arbeitsvertraglichen oder tarifvertraglichen Bestimmungen erfolgen.[653]

Folglich ist der Arbeitsweg nicht als Arbeitszeit und damit Umkleidezeit im Sinn des betriebsverfassungsrechtlichen Arbeitszeitbegriffs zu verstehen, so dass ein Mitbestimmungsrecht des Betriebsrats über Beginn und Ende der täglichen Arbeitszeit sowie deren Änderung gemäß § 87 I Nr. 2 BetrVG entfällt. Unter Berücksichtigung der fehlenden Mitbestimmung des Betriebsrats bei der Einführung einer Dienstkleidung und dem eingeschränkten Mitbestimmungsrecht im Rahmen der Ausgestaltung einer einheitlichen Kleidervorschrift gemäß § 87 I Nr. 1 BetrVG, erscheint der Verweis auf einen hierauf bezugnehmenden Abschluss einer Betriebsvereinbarung, die zugleich den Kleiderwechsel regelt, obsolet.[654] In Ermangelung der vollständigen Fremdnützigkeit des Tragens einer einheitlichen Bekleidung auf dem Dienstweg werden deswegen die von der Rechtsprechung entwickelten Behandlungsgrundsätze der unauffälligen Kleidung entsprechend auf die besonders erkennbare Dienstkleidung angewendet. Zur Gewährleistung des Schutzbedürfnisses der Belegschaft

---

Arbeitgebers in betriebsratslosen Betrieben die funktionelle Belastung des Arbeitsvertrags ausgleichen kann; grundsätzlich zu einem aus betrieblicher Übung entstehendem vertraglichen Arbeitszeitanspruch siehe *BAG* 26.10.2004 BAGE 112, 227, 236, wonach erst bei der Ausgestaltung des Mitbestimmungsrechts die kollektivrechtliche Umsetzbarkeit der individualrechtlichen Arbeitszeitbestimmung sicherzustellen sei.

652 *BAG* 06.05.2003 AP Nr. 61 zu § 80 BetrVG 1972, zu B. II. 2. d) bb) (2) der Gründe; zum Beispiel angenommen in *LArbG Berlin-Brandenburg*, Beschluss vom 29.10.2015 – 10 TaBV 929/15 –, juris Rn. 56–58 hinsichtlich der Einsicht in die Unterlagen und entsprechenden Auskunft über die Erfüllung der Verpflichtung des Arbeitgebers, die tatsächliche Umkleidezeit im Betrieb der Arbeitnehmer zu messen; mit Bedenken auch *Klocke*/LArbG Berlin-Brandenburg 29.10.2015, jurisPR-ArbR 19/2016, Anmerkung 6, wobei die Erforderlichkeit der Einsichtnahme des Betriebsrats mit Blick auf das jedenfalls gegebene Mitbestimmungsrecht gemäß § 87 I Nr. 2 BetrVG unabhängig von der tatsächlichen Inanspruchnahme des betrieblichen Kleiderwechsels fraglich erscheine; zum grundlegenden Inhalt des Mitwirkungsrechts, vgl. 3. Teil. § 8. III. 3. c) aa).

653 *Kohte/Bernhardt*/BAG 10.11.2009, jurisPR-ArbR 30/2011, Anmerkung 2, aber beispielshalber sei im Hinblick auf die Unverzichtbarkeit der Schutzkleidung einschränkend bloß die grundsätzliche Zeitausgestaltung und nicht deren Korrektur einer Regelung zugänglich.

654 *Stück*, AuA 2010, 121, 122; ebenso *ArbG Hamburg*, Beschluss vom 30.07.2014 – 3 BV 29/13 –, juris Rn. 28 f., wenn in einer bestehenden Betriebsvereinbarung schon formuliert sei, dass das (private) Tragen der Dienstkleidung außerhalb des Betriebs verboten sei.

besteht aufgrund der Verbindung zu der sozialen Angelegenheit der täglichen Arbeitszeit nach § 87 I Nr. 2 BetrVG ferner die Abschlussmöglichkeit freiwilliger Betriebsvereinbarungen gemäß § 88 BetrVG.[655] Ein denkbares Mitwirkungsrecht des Betriebsrats[656], resultierend aus der möglichen Einstufung des Umkleidens als Arbeitsablauf gemäß § 90 I Nr. 3 BetrVG, scheidet allerdings aus. Darunter wird das Geschehen bei Erfüllung von Arbeitsaufgaben, genauer die entsprechende Konkretisierung und Veränderung des Arbeitsorts oder der Arbeitszeitlage verstanden.[657] Wie vorstehend erörtert, betrifft der Kleiderwechsel zu Hause und dementsprechend das Tragen der Dienstkleidung auf dem Arbeitsweg eben nicht die Erbringung einer Arbeitsleistung oder die korrespondierende zeitliche und räumliche Abfolge der jeweils geschuldeten Arbeit. Aus diesem Grund bestehen auch keine betrieblichen Mitwirkungsrechte der Arbeitnehmer gemäß §§ 81 I, IV, 82 I BetrVG.

b) Fremdnützigkeit im Betrieb

Unter Berücksichtigung der bisherigen Argumentation ist die rechtliche Beurteilung für den betrieblichen Bereich anhand der Fremdnützigkeit eines Kleiderwechsels vorzunehmen. Dabei ist weiter eine Gleichstellung der verschiedenen Arten einer Dienstkleidung sicherzustellen.

Anlass für diese Betrachtungen geben Klauseln einer Betriebsordnung, wie zum Beispiel die folgende: „(...) Die genaue Arbeitszeit ist in der jeweiligen Filiale angegeben. Es gilt überall rechtszeitiges Erscheinen, d.h. beispielsweise, bei Ladenöffnung den Kunden bereits in Berufskleidung und mit betriebsbereiter Kasse zu empfangen."[658]. Mit Blick auf die betriebsverfassungsrechtliche Bewertung bildet die schon vom Gericht besprochene Schutzkleidung eines Arbeitnehmers[659], die ihre arbeitsschutzrechtliche Notwendigkeit zwangsläufig im Betrieb entfaltet, die Basis. In diesem Rahmen liegt eine Bedürfnisbefriedigung des Arbeitgebers vor, weil das Personal anderenfalls bei Nichtvorhandensein der begehrten und zu realisierenden Schutzmechanismen nicht zur Erbringung der Arbeitsleistung eingesetzt werden kann.[660] Angesichts dessen verdeutlicht die überwiegende Rechtsauffassung

655 Vgl. 3. Teil. § 8. III. 3. c) aa); ebenso in 3. Teil. § 9. II. 1.

656 Grundsätzlich zur weiteren Möglichkeit der von der erzwingbaren Mitbestimmung abgrenzbaren Beteiligung des Betriebsrats siehe *BAG* 23.07.1996 AP Nr. 26 zu § 87 BetrVG 1972 Ordnung des Betriebes, zu B. II. 2. c) der Gründe.

657 Wlotzke/Preis/Kreft/*Bender*, BetrVG Kommentar, § 90 BetrVG Rn. 10; Däubler/u. a./*Klebe*, BetrVG, § 90 BetrVG Rn. 12 f.; GK-BetrVG/*Weber*, § 90 BetrVG Rn. 16 f., wonach der Begriff des Arbeitsverfahrens in § 90 I Nr. 3 BetrVG noch enger zu fassen sei und insoweit lediglich die Einführung neuer Technologien erfasse; Düwell/*Kohte/Schulze-Doll*, BetrVG Handkommentar, § 90 BetrVG Rn. 11.

658 *LArbG Nürnberg* 10.09.2002 LAGE Nr. 1 zu § 87 BetrVG 2001 Betriebliche Ordnung, zu I. der Gründe.

659 Vgl. 3. Teil. § 9. II. 1. b).

660 *BAG* 28.07.1994 BAGE 77, 285, 286 f.; *BAG* 19.09.2012 AP Nr. 39 zu § 611 BGB Arbeitszeit, zu II. 1. b) der Gründe; *LArbG Baden-Württemberg* 12.02.1987 AiB 1987,

im Hinblick auf die Dienstkleidung, dass die ausbleibende Verpflichtung zum notwendigen Verbleib der Kleidung im Betrieb und dem dazugehörigen Umkleidevorgang nicht stets ein eigenes Bedürfnis des Arbeitnehmers bedingt.[661] Das Ziel einer Dienstkleidung realisiert sich entsprechend ihrem Zweck vornehmlich in dem Betrieb selbst. Im Anschluss daran werden im Zusammenspiel mit der zu verrichtenden Arbeitsleistung die allgemein anerkannten Kundenerwartungen umfassend erfüllt und die dienlichen Zusatzeffekte eines einheitlichen Auftretens umgehend verwirklicht. Die Belegschaft begibt sich damit ausschließlich zur unmittelbar nach dem Kleiderwechsel bevorstehenden Tätigkeitsausübung in den Betrieb, woraufhin in diesem Rahmen die intensivste Verbindung zur geschuldeten Arbeitspflicht hergestellt wird. Nicht umsonst wird von dem Tragen der Kleidung im „dienstlichen Interesse" gesprochen[662], wenn nicht deshalb ein örtlicher Zusammenhang zum Umkleiden herzustellen wäre. Nach Abschluss der Arbeitsleistung kann die betreffende Arbeitnehmerschaft auf dem Weg zum Ankleideraum mittelbar dem Publikumsverkehr ausgesetzt sein, so dass ein diesbezügliches Arbeitgeberinteresse an dem Tragen der einheitlichen Bekleidung weiter aufrechterhalten wird.[663] Der Bezug zur jederzeit denkbaren Erfüllung einer arbeitsvertraglichen Verpflichtung ergibt sich auch trotz überwiegend inaktiver Zeiten aus dem vergleichbar vorliegenden Arbeitseinsatz des Bereitschaftsdiensts[664] und der Rufbereitschaft[665]. Insoweit reicht für eine Gleichstellung mit der Arbeitszeit im betriebsverfassungsrechtlichen Sinn[666] bereits

---

246, 247; dergleichen *Sächsisches Landesarbeitsgericht*, Urteil vom 10.12.2014 – 2 Sa 424/14 –, juris Rn. 64; *Springer/Wrieske*, AuR 2010, 303, 305; *Franzen*, NZA 2016, 136, 139, nach dessen Ansicht sich anderenfalls entsprechende Schutzvorschriften zu Lasten der Arbeitnehmer auswirken würden; ebenso *Klocke*/LArbG Berlin-Brandenburg 29.10.2015, jurisPR-ArbR 19/2016, Anmerkung 6; eingeschränkte Meinung etwa *Kohte/Bernhardt*/BAG 10.11.2009, jurisPR-ArbR 30/2011, Anmerkung 2, demgemäß sei lediglich dem überwiegenden Interesse des Arbeitgebers Genüge getan; zur Beachtung persönlicher Arbeitnehmerbedürfnisse im Rahmen der Vergütungspflicht siehe *Walker*/BAG 11.10.2000, SAE 2002, 16, 17.

661 *Springer/Wrieske*, AuR 2010, 303, 304.

662 Vgl. 2. Teil. § 7; vgl. auch, 3. Teil. § 8. III. 3. a).

663 Im Rahmen der schon aufgegebenen Rechtsprechung von *BAG* 22.03.1995 BAGE 79, 312, 317 ff. zur Vergütungspflicht des zurückgelegten innerbetrieblichen Wegs zum Umkleideraum siehe *BAG* 19.09.2012 AP Nr. 39 zu § 611 BGB Arbeitszeit, zu II. 1. c)/III. der Gründe, woraufhin der Kleiderwechsel unmittelbar der Tätigkeitsausübung zuzurechnen sei; nun bestätigt in *BAG* 17.11.2015 NZA 2016, 247, 249.

664 *BAG* 29.02.2000 AP Nr. 81 zu § 87 BetrVG 1972 Arbeitszeit, zu B. I. 2. a) der Gründe m. w. N. zu Lehrbeiträgen.

665 *BAG* 21.09.1982 BAGE 41, 200, 208 f., demzufolge sei der Aufenthaltsort in Anbetracht der sofortig denkbaren Arbeitsaufnahme in der Nähe des Arbeitsorts gelegen.

666 Hess/u. a./*Worzalla*, BetrVG Kommentar, § 87 BetrVG Rn. 207; *Richardi/Bayreuther*, Kollektives Arbeitsrecht, S. 294; Moll/*Gragert*, Münchener Anwaltshandbuch zum Arbeitsrecht, § 14 Rn. 106.

eine gewisse, in Abstufungen vorliegende Nähe zur konkreten Tätigkeitsausübung und damit eine nach Maßgabe geltende Begrenzung der privaten Lebensführung aus. Dies begründet das Interesse des Arbeitnehmers an einer planbaren Freizeit, welches zugleich eine Mitbestimmung des Betriebsrats erforderlich werden lässt.[667] Außerdem ist bei der Vornahme vergleichender arbeitszeitrechtlicher Betrachtungen anzumerken, dass der Kleiderwechsel nicht nur gelegentlich, wie beispielsweise eine Dienstreise, sondern notwendig jeden Tag zu erfolgen hat. In Abgrenzung dazu ist die Intensität der Beeinträchtigung der Freizeitgestaltung durch das Tragen der einheitlichen Bekleidung im gewohnten Lebensbereich größer[668] und unterstützt somit die erforderliche Qualifizierung des Umkleidens als Arbeitszeit gemäß § 87 I Nr. 2 BetrVG. Die durch den Ankleidevorgang ausgelöste vollständige Bedürfnisbefriedigung des Arbeitgebers und die gleichsame Verdrängung der persönlichen Arbeitnehmerinteressen begründen dementsprechend das Mitbestimmungsrecht des Betriebsrats[669].

Die vorliegende Mitbestimmungspflicht hinsichtlich des Kleiderwechsels im Betrieb ist für die Verzahnung dieses Umkleidevorgangs mit der Arbeitszeitplanung[670] und dessen einseitige Änderung durch den Arbeitgeber von Bedeutung. Indes scheidet eine Mitbestimmung des Betriebsrats über die (im Dienstplan festgelegte) Dauer des Umkleidens schon aufgrund des sachlichen Geltungsbereichs von § 87 I

---

667 Däubler/u. a./*Klebe*, BetrVG, § 87 BetrVG Rn. 83.

668 Zu den verschiedenen rechtlichen Auswirkungen etwa *BAG* 23.07.1996 AP Nr. 26 zu § 87 BetrVG 1972 Ordnung des Betriebes, zu B. II. 2. b) cc) der Gründe; *BAG* 14.11.2006 BAGE 120, 162, 168 f.; *Schuster*/BAG 14.11.2006, FD-ArbR 2007, 220826; *Adam*, AuR 2001, 481, 483; Däubler/u. a./*Klebe*, BetrVG, § 87 BetrVG Rn. 83; Richardi/u. a./*Matthes*, Münchener Handbuch zum Arbeitsrecht, § 244 Rn. 41.

669 Eindeutige sprachliche Formulierung der Zuordnung des Kleiderwechsels „fremdnütziger Dienstkleidung am Arbeitsort" zur Arbeitszeit siehe *Kohte/Bernhardt*/BAG 10.11.2009, jurisPR-ArbR 30/2011, Anmerkung 2; Schaub/*Koch*, Arbeitsrechts-Handbuch, S. 2484.

670 Zum vergütungspflichtigen Umfang des Kleiderwechsels etwa *BAG* 19.09.2012 AP Nr. 39 zu § 611 BGB Arbeitszeit, zu II. 1. c) der Gründe, dementsprechend in Abhängigkeit vom einzelnen Arbeitnehmer nur die Zeitspanne erfasst sei, die unter Ausschöpfung der eigenen persönlichen Leistungsfähigkeit für den Umkleidevorgang und zurück zum Arbeitsplatz benötigt werde; *BAG* 12.11.2013 BAGE 146, 271, 281; *Sächsisches Landesarbeitsgericht*, Urteil vom 10.12.2014 – 2 Sa 424/14 –, juris Rn. 69 ff.; *Franzen*, NZA 2016, 136, 137 f.; qualifiziert als Regelungsfrage etwa *LArbG Berlin-Brandenburg*, Beschluss vom 29.10.2015 – 10 TaBV 929/15 –, juris Rn. 70; zustimmend *Wißmann*/BAG 19.09.2012, ArbRAktuell 2013, 17, 17; weitergehend *Fischer*/BAG 17.11.2015, jurisPR-ArbR 8/2016, Anmerkung 5, nach dessen Auffassung die Dauer der Arbeitszeit nicht der Mitbestimmung unterliege soweit diese im Zusammenhang mit einer Vergütungspflicht stehe; zur Darlegungs- und Beweislast eines entsprechenden Vergütungsanspruchs siehe *Franzen*, NZA 2016, 136, 140.

Nr. 2 BetrVG aus.[671] Zudem erstreckt sich die Einwirkungsmöglichkeit des Betriebsrats nicht auf die Zeitdefinition im betriebsverfassungsrechtlichen Sinn[672], so dass eine mögliche Erweiterung des mitbestimmungsrechtlichen Umfangs gesperrt ist. Im Zusammenhang mit dieser Frage der Ergänzung weiterer Tätigkeiten durch die Mitbestimmung des Betriebsrats, steht die bisher ungeklärte Einbeziehung des Orts von Beginn und Ende der Arbeitszeit[673]. Prinzipiell ist jener Ort als Arbeitsstelle oder Arbeitsplatz zu bezeichnen, wobei generell darunter das Gebäude, die Abteilung, die Werkstatt oder die Station zu verstehen ist, in der sich der Arbeitsplatz befindet.[674] Immerhin kann bei Vorliegen tariflicher Regelungen angenommen werden, das Zeit und Ort des Beginns sowie Endes der täglichen Arbeitszeit getrennt voneinander zu betrachten sind.[675] Auf die Abgeschlossenheit dieser jeweiligen Regelungskomplexe in allen Stadien des Mitbestimmungsverfahrens weist ebenfalls die Möglichkeit hin, dass eine in puncto des Arbeitsorts schon erfolgte Anrufung der Einigungsstelle das weitere Feststellungsinteresse des Betriebsrats am Bestehen eines Mitbestimmungsrechts gemäß § 87 I Nr. 2 BetrVG unberührt lässt.[676] Infolge der angenommenen Unabhängigkeit der beiden Aspekte sowie der bekannten Arbeitszeitbegriffe kann

---

671 *BAG* 12.11.2013 BAGE 146, 271, 282; *ArbG Hamburg*, Beschluss vom 30.07.2014 – 3 BV 29/13 –, juris Rn. 31 ff.; *Fischer*, NZA-RR 2015, 169, 175, dementsprechend es anderenfalls an einer praktikablen Umsetzung der Mitbestimmung mangele; *Wißmann*/BAG 19.09.2012, ArbRAktuell 2013, 17, 17, wonach auch die mangelnde Regelungsmöglichkeit der an sich empfohlenen Pauschalzeiten zu berücksichtigen sei; vgl. Grundlegendes dazu in 3. Teil. § 9. I.

672 Richardi/*Richardi*, BetrVG Kommentar, § 87 BetrVG Rn. 275; Richardi/u. a./*Matthes*, Münchener Handbuch zum Arbeitsrecht, § 244 Rn. 18; GK-BetrVG/*Wiese*, § 87 BetrVG Rn. 301.

673 *Springer/Wrieske*, AuR 2010, 303, 303; grundlegend zum denkbaren Ortsbezug des Mitbestimmungsrechts gemäß § 87 I Nr. 2 BetrVG siehe *LArbG Nürnberg* 21.05.1990 LAGE Nr. 20 zu § 87 BetrVG 1972 Arbeitszeit, zu den Gründen, Blatt 2, demzufolge sei eine Unzuständigkeit nicht offenkundig; *LArbG Hamm (Westfalen)* 24.09.2007 AuR 2008 121, 121; *ArbG Frankfurt am Main* 27.07.2004 AiB 2005, 313, 313 f.; GK-BetrVG/*Wiese*, § 87 BetrVG Rn. 301.

674 So im Rahmen einer tariflichen Regelung definiert etwa *BAG* 29.04.1982 AP Nr. 4 zu § 15 BAT, zu III. 1. der Gründe; dem folgend Bepler/u. a./*Welkoborsky*, BeckOK TVöD-AT, § 6 Rn. 65.

675 *Hessisches LArbG*, Beschluss vom 26.01.2012 – 5 TaBV 117/11 –, juris Rn. 25, wonach die sprachliche Fassung des § 87 I Nr. 2 BetrVG diese Regelungsfrage einschließe und die Festlegung des Orts zumindest bedeutend für Beginn und Ende der Arbeitszeit sei. Die Sperrwirkung aus dem Einleitungssatz von § 87 I BetrVG habe ihre Wirkung entfaltet, wenn der Ort der Arbeitszeit bereits in einem Tarifvertrag geregelt war. Die Mitbestimmung des Betriebsrats sei im Hinblick auf die Arbeitszeit weiter gegeben, weil es sich insofern um jeweils isolierte und zweckmäßige Regelungskomplexe handele; sympathisierend *Matthes*/Hessisches LArbG 26.01.2012, jurisPR-ArbR 32/2012, Anmerkung 6.

676 *BAG* 10.11.2009 AP Nr. 125 zu § 87 BetrVG 1972 Arbeitszeit, zu B. I. 2. der Gründe, demzufolge die gerichtliche Überprüfung bereits aufgrund des ruhenden

verhindert werden, dass durch eine vom Arbeitsort abweichende betriebliche Festlegung der Arbeitszeit denkbare Mitbestimmungsrechte umgangen werden.[677] Demnach lässt sich die Frage der Einstufung des Umkleidevorgangs als Arbeitszeit nicht aus etwaig bestehenden tariflichen oder arbeitsvertraglichen Ortsvereinbarungen, die möglicherweise eine Verbindung zu Arbeitgeberanordnungen aufweisen, beantworten.[678] Die bereits von der Rechtsprechung[679] angelegte, gesonderte Betrachtung der beiden Bereiche ermöglicht es, für den Dienstweg und das betriebliche Gebiet jeweils das Vorliegen der Arbeitszeit im betriebsverfassungsrechtlichen Sinn zu bestimmen. Eine Empfehlung über eine Regelung, wonach die Arbeitszeiterfassung der Arbeitnehmer bereits im umgekleideten Zustand erfolgen sollte[680], verspricht in Anbetracht der beschriebenen Erkenntnisse keinen Erfolg. Im Zusammenhang mit der Entscheidung des *BAG* vom 10.11.2009[681] werden die Betriebspartner ohnehin auf die Überprüfung und eine denkbare Anpassung vorliegender abgeschlossener Betriebsvereinbarungen hingewiesen[682].

Nach allem erfolgt bezüglich des Umkleidevorgangs im Betrieb eine Übertragung der zumindest angedeuteten rechtlichen Beurteilung der auffälligen Bekleidung[683] auf die unscheinbare Dienstkleidung. Angesichts der alleinigen Bedürfnisbefriedigung des Arbeitgebers und damit der Zuordnung des Kleiderwechsels zur Arbeitszeit im Sinne von § 87 I Nr. 2 BetrVG sind die Mitbestimmungsmöglichkeiten der Betriebspartner hinsichtlich der Arbeitszeitlage sowie deren Änderung festzulegen.[684] Dabei kommt der rechtlichen Qualifizierung der Anordnungsgrundlage für

Verfahrens der Einigungsstelle bis zum Ergebnis der anhängigen rechtlichen Untersuchung möglich sei.

677 Formulierung dieser Gefahr begründet durch eine Verbindung der Arbeitszeitbegriffe etwa *Springer/Wrieske*, AuR 2010, 303, 304.

678 Zum grundsätzlichen Hinweis auf diese Problematik in Anlehnung an *BAG* 28.07.1994 BAGE 77, 285, 291 siehe *Springer/Wrieske*, AuR 2010, 303, 304.

679 *BAG* 10.11.2009 AP Nr. 125 zu § 87 BetrVG 1972 Arbeitszeit, zu B. II. 3. a) aa)/cc) der Gründe.

680 So *Stück*, AuA 2010, 121, 122.

681 *BAG* 10.11.2009 AP Nr. 125 zu § 87 BetrVG 1972 Arbeitszeit, zu B. II. 3. b) der Gründe.

682 *Springer/Wrieske*, AuR 2010, 303, 305, woraufhin die Überprüfung der betreffenden Arbeitszeitregelung hinsichtlich der Erfassung aller anzurechnenden Tätigkeiten zu erfolgen habe; *Thannheiser*, AiB 2011, 7, 11.

683 Vgl. 3. Teil. § 9. II. 2. c); gegenwärtig ebenfalls *BAG* 12.11.2013 BAGE 146, 271, 277 f.

684 Mit Bedenken *Franzen*, NZA 2016, 136, 138, demgemäß der Mitbestimmungsumfang nur minimal sei und eine „formale Hülle" darstelle; ebenfalls kritisch *Fischer*/ BAG 17.11.2015, jurisPR-ArbR 8/2016, Anmerkung 5, wonach die praktische Umsetzung mit der Problematik der zur Arbeitszeitlage erforderlichen Feststellung des Zeitaufwands verbunden sei; ablehnend Hess/u. a./*Worzalla*, BetrVG Kommentar, § 87 BetrVG Rn. 177, demzufolge die mitbestimmungsfreie Dauer der Arbeitszeit den Gerichten zur Entscheidung vorgelegt sei. Insoweit sei Streitgegenstand die

den Kleiderwechsel und den notwendig zu schaffenden Umsetzungsbedingungen eine zentrale Rolle zu.

aa) Ortsgebundene Umkleidepflicht

In Abgrenzung zu Kleidungsarten, die zwingend im Betrieb angelegt sowie ausgezogen werden müssen und in diesem Bereich zu verbleiben haben[685], können die dienstkleidungspflichtigen Arbeitnehmer nicht dazu von den Betriebspartnern verpflichtet werden[686]. Der Belegschaft wird deshalb gestattet, sich freiwillig zu Hause oder im Betrieb anzukleiden.[687] Demzufolge bedarf es keiner solchen betrieblichen Notwendigkeit, da beispielsweise eine auffällige Gestaltung der Dienstkleidung in der rechtlichen Wertung unbeachtlich bleibt. Auf diese Weise wird eine adäquate und uneingeschränkte Arbeitszeitbeurteilung im Hinblick auf die im Rahmen von § 87 I Nr. 2 BetrVG hergeleiteten Orientierungsmaßstäbe gewährleistet. Unabwendbare Folge der ebenfalls für den Dienstweg vorgenommenen Gleichstellung kann daher nur sein, dass ein zwingender Verweis auf den Umkleidevorgang im Betrieb aufgrund eines denkbaren Eingriffs in die private Lebensführung nun unbeachtlich ist. Dies erscheint sachgerecht, weil die nach der herrschenden Ansicht eingestufte unauffällige Dienstkleidung ebenso die Freizeit der Belegschaft einschränken kann[688], indem zum Beispiel in Abhängigkeit von der Kleidung ein geeignetes Beförderungsmittel ausgewählt werden muss. So werden Arbeitnehmerinnen aus dem Berufszweig der Wirtschaft und Verwaltung, die einen Rock tragen, oder Mitarbeiter künstlerischer Wirkungskreise, welche aufwendig gestaltete Kostüme nutzen, in ihrer Bewegungsfreiheit beeinträchtigt. Die fehlende Verpflichtungsmöglichkeit der Betriebsparteien hat keine Auswirkungen auf die zu bestimmende Fremdnützigkeit der Arbeitnehmerhandlung, weil sich jene aus der Verbindung zur tatsächlich zu erbringenden Arbeitsleistung ergibt.[689] Dienlicher Nebeneffekt ist lediglich ein Gleichlauf zwischen Dauer der zu erfüllenden Arbeitspflicht und bestehendem

---

Frage, ob der Kleiderwechsel während der vergüteten Arbeitszeit wirksam erfolgen könne; unter Verwendung zeitlich überholter Rechtsprechungsnachweise gleichermaßen GK-BetrVG/*Wiese*, § 87 BetrVG Rn. 301.

685 Zum Beispiel notwendige Schutzkleidung einer Krankenschwester siehe BAG 28.07.1994 BAGE 77, 285, 286, 291.

686 Zustimmend *Thannheiser*, AiB 2011, 7, 8, demgemäß dies nur bei einem notwendigen Verbleib der Kleidung im Betrieb zu formulieren sei. Die Möglichkeit einer verpflichtenden Anordnung sei bloß für im Außendienst tätige Arbeitnehmer denkbar, die eine bestimmte Marke repräsentieren; *Fischer*, NZA-RR 2015, 169, 174.

687 Kritisch *Fischer*/BAG 17.11.2015, jurisPR-ArbR 8/2016, Anmerkung 5, demgemäß dieser Freiwilligkeit zugleich die Erwartung des Arbeitgebers inne wohne, den Arbeitsweg bereits in Dienstkleidung zu begehen.

688 Ebenfalls angedeutet in *Fischer*/BAG 17.11.2015, jurisPR-ArbR 8/2016, Anmerkung 5.

689 Ähnlich im Zusammenhang mit einer aufgrund der Fremdnützigkeit entstehenden Vergütungspflicht etwa *Franzen*, NZA 2016, 136, 139; a. M. *Springer/Wrieske*,

Mitbestimmungsrecht. Durch die Vereinbarung einer von Freiwilligkeit getragenen Entscheidung des Arbeitnehmers wird die Mitbestimmung des Betriebsrats nicht umgangen, da sich jene Maßnahme als gemeinsame Entscheidung der Betriebspartner darstellt.[690]

Dennoch ist zu bedenken, dass sich der so verstandene Umkleidevorgang der Belegschaft auf alle dienstkleidungspflichtigen Arbeitnehmer der Betriebe in den aufgeführten wesentlichen Berufsfeldern erstreckt.[691] Bezüglich des besonders ausgestalteten Leiharbeitsverhältnisses ist wiederum in Abhängigkeit zum Arbeitgeberstatus die Zuständigkeit des jeweils dazugehörigen Betriebsrats zu bestimmen. Infolge der tatsächlichen Erfüllung der geschuldeten Arbeit des Leiharbeitnehmers im Entleiherbetrieb ergeben sich dementsprechend Beginn und Ende der täglichen Arbeitszeit sowie Pausen aus dem Weisungsrecht des Entleihers.[692] Aus Schutzerwägungen heraus kann nur die im Einsatzbetrieb gebildete Vertretung Vorgaben für den auszuführenden Kleiderwechsel der dort gestalteten Dienstkleidung treffen.[693] Gleiches gilt, wenn der Leiharbeitnehmer in ein tariflich vorgegebenes oder durch den Betriebsrat bereits mitbestimmtes Arbeitszeitsystem eingegliedert wird.[694] Findet sich eine Arbeitszeitbestimmung schon im Überlassungsvertrag, bleibt der

---

AuR 2010, 303, 305, wonach die Fremdnützigkeit gerade aufgrund einer explizit verpflichtenden Anweisung zum Umkleiden im Betrieb zu begründen sei.

690 *BAG* 18.08.1987 BAGE 56, 18, 19; sympathisierend *von Hoyningen-Huene*/BAG 18.08.1987 AP Nr. 23 zu § 77 BetrVG 1972, zu 4. der Anmerkung, infolge dessen die Schaffung einer entsprechend arbeitsvertraglichen Regelung als Ausdruck der Privatautonomie nicht ausgeschlossen sei.

691 Vgl. 3. Teil. § 8. III. 3. b).

692 Grundlegend *BAG* 15.12.1992 BAGE 72, 107, 107, 114; nachfolgend *BAG* 19.06.2001 BAGE 98, 60, 66; desgleichen *Becker*, AuR 1982, 369, 375 f.; *Gick*, Arbeitnehmerüberlassung, S. 136; *Hamann*, AuR 2002, 322, 325; *Müllner*, Aufgespaltene Arbeitgeberstellung, S. 81 f., demgemäß sei die Regelungskompetenz des Entleihers durch den betrieblichen Anpassungsbedarf geboten; *Boemke*, Schuldvertrag und Arbeitsverhältnis, S. 593; Richardi/u. a./*Matthes*, Münchener Handbuch zum Arbeitsrecht, § 244 Rn. 5; *Etzel*, Betriebsverfassungsrecht, S. 203.

693 *BAG* 15.12.1992 BAGE 72, 107, 114; ebenso *Hamann*, AuR 2002, 321, 325; *Kaufmann*, Zuordnung gewerbsmäßig überlassener Arbeitnehmer, S. 149, woraufhin der Verleiher entscheidungsbefugt sei bis der Leiharbeitnehmer im Entleiherbetrieb tätig werde; Schüren/*Hamann*, AÜG Kommentar, § 14 AÜG Rn. 251; Thüsing/*Thüsing*, AÜG Kommentar, § 14 AÜG Rn. 119.

694 Thüsing/*Thüsing*, AÜG Kommentar, § 14 AÜG Rn. 27, demgemäß sei durch die Entsendung keine Änderung der Arbeitszeitlage bedingt. Darüber hinaus sei ein diesbezüglich kollektiver Bezug nicht zu erkennen; a. A. hinsichtlich einer begründeten Regelungskompetenz des Verleihers etwa Schüren/*Hamann*, AÜG Kommentar, § 14 AÜG Rn. 252, Rn. 254, wobei einlenkend für das Entstehen eines Mitbestimmungsrechts des Entleiherbetriebsrats die Betroffenheit einer nach abstrakten Merkmalen festgelegten Gruppe von Leiharbeitnehmern ausreichend sei.

Entleiher aufgrund seines tatsächlich wirkenden Weisungsrechts weiterhin entscheidungsbefugt.[695]

bb) Gestaltungsbedingungen des Kleiderwechsels

Grundsätzlich muss festgestellt werden, dass zu benutzende Zeiterfassungsanlagen nicht automatisch zu einer Umkleideverpflichtung in diesem räumlichen Bereich führen. Durch die Aufstellung jener Geräte wird zum einen der Aufzeichnungspflicht des Arbeitgebers gemäß § 16 II ArbZG Genüge getan und zum anderen im betriebsverfassungsrechtlichen Sinn entschieden, wann die Arbeitszeit beginnt und endet. Gleichsam eröffnen diese Anlagen das Mitbestimmungsrecht des Betriebsrats gemäß § 87 I Nr. 2 BetrVG. Allerdings überschreitet nach Auffassung des *LArbG Berlin-Brandenburg*[696] eine angerufene Einigungsstelle ihre Regelungskompetenz, wenn sie für den Dienstkleidungswechsel eine Betätigung durch schon vorhandene Zeiterfassungsgeräte vor beziehungsweise nach dem Ankleiden festlegt. Diese Vereinbarung führe zu einer Vergütungsverpflichtung für den Arbeitgeber und sei nicht von dem Mitbestimmungsrecht des § 87 I Nr. 2 BetrVG gedeckt. In dem betreffenden Sachverhalt werden die in der Zeiterfassung eingegebenen Zeiten automatisch den Überstunden oder Minusstunden der Arbeitnehmer zugeordnet und in den betreffenden Arbeitszeitkonten erfasst. Im Fall eines Guthabens würde dies zur bezahlten Freistellung beziehungsweise Vergütung dieser Stunden führen. Werden bereits bezahlte Minusstunden ausgewiesen, verringern sich die eingegebenen Umkleidezeiten, so dass im Ergebnis ebenfalls eine Vergütungspflicht begründet wird. Allerdings sei eine Regelung der Einigungsstelle zulässig, welche durch den Einsatz gesonderter Geräte die zeitliche Erfassung des Umkleidevorgangs ohne entsprechende Auslösung einer Vergütungspflicht gewährleiste.[697] Dementsprechend sind die Betriebspartner für eine wirksame Ausübung der Mitbestimmung gehalten, die Umkleidezeit durch neu aufgebaute Zeiterfassungsvorrichtungen, handschriftliche Aufzeichnungsverfahren oder ein andersartiges System der Arbeitszeitregistrierung zu fixieren, die keine Vergütungspflicht zur Folge haben.[698]

---

695 Thüsing/*Thüsing*, AÜG Kommentar, § 14 AÜG Rn. 27, demzufolge auch die Möglichkeit bestehe, dass der Verleiher dem Entleiher in einer solchen vertraglichen Regelung über seine eigenen Rechte hinausgehende Befugnisse einräumen könne; a. M. bezüglich einer bereits ausgeübten Weisung durch den Verleiher in *Hamann*, AuR 2002, 321, 325 f.; Schüren/*Hamann*, AÜG Kommentar, § 14 AÜG Rn. 252; Grundsätzliches zur Abhängigkeit vom Überlassungsvertrag siehe *BAG* 19.06.2001 BAGE 98, 60, 65 ff. in 3. Teil. § 8. III. 3. b) bb)).

696 *LArbG Berlin-Brandenburg* 16.11.2011 NZA-RR 2012, 134, 135.

697 *LArbG Berlin-Brandenburg* 16.11.2011 NZA-RR 2012, 134, 135.

698 *Klüting*, AuA 2011, 441, 441, demnach aus der Betätigung etwaiger Vorrichtungen gleichzeitig die gegenstandsbezogene Mitbestimmung des Betriebsrats über das Ordnungsverhalten gemäß § 87 I Nr. 1 BetrVG folge.

Für den Umkleidevorgang ist jedenfalls die Bereitstellung eines Umkleideraums erforderlich[699], denn das Ablegen der privaten Bekleidung vor dem Anlegen der Dienstkleidung und der der umgekehrte Vorgang stellen insgesamt den Kleiderwechsel dar[700]. Dieser ist als zwangsläufige Bedingung der Einführung einer betriebseinheitlichen Kleidervorschrift in jedem Betrieb zu schaffen. Dadurch wird die konkretisierte Arbeitspflicht realisiert und dem an Freiwilligkeit ausgerichteten Kleiderwechsel zu Gunsten der Arbeitnehmer Rechnung getragen.[701] Die vom Arbeitgeber zur Verfügung gestellten Ankleidemöglichkeiten vermeiden die bereits angeführte Ungleichbehandlung innerhalb der verschiedenen Arten von Dienstkleidung[702]. Ein denkbar bestehendes Eigeninteresse des Arbeitnehmers, die Dienstkleidung auf dem Arbeitsweg zu tragen, ist insoweit unschädlich. Zugleich wird durch die Bereitstellung des Umkleideraums gewährleistet, dass angesichts einer unaufgeforderten Arbeitnehmerentscheidung nicht zwangsweise über den

---

699 Anders *Fischer*/BAG 17.11.2015, jurisPR-ArbR 8/2016, Anmerkung 5.

700 *LArbG Berlin-Brandenburg*, Beschluss vom 29.10.2015 – 10 TaBV 929/15 –, juris Rn. 68, woraufhin eine Aufspaltung dieser Vorgänge lebensfremd erscheine. Zwangsläufig sei ein Kleiderwechsel auch in Anbetracht der damit verfolgten Intentionen der Arbeitnehmer nötig und begründe die Annahme der Fremdnützigkeit des gesamten Sachverhalts; kritisch im Hinblick auf die gleichzeitige sprachliche Verwendung von „An- und Ablegen" der Kleidung und „Umkleidezeit" siehe *Klocke*/LArbG Berlin-Brandenburg 29.10.2015, jurisPR-ArbR 19/2016, Anmerkung 6; einschränkend im Zusammenhang mit der Vergütungspflicht *Franzen*, NZA 2016, 136, 139, nach dessen Ansicht der Wechsel von Oberbekleidung, welche vom Arbeitnehmer lediglich zum Schutz vor besonderen Witterungsbedingungen getragen werde, nicht unter die Fremdnützigkeit zu subsumieren sei.

701 *LArbG Berlin-Brandenburg*, Beschluss vom 29.10.2015 – 10 TaBV 929/15 –, juris Rn. 9; sympathisierend, aber abgeleitet von der Auffälligkeit einer Dienstkleidung siehe *BAG* 12.11.2013 BAGE 146, 271, 278; *Winzer*/BAG 17.01.2012, ArbRAktuell 2012, 284, 284; weitergehend *BAG* 17.11.2015 NZA 2016, 247, 250, wonach die Einrichtung und entsprechende Nutzung einer Umkleidemöglichkeit die ausschließliche Fremdnützigkeit des Kleiderwechsels begründe; zustimmend *Fischer*/BAG 17.11.2015, jurisPR-ArbR 8/2016, Anmerkung 5; in Abgrenzung zur ansonsten betroffenen privaten Lebensgestaltung etwa *LArbG Baden-Württemberg*, Urteil vom 11.05.2004 – 14 Sa 126/03 –, juris Rn. 26, Rn. 32, woraufhin der Arbeitnehmer überdies berechtigt sei, die Ausübung der Tragepflicht zu verweigern; gegenteilig in Abhängigkeit des arbeitsrechtlichen Regelungsinstruments auf individualrechtlicher Ebene *Brose/Greiner/Preis*, NZA 2011, 369, 376 ff., dementsprechend eine als Hauptpflicht ausgestaltete Dienstkleidungsanordnung angesichts fehlender Umkleideräume Auswirkungen in dergestalt entfalte, dass von einem faktischen Tragezwang auf dem Arbeitsweg auszugehen sei. Dieser Eingriff in die Privatsphäre des Einzelnen sei mittels des eigenverantwortlichen Abschlusses einer entsprechenden Vereinbarung gerechtfertigt. Demgegenüber sei die angeführte Beeinträchtigung im Fall von Nebenbestimmungen oder Arbeitgeberweisungen auf ein Mindestmaß zu reduzieren.

702 Vgl. 3. Teil. § 9. II. 2.

Ort des Kleiderwechsels hinsichtlich Beginn und Ende der Arbeitszeit mitbestimmt wird.[703] Für das Personal besteht lediglich die Möglichkeit, den entsprechenden Raum auf eigene Verantwortung unter Berücksichtigung der aufgeführten betriebsverfassungsrechtlichen Konsequenzen zu nutzen. Dabei fallen eventuell auftretende Transportschwierigkeiten der Kleidung nicht zulasten des Arbeitgebers ins Gewicht.[704] In Anbetracht des hergestellten unmittelbaren Zusammenhangs zu der betrieblichen Arbeitszeit verbleibt ein Regelungsbereich des Betriebsrats über die Gestaltung des Umkleideraums gemäß § 87 I Nr. 1 BetrVG[705] und demnach im Fall einer Nichteinigung der Betriebspartner ein Ermessensspielraum der Einigungsstelle gemäß § 76 V 3 BetrVG in puncto etwaiger Einrichtungsvariationen[706].

Die Vorgabe eines Zeitfensters für den Umkleidevorgang der Arbeitnehmer kann in einer freiwilligen Vereinbarung von Arbeitgeber und Betriebsrat im Sinne des § 88 BetrVG erfolgen. Insofern ist klärungsbedürftig, ob langsamere Mitarbeiter einen Anspruch auf Anpassung der geregelten Pauschalzeit haben, das heißt die entsprechenden Betriebsvereinbarungen nicht grundlegend verbindlich wären. Zur Sicherstellung etwaiger Abweichungsmöglichkeiten sollte der Betriebsrat auf offene Formulierungen hinwirken.

c) Zwischenergebnisse

Den generellen Anknüpfungspunkt für die arbeitszeitbezogene Beurteilung der Mitbestimmung des Betriebsrats hinsichtlich des Dienstkleidungswechsels bildet die festgestellte Ungleichbehandlung. In Ermangelung sachlicher Gründe ist eine solche im Rahmen der definierten Kleidungsart nicht haltbar und begründet die Erforderlichkeit einer gleichen Blickrichtung. Insofern wird das von der Rechtsprechung angeführte Spezifizierungsmerkmal der Auffälligkeit einer Kleidung für die vorab zu beurteilende Arbeitszeitrechtsfrage obsolet. Aufbauend auf den zu Recht festgelegten Orientierungsmaßstab der Fremdnützigkeit, kommt dem Aufenthaltsort des Arbeitnehmers zunächst differenzierende Bedeutung zu.

Auf dem Weg von und zur Arbeitsstätte ist angesichts des nicht auszuschließenden Eigeninteresses der Belegschaft, die einheitliche Bekleidung zu tragen, keine vollständige Interessenerfüllung des Arbeitgebers gegeben. Insoweit sind die aus eigenem Antrieb heraus erfolgende Bekanntheitsförderung des Unternehmens, die nach außen sichtbar gewollte Betriebszuordnung und der individuelle

---

703 In gegenteiliger Annahme für die erforderlich anzulegende Schutzkleidung etwa *BAG* 28.07.1994 BAGE 77, 285, 286.

704 Zur Notwendigkeit des Aufbügelns der Oberbekleidung als vergütungspflichtige Variable des Kleidungswechsels siehe *ArbG Halle (Saale)*, Urteil vom 21.03.2013 – 2 Ca 1674/12 –, juris Rn. 9, Rn. 19 ff.

705 Formuliert als materielle Annexkompetenz kraft Sachzusammenhang zur Dienstkleidungsordnung etwa Richardi/*Richardi*, BetrVG Kommentar, § 87 BetrVG Rn. 204.

706 *Winzer*/BAG 17.01.2012, ArbRAktuell 2012, 284, 284.

Ankleidevorteil auf dem Dienstweg jedes einzelnen Mitarbeiters zu berücksichtigen. Überdies entspricht eine generelle Qualifizierung des Kleiderwechsels als Arbeitszeit im Sinne des § 87 I Nr. 2 BetrVG nicht dem Willen des Gesetzgebers und lässt angesichts der zu erwartenden praktischen Folgen eine fehlende Mitbestimmung des Betriebsrats unschädlich wirken. Dennoch wird die an sich überwiegende Verbindung des Umkleidevorgangs zur Erbringung der tatsächlichen Arbeitsleistung auch angesichts der verschiedenartigen Definitionen von Arbeitszeit und der diesbezüglichen Regelungsmöglichkeiten nicht durch die vorgenommene Gleichstellung der Bekleidungstypen in Abrede gestellt.

Obwohl auf dem Arbeitsweg das Tragen von unauffälliger Kleidung mit dem einer besonders erkennbaren Dienstkleidung rechtlich gleichgestellt wird, erfolgt im Betrieb selbst die umgekehrte Vorgehensweise. Demgemäß begründet der Kleiderwechsel im betrieblichen Bereich eine vollständige Fremdnützigkeit im Sinne des Arbeitgebers, so dass die Anforderungen des betriebsverfassungsrechtlichen Arbeitszeitbegriffs gemäß § 87 I Nr. 2 BetrVG erfüllt sind. Es ist ein eindeutiger Bezug zur zeitlich unmittelbar auf den Umkleidevorgang folgenden Erfüllung der geschuldeten Arbeitspflicht gegeben. Gleichsam ruft dieser Aspekt den notwendig zu realisierenden Teilhabegedanken des Betriebsverfassungsgesetzes zur Sicherstellung einer ausreichenden privaten Lebensführung hervor. Durch die getrennte Betrachtung von Ort und Zeit der täglichen Arbeitszeit wird die aufgezeigte Mitbestimmungsreichweite beachtet. Als unweigerliche Folge der Gleichbehandlung unterschiedlicher Dienstkleidungsarten obliegt indes der Arbeitnehmerschaft die Entscheidung über die Wahl des Umkleideorts.

3. Ergebnisse

Nach alldem ist maßgebend, dass die Lage der Arbeitszeit als „formelle Arbeitsbedingung" und konkrete Unterteilung der Arbeitszeitdauer grundsätzlich dem Leistungsinhalt zuzuordnen ist.[707] Mithin kann die arbeitszeitliche Gestaltung dem innervertraglichen Beurteilungssystem der Vertragsparteien und dem Tarifrecht unterliegen.[708] Jedoch sind die festzulegenden betriebsverfassungsrechtlichen Mitbestimmungsgrundsätze im Rahmen des § 87 I Nr. 2 BetrVG unter Berücksichtigung des regelmäßigen arbeitsvertraglichen Bezugs auf die „betriebsübliche Arbeitszeit"[709] von entscheidender Bedeutung.

Die dazugehörige Rechtsprechung wurde unter überwiegendem Zuspruch der Lehre stetig weiterentwickelt und um neue Aspekte ergänzt. Das bestehende Regel-Ausnahme-Verhältnis hinsichtlich der Perspektive auf die Arbeitszeit kann

707 Richardi/u. a./*Reichold*, Münchener Handbuch zum Arbeitsrecht, § 36 Rn. 94.

708 *Danne*, FS Söllner, 199, 216, demzufolge von einer weisungsgebundenen Arbeitszeit auszugehen sei.

709 *Reichold*, NZA 1998, 393, 397; Richardi/u. a./*Reichold*, Münchener Handbuch zum Arbeitsrecht, § 36 Rn. 61; *Hofmann*, Arbeitszeitgesetz, S. 14; *Lakies*, BB 2003, 364, 365.

im Dienstkleidungsbereich lediglich im Rahmen einer zu bejahenden Fremdnützigkeit der jeweiligen Arbeitnehmerhandlung entschieden werden. Die betriebsverfassungsrechtliche Definition von Arbeitszeit erfasst so gesehen die Tätigkeitsausübung der Mitarbeiter selbst sowie alle Handlungen, die eine vollständige Fremdnützigkeit begründen und daher dem Direktionsrecht des Arbeitgebers unterliegen. Dies ist entsprechend auch für den Umkleidevorgang während des Bereitschaftsdiensts, der Rufbereitschaft und der für einen Arbeitsinhalt untypischen Dienstreisen zu beurteilen. Die Unzweckmäßigkeit des Konkretisierungsmerkmals der Auffälligkeit einer gestalteten Bekleidung zeigt sich bereits im betrieblichen Einzugsbereich einer einheitlichen Kleidervorgabe. Obwohl sich das Gericht dieser Interessenlage nicht genügend angenommen hat, wurde der Kleiderwechsel einer Dienstkleidung schwerpunktmäßig einseitig hinsichtlich des Arbeitswegs behandelt. Nur die fehlende Verpflichtungsmöglichkeit der Arbeitnehmer in Anbetracht eines befürchteten Eingriffs in die private Lebensführung war sachgerecht. Im Vergleich der gegebenen Rechtssituationen von verwendeten Kleidungsarten im Berufsalltag[710] entscheidet in der Konsequenz ebenso diese zu treffende Auswahl über die grundlegende Anerkennung eines Mitbestimmungsrechts und dessen Ausübungsmöglichkeiten. Auch deshalb ist die betont freiwillig gewährte Entscheidung der Belegschaft über den Ablauf des Umkleidens angemessen. Unterstützend wirkt der maßgebliche Trend, dass die geschuldete Arbeit zukünftig vor allem zeitlich befristet, projektbezogen und aufgabenorientiert ist.[711] Die fremdbestimmte, kollektivrechtlich geregelte Arbeit verschwindet, so dass der Arbeitnehmer als selbstverantwortlicher und eigenständiger Mensch seine vertraglichen Pflichten zu erfüllen hat.[712]

Ausgerichtet an den nunmehr festgestellten Mitbestimmungsrechten des Betriebsrats gemäß §§ 87 I Nr. 1, 2 BetrVG, der beigemessenen Abschlussmöglichkeit freiwilliger Betriebsvereinbarungen gemäß § 88 BetrVG und der eingeräumten betrieblichen Mitwirkungsrechte gemäß §§ 80 II, 90 I, II BetrVG sind zwangsläufig die dazugehörigen rechtlichen Durchführungsleitlinien zu besprechen.

---

710 Vgl. 2. Teil.

711 *Hofmann*, Arbeitszeitgesetz, S. 10; *Danne*, FS Söllner, 199, 203 f., wonach ein Wandel der Arbeitsbedingungen vollzogen worden sei.

712 *Danne*, FS Söllner, 199, 203 f.; *Hofmann*, Arbeitszeitgesetz, S. 10; *Reichold*, NZA 1998, 393, 400, demgemäß im Bereich eines Mitbestimmungsrechts lediglich Rahmenbedingungen zu formulieren seien, um dem Arbeitnehmer einen Ermessensspielraum zu belassen; kritisch hinsichtlich einer selbstbestimmten Arbeitsweise siehe *Gamillscheg*, Kollektives Arbeitsrecht, Bd. II, S. 24.

4. Teil. Ausübung der Mitbestimmungsrechte

Gemäß § 77 I 1 BetrVG obliegt dem Arbeitgeber die Ausübung der von den Betriebsparteien oder einer Einigungsstelle getroffenen Vereinbarungen, es sei denn es ist eine davon abweichende Bestimmung gegeben. Neben der Möglichkeit einer Übereinkunft in Form der Betriebsvereinbarung gemäß §§ 77 II, IV 1 BetrVG, die unmittelbar und zwingend Einfluss auf das Arbeitsverhältnis ausübt, steht den Betriebspartnern zur Einigung die formlose Regelungsabrede zur Verfügung.[713] Sofern Letzteres ratsam ist, bedarf es aufgrund einer ausbleibenden normativen Wirkung dieses Regelungsinstruments der Umsetzung der betroffenen Maßnahme mithilfe des Weisungsrechts gemäß § 106 GewO.[714] In Bezugnahme auf die oftmals vorgenommene praktische Integration der Dienstkleidungsordnung in den Betrieb als Gesamtheit von Regelungen über Einführung und Ausgestaltung[715] ist die ausgelöste rechtliche Wirkung des Erlasses von mitbestimmungsfreien und mitbestimmungspflichtigen Klauseln zu beachten. Sobald eine diese Angelegenheiten umfassende Betriebsvereinbarung geschlossen wird, entfällt das an sich teilweise bestehende Direktionsrecht des Arbeitgebers.[716] Angesichts der schon formulierten Bedeutsamkeit eines frei verfügbaren Regelungsspielraums des Arbeitgebers über eine betriebseinheitliche Kleidervorgabe obliegt diesem die entsprechende Ausführung der Mitbestimmungsrechte. Dies gilt jedoch auch mit Blick auf die hervorgerufenen negativen Reaktionen in der Arbeitnehmerschaft.[717]

Zusätzlich bedarf es der näheren Konkretisierung der zu erwartenden, aktiv gewährten Teilnahmemöglichkeiten des Betriebsrats am Betriebsgeschehen im Rahmen von gewährten Initiativrechten. Außerdem ist relevant, welcher Betriebsrat bei den etwaigen Dienstkleidungsmaßnahmen hinzuzuziehen ist. So kommt für alle Beteiligungsrechte das Tätigwerden des Gesamtbetriebsrats in Abgrenzung zum gestaltenden Einzelbetriebsrat eines jeden Betriebs in Betracht. Diese Beurteilung wird anhand der wesentlichen Zuständigkeitsnorm des § 50 I BetrVG vorgenommen. Abschließend sind die möglicherweise eintretenden betriebsverfassungsrechtlichen

---

713 *BAG (GS)* 16.09.1986 BAGE 53, 42, 63 f.; *BAG* 16.12.2008 BAGE 129, 56, 64; *Hessisches LArbG* 27.11.1986 LAGE Nr. 5 zu § 87 BetrVG 1972, zu den Gründen, Blatt 9; ebenso Richardi/*Richardi*, BetrVG Kommentar, § 87 BetrVG Rn. 209, Rn. 324; Düwell/*Kohte*, BetrVG Handkommentar, § 87 BetrVG Rn. 23; *Fitting*, BetrVG Handkommentar, § 87 BetrVG Rn. 580; GK-BetrVG/*Wiese*, § 87 BetrVG Rn. 87, Rn. 90 f.; Hess/u. a./*Worzalla*, BetrVG Kommentar, § 87 BetrVG Rn. 145, Rn. 219; *Besgen*, Betriebsverfassungsrecht, S. 475; allgemein zur Form der Mitbestimmung etwa *von Hoyningen-Huene*, DB 1987, 1426, 1426.

714 Schaub/*Koch*, Arbeitsrechts-Handbuch, S. 2476.

715 Angedeutet in 3. Teil. § 8. III. 3. c).

716 *Eisenbeis/Nießen*, FS Leinemann, 697, 712 m. w. N. zu Lehrbeiträgen.

717 Angeführt in *Eisenbeis/Nießen*, FS Leinemann, 697, 712.

und individualrechtlichen Rechtsfolgen im Fall eines mitbestimmungswidrigen Verhaltens des jeweils anderen Betriebspartners darzulegen.

§ 10. Initiativrechte

Ein gewährtes Initiativrecht richtet sich im Bereich des § 87 I BetrVG nach Inhalt sowie Sinn und Zweck des jeweiligen Mitbestimmungsrechts.[718] Dadurch kann der Betriebsrat auf eigene Verantwortung an den Arbeitgeber herantreten und auf den Abschluss einer Regelung hinwirken.[719] Allerdings wird dieses Recht nur insoweit eingeräumt, als die Angelegenheit vor der Einigungsstelle gemäß § 87 II BetrVG zwingend geklärt werden kann.[720] Sollte daher nach einer vom Betriebsrat initiierten Maßnahme keine Einigung zwischen den Betriebspartnern zustande kommen, besteht die Aussicht darüber einen Einigungsstellenspruch herbeizuführen.[721] Nach überwiegender Ansicht

---

718 Grundlegend *BAG* 14.11.1974 AP Nr. 1 zu § 87 BetrVG 1972, zu II. 2. der Gründe; nachfolgend *BAG* 12.06.1975 BAGE 27, 194, 206 m. w. N. zu Lehrbeiträgen; *BAG* 31.08.1982 BAGE 40, 107, 1121; *BAG* 04.03.1986 BAGE 51, 187, 194 m. w. N. zu Lehrbeiträgen; *BAG* 08.08.1989 BAGE 62, 322, 327; *BAG* 28.11.1989 BAGE 63, 283, 289; *BAG* 30.01.1990 BAGE 64, 117, 126; besprochen für § 87 I Nr. 2 BetrVG in *BAG* 26.10.2004 BAGE 112, 227, 235; *LArbG Nürnberg* 10.09.2002 LAGE Nr. 1 zu § 87 BetrVG 1972 Betriebliche Ordnung, zu II. 3. c) aa) der Gründe; bereits früher sympathisierend *Richardi*/BAG 14.11.1974 AP Nr. 1 zu § 87 BetrVG 1972, zu II.; heute zustimmend Richardi/*Richardi*, BetrVG Kommentar, § 87 BetrVG Rn. 72; Däubler/u. a./*Klebe*, BetrVG, § 87 BetrVG Rn. 25 f.; *Fitting*, BetrVG Handkommentar, § 87 BetrVG Rn. 583 f.; ErfK/*Kania*, § 87 BetrVG Rn. 9; GK-BetrVG/*Wiese*, § 87 BetrVG Rn. 138; Hess/u. a./*Worzalla*, BetrVG Kommentar, § 87 BetrVG Rn. 58; *Löwisch/Kaiser*, BetrVG Kommentar, § 87 BetrVG Rn. 10; Richardi/u. a./*Matthes*, Münchener Handbuch zum Arbeitsrecht, § 238 Rn. 32; Wlotzke/Preis/Kreft/*Bender*, BetrVG Kommentar, § 87 BetrVG Rn. 16.

719 *BAG* 14.11.1974 AP Nr. 1 zu § 87 BetrVG 1972, zu II. 2. der Gründe; desgleichen *Richardi*/BAG 14.11.1974 AP Nr. 1 zu § 87 BetrVG 1972, zu II.; *von Hoyningen-Huene*, Betriebsverfassungsrecht, S. 264; Richardi/u. a./*Matthes*, Münchener Handbuch zum Arbeitsrecht, § 238 Rn. 34; Düwell/*Kohte*, BetrVG Handkommentar, § 87 BetrVG Rn. 18; ErfK/*Kania*, § 87 BetrVG Rn. 9; *Fitting*, BetrVG Handkommentar, § 87 BetrVG Rn. 586, wonach keine Einschränkung aufgrund der unternehmerischen Entscheidungsfreiheit des Arbeitgebers notwendig sei. Diese solle die Mitbestimmung gezielt verkürzen und dadurch Arbeitnehmerinteressen schützen.

720 *BAG* 31.08.1982 BAGE 40, 107, 121; a. M. Richardi/*Richardi*, BetrVG Kommentar, § 87 BetrVG Rn. 65, wonach dieser Aspekt keine taugliche Begründungsgrundlage für die Anerkennung eines Initiativrechts sei.

721 *BAG* 14.11.1974 AP Nr. 1 zu § 87 BetrVG 1972, zu II. 2. der Gründe; *BAG* 28.04.1981 AP Nr. 1 zu § 87 BetrVG 1972 Vorschlagswesen, zu B. I. 1. b) der Gründe; *BAG* 28.11.1989 BAGE 63, 283, 288; *BAG* 04.03.1986 BAGE 51, 187, 194; vgl. auch *Richardi*/BAG 14.11.1974 AP Nr. 1 zu § 87 BetrVG 1972, zu II.; *Hurlebaus*, Fehlende Mitbestimmung bei § 87 BetrVG, S. 24; ErfK/*Kania*, § 87 BetrVG Rn. 9; weitergehend Richardi/*Richardi*, BetrVG Kommentar, § 87 BetrVG Rn. 65, demgemäß dies unabhängig

erfolgt jedoch eine Verkürzung des Initiativrechts, wenn aus dem Sinn und Zweck des Mitbestimmungsrechts notwendig eine Begrenzung von Vereinbarungsmöglichkeiten folgen muss.[722] Angesichts der bereits angeführten betriebsverfassungsrechtlichen Betrachtungsweise der Einführung und Ausgestaltung einer Dienstkleidung sowie der Zuordnung des Kleiderwechsels zur täglichen Arbeitszeit ergeben sich diesbezüglich verschieden initiative Möglichkeiten für den Betriebsrat.

In Ermangelung eines Mitbestimmungsrechts gemäß § 87 I Nr. 1 BetrVG über den Erlass einer betriebseinheitlichen Kleidervorgabe[723] erhält der Betriebsrat auch kein entsprechendes Initiativrecht, da insofern eine Erweiterung der Arbeitgeberpflichten zu befürchten ist.[724] Außerdem ist diese Beurteilung konsequent, wenn die erzwingbare Mitbestimmung gemäß § 87 I Nr. 1 BetrVG als Einheit von Initiativrecht und Zustimmungsrecht des Betriebsrats verstanden wird.[725]

Hingegen eröffnet das über die Ausgestaltung einer Dienstkleidungsvorgabe bestehende Mitbestimmungsrecht gemäß § 87 I Nr. 1 BetrVG[726] dem Betriebsrat die Aussicht, aktiv am Betriebsgeschehen teilzunehmen. Eine darauf bezogene Einschränkung des Initiativrechts ist allerdings nicht denkbar. Im Rahmen des § 87 I Nr. 1 BetrVG wird über die gerechtfertigte Einschränkung des Direktionsrechts des

---

davon möglich sei, ob ein erzwingbares Mitbestimmungsrecht oder ein als Zustimmung ausgestaltetes Beteiligungsrecht vorliege.

722 So sei eine ausreichende und gleichberechtigte Berücksichtigung der Arbeitnehmerinteressen nicht zu verzeichnen, wenn der Betriebsrat lediglich ein Recht auf die Abwehr der Arbeitgebermaßnahme habe, so etwa *BAG* 04.03.1986 BAGE 51, 187, 194 m. w. N. zu Lehrbeiträgen; *BAG* 28.11.1989 BAGE 63, 283, 289; *LArbG Nürnberg* 10.09.2002 LAGE Nr. 1 zu § 87 BetrVG 1972 Betriebliche Ordnung, zu II. 3. c) bb) der Gründe; *Hessisches LArbG*, Beschluss vom 08.04.2010 – 5 TaBV 123/09 –, juris Rn. 44; ebenso GK-BetrVG/*Wiese*, § 87 BetrVG Rn. 137 ff.; Richardi/*Richardi*, BetrVG Kommentar, § 87 BetrVG Rn. 72; weitergehend *Gamillscheg*, Kollektives Arbeitsrecht, Bd. II, S. 22, demgemäß der Schutzgedanke des Betriebsverfassungsrechts bereits ein bestehendes Initiativrecht entfallen lasse.

723 Vgl. 3. Teil. § 8. III. 3. c) aa).

724 Sympathisierend Richardi/*Richardi*, BetrVG Kommentar, § 87 BetrVG Rn. 201, woraufhin die Durchsetzung der Einführung einer Dienstkleidungsvorschrift nicht möglich sei. Grund sei, dass der Betriebsrat sie im Vergleich dazu auch nicht verhindern könne, wenn es sich dabei um die Konkretisierung der Arbeitspflicht handele; *Löwisch/Kaiser*, BetrVG Kommentar, § 87 BetrVG Rn. 49; darüber hinaus *Fitting*, BetrVG Handkommentar, § 87 BetrVG Rn. 586, demzufolge ein unmittelbarer Eingriff in die Betriebsführung gegeben sei.

725 *BAG* 14.11.1974 AP Nr. 1 zu § 87 BetrVG 1972, zu II. 2. der Gründe; unter ausführlicher Darstellung des Meinungsstreits grundlegend *Reuter*, ZfA 1981, 165, 174 ff.; nachfolgend *BAG* 31.08.1982 BAGE 40, 107, 121; Schaub/*Koch*, Arbeitsrechts-Handbuch, S. 2475; *Richardi/Bayreuther*, Kollektives Arbeitsrecht, S. 305; a. M. GK-BetrVG/*Wiese*, § 87 BetrVG Rn. 148.

726 Vgl. 3. Teil. § 8. III. 3. c) bb).

Arbeitgebers hinaus, der gleichberechtigten Teilhabe der Arbeitnehmer gedient[727].[728] Demgemäß konzentrieren sich Sinn und Zweck des Mitbestimmungsrechts nicht vordergründig auf den Persönlichkeitsschutz der Arbeitnehmer[729], der grundlegend eine Minderung der autonomen Handlungsweise des Betriebsrats erfordern könnte. Zwar entstehen Zweifel über die mit einem Initiativrecht verbundenen Gefahren, wenn eine einheitliche Bekleidungsvorgabe als Leistungskontrolle der Arbeitnehmer qualifiziert wird.[730] Obgleich dieser Bedenken, erscheint die Chance, auf die Ausgestaltung einer bereits eingeführten Dienstkleidung hinzuwirken, überwiegend positiv. Insoweit kann der Betriebsrat, auch zum passenden Zeitpunkt innerhalb des Verfahrensgangs, dem Schutzbedürfnis der Arbeitnehmer gerecht und unterstützend tätig werden. Ferner dient die betriebseinheitliche Kleidervorschrift hinsichtlich der zu erfüllenden Kundenanforderungen gleichsam mittelbar der Sicherung und Erhaltung des Arbeitsplatzes. Insofern liegt in den vorstehenden Argumenten die Erforderlichkeit eines uneingeschränkten Initiativrechts begründet.[731]

Weiterhin wird dem Betriebsrat hinsichtlich des arbeitszeitbezogenen Umkleidevorgangs im Betrieb in Abhängigkeit des Mitbestimmungsrechts gemäß § 87 I Nr. 2 BetrVG[732] ein korrespondierendes Initiativrecht zugebilligt[733]. Es besteht jedoch ebenso nur die Möglichkeit, aktiv tätig zu werden, wenn der Arbeitgeber durch die betreffende Maßnahme nicht zur Erhöhung seiner zu erbringenden Entgeltleistung

727 *Gesetzesentwurf der Bundesregierung* 16.02.2001, BR-Drucksache 140/01, S. 52; *BAG* 24.03.1981 BAGE 35, 150, 156 m. w. N.; *BAG* 23.07.1996 AP Nr. 26 zu § 87 BetrVG 1972 Ordnung des Betriebes, zu B. I. 2. a) aa) der Gründe; *BAG* 27.01.2004 BAGE 109, 235, 238.

728 *LArbG Nürnberg* 10.09.2002 LAGE Nr. 1 zu § 87 BetrVG 1972 Betriebliche Ordnung, zu II. 3. c) cc) der Gründe.

729 Vgl. 3. Teil. § 8. II. 3./III. 3. c) aa); gleichermaßen ErfK/*Kania*, § 87 BetrVG Rn. 9; *Heese*/BAG 11.06.2002, AuR 2003, 234, 234, wobei eine weitergehende Einbeziehung dieses Aspekts mit Blick auf die Frage der Eröffnung des Mitbestimmungstatbestands zu wünschen sei; im Vergleich dazu Sinn und Zweck von § 87 I Nr. 6 siehe *BAG* 28.11.1989 BAGE 63, 283, 289, woraufhin der gewünschte Persönlichkeitsschutz bei einem eingeräumten Initiativrecht über die Einführung einer technischen Kontrolleinrichtung nicht zu erzielen sei.

730 Vgl. 3. Teil. § 8. III. 3. c) aa).

731 Anders für die insoweit von dem Autor als mitbestimmungsrechtliche Regelungen qualifizierten Bestimmungen über die Kosten und den Anlass zur Einführung einer Dienstkleidung, *Fischer*, NZA-RR 2015, 169, 172.

732 Vgl. 3. Teil. § 9. II. 2. b).

733 *BAG* 31.08.1982 BAGE 40, 107, 120 f.; *BAG* 26.10.2004 BAGE 112, 227, 235; sympathisierend Däubler/u. a./*Klebe*, BetrVG, § 87 BetrVG Rn. 95; GK-BetrVG/*Wiese*, § 87 BetrVG Rn. 349 f.; Hess/u. a./*Worzalla*, BetrVG Kommentar, § 87 BetrVG Rn. 209; Richardi/*Richardi*, BetrVG Kommentar, § 87 BetrVG Rn. 310.

verpflichtet wird.[734] Dies ist im Bereich des Dienstkleidungswechsels ausgeschlossen, weil sich die Folgen der Mitbestimmung des Betriebsrats lediglich in der Zeitgestaltung des Arbeitstags und deren betrieblicher Realisierung äußern. Wenn überhaupt erhält der Arbeitgeber in der Zeit des Umkleidevorgangs für die Lohnzahlung keine Arbeitsleistung; dieses Entgelt ist aber in jedem Fall unabhängig von dem Kleiderwechsel für die ansonsten erbrachte Arbeitspflicht zu zahlen. In Anbetracht der mangelnden Betroffenheit weiterer Arbeitgeberpflichten steht dem Betriebsrat somit ein vollständiges Initiativrecht zu.[735]

Folglich kann der Betriebsrat neben seinem Mitbestimmungsrecht gemäß § 87 I Nr. 1 BetrVG über die Ausgestaltung der einheitlichen Kleidervorgabe in allen Berufsfeldern, ausgenommen dem Dienstleistungsgewerbe, derartige Detailbestimmungen anregen und auf eine entsprechende Einigung hinwirken. Gleiches wird im Bereich des § 87 I Nr. 2 BetrVG beispielsweise durch die Einbeziehung und Ausgestaltung der Umkleidezeit in die Arbeitszeitbestimmungen ermöglicht. Im besonders ausgestalteten Leiharbeitsverhältnis ist aus Schutzerwägungen heraus nur die im Einsatzbetrieb gebildete Vertretung gehalten, Vorgaben für die Gestaltung sowie den auszuführenden Kleiderwechsel der dort geltenden Dienstkleidung zu treffen und was das anbelangt, initiativ am betrieblichen Geschehen teilzunehmen.[736]

§ 11. Zuständigkeit des Gesamtbetriebsrats gemäß § 50 I 1 Hs. 1 BetrVG

Der Gesamtbetriebsrat ist gemäß § 50 I 1 Hs. 1 BetrVG für die Behandlung von Angelegenheiten zuständig, die das Gesamtunternehmen oder mehrere Betriebe betreffen und nicht durch die einzelnen Betriebsräte innerhalb ihrer Betriebe geregelt werden können. Laut aktueller Auffassung des *BAG*[737] kommt dem Gesamtbetriebsrat in Anbetracht der mit der Dienstkleidung verfolgten Zwecke einer Verbreitung des Wiedererkennungswerts und der Mitarbeiteridentifizierung die dazugehörige Regelungskompetenz zu. Im Hinblick darauf sei die unternehmensweite Realisierung einer einheitlichen Bekleidungsvorgabe lediglich mit Hilfe einer unternehmenseinheitlichen Regelung erfolgversprechend.[738]

I. Grundlagen der Zuständigkeitsnorm

Unter Berücksichtigung des anhaltenden Gesetzgeberverhaltens wird überwiegend von der primären Zuständigkeit des Einzelbetriebsrats in der Betriebsverfassung

734 Eine Einschränkung des Initiativrechts bei der Erweiterung von Arbeitgeberpflichten postulierend etwa Richardi/*Richardi*, BetrVG Kommentar, § 87 BetrVG Rn. 266, Rn. 45 ff.

735 Dergleichen *Heilmann*, AiB 1994, 7, 10.

736 Vgl. 3. Teil. § 8. III. 3. b) bb); ebenso in 3. Teil. § 9. II. 2. b) a).

737 *BAG* 17.01.2012 BAGE 140, 223, 225 f.

738 *BAG* 17.01.2012 BAGE 140, 223, 225 f.

ausgegangen, so dass für den Gesamtbetriebsrat nur unter besonderen Voraussetzungen eine Entscheidungsbefugnis verbleibt.[739] Das Ziel, die Zuständigkeiten der einzelnen Betriebsräte vom Gesamtbetriebsrat abzugrenzen, liegt in der Sicherung einer arbeitnehmernahen Mitbestimmung begründet.[740] Insoweit soll der Abschluss einer nötigen unternehmenseinheitlichen Regelung nicht durch das Bestehen und die divergierenden Bestimmungen mehrerer Einzelbetriebsräte sowie der etwaig angerufenen Einigungsstellen verhindert werden.[741] Damit erfolgt nach herrschender Meinung[742] ein gegenseitiger Ausschluss der jeweiligen Entscheidungskompetenzen im Sinne einer Zuständigkeitstrennung. Dem Gesamtbetriebsrat seien nur Angelegenheiten zugewiesen, wenn sie das gesamte Unternehmen oder alle Betriebe betreffen und nicht durch den Einzelbetriebsrat geregelt werden könnten. Die gesetzliche Verteilung der Regelungsbefugnis sei zwingend und ermögliche weder durch Tarifvertrag noch durch Betriebsvereinbarung eine Abänderung. Folglich seien im Ergebnis originäre

---

739 Grundlegend *BAG* 06.04.1976 AP Nr. 2 zu § 50 BetrVG 1972, zu II. 3. der Gründe; nachfolgend *BAG* 18.10.1994 AP Nr. 70 zu § 87 BetrVG 1972 Lohngestaltung, zu B. II. 1. der Gründe; *BAG* 21.03.1996 BAGE 82, 316, 319; *BAG* 11.12.2001 BAGE 100, 60, 65; *BAG* 19.06.2007 BAGE 123, 152, 156; zustimmend *Ehrich*, ZfA 1993, 427, 430 f.; Düwell/*Tautphäus*, BetrVG Handkommentar, § 50 BetrVG Rn. 2; ErfK/*Koch*, § 50 BetrVG Rn. 2; Richardi/*Annuß*, BetrVG Kommentar, § 50 BetrVG Rn. 3; Wlotzke/Preis/Kreft/*Roloff*, BetrVG Kommentar, § 50 BetrVG Rn. 1; *Etzel*, Betriebsverfassungsrecht, S. 467; bemängelnde Ansicht hinsichtlich der Charakterisierung des § 50 I BetrVG als Vermutungsbestimmung oder als Beweislastregel in GK-BetrVG/*Kreutz*, § 50 BetrVG Rn. 19.

740 *BAG* 21.03.1996 BAGE 82, 316, 319, infolge dessen die Interessenvertretung im Bereich des Tätigkeitsfelds der Belegschaft einzurichten sei; *von Hoyningen-Huene*, Betriebsverfassungsrecht, S. 112; missverständlich Richardi/u. a./*Joost*, Münchener Handbuch zum Arbeitsrecht, § 225 Rn. 1, wonach die betriebsverfassungsrechtliche Arbeitnehmerrepräsentation auf Unternehmensebene „arbeitgebernah" zu verstehen sei.

741 *BAG* 16.08.1983 BAGE 44, 86, 91, demzufolge die verschiedenen Interessen der jeweiligen betriebsverfassungsrechtlichen Organe auszugleichen seien.

742 Grundlegend *BAG* 06.04.1976 AP Nr. 2 zu § 50 BetrVG 1972, zu II. 2. der Gründe; nachfolgend *BAG* 30.04.1981 BAGE 35, 228, 233; *BAG* 03.05.1984 BAGE 46, 4, 11; *BAG* 06.12.1988 BAGE 60, 244, 252; *BAG* 28.04.1992 AP Nr. 11 zu § 50 BetrVG 1972, zu B. II. 1. b) der Gründe; *BAG* 21.03.1996 BAGE 82, 316, 319; *BAG* 14.11.2006 BAGE 120, 146, 156 f.; zustimmend *LArbG Düsseldorf* 04.03.1992 NZA 1992, 613, 614; *Behne*, AiB 1990, 321, 323 f.; *Hümmerich*, Zuständigkeitsabgrenzung zwischen Gesamtbetriebsrat und Einzelbetriebsräten, S. 19, woraufhin die Regelungsbefugnis der einzelnen Betriebsräte durch eine begründete Zuständigkeit des Gesamtbetriebsrats gemäß § 50 I BetrVG begrenzt sei; GK-BetrVG/*Kreutz*, § 50 BetrVG Rn. 18; *Edenfeld*, Betriebsverfassungsrecht, S. 107 f.; ErfK/*Koch*, § 50 BetrVG Rn. 2; *Fitting*, BetrVG Handkommentar, § 50 BetrVG Rn. 74; *Etzel*, Betriebsverfassungsrecht, S. 468; Richardi/*Annuß*, BetrVG Kommentar, § 50 BetrVG Rn. 3; *Löwisch/Kaiser*, BetrVG Kommentar, § 50 BetrVG Rn. 1; Düwell/*Tautphäus*, BetrVG Handkommentar, § 50 BetrVG Rn. 2.

Mitwirkungsrechte sowie Mitbestimmungsrechte des einzelnen Betriebsrats und des Gesamtbetriebsrats nicht nebeneinander zulässig.[743] Dieser Grundsatz gilt nur innerhalb eines Mitbestimmungstatbestands; im Übrigen ist die Regelungszuständigkeit für jedes, auch unter mehrere Mitbestimmungstatbestände fallendes partielles, Mitbestimmungsrecht gesondert festzustellen.[744] Dabei ist der Kernbereich der Zuständigkeit des Gesamtbetriebsrats zu erhalten, um die gegebenen Verzahnungen der miteinander korrespondierenden Regelungen nicht aufzubrechen.[745] Sollte der Gesamtbetriebsrat trotz einer wirksam vorliegenden Zuständigkeitskompetenz nicht tätig werden, wird den einzelnen Betriebsräten kein Eintrittsrecht zur Wahrnehmung der Befugnisse eingeräumt.[746] Grund dafür sind die eigens angestellten Überlegungen

---

743 *BAG* 06.04.1976 AP Nr. 2 zu § 50 BetrVG 1972, zu II. 2. der Gründe; *BAG* 30.04.1981 BAGE 35, 228, 233; *BAG* 03.05.1984 BAGE 46, 4, 11; *BAG* 06.12.1988 BAGE 60, 244, 252; *BAG* 28.04.1992 AP Nr. 11 zu § 50 BetrVG 1972, zu B. II. 1. b) der Gründe; *BAG* 21.03.1996 BAGE 82, 316, 319; *BAG* 14.11.2006 BAGE 120, 146, 156 f.; *LArbG Düsseldorf* 04.03.1992 NZA 1992, 613, 614; *Behne*, AiB 1990, 321, 323 f.; *Hümmerich*, Zuständigkeitsabgrenzung zwischen Gesamtbetriebsrat und Einzelbetriebsräten, S. 19; GK-BetrVG/*Kreutz*, § 50 BetrVG Rn. 18; *Edenfeld*, Betriebsverfassungsrecht, S. 107 f.; ErfK/*Koch*, § 50 BetrVG Rn. 2; *Fitting*, BetrVG Handkommentar, § 50 BetrVG Rn. 74; *Etzel*, Betriebsverfassungsrecht, S. 468; Richardi/*Annuß*, BetrVG Kommentar, § 50 BetrVG Rn. 3; *Löwisch/Kaiser*, BetrVG Kommentar, § 50 BetrVG Rn. 1; Düwell/*Tautphäus*, BetrVG Handkommentar, § 50 BetrVG Rn. 2.

744 Aus Gründen der Rechtssicherheit etwa *LArbG Baden-Württemberg*, Beschluss vom 21.10.2015 – 4 TaBV 2/15 –, juris Rn. 14, Rn. 18, Rn. 30, Rn. 95, demnach der Gesamtbetriebsrat für den Abschluss einer unternehmenseinheitlichen Dienstkleidungsordnung nach § 87 I Nr. 1 BetrVG zuständig sei und der örtliche Einzelbetriebsrat gleichsam eine Vereinbarung über „Gesundheitsschutz/Raumklima" mit entsprechenden gelockerten Kleiderregelungen im Sinne von § 87 I Nr. 7 BetrVG treffen könne. Eine Aufspaltung der Zuständigkeiten auf mehrere betriebsverfassungsrechtliche Gremien mit Blick auf die personenbezogenen Maßnahmen des Gesundheitsschutzes sei rechtlich unklar und gehe nicht mit der horizontalen Zuständigkeitsabgrenzung konform; derzeit anhängiges Verfahren vor dem Bundesarbeitsgericht unter dem Aktenzeichen 1 ABR 59/15.

745 *LArbG Baden-Württemberg*, Beschluss vom 21.10.2015 – 4 TaBV 2/15 –, juris Rn. 113 f.

746 *LArbG Düsseldorf* 04.03.1992 NZA 1992, 613, 614; dergleichen *Danne*/BAG 18.10.1994, SAE 1995, 358, 360, demzufolge sei eine sachliche und zeitliche Abhängigkeit von dem Handeln des Gesamtbetriebsrats zu verzeichnen; *Ehrich*, ZfA 1993, 427, 431; *Röder/Gragert*, DB 1996, 1674, 1674 f.; *Hümmerich*, Zuständigkeitsabgrenzung zwischen Gesamtbetriebsrat und Einzelbetriebsräten, S. 22 f.; Richardi/*Annuß*, BetrVG Kommentar, § 50 BetrVG Rn. 46; *Richardi/Bayreuther*, Kollektives Arbeitsrecht, S. 260; *Fitting*, BetrVG Handkommentar, § 50 BetrVG Rn. 10; Hess/u. a./*Glock*, BetrVG Kommentar, § 50 BetrVG Rn. 5; *Löwisch/Kaiser*, BetrVG Kommentar, § 50 BetrVG Rn. 1; a. M. hinsichtlich einer weiterhin bestehenden Regelungsbefugnis des Gesamtbetriebsrats etwa *BAG* 03.05.1984 BAGE 46, 4, 11 f.; *LArbG Nürnberg* 21.09.1992 LAGE Nr. 23 zu § 98 ArbGG, zu II. 2. der Gründe;

eines Gesamtbetriebsrats im Hinblick auf die Ausübung des Mitbestimmungsrechts[747] und die mangelnde Dispositionsmöglichkeit der Betriebsverfassungsorgane über die Entscheidungszuweisung[748].

1. Sachlicher Geltungsbereich

Für den Gesamtbetriebsrat gelten gemäß § 51 V BetrVG entsprechend die Vorschriften über die Rechte und Pflichten des Betriebsrats, soweit dieses Gesetz keine besonderen Vorschriften enthält. Dabei handelt es sich sowohl um die abgestuften Mitwirkungsrechte und Mitbestimmungsrechte als auch um die allgemeinen Pflichten gemäß §§ 2 I, 74, 75, 80 I BetrVG.[749] Es gilt zu berücksichtigen, dass keine neue oder andersartige Mitbestimmung durch die Zuständigkeit des Gesamtbetriebsrats begründet werden kann, weshalb Änderungen an deren Zulässigkeitsvoraussetzungen unzulässig sind.[750] Für die im Rahmen der Zusammenarbeit geschlossenen Gesamtbetriebsvereinbarungen sind die §§ 77 II-VI BetrVG entsprechend anzuwenden.[751]

Aus den im Gesetz eingeräumten Rechten und auferlegten Pflichten des Gesamtbetriebsrats wird deutlich, dass dieser den Einzelbetriebsräten weder zugeordnet oder untergeordnet[752] noch ihnen gemäß § 50 I 2 BetrVG übergeordnet ist. Deswegen hat der Gesamtbetriebsrat kein imperatives Mandat für die einzelnen Betriebsräte inne, sondern nimmt die Aufgaben vielmehr im Rahmen seines eigenen

Müller, FS Küchenhoff, 283, 293; *Heilmann*, AuA 1995, 48, 49; Däubler/u. a./*Trittin*, BetrVG, § 50 BetrVG Rn. 15; nun auch Schaub/*Koch*, Arbeitsrechts-Handbuch, S. 2390.

747 *LArbG Düsseldorf* 04.03.1992 NZA 1992, 613, 614.

748 *LArbG Düsseldorf* 04.03.1992 NZA 1992, 613, 614; gleichermaßen *Röder/Gragert*, DB 1996, 1674, 1675; *Fitting*, BetrVG Handkommentar, § 50 BetrVG Rn. 10.

749 Umkehrschluss aus der Rechtsnatur einer Zuständigkeitsverteilung siehe *BAG* 06.12.1988 BAGE 60, 244, 252; *BAG* 16.08.2011 NZA 2012, 342, 344; so auch GK-BetrVG/*Kreutz*, § 50 BetrVG Rn. 11; *Müller*, FS Küchenhoff, 283, 287 f.

750 *Heilmann*, AuA 1995, 48, 50; *Hümmerich*, Zuständigkeitsabgrenzung zwischen Gesamtbetriebsrat und Einzelbetriebsräten, S. 8; GK-BetrVG/*Kreutz*, § 50 BetrVG Rn. 20.

751 GK-BetrVG/*Kreutz*, § 50 BetrVG Rn. 75; *Löwisch/Kaiser*, BetrVG Kommentar, § 50 BetrVG Rn. 28; Richardi/*Annuß*, BetrVG Kommentar, § 50 BetrVG Rn. 70; Wlotzke/Preis/Kreft/*Roloff*, BetrVG Kommentar, § 50 BetrVG Rn. 25; ErfK/*Koch*, § 50 BetrVG Rn. 8.

752 GK-BetrVG/*Kreutz*, § 50 BetrVG Rn. 14; Richardi/*Annuß*, BetrVG Kommentar, § 50 BetrVG Rn. 45; *Fitting*, BetrVG Handkommentar, § 50 BetrVG Rn. 6; Hess/u. a./*Glock*, BetrVG Kommentar, § 50 BetrVG Rn. 5; Däubler/u. a./*Trittin*, BetrVG, § 50 BetrVG Rn. 7; *Brill*, AuR 1983, 169, 170; *Hümmerich*, Zuständigkeitsabgrenzung zwischen Gesamtbetriebsrat und Einzelbetriebsräten, S. 19 f.

Entscheidungsspielraums wahr.[753] Zum einen kommt ihm keine Richtlinienkompetenz zu.[754] Zum anderen ist der Gesamtbetriebsrat gegenüber den einzelnen Betriebsräten nicht weisungsgebunden.[755] Allerdings wird seine rechtliche und institutionelle Unabhängigkeit sowie Eigenständigkeit durch die verfahrensmäßige Errichtung eines solchen Betriebsrats begrenzt.[756] Fehlt es maßgeblich an einer eigenen Zuständigkeit des Gesamtbetriebsrats, kann dieser wenigstens koordinierend zwischen den Betriebsräten tätig werden und auf eine möglichst sinnvolle Abstimmung hinwirken.[757] Dieses Interesse an einer Vereinheitlichung und Angleichung ist rechtlich allerdings nicht durchsetzbar.[758]

2. Tatbestandsvoraussetzungen

Zur Beantwortung der Frage des § 50 I 1 Hs. 1 BetrVG, wann eine Angelegenheit nicht mehr durch die Einzelbetriebsräte innerhalb des Betriebs vereinbart werden kann und somit den Kompetenzbereich des Gesamtbetriebsrats begründet[759], müssen

---

753 *Edenfeld*, Betriebsverfassungsrecht, S. 107; ErfK/*Koch*, § 50 BetrVG Rn. 1; *Fitting*, BetrVG Handkommentar, § 50 BetrVG Rn. 6.

754 *Gesetzesentwurf der Bundesregierung* 31.10.1950, BT-Drucksache 01/1546, S. 49; *Brill*, AuR 1983, 169, 170; *Heilmann*, AuA 1995, 48, 49; *Fitting*, BetrVG Handkommentar, § 50 BetrVG Rn. 5; GK-BetrVG/*Kreutz*, § 50 BetrVG Rn. 13; Richardi/*Annuß*, BetrVG Kommentar, § 50 BetrVG Rn. 44; Däubler/u. a./*Trittin*, BetrVG, § 50 BetrVG Rn. 7; Schaub/*Koch*, Arbeitsrechts-Handbuch, S. 2385; *Etzel*, Betriebsverfassungsrecht, S. 468.

755 *BAG* 15.12.1961 BAGE 12, 128, 133; sympathisierend *Brill*, AuR 1983, 169, 170; *Heilmann*, AuA 1995, 48, 49; ErfK/*Koch*, § 50 BetrVG Rn. 1; *Fitting*, BetrVG Handkommentar, § 50 BetrVG Rn. 6; GK-BetrVG/*Kreutz*, § 50 BetrVG Rn. 13; Hess/u. a./*Glock*, BetrVG Kommentar, § 50 BetrVG Rn. 5; Richardi/*Annuß*, BetrVG Kommentar, § 50 BetrVG Rn. 44; Däubler/u. a./*Trittin*, BetrVG, § 50 BetrVG Rn. 7; Schaub/*Koch*, Arbeitsrechts-Handbuch, S. 2385; *Etzel*, Betriebsverfassungsrecht, S. 468.

756 GK-BetrVG/*Kreutz*, § 50 BetrVG Rn. 14, jedoch einschränkend, weil infolge der stetig möglichen Abberufung einzelner Gesamtbetriebsratsmitglieder in den Einzelbetriebsrat eine entsprechende Abhängigkeit von der betrieblichen Ebene begründet sei.

757 *Gesetzesentwurf der Bundesregierung* 31.10.1950, BT-Drucksache 01/1546, S. 49; vgl. auch *Brill*, AuR 1983, 169, 170; GK-BetrVG/*Kreutz*, § 50 BetrVG Rn. 13, demgemäß von einer „Arbeitsgemeinschaft der Betriebsräte" zu sprechen sei; Hess/u. a./*Glock*, BetrVG Kommentar, § 50 BetrVG Rn. 5; ErfK/*Koch*, § 50 BetrVG Rn. 1; Richardi/*Annuß*, BetrVG Kommentar, § 50 BetrVG Rn. 44; Schaub/*Koch*, Arbeitsrechts-Handbuch, S. 2385.

758 *Fitting*, BetrVG Handkommentar, § 50 BetrVG Rn. 5; GK-BetrVG/*Kreutz*, § 50 BetrVG Rn. 13.

759 *Löwisch/Mikosch*/BAG 23.09.1975 und BAG 06.04.1976 AP Nr. 2 zu § 50 BetrVG 1972, zu I.

kumulativ zwei Bedingungen gegeben sein[760]: Voraussetzung ist das Vorliegen einer überbetrieblichen Angelegenheit, die zwingend nur unternehmenseinheitlich geregelt werden kann.

Der auf diese Weise hergestellte Bezug zum äußeren Zuständigkeitsbereich des Gesamtbetriebsrats ist anzunehmen, wenn der zu regelnde Sachverhalt sämtliche oder zumindest mehrere Betriebe, also mindestens zwei an der Zahl, berührt.[761] Ersteres ist erfüllt, wenn automatisch das gesamte Unternehmen oder alle Arbeitnehmer der Belegschaft betroffen sind; letzteres kommt lediglich im Rahmen einer umfassenden oder nebeneinanderstehenden Verbindung zu mehr als einem Betrieb in Betracht.[762] Ausschlaggebend für die Bejahung einer solchen „Überbetrieblichkeit" ist somit der persönliche oder sachliche Anwendungsbereich der geplanten Bestimmung, welcher sich nach dem Willen des jeweiligen Initiators, wie zum Beispiel dem des Arbeitgebers oder dem des Gesamtbetriebsrats, bestimmt.[763] Deshalb erfolgt in der Tatbestandsprüfung eine Beurteilung anhand des Inhalts der betreffenden Regelung.[764] In Anbetracht des entstehenden Zusammenhangs zu der grundsätzlichen Entscheidung des jeweiligen Urhebers und dessen Ausgestaltung[765] hat der Gesetzgeber zusätzlich zur Betroffenheit von mindestens zwei Betrieben die zu erfüllende Bedingung des „Nichtregelkönnens"[766] eingefügt.

---

760 *BAG* 26.01.1993 AP Nr. 102 zu § 99 BetrVG 1972, zu II. 2. b) aa) der Gründe; *BAG* 14.12.1999 BAGE 93, 75, 81; *BAG* 03.05.2006 BAGE 118, 131, 137; vgl. ebenso *Blomeyer*, DB 1967, 2221, 2221; *Röder/Gragert*, DB 1996, 1674, 1675; GK-BetrVG/*Kreutz*, § 50 BetrVG Rn. 22; *Ohlendorf/Salamon*; NZA 2006, 131, 132; Schaub/*Koch*, Arbeitsrechts-Handbuch, S. 2386.

761 *BAG* 06.12.1988 BAGE 60, 244, 252; *BAG* 03.05.2006 BAGE 118, 131, 136; *Brill*, AuR 1983, 169, 171; *Behne*, AiB 1990, 321, 321; *Ehrich*, ZfA 1993, 427, 436; ErfK/*Koch*, § 50 BetrVG Rn. 3; GK-BetrVG/*Kreutz*, § 50 BetrVG Rn. 23 f.; *Fitting*, BetrVG Handkommentar, § 50 BetrVG Rn. 18; Däubler/u. a./*Trittin*, BetrVG, § 50 BetrVG Rn. 27.

762 *BAG* 16.08.1983 BAGE 44, 86, 91; *BAG* 06.12.1988 BAGE 60, 244, 252; *Brill*, AuR 1983, 169, 171; ErfK/*Koch*, § 50 BetrVG Rn. 3; GK-BetrVG/*Kreutz*, § 50 BetrVG Rn. 24; Wlotzke/Preis/Kreft/*Roloff*, BetrVG Kommentar, § 50 BetrVG Rn. 6; enger im Hinblick auf die erforderlichen Auswirkungen etwa *Müller*, FS Küchenhoff, 283, 289.

763 *BAG* 06.12.1988 BAGE 60, 244, 252; *Blomeyer*, DB 1967, 2221, 2221; *Meyer*, AuR 1964, 362, 363; *Behne*, AiB 1990, 321, 322; GK-BetrVG/*Kreutz*, § 50 BetrVG Rn. 25; Däubler/u. a./*Trittin*, BetrVG, § 50 BetrVG Rn. 27; Hess/u. a./*Glock*, BetrVG Kommentar, § 50 BetrVG Rn. 10.

764 Richardi/*Annuß*, BetrVG Kommentar, § 50 BetrVG Rn. 6.

765 GK-BetrVG/*Kreutz*, § 50 BetrVG Rn. 25.

766 *Brill*, AuR 1983, 169, 171; *Ehrich*, ZfA 1993, 427, 436; *Löwisch/Kaiser*, BetrVG Kommentar, § 50 BetrVG Rn. 3; zur grundlegend bestehenden Kritik an diesem vom Gesetzgeber belassenen unbestimmten Rechtsbegriff siehe *Meyer*, AuR 1964, 362, 363; *Blomeyer*, DB 1967, 2221, 2221; *Döring*, DB 1980, 689, 690; *Ehrich*, ZfA 1993, 427, 443; *Fischer*/BAG 11.12.2001, SAE 2003, 44, 45; GK-BetrVG/*Kreutz*, § 50 BetrVG Rn. 26.

Allein die Annahme einer unmöglichen Regelungschance des Einzelbetriebsrats wirkt nicht ausreichend. Grund dafür ist, dass es in Abkehr von der Bestimmung des sachlichen Geltungsbereichs generell möglich ist, alle das Gesamtunternehmen oder verschiedene Betriebe betreffenden Maßnahmen durch Parallelvereinbarungen mit den einzelnen Betriebsräten zu bestimmen.[767] Unabhängig von der dadurch entstehenden Funktionslosigkeit des Gesamtbetriebsrats ergibt sich infolge der angenommenen Ursachen für die Kompetenzzuweisung eine Wechselbeziehung zu der Regelungsbefugnis des Unternehmers selbst.[768] Dementsprechend erfolgt nach Ansicht des *BAG*[769] eine Einschätzung, ob es dem Betriebsrat objektiv oder subjektiv unmöglich ist, die Angelegenheit auf betrieblicher Ebene zu regeln. Gleichfalls sei ein notwendiges Erfordernis für eine unternehmenseinheitliche oder wenigstens betriebsübergreifende Bestimmung ausreichend.[770]

Angesichts dieser rechtlichen Perspektive steht das subjektive Verlangen des Arbeitgebers nach einer unternehmenseinheitlichen Maßnahme in unmittelbarem Zusammenhang zur Begründung der Zuständigkeit des Gesamtbetriebsrats, aufgrund dessen der Einzelbetriebsrat regelmäßig außen vor bleibt.[771] Diese ausdrückliche Gestaltungsform des Regelungspartners ist für den Bereich der mitbestimmungsfreien und teilmitbestimmten Vereinbarungen anerkannt.[772] Im Gegensatz dazu bedarf es

---

767 *BAG* 23.09.1975 AP Nr. 1 zu § 50 BetrVG 1972, zu II. 5. der Gründe m. w. N. zu ähnlichen Entscheidungsbegründungen; *Pleyer*/BAG 05.02.1965, SAE 1965, 195, 195; *Ehrich*, ZfA 1993, 427, 437; *Edenfeld*, Betriebsverfassungsrecht, S. 108; Richardi/*Annuß*, BetrVG Kommentar, § 50 BetrVG Rn. 8; *Richardi/Bayreuther*, Kollektives Arbeitsrecht, S. 260.

768 *Ehrich*, ZfA 1993, 427, 437.

769 Grundlegend *BAG* 23.09.1975 AP Nr. 1 zu § 50 BetrVG 1972, zu II. 5. der Gründe.

770 Ständige Rechtsprechung des Gerichts *BAG* 23.09.1975 AP Nr. 1 zu § 50 BetrVG 1972, zu II. 5. der Gründe; *BAG* 06.12.1988 BAGE 60, 244, 252; *BAG* 28.04.1992 AP Nr. 11 zu § 50 BetrVG 1972, zu B. II. 1. b) der Gründe; *BAG* 11.11.1998 AP Nr. 19 zu § 50 BetrVG 1972, zu B. I. 3. der Gründe; *BAG* 14.12.1999 BAGE 93, 75, 81; *BAG* 11.12.2001 BAGE 100, 60, 65; *BAG* 15.01.2002 BAGE 100, 157, 163; *BAG* 09.12.2003 BAGE 109, 71, 76; *BAG* 26.04.2005 BAGE 114, 286, 291; zum Verhältnis der Fallgruppen untereinander etwa *Lunck*, NZA 2013, 233, 234 m. w. N. zu Lehrbeiträgen.

771 *BAG* 11.02.1992 AP Nr. 50 zu § 76 BetrVG 1972, zu B. II. 3. c) aa) der Gründe; *BAG* 18.10.1994 AP Nr. 70 zu § 87 BetrVG 1972 Lohngestaltung, zu B. II. 1. der Gründe; *BAG* 09.12.2003 BAGE 109, 71, 77; *BAG* 26.04.2005 BAGE 114, 286, 291; *BAG* 19.06.2007 BAGE 123, 152, 158.

772 *BAG* 06.12.1988 BAGE 60, 244, 252; *BAG* 30.08.1995 BAGE 80, 366, 372; *BAG* 11.11.1998 AP Nr. 19 zu § 50 BetrVG 1972, zu B. I. 3. der Gründe; *BAG* 09.12.2003 BAGE 109, 71, 77; *BAG* 10.10.2006 AP Nr. 24 zu § 77 BetrVG 1972 Tarifvorbehalt, zu B. I. 2. der Gründe; *BAG* 19.06.2007 BAGE 123, 152, 158, demgemäß die subjektive Unmöglichkeit nicht ausschließlich bei freiwilligen Leistungen des Arbeitgebers einschlägig sei; ebenso *Röder/Gragert*, DB 1996, 1674, 1674; *Löwisch/Robrecht*/BAG 15.01.2002, SAE 2003, 4, 5, woraufhin anderenfalls eine Beeinträchtigung der Mitbestimmungsrechte des einzelnen Betriebsrats zu befürchten sei;

nach Auffassung des *BAG*[773] im Rahmen der erzwingbaren Mitbestimmungsangelegenheiten der Spezifizierung des angeführten zwingenden Erfordernisses einer unternehmenseinheitlichen Regelung. Dafür seien die konkreten Verhältnisse des einzelnen Unternehmens und der jeweiligen Betriebe maßgebend. Reine Zweckmäßigkeitsgründe oder das bloße Koordinierungsinteresse des Arbeitgebers seien ungenügend. Die erforderliche Notwendigkeit einer entsprechenden Regelung durch den Gesamtbetriebsrat könne durch technische und rechtliche Gründe hervorgerufen werden. Für ihre Bestimmung seien Inhalt und Zweck des jeweils der Maßnahme zugrundeliegenden Mitbestimmungsrechts einzubeziehen.[774]

II. Kleidervorgaben als unternehmenseinheitliche Regelung

Die Frage einer vom Normalfall abweichenden Zuständigkeit des Gesamtbetriebsrats stellt sich nur in Unternehmen mit einheitlichen Rechtsträgern, in denen aufgrund mehrerer Betriebsräte gemäß § 47 I BetrVG die Errichtung des besagten betriebsverfassungsrechtlichen Organs vorgesehen ist. Danach müssen die einzelnen Betriebe einer homogenen und selbstständigen Organisation sowie einer Leitung nach dieser Maßgabe unterliegen.[775] Mit Blick auf die notwendige Entsendung einzelner Betriebsratsmitglieder in den Gesamtbetriebsrat handelt es sich dabei um mindestens zwei Betriebe.[776] Angesichts dieser Bedingungen wird von der herrschenden Meinung im Bereich des § 87 I BetrVG infolge der vornehmlich betriebsbezogenen

---

Fitting, BetrVG Handkommentar, § 50 BetrVG Rn. 24; Richardi/*Annuß*, BetrVG Kommentar, § 50 BetrVG Rn. 16; Richardi/u. a./*Joost*, Münchener Handbuch zum Arbeitsrecht, § 225 Rn. 38; Wlotzke/Preis/Kreft/*Roloff*, BetrVG Kommentar, § 50 BetrVG Rn. 9; abgeleitet aus dem Zuständigkeitsverhältnis zwischen Gesamtbetriebsrat und Konzernbetriebsrat etwa *Kort*, NJW 2009, 129, 132, demzufolge der grundlegende Arbeitgeberwunsch absolut geeignet sei, die Entscheidungsbefugnis des jeweils zuständigen betriebsverfassungsrechtlichen Organs zu begründen; zweifelnd *Löwisch/Mikosch*/BAG 23.09.1975 und *BAG* 06.04.1976 AP Nr. 2 zu § 50 BetrVG 1972, zu I. 2.

773 Grundlegend *BAG* 23.09.1975 AP Nr. 1 zu § 50 BetrVG 1972, zu II. 5. der Gründe.

774 Stetige Rechtsprechung des Gerichts *BAG* 23.09.1975 AP Nr. 1 zu § 50 BetrVG 1972, zu II. 5. der Gründe; *BAG* 06.12.1988 BAGE 60, 244, 252; *BAG* 18.10.1994 AP Nr. 70 zu § 87 BetrVG 1972 Lohngestaltung, zu B. II. 1. der Gründe; *BAG* 30.08.1995 BAGE 80, 366, 372; *BAG* 11.11.1998 AP Nr. 19 zu § 50 BetrVG 1972, zu B. I. 3. der Gründe; *BAG* 14.12.1999 BAGE 93, 75, 81; *BAG* 11.12.2001 BAGE 100, 60, 65; *BAG* 15.01.2002 BAGE 100, 157, 163; *BAG* 09.12.2003 BAGE 109, 71, 78; *BAG* 26.04.2005 BAGE 114, 286, 291; *BAG* 03.05.2006 BAGE 118, 131, 136 f.; *BAG* 19.06.2007 BAGE 123, 152, 152.

775 *BAG* 05.12.1975 BAGE 27, 359, 363; *BAG* 16.08.1983 BAGE 44, 86, 92; *BAG* 11.12.1987 BAGE 57, 144, 149 f. m. w. N. zu Lehrbeiträgen; *BAG* 09.08.2000 BAGE 95, 269, 272; vgl. ebenfalls *Heilmann*, AuA 1995, 48, 48; ErfK/*Koch*, § 47 BetrVG Rn. 4.

776 *BAG* 16.08.1983 BAGE 44, 86, 92; sympathisierend ErfK/*Koch*, § 47 BetrVG Rn. 5; *Heilmann*, AuA 1995, 48, 48; *Löwisch/Kaiser*, BetrVG Kommentar, § 50 BetrVG Rn. 4; Wlotzke/Preis/Kreft/*Roloff*, BetrVG Kommentar, § 47 BetrVG Rn. 5.

sozialen Tatbestände eine regelmäßige Zuständigkeitswahrnehmung durch den Gesamtbetriebsrat verneint.[777] Insoweit ist dessen Regelungskompetenz nur ausnahmsweise begründet.[778] Die rechtliche Betrachtungsweise orientiert sich vielmehr an den Verhältnissen des konkreten Betriebs, der wirtschaftlichen Lage und der Mentalität der dort beschäftigten Mitarbeiter.[779]

In Anbetracht der Voraussetzungen des § 47 I BetrVG und des beschriebenen persönlichen Anwendungsbereichs der einheitlichen Kleidervorgabe auf alle dienstkleidungspflichtigen Arbeitnehmer[780] wird bereits die geforderte „Überbetrieblichkeit" gemäß § 50 I 1 Hs. 1 BetrVG erfüllt. Exemplarisch dafür lässt sich folgende Regelung verwenden: „Unter § 1 der Gesamtbetriebsvereinbarung wird deren Geltungsbereich festgelegt. Hiernach gilt diese räumlich für alle Filialen der Arbeitgeberin und persönlich für alle Mitarbeiterinnen und Mitarbeiter im Verkauf, inkl. Auszubildenden, jedoch mit Ausnahme des Gastronomiebereichs. Außerdem werden Mitarbeiterinnen und Mitarbeiter mit Kundenkontakt im Verwaltungsbereich erfasst."[781] Im Weiteren kommt daher der Erforderlichkeit einer zumindest betriebsübergreifenden Regelung als zweitem Tatbestandsmerkmal des § 50 I 1 Hs. 1 BetrVG die zentrale Bedeutung zu.

1. Einführung und Ausgestaltung

In Bezugnahme auf die drei entwickelten Fallgruppen des „Nichtregelnkönnens" der Einzelbetriebsräte ist zu klären, ob und inwieweit der Arbeitgeber die beabsichtigte

---

777 Grundlegend *BAG* 23.09.1975 AP Nr. 1 zu § 50 BetrVG 1972, zu II. 5. der Gründe; nachfolgend *BAG* 06.04.1976 AP Nr. 2 zu § 50 BetrVG 1972, zu II. 3. der Gründe; *LArbG Düsseldorf* 14.11.2005 LAGE Nr. 2 zu § 87 BetrVG 2001 Betriebliche Ordnung, zu B. I. 2. b) der Gründe; zustimmend *Nasserke*, AuR 1966, 140, 142; *Blomeyer*, DB 1967, 2221, 2224; *Brill*, AuR 1983, 169, 171; *Behne*, AiB 1990, 321, 324; ErfK/*Koch*, § 50 BetrVG Rn. 4; *Fitting*, BetrVG Handkommentar, § 50 BetrVG Rn. 36; Hess/u. a./*Glock*, BetrVG Kommentar, § 50 BetrVG Rn. 20; *Löwisch/Kaiser*, BetrVG Kommentar, § 50 BetrVG Rn. 13; Richardi/*Annuß*, BetrVG Kommentar, § 50 BetrVG Rn. 20; Schaub/*Koch*, Arbeitsrechts-Handbuch, S. 2387; Wlotzke/Preis/Kreft/*Roloff*, BetrVG Kommentar, § 50 BetrVG Rn. 11; *Etzel*, Betriebsverfassungsrecht, S. 467.

778 *Döring*, DB 1980, 689, 690; *Brill*, AuR 1983, 169, 171; *Behne*, AiB 1990, 321, 324; *Fitting*, BetrVG Handkommentar, § 50 BetrVG Rn. 36; Schaub/*Koch*, Arbeitsrechts-Handbuch, S. 2388; Däubler/u. a./*Trittin*, BetrVG, § 50 BetrVG Rn. 100.

779 Für § 87 I Nr. 1 BetrVG formuliert in *Hümmerich*, Zuständigkeitsabgrenzung zwischen Gesamtbetriebsrat und Einzelbetriebsräten, S. 88 ff.; Däubler/u. a./*Trittin*, BetrVG, § 50 BetrVG Rn. 101; Richardi/u. a./*Joost*, Münchener Handbuch zum Arbeitsrecht, § 225 Rn. 38; GK-BetrVG/*Kreutz*, § 50 BetrVG Rn. 40; Hess/u. a./*Glock*, BetrVG Kommentar, § 50 BetrVG Rn. 21.

780 Vgl. 3. Teil. § 8. III. 3. b).

781 *LArbG Düsseldorf*, Beschluss vom 01.04.2009 – 4 TaBV 83/08 –, juris Rn. 4.

Einführung und Ausgestaltung einer betriebseinheitlichen Kleidervorschrift in Zusammenarbeit mit dem Gesamtbetriebsrat umsetzen kann.[782]

Für den betrieblichen Erlass einer Dienstkleidung kann zunächst keine objektive Regelungsunmöglichkeit der einzelnen Betriebsräte angenommen werden, die sich bereits aus der ausschließlichen Unternehmensbezogenheit der besagten Maßnahme ergeben würde.[783] Im Rahmen der mitbestimmungsfreien Einführung einer einheitlichen Bekleidungsvorgabe spielen jedoch das eigene Koordinationsinteresse und der Wunsch des Arbeitgebers nach einer unternehmenseinheitlichen Regelung die ausschlaggebende Rolle. Insofern ist eine subjektive Unmöglichkeit gegeben, die entsprechende Maßnahme in den einzelnen Betrieben zu bestimmen. Wenn dieses Verlangen nicht explizit geäußert wird, ist unabhängig von der subjektiven Form des „Nichtregelnkönnens" das Vorliegen eines zwingenden Erfordernisses zu prüfen. Danach dürfen unterschiedliche Bestimmungen der einzelnen Betriebsräte aufgrund der umfassenden, unternehmenseinheitlichen Regelungsnotwendigkeit sachlich nicht gerechtfertigt sein.[784] Hierauf Bezug nehmend muss laut Standpunkt des *LArbG Düsseldorf*[785] der Zweck der Dienstkleidung entscheidende Beachtung finden. So sei beispielsweise die unternehmensweite Erforderlichkeit mit Blick auf ein gewünschtes einheitliches Erscheinungsbild nicht erkennbar, wenn weiterhin verschiedene Farben zwischen der regionalen Geschäftsführung und dem Betriebsrat vereinbart werden könnten. Demzufolge sei eine Regelung, die eine umfassende Wiedererkennung in Farbe und Kleidung nicht erstrebt und gewährleistet, einer Vereinbarung mit dem Einzelbetriebsrat zugänglich.[786] Unter Berücksichtigung der formulierten Rückführung dieser Zweckanbindung auf den „Ursprungszweck" einer jeden Einführung der einheitlichen Kleidung[787] kann die Zuständigkeit der einzelnen Betriebsräte schon nicht in Betracht kommen[788]. Die zu erfüllenden Kundenerwartungen bestehen an alle Mitarbeiter des Unternehmens und sind vom Arbeitgeber ganzheitlich sicherstellend zu befriedigen. Infolge eines unternehmenseinheitlichen Konzepts[789] sind keine örtlichen Besonderheiten zu erwarten, die verschiedene Bestimmungen in den jeweiligen Betrieben denkbar

---

782 Anders *Lunck*, NZA 2013, 233, 235, der generell von dem Merkmal der „Unmöglichkeit" ausgeht.

783 GK-BetrVG/*Kreutz*, § 50 BetrVG Rn. 29, woraufhin allein aus dem Gegenstand der Maßnahme die erforderliche Unternehmenseinheitlichkeit abzuleiten sei.

784 *Röder/Gragert*, DB 1996, 1674, 1674; so auch *LArbG Baden-Württemberg*, Beschluss vom 21.10.2015 – 4 TaBV 2/15 –, juris Rn. 88 f.

785 *LArbG Düsseldorf*, Beschluss vom 01.04.2009 – 4 TaBV 83/08 –, juris Rn. 73.

786 *LArbG Düsseldorf*, Beschluss vom 01.04.2009 – 4 TaBV 83/08 –, juris Rn. 73.

787 Vgl. 3. Teil. § 8. III. 3. c) aa).

788 Abgeleitet aus der „Natur der Sache" als Rechtfertigungsgrund eines betriebsübergreifenden Regelungserfordernis siehe *LArbG Baden-Württemberg*, Beschluss vom 21.10.2015 – 4 TaBV 2/15 –, juris Rn. 88.

789 Allgemein zum Ausgangspunkt der Zuständigkeitsbegründung des Gesamtbetriebsrats etwa *Ohlendorf/Salamon*; NZA 2006, 131, 132.

erscheinen lassen[790]. Vielmehr begründet die nötige Gleichbehandlung aller Arbeitnehmer als Folge des persönlichen Anwendungsbereichs und der inhaltlichen Reichweite einer betriebseinheitlichen Kleidervorgabe das zwingende Erfordernis im Sinne von § 50 I 1 Hs. 1 BetrVG.[791] Dies ergibt sich auch aus der durch den Dienstkleidungserlass vorgenommenen Konkretisierung der Arbeitsleistung eines jeden Mitarbeiters. Die Bedeutsamkeit dieser Spezifizierung des Weisungsrechts gemäß § 106 GewO verdrängt insoweit zulässigerweise den betrieblichen Bezug und kann nur mit Hilfe unternehmensweiter Einheitlichkeit sichergestellt werden. Demnach wird der anderenfalls durch unterschiedliche Vereinbarungen der Einzelbetriebsräte ausgelösten Beeinträchtigung des Arbeitgebers und fortwährend des Arbeitnehmers[792] entgegengewirkt. Selbst wenn der Arbeitgeber als Initiator ein einheitliches Erscheinungsbild in der Öffentlichkeit als einen davon abweichenden vorrangigen Zweck verfolgt, entfaltet die äußerliche Erkennbarkeit automatisch die Erforderlichkeit einer Maßnahme auf Unternehmensebene. Ähnlich wie bei der konkreten Definition der Zielrichtung einer Regelung im Fall der subjektiven Unmöglichkeit ist die betriebsübergreifende Notwendigkeit in dem grundlegenden Ziel einer Dienstkleidungsvorschrift angelegt. Hinsichtlich dessen sind keine sachlichen Gründe ersichtlich, warum in wenigstens zwei Betrieben ein unterschiedliches Auftreten des Personals erfolgen sollte. Abgesehen von der Zweckkopplung und den organisatorischen sowie wirtschaftlichen Vorteilen, dieselbe Dienstkleidung räumlich sowie zeitlich umfassend einzuführen[793], kann sich die Maßnahme finanziell auf der Unternehmensebene auswirken.[794] Somit stellt die begründete Entscheidungsbefugnis parallel zur vorliegenden rechtlichen Identität des Unternehmens[795] eine tatsächliche Gleichheit aller dazugehörigen Betriebe her. Der betriebliche Rahmen, auf dessen Grundlage die regelnde Angelegenheit eingeführt wird, kann ein Indiz

790 Anders *Fischer*, NZA-RR 2015, 169, 176 mit Blick auf verschiedene regionale Anforderungen oder Klimazonen.

791 Wesentliches zur Festlegung einheitlicher Maßstäbe hinsichtlich einer zu realisierenden Gleichbehandlung siehe *BAG* 19.06.2007 BAGE 123, 152, 157; *LArbG Düsseldorf* 14.12.1979 LAGE Nr. 2 zu § 50 BetrVG 1972, zu den Gründen, Blatt 1; *LArbG Düsseldorf* 04.03.1992 NZA 1992, 613, 614; zustimmend *Danne*/BAG 18.10.1994, SAE 1995, 358, 360; Schaub/*Koch*, Arbeitsrechts-Handbuch, S. 2387; a. A. bezüglich einer zuständigkeitsbegründenden Wirkung dieser Wahrnehmung siehe *BAG* 06.04.1976 AP Nr. 2 zu § 50 BetrVG 1972, zu II. 3. der Gründe; Grundlegendes zur Orientierung anhand der Struktur des Unternehmens etwa *BAG* 18.10.1994 AP Nr. 70 zu § 87 BetrVG 1972 Lohngestaltung, zu B. I. 2. a) der Gründe; *Mothes*/BAG 23.09.1975, AuR 1976, 190, 191.

792 Vgl. 4. Teil. § 11. I.

793 Kritisch mit Blick auf die vorgenommene Entscheidung des *BAG* 17.01.2012 BAGE 140, 223, 225 f. etwa *Lunck*, NZA 2013, 233, 235.

794 *BAG* 23.09.1975 AP Nr. 1 zu § 50 BetrVG 1972, zu II. 7. der Gründe.

795 *BAG* 29.11.1989 BAGE 63, 302, 315; *BAG* 13.02.2007 BAGE 121, 168, 168; *BAG*, Urteil vom 17.04.2012 – 3 AZR 400/10 –, juris Rn. 43; in diesem Sinne ebenso ErfK/*Koch*, § 47 BetrVG Rn. 2.

für die Grenzziehung der Zuständigkeitskompetenzen darstellen.[796] Zugleich werden Unsicherheiten über die Rechtsfolgen bei dem Aufeinandertreffen verschieden wirksamer Regelungen von Betriebsrat, Gesamtbetriebsrat und Konzernbetriebsrat vermieden.[797] Deshalb kann der Missachtung gewichtiger Umstände aufgrund eines unzuständig hinzugezogenen betriebsverfassungsrechtlichen Organs nicht mit dem Verweis auf die Anrufungsmöglichkeit der Einigungsstelle begegnet werden.[798] Letztendlich fehlt es dem Erlass einer Dienstkleidung an der nötigen konkreten Betriebsbezogenheit und damit einem Gestaltungsspielraum für den Einzelbetriebsrat. Dies erscheint angesichts des inhaltlichen Umfangs der zu klärenden Frage des „Ob" einer einheitlichen Kleidervorgabe angemessen. Gleichwohl kann beispielsweise aus den wirtschaftlichen Verhältnissen des Unternehmens die Zuständigkeit des Einzelbetriebsrats begründet werden, wenn die finanziellen Mittel für eine ganzheitliche Anschaffung der Dienstkleidung fehlen und damit keine Verbindung zum gesamten unternehmerischen Tätigkeitsbereich des Arbeitgebers besteht. Im Hinblick auf die Befriedigung der Kundenanforderungen wirkt allerdings die jeweilige Einstellung und Denkweise der Arbeitnehmerschaft nicht gleichermaßen wie die Leistungsfähigkeit des Betriebs geeignet, die Entscheidungsbefugnis des Gesamtbetriebsrats auszuschließen.[799] Anderenfalls steht die Zuweisung der Regelungskompetenzen mittelbar zur Disposition des einzelnen Arbeitnehmers und lässt die Zuständigkeitsbegründung willkürlich sowie losgelöst von der aufgabenbezogenen Differenzierung[800] erscheinen. Jedenfalls ist im Bereich der Einführung einer Dienstkleidung nicht pauschal eine fehlende Regelungsbefugnis des Gesamtbetriebsrats anzunehmen.[801] Übereinstimmend gilt dies für die eingeräumten Mitwirkungsrechte des Betriebsrats hinsichtlich einer sachgerechten Interessenwahrnehmung gemäß §§ 80 II, 90 I, II BetrVG.[802]

---

796 *LArbG Nürnberg* 10.09.2002 LAGE Nr. 1 zu § 87 BetrVG 2001 Betriebliche Ordnung, zu II. 3. c) gg) der Gründe, demzufolge sei die Regelungsbefugnis aus der Tatsache abzuleiten, dass die Dienstkleidungsmaßnahme im Rahmen einer Betriebsordnung erlassen werde. Dies sei als Hinweis auf ein einheitliches Auftreten der Belegschaft aufzufassen, welches sich lediglich mittels einer Regelung für alle Betriebsteile des Unternehmens verwirklichen lasse.

797 *Müller*, FS Küchenhoff, 283, 295.

798 A. M. *Nasserke*, AuR 1966, 140, 142.

799 Bejahend hingegen etwa *Hümmerich*, Zuständigkeitsabgrenzung zwischen Gesamtbetriebsrat und Einzelbetriebsräten, S. 88 ff.; Däubler/u. a./*Trittin*, BetrVG, § 50 BetrVG Rn. 101.

800 *Fischer*/BAG 11.12.2001, SAE 2003, 44, 45.

801 A. A. *Hümmerich*, Zuständigkeitsabgrenzung zwischen Gesamtbetriebsrat und Einzelbetriebsräten, S. 93.

802 Zum Zusammenhang des Informationsanspruchs mit der Entscheidungsbefugnis des jeweiligen betriebsverfassungsrechtlichen Organs über die betroffene Angelegenheit siehe GK-BetrVG/*Kreutz*, § 50 BetrVG Rn. 21.

Aufgrund der getrennten Betrachtung des sachlichen Anwendungsbereichs einer Dienstkleidungsmaßnahme[803] kann sich die Zuständigkeit des Gesamtbetriebsrats ebenso für die eingeschränkt mitbestimmungspflichtige Ausgestaltung der betriebseinheitlichen Kleidervorgabe ergeben. Die entsprechende Regelungskompetenz eines originär zuständigen Gesamtbetriebsrats wird nach Ansicht des *BAG*[804] nicht auf Rahmenregelungen begrenzt. So sei nicht erkennbar, warum Raum für auszufüllende Vorschriften durch den örtlichen Einzelbetriebsrat verbleiben müsse. Die durch das zugrundeliegende Verständnis bedingte Unvereinbarkeit mit dem Grundsatz der Zuständigkeitstrennung sei in der Notwendigkeit einer abschließenden Regelung mit dem Arbeitgeber zu erblicken. Zwar seien im Bereich unternehmenseinheitlicher Vorschriften oft Detailfragen zu beantworten, die für mehrere Betriebe unterschiedlich geregelt werden könnten. Eine Zersplitterung der Zuständigkeitsbefugnis auf die verschiedenen Inhalte im Rahmen eines Mitbestimmungstatbestands sei indes mit den Grundsätzen der Rechtssicherheit und Rechtsklarheit nicht vereinbar. Außerdem sei eine zuverlässige Differenzierung der unterschiedlichen Kompetenzen im Bereich einer mitbestimmungspflichtigen Angelegenheit, insbesondere bezüglich etwaiger Verknüpfungen der zu treffenden Bestimmungen, nicht möglich.[805] Auf diese Weise können angesichts des Hauptzwecks einer Maßnahme zugleich allgemeine betriebsbezogene Fragen und dazugehörige Detailregelungen von Arbeitgeber und Gesamtbetriebsrat getroffen werden.[806] Mithin sind ebenfalls bereits wirksam vereinbarte Rahmenbedingungen auf Unternehmensebene für die Zuweisung der Befugnisse unschädlich.[807] Für die verbliebene erzwingbare Mitbestimmung des Betriebsrats in den angeführten Berufsfeldern[808] ist zu beachten, dass jene Zuständigkeitsbegründung nur in Anbetracht der genauen Formulierung und des Umfangs der betreffenden Dienstkleidungsmaßnahme beurteilt werden kann. Demgemäß

---

803 Vgl. 3. Teil. § 8. III. 3. c).

804 *BAG* 14.11.2006 BAGE 120, 146, 156 f.

805 *BAG* 14.11.2006 BAGE 120, 146, 156 f.; zustimmend *LArbG Baden-Württemberg*, Beschluss vom 21.10.2015 – 4 TaBV 2/15 –, juris Rn. 109; *Hümmerich*, Zuständigkeitsabgrenzung zwischen Gesamtbetriebsrat und Einzelbetriebsräten, S. 16, S. 90; *Ohlendorf/Salamon*; NZA 2006, 131, 135, demzufolge im anderen Fall eine sachgerechte Wahrnehmung der Mitbestimmung nicht sichergestellt und ferner eine Abhängigkeit von dem Regelungsverhalten des Einzelbetriebsrats zu verzeichnen sei; GK-BetrVG/*Kreutz*, § 50 BetrVG Rn. 17; ErfK/*Koch*, § 50 BetrVG Rn. 2; Hess/u. a./*Glock*, BetrVG Kommentar, § 50 BetrVG Rn. 17; Richardi/*Annuß*, BetrVG Kommentar, § 50 BetrVG Rn. 47; mit Bedenken *Fitting*, BetrVG Handkommentar, § 50 BetrVG Rn. 28; Wlotzke/Preis/Kreft/*Roloff*, BetrVG Kommentar, § 50 BetrVG Rn. 7.

806 Ebenso *Hümmerich*, Zuständigkeitsabgrenzung zwischen Gesamtbetriebsrat und Einzelbetriebsräten, S. 91; a. M. aufgrund der Praxisrelevanz von Rahmenbestimmungen etwa Wlotzke/Preis/Kreft/*Roloff*, BetrVG Kommentar, § 50 BetrVG Rn. 7.

807 *LArbG Düsseldorf* 04.03.1992 NZA 1992, 613, 615.

808 Vgl. 3. Teil. § 8. III. 3. b) aa)/c) bb).

bleibt letztendlich eine gesonderte Einzelfallprüfung unausweichlich.[809] Ähnliches ergibt sich aus den Parallelen zu der Leistungskontrolle in puncto des Arbeitnehmerverhaltens, wie zum Beispiel im Fall der Ethik-Richtlinien.[810] Mit Blick darauf liegt nach Ansicht von *Hümmerich*[811] der primär verlangte Zweck in der Umsetzung einer einheitlichen Unternehmensphilosophie und eines ethisch-moralischen Erscheinungsbilds begründet. Die Herbeiführung einer solchen Identität sei auf Betriebsebene nicht umsetzbar, wobei allein die Besonderheit der Zusammenfassung etwaiger Regelungen in einem Handbuch keine generelle Regelungskompetenz des Gesamtbetriebsrats hervorrufen könne. Deshalb sei auf einzelne mitbestimmungspflichtige Bestimmungen abzustellen und danach zu differenzieren.[812] Positiver Nebeneffekt ist die mögliche Grenzziehung zu mitbestimmungsfreien Tatbeständen, die der Arbeitgeber einseitig einführen oder verändern kann.[813] Allerdings bemerkt *Kort*[814] kritisch an, dass die strengen Kriterien für die Kompetenzabgrenzung vom Gericht bei der praktischen Anwendung nachsichtig zuungunsten des Einzelbetriebsrats gehandhabt werden. Unter Verweis auf den Honeywell-Beschluss vom 22.07.2008[815] sei die Betonung der Subsidiarität der Gesamtbetriebsratszuständigkeit einfach mit einer kurzen Begründung hinsichtlich einer übereinstimmenden Unternehmensphilosophie und einer unternehmensweiten Identität wirksam widerlegbar. Somit sei auch die Bezugnahme auf die bezweckte Einheitlichkeit zweifelhaft.[816] Nichtsdestoweniger wird der Anforderung einer notwendigen unternehmenseinheitlichen Regelung auf diesem Weg ausreichend Rechnung getragen. Die Pflicht der vereinbarenden Betriebspartner zu weitergehenden Konkretisierungen ist nicht ersichtlich, weil diese Aspekte einzig und allein die Entscheidungsbefugnis des Gesamtbetriebsrats im Fall von Dienstkleidungsangelegenheiten berühren.

Zur Vereinfachung der Abgrenzungsproblematik im Bereich der Zuständigkeiten kann eine Öffnungsklausel dienlich sein, wonach trotz Regelung der mitbestimmten

809 Grundsätzlich zur Auslegung von Betriebsvereinbarungen siehe *BAG* 21.01.2003 AP Nr. 117 zu § 87 BetrVG 1972 Lohngestaltung, zu B. II. 1. der Gründe.

810 Ebenso *LArbG Baden-Württemberg*, Beschluss vom 21.10.2015 – 4 TaBV 2/15 –, juris Rn. 88.

811 *Hümmerich*, Zuständigkeitsabgrenzung zwischen Gesamtbetriebsrat und Einzelbetriebsräten, S. 91.

812 *Hümmerich*, Zuständigkeitsabgrenzung zwischen Gesamtbetriebsrat und Einzelbetriebsräten, S. 91; a. A. bedingt durch die weltweite Einführung für alle Betriebe und Arbeitgeber etwa *BAG* 22.07.2008 BAGE 127, 146, 160; *LArbG Düsseldorf* 14.11.2005 LAGE Nr. 2 zu § 87 BetrVG 2001 Betriebliche Ordnung, zu B. I. 2. a) der Gründe.

813 *BAG* 22.07.2008 BAGE 127, 146, 160.

814 *Kort*, NJW 2009, 129, 132, woraufhin jedoch dem Ergebnis der Zuständigkeitsverteilung an den Gesamtbetriebsrat zuzustimmen sei.

815 *BAG* 22.07.2008 BAGE 127, 146, 146 ff.

816 *Kort*, NJW 2009, 129, 132, woraufhin jedoch dem Ergebnis der Zuständigkeitsverteilung an den Gesamtbetriebsrat zuzustimmen sei.

Maßnahme durch den Gesamtbetriebsrat und den Arbeitgeber eine freiwillige Vereinbarung auf betrieblicher Ebene denkbar bleibt.[817] Mit Hilfe dieser Bestimmung wird eine effektive sowie sachgerechte Wahrnehmung der lokalen Begebenheiten weiterhin gewährleistet und eine entsprechende Anpassungsmöglichkeit sichergestellt.[818] Dabei muss berücksichtigt werden, dass infolge der angeführten Zuständigkeitstrennung das in Frage stehende Mitbestimmungsrecht schon im Rahmen des tätig gewordenen Gesamtbetriebsrats verbraucht worden ist.[819]

Letztendlich kann der Gesamtbetriebsrat für den Abschluss einer freiwilligen Betriebsvereinbarung gemäß § 88 BetrVG und die Umsetzung der Mitwirkungsrechte gemäß §§ 80 II, 90 I, II BetrVG im Bereich der Einführung einer Dienstkleidungsordnung zuständig sein.[820] In Abhängigkeit von dem konkreten Inhalt der Ausgestaltungsmaßnahme einer einheitlichen Kleidervorgabe besteht ebenso im Rahmen des vorliegenden Mitbestimmungsrechts gemäß § 87 I Nr. 1 BetrVG die Chance einer unternehmensweiten Regelungsnotwendigkeit.

2. Umkleidezeit

Unabhängig von einer denkbaren subjektiven Regelungsunmöglichkeit im Bereich der mitbestimmungsfreien Arbeitszeitregelung auf dem Dienstweg wird das Tatbestandsmerkmal des zwingenden Erfordernisses gemäß § 50 I 1 Hs. 1 BetrVG in dieser Hinsicht sowie bezüglich der Mitbestimmung des Betriebsrats über die tägliche Arbeitszeit im Betrieb[821] selten vorliegen. Grund hierfür ist die bestehende Einigkeit über die Zuständigkeit der Einzelbetriebsräte im Bereich des § 87 I Nr. 2 BetrVG.[822] Insoweit werde der Einflussnahme der Betriebspartner auf den arbeitstechnischen Zweck des geltenden Betriebsbegriffs Rechnung getragen. Eine Regelungsbefugnis des Gesamtbetriebsrats sei allenfalls aus der Erforderlichkeit einer unternehmenseinheitlichen Vereinbarung abzuleiten, die auf der produktionstechnischen Verbindung mehrerer Betriebe beruhe. Jene Bestimmung sei notwendig, wenn ansonsten eine technisch untragbare Störung zu erwarten sei, die zu unsachgemäßen betrieblichen

---

817 Zur grundlegenden Möglichkeit dieser Vereinbarung siehe *BAG* 14.11.2006 BAGE 120, 146, 157, demgemäß der Umfang anhand der gegebenenfalls bestehenden Übertragungsmöglichkeit der Entscheidung auf den Arbeitgeber zu bemessen sei; Allgemeines zur erkennbar gesteigerten Bedeutsamkeit in der Praxis etwa *Eich*, NZA 2010, 1389, 1394, dementsprechend auf diese Weise der „Flexibilisierungsfunktion“ der Betriebsvereinbarung Rechnung getragen sei.

818 *Süllwold*, ZBVR online 2007 (Ausgabe 4), 7, 8.

819 *Süllwold*, ZBVR online 2007 (Ausgabe 4), 7, 8; aktuell siehe auch *LArbG Baden-Württemberg*, Beschluss vom 21.10.2015 – 4 TaBV 2/15 –, juris Rn. 95.

820 Grundsätzliches zur Trennung von Regelungskompetenz und Regelungsgegenstand in *Fischer*/BAG 15.01.2002, RdA 2003, 114, 117; zum Konkurrenzverhältnis zwischen einer freiwilligen und einer darauf folgenden erzwingbaren Betriebsvereinbarung des gleichen Inhalts siehe *Fischer*/BAG 11.12.2001, SAE 2003, 44, 50 f.

821 Vgl. 3. Teil. § 9. II. 2. a)/b).

822 Grundlegend *BAG* 23.09.1975 AP Nr. 1 zu § 50 BetrVG 1972, zu II. 5. der Gründe.

oder wirtschaftlichen Ausfällen führe. Im Hinblick darauf seien opportunistische Erwägungen des Arbeitgebers nicht ausreichend.[823] Nach Maßgabe der Auffassung von *Ehrich*[824] kann dieser rechtlichen Beurteilung gegebenenfalls im Ergebnis, jedoch nicht in der Begründung der Kompetenzzuweisung an die einzelnen Betriebe gefolgt werden. Insoweit werde trotz produktionstechnischer Verbundenheit mehrerer Betriebe durch divergierende Vereinbarungen der Einzelbetriebsräte ein Widerspruch in der vorgesehenen Unternehmenskultur ausgelöst. Folglich könne das Mitbestimmungsrecht nicht angemessen umgesetzt werden. Zudem sei ein weiterer konkretisierungsbedürftiger Rechtsbegriff in der Formulierung einer „untragbaren Störung, die zu unangemessenen betrieblichen oder wirtschaftlichen Auswirkungen führt" erkennbar. Dies sei aus Gründen der Rechtssicherheit zu vermeiden. Demgemäß sei es geeigneter, sich für die Zuständigkeitsabgrenzung auf die Rechtsfolgen einer denkbaren Einschränkung des ordnungsgemäßen Produktionsablaufs in Ermangelung einer unternehmenseinheitlichen Regelung der Arbeitszeit zu fokussieren. Ganz und gar sei infolge dieser Erkenntnisse das Regel-Ausnahme-Verhältnis des § 87 I Nr. 2 BetrVG zu überdenken, weil die Betriebe in der Praxis regelmäßig produktionstechnisch miteinander verbunden seien.[825]

Angesichts des betriebsverfassungsrechtlichen Ausdrucks von Arbeitszeit und der dementsprechenden tatsächlichen Erbringung der Arbeitsleistung des

---

823 *BAG* 23.09.1975 AP Nr. 1 zu § 50 BetrVG 1972, zu II. 5. der Gründe; zustimmend *Galperin*/BAG 23.09.1975, SAE 1976, 100, 102; *Brill*, AuR 1983, 169, 171; *LArbG Hamm (Westfalen)*, Beschluss vom 22.03.2010 – 10 TaBV 13/10 –, juris Rn. 59 f., wonach im Regelfall von einer unmittelbaren Verbindung zum Betrieb auszugehen sei; *Fitting*, BetrVG Handkommentar, § 50 BetrVG Rn. 38; Richardi/*Richardi*, BetrVG Kommentar, § 87 BetrVG Rn. 326, Rn. 328; ErfK/*Koch*, § 50 BetrVG Rn. 4; *Löwisch/Kaiser*, BetrVG Kommentar, § 50 BetrVG Rn. 6; Wlotzke/Preis/Kreft/*Roloff*, BetrVG Kommentar, § 50 BetrVG Rn. 11; Hess/u. a./*Glock*, BetrVG Kommentar, § 50 BetrVG Rn. 22; eingeschränkte Ansicht etwa *BAG* 09.12.2003 BAGE 109, 71, 77, demgemäß bereits die wechselseitige Abhängigkeit der durch die Arbeitsteilung hervorgerufenen Arbeitsabläufe zur Begründung eines zwingendes Erfordernisses ausreichend sei; a. M. Däubler/u. a./*Trittin*, BetrVG, § 50 BetrVG Rn. 103, wonach aufgrund der zwangsläufigen organisatorischen sowie technischen Verbindung der einzelnen Betriebe der Betriebsrat in keinem Fall zuständig und deshalb dem Gesamtbetriebsrat aus diesen Gründen keine Regelungskompetenz zuzusprechen sei.

824 *Ehrich*, ZfA 1993, 427, 448 f.

825 *Ehrich*, ZfA 1993, 427, 448 f.; dem folgend *Lunck*, NZA 2013, 233, 235; *Hümmerich*, Zuständigkeitsabgrenzung zwischen Gesamtbetriebsrat und Einzelbetriebsräten, S. 94 f., wonach der Produktionsablauf vor allem in den gegenwärtig bestehenden wirtschaftlichen Krisenzeiten nicht durch differenzierende, einzelbetriebliche Maßnahmen zu gefährden sei. Dadurch sei die Verwirklichung von Sinn und Zweck des § 50 I BetrVG im Hinblick auf die Vermeidung divergierender Regelungen der einzelnen Betriebsräte nicht gewährleistet; ähnlich bereits *Löwisch/Mikosch*/BAG 23.09.1975 und BAG 06.04.1976 AP Nr. 2 zu § 50 BetrVG 1972, zu I. 3.

Arbeitnehmers in Bezug auf den Umkleidevorgang ist zunächst in jedem einzelnen Betrieb ein reibungsloses Ineinandergreifen dieser Arbeitnehmerhandlung zu gewährleisten. Allein der Zusammenhang des Kleiderwechsels zu Beginn und Ende der täglichen Arbeitszeit lässt die Möglichkeit unterschiedlicher Regelungen nicht entfallen. Dennoch kann aufgrund des bereits angeführten Gleichbehandlungsmaßstabs bezüglich der ganzen Belegschaft und der dadurch bedingten nötigen Verbindung zwischen den Betrieben die Entscheidungsbefugnis des Gesamtbetriebsrats sachlich gerechtfertigt sein. Mit Blick auf den Argumentationsweg von *Ehrich*[826] ist eine drohende produktionstechnische Störung durch verschiedene Bestimmungen des Umkleidevorgangs in den einzelnen, miteinander verbundenen Betrieben nicht auszuschließen. Gleiches folgt aus der Betrachtung der eintretenden Rechtsfolgen im Fall einer nicht vorhandenen unternehmensweiten Bestimmung. Danach sieht sich der Arbeitgeber mit verschiedenen Arbeitszeitregelungen auf betrieblicher Ebene konfrontiert, die eine adäquate Erfüllung der Arbeitspflicht gefährden. Auf diese Weise werden auch die arbeitnehmernahe Mitbestimmung und damit die sachgerechte Differenzierung zur Freizeitgestaltung eines jeden Mitarbeiters nicht ausreichend gewährleistet. Die Erforderlichkeit einer betriebsübergreifenden Regelung wird in praktikabler Hinsicht ebenso durch die für den Arbeitgeber verpflichtende Bereitstellung von Umkleideräumen bedingt. Diese Harmonisierung ruft das Mitbestimmungsrecht gemäß § 87 I Nr. 1 BetrVG in Bezug auf die Verwaltung, Benutzung und Sicherung der in mehreren Betrieben geschaffenen Einrichtungen hervor.[827] Gleichzeitig wird laut *Ehrich*[828] in Ermangelung unterschiedlicher Regelungen der Einzelbetriebsräte über die mitbestimmungspflichtigen Angelegenheiten eines Umkleideraums ein Widerspruch zu der nicht den Mitbestimmungsrechten zugänglichen Unternehmensstruktur verhindert. Infolge dessen sei eine Übereinkunft der divergierenden Belange des jeweiligen Personals auf Unternehmensebene unerlässlich.[829] Aus Gründen der Rechtsklarheit ist es im Fall einer zu begründenden produktionstechnisch untragbaren Störung trotzdem empfehlenswert, die durch den Abschluss einer Einzelbetriebsvereinbarung anderenfalls entstehende konkrete Gefahr der Nichtberücksichtigung von Unternehmensinteressen herauszustellen.[830] Der geforderte Nachweis lässt sich mit Hilfe von Dienstplänen der jeweiligen Belegschaft eines Betriebs erbringen.

---

826 *Ehrich*, ZfA 1993, 427, 448 f.

827 *Ehrich*, ZfA 1993, 427, 445, aber eingeschränkt auf Betriebe, die örtlich nah beieinander liegen. Dagegen verbleibe es bei einer alleinigen Entscheidungsbefugnis des Arbeitgebers über die Errichtung der Umkleideräume sowie die Festlegung des Kreises der Nutzungsberechtigten und Nutzungsverpflichteten; sympathisierend *Hümmerich*, Zuständigkeitsabgrenzung zwischen Gesamtbetriebsrat und Einzelbetriebsräten, S. 93; vgl. auch 3. Teil. § 8. III. 3. b) aa).

828 *Ehrich*, ZfA 1993, 427, 445.

829 *Ehrich*, ZfA 1993, 427, 445.

830 *LArbG Hamm (Westfalen)*, Beschluss vom 22.03.2010 – 10 TaBV 13/10 –, juris Rn. 59.

Folglich kann der Gesamtbetriebsrat ausnahmsweise über Beginn und Ende der täglichen Arbeitszeit gemäß § 87 I Nr. 2 BetrVG im Rahmen des im Betrieb stattfindenden Kleiderwechsels zuständig sein. Daneben ergibt sich im Sinne von § 50 I 1 Hs. 1 BetrVG eine Regelungskompetenz für die freiwilligen Vereinbarungen gemäß § 88 BetrVG über den Umkleidevorgang auf dem Weg von und zur Arbeitsstätte.

3. Ergebnis

Schlussendlich ist und bleibt die Zuständigkeitsfrage auch im Bereich der Dienstkleidung eine des Einzelfalls. Die an sich vorliegenden Argumente für eine Entscheidungsbefugnis des Gesamtbetriebsrats können allein durch spezielle sprachliche Formulierungen der betreffenden Maßnahme geschmälert werden. Deshalb lässt die Kompetenzzuweisung eine Objektivierung angesichts der Art des Untersuchungsgegenstands nicht mit der erforderlichen Rechtssicherheit zu. Nichtsdestotrotz stellt die erörterte rechtliche Beurteilung die Bedeutsamkeit einer zumindest betriebsübergreifenden Regelung für die in Verbindung mit einer einheitlichen Bekleidung stehenden Bereiche heraus. In Anbetracht der gesteigerten Kundenanforderungen und der daraus abgeleiteten wirtschaftlichen Orientierung sowie der Schaffung einer Unternehmensidentität und der Förderung des Wiedererkennungswerts, ist eine unternehmensweite Regelungschance gegeben, wenn nicht gar unausweichlich. Somit unterliegt die Ausübung der Mitbestimmungsrechte ebenso wie das Unternehmen selbst den technologischen Entwicklungen, dem hierarchischen Strukturwandel und den veränderten organisatorischen Verflechtungen.[831] Dabei darf nicht über die fundamental bestehende Rechtsunsicherheit bezüglich der vorzunehmenden Konkretisierung des zweiten Tatbestandsmerkmals in § 50 I 1 Hs. 1 BetrVG hinweggesehen werden.[832] Aus diesem Grund ist es entscheidend, an die Pflicht des Arbeitgebers zu appellieren, bei Zweifeln über einen wirksam zuständigen Abschluss einer betrieblichen Vereinbarung den Betriebsrat und den Gesamtbetriebsrat zur Klärung dieser Kompetenzfrage aufzufordern[833] und dementsprechend die vorgenommene Entscheidungszuweisung hinreichend zu begründen[834]. Daneben besteht eigens für den Einzelbetriebsrat gemäß § 50 II 1 BetrVG die Möglichkeit,

---

831 *Heilmann*, AuA 1995, 48, 48; begründet insoweit die Erforderlichkeit von Gesetzesnovellierungen, dazu vgl. *Gesetzesentwurf der Bundesregierung* 02.04.2001, BT-Drucksache 14/5741, S. 1.

832 *Galperin*/BAG 23.09.1975, SAE 1976, 100, 100; *Fischer*/BAG 11.12.2001, SAE 2003, 44, 45; auch in *Fischer*/BAG 15.01.2002, RdA 2003, 114, 115; GK-BetrVG/*Kreutz*, § 50 BetrVG Rn. 37 f.

833 *BAG* 24.01.1996 BAGE 82, 79, 89, wonach der Arbeitgeber gehalten sei, den richtigen Verhandlungspartner auszuwählen; vgl. ebenfalls Däubler/u. a./*Trittin*, BetrVG, § 50 BetrVG Rn. 18; *Löwisch/Kaiser*, BetrVG Kommentar, § 50 BetrVG Rn. 12; Richardi/*Annuß*, BetrVG Kommentar, § 50 BetrVG Rn. 48.

834 Anlässlich der Forderung nach transparenten und absehbaren gerichtlichen Entscheidungen für die betriebliche Praxis siehe *Lunck*, NZA 2013, 233, 235, 238.

den Gesamtbetriebsrat mit einer Angelegenheit zu beauftragen. Insoweit verbleibt eine sinnvolle Zuständigkeitsverteilung, wenn der Gesamtbetriebsrat aufgrund der Nähe zur Unternehmensleitung bessere Verhandlungsmöglichkeiten hat oder seine Zuständigkeit für eine einheitliche Regelung begründet werden soll, die zwar zweckmäßig, aber im Rahmen der rechtlichen Leitlinien des § 50 I 1 Hs. 1 BetrVG sonst nicht von ihm vereinbart werden könnte.[835]

§ 12. Regelungsbefugnis und Regelungsumfang der Einigungsstelle

Kennzeichnend für die Erzwingbarkeit der Mitbestimmung in sozialen Angelegenheiten ist gemäß § 87 II BetrVG die Ersetzung einer nicht zustande gekommenen Einigung zwischen Arbeitgeber und Betriebsrat durch den Spruch einer angerufenen Einigungsstelle. Neben den im Zusammenhang mit den erläuterten Dienstkleidungsaspekten schon erwähnten Entscheidungskompetenzen der Einigungsstelle[836] muss der eingeräumte Ermessensspielraum gemäß § 76 V 3 BetrVG weiter präzisiert werden.

Ein Spruch der Einigungsstelle, der nicht selbst eine Regelung über die mitbestimmungspflichtige Angelegenheit trifft, sondern die der Einigungsstelle zustehende Regelungsbefugnis auf den Arbeitgeber überträgt, ist nicht zulässig.[837] Die Einräumung einer alleinigen Anordnungsbefugnis des Arbeitgebers könnte gleichzeitig einen unzulässigen (Teil-) Verzicht auf das Mitbestimmungsrecht bedeuten.[838] Gleiches gilt für den Betriebsrat, der über sein ihm obliegendes Mitbestimmungsrecht nicht in der Weise verfügen kann, indem er in der Substanz davon Abstand nimmt.[839] Die Einigungsstelle kann dem Arbeitgeber im Rahmen ihres Ermessensspielraums nur in gewisser Reichweite Entscheidungsbefugnisse bei der inhaltlichen

835 *Gesetzesentwurf der Bundesregierung* 29.01.1971, BT-Drucksache 06/1786, S. 43; *Galperin*/BAG 23.09.1975, SAE 1976, 100, 102; Hess/u. a./*Glock*, BetrVG Kommentar, § 50 BetrVG Rn. 48; weitergehend *Mothes*/BAG 23.09.1975, AuR 1976, 190, 191, demgemäß in Anbetracht der Schutzbedürftigkeit kleinerer Einzelbetriebe eine Beteiligung der Arbeitnehmer und damit der einzelnen Betriebsräte einzuräumen sei; zum grundsätzlichen Mangel an einer gleichgelagerten Dispositionsbefugnis des Gesamtbetriebsrats etwa *Wißmann*, NZA 2003, 1, 2.

836 Vgl. 3. Teil. § 8.; vgl. auch, 3. Teil. § 9.

837 *BAG* 11.02.1992 AP Nr. 50 zu § 76 BetrVG 1972, zu B. II. 3. c) aa) der Gründe; *BAG* 03.06.2003 BAGE 106, 204, 214 f.; *BAG* 08.06.2004 BAGE 111, 48, 63 f.; *BAG* 17.01.2012 BAGE 140, 223, 230.

838 *Hessisches LArbG*, Beschluss vom 08.04.2010 – 5 TaBV 123/09 –, juris Rn. 48; begründet mit der von der Betriebsverfassung unabhängigen Rechtsposition der Einigungsstelle in *Joussen*, RdA 2005, 31, 38.

839 *BAG* 26.04.2005 BAGE 114, 286, 292.

Vorgabe von Maßnahmen belassen.[840] In diesem Fall werden Regelungsgegenstände abstrakt-generell geregelt und konkrete Maßnahmen des Arbeitgebers an ein weiteres Zustimmungsbedürfnis des Betriebsrats geknüpft.[841] Die Abhängigkeit von zu beurteilenden Einzelfällen begründet eine so hervorgerufene, nicht abschließende Lösung, die aber gleichzeitig den gegebenen Regelungsauftrag der Einigungsstelle zu erfüllen vermag.[842] So vermeidet die vorgegebene Leitlinie, dass alle arbeitsrechtlichen Rechtsquellen, aus denen sich eine materiell-rechtliche Verpflichtung der Mitarbeiter ergeben kann, von der getroffenen Bestimmung umfasst werden und keine Übertragung der Entscheidungskompetenz auf den Arbeitgeber erfolgt.[843]

Die Ausgestaltung einer betriebseinheitlichen Kleidervorgabe bietet für die Einigungsstelle allerdings die Gefahr, ihr Regelungsermessen zu überschreiten, wenn dem Arbeitgeber eine Kleiderordnung vorgegeben wird, die seinen Betriebszielen und seiner Unternehmensphilosophie widerspricht. Für die Beurteilung über die Wirksamkeit des Einigungsstellenspruchs bleiben Äußerungen der Entscheidungsfindung, die offensichtlich oder zumindest erkennbar waren, unberücksichtigt.[844] Nichtsdestotrotz muss sich die Einigungsstelle an den Unternehmensgrundsätzen des Arbeitgebers orientieren, um den betrieblichen Interessen angemessen gerecht zu werden. Insofern ist es notwendig, dass sich die Gestaltung der Kleidung an dem Wiedererkennungspotenzial für außenstehende Personengruppen orientiert, wodurch eine öffentlich sichtbare „Verfremdung" des Betriebs ausgeschlossen bleibt. Demgemäß sind zumindest die das Unternehmenslogo tragenden Farben zu belassen.[845] Folglich werden Bestimmungen über die optische Gestaltung von den Prämissen getragen, den Betriebszweck grundlegend zu verwirklichen und die äußerliche sowie innere Unternehmensidentität zu wahren. In allen anderen Fällen kommt der Einigungsstelle ein größerer Regelungsspielraum zu.[846]

Im Zusammenhang mit der zu besprechenden Entscheidungskompetenz der Einigungsstelle über die Beschaffungspflicht einer Dienstkleidung hat das *BAG*[847] eine Vereinbarungsbefugnis hinsichtlich der Kostentragung abgelehnt. Der Entscheidungsbegründung vom 01.12.1992[848] folgend, sei die Übernahme der finanziellen Belastung anhand der Sphärentheorie demjenigen aufzuerlegen, in dessen

---

840 *BAG* 17.10.1989 BAGE 63, 140, 150; *BAG* 11.02.1992 AP Nr. 50 zu § 76 BetrVG 1972, zu B. II. 3. c) aa) der Gründe; *BAG* 08.06.2004 BAGE 111, 48, 64.

841 *BAG* 18.04.1989 BAGE 61, 305, 321; *BAG* 26.08.2008 BAGE 127, 276, 292 f.

842 *BAG* 26.08.2008 BAGE 127, 276, 292 f.

843 *BAG* 17.01.2012 BAGE 140, 223, 230.

844 *BAG* 13.02.2007 BAGE 121, 147, 158.

845 Gegenwärtig ebenso *Fischer*, NJW 2015, 744, 745, 746.

846 *Henssler*/BAG 08.08.1989, SAE 1990, 343, 345.

847 *BAG* 13.02.2007 BAGE 121, 147, 153 f.; sympathisierend *Fischer*, NZA-RR 2015, 169, 173 f.; *Sommer*, ZBVR online 2007 (Ausgabe 6), 16, 20.

848 *BAG* 01.12.1992 BAGE 72, 40, 47 m. w. N., demgemäß eine in einer Lohnverwendungsbestimmung enthaltene Klausel zur Kostenübernahme unwirksam sei.

Wirkungskreis die Kosten anzusiedeln seien. Die davon unabhängig und außerplanmäßig entstehenden Betriebskosten müsse der Arbeitgeber tragen. Neben der undenkbaren Subsumtion der Finanzenverteilung unter § 87 I Nr. 1 BetrVG sei auch nicht von einer Annexkompetenz zu der Einführung einer einheitlichen Kleidervorgabe auszugehen. Im Vergleich dazu finde bei einer mitbestimmungspflichtigen Erstattungsvereinbarung von Kontoführungsgebühren für eine bargeldlose Lohnzahlung[849] keine untrennbare Verzahnung zwischen dem Erlass einer Dienstkleidungsvorschrift und der entsprechenden Kostentragung statt, zumal es auf individualrechtlicher Ebene an einer solchen Arbeitgeberverpflichtung mangele. Jedenfalls sei der in Frage stehende Regelungsgegenstand fortwährend einer freiwilligen Betriebsvereinbarung gemäß § 88 BetrVG zugänglich.[850] Der Spruch der Einigungsstelle sei nur davon beeinflusst, die finanziell nötigen Aufwendungen bei der Entscheidungsfindung einzukalkulieren.[851] Abgesehen von der unbedarften Anwendung verfassungsrechtlicher Instrumentarien auf betriebsverfassungsrechtliche Normen bleibt laut Standpunkt von *Edenfeld*[852] trotzdem weiterhin ungeklärt, inwieweit dem Betriebsrat eine dem Mitbestimmungsrecht entsprechende Annexkompetenz eingeräumt werden sollte. Die dadurch hervorgerufene Rechtsunsicherheit sei mittels Verwendung unbestimmter und daher ausfüllungsbedürftiger Rechtsbegriffe verstärkt. Somit sei zukünftig eine Klarstellung für jedweden Einzelfall in einem gerichtlichen Verfahren unausweichlich. Außer der Abschlussmöglichkeit einer freiwillig, im Verhältnis zum Arbeitsvertrag günstig wirkenden Betriebsvereinbarung gemäß § 88 BetrVG sei die formlose Regelungsabrede geeignet, den Gestaltungsspielraum der Betriebsparteien zu ergänzen. In Anbetracht der resultierenden, nicht bindenden Rechtsfolgen für das Arbeitsverhältnis des Einzelnen seien etwaige Auswirkungen lediglich im betrieblichen Bereich zu erwarten.[853] Obgleich dieser erwähnenswerten Kritikpunkte wird der angeführten Mitbestimmungsfreiheit finanzieller Aufwandsregelungen zugestimmt. Der Grund dafür leitet sich hingegen aus der erforderlichen Mitbestimmungsfreiheit der Beschaffungspflicht einer Dienstkleidung gemäß § 87 I Nr. 1 BetrVG ab. Folgender, beispielhafter Auszug aus einer einheitlichen Bekleidungsvorschrift bildet dafür die Besprechungsgrundlage: „Die Dienstkleidung wird von der SSB AG beschafft und den Mitarbeitern unentgeltlich zur ausschließlichen dienstlichen Nutzung zur

---

849 *BAG* 08.03.1977 BAGE 29, 40, 45.

850 Im Gegensatz dazu noch *BAG* 01.12.1992 BAGE 72, 40, 46; gegenwärtig dergleichen GK-BetrVG/*Wiese*, § 87 BetrVG Rn. 211, wobei die weitergehenden Literaturnachweise auf die gegenteilige Meinung Vorbehalten unterliegen; mit Bedenken auch *Linsenmaier*, RdA 2008, 1, 10.

851 *BAG* 13.02.2007 BAGE 121, 147, 153 f.

852 *Edenfeld*/BAG 13.02.2007, AP Nr. 40 zu § 87 BetrVG 1972 Ordnung des Betriebes, zu 3.

853 *Edenfeld*/BAG 13.02.2007, AP Nr. 40 zu § 87 BetrVG 1972 Ordnung des Betriebes, zu 3.

Verfügung gestellt."[854]. In der Entscheidung des Gerichts vom 13.02.2007[855] wird ein unmittelbarer Zusammenhang zwischen Einführung einer betriebseinheitlichen Kleidervorschrift und der korrespondierenden Anschaffung postuliert, um die Realisierung einer Dienstkleidungsordnung sicherzustellen. Anderenfalls sei mit Inkrafttreten der einheitlichen Bekleidungsvorgabe der zu erzielende Effekt auf das äußere Erscheinen nicht gewährleistet, wenn Meinungsverschiedenheiten über den Verpflichteten gegeben und zunächst einzelvertraglich entsprechende Besorgungspflichten der ausgewählten Kleidungsstücke festzulegen seien.[856] Unter dem Blickwinkel dieses Begründungswegs erscheint es problematisch, warum eine mitbestimmungspflichtige Dienstkleidungsvorschrift ohne eine korrespondierende Bestimmung zu der Kostenverteilung sinnvoll eingeführt und umgesetzt werden, aber nicht frei von mitbestimmten Vereinbarungen über die Beschaffung sein kann. Im Verhältnis zu Letzterem unterlässt das Gericht bei dem die Finanzen betreffenden Sachverhalt nähere Erläuterungen oder die Angabe von Ursachen. Wird die Argumentation zur Herbeiführung der erforderlichen Verknüpfung von Erlass und Besorgung der einheitlichen Bekleidung für die Kostenübernahme genutzt, stellt sich automatisch folgende Frage: Wie wird die gewünschte Zielrichtung einer Trageordnung für Dienstkleidung im Zeitpunkt ihres Inkrafttretens ohne das Vorliegen individualrechtlicher Regelungen umgesetzt, wenn nicht auch schon die finanzielle Verteilung der Beschaffung vereinbart wurde? Bedenken gegen die Übertragbarkeit des Begründungsmusters der Anschaffungspflicht auf die Kostentragung bestehen bereits aufgrund ihrer inhaltlichen zwangsläufig bestehenden Verbindung nicht. In der Konsequenz wäre entgegen der Rechtsprechung in beiden Fällen ein Mitbestimmungsrecht des Betriebsrats gemäß § 87 I Nr. 1 BetrVG anzunehmen. Jene Verpflichtung scheidet allerdings bereits in Ansehung der hier vertretenen mitbestimmungsfreien Einführung einer Dienstkleidung aus[857]. Damit wird gleichzeitig eine Freigabe der Dispositionsbefugnis über den Individualbereich zu Gunsten des Betriebsrats vermieden. Selbst unter der Voraussetzung eines gegebenen Mitbestimmungsrechts und der vorgenommenen Trennung des sachlichen Anwendungsbereichs einer einheitlichen Kleidervorgabe in deren Einführung und Ausgestaltung[858] sind die argumentativen Stützen des Gerichts kritikwürdig. Der konkretisierungsbedürftige Anknüpfungspunkt des Inkrafttretens einer einheitlichen Bekleidungsvorschrift wirkt in Beziehung zu deren inhaltlichen Aspekten nicht sachgerecht. In Anlehnung an den verfassungsrechtlich definierten Zeitpunkt des Inkrafttretens von Gesetzen gemäß Art. 82 I GG entfaltet die Maßnahme ab

---

854 Für das Fahrpersonal eines öffentlichen Personennahverkehrsunternehmens angenommen in *LArbG Baden-Württemberg*, Beschluss vom 08.08.2013 – 18 TaBV 3/13 –, juris Rn. 15.

855 *BAG* 13.02.2007 BAGE 121, 147, 153.

856 *BAG* 13.02.2007 BAGE 121, 147, 153; gleichermaßen *Sommer*, ZBVR online 2007 (Ausgabe 6), 16, 20.

857 Vgl. 3. Teil. § 8. III. 3. c) aa).

858 Vgl. 3. Teil. § 8. III. 3. c).

dem in Frage stehenden Augenblick Geltung und daher inhaltliche Verbindlichkeit.[859] Eine Betriebsvereinbarung erlangt zwar mit ihrer Bekanntmachung gemäß § 77 II 3 BetrVG Publizität, so dass die betroffenen Arbeitnehmer durch die Auslage der Bestimmung Kenntnis nehmen können[860]. Gleichwohl wird dieser Vorschrift nach herrschender Meinung nur deklaratorische Wirkung zugesprochen.[861] Gemessen an der Verkündung von Gesetzen[862] ist eine Betriebsvereinbarung in diesem Moment rechtlich existent, aber nicht wirksam[863]. Um zu verhindern, dass der Zeitpunkt des Inkrafttretens abhängig von etwaigen Arbeitgeberhandlungen eintritt[864], muss deshalb die normative Wirkung gemäß § 77 IV 1 BetrVG als geeigneter Anknüpfungspunkt gewählt werden. Anders als der in der Zukunft liegende Verkündungstermin eines Gesetzes[865] ist dessen Inkrafttreten auch Element des normativen Verfahrens[866], welches ein direktes Wirksamwerden der Regelung ermöglicht. Die im Betriebsverfassungsgesetz fixierte Nachwirkung gemäß § 77 VI BetrVG bildet mit dem Abschluss einer neuen erzwingbaren Betriebsvereinbarung zugleich das

---

859 *BVerfG* 15.06.1976 BVerfGE 42, 263, 283.

860 Hess/u. a./*Worzalla*, BetrVG Kommentar, § 77 BetrVG Rn. 18; GK-BetrVG/*Kreutz*, § 77 BetrVG Rn. 53.

861 *BAG*, Urteil vom 17.04.2012 – 3 AZR 400/10 –, juris Rn. 40; GK-BetrVG/*Kreutz*, § 77 BetrVG Rn. 53, wonach selbst die rechtsgeschäftliche Entstehung der Betriebsvereinbarung nicht geeignet sei, die Erforderlichkeit eines konstitutiven Elements hervorzurufen. Die Kenntnisnahme der Mitarbeiter über die Verbindlichkeit der Regelung sei ausreichend durch die Mitwirkungsrechte und Informationspflichten des Arbeitgebers garantiert; Richardi/*Richardi*, BetrVG Kommentar, § 77 BetrVG Rn. 41; *Fitting*, BetrVG Handkommentar, § 77 BetrVG Rn. 25; ErfK/*Kania*, § 77 BetrVG Rn. 23; Düwell/*Lorenz*, BetrVG Handkommentar, § 77 BetrVG Rn. 14, demzufolge bei einem Verstoß gegen § 77 II 3 BetrVG lediglich Schadensersatzansprüche, abgeleitet aus der Fürsorgepflicht des Arbeitgebers gemäß § 2 I 2 Nr. 10 NachwG, zu erwarten seien; Däubler/u. a./*Berg*, BetrVG, § 77 BetrVG Rn. 74; mit Skepsis auch *von Hoyningen-Huene*, Betriebsverfassungsrecht, S. 223; a. A. begründet auf verfassungsrechtlichen Prinzipien, möglichen Belastungen der Arbeitnehmer sowie erzwingbarer Veröffentlichung durch den Betriebsrat etwa *Zöllner/Loritz/Hergenröder*, Arbeitsrecht, S. 647; mit der Forderung nach einer gesetzlichen Fixierung der entstehenden Unwirksamkeit ebenso *Fischer*, BB 2000, 1143, 1144, woraufhin eine nicht bekannt gemachte Betriebsvereinbarung spätestens unter Heranziehung des § 242 BGB als nicht wirksam zu qualifizieren sei.

862 *BVerfG* 26.07.1972 BVerfGE 34, 9, 23 f.

863 *BVerfG* 09.02.2000 BB 2000, 1143, 1143, dementsprechend die tatsächliche Kenntnis des Einzelnen für die Verbindlichkeit der Vereinbarung unbeachtlich sei.

864 Hess/u. a./*Worzalla*, BetrVG Kommentar, § 77 BetrVG Rn. 18; Richardi/*Richardi*, BetrVG Kommentar, § 77 BetrVG Rn. 41.

865 Jarass/*Pieroth*, GG Kommentar, Art. 82 GG Rn. 5.

866 *BVerfG* 26.07.1972 BVerfGE 34, 9, 23 f.; *BVerfG* 13.03.1977 BVerfGE 44, 227, 240; *BVerfG* 07.07.1992 BVerfGE 87, 48, 60.

Ende der auch festlegbaren Geltungsdauer.[867] Insofern bieten diese ausgewählten Daten mit ihren Präzisierungsmöglichkeiten die notwendige Rechtssicherheit für die Betroffenen. In Anbetracht der zeitlichen Abfolge der Umsetzung einer Dienstkleidungsordnung löst die Bestimmung über die Einführung der betriebseinheitlichen Kleidervorgabe bereits die geforderte Verbindlichkeit aus.[868] In diesem Moment sind lediglich die wesentlichen Aspekte des „Ob“ und „Wer“[869] einer Anschaffungspflicht feststellbar. Dabei lässt die einseitige Beurteilung des Gerichts unbeachtet, dass diese Inhalte unmittelbar mit der Frage des „Was“ zusammenhängen. Jener Aspekt gibt sowohl die Bedeutung für die sachliche Reichweite der Bestimmung als auch eine denkbare Vorleistungspflicht des Beschaffenden an. Demnach ist die tatsächliche Besorgung der Bekleidung zu diesem Zeitpunkt nicht praktizierbar, weil aufgrund mangelnder Gestaltungsmodalitäten keine Klarheit über die zu kaufenden Dienstkleidungsstücke herrscht. Das heißt, die gewünschte Zweckverwirklichung kann in Relation zu der auferlegten Beschaffung in keinem Fall in diesem Vereinbarungsstadium vorgenommen werden. Es verbleibt bei dem bis dahin erreichten status quo. Schlussfolgernd daraus ist der gewählte zeitliche Ausgangspunkt für die Begründung eines notwendigen Sachzusammenhangs zwischen der mitbestimmungspflichtigen Maßnahme und den außerhalb liegenden Regelungsgegenständen fragwürdig. So gesehen wird die Realisierung des Ziels einer Kleiderordnung mit Hilfe individualrechtlicher Vereinbarungen absolut sichergestellt. Wenn bereits die Kostenübernahme auf diese Weise regelungsfähig ist, macht eine weitere Bestimmung über die Besorgung der Kleidung auch im Hinblick auf den Zeitaufwand und die Praktikabilität einen unschädlichen Eindruck. Die erwarteten Einigungsprobleme bezüglich des Verpflichteten werden in Anbetracht von Zeitverzögerungen nicht mit Hilfe eines Mitbestimmungsrechts unabwendbar. Denn diese Verantwortungsfrage ist auch zu klären, wenn eine gewünschte Bekleidung nicht zu dem genannten Termin zur Verfügung steht.[870] Insbesondere die bereits angedeutete Perspektive auf das Verhältnis zwischen den in Frage stehenden Dienstkleidungsangelegenheiten lässt die hiesig entwickelte Lösung zweckmäßig anmuten, weil die auf die Anschaffungspflicht bezogene Wahl der Kleidungsstücke mittelbaren Einfluss auf die finanziellen Regelungen ausübt. Nichts Anderes ist daher anzunehmen, wenn der Zeitpunkt des Inkrafttretens mit der erzwingbaren Gestaltung der betriebseinheitlichen Kleidervorschrift zusammenfällt. Die in der mitbestimmungsrechtlichen Behandlung zu garantierende Verschiedenartigkeit solcher Bestimmungen hat keine Folgen für die Regelungsgegenstände der

867 Unter Anwendung des Ablöseprinzips („lex posterior derogat legi priori“) für ranggleiche Bestimmungen *Kelsen*, Reine Rechtslehre, S. 275; *Zippelius*, Juristische Methodenlehre, S. 33.

868 Zu den Stadien der praktischen Realisierung (im Betrieb) vgl. 3. Teil. § 8. III. 3. c).

869 Im Ergebnis wie *Brose/Greiner/Preis*, NZA 2011, 369, 373; zur Entscheidung über die Auswahl des Verpflichteten etwa *BAG* 13.02.2007 BAGE 121, 147, 152.

870 Im Rahmen einer Schutzkleidung formuliert in *BAG* 10.03.1976 AP Nr. 17 zu § 618 BGB, zu 3. c) der Gründe.

Beschaffung und Finanzen; auf jeden Fall sind die ausgewählten Kleidungsstücke zu erstehen und zu bezahlen. Die auf diese Weise hergestellte Verknüpfung bedingt die Mitbestimmungsfreiheit der Besorgungspflicht einer einheitlichen Bekleidungsvorgabe und lässt keine Aufrechterhaltung des im Ausgangsfall strittigen Einigungsstellenspruchs zu. Zwangsläufig geht damit die mitbestimmungsrechtliche Beurteilung über die Kostenfrage einher. Schließlich obliegen die genannten Inhalte deshalb auch nicht der Entscheidungskompetenz einer angerufenen Einigungsstelle.

§ 13. Rechtsfolgen mitbestimmungswidrigen Verhaltens

Mit Blick auf die historische Entwicklung des Betriebsverfassungsgesetzes[871] kann nicht davon ausgegangen werden, dass jede Verletzung von Mitbestimmungsrechten eine unmittelbare Gegenmaßnahme auslösen sollte und ebenfalls nicht jedes Beteiligungsrecht gesetzlich normiert werden konnte[872]. Als Folge dessen entstehen angesichts der Verwendung unbestimmter Rechtsbegriffe Unsicherheiten des Arbeitgebers, die allerdings für sich allein nicht sofort zu Auseinandersetzungen mit dem Betriebsrat, zu Ordnungsgeldern oder zu arbeitsgerichtlichen Beschlussverfahren gemäß §§ 2a I Nr. 1, II, 80 ff. ArbGG führen dürfen.[873]

I. Auswirkungen im Betriebsverhältnis

Unter dem Eindruck des benannten Schutzgedankens erfolgt im Rahmen des § 23 III 1 BetrVG die Ahndung nur grober Verstöße des Arbeitgebers. Werden die obliegenden Verpflichtungen aus diesem Gesetz nicht beachtet, kann danach der Betriebsrat oder eine im Betrieb vertretene Gewerkschaft beantragen, dem Arbeitgeber aufzugeben, eine Handlung zu unterlassen, die Vornahme einer Handlung zu dulden oder eine Handlung vorzunehmen. Das Ausmaß des Verstoßes ist gravierend, wenn dieser essentiell sowie offensichtlich dem Sinn und Zweck des Gesetzes widerspricht.[874] Darauf bezugnehmend ist kein Verschulden des Arbeitgebers erforderlich, weil auf diese Weise ein Mindestmaß an gesetzmäßigem Verhalten des Betriebspartners im

---

871 Vgl. 1. Teil. § 2.

872 *Hexel/Lüders*, NZA 2010, 613, 615; beispielsweise bezüglich der Notwendigkeit eines aus § 2 I BetrVG abgeleiteten Unterlassungsanspruchs siehe *BAG* 03.05.1994 BAGE 76, 364, 373, woraufhin für dessen Anerkennung der Inhalt und Umfang des jeweiligen Rechts sowie die Form der Rechtsverletzung ausschlaggebend sei; bedenklich mit Blick auf die bewusste Hinnahme von Gesetzeslücken etwa *Derleder*, AuR 1985, 65, 73.

873 *BAG* 14.11.1989 AP Nr. 76 zu § 99 BetrVG 1972, zu B. II. 1. der Gründe.

874 *BAG*, Beschluss vom 06.12.1988 – 1 ABR 43/87 –, juris Rn. 34; *BAG* 08.08.1989 BAGE 62, 314, 321; *BAG* 29.04.2004 BAGE 110, 252, 274; gleichermaßen *Wiese*/BAG 08.08.1989, AP Nr. 13 zu § 87 BetrVG 1972 Betriebliche Ordnung, zu II.; Wlotzke/Preis/*Kreft*, BetrVG Kommentar, § 23 BetrVG Rn. 58; ErfK/*Koch*, § 23 BetrVG Rn. 18.

Rahmen der betriebsverfassungsrechtlichen Ordnung sichergestellt wird.[875] Besser gesagt bildet die zukünftige Störung der vertrauensvollen Zusammenarbeit zwischen Arbeitgeber und Betriebsrat die Voraussetzung des Unterlassungsanspruchs, wobei schon ein einmaliger Verstoß gegen ein allgemein anerkanntes Mitbestimmungsrecht dessen Geltendmachung begründet.[876] Daher muss ein widersprüchliches Verhalten des Arbeitgebers im Hinblick auf die zu beurteilende Wiederholungsgefahr[877] angemessen berücksichtigt werden, wenn sich diesem bereits seit geraumer Zeit die Möglichkeit einer Rechtsprechungsänderung aufgedrängt hatte und es ihm somit zumutbar war, die Zustimmung des Betriebsrats einzuholen[878]. Infolge der Erheblichkeit und der Kenntnis der in Frage stehenden mitbestimmungspflichtigen Maßnahme ist ein Rechtsirrtum des Arbeitgebers unbeachtlich.[879]

Unter Zugrundelegung der angenommenen Mitbestimmungsfreiheit der Einführung einer einheitlichen Bekleidungsvorschrift und ihrer Ausgestaltung im

---

875 *BAG* 27.11.1973 BAGE 25, 415, 419; *BAG* 22.02.1983 BAGE 42, 11, 17; *BAG* 18.04.1985 BAGE 48, 246, 246; *BAG*, Beschluss vom 06.12.1988 – 1 ABR 43/87 –, juris Rn. 34; *BAG* 08.08.1989 BAGE 62, 314, 321, dementsprechend der Arbeitgeber auch als betriebsverfassungsrechtliches Organ zu behandeln sei; *BAG* 14.11.1989 AP Nr. 76 zu § 99 BetrVG 1972, zu B. II. 2. der Gründe; *BAG* 27.11.1990 AP Nr. 41 zu § 87 BetrVG 1972 Arbeitszeit, zu B. III. 3. a) der Gründe; *BAG* 29.02.2000 AP Nr. 105 zu § 87 BetrVG 1972 Lohngestaltung, zu B. II. 2. b) der Gründe; ebenso *von Hoyningen-Huene*, DB 1987, 1426, 1434; *Wiese*/BAG 08.08.1989, AP Nr. 13 zu § 87 BetrVG 1972 Betriebliche Ordnung, zu II.; ErfK/*Koch*, § 23 BetrVG Rn. 1, Rn. 17 f.; GK-BetrVG/*Oetker*, § 23 BetrVG Rn. 148.

876 Umkehrschluss aus der Verneinung eines Verstoßes aufgrund einer ungeklärten Rechtslage siehe *BAG* 27.11.1973 BAGE 25, 415, 419; *BAG* 08.08.1989 BAGE 62, 314, 321 und *BAG* 29.04.2004 BAGE 110, 252, 274 f.; offen gelassen von *BAG* 18.04.1985 BAGE 48, 246, 246, 253; ausdrücklich formuliert etwa *BAG* 17.03.1987 AP Nr. 7 zu § 23 BetrVG 1972, zu B. II. 2. c) der Gründe; *BAG*, Beschluss vom 06.12.1988 – 1 ABR 43/87 –, juris Rn. 34; *BAG* 14.11.1989 AP Nr. 76 zu § 99 BetrVG 1972, zu B. II. 2. der Gründe.

877 Unterlassungsanspruch gemäß § 23 III BetrVG nicht als Sanktion verstanden, vgl. *BAG* 14.11.1989 AP Nr. 76 zu § 99 BetrVG 1972, zu B. II. 2. der Gründe; zur tatsächlichen Vermutung der Wiederholungsgefahr bei mehrmaligen Rechtsverletzungen in der Vergangenheit siehe *BAG*, Beschluss vom 06.12.1988 – 1 ABR 43/87 –, juris Rn. 36; *BAG* 27.11.1990 AP Nr. 41 zu § 87 BetrVG 1972 Arbeitszeit, zu B. III. 3. a)/b) der Gründe; *BAG* 29.02.2000 AP Nr. 105 zu § 87 BetrVG 1972 Lohngestaltung, zu B. II. 2. b) der Gründe; so auch ErfK/*Koch*, § 23 BetrVG Rn. 18; Wlotzke/Preis/*Kreft*, BetrVG Kommentar, § 23 BetrVG Rn. 61; bereits überholt, die mangelnde Erforderlichkeit einer Wiederholungsgefahr in *BAG* 18.04.1985 BAGE 48, 246, 255, wonach sich der Unterlassungsanspruch erstens auf eine schon erfolgte Rechtsverletzung stütze und zweitens ansonsten ein Ungleichgewicht gegenüber § 23 I BetrVG zu erkennen sei.

878 *Henssler*/BAG 08.08.1989, SAE 1990, 343, 347; *Wiese*/BAG 08.08.1989, AP Nr. 13 zu § 87 BetrVG 1972 Betriebliche Ordnung, zu II.

879 *Wiese*/BAG 08.08.1989, AP Nr. 13 zu § 87 BetrVG 1972 Betriebliche Ordnung, zu II.

Dienstleistungssektor[880] findet § 23 III BetrVG von vornherein keine Anwendung. Im Endeffekt gilt das Gleiche für die verbleibenden Berufsfelder einer zu gestaltenden Dienstkleidungsvorschrift trotz einer diesbezüglich mehrmaligen, auch höchstrichterlichen Klärung. So kommt den beschriebenen Zweifeln in vereinzelten Entscheidungsbegründungen und Lehrbeiträgen über das Mitbestimmungsrecht gemäß § 87 I Nr. 1 BetrVG[881] entscheidende Bedeutung zu. Denn aus diesem Grund fußt eine einmalige mitbestimmungswidrige Pflichtverletzung des Arbeitgebers im Dienstkleidungsbereich nicht auf der geforderten eindeutigen Rechtslage. Es handelt sich dabei um gegensätzliche und unversöhnliche Rechtsansichten, die den Kern der Frage eines grundlegenden Mitbestimmungsrechts des Betriebsrats betreffen. Insofern kann auch ein korrespondierender Verweis des Arbeitgebers auf die mögliche vorzeitige und umfassende Kenntnisnahme der betriebsverfassungsrechtlichen Pflichten nicht überzeugen.[882] Denn es ist zulässig und wirksam, einer vertretbaren Mindermeinung in der entsprechenden Mitbestimmungsausübung zu folgen.[883] Es besteht daher einzelfallabhängig die Möglichkeit, dass ausstehende Rechtsfragen in einem gesonderten, zuvor stattfindenden Verfahren gerichtlich zu überprüfen sind.[884] Die angemessene Berücksichtigung dieser Erwägungen wirkt insbesondere im Hinblick auf die anderenfalls entstehende Zirkularität der Anspruchsbegründung aus § 23 III BetrVG sachgerecht. Dahingehend ist die Verbindung zwischen dem Eingreifen der Norm und ihrem Existenzgrund in der Ausgangssituation mitbestimmungswidrigen Verhaltens, nämlich der vorliegenden Rechtsunsicherheit des Arbeitgebers infolge mangelnder gesetzlicher Normierung und daher notwendiger Auslegung durch die Gerichte, erkennbar nicht im Interesse der Sicherstellung der betriebsverfassungsrechtlichen Ordnung. Von allem unberührt bleibt die Chance des Betriebsrats, den Unterlassungsanspruch gemäß § 23 III BetrVG bei mehrmaligen pflichtwidrigen Verstößen in puncto der Modalitäten einer einheitlichen Bekleidung geltend zu machen. Dabei sind etwaige negative Auswirkungen auf das innerbetriebliche Verhältnis und den öffentlichen Unternehmensauftritt nicht ausgeschlossen.

Die beschriebene Allgemeingültigkeit einer Rechtsansicht kann ebenso nicht für die Entscheidungen des Senats zur Behandlung der Umkleidezeit als Arbeitszeit gemäß § 87 I Nr. 2 BetrVG angenommen werden. In diesem Zusammenhang

---

880 Vgl. 3. Teil. § 8. III. 3. c) aa/bb).

881 Vgl. 3. Teil. § 8. III. 4.; a. M. zur überwiegenden Bejahung eines Mitbestimmungsrechts zumindest hinsichtlich der Ausgestaltung einer Dienstkleidungsordnung siehe *Wiese*/BAG 08.08.1989, AP Nr. 13 zu § 87 BetrVG 1972 Betriebliche Ordnung, zu II.; *Henssler*/BAG 08.08.1989, SAE 1990, 343, 346 f.; allgemein zur in diesem Zusammenhang stehenden Wertigkeit eines gegenteiligen, auch zweitinstanzlichen, Urteils *BAG* 08.08.1989 BAGE 62, 314, 321; *BAG* 27.11.1990 AP Nr. 41 zu § 87 BetrVG 1972 Arbeitszeit, zu B. III. 3. b) der Gründe.

882 A. A. *BAG* 18.04.1985 BAGE 48, 246, 255.

883 *Hexel/Lüders*, NZA 2010, 613, 615.

884 *BAG* 27.11.1973 BAGE 25, 415, 418 f.

erscheint das gewählte Abgrenzungskriterium der Auffälligkeit einer Bekleidung problematisch[885] und dementsprechend unklar in der rechtlichen Behandlung. Im Zusammenhang mit dem geltenden Beurteilungsmaßstab entfällt daraufhin das Mitbestimmungsrecht über die tägliche Arbeitszeit auf dem Weg von sowie zur Arbeitsstätte und bietet insoweit keinen Raum für § 23 III BetrVG. Hinsichtlich des betrieblichen Kleiderwechsels können nur wiederholte Verstöße des Arbeitgebers die Geltendmachung des Unterlassungsanspruchs bedingen.

Unabhängig von der gesetzlichen Festlegung und den beschriebenen Voraussetzungen in § 23 III BetrVG wird dem Betriebsrat zusätzlich ein Unterlassungsanspruch gemäß §§ 1004, 823 II BGB i. V. m. § 87 I BetrVG unter der Bedingung einer Wiederholungsgefahr zugebilligt.[886] Wirkt die belastende Vereinbarung fort, kann der Betriebsrat als Pendant zur Unterlassung die unmittelbare Beseitigung des betriebsverfassungswidrigen Zustands verlangen.[887] Im Nachhinein dieser Reaktionsmöglichkeiten auf ein mitbestimmungswidriges Verhalten ist ein (weiterer) vorsätzlicher Verstoß des Arbeitgebers gegen die Beteiligungsrechte und die Betriebsratstätigkeit gemäß §§ 119, 121 BetrVG strafbar. Insgesamt ist dieses abgestufte Sanktionierungsverfahren des Betriebsverfassungsgesetzes bewusst in der aufgeführten Reihenfolge festgelegt worden, so dass erst im Anschluss daran ein Erkenntnisverfahren mit gerichtlicher Entscheidung zu einer Zwangsvollstreckung gemäß § 85 I ArbGG führen kann.[888]

---

885 Vgl. 3. Teil. § 9. II. 2. a)/b).

886 Allgemein anerkannter Unterlassungsanspruch im Rahmen des § 87 I BetrVG siehe *BAG* 03.05.1994 BAGE 76, 364, 364, unter gleichzeitiger Aufgabe von *BAG* 22.02.1983 BAGE 42, 11, 17 ff. und mit Blick auf entstehende Schutzlücken, ausgelöst durch die Theorie der Wirksamkeitsvoraussetzung; *BAG* 23.07.1996 AP Nr. 68 zu § 87 BetrVG Arbeitszeit, zu B. III. 1. der Gründe; *BAG* 16.06.1998 BAGE 89, 139, 148; *BAG* 29.02.2000 AP Nr. 105 zu § 87 BetrVG 1972 Lohngestaltung, zu B. II. 2. a) der Gründe; *BAG* 29.04.2004 BAGE 110, 252, 273 f.; für § 87 I Nr. 1 BetrVG formuliert in *BAG* 27.01.1997 AP Nr. 27 zu § 87 BetrVG 1972 Ordnung des Betriebes, zu B. I. 4. der Gründe; dergleichen GK-BetrVG/*Oetker*, § 23 BetrVG Rn. 143 m. w. N.; im Rahmen des § 87 I Nr. 2 BetrVG besprochen *BAG* 25.02.1997 BAGE 85, 185, 194.

887 Für den Bereich des § 87 I BetrVG angeführt in *BAG* 16.06.1998 BAGE 89, 139, 148, demzufolge die Einräumung eines Beseitigungsanspruchs unerlässlich im Hinblick auf bereits ergangene Rechtsverletzungen sei; *BAG* 09.12.2003 BAGE 109, 61, 67; sympathisierend *Wolter*, RdA 2006, 137, 147; einschränkend in Abhängigkeit von dem einzelnen Mitbestimmungstatbestand angenommen Richardi/*Thüsing*, BetrVG Kommentar, § 23 BetrVG Rn. 85; kritisch etwa *Zöllner/Loritz/Hergenröder*, Arbeitsrecht, S. 658.

888 *Hexel/Lüders*, NZA 2010, 613, 615; *Henssler*/BAG 08.08.1989, SAE 1990, 343, 347.

II. Theorie der Wirksamkeitsvoraussetzung

Den häufigsten Fall der betriebsverfassungswidrigen Durchführung von sozialen Angelegenheiten gemäß § 87 I BetrVG stellt die einseitige Anordnung oder Umsetzung einer mitbestimmungspflichtigen Maßnahme durch den Arbeitgeber dar.[889] Neben den betriebsverfassungsrechtlichen Rechtsfolgen löst eine solche mitbestimmungswidrige Maßnahme individualrechtlich eine nicht gesetzlich geregelte Unwirksamkeit im Verhältnis von Arbeitnehmer und Arbeitgeber aus.[890] Dafür wird die Beeinträchtigung einer schon gegebenen Rechtsposition des Arbeitnehmers, veranlasst durch belastende Einzelvertragsvereinbarungen oder einseitige rechtsgeschäftliche Vornahmen wie der Ausübung des dem Arbeitgeber obliegenden Direktionsrechts gemäß § 106 GewO, vorausgesetzt.[891] Insofern ist der Arbeitgeber aufgrund der herrschenden Theorie der Wirksamkeitsvoraussetzung gehindert, im Bereich der mitbestimmungspflichtigen Angelegenheiten gemäß §§ 87 I Nr. 1, Nr. 2 BetrVG einseitig ohne die Beteiligung des Betriebsrats zu handeln.[892] Gleiches

---

889 *Von Hoyningen-Huene*, DB 1987, 1426, 1427.

890 Schaub/*Koch*, Arbeitsrechts-Handbuch, S. 2477; Richardi/*Richardi*, BetrVG Kommentar, § 87 BetrVG Rn. 101 f.; vgl. 3. Teil. § 8. III. 3. b) aa).

891 *BAG (GS)* 16.09.1986 BAGE 53, 42, 74; *BAG (GS)* 03.12.1991 BAGE 69, 134, 144; zustimmend Richardi/u. a./*Matthes*, Münchener Handbuch zum Arbeitsrecht, § 241 Rn. 7; Schaub/*Koch*, Arbeitsrechts-Handbuch, S. 2477; *Besgen*, Betriebsverfassungsrecht, S. 490; bedenklich mit Blick auf die Gewährleistung des gegebenen Zustands etwa *Wolter*, RdA 2006, 137, 138 f.

892 Stetige Rechtsprechung des Gerichts grundlegend in *BAG* 07.09.1956 BAGE 3, 207, 212; nachfolgend *BAG* 01.02.1957 BAGE 3, 266, 272; *BAG* 25.10.1957 AP Nr. 6 zu § 56 BetrVG 1952, zu den Gründen, Blatt 746; *BAG* 14.12.1960 AP Nr. 22 zu § 56 BetrVG 1952, zu den Gründen, Blatt 537; *BAG* 05.07.1976 AP Nr. 10 zu § 12 AZO, zu II. 2. a) der Gründe; *BAG* 13.07.1977 AP Nr. 2 zu § 87 BetrVG 1972 Kurzarbeit, zu 10. der Gründe; *BAG* 22.12.1980 BAGE 34, 331, 354 f.; *BAG* 04.05.1982 BAGE 38, 365, 370; *BAG (GS)* 16.09.1986 BAGE 53, 42, 74; *BAG (GS)* 03.12.1991 BAGE 69, 134, 144; *BAG* 23.07.1996 AP Nr. 68 zu § 87 BetrVG Arbeitszeit, zu B. III. 1. der Gründe; *BAG* 13.04.1998 BAGE 76, 234, 240; *BAG* 27.03.2003 BAGE 105, 356, 364; *BAG* 15.04.2008 BAGE 126, 237, 248; *BAG* 22.06.2010 BAGE 135, 13, 24; zustimmend Däubler/u. a./*Klebe*, BetrVG, § 87 BetrVG Rn. 5; Düwell/*Kohte*, BetrVG Handkommentar, § 87 BetrVG Rn. 27; *Fitting*, BetrVG Handkommentar, § 87 BetrVG Rn. 599; GK-BetrVG/*Wiese*, § 87 BetrVG Rn. 98; *Hanau*, RdA 1973, 281, 289 ff.; *Gutzeit*, NZA 2008, 255, 255 f.; *Löwisch/Kaiser*, BetrVG Kommentar, § 87 BetrVG Rn. 29, demzufolge die Annahme einer schwebenden Unwirksamkeit aufgrund der zunächst bestehenden Handlungsmöglichkeiten des Arbeitgebers ungeeignet sei; *von Hoyningen-Huene*, DB 1987, 1426, 1428; *Wolter*, RdA 2006, 137, 147; Schaub/*Koch*, Arbeitsrechts-Handbuch, S. 2477; die Rechtsfolge im Individualverhältnis ablehnend und die gesetzlich fixierten Ansprüche befürwortend etwa Hess/u. a./*Worzalla*, BetrVG Kommentar, § 87 BetrVG Rn. 103 ff., wonach eine Vermischung der Rechtsebenen und die mangelnde Erfüllung der Arbeitsverträge zu befürchten sei; desgleichen zweifelnd bezüglich der Notwendigkeit dieser Theorie, der erzeugten Rechtsunsicherheit und der

gilt bei der Duldung einer die Mitbestimmung verletzenden Regelung durch den Arbeitgeber.[893] Der Schutzgedanke des Betriebsverfassungsgesetzes zu Gunsten der Arbeitnehmer bedingt deshalb die Abhängigkeit der besagten Maßnahme von der tatsächlichen Mitbestimmungsausübung oder dem bindenden Spruch der Einigungsstelle.[894] Aufgrund dessen wird der nachträglichen Zustimmung des Betriebsrats zum Teil eine heilende Wirkung abgesprochen und somit eine Unabänderlichkeit der Situation auferlegt.[895] Solch eine Maßnahme kann infolge des nicht vorhandenen Rechtsschutzbedürfnisses des Arbeitgebers im Wege der einstweiligen Verfügung für eine gewisse Zeit ausgesetzt werden.[896] Neben dem Betriebsrat kommt auf diese Weise dem Arbeitnehmer mit gleichsamer Übertragung der Darlegungslast und Beweislast die Rechtsmacht zu, sich auf die Mitbestimmungswidrigkeit der Regelung zu berufen.[897] Allerdings ist angesichts des bestehenden Vertragsverhältnisses die Nichtigkeit der getroffenen Bestimmung nicht stets geeignet, dem rechtswidrig umgangenen Einigungszwang zu begegnen.[898] Aus diesem Grund muss die Rechtsfolge

---

Erschwerung des Rechtsverkehrs siehe *Schlüter*, DB 1972, 139, 142; *Bommermann*, Theorie der Wirksamkeitsvoraussetzung, S. 83 ff.; a. M. Theorie der erzwingbaren Mitbestimmung, begründet mit dem Verständnis über die Beteiligung als Herbeiführung paritätischer Bestimmungen in *Hurlebaus*, Fehlende Mitbestimmung bei § 87 BetrVG, S. 13 ff.; sehr bedenklich, auch in Anlehnung an die Senatsentscheidung zur Wirksamkeit einer Änderungskündigung des *BAG* 17.06.1998 BAGE 89, 149, 159 ff. etwa Richardi/*Richardi*, BetrVG Kommentar, § 87 BetrVG Rn. 104 ff.; zögerlich ebenfalls Düwell/*Kohte*, BetrVG Handkommentar, § 87 BetrVG Rn. 27.

893 *BAG* 27.11.1990 AP Nr. 41 zu § 87 BetrVG 1972 Arbeitszeit, zu B. III. 3. b) der Gründe.

894 *Derleder*, AuR 1985, 65, 72.

895 *Hessisches LArbG* 27.11.1986 LAGE Nr. 5 zu § 87 BetrVG 1972, zu den Gründen, Blatt 8; *von Hoyningen-Huene*, DB 1987, 1426, 1432; *Fitting*, BetrVG Handkommentar, § 87 BetrVG Rn. 603; Richardi/u. a./*Matthes*, Münchener Handbuch zum Arbeitsrecht, § 241 Rn. 19; GK-BetrVG/*Wiese*, § 87 BetrVG Rn. 100 m. w. N.; kritisch bezugnehmend auf die zulässige Chance zur rückwirkenden Änderung einer Regelung siehe Hess/u. a./*Worzalla*, BetrVG Kommentar, § 87 BetrVG Rn. 103.

896 *LArbG Hamm (Westfalen)* 19.04.1973 BB 1974, 647, 647.

897 *BAG* 05.07.1976 AP Nr. 10 zu § 12 AZO, zu II. 2. a) der Gründe; *BAG (GS)* 16.09.1986 BAGE 53, 42, 74; *BAG* 28.09.1994 BAGE 78, 74, 82; *BAG* 11.06.2002 BAGE 101, 288, 295; *BAG* 08.06.2004 BAGE 111, 70, 77, demzufolge sei die Darlegungslast dem Arbeitnehmer anlässlich der Sachnähe aufzuerlegen; *BAG* 24.01.2006 NZA 2007, 278, 283; *BAG* 22.06.2010 BAGE 135, 13, 24; ebenfalls *Wolter*, RdA 2006, 137, 138, 147, wonach jeder einzelne Arbeitnehmer aufgrund der Subjektivität der betriebsverfassungsrechtlichen Rechte anspruchsberechtigt sei; *Hanau*, RdA 1973, 281, 291; Düwell/*Kohte*, BetrVG Handkommentar, § 87 BetrVG Rn. 26; GK-BetrVG/*Wiese*, § 87 BetrVG Rn. 125; zur gleichzeitig erfolgenden Risikoübertragung der rechtlichen Durchsetzung der Mitbestimmungsrechte auf den Arbeitnehmer siehe *Derleder*, AuR 1985, 65, 72 f.

898 *BAG (GS)* 16.09.1986 BAGE 53, 42, 74.

dem Schutzzweck des Mitbestimmungsrechts entsprechend angepasst werden.[899] So vertritt *Richardi*[900] die Annahme der Erforderlichkeit eines flexiblen Gefüges von Gegenmaßnahmen. Dieses sei insbesondere nötig, wenn die Vereinbarung keinen Bezug zu dem Arbeitsinhalt oder zu den Arbeitnehmern aufweist. Die einschränkende Bewertung der Auswirkungen auf die individualrechtliche Beziehung zwischen Arbeitnehmer und Arbeitgeber sei in Abhängigkeit von der Eigenart des einschlägigen Mitbestimmungstatbestands im Hinblick auf die Frage eines denkbaren Rechtsvorteils des Arbeitgebers bedingt.[901]

Die Notwendigkeit dieser weitgehenden Modifizierung der Theorie der Wirksamkeitsvoraussetzung lässt sich im mitbestimmungspflichtigen Bereich der Gestaltung einer einheitlichen Kleidervorschrift angesichts der Verbindung zum Arbeitsverhältnis und des fehlenden Drittbezugs nicht erkennen.[902] Lediglich im Fall der Zusammenarbeit mit einem Dienstleister im Hinblick auf die Pflege, Instandhaltung und Ersatzbeschaffung der Dienstkleidung[903] wird das Verhältnis zu außerhalb des Arbeitsverhältnisses stehenden Personen relevant. Insoweit bleiben die besagten Rechtsgeschäfte mit unbeteiligten Dritten trotz eines mitbestimmungswidrigen Verhaltens wirksam, da der Arbeitgeber die Verantwortung für die Erfüllung der möglicherweise mitbestimmungsbezogenen eingegangenen Verpflichtungen trägt.[904] Hiervon abgesehen kann der verbleibende Regelungsspielraum der Betriebspartner jedoch unangemessen durch die ausgelöste Unwirksamkeitsfolge begrenzt werden. Danach ergibt sich entsprechend der Meinung von *Bommermann*[905] eine Korrekturbedürftigkeit, wenn beispielsweise der Kunde eines Werkschutzunternehmens zur

899 *BAG (GS)* 16.09.1986 BAGE 53, 42, 74 m. w. N. zu Lehrbeiträgen; *BAG* 13.04.1998 BAGE 76, 234, 240; *BAG* 27.03.2003 BAGE 105, 356, 364.

900 Richardi/*Richardi*, BetrVG Kommentar, § 87 BetrVG Rn. 118 ff.

901 Richardi/*Richardi*, BetrVG Kommentar, § 87 BetrVG Rn. 118 ff.; vgl. auch *BAG* 02.03.2004 BAGE 109, 369, 378; *BAG* 15.04.2008 BAGE 126, 237, 248; *BAG* 22.06.2010 BAGE 135, 13, 24; *Hurlebaus*, Fehlende Mitbestimmung bei § 87 BetrVG, S. 28; *von Hoyningen-Huene*, DB 1987, 1426, 1430.

902 Vgl. 3. Teil. § 8. III. 3. c) aa)/bb).

903 *Strohm*, AuA 2000, 456, 463; dagegen in einer geschlossenen Gesamtbetriebsvereinbarung auf den Träger der Dienstkleidung abgewälzt siehe *LArbG Baden-Württemberg*, Beschluss vom 21.10.2015 – 4 TaBV 2/15 –, juris Rn. 11 f.

904 In der Konsequenz sowohl die überwiegende Auffassung als auch die Vertreter der Theorie der erzwingbaren Mitbestimmung, *BAG* 22.10.1985 BAGE 50, 37, 41; *LArbG Hamm (Westfalen)* 16.06.1978 LAGE Nr. 1 zu § 87 BetrVG 1972 Arbeitssicherheit, zu den Gründen, Blatt 1; *Schlüter*, DB 1972, 139, 139; *Derleder*, AuR 1985, 65, 73; *von Hoyningen-Huene*, DB 1987, 1426, 1430, demzufolge von einer „relativen Unwirksamkeit" auszugehen sei; abgeleitet aus dem Mitbestimmungszweck und den Wirkungen der Beteiligungsausübung etwa GK-BetrVG/*Wiese*, § 87 BetrVG Rn. 112; Hess/u. a./*Worzalla*, BetrVG Kommentar, § 87 BetrVG Rn. 118; Richardi/u. a./*Matthes*, Münchener Handbuch zum Arbeitsrecht, § 241 Rn. 21; a. A. *Wiese*, NZA 2003, 1113, 1119.

905 *Bommermann*, Theorie der Wirksamkeitsvoraussetzung, S. 103, S. 111.

Identifikationsförderung der Mitarbeiter eine andere Ausgestaltung der einheitlichen Bekleidungsvorgabe fordert. So sei eine diesbezügliche Vertragskündigung durch den Arbeitgeber gegenwärtig, da langwierige Prozesse zur Herbeiführung einer Übereinkunft mit dem Betriebsrat bis hin zum Einigungsstellenverfahren nicht hinzunehmen seien. Mit Blick auf die Rechtsfolgen einer mangelhaften oder ausbleibenden Beteiligung des Betriebspartners sei die Alltäglichkeit dieser Situation im Berufsleben von wesentlicher Bedeutung.[906] Das angeführte Verständnis ist in Anbetracht der hier vorgenommenen Rückführung des Zwecks einer Dienstkleidungsvorschrift auf die Erfüllung der Kundenanforderungen als vollumfänglich sachgerecht zu qualifizieren. Nicht nur dieser spezielle Fall begründet Zweifel an der Theorie der Wirksamkeitsvoraussetzung. So sind bereits abgeschlossene allumfassende Betriebsvereinbarungen der gewünschten Rechtsfolge zu entziehen. Denn jene Beurteilung löst im Rahmen einer erlassenen Dienstkleidungsordnung einen Widerspruch aus, wenn die Gestaltungsmodalitäten der Bekleidung unter mitbestimmungswidrigem Verhalten zustande gekommen sind und somit keine normativen Effekte für die Arbeitnehmerschaft hervorrufen, hingegen der mit vereinbarte betriebliche Kleiderwechsel wirksam zu behandeln ist. Sodann scheidet das Tragen der durch den Arbeitgeber begehrten einheitlichen Kleidung in der Praxis aus[907] und bedingt letztendlich die vollständige Unwirksamkeit des betreffenden Regelwerks[908]. Angesichts dessen sollte eine Teilunwirksamkeit angeordnet werden.[909] Des Weiteren folgt die bereits formulierte Notwendigkeit einer Einschränkung der von der überwiegenden Auffassung geforderten Rechtsfolge daraus, dass die Theorie der Wirksamkeitsvoraussetzung keine Auswirkungen bei einer konsequenten Verweigerung oder gar einer Untätigkeit des Betriebsrats entfaltet.[910] In diesen Fällen ist eine einseitige Handlung des Arbeitgebers ohne Zustimmung des Betriebsrats auch unter der Prämisse einer ungeklärten Rechtslage bereits gerechtfertigt und bietet zwangsläufig keinen Raum für eine nachträgliche Unzulässigkeit.[911] Die stattdessen anzunehmenden Rechtsfolgen eines mitbestimmungswidrigen Verhaltens

906 *Bommermann*, Theorie der Wirksamkeitsvoraussetzung, S. 103, S. 111.

907 Im Sinne von *BAG* 22.07.2008 BAGE 127, 146, 146, 161.

908 Ähnlich im Zusammenhang mit der Wirksamkeit eines (umfassenden) Einigungsstellenspruchs über eine Trageverpflichtung und Planzeiten für das Umkleiden siehe *BAG* 12.11.2013 BAGE 146, 271, 278 f.

909 Allgemeines in 3. Teil. § 8. I. 1.; im Weiteren zur Anwendungsproblematik des heranzuziehenden § 139 BGB etwa GK-BetrVG/*Kreutz*, § 77 BetrVG Rn. 64 ff. m. w. N.

910 *BAG* 22.12.1980 BAGE 34, 331, 355; zustimmend Hess/u. a./*Worzalla*, BetrVG Kommentar, § 87 BetrVG Rn. 112; a. A. ebenfalls im Hinblick auf das angeschlossene Einigungsstellenverfahren in *Röder/Gragert*, DB 1996, 1674, 1676.

911 *BAG* 22.12.1980 BAGE 34, 331, 355; einschränkend *von Hoyningen-Huene*, DB 1987, 1426, 1427, demzufolge die Verweigerung zwar betriebsverfassungswidrig sei, aber insoweit kein schutzwürdiges Vertrauen des Arbeitgebers aufgrund der ihm obliegenden Initiativlast bezüglich der Mitbestimmungsausübung entfalte.

bei Nichtanerkennung der Theorie der Wirksamkeitsvoraussetzung sind vielfältig, wobei eine eindeutige Positionierung bisher ausblieb.[912] Eine Möglichkeit wird in der Entfaltung der sanktionsrechtlichen Wirkung bis zu einer gegebenenfalls rückwirkenden Mitbestimmung der betroffenen Maßnahme erblickt. Damit hat der Betriebsrat im Sinne der Theorie der erzwingbaren Mitbestimmung lediglich das Recht auf die Berücksichtigung seiner Rechte und ist befugt, die Einigungsstelle anzurufen.[913] Über den Verweis auf jene rechtliche Vorgehensweise findet neben der Zuschreibung der eigens zu verantwortenden Urheberschaft des Betriebsrats, die Inanspruchnahme der durch das Betriebsverfassungsgesetz bereit gestellten Regelungsinstrumente Anklang, mit denen auf etwaige Verstöße reagiert werden kann.[914] Mit Hilfe dessen wird der erzeugte Schwebezustand für beide Betriebspartner rechtlich abgesichert und der Sanktionsgedanke zum Erhalt des Einigungszwangs verwirklicht[915]. Infolge der hervorgerufenen „Betriebsverfassungswidrigkeit" einer Maßnahme werden die individualrechtlichen Folgen unter Berücksichtigung des begehrten Zwecks des jeweiligen Mitbestimmungstatbestands bestimmt, um so eine Überschneidung der Rechtsebenen zu verhindern.[916] Auch zu Gunsten des Arbeitnehmers erfolgt dadurch eine Ausrichtung an dem in Frage stehenden Einzelfall und garantiert zugleich kein vollständiges Austreten des Arbeitgebers aus dem auferlegten Pflichtenkreis[917]. Dementsprechend ist der Betroffene in Ansehung einer vorerst fortdauernden Wirksamkeit der Maßnahme weiterhin berechtigt, die zugestandene Gegenleistung für die erbrachte Schuld zu verlangen.[918] Hinsichtlich der mitbestimmungspflichtigen Ausgestaltung einer Dienstkleidung deutet dies aufgrund der Betroffenheit des Ordnungsverhaltens der Belegschaft gemäß § 87 I Nr. 1 BetrVG auf die Einhaltung der Vereinbarung zum Tragen dieser Bekleidung hin.[919]

Im Rahmen der täglichen Arbeitszeit gemäß § 87 I Nr. 2 BetrVG wird die Unwirksamkeit der besagten Regelung nur ausgelöst, wenn die Einzelansprüche der Arbeitnehmer durch die Befolgung der ohne die Zustimmung des Betriebsrats zustande gekommenen Bestimmung gemindert oder gar entfallen.[920] Es liegt nahe, dem

---

912 *Gutzeit*, NZA 2008, 255, 257.

913 Zur Theorie der erzwingbaren Mitbestimmung siehe Richardi/u. a./*Matthes*, Münchener Handbuch zum Arbeitsrecht, § 241 Rn. 6; bemängelnd *Gutzeit*, NZA 2008, 255, 256 m. w. N. zu Lehrbeiträgen.

914 *Schlüter*, DB 1972, 139, 143; gleichermaßen Hess/u. a./ *Worzalla*, BetrVG Kommentar, § 87 BetrVG Rn. 117.

915 *BAG (GS)* 16.09.1986 BAGE 53, 42, 73 f.

916 Richardi/*Richardi*, BetrVG Kommentar, § 87 BetrVG Rn. 122.

917 *BAG (GS)* 16.09.1986 BAGE 53, 42, 74.

918 Hess/u. a./*Worzalla*, BetrVG Kommentar, § 87 BetrVG Rn. 104, Rn. 117; *Löwisch/ Kaiser*, BetrVG Kommentar, § 87 BetrVG Rn. 32.

919 Vgl. 3. Teil. § 8. III.

920 Für die Kurzarbeit formuliert in *BAG* 07.09.1956 BAGE 3, 207, 212; im Bereich des Schichtdiensts etwa *BAG* 25.10.1957 AP Nr. 6 zu § 56 BetrVG 1952, zu den Gründen, Blatt 746.

betroffenen Mitarbeiter die tatsächlich erbrachte Arbeitsleistung zu vergüten, wobei vom Arbeitgeber kein Lohn für die nicht geleistete Arbeitspflicht geschuldet wird.[921] Aufgrund dessen werden keine neuen individualrechtlichen Ansprüche begründet, die ohne die Verletzung der Mitbestimmungsrechte durch den Arbeitgeber nicht bestanden hätten.[922] Erfüllt der Arbeitnehmer die Vereinbarung trotz ausbleibender Beteiligung des Betriebsrats, gerät der Arbeitgeber in den Annahmeverzug gemäß §§ 294 ff. BGB und wird auf diese Weise gemäß § 615 BGB lohnzahlungspflichtig.[923] Folglich wirkt die bestehende mitbestimmungsrechtliche Arbeitszeitdefinition im Bereich des § 87 I Nr. 2 BetrVG obgleich der betonten Unterscheidung zwischen den existierenden arbeitszeitrechtlichen Benennungen präjudiziell auf die lohnrechtlichen Folgen einer mitbestimmungswidrigen Maßnahme im Individualverhältnis. Insofern kann aufgrund des Zusammenhangs zwischen dem Tragen der Dienstkleidung und dem entsprechenden Umkleidevorgang[924] ebenso die vorstehend beschriebene Verkürzung des Anwendungsbereichs der Unwirksamkeitsfolge für den mitbestimmungspflichtigen Kleiderwechsel im Betrieb gelten. In allen anderen Fällen entfaltet die Theorie der Wirksamkeitsvoraussetzung ihre vollumfassende Wirkung.

III. Ergebnisse

Zusammenfassend zeigt sich, dass die begehrten Rechtsfolgen des austarierten Reaktionssystems auf ein mitbestimmungswidriges Verhalten in Dienstkleidungsangelegenheiten im überwiegenden Maße ausgelöst werden.

---

921 *BAG* 05.07.1976 AP Nr. 10 zu § 12 AZO, zu II. 3. a) der Gründe, infolge dessen keine Vergütungspflicht des Arbeitgebers anzunehmen sei, wenn eine auf der Arbeitszeitänderung beruhende Arbeitspflicht nicht erbracht werde. Darauf bezugnehmend sei allerdings ein Leistungsverweigerungsrecht des Arbeitnehmers notwendig, wonach der entstehende Annahmeverzug des Arbeitgebers dessen Vergütungspflicht konstituiere; dergleichen GK-BetrVG/*Wiese*, § 87 BetrVG Rn. 353; Richardi/*Richardi*, BetrVG Kommentar, § 87 BetrVG Rn. 333.

922 *BAG* 20.08.1991 AP Nr. 50 zu § 87 BetrVG 1972 Lohngestaltung, zu II. 2. e) der Gründe; *BAG* 28.09.1994 BAGE 78, 74, 82; *BAG* 20.01.1998 AP Nr. 73 zu § 77 BetrVG 1972, zu B. III. 2. b) cc) der Gründe; *BAG* 11.06.2002 BAGE 101, 288, 296; *BAG* 18.09.2002 AP Nr. 99 zu § 615 BGB, zu I. 1. c) der Gründe; *BAG* 02.03.2004 BAGE 109, 369, 378; *BAG* 15.04.2008 BAGE 126, 237, 248; *BAG* 22.06.2010 BAGE 135, 13, 24; ebenfalls *Fitting*, BetrVG Handkommentar, § 87 BetrVG Rn. 601; *Löwisch/Kaiser*, BetrVG Kommentar, § 87 BetrVG Rn. 31.

923 *BAG* 07.09.1956 BAGE 3, 207, 214; *BAG* 25.02.1957 AP Nr. 6 zu § 56 BetrVG 1952, zu I. 3. der Gründe; *BAG* 05.07.1976 AP Nr. 10 zu § 12 AZO, zu II. 2. c) der Gründe; *BAG* 13.07.1977 AP Nr. 2 zu § 87 BetrVG 1972 Kurzarbeit, zu 10. der Gründe; ebenfalls GK-BetrVG/*Wiese*, § 87 BetrVG Rn. 353; *Löwisch/Kaiser*, BetrVG Kommentar, § 87 BetrVG Rn. 30; Däubler/u. a./*Klebe*, BetrVG, § 87 BetrVG Rn. 5.

924 Vgl. 3. Teil. § 9. II. 1. e).

Die präventive Sicherstellung der betriebsverfassungsrechtlichen Ordnung mit Hilfe des § 23 III BetrVG findet dennoch ihre Grenzen in den begründeten Zweifeln über den Bestand der Mitbestimmungsrechte des Betriebsrats. Ziel ist es, den Arbeitgeber nicht in jedem Fall einer Beseitigung des geschaffenen Zustands auszusetzen, wenn jener gerechtfertigt nach einer akzeptablen Rechtsansicht handelt. Gleichwohl wird der Arbeitgeber nach wie vor zu einem pflichtgemäßen Verhalten gemäß § 23 III BetrVG im Rahmen des für beide Dienstkleidungsangelegenheiten anwendbaren Mitwirkungsrechts des § 90 I BetrVG angehalten.[925]

Für die repressive Kompensation eines mitbestimmungswidrigen Verhaltens des Arbeitgebers im individualrechtlichen Verhältnis[926] verbleibt ein eingeschränkter Anwendungsbereich. Der Grund dafür liegt hauptsächlich in denen sich bereits aus der Theorie der Wirksamkeitsvoraussetzung ergebenden Verkürzungen und der aufdrängenden Gegenwärtigkeit einer einheitlichen Kleidervorgabe im Berufsleben, die die Aufrechterhaltung einer solchen Maßnahme notwendig erscheinen lassen. Eine herbeigeführte Unwirksamkeit belastet neben dem regelmäßigen Arbeitsalltag auch die grundlegende praktische Realisierung der in Frage stehenden Regelung. Deshalb bedarf es einer an den mitbestimmungsrechtlichen Inhalten orientierten Entscheidung über die Konsequenzen des mitbestimmungswidrigen Verhaltens.

Gegenüber den genannten Rechtsfolgen und Begrenzungen bei Verstößen des Arbeitgebers gegen die Beteiligungsrechte hat dieser zur Gewährleistung einer gesetzmäßigen Amtsausübung des Betriebsrats oder einzelner Mitglieder die Möglichkeit, ein Amtsenthebungsverfahren nach § 23 I BetrVG zu betreiben.[927] Wie im Rahmen des § 23 III BetrVG ist ein einmaliger Verstoß infolge der objektiv festzustellenden Schwere neben einer Vielzahl an Pflichtverletzungen anspruchsbegründend.[928] Zugleich wird die Geltendmachung von Unterlassungsansprüchen,

925 Aus dem Grund einer umfassenden Gewährleistung der betrieblichen Ordnung siehe Däubler/u. a./*Klebe*, BetrVG, § 90 BetrVG Rn. 38; GK-BetrVG/*Oetker*, § 23 BetrVG Rn. 149, Rn. 184, woraufhin diesem Unterlassungsanspruch eine ergänzende Funktion beizumessen sei; Richardi/*Annuß*, BetrVG Kommentar, § 90 BetrVG Rn. 40.

926 *Wolter*, RdA 2006, 137, 147 f.

927 *BAG* 05.09.1967 BAGE 20, 56, 62; *BAG* 22.06.1993 BAGE 73, 291, 305; dergleichen Düwell/*Düwell*, BetrVG Handkommentar, § 23 BetrVG Rn. 5; ErfK/*Koch*, § 23 BetrVG Rn. 1; *Fitting*, BetrVG Handkommentar, § 23 BetrVG Rn. 51; Richardi/u. a./*Joost*, Münchener Handbuch zum Arbeitsrecht, § 222 Rn. 1 f.; Wlotzke/Preis/*Kreft*, BetrVG Kommentar, § 23 BetrVG Rn. 4.

928 *BAG* 05.09.1967 BAGE 20, 56, 62 f.; Richardi/u. a./*Joost*, Münchener Handbuch zum Arbeitsrecht, § 222 Rn. 7; zum angelegten Verschuldensmaßstab der Tatbestandsalternativen des § 23 I BetrVG siehe *BAG* 22.06.1993 BAGE 73, 291, 305; Richardi/u. a./*Joost*, Münchener Handbuch zum Arbeitsrecht, § 222 Rn. 11 f.

Schadensersatz oder einer Strafbarkeit gemäß §§ 119, 120 BetrVG nicht ausgeschlossen.[929]

In Anbetracht der formulierten Richtlinien zur Mitbestimmungsausübung ist nachfolgend zu erörtern, ob und inwieweit der verbleibende Regelungsspielraum der Betriebspartner entsprechenden (gesetzlichen) Begrenzungen unterliegt.

929 GK-BetrVG/*Oetker*, § 23 BetrVG Rn. 149; zur Einräumung eines Unterlassungsanspruchs des Arbeitgebers gegen den Betriebsrat aus Gründen der Gleichgewichtung, da im Rahmen des § 23 I BetrVG nur die Rechtsstellung des Betriebsrats betroffen ist etwa GK-BetrVG/*Oetker*, § 23 BetrVG Rn. 146.

5. Teil. Schranken der Mitbestimmungsrechte

Die Ausgestaltungsmöglichkeiten der Dienstkleidungsangelegenheiten weisen trotz ihrer Mannigfaltigkeit häufig im systematischen Aufbau und den Klauselinhalten sowie ihren sprachlichen Formulierungen Gemeinsamkeiten auf. Neben der meist zu Beginn fixierten Trageverpflichtung[930] und der Festlegung des persönlichen Anwendungsbereichs[931] finden sich am Ende der einheitlichen Bekleidungsvorschrift Vereinbarungen über die Nutzung der Umkleideräume, Regelungen zur Beschaffung und/oder Instandhaltung der Kleidung und Bestimmungen über die Verteilung der finanziellen Aufwendungen[932]. Dazwischen können die Betriebspartner im gegenseitigen Einvernehmen und angesichts der gewünschten Zielrichtung den Zustand der Kleidungsstücke, die zu realisierenden Bekleidungsvarianten und Merkmale der Kleidungsbeschaffenheit festlegen. Die oftmals ohne eigenes Ermessen zu beurteilende Dienstkleiderauswahl der Arbeitnehmer wird zumindest von einem Zugeständnis hinsichtlich des örtlich stattzufindenden Umkleidevorgangs ergänzt.[933] Die genannten Bestandteile einer betriebseinheitlichen Kleidervorgabe sind infolge der soeben beschriebenen Aktualität und Relevanz in der Rechtsprechung in Bezug auf die sie begrenzenden Normen zu untersuchen.

Das außerbetriebliche Verhalten der Arbeitnehmer ist prinzipiell dem Direktionsrecht des Arbeitgebers gemäß § 106 GewO und damit auch der Vereinbarungskompetenz der Betriebspartner entzogen.[934] Dadurch sind korrespondierende Einschränkungen ohne Bezug zur Arbeitspflicht des Einzelnen unwirksam.[935] Dies liegt darin begründet, dass das Auftreten des Mitarbeiters in der Freizeit zum unantastbaren Bereich seiner Persönlichkeitssphäre gehört.[936] Daher scheidet

---

930 Formulierungsbeispiele in *LArbG Düsseldorf*, Beschluss vom 01.04.2009 – 4 TaBV 83/08 –, juris Rn. 7; *LArbG Baden-Württemberg*, Beschluss vom 08.08.2013 – 18 TaBV 3/13 –, juris Rn. 18 f.; *Weinbrenner*, ArbRAktuell 2010, 260, 260.

931 Beispielhafte Vereinbarung siehe *BAG* 13.02.2007 BAGE 121, 147, 148; *LArbG Düsseldorf*, Beschluss vom 01.04.2009 – 4 TaBV 83/08 –, juris Rn. 4.

932 Regelungsmöglichkeiten in *BAG* 19.05.1998 BAGE 89, 26, 27; *LArbG Nürnberg* 10.09.2002 LAGE Nr. 1 zu § 87 BetrVG 2001 Betriebliche Ordnung, zu I. der Gründe; *LArbG Düsseldorf*, Beschluss vom 01.04.2009 – 4 TaBV 83/08 –, juris Rn. 33 ff., Rn. 43 ff.; *Hessisches LArbG*, Beschluss vom 08.04.2010 – 5 TaBV 123/09 –, juris Rn. 17 f.; *LArbG Baden-Württemberg*, Beschluss vom 08.08.2013 – 18 TaBV 3/13 –, juris Rn. 14 ff.

933 Erweiterungsfähig im Rahmen einer arbeitszeitbezogenen Betriebsvereinbarung, vgl. *BAG* 03.05.2006 AP Nr. 119 zu § 87 BetrVG 1972 Arbeitszeit, zu A.; *BAG* 10.11.2009 AP Nr. 125 zu § 87 BetrVG 1972 Arbeitszeit, zu A.

934 Vgl. 3. Teil. § 8. I. 1.

935 *BAG* 23.06.1994 BAGE 77, 128, 136; sympathisierend ErfK/*Schmidt*, Art. 2 GG Rn. 83; *Kolle/Deinert*, AuR 2006, 177, 179.

936 ErfK/*Schmidt*, Art. 2 GG Rn. 83.

beispielshalber auch eine ortsgebundene Umkleidepflicht für das Personal aus.[937] Im Ausnahmefall ist das Arbeitgeberinteresse an entsprechenden Vereinbarungen berechtigterweise gegeben, wenn durch ein privates Verhalten der Belegschaft negative Abweichungen im Betriebsablauf und Beeinträchtigungen des Betriebsfriedens zu verzeichnen sind.[938] Dagegen müssen im Hinblick auf den betrieblichen Wirkungskreis neben der Arbeitspflicht als solcher ebenfalls die arbeitsleistungsbezogenen Nebenpflichten von den Vereinbarungskompetenzen der Betriebspartner unberührt bleiben.[939] Diese zu klärende Begrenzung hat schon Eingang im Rahmen des mitbestimmungsfreien Arbeitsverhaltens gemäß § 87 I Nr. 1 BetrVG gefunden, so dass eine weitere rechtliche Betrachtung in dem zu behandelnden Untersuchungsabschnitt unnötig ist. Vielmehr ergibt sich angesichts dessen die Verengung des Prüfungsbereichs auf das verbliebene erzwingbare Mitbestimmungsrecht des Betriebsrats über die Ausgestaltung einer Dienstkleidung. In Ermangelung der überwiegenden Fremdnützigkeit des Kleiderwechsels auf dem Arbeitsweg erstreckt sich die folgende Beurteilung der Grenzen daher auch lediglich auf den betrieblichen Umkleidevorgang.

Im Zusammenhang mit diesen Mitbestimmungspflichten ist anfangs besonderes Augenmerk auf die vorzunehmende Inhaltskontrolle von Rechtsvorschriften gerichtet, die der im Eingangssatz von § 87 I BetrVG unmittelbar angelegte Gesetzesvorrang und Tarifvorrang sowie Vorschriften des AGG anordnen. Im Weiteren wird erörtert, inwieweit die allgemeinen Persönlichkeitsrechte eines jeden Mitarbeiters gemäß § 75 II 1 BetrVG in der Durchführung aller Beteiligungsrechte zu berücksichtigen sind. Ferner sind die ausgelösten Wirkungen der erzwingbaren Mitbestimmungsrechte auf den Unternehmensgegenstand zu untersuchen.

§ 14. Reichweite der Betriebsautonomie

Die Gestaltungsfreiheit der Zusammenarbeit von Arbeitgeber und Betriebsrat wird einerseits durch Einschränkungen aus dem Betriebsverfassungsgesetz selbst und andererseits durch außerhalb stehende Kontrollvorschriften der verfassungsmäßigen Ordnung beeinträchtigt.[940] Im Folgenden bleibt unbeachtlich, ob die

937 Vgl. 3. Teil. § 9. II. 2. b) aa).

938 Vgl. 3. Teil. § 8. I.; gleichermaßen *BAG* 23.06.1994 BAGE 77, 128, 136; ErfK/*Schmidt*, Art. 2 GG Rn. 66; *Brose/Greiner/Preis*, NZA 2011, 369, 370; *Besgen*, Betriebsverfassungsrecht, S. 495; einschränkend im Hinblick auf die in einer Person liegenden Umstände siehe *Kolle/Deinert*, AuR 2006, 177, 179.

939 Vgl. 3. Teil. § 8. I. 2./III.

940 *Edenfeld*, Betriebsverfassungsrecht, S. 150, demgemäß anhand der richterlichen Inhaltskontrolle in einem arbeitsgerichtlichen Verfahren die Beachtung und die Reichweite der in Frage stehenden Grenzen festzustellen seien; kritisch mit Blick auf die rechtliche Einordnung der Schranken etwa *von Hoyningen-Huene*, Betriebsverfassungsrecht, S. 227.

Regelungsbefugnis der Betriebsparteien oder die Mitbestimmungsrechte an sich begrenzt werden, weil in jedem Fall das Schutzbedürfnis der Arbeitnehmer zu garantieren ist.[941]

I. Gesetzesvorrang und Tarifvorrang gemäß § 87 I Eingangssatz BetrVG

In Anlehnung an die sprachliche Fassung des § 87 I BetrVG wird a priori der Ausschluss der Mitbestimmungsrechte durch gesetzliche oder tarifliche Vorschriften bestimmt. Grund dafür ist, dass eine etwaige Mitbestimmung des Betriebsrats einen vereinbarungsoffenen Gestaltungsspielraum über den jeweils betreffenden Tatbestand des § 87 I BetrVG hinaus erfordert.[942] Findet sich eine entsprechende Bestimmung des Mitbestimmungsrechts bereits im Rahmen einer abschließenden Sachregelung, ist kein weiteres Schutzbedürfnis des Arbeitnehmers ersichtlich.[943] Infolge dessen lassen bestehende, klar abgrenzbare Ansprüche des betroffenen Personals eine Mitbestimmung des Betriebsrats entfallen. Hiervon unabhängig verbleibt die Abschlussmöglichkeit einer freiwilligen Betriebsvereinbarung gemäß

941 Düwell/*Kohte*, BetrVG Handkommentar, § 87 BetrVG Rn. 12.

942 *LArbG Düsseldorf* 14.11.2005 LAGE Nr. 2 zu § 87 BetrVG 2001 Betriebliche Ordnung, zu B. V. der Gründe; *Henssler*/BAG 08.08.1989, SAE 1990, 343, 344; *Wiese*/BAG 08.08.1989, AP Nr. 13 zu § 87 BetrVG 1972 Betriebliche Ordnung, zu I. 3.; Wlotzke/Preis/Kreft/*Bender*, BetrVG Kommentar, § 87 BetrVG Rn. 37; vgl. 3. Teil. § 8. III. 3. c) aa)/bb).

943 Stetige Rechtsprechung des Gerichts begründet im Hinblick auf den Mitbestimmungszweck des § 87 I BetrVG in *BAG* 13.03.1973 BAGE 25, 93, 96, wobei damals die Forderung nach einem zwingenden Charakter der Regelung noch offen blieb; *BAG* 24.02.1987 BAGE 54, 191, 200; *BAG* 04.07.1989 BAGE 62, 233, 240; *BAG (GS)* 03.12.1991 BAGE 69, 134, 157; *BAG* 25.01.2000 BAGE 93, 276, 282; *BAG* 03.05.2006 AP Nr. 119 zu § 87 BetrVG 1972 Arbeitszeit, zu B. II. 1. b) aa) der Gründe; *BAG* 24.04.2007 BAGE 129, 364, 368; *BAG* 22.07.2008 BAGE 127, 146, 168; *BAG* 10.03.2009 BAGE 129, 364, 368; zustimmend GK-BetrVG/*Wiese*, § 87 BetrVG Rn. 56 f.; *Fitting*, BetrVG Handkommentar, § 87 BetrVG Rn. 31, Rn. 40; *Jahnke*, Tarifautonomie und Mitbestimmung, S. 160; Däubler/u. a./*Klebe*, BetrVG, § 87 BetrVG Rn. 32, Rn. 36; *Löwisch/Kaiser*, BetrVG Kommentar, § 87 BetrVG Rn. 4; Richardi/u. a./*Matthes*, Münchener Handbuch zum Arbeitsrecht, § 242 Rn. 11, infolge dessen lediglich der Bestand einer Vorschrift und daher die abstrakte Möglichkeit der Interessenwahrnehmung erheblich sei; Schaub/*Koch*, Arbeitsrechts-Handbuch, S. 2472.

§ 88 BetrVG[944], die indes nach Maßgabe der gesetzlichen Bestimmungen und dem Tarifvorbehalt des § 77 III 1 BetrVG erfolgen muss[945].

1. Gesetzliche Regelungen

Der Einleitungssatz des § 87 I BetrVG umfasst sowohl jedes förmliche oder materielle Gesetz[946] als auch gesetzesvertretendes Richterrecht[947]. Eine wirksame Begrenzung der Mitbestimmung kann nur erfolgen, wenn die den gesetzlichen Vorschriften enthaltenen zwingenden und sachlichen Bestimmungen aus sich heraus die mitbestimmungspflichtige Maßnahme materiell-rechtlich lösen.[948] Handelt es sich demgegenüber um dispositives Recht, bleibt das Mitbestimmungsrecht infolge der Abdingbarkeit weiter bestehen.[949] Es gilt zu bedenken, dass ein eingeräumter Ermessensspielraum oder Beurteilungsspielraum der Norm die Tätigkeit des Betriebsrats nur auf ausfüllungsbedürftige Inhalte verweist.[950] Bei Vorhandensein einer solchen Gesetzesregelung muss demzufolge geprüft werden, ob sich Mitbestimmungsrechte

944 *BAG* 16.09.1960 AP Nr. 1 zu § 2 ArbGG 1953 Betriebsvereinbarung, zu 4. der Gründe; vgl. auch GK-BetrVG/*Wiese*, § 87 BetrVG Rn. 65; *Jahnke*, Tarifautonomie und Mitbestimmung, S. 162; *Löwisch/Kaiser*, BetrVG Kommentar, § 87 BetrVG Rn. 4; Däubler/u. a./*Klebe*, BetrVG, § 87 BetrVG Rn. 39; *Zöllner/Loritz/Hergenröder*, Arbeitsrecht, S. 649; a. A. *BAG* 13.11.1964 AP Nr. 25 zu § 56 BetrVG, zu 4. der Gründe.

945 Begründet mit der Vermeidung einer Schutzlücke für den Arbeitnehmer siehe Richardi/u. a./*Matthes*, Münchener Handbuch zum Arbeitsrecht, § 242 Rn. 22 f.; Düwell/*Kohte*, BetrVG Handkommentar, § 87 BetrVG Rn. 15; Däubler/u. a./*Klebe*, BetrVG, § 87 BetrVG Rn. 39.

946 Grundlegend für 75 III BPersVG festgestellt in *BAG* 25.05.1982 BAGE 39, 76, 84 m. w. N. zu Lehrbeiträgen aus dem Betriebsverfassungsrecht; *BAG* 10.03.2009 BAGE 129, 364, 368; *Fitting*, BetrVG Handkommentar, § 87 BetrVG Rn. 32; GK-BetrVG/*Wiese*, § 87 BetrVG Rn. 58; Wlotzke/Preis/Kreft/*Bender*, BetrVG Kommentar, § 87 BetrVG Rn. 20; Hess/u. a./*Worzalla*, BetrVG Kommentar, § 87 BetrVG Rn. 61.

947 GK-BetrVG/*Wiese*, § 87 BetrVG Rn. 58; *Löwisch/Kaiser*, BetrVG Kommentar, § 87 BetrVG Rn. 5; Richardi/*Richardi*, BetrVG Kommentar, § 87 BetrVG Rn. 145; Hess/u. a./*Worzalla*, BetrVG Kommentar, § 87 BetrVG Rn. 61; a. M. *Fitting*, BetrVG Handkommentar, § 87 BetrVG Rn. 33; ErfK/*Kania*, § 87 BetrVG Rn. 11; Däubler/u. a./*Klebe*, BetrVG, § 87 BetrVG Rn. 33; Schaub/*Koch*, Arbeitsrechts-Handbuch, S. 2472; Wlotzke/Preis/Kreft/*Bender*, BetrVG Kommentar, § 87 BetrVG Rn. 20.

948 *BAG* 13.03.1973 BAGE 25, 93, 96; *BAG* 26.05.1988 BAGE 58, 297, 301; *BAG* 22.07.2008 BAGE 127, 146, 169.

949 Däubler/u. a./*Klebe*, BetrVG, § 87 BetrVG Rn. 32; *Löwisch/Kaiser*, BetrVG Kommentar, § 87 BetrVG Rn. 5; Richardi/*Richardi*, BetrVG Kommentar, § 87 BetrVG Rn. 147; Schaub/*Koch*, Arbeitsrechts-Handbuch, S. 2472; *Richardi/Bayreuther*, Kollektives Arbeitsrecht, S. 292; einschränkend mit Blick auf tarifdispositives Recht etwa GK-BetrVG/*Wiese*, § 87 BetrVG Rn. 60; Hess/u. a./*Worzalla*, BetrVG Kommentar, § 87 BetrVG Rn. 62; differenzierend auch *Fitting*, BetrVG Handkommentar, § 87 BetrVG Rn. 38; zweifelnd ErfK/*Kania*, § 87 BetrVG Rn. 11.

950 *BAG* 25.01.2000 BAGE 93, 276, 282 f.

bezüglich der Ausgestaltung und Durchführung der Maßnahme ergeben.[951] Die sachliche Reichweite der sperrfähigen Regelung ist mit Hilfe von Auslegung zu ermitteln.[952]

Vorweg muss mit dem Hinweis auf die mangelnde Gesetzesniederlegung der Dienstkleidungsangelegenheiten und der fehlenden Möglichkeit einer analogen Anwendbarkeit schon vorliegender Bestimmungen[953] berücksichtigt werden, dass eine explizite Anordnung der Vorrangwirkung von gesetzlichen Vorschriften ausbleibt. Zunächst ist daher fraglich, ob der bereits durch eine einheitliche Kleidervorgabe angeführte Eingriff in die Persönlichkeitsrechte der Arbeitnehmerschaft gemäß Art. 2 I GG i. V. m. Art. 1 I GG[954] als gesetzliche Beschränkung der Mitbestimmungsrechte tauglich ist und insoweit eine ausschließliche Wirkung vor allem gegenüber der Rechtskontrolle des § 75 II 1 BetrVG entfaltet. Im weiteren Untersuchungsverlauf sind die etwaig verwendeten Klauseln der Betriebsparteien anhand von Normen, die eine Verbindung zu der Thematik und einen Verstoß gegen diese vermuten lassen, zu beurteilen.

a) Verhältnis von Persönlichkeitsrecht und Mitbestimmungsrecht

Die Möglichkeit einer Grundrechtsverletzung während der Ausübung eines Mitbestimmungsrechts löst zugleich die Frage nach einer diesbezüglich begrenzenden Wirkung von grundrechtlichen Wertungen aus.

aa) Unabhängigkeit der Rechtspositionen

Es kann angenommen werden, dass die Vorrangigkeit immaterieller Interessensvertretung im Rahmen der sozialen Mitbestimmungsangelegenheiten die von einer denkbaren Grundrechtsverletzung unabhängige Feststellung eines Mitbestimmungsrechts des Betriebsrats begründet.[955] Die betreffenden Arbeitgebermaßnahmen sind daher unter dem Blickwinkel der Gerechtigkeit, Billigkeit und Transparenz zu prüfen, um die Würde des einzelnen Arbeitnehmers im Betrieb sicherzustellen.[956] Insoweit führt die Unzulässigkeit des mit der Regelung verbundenen Eingriffs in die Persönlichkeitsrechte der Mitarbeiter nicht prinzipiell zu einer Mitbestimmungsfreiheit der besagten Maßnahme.[957] Im Gleichlauf ist eine den Grundrechtsverstoß

---

951 Zum Beispiel für den Arbeitsschutz formuliert in *BAG* 25.01.2000 BAGE 93, 276, 280; *Fitting*, BetrVG Handkommentar, § 87 BetrVG Rn. 35; Richardi/u. a./*Matthes*, Münchener Handbuch zum Arbeitsrecht, § 242 Rn. 18.

952 GK-BetrVG/ *Wiese*, § 87 BetrVG Rn. 69 f.

953 Vgl. 2. Teil. § 7. I.

954 Vgl. 1. Teil. § 1. I.

955 *Isele*, RdA 1962, 373, 374.

956 *Jahnke*, Tarifautonomie und Mitbestimmung, S. 131; überdies als Zielrichtung des Betriebsverfassungsgesetzes verstanden in *Söllner*, RdA 1968, 437, 437.

957 *BAG* 22.07.2008 BAGE 127, 146, 165; zustimmend *Brose/Greiner/Preis*, NZA 2011, 369, 371.

rechtfertigende Wirkung ausgeschlossen.[958] Es besteht daher weiterhin der Bedarf für eine anschließende verfassungsrechtlich geprägte Prüfung unter dem Blickwinkel des § 75 II 1 BetrVG.[959] Zu Gunsten der Belegschaft enthalten die dem BetrVG immanenten Beschränkungen der Gestaltungsfreiheit somit ein allgemeines Diskriminierungsverbot und Übermaßverbot als Ausprägung der mittelbaren Grundrechtswirkung.[960] Arbeitgeber und Betriebsrat werden angehalten, bei betrieblichen Vereinbarungen die grundrechtlich verbürgerten Rechtspositionen zu wahren und dabei ihren Regelungsspielraum nur bis zur Grenze einer denkbaren unmittelbaren Geltung der Grundrechte auszureizen.[961] Selbst in Ermangelung der ausdrücklichen Offenlegung eines Pflichtverstoßes gegen den Schutzauftrag und die Förderpflicht gemäß § 75 II 1 BetrVG wird von einer fortbestehenden Schutzbedürftigkeit des Einzelnen ausgegangen.[962]

Ist eine betriebseinheitliche Kleidervorgabe infolge fehlender betrieblich bedingter Gründe oder ähnlich rechtfertigender Anhaltspunkte nicht zulässig, verbleibt es bei einer entsprechenden Zustimmung des Betriebsrats vor allem aufgrund der ihm auferlegten Schutzverpflichtung des § 75 II 1 BetrVG.[963] Mithin erfolgt die jeweilige rechtliche Beurteilung getrennt voneinander.

bb) Exklusivität der Grundrechtsverletzung

Vereinzelt wird eine durch den Eingriff in das Persönlichkeitsrecht des Arbeitnehmers ausgelöste Unwirksamkeit der betreffenden Regelung und damit die Annahme einer Vorrangwirkung im Sinne von § 87 I BetrVG vertreten.[964] So ist beispielsweise

958 *Ehmann*/BAG 29.06.2004, AP Nr. 41 zu § 87 BetrVG 1972 Überwachung, zu 1.

959 *BAG* 22.07.2008 BAGE 127, 146, 165 f.; Düwell/*Lorenz*, BetrVG Handkommentar, § 75 BetrVG Rn. 42 m. w. N. zu Rechtsprechungsbeispielen.

960 Vgl. 1. Teil. § 1. III.; desgleichen *BAG* 21.08.1990 AP Nr. 17 zu § 87 BetrVG 1972 Ordnung des Betriebes, zu II. 3. a) der Gründe; *BAG* 19.01.1999 BAGE 90, 316, 323; *LArbG Düsseldorf* 29.05.2001 AP Nr. 36 zu § 87 BetrVG 1972 Ordnung des Betriebes, zu B. II. 2. a) der Gründe; ErfK/*Schmidt*, Einleitung GG Rn. 57; *Hammer*, Schutzpflicht für die Selbstbestimmungsfreiheit des Arbeitnehmers, S. 114; Richardi/*Richardi/Maschmann*, BetrVG Kommentar, § 75 BetrVG Rn. 47.

961 Im Sinne eines „Übermaßverbot" *BAG* 19.01.1999 BAGE 90, 316, 323; ErfK/*Schmidt*, Einleitung GG Rn. 57.

962 *LArbG Hamm (Westfalen)* 29.07.1998 LAGE Nr. 10 zu § 611 BGB Persönlichkeitsrecht, zu 3. der Gründe.

963 Weitergehend mit Blick auf die hinreichende Möglichkeit einer abstrakten Grundrechtsverletzung siehe *LArbG Köln* 08.06.1988 LAGE Nr. 5 zu § 87 BetrVG 1972 Betriebliche Ordnung, zu I. 1. der Gründe.

964 *LArbG Hamm (Westfalen)* 29.07.1998 LAGE Nr. 10 zu § 611 BGB Persönlichkeitsrecht, zu 1. der Gründe; *LArbG Düsseldorf* 14.11.2005 LAGE Nr. 2 zu § 87 BetrVG 2001 Betriebliche Ordnung, zu B. V. 2. d) der Gründe; ebenso *Eisenbeis/Nießen*, FS Leinemann, 697, 715; einschränkend *Schlachter*, FS Richardi, 1067, 1070 f., woraufhin die Ausübungsgrenzen der mitbestimmungsfreien Maßnahmen anhand

bei Vereinbarungen über im Betrieb stattfindende private Beziehungen/Liebesbeziehungen der Arbeitnehmer im Verhältnis untereinander und zu ihren Vorgesetzten[965] eine Abhängigkeit von der Persönlichkeitsverletzung des Einzelnen[966] anzunehmen. Laut dem Standpunkt von *Kolle/Deinert*[967] basiert die Rechtfertigung dieser Schutzlücke eben auf dem Einleitungssatz von § 87 I BetrVG: Ist eine gesetzliche Regelung vorhanden, sind die Interessen des Personals hinreichend durch das Gesetz geschützt. Durch Verstoß gegen das Freiheitsrecht sei für die Betriebspartner kein Vereinbarungsspielraum mehr ersichtlich.[968]

Demzufolge entfallen in Abhängigkeit von einer Grundrechtsverletzung des Arbeitnehmers die eingeräumten Mitbestimmungsrechte des Betriebsrats hinsichtlich der Gestaltungsmodalitäten einer Dienstkleidung und des betrieblichen Kleiderwechsels.

cc) Würdigung

Es zeigt sich, dass ein Mitbestimmungsrecht nicht unabhängig von den Wertungen des Grundgesetzes betrachtet werden kann. Allein durch die verfassungsrechtliche Prägung des Betriebsverfassungsgesetzes kommt der Auswirkung einer denkbaren Grundrechtsverletzung die entscheidende Bedeutung zu.[969] Dahingehend ist das Verhältnis zwischen den angeführten Rechtspositionen lediglich im Bereich eines ungerechtfertigten Eingriffs in die Grundrechte des Arbeitnehmers von Relevanz. Kann anderenfalls eine Rechtfertigung ausreichend begründet werden, verbleibt zunächst das geforderte Gestaltungsermessen für die Umsetzung eines Mitbestimmungsrechts; beide Rechtsauffassungen gelangen in diesem Fall zu einem übereinstimmenden Ergebnis.

Hervorzuheben ist die ausschließliche Geltung des Persönlichkeitsrechts, denn die Zustimmung des Betriebsrats im Wege einer Betriebsvereinbarung verspricht keine Heilung einer Grundrechtsverletzung der besagten Arbeitnehmer.[970] So

---

der direktionsrechtlichen Befugnisse des Arbeitgebers zu messen seien. Danach sei ein Mitbestimmungsrecht des Betriebsrats begründet, wenn aufgrund der an sich außerbetrieblich qualifizierten Maßnahme betriebsinterne Rechtsfolgen zu erwarten seien.

965 *LArbG Düsseldorf* 14.11.2005 LAGE Nr. 2 zu § 87 BetrVG 2001 Betriebliche Ordnung, zu B. V. 2. d) der Gründe; ablehnend wegen einer denkbaren Mitbestimmung des Betriebsrats über die Ausgestaltung der besagten Regelung angesichts der Verbindung zur betrieblichen Ordnung etwa *Schlachter*, FS Richardi, 1067, 1071.

966 Erweiterte Ansicht hinsichtlich des Gefährdungsgrads des Grundrechts siehe *Söllner*, RdA 1968, 437, 438.

967 Unter Bezugnahme auf *LArbG Düsseldorf* 14.11.2005 LAGE Nr. 2 zu § 87 BetrVG 2001 Betriebliche Ordnung, zu B. V. 2. d) der Gründe und *BAG* 24.02.1987 BAGE 54, 191, 200 siehe *Kolle/Deinert*, AuR 2006, 177, 183.

968 *Kolle/Deinert*, AuR 2006, 177, 183.

969 Vgl. 1. Teil. § 2.

970 *Kort*, NJW 2009, 129, 132.

gesehen sind die allgemeinen Instrumente zur Erzwingung eines rechtmäßigen Arbeitgeberverhaltens, wie zum Beispiel der Unterlassungsanspruch, geeigneter, die Interessen des einzelnen Mitarbeiters durchzusetzen.[971] Unterstützend kann gegen den Fortbestand der Mitbestimmungsrechte das von der *Lehre*[972] geforderte Subsidiaritätsprinzip für das Betriebsverfassungsgesetz angeführt werden. Entsprechendes Ziel sei die Stärkung der Individualinteressen der Arbeitnehmer durch die (teilweise) Zurückdrängung der Mitbestimmungsrechte des Betriebsrats. Deshalb seien die Betriebsparteien angehalten, von möglichen Vereinbarungen im Sinne des § 75 II BetrVG Abstand zu nehmen und im Einzelnen einer vermeintlichen Schutzwirkung der kollektiven Interessenwahrnehmung entgegenzutreten. Trotz der Betonung des originären Stellenwerts des Individuums innerhalb der bestehenden Schutzaufträge und Förderpflichten sei eine Reformierung sowie Umgestaltung des Gesetzes unausweichlich. Danach seien die Mitbestimmungsrechte des Betriebsrats auf nur unbedingt erforderlich wahrzunehmende kollektive Angelegenheiten zu reduzieren. Im Hinblick darauf sei von Annexregelungen und Komplementärbestimmungen in Abhängigkeit zu den privatrechtlichen Verhältnissen zwischen Arbeitnehmer und Arbeitgeber auszugehen.[973]

Dennoch ist diese reduzierte Wahrnehmung der Mitbestimmungsrechte[974] nicht mit dem Sinn und Zweck des Betriebsverfassungsgesetzes, einer gleichberechtigten Teilhabe des Arbeitnehmers[975], vereinbar. *Natzel*[976] bemerkt selbst kritisch an, dass eine Entrechtung des Betriebsrats nicht vorgesehen ist, weil dieser im betrieblichen Kommunikationsprozess in seiner Funktion unersetzbar bleibt. Es wirkt daher widersprüchlich, wenn der unzulässige Eingriff in die Selbstbestimmungsfreiheit der Mitarbeiter keinen Anwendungsbereich für die Mitbestimmungsrechte belassen soll, aber dem Betriebsrat gleichzeitig eine zumindest mittelbare Schutzfunktion für die betroffenen Persönlichkeitsrechte obliegt.[977] Im Speziellen trifft ebenso der Abschluss einer etwaigen Betriebsvereinbarung nach Auffassung von *Gumpert*[978]

---

971 *LArbG Düsseldorf* 14.11.2005 LAGE Nr. 2 zu § 87 BetrVG 2001 Betriebliche Ordnung, zu B. IV. der Gründe; sympathisierend *Kort*, NJW 2009, 129, 132.

972 *Heinze*, ZfA 1988, 53, 84; *Natzel*, ZfA 2003, 103, 103, 114 f.; *Picker*, RdA 2001, 259, 291; *Raab*, ZfA 2001, 31, 66; *Wiese*, NZA 2006, 1, 9.

973 *Heinze*, ZfA 1988, 53, 84; zustimmend *Natzel*, ZfA 2003, 103, 103, 114 f.; *Picker*, RdA 2001, 259, 291, wonach durch die Novelle des Betriebsverfassungsgesetzes von 2001 der Regelungsspielraum des Arbeitgebers auf Vertragsebene genommen und gleichzeitig die Chance auf Gestaltungsspielraum entzogen worden sei; *Raab*, ZfA 2001, 31, 66; *Wiese*, NZA 2006, 1, 9.

974 So aber *Natzel*, ZfA 2003, 103, 113; *Picker*, RdA 2001, 259, 291; *Raab*, ZfA 2001, 31, 66; *Wiese*, NZA 2006, 1, 9.

975 *Gesetzesentwurf der Bundesregierung* 16.02.2001, BR-Drucksache 140/01, S. 52.

976 *Natzel*, ZfA 2003, 103, 141.

977 *Kort*, NJW 2009, 129, 132.

978 Für das Verhältnis von betrieblichen Verboten und daraus folgenden Eigentumsschädigungen des Arbeitgebers angenommen in *Gumpert*, BB 1961, 1380, 1380.

keine Aussage über eine diesbezügliche arbeitsvertragliche Berechtigung. Ein korrespondierender Hinweis auf die bestehende Unwirksamkeit der Regelung sei mit Blick auf den Mitbestimmungszweck sinnwidrig und lasse eine Abhängigkeit von einer solchen formalistischen Ankündigung entstehen. Zur Vermeidung einer Umgehung des Mitbestimmungsrechts sei aufgrund der unterschiedlich betroffenen Rechtsebenen eine jeweils getrennt zu erfolgende Perspektivenwertung nötig.[979] Was die individualrechtlichen Folgen anbelangt, räumen die Autoren *Kolle/Deinert*[980] ein, dass die entstehende Schutzlücke und die Unwissenheit der Arbeitnehmer über rechtswidrige Bestimmungen nicht die zuverlässige Geltendmachung einer möglichen Unwirksamkeit der betreffenden Maßnahme eröffnet.

Trotz oder gerade in Anbetracht der Anerkennung einer teleologischen Reduktion des § 87 I Nr. 1 BetrVG und der verbleibenden Möglichkeit des Arbeitgebers, das Arbeitnehmerverhalten durch gewisse Maßnahmen wirksam zu kontrollieren[981] wird sich deshalb in der Folge für eine erforderliche Mitbestimmung neben dem gewährleisteten Grundrechtsschutz ausgesprochen. Die Mitbestimmung sollte als weitere Überprüfungschance der in Frage stehenden Bestimmung und somit als zusätzlicher Schutzfilter für die Belegschaft verstanden werden. Zugleich wird dadurch der jeweiligen Vereinbarung eine betriebliche Geltung verschafft. Die Notwendigkeit liegt in der durch die Mitbestimmungsfreiheit entstehenden Schutzlücke begründet: Zum einen müssten die Arbeitnehmer auf eine Interessenvertretung durch ihren Repräsentanten Betriebsrat verzichten; zum anderen wird dem Arbeitgeber die Aussicht genommen, die angestrebte Regelung im Betrieb umzusetzen. Es sind daher verschiedene Stadien einer Maßnahme, gemessen an der entsprechenden Grundrechtsüberprüfung, zu beachten. Droht die Verletzung von Grundrechten kann ein gewährleistetes Mitbestimmungsrecht und damit die Kontrolle durch den Betriebsrat präventiv auf die Wirksamkeit der Bestimmung Einfluss nehmen. Dies ermöglicht es eine zulässige, vom Arbeitgeber initiierte Maßnahme im Betrieb durchzuführen. Sollte dennoch ein Grundrechtsverstoß vorliegen, kann dessen Rechtfertigung legitim in die Entscheidung der Betriebsparteien einfließen und berücksichtigt werden. Die beiden dargestellten Wirkungsweisen entsprechen der besonderen Funktion des Betriebsverfassungsgesetzes: ein Schutzmechanismus, der vor der beeinträchtigenden Vereinbarung eintreten muss.[982] Notwendigerweise kann dies erst im Betrieb als sachnahem Anknüpfungspunkt erfolgen.[983] Denn anders als eine vertragliche Regelung auf individualrechtlicher Ebene ist eine abgeschlossene, inhaltsbezogene Betriebsvereinbarung nicht geeignet, die hervorgerufene Persönlichkeitsverletzung in Form eines etwaigen Grundrechtsverzichts

---

979 *Gumpert*, BB 1961, 1380, 1380.

980 *Kolle/Deinert*, AuR 2006, 177, 183.

981 *BAG* 21.08.1990 AP Nr. 17 zu § 87 BetrVG 1972 Ordnung des Betriebes, zu II. 3. a) der Gründe; vgl. auch 3. Teil. § 8. II. 3.

982 *Söllner*, RdA 1968, 437, 438.

983 *Söllner*, RdA 1968, 437, 438; später ähnlich *Waltermann*, Rechtsetzung, S. 226.

zu rechtfertigen.[984] So ist es dahingehend durchaus vorstellbar, dass der Einzelne sich in einer Klausel des Arbeitsvertrags zum Tragen einer bereits ausgestalteten Dienstkleidung verpflichtet und damit auf sein Grundrecht der freien Entfaltung der eigenen Persönlichkeit verzichtet. Grundsätzliche Bedenken gegen die Anerkennung einer solchen Einwilligung liegen in der Zweifelhaftigkeit der unterstellten Freiwilligkeit begründet. Das situativ veranlasste Subordinationsverhältnis zu dem Arbeitgeber ruft eine zwangsähnliche Lage hervor und muss mitunter zur Nichtbeachtung der vorliegenden arbeitsvertraglichen Regelung führen[985]. Ungeachtet der vorhandenen Vertragsfreiheit der Beteiligten macht die Motivlage der Arbeitnehmer bei für sie unvorteilhaften Vereinbarungen einen konterkarierten Eindruck, da die entsprechende Zustimmung den Eindruck erweckt, jeglicher Lebenserfahrung zu widersprechen.[986] Auch stellt sich ein solches Vorgehen nicht praxisnah dar, wenn die formulierte Maßnahme von jedem Mitarbeiter verweigerbar ist. Trotz allem gibt der Einzelne unabwendbar einen zumutbaren Teil seines Persönlichkeitsrechts auf, in dem er sich vertraglich gegenüber einem Dritten verpflichtet.[987] Diesbezüglich muss das für den getroffenen Abschluss des Arbeitsvertrags erhebliche eigene Dafürhalten betont und ausschließlich in Beziehung zu einer expliziten Drucksituation gesetzt werden, um ebenfalls der Würdigung einer ersichtlich geringeren Beeinträchtigung des Personals gegenüber dem Unternehmen Geltung zu verschaffen[988]. Insoweit ist der mit dem Arbeitsverhältnis hervorgerufene Nutzen hinsichtlich der individuellen Weiterentwicklung und der persönlichen Anerkennung sowie Wertschätzung anzuführen.[989] Gewiss lässt sich aus dieser „Formalität" des Einverständnisses nicht mit lückenloser Sicherheit ein selbstbestimmtes Handeln postulieren, aber wenigstens eine etwaige Vermutung dahingehend ableiten.[990] Laut Standpunkt von *Brose/Greiner/Preis*[991] ist deshalb die privatautonome Selbstverpflichtung des Arbeitnehmers verfassungsrechtlich geeignet, zumindest die Beeinträchtigung der Privatsphäre zu rechtfertigen. Im Hinblick auf Verkürzungen der Intimsphäre sei entscheidend, welche Bereiche der einzelne Grundrechtsträger darunter fasse. Ein

---

984 Dementsprechend die Einwilligung des Einzelnen keine begrenzenden Wirkungen für die Realisierung einer Maßnahme im kollektivrechtlichen Bereich entfalte *BAG* 19.04.1963 BAGE 14, 164, 167; *Hanau*, RdA 1973, 281, 287.

985 *Gamillscheg*, Kollektives Arbeitsrecht, Bd. II, S. 24.

986 *Gamillscheg*, Kollektives Arbeitsrecht, Bd. II, S. 24 m. w. N. zu einem Lehrbeitrag.

987 Bereits *ArbG Essen* 17.05.1966 BB 1966, 861, 861; zustimmend *Jarass*/Pieroth, GG Kommentar, Art. 2 Rn. 57, wonach eine Einwilligung in Dauervereinbarungen und gravierende Eingriffe ausgeschlossen sei; vollumfassende Geltung, obgleich jeglicher Ausgefallenheit einer Bekleidungsregelung in *Wiese*, FS Roeber, 671, 684.

988 *Edenfeld*/BAG 13.02.2007, AP Nr. 40 zu § 87 BetrVG 1972 Ordnung des Betriebes, zu 2.

989 Vgl. 1. Teil. § 1.

990 *Hammer*, Schutzpflicht für die Selbstbestimmungsfreiheit des Arbeitnehmers, S. 113.

991 *Brose/Greiner/Preis*, NZA 2011, 369, 376.

temporärer Grundrechtsverzicht sei somit beispielshalber bei einer Stripteasetänzerin denkbar, die den Kernbereich ihres Persönlichkeitsrechts durch das Ausziehen der Kleidung verlasse. Dafür sei ein entsprechend gewachsenes und demnach erwartetes Berufsbild der Gesellschaft Voraussetzung.[992] Immerhin unterliegen diese zuletzt angezeigten Klauseln einer Angemessenheitskontrolle im Sinne der §§ 138, 242 BGB.[993] Folglich können arbeitsvertragliche Bestimmungen fraglos eine verhältnismäßige Einschränkung des Persönlichkeitsrechts im Gegensatz zu einem nur konkludenten und damit nicht eindeutig für Außenstehende erkennbaren Grundrechtsverzicht rechtfertigen[994], ohne die gegebenen Mitbestimmungsrechte des Betriebsrats zu tangieren. Ansonsten wird der geforderte Schutzmechanismus der Mitbestimmung, was die Beschränkung der Gestaltungsbefugnis des Arbeitgebers anbelangt, verkannt, insbesondere weil nicht davon auszugehen ist, dass der Betriebsrat oder die angerufene Einigungsstelle einer solchen Vereinbarung zustimmen werden. Demnach kann der Arbeitnehmer gemäß § 77 IV 2 BetrVG auch nur mit Zustimmung des Betriebsrats auf die in einer Betriebsvereinbarung eingeräumten Rechte verzichten. Folglich liegt die Betonung darauf, dass zwar nicht in der Begründung, aber in der Ausübung des Mitbestimmungsrechts die Forderung eines persönlichkeitsschützenden Vorgehens der Betriebspartner aufgrund des § 75 II 1 BetrVG besteht.[995] Eine Einwilligung in die Nichtanwendung des Betriebsverfassungsgesetzes ist somit fernliegend, wobei im Einzelfall das angezeigte Verlangen des Arbeitnehmers, den Betriebsrat nicht zu beteiligen, als Wahrnehmung des persönlichen Freiheitsrechts qualifizierbar ist[996]. Ansonsten ist es angesichts der exklusiven Wirkung einer Grundrechtsverletzung, resultierend aus dem Gesetzesvorbehalt des § 87 I BetrVG, denkbar, dass zwangsläufig freiwillige Betriebsvereinbarungen gemäß § 88 BetrVG zu verbieten sind, um der

992 *Brose/Greiner/Preis*, NZA 2011, 369, 376; früher a. A., dennoch mit Andeutung eines Umschwungs der Rechtsauffassung in *Wiese*, FS Roeber, 671, 684, wonach vertragliche Sanktionsinstrumente in der Lage seien, einen mittelbaren Zwang auf die Erfüllung der Arbeitspflicht auszuüben.

993 *Preis/Greiner*/BAG 10.10.2002, RdA 2003, 244, 247 m. w. N. zu Lehrbeiträgen; zu den Kontrollmaßstäben für Nebenabreden etwa *Brose/Greiner/Preis*, NZA 2011, 369, 376 f.

994 Richardi/u. a./*Reichold*, Münchener Handbuch zum Arbeitsrecht, § 86 Rn. 6; ähnlich ErfK/*Schmidt*, Art. 2 GG Rn. 59 f.

995 Im Ergebnis ebenso *BAG* 19.01.1999 BAGE 90, 316, 323; *BAG* 29.06.2004 BAGE 111, 173, 182; auch in 3. Teil. § 8. II. 3.; anders *LArbG Köln* 08.06.1988 LAGE Nr. 5 zu § 87 BetrVG 1972 Betriebliche Ordnung, zu I. 1. der Gründe; *LArbG Düsseldorf* 14.11.2005 LAGE Nr. 2 zu § 87 BetrVG 2001 Betriebliche Ordnung, zu B. V. 2. d) der Gründe; ähnlich *BAG* 26.05.1988 BAGE 58, 297, 302, demzufolge der Arbeitgeber in der Realisierung seines Weisungsrechts gebunden sei, so dass eine diesbezügliche Änderung mittels eines Mitbestimmungsrechts nicht wirksam sei.

996 Betreffend die elementare Problematik einer „Bevormundung" der Arbeitnehmerschaft durch die Betriebsverfassung siehe *Gamillscheg*, Kollektives Arbeitsrecht, Bd. II, S. 154; allgemein dazu *Hanau*, RdA 1973, 281, 288.

Rechtswidrigkeit entsprechender Bestimmungen generell entgegenzuwirken. Dies erscheint unzweckmäßig, obwohl schon der angeordnete Anwendungsvorrang des § 87 I BetrVG sachgerechter wirkt als eine hervorgerufene Nichtigkeit der Maßnahme. Im Einvernehmen mit *Schlachter*[997] bedingen die besprochenen betriebsinternen Auswirkungen des außerhalb liegenden Anknüpfungspunkt einer Kleidung das berechtigte Interesse an einer mitbestimmungspflichtigen Vereinbarung. Insofern verspricht die ersatzweise Anwendung des Unterlassungsanspruchs gemäß § 23 III BetrVG an Stelle eines Mitbestimmungsrechts kein anderes Ergebnis. Es handelt sich dabei um ein betriebsverfassungsrechtliches Mittel zur Sicherstellung eines gesetzmäßigen Verhaltens, das den an sich bereits erfolgten Grundrechtseingriff nicht rückwirkend ungeschehen werden lässt.

In vergleichbarer Weise erfolgt diese Überprüfung der Rechtmäßigkeit einer Maßnahme auf betrieblicher Ebene im Verhältnis von Mitbestimmungsrechten zu dem grundsätzlich bestehenden Direktionsrecht des Arbeitgebers gemäß § 106 GewO. Diesbezüglich wird die Unwirksamkeit der in Frage stehenden Regelung, abgesehen von den betriebsverfassungsrechtlichen Kontrollmöglichkeiten und der Theorie der Wirksamkeitsvoraussetzung, im Rahmen einer individualrechtlichen Feststellung des billigen Ermessens beurteilt.[998] Eine solche grundrechtlich geprägte Vorgehensweise findet für die Angemessenheitsprüfung einer arbeitsvertraglichen Regelung im Rahmen von § 307 I 1 BGB statt. In Anbetracht des Fehlens gewichtiger Gründe ist somit nicht ersichtlich, warum die rechtliche Bewertung einer Grundrechtsverletzung auf verfassungsrechtlicher Ebene in Abhängigkeit von den Mitbestimmungsrechten des Betriebsrats im betrieblichen Bereich erfolgen soll.

dd) Ergebnis

In der Konsequenz muss die kollektive Interessenvertretung den Schutz des einzelnen Arbeitnehmers wahrnehmen, um sowohl der verfassungsrechtlichen Wertentscheidung für die Würde und Entfaltungsfreiheit des Individuums als auch dem Gebot der vertrauensvollen Zusammenarbeit zum Wohl der Arbeitnehmer und des Betriebs gemäß § 2 I BetrVG gerecht zu werden.[999] Die nicht vorhandenen betriebsverfassungsrechtlichen Instrumente für eine angemessene Geltendmachung der Arbeitnehmerinteressen auf der entsprechenden Rechtsebene und in dem relevanten

997 *Schlachter*, FS Richardi, 1067, 1071.

998 *Kaiser*, FS Kreutz, 183, 194; den Einfluss des allgemeinen Persönlichkeitsrechts im Rahmen der besagten Interessenabwägung für den öffentlichen Dienst besprechend *BAG* 14.12.1961 AP Nr. 17 zu § 611 BGB Direktionsrecht, zu II. 4. der Gründe; *BAG* 12.04.1973 AP Nr. 24 zu § 611 BGB Direktionsrecht, zu II. der Gründe; *BAG* 23.06.1993 AP Nr. 42 zu § 611 BGB Direktionsrecht, zu I. 3. der Gründe; nachfolgend im Bereich des Betriebsverfassungsrechts angeführt etwa *BAG* 11.10.1995 AP Nr. 45 zu § 611 BGB Direktionsrecht, zu I. 1. der Gründe; *BAG* 17.12.1997 BAGE 87, 311, 317.

999 Formuliert im Bereich des PersVG siehe *BVerfG* 26.05.1970 BVerfGE 28, 314, 323.

Vereinbarungsstadium lassen keine Abhängigkeit der Mitbestimmung von einem Persönlichkeitsrecht zu. Dies wird ebenso infolge der schon gesetzlich angeordneten Wirkungsweisen der Mitbestimmungsrechte im Verhältnis zu anderen Rechtsbereichen deutlich. Neben der Grundrechtsprüfung einer Verletzung der Persönlichkeitsrechte des Arbeitnehmers gemäß Art. 2 I GG i. V. m. Art. 1 I GG verbleibt es daher vorerst bei einem erzwingbaren Mitbestimmungsrecht des Betriebsrats, selbst wenn dieses als weiterer Schutzmechanismus für den Arbeitnehmer verstanden wird. Nicht zuletzt ergibt sich die Erforderlichkeit für jene vermittelnde Betrachtungsweise zwischen den Ansichten aus der Gestaltungsvielfalt und den Diversifizierungsmöglichkeiten einheitlicher Kleidervorschriften, die den zu schützenden Bereich der Betroffenen ausweiten.[1000] Somit ist § 75 II 1 BetrVG Ziel und Maßstab der betriebsverfassungsrechtlichen Zusammenarbeit von Arbeitgeber und Betriebsrat, aber erfährt gleichsam eine Begrenzung durch Umfang und Intensität der Beteiligungsrechte.[1001] Daher lässt der durch eine Dienstkleidung vorliegende Eingriff in die Persönlichkeitsrechte des Personals die Mitbestimmungsrechte des Betriebsrats nicht von vornherein entfallen und bildet keine Ausübungsbeschränkung. Die mitbestimmten Maßnahmen zur Ausgestaltung einer betriebseinheitlichen Kleidervorschrift in den angeführten Berufsfeldern sowie gemeinsame Vereinbarungen über den arbeitszeitbezogenen Umkleidevorgang im Betrieb bleiben auch einer weiteren, von § 87 I Eingangssatz BetrVG unabhängigen Grenzbeurteilung anhand von § 75 II 1 BetrVG zugänglich.

b) Staatliche Bestimmungen des Arbeitszeitrechts

Die Bedeutung der arbeitszeitbezogenen Vorschriften erschöpft sich ausschließlich mit Blick auf Bestimmungen über Beginn und Ende der täglichen Arbeitszeit im Sinne des § 87 I Nr. 2 BetrVG. Als geeignete Mitbestimmungsschranken, welche die Entscheidungsbefugnisse der Betriebsparteien vollständig ausschließen[1002], kommen das Arbeitszeitgesetz, das Mutterschutzgesetz, das Gesetz zum Schutz der arbeitenden Jugend sowie Normen über den Ladenschluss in Betracht.

Das Arbeitszeitgesetz regelt gemäß § 2 II ArbZG den arbeitszeitrechtlichen Schutz für alle Arbeitnehmer mit Ausnahme der leitenden Angestellten. Die in § 1 ArbZG explizit niedergelegten, gleichwertigen Ziele[1003] umfassen die Gewährleistung

---

1000 Vgl. 1. Teil. § 2.

1001 *Löwisch*, AuR 1972, 359, 359; *BAG* 21.08.1990 AP Nr. 17 zu § 87 BetrVG 1972 Ordnung des Betriebes, zu II. 3. a) der Gründe; *BAG* 08.06.1999 AP Nr. 31 zu § 87 BetrVG 1972 Ordnung des Betriebes, zu B. II. der Gründe; *BAG* 28.05.2002 BAGE 101, 216, 226; ebenfalls Richardi/*Richardi/Maschmann*, BetrVG Kommentar, § 75 BetrVG Rn. 46.

1002 *Fitting*, BetrVG Handkommentar, § 87 BetrVG Rn. 97; Düwell/*Kohte*, BetrVG Handkommentar, § 87 BetrVG Rn. 48.

1003 *Neumann/Biebl*, Arbeitszeitgesetz Kommentar, § 1 ArbZG Rn. 8; *Schliemann*, Kommentar zum Arbeitszeitgesetz, § 1 ArbZG Rn. 4, Rn. 6, wobei dieser Norm kein

der Sicherheit und des Gesundheitsschutzes bei der Arbeitszeitgestaltung sowie die Verbesserung der Rahmenbedingungen für flexible Arbeit und den Schutz der Sonntage und anerkannten Feiertage als Tage der Arbeitsruhe. Abweichende Vereinbarungen im Tarifvertrag oder in Betriebsvereinbarungen werden in §§ 7, 12 ArbZG gestattet. Ausgehend davon liegt die Entscheidungskompetenz für denkbare arbeitszeitrechtliche Bestimmungen prinzipiell bei den Tarifvertragsparteien, so dass die Umsetzung entsprechender Maßnahmen durch die Betriebspartner regelmäßig entfällt. Die vom Gesetz abweichenden tariflichen Regelungen sind insofern zwingend für Arbeitgeber und Betriebsrat.[1004] Dennoch wird der betrieblichen Regelungskompetenz keine materiell-rechtlich umfassende Lösungsmöglichkeit aus diesen Vorschriften entgegen gesetzt, die den betrieblichen Kleiderwechsel abschließend im Sinne des Eingangssatzes von § 87 I BetrVG regelt.[1005] Denn von der arbeitszeitrechtlichen Modifizierung sind inhaltlich nur die Dauer der Arbeitszeit und die Ruhezeiten sowie die Schaffung korrespondierender Ausgleichszeiträume umfasst. Selbst wenn Beginn und Ende der Arbeitszeit der dispositiven Entscheidungsbefugnis der Tarifvertragsparteien zur Verfügung stehen, unterliegt die Realisierung der Pausen und der Umkleidebedingungen immer noch den Gestaltungsmöglichkeiten von Arbeitgeber und Betriebsrat. So kann beispielshalber durch die fehlende ortsgebundene Umkleidepflicht und die Bereitstellung von Umkleideräumen der in § 1 Nr. 1 ArbZG geforderte positive Flexibilitätseffekt auf die Arbeitszeitlage[1006] umgesetzt werden. Obgleich der anzunehmenden Vorrangigkeit betrieblicher Vereinbarungen sind die besprochenen Normen in die Ausübung der Mitbestimmung zu integrieren.[1007] Je nach Einzelfall und denkbar sperrender Gesetzesvorschrift ist neben der Abgeschlossenheit der mitbestimmungspflichtigen Angelegenheit entscheidend, dass die erzwingbaren Mitbestimmungsrechte nicht auf freiwilliger Basis, ohne

---

verpflichtender Charakter beizumessen sei. Vielmehr sei von einer nutzbringenden Auslegungsregel für die weiteren gesetzlichen Arbeitszeitvorschriften und die darin angelegten Ermessensspielräume auszugehen; zur rechtlichen Handhabung bei einem Aufeinandertreffen der Gesetzeszwecke siehe *Schliemann*, Kommentar zum Arbeitszeitgesetz, § 1 ArbZG Rn. 14; eingeschränkte Ansicht unter Berücksichtigung des Einzelfalls etwa *Neumann/Biebl*, Arbeitszeitgesetz Kommentar, § 1 ArbZG Rn. 8.

1004 GK-BetrVG/*Wiese*, § 87 BetrVG Rn. 60; Hess/u. a./*Worzalla*, BetrVG Kommentar, § 87 BetrVG Rn. 72; Richardi/*Richardi*, BetrVG Kommentar, § 87 BetrVG Rn. 147; *Fitting*, BetrVG Handkommentar, § 87 BetrVG Rn. 38.

1005 Ebenso *Neumann/Biebl*, Arbeitszeitgesetz Kommentar, § 1 ArbZG Rn. 11.

1006 Angesichts der Eröffnung individueller Gestaltungsspielräume über die Lage der Arbeitszeit siehe *Neumann/Biebl*, Arbeitszeitgesetz Kommentar, § 1 ArbZG Rn. 4; *Schliemann*, Kommentar zum Arbeitszeitgesetz, § 1 ArbZG Rn. 9 f.

1007 *BAG* 26.05.1988 BAGE 58, 297, 302.

forderungsfähige Anrufung der Einigungsstelle gemäß § 76 V BetrVG zurückgedrängt werden können.[1008]

Die mangelnde Möglichkeit der Begrenzung der Mitbestimmung des Betriebsrats gemäß § 87 I Nr. 2 BetrVG ergibt sich auch aus den Schutzbestimmungen für erwerbstätig werdende oder stillende Mütter[1009] und Jugendliche, welche die Erfüllung einer Arbeitspflicht schulden. In § 8 MuSchG[1010] und §§ 8, 14 JArbSchG sind Beschäftigungsverbote[1011] für die jeweilige Personengruppe statuiert, wonach zu bestimmten Tageszeiten und an ausgewählten Wochentagen nicht gearbeitet sowie die festgelegte Stundenanzahl zur Erbringung der Arbeitsleistung nicht überschritten werden darf. Dabei handelt es sich um konkrete Bestimmungen zur Dauer der Arbeitszeit[1012], deren zwingende Erfüllung das Schutzbedürfnis des Personals ausreichend gewährleistet. Hiervon ist dagegen nicht der betriebliche Umkleidevorgang im betriebsverfassungsrechtlichen Sinn betroffen. Die angeführten Vorschriften zur arbeitszeitrechtlichen Lage sind ohne Rechtsfolgen für den im Betrieb stattfindenden Kleiderwechsel, da lediglich der Zeitrahmen der geschuldeten Arbeitspflicht fixiert wird. In der Praxis finden sich diese Bestimmungen über die Arbeitszeitlage regelmäßig in kollektivrechtlichen Vereinbarungen. Selbst in Ermangelung solcher Regelungen verbleibt dem Arbeitgeber im Rahmen der Ausübung seines entsprechenden Direktionsrechts ein Ermessensspielraum im Sinne von § 315 I BGB.[1013] Insoweit liegen im Mutterschutzgesetz keine Vorschriften über den arbeitszeitlichen Ablauf oder die Arbeitszeiterfassung und damit die Gestaltungsmodalitäten des Umkleidens vor, die zweckmäßig die Regelungskompetenz von Arbeitgeber und Betriebsrat einschränken könnten.

Ausschließlich in der Dienstleistungsbranche und vordergründig dem Bereich des Einzelhandels[1014] sind Auswirkungen des Ladenschlussgesetzes auf den betrieblichen Kleiderwechsel denkbar. Allerdings besteht schon keine Einigkeit darüber, ob es sich bei jenen Gesetzesnormen um taugliche Mitbestimmungsschranken handelt. Ein Teil der Lehre geht aufgrund nicht vorhandener arbeitszeitrechtlicher

---

1008 Zum Beispiel für § 7 III ArbZG angenommen in *LArbG Hamburg* 17.12.2008 LAGE Nr. 3 zu § 7 ArbZG, zu II. 2. b) der Gründe.

1009 *Buchner/Becker*, Mutterschutzgesetz Kommentar, § 8 MuSchG Rn. 1, Rn. 5; Rancke/*Pepping*, Mutterschutz Handkommentar, § 8 MuSchG Rn. 4.

1010 Zwingendes Recht laut *Buchner/Becker*, Mutterschutzgesetz Kommentar, § 8 MuSchG Rn. 6; Rancke/*Pepping*, Mutterschutz Handkommentar, § 8 MuSchG Rn. 7.

1011 *Molitor/Volmer/Germelmann*, Jugendarbeitsschutzgesetz Kommentar, § 8 JArbSchG Rn. 4, § 14 JArbSchG Rn. 3; *Zmarzlik/Anzinger*, Jugendarbeitsschutzgesetz Kommentar, § 14 JArbSchG Rn. 4, § 22 JArbSchG Rn. 7.

1012 *Zmarzlik/Anzinger*, Jugendarbeitsschutzgesetz Kommentar, § 8 JArbSchG Rn. 3; *Molitor/Volmer/Germelmann*, Jugendarbeitsschutzgesetz Kommentar, § 8 JArbSchG Rn. 2 ff.

1013 Formuliert für arbeitszeitbezogene Klauseln eines Jugendlichen in *Zmarzlik/Anzinger*, Jugendarbeitsschutzgesetz Kommentar, § 8 JArbSchG Rn. 8.

1014 Vgl. 3. Teil. § 8. III. 3. b) aa).

Bestimmungen von ihrer Ungeeignetheit aus – nur die als zulässig erachteten Öffnungszeiten des Betriebs werden in §§ 3 bis 15 LadSchlG geregelt.[1015] Die Rechtsprechung hingegen qualifiziert das Gesetz als Teilbegrenzung betrieblicher Arbeitszeitvereinbarungen, weil arbeitszeitbezogene Bestimmungen in Form verkürzter Öffnungszeiten des Betriebs nicht explizit ausgeschlossen oder unmöglich sind.[1016] Ungeachtet der elementaren Frage eines Mitbestimmungsrechts über Regelungen von Ladenöffnungszeiten und deren Verhältnis zu der wirtschaftlichen Betätigungsfreiheit des Arbeitgebers[1017] ist in jedem Fall ein Bezug zur Lage der Arbeitszeit zu erkennen. Nur in dem angegebenen Zeitrahmen des Ladenschlussgesetzes kann sich der Kunde zulässig Zutritt zum Betrieb verschaffen und die erhoffte Arbeitsleistung der Belegschaft in Anspruch nehmen. Somit werden über die gesetzlich fixierten Öffnungszeiten zumindest Beginn und Ende der Arbeitszeit konkretisiert, währenddessen der genaue Arbeitsablauf unberührt bleibt. Außerhalb dieser zeitlichen Vereinbarungen stattfindende Arbeitnehmerhandlungen, wie beispielsweise Dienstbesprechungen oder die Vornahme etwaiger Vorbereitungen für die Arbeit, sind nur in geringem Ausmaß zu erwarten. Mit anderen Worten begeben sich die Mitarbeiter kurz vor Beginn ihrer regulären Arbeitszeit in den Betrieb und verlassen ihn zumeist gleich im Anschluss an das Ende der Öffnungszeit.[1018] Im Zuge dessen muss geprüft werden, ob bei diesen Tätigkeiten von einer fremdnützig geprägten Arbeitszeit im betriebsverfassungsrechtlichen Sinn auszugehen ist.[1019] Infolge der Qualifizierung des Ladenschlussgesetzes als einer geeigneten Grenze der Mitbestimmungsrechte wird auf diese Weise die Arbeitszeitlage der Arbeitnehmer ausreichend und zwingend festgelegt. So finden sich in § 3 LadSchlG die allgemeinen Öffnungszeiten der Verkaufsstellen und in den darauffolgenden §§ 4 bis 10 LadSchlG Ausnahmebestimmungen für einzelne Betriebszweige. Trotz jener Sachregelungen sind keine weiteren Konkretisierungsmöglichkeiten zu der näheren Ausgestaltung der vorzunehmenden Arbeitsleistung normiert, so dass im Ergebnis ein damit korrespondierender Handlungsspielraum der Betriebspartner verbleibt.

1015 Däubler/u. a./*Klebe*, BetrVG, § 87 BetrVG Rn. 102; Richardi/u. a./*Matthes*, Münchener Handbuch zum Arbeitsrecht, § 244 Rn. 44, wobei die angegebenen Literaturverweise auf weiter gefasste und gegenteilige Rechtsansichten kritisch zu bewerten sind.

1016 *BAG* 31.08.1982 BAGE 40, 107, 112; *BAG* 13.10.1987 BAGE 56, 197, 213; zurückhaltend ErfK/*Kania*, § 87 BetrVG Rn. 13.

1017 *BAG* 31.08.1982 BAGE 40, 107, 110.

1018 Anders im Hinblick auf die insgesamt längere Ladenöffnungszeit im Verhältnis zu der vereinbarten Arbeitszeit etwa *BAG* 31.08.1982 BAGE 40, 107, 112, demgemäß nicht von einer Übereinstimmung der Zeitspannen auszugehen sei.

1019 Vgl. 3. Teil. § 9. I.

2. *Tarifliche Vorschriften*

Die erzwingbare Mitbestimmung des Betriebsrats stellt sich nach § 87 I Eingangssatz BetrVG ebenfalls als tarifdispositives Gesetzesrecht dar, wenn die betreffende Maßnahme bereits tariflich geregelt ist und dadurch gleichzeitig vorangegangene betriebliche Vereinbarungen abgelöst werden.[1020] Voraussetzung ist wiederum eine zwingende und abschließende Vertragsregelung, die dem Schutzzweck des verdrängten Mitbestimmungsrechts ausreichend Rechnung trägt.[1021] Für eine erfolgreiche Verkürzung der Mitbestimmungsrechte muss der Tarifvertrag in Kraft getreten[1022] und infolge der Tarifgebundenheit des Arbeitgebers gemäß § 3 I TVG oder einer Allgemeinverbindlichkeitserklärung gemäß § 5 I TVG[1023] anwendbar sein. Insoweit wird der Geltungsbereich der tariflich aus sich heraus handhabbaren Maßnahme auf alle Arbeitnehmer erstreckt.[1024] Zu beachten ist, dass das erzwingbare Mitbestimmungsrecht nicht mit Hilfe eines alleinigen Gestaltungsrechts des

1020 *Besgen*, Betriebsverfassungsrecht, S. 485; zum sachlichen Geltungsbereich des Tarifvorrangs siehe *Jahnke*, Tarifautonomie und Mitbestimmung, S. 165 f.

1021 Noch eine Negativbestimmung als zulässig erachtet in *BAG* 03.08.1982 AP Nr. 12 zu § 87 BetrVG 1972 Lohngestaltung, zu 3. e) der Gründe; nachfolgend eine eigene, von der Negation abgrenzbare, inhaltliche Regelung fordernd etwa *BAG* 17.12.1985 BAGE 50, 313, 317; ebenso *BAG (GS)* 03.12.1991 BAGE 69, 134, 157; *BAG* 10.11.1992 BAGE 71, 327, 332; *BAG* 03.05.2006 AP Nr. 119 zu § 87 BetrVG 1972 Arbeitszeit, zu B. II. 1. b) aa) der Gründe; *BAG* 22.07.2008 BAGE 127, 146, 169; vgl. auch, *Jahnke*, Tarifautonomie und Mitbestimmung, S. 162; *Fitting*, BetrVG Handkommentar, § 87 BetrVG Rn. 39; Däubler/u. a./*Klebe*, BetrVG, § 87 BetrVG Rn. 36; GK-BetrVG/*Wiese*, § 87 BetrVG Rn. 73, Rn. 78 f.; Richardi/*Richardi*, BetrVG Kommentar, § 87 BetrVG Rn. 161 f.; Wlotzke/Preis/Kreft/*Bender*, BetrVG Kommentar, § 87 BetrVG Rn. 24.

1022 *BAG* 24.11.1987 AP Nr. 6 zu § 87 BetrVG 1972 Auszahlung, zu II. 1. b) der Gründe; *BAG* 20.12.1988 BAGE 60, 323, 327; *BAG* 18.04.1989 BAGE 61, 296, 302; *BAG* 04.07.1989 BAGE 62, 233, 240; ebenfalls Richardi/u. a./*Matthes*, Münchener Handbuch zum Arbeitsrecht, § 242 Rn. 15.

1023 *BAG* 24.02.1987 BAGE 54, 191, 206 f.; *BAG* 24.11.1987 AP Nr. 6 zu § 87 BetrVG 1972 Auszahlung, zu II. 1. b) der Gründe; *BAG* 20.12.1988 BAGE 60, 323, 327; *BAG* 18.04.1989 BAGE 61, 296, 302; *BAG* 04.07.1989 BAGE 62, 233, 240; *BAG* 30.01.1990 BAGE 64, 94, 102; desgleichen Düwell/*Kohte*, BetrVG Handkommentar, § 87 BetrVG Rn. 14; Hess/u. a./*Worzalla*, BetrVG Kommentar, § 87 BetrVG Rn. 67 f.; Däubler/u. a./*Klebe*, BetrVG, § 87 BetrVG Rn. 37; *Löwisch/Kaiser*, BetrVG Kommentar, § 87 BetrVG Rn. 6 f.; Richardi/u. a./*Matthes*, Münchener Handbuch zum Arbeitsrecht, § 242 Rn. 16; a. M. *Jahnke*, Tarifautonomie und Mitbestimmung, S. 163 f.

1024 *BAG* 05.03.1974 BAGE 26, 60, 67 f.; *BAG* 04.08.1981 BAGE 36, 148, 156; *Richardi/Bayreuther*, Kollektives Arbeitsrecht, S. 293; *Besgen*, Betriebsverfassungsrecht, S. 486; Richardi/u. a./*Matthes*, Münchener Handbuch zum Arbeitsrecht, § 242 Rn. 15; Wlotzke/Preis/Kreft/*Bender*, BetrVG Kommentar, § 87 BetrVG Rn. 27.

Arbeitgebers ausgeschlossen werden kann.[1025] Angesichts der sprachlichen Fassung des § 87 I BetrVG eignet sich indes ein zugestandener Entscheidungsspielraum, die mitbestimmungspflichtige Vereinbarung partiell zu begrenzen.[1026] Unter Entziehung der den Betriebsparteien obliegenden Regelungsbefugnis ist Ziel der Tarifvertragsparteien, die Maßnahme letztendlich eigenverantwortlich zu bestimmen.[1027]

Eine Tarifvertragsklausel über den Erlass einer Dienstkleidung wird häufig nicht ausdrücklich aufgeführt.[1028] Bezugnehmend darauf dient eine tarifliche Vorschrift nach Auffassung des *BAG*[1029] vielmehr als sachliche Rechtfertigung der Dienstkleidungsordnung, wenn das geforderte „dienstliche Interesse" des Arbeitgebers benannt ist. Dies sei aber nur für die grundlegende Bestimmung der Mitbestimmung des Betriebsrats gemäß § 87 I Nr. 1 BetrVG von Bedeutung und ohne Relevanz für die entsprechend denkbaren Einschränkungen.[1030] Dagegen werden teilweise Verlautbarungen über den persönlichen Anwendungsbereich[1031] und den finanziellen Beschaffungsaufwand sowie die Instandhaltungskosten unter Verwendung der folgenden Klauselbeispiele explizit getroffen: „(...) G-TVG gewährt den dienstkleidungspflichtigen Mitarbeitern Zuschüsse zu den Kosten der Dienstbekleidung."[1032]. Oder es wird einschränkend formuliert: „Die Kosten für die Reinigung der Dienstkleidung werden nur dann von der Behörde übernommen, wenn eine im Dienst

---

1025 Früher noch offen *BAG* 03.08.1982 AP Nr. 12 zu § 87 BetrVG 1972 Lohngestaltung, zu 3. b) der Gründe; danach geklärt in *BAG* 17.11.1998 BAGE 90, 194, 202; *BAG* 03.05.2006 AP Nr. 119 zu § 87 BetrVG 1972 Arbeitszeit, zu B. II. 1. b) dd) (1) der Gründe; *Fitting*, BetrVG Handkommentar, § 87 BetrVG Rn. 48; Däubler/u. a./*Klebe*, BetrVG, § 87 BetrVG Rn. 36; GK-BetrVG/*Wiese*, § 87 BetrVG Rn. 79; Richardi/*Richardi*, BetrVG Kommentar, § 87 BetrVG Rn. 164.

1026 *BAG* 03.08.1982 AP Nr. 12 zu § 87 BetrVG 1972 Lohngestaltung, zu 3. d) der Gründe; *BAG* 08.03.1983 AP Nr. 14 zu § 87 BetrVG 1972 Lohngestaltung, zu II. der Gründe; *Hessisches LArbG*, Beschluss vom 26.01.2012 – 5 TaBV 117/11 –, juris Rn. 28; so ebenfalls Richardi/*Richardi*, BetrVG Kommentar, § 87 BetrVG Rn. 144; ErfK/*Kania*, § 87 BetrVG Rn. 13; Schaub/*Koch*, Arbeitsrechts-Handbuch, S. 2473; grundsätzlich dazu *BAG* 25.01.2000 BAGE 93, 276, 282 f., demgemäß der Teilhabezweck des § 87 I BetrVG nicht zu erfüllen sei, wenn bereits eine gegenstandsbezogene Entscheidungskompetenz des Arbeitgebers fehle.

1027 *BAG* 09.12.2003 BAGE 109, 71, 78.

1028 Lediglich zur Fixierung einer Trageverpflichtung etwa *BAG* 12.11.2013 BAGE 146, 271, 271.

1029 Im Rahmen eines Manteltarifvertrags einer Fluggesellschaft besprochen von *BAG* 17.01.2012 BAGE 140, 223, 223, 226 f.

1030 *BAG* 17.01.2012 BAGE 140, 223, 223, 226 f.

1031 Gleichsam zur Vermeidung zweier im Betrieb herrschender Ordnungen etwa *BAG* 30.01.1990 BAGE 64, 94, 102.

1032 Formuliert in einem Manteltarifvertrag einer Fluggesellschaft siehe *Hessisches LArbG*, Beschluss vom 08.04.2010 – 5 TaBV 123/09 –, juris Rn. 4; zugleich von zentraler Bedeutung für die Entscheidungsbegründung in der Revisionsinstanz etwa *BAG* 17.01.2012 BAGE 140, 223, 223, 226.

entstandene außergewöhnliche Verschmutzung vorliegt."[1033]. Es ist ersichtlich, dass bereits aus jenen sachbezogenen Dienstkleidungangelegenheiten die zu treffende Regelung nicht umfassend gelöst wird. Diesbezüglich kommen den Betriebsparteien beispielsweise Befugnisse über die Höhe der Kosten, das finanzielle Regelungsverfahren oder die Auslegung des unbestimmten Rechtsbegriffs „Verschmutzung" zu. Trotz der weitreichend verstandenen Sperrwirkung des Tarifvertrags[1034] mangelt es an der entscheidenden, tatsächlich inhaltlichen Gestaltung der Maßnahme durch die tarifliche Bestimmung selbst. Es handelt sich vielmehr um nur begrenzende tarifliche Regelungen. Als abschließend sind Tarifvertragsklauseln dagegen einzustufen, wenn der Tarifvertrag keine weiteren Ergänzungen zulässt, die getroffene Regelung keine Erweiterungsmöglichkeit einräumt und zur Realisierung eines Schutzbedürfnisses erforderlich ist. Anhand dieser rechtlichen Vorgehensweise sind etwaige, aber zu diesem Zeitpunkt nicht auffindbare Tarifvertragsklauseln über die Gestaltungsmodalitäten einer Dienstkleidung zu prüfen.

Daneben können die vorstehenden staatlichen Arbeitszeitbestimmungen im gleichen Umfang als tarifliche Vorschriften genutzt werden.[1035] Jene Rechtsnormen sind maßgeblich geeignet, die Mitbestimmung auszuschließen, wenn sie die gleichmäßige Inanspruchnahme der Einzelnen gewährleisten, die täglichen Abweichungen in der Arbeitszeit berücksichtigen und den Maßstab für ihre Handhabung nicht von den Betriebspartnern festlegen lassen.[1036] Demzufolge wird dem Mitbestimmungszweck in Bezug auf den betrieblichen Umkleidevorgang mit Hilfe der Formulierung des persönlichen Anwendungsbereichs der einheitlichen Bekleidungsvorschrift Genüge getan. Regelungen über damit im Zusammenhang stehende Veränderungen des Zeitrahmens sowie des Arbeitsablaufs vervollständigen den abschließenden Charakter der betreffenden Maßnahme[1037] und lösen insoweit die Vorrangwirkung des Eingangssatzes von § 87 I BetrVG aus[1038]. Dabei ist das Mitbestimmungsrecht einzelfallabhängig auf geeignete Beeinträchtigungen aus dem Gemeinschaftsrecht

1033 Für den Bundesangestelltentarifvertrag eines vom Land eingestellten Fluggastkontrolleur/Luftsicherheitsassistent festgelegt siehe *BAG*, Urteil vom 13.07.2010 – 9 AZR 264/09 –, juris Rn. 3.

1034 *BAG* 03.05.2006 AP Nr. 119 zu § 87 BetrVG 1972 Arbeitszeit, zu B. II. 1. b) dd) (2) der Gründe; gleichermaßen *Fitting*, BetrVG Handkommentar, § 87 BetrVG Rn. 45; Hess/u. a./*Worzalla*, BetrVG Kommentar, § 87 BetrVG Rn. 68; zurückhaltend Richardi/*Richardi*, BetrVG Kommentar, § 87 BetrVG Rn. 165; a. A. GK-BetrVG/*Wiese*, § 87 BetrVG Rn. 73.

1035 *Fitting*, BetrVG Handkommentar, § 87 BetrVG Rn. 97; vgl. dazu 5. Teil. § 14. I. 3.

1036 *BAG* 03.05.2006 AP Nr. 119 zu § 87 BetrVG 1972 Arbeitszeit, zu B. II. 1. b) dd) (3) der Gründe.

1037 Schaub/*Koch*, Arbeitsrechts-Handbuch, S. 2473; bereits angenommen, wenn Beginn und Ende der Arbeitszeit konkret geregelt werden in *Franzen*, NZA 2016, 136, 138.

1038 Nicht ersichtlich mit Blick auf ausdrückliche Formulierungen die Umkleidezeit betreffend etwa *Franzen*, NZA 2016, 136, 137.

hin zu überprüfen, die eine richtlinienkonforme Auslegung erfordern können.[1039] Hingegen wird die Ausübung des Mitbestimmungsrechts nicht wirksam begrenzt, wenn die erzwingbare Beteiligung des Betriebsrats explizit in dem jeweiligen Abschnitt des Tarifvertrags fixiert und damit zugelassen ist. So verbleibt die Anwendbarkeit einer betrieblichen Regelungskompetenz bei nachfolgenden tariflichen Auszügen[1040]: „(...) Abweichungen davon, innerhalb der politischen Gemeinde, bedürfen der Zustimmung des Betriebsrates. (...) Näheres regelt eine Betriebsvereinbarung, in der eine vergleichbare, von der politischen Gemeinde abweichende, räumliche Zuordnung vorgesehen werden kann."[1041] oder „(...) Abweichungen vom Dienstplan, die dazu führen, dass der „rote" Bereich erreicht wird oder die sich im „roten" Bereich bewegen, bedürfen in jedem Einzelfall der vorherigen Zustimmung des Betriebsrates. Näheres wird durch die Betriebsparteien in einer Betriebsvereinbarung geregelt."[1042]. Es wird deutlich, dass oftmals die Konkretisierung des arbeitszeitbezogenen Verhaltens einen Gestaltungsfreiraum für Arbeitgeber und Betriebsrat bietet. Zum Beispiel sind Ausführungen zur Arbeitszeiterfassung des Personals, wie die Nutzung von Arbeitszeitkonten[1043] oder den besprochenen Zeiterfassungsgeräten[1044], typisch für Arbeitszeitregelungen im Betrieb. Die angeführten Bestimmungen in einem Tarifvertrag bedingen als so genannte Öffnungsklauseln die Aufhebung der Mitbestimmungseinschränkung und ermöglichen auf diese Weise auch die Anrufung einer Einigungsstelle.[1045] Arbeitgeber und Betriebsrat obliegt

1039 *Annuß*, BB 2006, 1629, 1636; zum Beispiel die gesundheitsschutzrechtliche Modifizierung des Arbeitszeitgesetzes mit Auswirkung auf die angeordnete Dauer der Arbeitszeit postulierend *EuGH* 01.12.2005, Rs. C-14/04, Slg. 2005, I-10279, 10308 Rn. 64; *EuGH* 05.10.2004, Rs. C-397/01 bis C-403/01, Slg. 2004, I-8835, 8837 f. Rn. 3; *BAG* 24.01.2006 BAGE 117, 27, 38 f.

1040 *BAG* 22.12.1981 AP Nr. 7 zu § 87 BetrVG 1972 Lohngestaltung, zu III. 3. der Gründe; *BAG* 24.11.1987 AP Nr. 6 zu § 87 BetrVG 1972 Akkord, zu B. II. 2. der Gründe; grundlegend auch im Bundesangestelltentarifvertrag in Verbindung zum öffentlichen Dienst genutzt siehe *BAG* 28.07.1994 BAGE 77, 285, 288.

1041 Angeführt in einem Tarifvertrag für Lokomotivführer des Nahverkehrs siehe *LArbG Mecklenburg-Vorpommern*, Urteil vom 25.09.2012 – 5 Sa 275/11 –, juris Rn. 35; *LArbG Mecklenburg-Vorpommern* 23.01.2013 LAGE Nr. 18 zu § 99 BetrVG 2001, zu dem Sachverhalt, Blatt 3.

1042 Für einen Tarifvertrag eines Postunternehmens angeführt in *BAG* 03.05.2006 AP Nr. 119 zu § 87 BetrVG 1972 Arbeitszeit, zu A.

1043 Formulierter Tarifvertrag für ein Postunternehmen siehe *BAG* 03.05.2006 AP Nr. 119 zu § 87 BetrVG 1972 Arbeitszeit, zu A.

1044 *BAG* 09.12.2003 BAGE 109, 71, 73; *BAG* 10.11.2009 AP Nr. 125 zu § 87 BetrVG 1972 Arbeitszeit, zu B. II. 3. b) der Gründe; hierzu 3. Teil. § 9. II. 2. b) bb).

1045 *BAG* 22.12.1981 AP Nr. 7 zu § 87 BetrVG 1972 Lohngestaltung, zu III. 3. der Gründe; ebenfalls *von Hoyningen-Huene*/BAG 18.08.1987 AP Nr. 23 zu § 77 BetrVG 1972, zu 2. a). der Anmerkung; a. M. Hess/u. a./*Worzalla*, BetrVG Kommentar, § 87 BetrVG Rn. 73, wonach der Betriebsrat ferner nur im tariflichen Regelungsbereich zu beteiligen sei.

daher gemäß § 77 III 2 BetrVG ein Entscheidungsspielraum, in dem der Abschluss ergänzender Betriebsvereinbarungen ausdrücklich für zulässig erachtet wird.[1046] In diesem Zusammenhang können die Betriebspartner ebenfalls wirksam aufgefordert werden, nur freiwillige Betriebsvereinbarungen gemäß § 88 BetrVG abzuschließen. Dafür wird beispielsweise folgende Regelung in der Praxis verwendet: „Für die Angestellten im Innendienst (ausgenommen Hausmeister und Heizer) beträgt die regelmäßige Arbeitszeit 38 Stunden in der Woche. (...) Durch freiwillige Betriebsvereinbarung kann die Arbeitszeit abweichend davon für alle Angestellten oder für Gruppen von Angestellten einheitlich oder unterschiedlich festgelegt werden."[1047] Bezugnehmend auf solche Öffnungsklauseln ist jedoch zu berücksichtigen, dass die Kündigung einer durch diese Vorschrift ermöglichten Betriebsvereinbarung gemäß § 77 V BetrVG die tarifliche Regelung wieder aufleben, das heißt vorrangig im Sinne des Eingangssatzes von § 87 I BetrVG werden lässt.[1048]

Von dem zeitlichen Aspekt vollkommen unberührt bleibt der Rechtscharakter einer Vereinbarung über den Arbeitsort.[1049] Nach Auffassung des *Hessischen Landesarbeitsgerichts*[1050] ist die Mitbestimmung von der sinnvollen Teilbarkeit der in Frage stehenden Regelung abhängig. So sei eine tarifliche Regelung über den Ort der beginnenden und endenden Arbeitszeit geeignet, eine entsprechende Mitbestimmung des Betriebsrats entfallen zu lassen. Es sei schon kein Regelungsspielraum des Arbeitgebers ersichtlich, wenn der verbindlich geltende Tarifvertrag festlegt, dass die Arbeitszeit am „vorgeschriebenen Arbeitsplatz" anfange und aufhöre. Der

---

1046 *BAG* 28.02.1984 AP Nr. 4 zu § 87 BetrVG 1972 Tarifvorrang, zu B. II. 4. c) der Gründe; *BAG* 18.08.1987 BAGE 56, 18, 26; *BAG* 24.11.1987 AP Nr. 6 zu § 87 BetrVG 1972 Akkord, zu B. II. 4. c) der Gründe; *von Hoyningen-Huene*/BAG 18.08.1987 AP Nr. 23 zu § 77 BetrVG 1972, zu 4. der Anmerkung; weitergehend in der Annahme, dass auch abweichende Regelungen von der Öffnungsklausel wirksam seien etwa *Fitting*, BetrVG Handkommentar, § 77 BetrVG Rn. 121, demgemäß der in Frage stehende Regelungsgegenstand vollständig der Entscheidungskompetenz der Betriebspartner auferlegt sei; Wlotzke/*Preis*/Kreft, BetrVG Kommentar, § 77 BetrVG Rn. 79; Richardi/*Richardi*, BetrVG Kommentar, § 77 BetrVG Rn. 301; GK-BetrVG/*Kreutz*, § 77 BetrVG Rn. 157 f.; insoweit überholt *BAG* 12.08.1982 BAGE 39, 295, 308.

1047 Unter gleichbleibender, gesetzlich angelegter, Zuständigkeitsverteilung für den Bereich eines anwendbaren Manteltarifvertrags auf ein Versicherungsunternehmen angenommen in *BAG* 09.12.2003 BAGE 109, 71, 72, 78; im Ergebnis schon *BAG* 28.02.1984 AP Nr. 4 zu § 87 BetrVG 1972 Tarifvorrang, zu B. II. 4. c) der Gründe; eine notwendige Verbundenheit zwischen Öffnungsklausel und Abschlussmöglichkeit freiwilliger Betriebsvereinbarungen gemäß § 88 BetrVG vertretend, Wlotzke/Preis/Kreft/*Bender*, BetrVG Kommentar, § 87 BetrVG Rn. 25.

1048 *BAG* 12.08.1982 AP Nr. 5 zu § 77 BetrVG 1972, zu II. 2. c) der Gründe, infolge dessen der Tarifvorrang ebenfalls die Nachwirkung einer erzwingbaren Betriebsvereinbarung gemäß § 77 VI BetrVG entfallen lasse; sympathisierend Schaub/*Koch*, Arbeitsrechts-Handbuch, S. 2473.

1049 Vgl. 3. Teil. § 9. II. 2. b) bb).

1050 *Hessisches LArbG*, Beschluss vom 26.01.2012 – 5 TaBV 117/11 –, juris Rn. 29, Rn. 34.

Ausdruck des „Arbeitsplatzes“ sei durch Auslegung der tariflichen Norm zu erörtern. Des Weiteren lasse sich ihr abschließender Charakter aus dem Gesamtzusammenhang der Formulierung ableiten, wonach bereits der ausbleibende Bezug zu den Mitbestimmungsrechten des Betriebsrats im Gegensatz zu den übrigen Vorschriften das inhaltlich Gewollte deutlich zum Ausdruck bringe. Die Ausübung der Mitbestimmung sei weiterhin im Hinblick auf die zeitliche Lage der Arbeitserfüllung möglich.[1051]

3. *Ergebnisse*

Insgesamt entfalten die in Frage kommenden gesetzlichen und tariflichen Vorschriften nur in Ausnahmefällen eine vorrangige Wirkung. In Dienstkleidungsangelegenheiten wird sozusagen weder der Arbeitgeber mittelbar weitergehenden Mitbestimmungsanforderungen der Arbeitnehmer ausgesetzt noch die anerkannten erzwingbaren Mitbestimmungsrechte berührt. Da das Betriebsverfassungsgesetz auch keine dieser Konsequenzen bezweckt, realisiert sich der gewünschte Teilhabemechanismus durch einen Interessenausgleich der sich gegenüberstehenden Vorstellungen von Arbeitnehmer und Arbeitgeber.

Die Möglichkeit einer Grundrechtsverletzung und die damit ausgelöste Überprüfung der entsprechenden Maßnahme anhand grundrechtlicher Maßstäbe stellt keine die Mitbestimmung verdrängende gesetzliche Regelung im Sinne von § 87 I Eingangssatz BetrVG dar. Das fernerhin bestehende Schutzbedürfnis des Arbeitnehmers begründet eine davon unabhängige Untersuchung der getroffenen Vereinbarung gemäß § 75 II BetrVG. Es wird deutlich, dass der konkrete Regelungsinhalt von ausschlaggebender Wichtigkeit für die Beurteilung der Mitbestimmungsschranken, insbesondere im Bereich der staatlichen Arbeitszeitbestimmungen, ist. Dabei kann der zunächst eröffnete Entscheidungsspielraum der Betriebsparteien innerhalb tariflicher Vorschriften durch die zur Verfügung stehende Auswahl betriebsverfassungsrechtlicher Regelungsinstrumente erneut begrenzt werden.[1052] Für Letzteres scheidet die Verwendung einer Regelungsabrede allerdings gänzlich aus.[1053]

1051 *Hessisches LArbG*, Beschluss vom 26.01.2012 – 5 TaBV 117/11 –, juris Rn. 29, Rn. 34.

1052 Zum Meinungsstreit über das Verhältnis von § 87 I BetrVG zu der Sperrwirkung des § 77 III 1 BetrVG im Hinblick auf die einschlägige Regelungskompetenz etwa GK-BetrVG/*Kreutz*, § 77 BetrVG Rn. 151 ff. m. w. N. zu Rechtsprechung und Lehrbeiträgen; *Fitting*, BetrVG Handkommentar, § 87 BetrVG Rn. 59; Richardi/*Richardi*, BetrVG Kommentar, § 87 BetrVG Rn. 166 ff.; Wlotzke/*Preis*/Kreft, BetrVG Kommentar, § 77 BetrVG Rn. 62 ff.

1053 *BAG* 18.12.1997 BAGE 87, 327, 336, woraufhin im Zweifel die „gesetzliche Institution“, das heißt die Betriebsvereinbarung, die gewünschte Gestaltungsform sei.

II. Arbeitgeberpflichten im Allgemeinen Gleichbehandlungsgesetz

Die nationale Umsetzung der europäischen Gleichbehandlungsrichtlinie in Form des Allgemeinen Gleichbehandlungsgesetzes aus dem Jahr 2006 übt fortwährend Einfluss auf das Betriebsverfassungsrecht aus.[1054] Dieses Gesetz ist von Bedeutung für den Bereich der Dienstkleidungsordnung, die ihre größtmögliche Wirkung im Betrieb und damit der für eine Ungleichbehandlung zugänglichen Belegschaft entfaltet.[1055] Gleichwohl werden sich in den verwendeten Bestimmungen einer einheitlichen Kleidervorgabe regelmäßig keine benachteiligungsschützenden Inhalte in der Form finden, dass eine Differenzierung aufgrund der angeordneten Dienstkleidung zu unterbleiben hat. Im Gegenteil: Es sind vielmehr benachteiligungsfördernde Klauseln zu erwarten, da eine ausgelöste Differenzierung zwischen den Betroffenen zwangsläufige Folge einer Kleidervorgabe sein kann.

1. Benachteiligungsverbot gemäß §§ 7 I, 1 AGG

Dem Arbeitgeber obliegt auf der einen Seite eigens der Schutzauftrag, niemanden zu benachteiligen, und auf der anderen Seite die Verpflichtung, eine Diskriminierung durch andere Beschäftigte oder Dritte zu vermeiden.[1056] Insofern wird in § 3 AGG ein umfassender Schutz der Beschäftigten vor unmittelbaren und mittelbaren Benachteiligungen, Belästigungen, sexuellen Belästigungen sowie Anweisungen zu Benachteiligungen bezweckt. Der persönliche Geltungsbereich erstreckt sich gemäß § 6 AGG auf Arbeitnehmer/innen, Auszubildende, Bewerber/innen, ausgeschiedene Beschäftigte, Leiharbeitnehmer/innen, arbeitnehmerähnliche Selbständige, Organvertreter/innen und Selbständige, soweit deren Zugang zur Erwerbstätigkeit oder ihr beruflicher Aufstieg betroffen sind. Die genannten Personen/Personengruppen dürfen gemäß § 7 I AGG nicht wegen eines in § 1 AGG genannten Grunds ungleich behandelt werden. Danach ist es Ziel des Gesetzes, Benachteiligungen aus Gründen der Rasse oder ethnischen Herkunft, des Geschlechts, der Religion oder Weltanschauung, einer Behinderung, des Alters oder der sexuellen Identität zu verhindern oder zu beseitigen. Rechtfertigungsgründe für eine zulässig differenzierende Behandlung der Beschäftigten ergeben sich aus §§ 8 bis 10 AGG.

Oftmals treffen die Betriebsparteien bei einheitlichen Kleidervorgaben geschlechtsspezifische Regelungen. Folgende Formulierungsbeispiele sind exemplarisch für die

---

1054 *Walk/Shipton*, BB 2010, 1917, 1917; beispielsweise in *BAG* 22.07.2008 BAGE 127, 146, 168 ff.

1055 *Klüting*, AuA 2011, 441, 442; *Knitter*/LArbG Köln 29.10.2012, BB 2013, 256, 256, woraufhin gar eine Unsicherheit mit Inkrafttreten des AGG im Bereich der Dienstkleidungsangelegenheiten eingetreten sei.

1056 *Gesetzesentwurf der Bundesregierung* 08.06.2006, BT-Drucksache 16/1780, S. 30; zur synonymen Verwendung der Begriffe „Benachteiligung“ und „Diskriminierung“ siehe Adomeit/*Mohr*, Kommentar zum AGG, § 1 AGG Rn. 30 f.

vorgenommenen Unterscheidungen in Kleidungsstücke für Frauen und Männerbekleidungen: „Für männliche Croupiers gilt folgende Kleiderordnung: (...) schwarze Socken (...). Für weibliche Tischchefinnen gilt folgende Kleiderordnung: (...) farblich passende Nylonstrümpfe (...)."[1057] oder „Für Frauen ist das Tragen von BHs, Bustiers, bzw. eines Unterhemdes vorgeschrieben. (...) Die männlichen Beschäftigten haben jederzeit ein Unterhemd zu tragen."[1058]. Ebenso erfolgen Differenzierungen für die Oberbekleidung, wie zum Beispiel hinsichtlich der Zuordnung von Blusen für Frauen und Hemden für Männer.[1059] Diese als notwendig zu qualifizierende Verschiedenartigkeit von typischen Kleidungsstücken des jeweiligen Geschlechts wird nicht von dem Benachteiligungsverbot gemäß §§ 7 I, 1 AGG umfasst. Das heißt, ein Mindestmaß an analogen Tragestandards ist zulässigerweise regelbar, auch wenn vereinzelt Unterschiede im öffentlichen Auftreten des dienstkleidungspflichtigen Mitarbeiters erkennbar werden.[1060] Vor allem die häufig anzutreffenden Kleiderwahlmöglichkeiten der Arbeitnehmerinnen beruhen auf gesellschaftlich begründeten Konventionen und nicht auf eigenmächtigen Begrenzungen durch den Arbeitgeber.[1061] So ist die Dienstkleidungsklausel „Die Mitarbeiterinnen tragen folgenden Teamdress: einen schwarzen Hosenanzug, wahlweise ein Kostüm (...)."[1062] nicht zuletzt auch ein Ergebnis der an Emanzipation ausgerichteten Frauenbewegung[1063]. Die Möglichkeit einer unwirksamen Benachteiligung relevanter Abschnitte einer einheitlichen Bekleidungsvorschrift zeigte sich in dem vor kurzem besprochenen Sachverhalt am *LArbG Köln*[1064]. Darin ordnete eine von Arbeitgeber und Betriebsrat geschlossene Betriebsvereinbarung eines Luftfahrtunternehmens an, dass die Cockpitmütze die Uniformierung der im Cockpit tätigen Arbeitnehmerschaft abhängig vom Geschlecht vervollständigt. Männer waren aufgefordert die entsprechende Kopfbedeckung in

1057 *BAG* 13.02.2007 BAGE 121, 147, 148 f.; ähnlich auch *BAG* 08.08.1989 AP Nr. 15 zu § 87 BetrVG 1972 Ordnung des Betriebes, zu A.; *LArbG Köln* 18.08.2010 NZA-RR 2011, 85, 86.

1058 *LArbG Köln* 18.08.2010 NZA-RR 2011, 85, 86.

1059 *LArbG Düsseldorf*, Beschluss vom 01.04.2009 – 4 TaBV 83/08 –, juris Rn. 8 ff., Rn. 14 ff.; gleichermaßen in *LArbG Köln* 29.10.2012 LAGE Nr. 4 zu § 7 AGG, zu dem Sachverhalt, Blatt 2, Blatt 4.

1060 Diese Erwartungshaltung wurde bereits vor einigen Jahren von *Thüsing*, JZ 2006, 223, 225 formuliert, demzufolge der Argumentationsweg amerikanischer Gerichte hierzulande übertragbar sei; ebenso *Fischer*, NJW 2015, 744, 746, der diese Betrachtungsweise jedoch für den Fall der „Cockpitmütze" nutzbar macht.

1061 *Thüsing*, JZ 2006, 223, 225.

1062 *LArbG Düsseldorf*, Beschluss vom 01.04.2009 – 4 TaBV 83/08 –, juris Rn. 9.

1063 Im Sinne des Gleichberechtigungsgebots gemäß Art. 3 II 2 GG angesichts gesellschaftlicher Veränderungen etwa *Fitting*, BetrVG Handkommentar, § 75 BetrVG Rn. 28; positiv auch Schiek/*Schiek*, AGG Kommentar, § 4 AGG Rn. 13.

1064 *LArbG Köln* 29.10.2012 LAGE Nr. 4 zu § 7 AGG, zu II. 2. a)/b) der Gründe; gleichbleibender Tatbestand, aber gegensätzliche rechtliche Bewertung in der Revisionsinstanz siehe *BAG* 30.09.2014 BAGE 149, 195, 197 f., wobei die ausdrückliche Feststellung einer Benachteiligung im Sinne von § 7 I AGG offen gelassen wurde.

öffentlich zugänglichen Bereichen zu tragen, wohingegen Frauen ein diesbezügliches Wahlrecht verblieb. Unter Berücksichtigung der umfassenden und konsequenten Geschlechterdifferenzierung in der gesamten, dem Senat vorliegenden Kleiderordnung sei keine isolierende Betrachtung einzelner Abschnitte der Vereinbarung vorzunehmen. Demnach sei nicht von einem Verstoß gegen das Benachteiligungsverbot gemäß §§ 7 I, 1 AGG auszugehen. Aus der Gleichbehandlungsperspektive des Gesetzes sei keine geschlechterspezifische Diskriminierung gemäß § 3 I AGG ersichtlich, sondern infolge der sprachlichen Differenzierung eine gerechtfertigte, andersartige Behandlung der Mitarbeiter gegeben. Vergleichend zur Altersdiskriminierung[1065] lasse diese weniger günstige Vorgehensweise keine unterschiedliche Wertschätzung von Männern und Frauen oder eine Zurückstellung des jeweiligen Geschlechts erkennen. Folglich sei eine etwaige Maßnahme zulässig.[1066] Diese Entscheidungsbegründung über eine geschlechtsbezogene Dienstkleidungsvorgabe dient aufgrund deren Aktualität und Einmaligkeit als Anlass für damit im Zusammenhang stehende Verlautbarungen, Rechtsprobleme und weitergehende Betrachtungen mit Perspektive auf die Begrenzung der Betriebsautonomie.

Nach Auffassung von *Boemke*[1067] bereitet der quantitative Maßstab der Rechtsüberprüfung in dieser Entscheidung Schwierigkeiten, weil insoweit lediglich mehrere unterschiedliche Bestimmungen in ihrer Gesamtheit wirksam sind. Es sei ungeklärt, warum eine geringere Vereinbarungsanzahl oder die entsprechende Klausel allein benachteiligende Folgen auslöse. Zur Sensibilisierung im Umgang mit geschlechtsspezifischen Maßnahmen sei ferner eine Rechtskontrolle im Rahmen des betriebsverfassungsrechtlichen Gleichbehandlungsgrundsatzes gemäß § 75 I BetrVG erforderlich.[1068] Dem ist zuzustimmen, da das Gericht nicht ausreichend differenziert vorgeht und die Kleiderordnung pauschal für nicht benachteiligend erachtet. In keinem Fall darf ein Vereinbarungsabschnitt geeignet sein, eine allgemein geltende Unwirksamkeit hervorzurufen. Diese Rechtsfolge kann verhindert werden, indem jede einzelne Klausel einer betriebseinheitlichen Kleidervorgabe auf ihre Zulässigkeit untersucht wird.[1069] Die ansonsten entstehende Abhängigkeit von einem Teil der Dienstkleidungsvorschrift ist offensichtlich nicht gewollt, vor allem wenn im Übrigen wirksame Tragedifferenzierungen vereinbart sind. Folglich muss der Argumentationsweg der Kammer korrigiert werden.[1070]

1065 *BAG* 25.02.2010 BAGE 133, 265, 272 ff.

1066 *LArbG Köln* 29.10.2012 LAGE Nr. 4 zu § 7 AGG, zu II. 2. a)/b) der Gründe.

1067 Auch mit Bedenken hinsichtlich des Ziels der europarechtlichen Gleichbehandlungsrichtlinie etwa *Boemke*/LArbG Köln 29.10.2012, jurisPR-ArbR 16/2013, Anmerkung 2; dementsprechend entschieden in *BAG* 30.09.2014 BAGE 149, 195, 197; zustimmend *Klinkhammer/Schlicht*, ArbRAktuell 2015, 68, 69, 71.

1068 *Boemke*/LArbG Köln 29.10.2012, jurisPR-ArbR 16/2013, Anmerkung 2.

1069 Im Sinne der vorzunehmenden Kontrolle jedweder Einzelregelung etwa *BAG* 22.07.2008 BAGE 127, 146, 146, 164 f.

1070 Umgesetzt durch *BAG* 30.09.2014 BAGE 149, 195, 197 f.

Daher ist zunächst zu prüfen, ob eine anderenfalls greifende Rechtskontrolle des § 75 I BetrVG überhaupt erforderlich ist. Prinzipiell besteht zwischen den einzelnen Grenzen der Mitbestimmungsausübung kein Exklusivitätsverhältnis. Die eröffnete Anwendbarkeit beider Rechtsnormen nebeneinander auf Dienstkleidungsangelegenheiten ist jedoch nur zielführend, wenn jeweils unterschiedliche Rechtsvoraussetzungen gefordert werden und dementsprechend differenzierende Ergebnisse zu erwarten sind. Der Grundsatz einer Behandlung nach Recht und Billigkeit gemäß § 75 I BetrVG sollte im Gleichlauf mit der Transformation der europäischen Antidiskriminierungsrichtlinie 2000/78/EG und damit dem § 1 AGG angepasst werden.[1071] Die vergleichbare gesetzgeberische Intention lässt deswegen den Schluss zu, dass es sich letztendlich um einen am Allgemeinen Gleichbehandlungsgesetz orientierten Prüfungsmaßstab in § 75 I BetrVG handelt.[1072] Die Verschiedenartigkeit der Vorschriften wird nur hinsichtlich des betrieblichen Anwendungsbereichs und der korrespondierenden Normadressaten ersichtlich. Der teilweise weitergehende Schutzumfang des § 75 I BetrVG[1073], beispielsweise in Bezug auf ein Benachteiligungsverbot infolge politischer oder gewerkschaftlicher Betätigung, ist eben der Zweckdienlichkeit des darauf anzuwendenden Rechtsgebiets, des kollektiven Arbeitsrechts, geschuldet. Somit haben die im Gesetz angelegten Abgrenzungsmerkmale beider Normen keinen relevanten Einfluss auf einheitliche Bekleidungsvorgaben. Dies ergibt sich auch daraus, dass kollektivrechtliche Vereinbarungen, die eine Benachteiligung auslösen, gemäß §§ 2 I Nr. 2, 7 II AGG unwirksam sind. Infolge dessen kann schon auf Grundlage des Allgemeinen Gleichbehandlungsgesetzes eine betriebliche Bestimmung anhand eines konvergierenden Rechtsmaßstabs für unzulässig erklärt werden, so dass es nicht gezwungenermaßen der Anwendung des Schutzmechanismus aus § 75 I BetrVG bedarf.[1074] Demgemäß ist ebenfalls die Problematik, ob die europarechtlichen Verbote auch auf die vor dem Inkrafttreten des Allgemeinen Gleichbehandlungsgesetzes liegenden Sachverhalte und damit die Altfassung des § 75 I BetrVG anwendbar sind[1075], bedeutungslos.

In Anbetracht jenes möglich konzentrierten Verständnisses auf das Allgemeine Gleichbehandlungsgesetz bedarf es zur Eröffnung des Anwendungsbereichs dieses

---

1071 *Gesetzesentwurf der Bundesregierung* 08.06.2006, BT-Drucksache 16/1780, S. 56.

1072 *Gesetzesentwurf der Bundesregierung* 08.06.2006, BT-Drucksache 16/1780, S. 56.

1073 Einbeziehung des Allgemeinen Gleichbehandlungsgesetzes anlässlich der Sicherstellung der gesamten Arbeitsrechtsordnung in *Thüsing*, Arbeitsrechtlicher Diskriminierungsschutz, S. 70.

1074 Mit Zurückhaltung auch *ArbG Köln*, Urteil vom 05.04.2011 – 12 Ca 8659/10 –, juris Rn. 27; sodann im Rahmen von *BAG* 30.09.2014 BAGE 149, 195, 199 offen gelassen, weil der inbezuggenommene Tarifvertrag des Luftfahrtbetriebs einen Gleichbehandlungsgrundsatz, gestützt auf Art. 3 GG, beinhaltete; einschränkend in Ansehung der Sanktionsinstrumente des jeweiligen Rechtsgebiets formuliert in *Thüsing*, Arbeitsrechtlicher Diskriminierungsschutz, S. 70.

1075 Verneint für die Altersdiskriminierung siehe *BAG* 20.01.2009 AP Nr. 198 zu § 112 BetrVG 1972, zu II. 3. b) bb) der Gründe.

Gesetzes einer Benachteiligung durch eine Dienstkleidungsordnung. In Übereinstimmung mit der Forderung nach einem stringent umzusetzenden Schutz vor einer solchen Ungleichbehandlung ist in der beschriebenen geschlechterspezifischen Differenzierung der Cockpitbeschäftigten unstrittig eine unmittelbare Diskriminierung zu erblicken.[1076] Gemäß § 3 I 1 AGG liegt jene vor, wenn eine Person wegen eines in § 1 genannten Grundes eine weniger günstige Behandlung erfährt, als eine andere Person in einer vergleichbaren Situation erfährt, erfahren hat oder erfahren würde. Das Tragen einer Mütze ist in diesem Fall Ausdruck des männlichen Geschlechts und zentral für die Entscheidungsfindung von Arbeitgeber und Betriebsrats des Luftfahrtunternehmens. Die zum Vergleich herangezogenen Personen, weibliche Beschäftigte, befinden sich angesichts des bestehenden Arbeitsverhältnisses in einer vergleichbaren Lage. Diese unterschiedliche Behandlung ist gemäß § 8 AGG wegen eines in § 1 genannten Grundes gerechtfertigt, wenn dieser Grund wegen der Art der auszuübenden Tätigkeit oder der Bedingungen ihrer Ausübung eine wesentliche und entscheidende berufliche Anforderung darstellt, sofern der Zweck rechtmäßig und die Anforderung angemessen ist. Unter Berücksichtigung der vorstehend formulierten kundenbezogenen Zielrichtung[1077] kann die Erwartungshaltung der Öffentlichkeit sachgerecht als tauglicher Rechtfertigungsaspekt des § 8 I AGG qualifiziert werden[1078]. Zwar steht die Reaktionspflicht des Arbeitgebers zum Schutz der Beschäftigten bei der Ausübung ihrer Tätigkeit vor Benachteiligungen durch Dritte gemäß § 12 IV AGG dazu im Widerspruch, wenn dieser sich am Ende doch berechtigterweise auf die Erwartungshaltung seiner Anspruchsgruppen berufen kann. Gleichwohl wird dem Arbeitgeber die Beendigung des Kundenverhältnisses mit Blick auf die entstehende Bedrohung der wirtschaftlichen Existenz seines Betriebs nicht zugemutet.[1079] In einem an den Diskriminierungspräferenzen Dritter ausgerichteten Verhalten liegt keine Umgehung des Benachteiligungsverbots gemäß §§ 7, 1 I AGG[1080], weil der Arbeitgeber

1076 *Klüting*, AuA 2011, 441, 442; in Anbetracht einer Verletzung der Menschenwürde auch *Söllner*, RdA 1968, 437, 439, demgemäß das Tragen einer spezifisch von Frauen genutzten Kopfbedeckung durch das männliche Geschlecht als ein gegen das Grundrecht verstoßender Eingriff zu bewerten sei; eine Ungleichbehandlung nun postulierend *BAG* 30.09.2014 BAGE 149, 195, 198; zurückhaltend *Bauer*, ArbRAktuell 2015, 47, 47.

1077 Vgl. 3. Teil. § 8. III. 3. a).

1078 Dagegen *Schleusener*/Suckow/Voigt, Kommentar zum AGG, § 8 AGG Rn. 16, demgemäß ansonsten die Forderung nach arbeitgeberseitigen Schutzmaßnahmen gemäß § 12 I AGG widersprüchlich sei; dem folgend *ArbG Köln*, Urteil vom 05.04.2011 - 12 Ca 8659/10 –, juris Rn. 28; zurückhaltend ebenso *Annuß*, BB 2006, 1629, 1633; *Wisskirchen*, DB 2006, 1491, 1495, woraufhin ein entsprechender Rechtfertigungsgrund nicht in der Umwelt des Unternehmens anzusiedeln sei.

1079 *Wisskirchen*, DB 2006, 1491, 1496; zustimmend Schiek/*Schmidt*, AGG Kommentar, § 12 AGG Rn. 14; *Schleusener*/Suckow/Voigt, Kommentar zum AGG, § 8 AGG Rn. 16; AGG Handkommentar, § 12 AGG Rn. 30, wobei jene Situation in der Beziehung von Entleiher und Verleiher nicht zu erwarten sei.

1080 So aber Schiek/*Schmidt*, AGG Kommentar, § 8 AGG Rn. 5.

zur Wahrung seiner wirtschaftlichen Interessen gemäß Art. 12 I GG auf die Erfüllung der an ihn gerichteten Anforderungen angewiesen ist und davon zumindest mittelbar in seinem Tätigwerden geleitet wird[1081]. Der geforderte Bezug zur Erbringung der geschuldeten Arbeitsleistung stellt sich im Fall der besonders hervorzuhebenden alltäglichen Gegenwärtigkeit einer Dienstkleidung über die Art der Pflichtenerfüllung durch den Betroffenen ein. So ist es trotz der gesellschaftlichen Weiterentwicklung zweifelhaft, wie ein Mann in Frauenbekleidung seiner Tätigkeitsausübung an sich und dem legitimen öffentlichen Interesse ordnungsgemäß nachkommen kann.[1082] Der gewählte Grenzverlauf anhand der der Tätigkeit gegenüber gestellten äußeren Sphären der Arbeitspflicht ist sachgerecht, weil der Beschäftigte in den angeführten beruflichen Wirkungskreisen[1083] gewöhnlich in Verbindung zu seiner Umgebung tritt[1084]. Über den im Ergebnis hergestellten Tätigkeitsbezug erfolgt eine Verknüpfung zu den beruflichen Verpflichtungen des Einzelnen und damit der im Rahmen von § 8 I AGG notwendigen wesentlichen Anforderung für die geschuldete Arbeit. Noch unter Einfluss des bereits durch das Allgemeine Gleichbehandlungsgesetz weggefallenen § 611 a BGB und der korrespondierenden Kommentarliteratur zu geschlechtsspezifischen Ungleichbehandlungen entspricht dies der Wertung von *Thüsing*[1085]. Entscheidend sei, ob die Kundenerwartung selbst diskriminierend wirke und deshalb der Benachteiligungsschutz ebenso rigide greifen müsse, wie wenn die Ungleichbehandlung eigens vom Arbeitgeber ausgehe. Dementsprechend sei eine unmittelbare Benachteiligung lediglich in Ausnahmefällen gerechtfertigt. Dafür seien zunächst überwiegende Arbeitgeberinteressen im Fall einer Gefährdung des Unternehmens maßgebend, wobei dies in Anbetracht der Zulässigkeit einer dem Arbeitgeber vorgegebenen Diskriminierung fraglich bliebe. Gleichwohl sei ein absoluter Schutz vor Benachteiligungen nicht bezweckt. Die zweite Rechtfertigungsmöglichkeit sei in den unumstößlichen Anforderungen ausländischer Kunden zu erblicken. Als Letztes sei eine unmittelbare Ungleichbehandlung zulässig, wenn eine Markttrennung in Form der Vermittlung landestypischer Kultur erfolge und keine systematische Benachteiligung bestimmter Arbeitnehmergruppen vorgenommen werde.[1086] Im Hinblick auf die entsprechende Rechtfertigung mittels gesellschaftlich begründeter Erwartungshaltungen muss, in Anerkennung der kritischen Stimmen, die Fortführung der unternehmerischen

---

1081 Mit Bedenken bezüglich der Erheblichkeit dieser Anforderungen im Sinne des § 8 I AGG etwa *Schleusener*/Suckow/Voigt, Kommentar zum AGG, § 8 AGG Rn. 11.

1082 Angelegter Prüfungsmaßstab von Däubler/Bertzbach/*Brors*, AGG Handkommentar, § 8 AGG Rn. 10.

1083 Vgl. 3. Teil. § 8. III. 3. b) aa).

1084 Im Rahmen des § 12 IV AGG formuliert in Däubler/Bertzbach/*Buschmann*, AGG Handkommentar, § 12 AGG Rn. 29.

1085 Ergebnisse im Rechtsvergleich zwischen deutschem und amerikanischem sowie französischem Recht entwickelt siehe *Thüsing*, JZ 2006, 223, 226 f.

1086 *Thüsing*, JZ 2006, 223, 226 f.; vgl. ebenso *Thüsing*, Arbeitsrechtlicher Diskriminierungsschutz, S. 149 f.

Tätigkeit durch das Nichttragen der Bekleidung auf Dauer genügend riskant sein.[1087] Abgesehen von dieser nicht vorhandenen Darlegung der Beklagten im streitigen Verfahren der Cockpitmütze bleibt unklar, ob mit der Trageanordnung der entsprechenden Kopfbedeckung eine Legitimation durch (potentielle) Flugreisende einher geht.[1088] Es ist fraglich, wie sich die angeführte Intoleranz und fehlende Akzeptanz der Kunden eines Luftfahrtunternehmens für jeden sichtbar äußern können. Erwartungsgemäß verlassen die Fluggäste aufgrund der Nichterfüllung ihrer Erwartungen an das Erscheinungsbild des Cockpitpersonals nicht das Flugzeug oder steigen gar nicht erst ein.[1089] Möglicherweise muss mit Beschwerden im Nachhinein oder stillem Ärgernis gerechnet werden. Hierfür unbeachtlich ist es, aus welchem Grund die betroffene Personengruppe fliegt: ob sie anlässlich ihrer beruflichen Tätigkeit zwangsläufig dieses Transportmittel nutzen müssen oder sich freiwillig zum Erreichen des Urlaubsorts in das Flugzeug begeben – die Anforderungen sind die Gleichen. Folglich ist der Arbeitgeber als Streitgegner gehalten, konkrete Nachweise für die Einschränkung der fortdauernden Unternehmensbetätigung zu erbringen. Denn das ist offenkundig: Die Geltendmachung der Benachteiligung gegenüber dem Verursacher, den Kunden, ist nicht gewollt. Als geeignete argumentative Hilfsmittel zur Verdeutlichung des Arbeitgeberinteresses kommen vorzulegende Unterlagen über wirtschaftliche Einbußen, Zukunftsprognosen, Kundenbefragungen und Trendentwicklungen in Betracht. Dabei übernehmen die bestehenden Erwartungshaltungen und Traditionsbilder der Gesellschaft eine bedeutsame Rolle. Die unausbleibliche Einbeziehung jener Wertungsgrundlage leitet sich nicht nur aus dem Anknüpfungspunkt der Trageverpflichtung der Pilotinnen und Piloten ab. Die Zugänglichkeit für Dritte als entscheidende Anwendungsvoraussetzung für eine Dienstkleidung ist konstituierend für die meisten Kleiderordnungen.[1090] Angesichts dieser ausbleibenden verpflichtenden Anweisung während der eigentlich am konkreten Arbeitsplatz zu erbringenden Arbeitsleistung sind die äußerlich erkennbaren Typisierungen eines Berufsbilds im Einklang mit den übrigen Nachweisen tauglich, die Rechtfertigung einer Benachteiligung jedenfalls zum Beispiel im Verhältnis von Beschäftigten im Bereich des Cockpits und dem Kabinenpersonal[1091] zu stützen. Diesbezüglich ist zu bedenken, dass der

1087 Entwickelt für die Interessenabwägung zwischen Art. 4 I GG und. 12 I GG siehe *BAG* 10.10.2002, BAGE 103, 111, 121 f.; *Schleusener*/Suckow/Voigt, Kommentar zum AGG, § 8 AGG Rn. 16; sympathisierend *ArbG Köln*, Urteil vom 05.04.2011 – 12 Ca 8659/10 –, juris Rn. 28; wesentlich dazu *Annuß*, BB 2006, 1629, 1633, wonach dem Unternehmer ein diesbezüglicher Beurteilungsspielraum einzuräumen sei.

1088 *ArbG Köln*, Urteil vom 05.04.2011 – 12 Ca 8659/10 –, juris Rn. 28; indes keine Entscheidungsrelevanz in der zweiten Instanz mehr und eine fehlende Ungleichbehandlung vertretend etwa *LArbG Köln* 29.10.2012 LAGE Nr. 4 zu § 7 AGG, zu II. 2. der Gründe.

1089 Im Ergebnis auch *Utess*/LArbG Köln 18.08.2010, AiB 2011, 476, 477.

1090 Exemplarische Auszüge im Gliederungspunkt 3. Teil. § 8. III. 3. a) angeführt.

1091 Anders in Ansehung des mit der hiesigen Kleidervorschrift verfolgten Zwecks, der Zuordnung des Flugpersonals zu den Cockpitbeschäftigten etwa *Bauer*,

fortwährende Wandel in den gesellschaftlichen Ansichten eine verschiedenartige Beurteilung der entsprechenden Institutionen in Abhängigkeit der zeitlichen Geltendmachung bedingt. Diese Entwicklung entscheidet über Erwartungen hinsichtlich von Außergewöhnlichkeit und Normalität, weil „etwas Ungewöhnliches von heute schon morgen die Regel sein kann"[1092].[1093] Im speziellen Fall der geschlechtsspezifischen Ungleichbehandlung der Cockpitbelegschaft kann somit auch das noch gegenwärtig bestehende, historisch geprägte Bild über das äußere Auftreten mit Kopfbedeckung als ein Bestandteil der Wesentlichkeit des Berufs qualifiziert werden. Im Ergebnis entscheidet das *BAG*[1094] insofern rechtmäßig, als es eine ungerechtfertigte Benachteiligung des männlichen Cockpitpersonals gegenüber dem weiblichen Personal feststellt. Das typische Öffentlichkeitsbild eines Flugzeugführers und die Frisurgestaltung von Pilotinnen ständen jedoch einer entsprechend ausgestalteten Trageverpflichtung für Frauen im Cockpit nicht entgegen.[1095] Letztere Vereinbarungsmöglichkeit für die Betriebspartner war allerdings nicht Entscheidungsgegenstand dieses arbeitsgerichtlichen Verfahrens.[1096]

In Abgrenzung zu einer Benachteiligung gemäß § 3 I AGG bedarf es im Einvernehmen mit der Ansicht von *Thüsing*[1097] einer sachgerechten Unterscheidung zu anderen vom Arbeitgeber gewünschten Kleiderordnungen, die sich nicht direkt in dem Differenzierungsmerkmal des Geschlechts erschöpfen.[1098] In dem häufig begehrten einheitlichen Erscheinen der Belegschaft sei danach eine mittelbare und zugleich ungewollte Ungleichbehandlung zu erblicken. Jene sei gerechtfertigt, weil sie der arbeitgeberseitig geschaffenen Ordnung zu Schulden sei. Dahingehend sei von einer legitimen Vorgehensweise auszugehen, die eine bewusst hervorgerufene Verschiedenartigkeit des Personals außen vorlasse. Maßgebend für die Rechtfertigung

---

ArbRAktuell 2015, 47, 47; *Klinkhammer/Schlicht*, ArbRAktuell 2015, 68, 70 f.; *Fischer*, NJW 2015, 744, 746; grundsätzlich zur Relevanz der Unterscheidung in Mitarbeiter des Kabinenbereichs und des Cockpits siehe *BAG* 30.09.2014 BAGE 149, 195, 196.

1092 *Wiese*, FS Roeber, 671, 701, wobei der Autor daraus den fragwürdigen Schluss zieht, Kleidung eine nur geringe Wertschätzung beizumessen.

1093 Zum Wandel der gesellschaftlichen Vorstellungen im Laufe der Zeit, *Brose/Greiner/Preis*, NZA 2011, 369, 377.

1094 *BAG* 30.09.2014 BAGE 149, 195, 199, wobei diese rechtliche Beurteilung auf einem Gleichbehandlungsgrundsatz aus dem für das Luftfahrtpersonal inbezuggenommenen Tarifvertrag fußt.

1095 *BAG* 30.09.2014 BAGE 149, 195, 199, wobei diese rechtliche Beurteilung auf einem Gleichbehandlungsgrundsatz aus dem für das Luftfahrtpersonal inbezuggenommenen Tarifvertrag fußt.

1096 Zurückhaltend mit Blick auf eine etwaig dadurch geschaffene Beseitigung der Ungleichbehandlung etwa *Fischer*, NJW 2015, 744, 747.

1097 *Thüsing*, JZ 2006, 223, 226 f.

1098 Zurückhaltend im Zusammenhang von (Schul-) Uniformen und einer denkbaren Beeinträchtigung der Religionsfreiheit formuliert in Schiek/*Schiek*, AGG Kommentar, § 4 AGG Rn. 12.

jeglicher Benachteiligungsform sei die Intensität der Arbeitgeberbestrebungen, eine Ungleichbehandlung besonders belasteter Einheiten von Beschäftigten zu vermeiden. Orientierungshilfe sei die vom *LArbG Hamm*[1099] in Verbindung mit der Beeinträchtigung der Würde eines Menschen entwickelte Leitlinie. Dementsprechend sei eine einheitliche Kleidervorschrift, die den Arbeitnehmer in seiner körperlichen Bewegungsfreiheit beschränke oder eine außergewöhnlich ungünstige Optik hervorrufe, unzulässig. Infolge dessen sei der Arbeitgeber verpflichtet, die Dienstkleidungsvorschrift, soweit es ihm zumutbar ist, unter fortdauernder Sicherstellung der erstrebten Zielrichtung anzupassen.[1100] Es wird deutlich, dass im Dienstkleidungsbereich das subjektiv Gewollte einer Person oder Personengruppe die Einordnung in eine Diskriminierungsform bedingt.[1101] Insofern werden im Rahmen einer mittelbaren Benachteiligung gemäß § 3 II AGG bei einheitlichen Kleidervorgaben die bereits angeführten geschlechtsneutralen Kriterien als Basis gewählt, wobei jedoch nur im Ergebnis ungünstige Folgen für die Betroffenen eintreten. Die Ausgestaltung der betriebseinheitlichen Bekleidungsvorschrift knüpft dabei nicht unmittelbar an das Geschlecht als Diskriminierungsmerkmal an[1102], sondern legt den Schwerpunkt auf die Ausübung der Arbeit in der dem Geschlecht entsprechenden Kleidung. Es ist zu beachten, dass diese Art der Ungleichbehandlung jedem Benachteiligungsverbot inne wohnt.[1103] Bezugnehmend auf die Rechtfertigung einer solchen Maßnahme vermag es daher nicht zu überzeugen, ohne nähere Konkretisierung das einfache Tätigwerden des Arbeitgebers als erlaubtes Vorgehen zu qualifizieren. Die entwickelten Gestaltungsmodalitäten einer Dienstkleidung sind regelmäßig das Ergebnis der durch den Arbeitgeber geschaffenen Ordnung; schließlich ist dieser Urheber und Initiator. Zwar darf diesem kein Nachteil aus der geschlechtlichen Zusammenstellung seiner Belegschaft erwachsen, aber auch nicht stetig ein mangelnder Wille der verschiedenartigen Behandlung der eigenen Beschäftigten unterstellt werden. Der in dieser Untersuchung formulierte „Ursprungszweck" führt jedoch auch auf die Kundenerwartungen zurück, denen der Arbeitgeber in seiner unternehmerischen Interessenverfolgung ausgesetzt ist.[1104] In Anbetracht des übereinstimmenden

---

1099 *LArbG Hamm (Westfalen)* 07.07.1993 LAGE Nr. 14 zu § 611 BGB Direktionsrecht, zu II. der Gründe.

1100 *Thüsing*, JZ 2006, 223, 226 f.; vgl. ebenso *Thüsing*, Arbeitsrechtlicher Diskriminierungsschutz, S. 149 f.

1101 Ausdruck der Verbindung zwischen Benachteiligung und Diskriminierungsmerkmal siehe Adomeit/*Mohr*, Kommentar zum AGG, § 1 AGG Rn. 32.

1102 Richardi/*Richardi/Maschmann*, BetrVG Kommentar, § 75 BetrVG Rn. 30; Däubler/u. a./*Berg*, BetrVG, § 75 BetrVG Rn. 98; *Annuß*, BB 2006, 1629, 1631; nun ebenso *Klinkhammer/Schlicht*, ArbRAktuell 2015, 68, 71.

1103 *Thüsing*, Arbeitsrechtlicher Diskriminierungsschutz, S. 110; Adomeit/*Mohr*, Kommentar zum AGG, § 3 AGG Rn. 114; *Klinkhammer/Schlicht*, ArbRAktuell 2015, 68, 71, demgemäß auch eine indifferent formulierte Dienstkleidungsvorschrift eine rechtfertigungsbedürftige Benachteiligung auslösen könne.

1104 Vgl. 3. Teil. § 8. III. 3. a).

Schutzumfangs vor Benachteiligungen, welche durch die Gesellschaft oder den Arbeitgeber selbst bedingt werden, sind deshalb die bei § 3 I AGG beschriebenen Argumentationshilfen in die bereits in § 3 II Hs. 2 AGG angelegte Prüfung sachlicher Rechtfertigungsgründe einzubeziehen.[1105]

Unabhängig von der Art der Ungleichbehandlung muss der Arbeitgeber die Vermeidung der genannten Beeinträchtigungen eines jeden Arbeitnehmers garantieren und nachweisen, um einen positiven Effekt auf die vorzunehmende Beurteilung einer Rechtfertigung zu erzielen. So ist es denkbar, dass sowohl die geschlechterspezifische Benachteiligung als auch jene unter dem Deckmantel der Geschlechtsneutralität die Bewegungsfreiheit einschränken oder ein unvorteilhaftes Erscheinen auslösen können. Sieht die betriebseinheitliche Kleidervorgabe zu enge oder zu weite Bekleidung vor, könnte der Mitarbeiter zum einen in seiner körperlichen Betätigung gehemmt werden und zum anderen seine Körperformen nicht mehr erkennbar sein. Zwar stellt eine Differenzierung nach dem Körperbau kein taugliches Diskriminierungsmerkmal dar.[1106] Gleichwohl sind aus Gründen der Legitimation und Zufriedenheit der Arbeitnehmer alle für das jeweilige Geschlecht denkbaren Kleidergrößen bereitzuhalten[1107] oder die eigenverantwortliche Beschaffung durch die dienstkleidungspflichtigen Personen zu ermöglichen[1108]. Ungeachtet der Form oder Materialien einer Bekleidung kann sich die Farbgebung nachteilig auf die Optik des Einzelnen auswirken. Diesbezüglich ist der Einfluss gesellschaftlicher Entwicklung auf die entsprechenden Farbarrangements nicht widerlegbar.[1109] Somit wird es bei der Ausgestaltung dieser Dienstkleidungsvorgaben beispielsweise notwendig, die geschlechtsneutralere Farbe als Hauptbestandteil einer einheitlichen Bekleidung zu definieren. Dadurch wird den klassischen Öffentlichkeitsbildern Genüge getan und gleichsam ein vorbeugender Schutz vor gerichtlichen Verfahren infolge ausgelöster Ungleichbehandlungen geboten. Folgewirkungen eines ungünstigen Auftretens im Betrieb, wie zum Beispiel Mobbing oder sinkendes Selbstbewusstsein der Beschäftigten, werden dadurch eingedämmt. Exemplarisch ist das „Corporate Design“ eines bekannten Telekommunikationsunternehmens zu betrachten,

---

1105 Desweiteren Schiek/*Schiek*, AGG Kommentar, § 4 AGG Rn. 13, wonach eine einheitliche Kleidervorgabe die Lösung für ein betriebliches Spannungsverhältnis seien könne und zugleich der Aufrechterhaltung eines anerkannten gesellschaftlichen Mindestkonsenses diene; kritisch dazu selbst in 3. Teil. § 8. III. 3. c) aa); zur fehlenden Anwendbarkeit von § 8 I AGG im Bereich der mittelbaren Ungleichbehandlung etwa *Gesetzesentwurf der Bundesregierung* 08.06.2006, BT-Drucksache 16/1780, S. 33; dem folgend *Thüsing*, Arbeitsrechtlicher Diskriminierungsschutz, S. 115 f.; *Wisskirchen*, DB 2006, 1491, 1492.

1106 Verdeutlicht im Zusammenhang einer Benachteiligung von Teilgruppen, zum Beispiel übergewichtigen Frauen siehe *Thüsing*, Arbeitsrechtlicher Diskriminierungsschutz, S. 104.

1107 Vgl. 3. Teil. § 8. III. 3. c) bb).

1108 *BAG* 13.02.2007 BAGE 121, 147, 152.

1109 Vgl. 3. Teil. § 9. II. 2.

bei dem die Farbe rosa das überwiegende Erscheinungsbild der Belegschaft prägt, obwohl eine solche Gestaltung erwartungsgemäß nur mit weiblichen Personen in Verbindung gebracht wird. Dennoch sind die vorzunehmenden Maßnahmen des Arbeitgebers zur Verhinderung einer Benachteiligung auf zumutbare Bestimmungen einzugrenzen. So ist dieser verpflichtet, die bestmögliche Lösung für alle Beteiligten zu schaffen, um schon den an ihn und die Vertretungsorgane gerichteten Appell der „sozialen Verantwortung" gemäß § 17 I AGG gerecht zu werden.[1110] Indes können etwaige Diskriminierungsfolgen für dahingehend anfällige Arbeitnehmergruppen[1111] nie vollständig ausgeschlossen werden. In Verknüpfung zum konkreten Regelungsinhalt einer Maßnahme kommt deswegen der Belegschaftskonstellation entscheidende Bedeutung zu. Neben den Personalanteilen von Frauen und Männern[1112] begründen deren Verhältnis untereinander und die eigene Persönlichkeit die subjektive Empfindung über eine mögliche Ungleichbehandlung.

Liegt nach alldem eine ungerechtfertigte Benachteiligung gemäß §§ 7 I, 1 AGG vor, kann der Betroffene unter der Voraussetzung eines vorsätzlichen oder grob fahrlässigen Handelns des Arbeitgebers gemäß § 15 AGG Schadensersatz und in einigen Fällen die Wiedergutmachung des immateriellen Schadens verlangen.[1113]

Die vorstehenden Ausführungen finden Eingang in die Beurteilung einer fraglichen Persönlichkeitsverletzung gemäß § 75 II 1 BetrVG, gekleidet im Gewand einer denkbaren Ungleichbehandlung.[1114] Infolge der Beziehung zwischen der Trageverpflichtung und der korrespondierenden Arbeitnehmerhandlung des Umkleidens sind auch in diesem Rahmen entsprechende Auswirkungen einer geschlechtsbezogenen Benachteiligung zu erwarten.[1115] Jene Belastungen birgt gewiss der mitbestimmungsfreie und damit nicht mehr zur Diskussion stehende Dienstweg. Der betriebliche Kleiderwechsel lässt in Anbetracht der zumindest mittelbaren Verbindung zur Öffentlichkeit ebenfalls etwaige Ungleichbehandlungen vermuten.[1116] Aus diesem Grund sind die erörternden Orientierungshilfen zu Benachteiligungsart und entsprechender Rechtfertigung anzuwenden. Hinzu kommt der zu

1110 Verstanden als Beistand der Betroffenen im *Gesetzesentwurf der Bundesregierung* 08.06.2006, BT-Drucksache 16/1780, S. 2; positive Bewertung durch Däubler/u. a./*Berg*, BetrVG, § 75 BetrVG Rn. 23; zur praktischen Notwendigkeit des § 17 I AGG mit Blick auf die konzipierte Erwartungshaltung an die vorteilhaften Auswirkungen des Allgemeinen Gleichbehandlungsgesetzes siehe *Hayen*, AuR 2007, 6, 7; unter Äußerung von Bedenken hinsichtlich der Normbedeutung etwa GK-BetrVG/*Kreutz*, § 75 BetrVG Rn. 7.

1111 *Walk/Shipton*, BB 2010, 1917, 1920 f.

1112 Grundsätzliches zum Vergleichsrahmen in *Thüsing*, Arbeitsrechtlicher Diskriminierungsschutz, S. 114 f.

1113 *Thüsing*, JZ 2006, 223, 230.

1114 In Anlehnung an *Söllner*, RdA 1968, 437, 439; sympathisierend *Hammer*, Schutzpflicht für die Selbstbestimmungsfreiheit des Arbeitnehmers, S. 102.

1115 Vgl. 3. Teil. § 9. II. 1. e).

1116 Vgl. 3. Teil. § 9. II. 2. b).

gewichtende Aspekt des Umkleideaufwands im Zusammenhang mit der konkreten Dienstkleidungsgestaltung.[1117] Dahingehend ist der Arbeitgeber gefordert, den zeitlichen Rahmen des Umkleidens für alle Betroffenen möglichst gering zu halten, wobei die persönliche Leistungsfähigkeit des jeweiligen Beschäftigten in die Rechtfertigungsbetrachtung des § 8 I AGG zu integrieren ist.[1118] Ohne Zweifel sind die beschriebenen geschlechtsspezifischen sowie geschlechtsneutralen Differenzierungen neben der Uniform für alle Ausprägungen der Dienstkleidung[1119] vorstellbar und somit betriebsverfassungsrechtlich auf dieselbe Weise zu behandeln.

2. *Realisierung organisatorischer Schutzmaßnahmen gemäß § 12 I AGG*

Bereits vor dem Eintritt eines denkbaren Ungleichbehandlungsverstoßes muss der Arbeitgeber mit Hilfe geeigneter Schutzmaßnahmen gemäß § 12 I AGG präventiv auf die Schaffung eines benachteiligungsfreien Umfelds hinwirken.[1120] Der Diskriminierungsschutz und die Organisationspflichten finden aufgrund eines betrieblichen Anknüpfungspunkts, wie beispielshalber dem konkreten Arbeitsplatz, organisierten Freizeitveranstaltungen des Betriebs und Geschäftsreisen, Anwendung und lösen so kollektivrechtliche Wirkungen aus.[1121] Insofern stellen diese aktiv wahrzunehmenden Vorhaben wegen jedes in § 1 AGG genannten Grunds[1122] einen Schutzmechanismus durch Arbeitskollegen und Kunden[1123] sowie die Interessenwahrung durch den Arbeitgeber[1124] selbst dar. Die nach objektiven Maßstäben zu beurteilende „Erforderlichkeit" solcher Maßnahmen reicht dabei nur soweit, wie es dem Arbeitgeber nach dem Umfang seiner Pflichtenerfüllung möglich ist.[1125] Folglich gebietet eine Regelung entsprechend eine größere Einwirkung des Arbeitgebers,

---

1117 Vgl. 3. Teil. § 9. II. 2. b).

1118 Im Rahmen des vergütungspflichtigen Umkleideaufwands gemäß § 611 BGB siehe *BAG* 19.09.2012 AP Nr. 39 zu § 611 BGB Arbeitszeit, zu II. 1. c) der Gründe.

1119 Vgl. 2. Teil. § 7.

1120 Rechtscharakter auch für Satz 1 des 12 I AGG formuliert in *Gesetzesentwurf der Bundesregierung* 08.06.2006, BT-Drucksache 16/1780, S. 37; Schleusener/*Suckow*/Voigt, Kommentar zum AGG, § 12 AGG Rn. 1, Rn. 5; Adomeit/*Mohr*, Kommentar zum AGG, § 12 AGG Rn. 10; Däubler/Bertzbach/*Buschmann*, AGG Handkommentar, § 12 AGG Rn. 2, Rn. 6; Schiek/*Schmidt*, AGG Kommentar, § 12 AGG Rn. 1.

1121 *Wisskirchen*, DB 2006, 1491, 1491; Schleusener/*Suckow*/Voigt, Kommentar zum AGG, § 12 AGG Rn. 5; Däubler/Bertzbach/*Buschmann*, AGG Handkommentar, § 12 AGG Rn. 10, demgemäß in Anbetracht der Reichweite des Direktionsrechts des Arbeitgebers auch Maßnahmen außerhalb des Arbeitsplatzes erfasst seien, solange eine Verbindung zum Arbeitsverhältnis nachgewiesen werden könne.

1122 Däubler/Bertzbach/*Buschmann*, AGG Handkommentar, § 12 AGG Rn. 6.

1123 *Gesetzesentwurf der Bundesregierung* 08.06.2006, BT-Drucksache 16/1780, S. 37.

1124 Erweiterter Anwendungsbereich dieser „Generalklausel" etwa Däubler/Bertzbach/*Buschmann*, AGG Handkommentar, § 12 AGG Rn. 6.

1125 *Gesetzesentwurf der Bundesregierung* 08.06.2006, BT-Drucksache 16/1780, S. 37; mit dem Hinweis auf entsprechende Dokumentationserforderlichkeit der

je näher die Ursache der Benachteiligung in dessen Einzugsbereich liegt und damit korrespondierende Auswahlmöglichkeiten zur Beseitigung Ungleichbehandlung zur Verfügung stehen.[1126] Der Ermessensspielraum für das im Einzelfall geeignete Mittel wird durch das unternehmerische Potenzial, gepaart mit den branchenüblichen Erwartungen und Gefahren, festgelegt.[1127] Grundsätzlich sind die zu ergreifenden Schutzmaßnahmen mitbestimmungsfrei.[1128] Die Organisationspflichten treffen in dem besonders ausgestalteten Arbeitsverhältnis der Leiharbeitnehmer den für die Gestaltungsmodalitäten einer Dienstkleidungsordnung und den betrieblichen Kleiderwechsel zuständigen Entleiher gemäß § 6 II 2 AGG[1129]. Insbesondere das Verhältnis zwischen der Stammbelegschaft und den Leiharbeitnehmern ist in Zusammenarbeit mit dem Verleiher mit Hilfe der festzulegenden Einsatzbedingungen benachteiligungsfrei auszurichten.[1130] Nur im Bereich der Entsendung muss der Verleiher zur Vermeidung einer Benachteiligung durch Dritte verpflichtende Schutzmaßnahmen für die Leiharbeitnehmer gemäß § 12 IV AGG ergreifen.[1131]

In Einhaltung der gesetzlichen und tariflichen Vorschriften ist ein betrieblich wirkendes Organisationsmittel zur Erfüllung der benannten gleichbehandlungsbezogenen Pflichten die Zusammenstellung von Verhaltensrichtlinien, synonym

---

durchgeführten Maßnahmen siehe Schiek/*Schmidt*, AGG Kommentar, § 12 AGG Rn. 7; *Wisskirchen*, DB 2006, 1491, 1496.

1126 Däubler/Bertzbach/*Buschmann*, AGG Handkommentar, § 12 AGG Rn. 11.

1127 Schleusener/*Suckow*/Voigt, Kommentar zum AGG, § 12 AGG Rn. 12.

1128 Schleusener/*Suckow*/Voigt, Kommentar zum AGG, § 12 AGG Rn. 8; a. A. Schiek/*Schmidt*, AGG Kommentar, § 12 AGG Rn. 8; *Wisskirchen*, DB 2006, 1491, 1496; vermittelnd *Hayen*, AuR 2007, 6, 8.

1129 *Thüsing*, Arbeitsrechtlicher Diskriminierungsschutz, S. 58; Däubler/Bertzbach/*Buschmann*, AGG Handkommentar, § 12 AGG Rn. 2 b; *Amthauer*, Auswirkungen des AGG auf die Betriebsverfassung, S. 145; *Oberwetter*, BB 2007, 1109, 1110; *Mengel*, Compliance und Arbeitsrecht, S. 171; vgl. dazu Relevanz in 3. Teil. § 8. III. 3. b) bb).

1130 *Oberwetter*, BB 2007, 1109, 1110; Däubler/Bertzbach/*Buschmann*, AGG Handkommentar, § 12 AGG Rn. 2 b, dementsprechend der Benachteiligungsschutz anderenfalls im Rahmen der Arbeitnehmerüberlassung leer laufen würde.

1131 *Amthauer*, Auswirkungen des AGG auf die Betriebsverfassung, S. 145, wonach der Verleiher zum Beispiel durch das Gebot zur Einhaltung eines erlassenen Verhaltenskodexes seiner Organisationspflicht ausreichend nachgekommen sei; *Oberwetter*, BB 2007, 1109, 1109, demgemäß im Überlassungsvertrag eine Klausel über das verpflichtende Ergreifen von Schutzmaßnahmen durch den Entleiher im Sinne des § 12 I AGG aufzunehmen sei; Däubler/Bertzbach/*Buschmann*, AGG Handkommentar, § 12 AGG Rn. 2 b; skeptisch *Thüsing*, Arbeitsrechtlicher Diskriminierungsschutz, S. 58; zu auftretenden Haftungsproblemen im Zusammenhang mit der Teilung der Arbeitgeberbefugnisse siehe *Amthauer*, Auswirkungen des AGG auf die Betriebsverfassung, S. 145.

auch als „Code of Conduct“ oder „Betriebsordnung“ bezeichnet.[1132] Auf diese Weise wird unabhängig von denen für das gesamte Unternehmen geltenden „Compliance Guidelines“ der Benachteiligungsschutz realisiert, um die Unternehmensphilosophie auch auf betrieblicher Ebene nach außen zu transportieren.[1133] Ziel der aufgestellten Verhaltensregeln zur Vermeidung von Ungleichbehandlungen ist die Sicherung diskriminierungsfreier Betriebsabläufe.[1134] Insofern wird die „Compliance“, verstanden als die Gesamtheit der Maßnahmen, welche die rechtmäßige Einhaltung von Gesetzen und Normen durch das Verhalten eines Unternehmens, seiner Organe und Mitarbeiter gewährleisten soll[1135], Rechnung getragen. Die kollektivrechtliche Einführung erleichtert den Erlass und die Anpassungsfähigkeit jener Vereinbarungen.[1136] Die einzelnen Auszüge eines Kodexes sind in Abhängigkeit von dem konkreten Regelungsinhalt hinsichtlich einer Mitbestimmung des Betriebsrats gemäß § 87 I BetrVG zu prüfen.[1137] Folglich unterliegt die Verhaltensrichtlinie zum Teil selbst den Schranken der Mitbestimmung[1138], so dass auf diesem Weg die Verbindung zur Rechtskontrolle des § 75 II 1 BetrVG hergestellt wird. Die gewünschte unternehmensweite Geltungsbedürftigkeit realisiert sich regelmäßig mittels Zuständigkeit

---

1132 *Amthauer*, Auswirkungen des AGG auf die Betriebsverfassung, S. 138; Moll/*Dendorfer-Ditges*, Münchener Anwaltshandbuch zum Arbeitsrecht, § 35 Rn. 29; Schleusener/*Suckow*/Voigt, Kommentar zum AGG, § 12 AGG Rn. 10; Däubler/Bertzbach/*Buschmann*, AGG Handkommentar, § 12 AGG Rn. 15; Schiek/*Schmidt*, AGG Kommentar, § 12 AGG Rn. 3; *Mengel*, Compliance und Arbeitsrecht, S. 53.

1133 *Amthauer*, Auswirkungen des AGG auf die Betriebsverfassung, S. 138.

1134 *Amthauer*, Auswirkungen des AGG auf die Betriebsverfassung, S. 138.

1135 *Mengel*, Compliance und Arbeitsrecht, S. 1; Moll/*Dendorfer-Ditges*, Münchener Anwaltshandbuch zum Arbeitsrecht, § 35 Rn. 4.

1136 Moll/*Dendorfer-Ditges*, Münchener Anwaltshandbuch zum Arbeitsrecht, § 35 Rn. 29; *Mengel*, Compliance und Arbeitsrecht, S. 40.

1137 *BAG* 22.07.2008 BAGE 127, 146, 165 ff.; *LArbG Düsseldorf* 14.11.2005 LAGE Nr. 2 zu § 87 BetrVG 2001 Betriebliche Ordnung, zu B. II. der Gründe; ErfK/*Kania*, § 87 BetrVG Rn. 21 a; Däubler/u. a./*Klebe*, BetrVG, § 87 BetrVG Rn. 62; Richardi/*Richardi*, BetrVG Kommentar, § 87 BetrVG Rn. 196; *Kolle/Deinert*, AuR 2006, 177, 182; *Eisenbeis/Nießen*, FS Leinemann, 697, 713 f.; Hess/u. a./*Worzalla*, BetrVG Kommentar, § 87 BetrVG Rn. 139; *Amthauer*, Auswirkungen des AGG auf die Betriebsverfassung, S. 141 ff., wonach trotz dessen eine einheitliche Vereinbarung zu treffen sei, um eine erhöhte Zufriedenheit der Arbeitnehmer zu erzielen; *Kort*, NJW 2009, 129, 130; *Hümmerich*, S. 92; mit Andeutung der zukünftigen Chance einer mitbestimmungsfreien Einführung transnationaler einheitlicher Ethikrichtlinien siehe *Schlachter*, FS Richardi, 1067, 1072, 1080; eine generelle Mitbestimmung des Betriebsrats vertretend etwa *Fitting*, BetrVG Handkommentar, § 87 BetrVG Rn. 71, aber insoweit missverständlich, weil Regelungen der Einigungsstelle trotzdem in Abhängigkeit des konkreten Inhalts zu überprüfen seien.

1138 Däubler/Bertzbach/*Buschmann*, AGG Handkommentar, § 12 AGG Rn. 16; *Amthauer*, Auswirkungen des AGG auf die Betriebsverfassung, S. 142 f.

des Gesamtbetriebsrats gemäß § 50 I 1 Hs. 1 BetrVG.[1139] Durch die Weiterleitung des Kodizes an die Geschäftspartner, Lieferanten und Kunden erfüllt der Arbeitgeber seine Schutzpflicht zur Abwendung diskriminierenden Verhaltens Dritter gemäß § 12 IV AGG.[1140]

Im Zusammenhang der allumfassenden Ausrichtung an einem rechtskonformen Handeln[1141] werden die Unternehmenskodizes zu einem wirtschaftlichen „Marketingfaktor und Reputationsmaßstab“[1142]. Ein einseitiges Vorgehen des Arbeitgebers birgt die Gefahr der Entfremdung der Mitarbeiter und zieht infolge entsprechender Arbeitnehmerhandlungen negative Auswirkungen auf das erhoffte öffentliche Auftreten des Unternehmens nach sich.[1143] Neben den zumeist in solchen Verhaltensregeln festgelegten Haftungsrisiken und Anforderungen des gesamten Arbeitsrechtsbereichs[1144] finden sich auch an die Arbeitnehmer adressierte Vorgaben[1145], wie zum Beispiel die Forderung nach einem einheitlichen Erscheinungsbild in der Öffentlichkeit. Der Kodex enthält regelmäßig mehr als nur allgemeine Verhaltenspflichten. Diesbezüglich wird die gemeinsame Mitbestimmungsausübung von Arbeitgeber und Betriebsrat nur wirksam begrenzt, wenn die in Frage stehende Vereinbarung das Unternehmenskonzept oder die Unternehmensziele wiedergibt oder beschreibt.[1146] Wie bereits angedeutet, kann die Dienstkleidung ein Teil des Unternehmensleitfadens sein[1147], so dass deren Einführung Mittel zum Zweck der nach außen wirksamen Darstellung des Unternehmenskonzepts ist. Mithin wird die grundlegende Problematik aufgeworfen, inwieweit der eingeräumte Ermessensspielraum des Arbeitgebers in einer Norm überhaupt die Entscheidungskompetenz der Betriebspartner zulässig beschränken kann. Zugestandene Entscheidungsbefugnisse fördern immer weitergehende Gestaltungsmöglichkeiten, da es eigens dem Arbeitgeber obliegt, von der jeweiligen Befugnis partiell oder vollständig Gebrauch

---

1139 *BAG* 22.07.2008 BAGE 127, 146, 160; *LArbG Düsseldorf* 14.11.2005 LAGE Nr. 2 zu § 87 BetrVG 2001 Betriebliche Ordnung, zu B. I. 2. b) der Gründe; vgl. dazu 4. Teil. § 11. II. 1.

1140 *Wisskirchen*, DB 2006, 1491, 1496; zustimmend Schiek/*Schmidt*, AGG Kommentar, § 12 AGG Rn. 14.

1141 Moll/*Dendorfer-Ditges*, Münchener Anwaltshandbuch zum Arbeitsrecht, § 35 Rn. 4.

1142 *Mengel*, Compliance und Arbeitsrecht, S. 52; *Däubler*, NZA 2011, 42, 47; Moll/*Dendorfer-Ditges*, Münchener Anwaltshandbuch zum Arbeitsrecht, § 35 Rn. 2, Rn. 307.

1143 *Eisenbeis/Nießen*, FS Leinemann, 697, 720.

1144 Typischer Regelungsinhalt laut *Mengel*, Compliance und Arbeitsrecht, S. 40.

1145 Qualifiziert als „hard law“ in *Däubler*, NZA 2011, 42, 44.

1146 *Fitting*, BetrVG Handkommentar, § 87 BetrVG Rn. 71; *Kort*, NJW 2009, 129, 129; Moll/*Dendorfer-Ditges*, Münchener Anwaltshandbuch zum Arbeitsrecht, § 35 Rn. 53; Däubler/u. a./*Klebe*, BetrVG, § 87 BetrVG Rn. 62; Beispiel in *BAG* 22.07.2008 BAGE 127, 146, 147 ff.

1147 Vgl. 3. Teil. § 8. III. 3. a).

zu machen.[1148] Sozusagen ist fortwährend von einer grenzfreien Mitbestimmungsausübung auszugehen. Folge davon ist, dass § 12 I AGG in seiner Funktion als Grenze der Mitbestimmungsrechte leer läuft, zumal den Beschäftigten ein Anspruch auf Ausübung eines rechtsfehlerfreien Ermessens und in Abhängigkeit des konkreten Sachverhalts eine Ermessensreduzierung auf Null zukommt.[1149] Auch ist die Sicherstellung des zukünftig pflichtgemäßen Verhaltens des Arbeitgebers durch den Unterlassungsanspruch des §§ 17 II AGG, 23 III 1 BetrVG abgesichert[1150], so dass es einer begrenzenden Wirkung des § 12 I AGG nicht bedürfte. Die Folge zeigt sich sodann in Verhaltensvereinbarungen, die sehr abstrakt gefasst, unklar formuliert und daher auslegungsbedürftig sind. Nicht nur, dass in Ermangelung nachvollziehbarer Formulierungen Eingriffe in die private Lebensführung zu erwarten sind – es besteht unter Berücksichtigung der Ausstrahlungswirkung verfassungsrechtlicher Grundsätze sogar die Gefahr eines Verstoßes gegen das Bestimmtheitsgebot als Ausformung des Rechtsstaatsprinzips gemäß Art. 20 III GG[1151]. Jedoch kann die Entziehung der zugestandenen Arbeitgeberkompetenzen trotz dieser Gefahr von Persönlichkeitsverletzungen[1152] nicht die Lösung sein. Die grundsätzliche Durchführung des erzwingbaren Anwendungsbereichs des § 12 AGG[1153] wird dem Arbeitgeber überlassen, wobei selbst mittels einer umfassenden Vorschrift nicht alle Organisationsmittel zur Pflichtenerfüllung des Arbeitgebers erfasst werden könnten. Die eingeräumten Auswahlmöglichkeiten in § 12 I AGG basieren auch auf

---

1148 Für den Regelungsinhalt privatrechtlicher Regelungen und einseitig zwingender Gesetze formuliert von Düwell/*Kohte*, BetrVG Handkommentar, § 87 BetrVG Rn. 9.

1149 Däubler/Bertzbach/*Buschmann*, AGG Handkommentar, § 12 AGG Rn. 14; Schleusener/*Suckow*/Voigt, Kommentar zum AGG, § 12 AGG Rn. 53.

1150 *Beschlussempfehlung und Bericht des Rechtsausschusses (6. Ausschuss)* 28.06.2006, BT-Drucksache 16/2022, S. 12; sympathisierend Däubler/Bertzbach/*Buschmann*, AGG Handkommentar, § 17 AGG Rn. 19; *Hayen*, AuR 2007, 6, 8; *Mengel*, Compliance und Arbeitsrecht, S. 165; a. A. *Besgen/Roloff*, NZA 2007, 670, 672, wobei problematisch erscheint, dass die Auswahl des konkreten Schutzmittels nie einen groben Verstoß des Arbeitgebers bedingen kann; zum geringen Anwendungsbereich des § 17 II AGG wegen möglicher Geltendmachung etwaiger Diskriminierungsverstöße gegen § 75 I BetrVG oder § 80 I Nr. 1 BetrVG über § 23 III BetrVG siehe *Walk/Shipton*, BB 2010, 1917, 1921, wonach die tatsächliche Wahrnehmung des Unterlassungsanspruchs gemäß §§ 17 II AGG, 23 III BetrVG durch die Betriebsräte noch nicht abzusehen sei; allgemein zu den anwendbaren rechtlichen Maßstäben des § 23 III BetrVG, vgl. 4. Teil. § 13. I.

1151 *Stern*, Staatsrecht I, S. 829, demzufolge der Regelungsinhalt die Verhaltensanforderung an den Normadressaten genau offenbaren müsse; in dieser Hinsicht nachgiebiger formuliert im Rahmen der Erwartungen an gesetzliche Verbote etwa *BVerfG* 07.04.1964 BVerfGE 17, 306, 314; *BVerfG* 01.07.1980 BVerfGE 54, 237, 247 f.

1152 Vgl. 5. Teil. § 14. I. 1. c).

1153 Däubler/u. a./*Klebe*, BetrVG, § 87 BetrVG Rn. 32, wobei ein missverständlicher Verweis auf *BAG* 22.07.2008 BAGE 127, 146, 169 erfolgt, das jedoch das Belästigungsverbot und nicht § 12 AGG selbst als abschließend qualifiziert.

dem Interesse der Belegschaft. So ist die geschaffene Transparenz hinsichtlich der Geschäftspraktiken und der eindeutigen Regelungen für das Zusammenleben der Arbeitnehmer untereinander Maßgabe für Arbeitszufriedenheit, Motivation und Erwartung eines nachhaltig rechtskonformen Verhaltens[1154]. Folglich sind präzise Formulierungen aus Gründen der Rechtssicherheit zu wünschen, um Zerwürfnisse ebenso in Anbetracht der nachteiligen Folgewirkungen auf das begehrte positive Unternehmensbild zu verhindern.

3. Ergebnisse

Mithilfe der Normen des Allgemeinen Gleichbehandlungsgesetzes wird erreicht, dass sich entsprechende Kleidungsdifferenzierungen in Anbetracht der gesellschaftlich gefestigten Konventionen[1155] als zulässig darstellen können. Die ausgelöste unmittelbare Ungleichbehandlung mittels geschlechtsspezifischer Kleidervorgaben oder mittelbar benachteiligende Folgen durch das gewünschte einheitliche Erscheinungsbild lassen sich durch Traditionsbilder des öffentlichen Auftretens und weitere argumentative Hilfsmittel gemäß § 8 I AGG und dem damit vergleichbaren Maßstab in § 3 II Hs. 2 AGG rechtfertigen. Zur grundlegenden Vermeidung etwaiger Ungleichbehandlungen besteht der Anspruch gegenüber dem Arbeitgeber, geeignete Dienstkleidungsvorschriften unter Gewährleistung einer angemessenen optischen Erscheinung und einer beeinträchtigungsfreien Erbringung der Arbeitsleistung zu schaffen. Gleiches gilt in abgeschwächter Form für die Realisierung organisatorischer Schutzmaßnahmen im Sinne von § 12 I AGG. Die in diesem Rahmen zur Erfüllung der benannten gleichbehandlungsbezogenen Pflichten nutzbaren Verhaltensrichtlinien belassen bereits Handlungsspielräume für die Betriebspartner. Selbst dann, wenn ein Schutz vor Ungleichbehandlung in einer Trageordnung für Dienstkleidung niedergelegt wird, verhindert die Konkretisierung der Verhaltenspflichten mittels der geregelten Gestaltungsmodalitäten den begrenzenden Effekt des Benachteiligungsverbots. Eine klare Ausformulierung der entsprechenden Verhaltensleitsätze ist zur Verwirklichung von Transparenz im Betrieb wünschenswert.

§ 15. Schutzauftrag und Förderpflicht des § 75 II 1 BetrVG

Die für die Betriebsverfassung konstitutive Zielnorm des § 75 II 1 BetrVG[1156] beschränkt neben ihrer Anwendung als Auslegungsregel[1157] die Wahrnehmung der den

1154 Im Sinne der Zielsetzung des Allgemeinen Gleichbehandlungsgesetzes im *Gesetzesentwurf der Bundesregierung* 08.06.2006, BT-Drucksache 16/1780, S. 25.

1155 Vgl. 3. Teil. § 8. III. 3. a).

1156 *LArbG Düsseldorf* 29.05.2001 AP Nr. 36 zu § 87 BetrVG 1972 Ordnung des Betriebes, zu B. II. 2. a) der Gründe; schon früh *Richardi*/BAG 14.11.1974 AP Nr. 1 zu § 87 BetrVG 1972, zu II. 2.; dergleichen *Richardi/Bayreuther*, Kollektives Arbeitsrecht, S. 249.

1157 Vgl. 3. Teil. § 8. II. 3.

Betriebsparteien erteilten Regelungsbefugnis. Als Wirksamkeitsmaßstab beeinflusst diese gesetzliche Regelung damit den Inhalt der betreffenden Vereinbarung.[1158] Angesichts der vorgenommenen Konkretisierung des zu wahrenden Persönlichkeitsschutzes kommen individualrechtsbezogene Rückgriffe auf die als Nebenpflicht ausgestaltete Fürsorgepflicht des Arbeitgebers[1159] und die vertragliche Schutzpflicht[1160] nicht in Betracht.[1161] Die legislatorisch bestätigte Bedeutsamkeit der grundgesetzlichen Freiheitsrechte im Betriebsverfassungsrecht[1162] fordert gerade in Verbindung mit der Beeinträchtigung der Selbstbestimmungsfreiheit des Arbeitnehmers durch eine angeordnete Dienstkleidung besondere Aufmerksamkeit[1163].

I. Grundlagen der freiheitssichernden Norm

Die schon angeführte Zielrichtung des § 75 II 1 BetrVG[1164] ist kollektivrechtlich verpflichtend durch die Betriebspartner zu realisieren[1165]. Diese zwingenden Amtspflichten[1166] begründen jedoch keine subjektiven Rechte für die geschützten einzelnen Mitarbeiter des Betriebs, sondern bestehen ausschließlich für die Normadressaten Arbeitgeber, Betriebsrat und Betriebsratsmitglieder[1167]. Als allgemeine

---

1158 Grundlegend *BAG* 21.08.1990 AP Nr. 17 zu § 87 BetrVG 1972 Ordnung des Betriebes, zu II. 3. a) der Gründe; nachfolgend im Rahmen eines Funktionswandels der Norm *BAG* 19.01.1999 BAGE 90, 316, 323; *BAG* 28.05.2002 BAGE 101, 216, 226; *BAG* 29.06.2004 BAGE 111, 173, 176; zustimmend *Hammer*, Schutzpflicht für die Selbstbestimmungsfreiheit des Arbeitnehmers, S. 112; Richardi/*Richardi/Maschmann*, BetrVG Kommentar, § 75 BetrVG Rn. 46; formuliert als Normenkontrolle von Richardi/u. a./*von Hoyningen-Huene*, Münchener Handbuch zum Arbeitsrecht, § 214 Rn. 38.

1159 ErfK/*Preis*, § 611 BGB Rn. 616; *Wiese*, ZfA 1971, 273, 279.

1160 ErfK/*Preis*, § 611 BGB Rn. 620; Schutzpflichten gemäß § 241 II BGB als Rücksichtnahmepflichten verstanden in MüKO/*Bachmann*, § 241 BGB Rn. 46, Rn. 48; Richardi/u. a./*Reichold*, Münchener Handbuch zum Arbeitsrecht, § 86 Rn. 1, Rn. 20.

1161 Auch GK-BetrVG/*Kreutz*, § 75 BetrVG Rn. 104.

1162 *Wiese*, NZA 2006, 1, 5.

1163 Vgl. 1. Teil. § 1. I./III.

1164 *Richardi/Bayreuther*, Kollektives Arbeitsrecht, S. 249, demzufolge der Zielnorm im Fall des versagenden vertraglichen Interessenausgleichs eine Ergänzungsfunktion beizumessen sei; als Rechtfertigung für die Gestaltung des eigenen Seins verstanden etwa Richardi/*Richardi/Maschmann*, BetrVG Kommentar, § 75 BetrVG Rn. 44; vgl. ebenso 1. Teil. § 1. III.

1165 ErfK/*Kania*, § 75 BetrVG Rn. 1; GK-BetrVG/*Kreutz*, § 75 BetrVG Rn. 105; Richardi/*Richardi/Maschmann*, BetrVG Kommentar, § 75 BetrVG Rn. 46; *Fitting*, BetrVG Handkommentar, § 75 BetrVG Rn. 136, Rn. 141.

1166 ErfK/*Kania*, § 75 BetrVG Rn. 1; GK-BetrVG/*Kreutz*, § 75 BetrVG Rn. 105.

1167 *Fitting*, BetrVG Handkommentar, § 75 BetrVG Rn. 140 f.; GK-BetrVG/*Kreutz*, § 75 BetrVG Rn. 102; Hess/u. a./*Worzalla*, BetrVG Kommentar, § 75 BetrVG Rn. 32; Wlotzke/*Preis*/Kreft, BetrVG Kommentar, § 75 BetrVG Rn. 43; *Wiese*, NZA 2006, 1, 5; *Besgen*, Betriebsverfassungsrecht, S. 297 f.; eingeschränkte Meinung

Verpflichtung entfaltet § 75 II 1 BetrVG dahingehend seine Wirkung auch außerhalb des gemeinsamen Handelns der Betriebsparteien.[1168]

1. Sachlicher Geltungsbereich

Ausgangspunkt für die Bestimmung der inhaltlichen Reichweite ist die unmögliche Trennung der Schutzfacetten des Art. 2 I GG in die allgemeine Handlungsfreiheit und das allgemeine Persönlichkeitsrecht.[1169] Insoweit erstarkt das erst genannte Freiheitsrecht zur Selbstentfaltungsgarantie, wobei ein besonderer Bezug zur Menschenwürde erkennbar wird.[1170] Die Verbindung zwischen Art. 2 I GG und Art. 1 I GG lässt sich damit über den Begriff der „Persönlichkeit" und infolge dessen der Individualität der eigenen Person herstellen.[1171] Demnach handelt es sich um ein allseitiges Recht auf freie Entfaltung der Persönlichkeit[1172], dass die allgemeine Handlungsfreiheit als umfassende Freiheit zum Handeln auf allen Lebensgebieten gewährleistet[1173]. Prinzipiell erstreckt sich der sachliche Geltungsbereich des § 75 II 1 BetrVG somit auf die personenbezogenen Grundrechte.[1174]

Die vorstehend besprochene mittelbare Drittwirkung des allgemeinen Persönlichkeitsrechts gemäß Art. 2 I GG i. V. m. Art. 1 I GG über den § 75 II 1 BetrVG liegt in der Verkörperung des Grundgesetzes als objektive Wertordnung begründet, weil jene auf alle Rechtsbereiche Anwendung findet.[1175] Insoweit darf die Geltung der Grundrechte nicht von einer dementsprechenden Gestaltung der Privatrechtsordnung durch den einfachen Gesetzgeber abhängen.[1176] Dies ist für das Arbeitsrecht von zentraler Bedeutung, da wesentliche Rechtsgrundsätze mangels gesetzlicher Regelungen nur im Wege der Rechtsprechung abgesichert werden.[1177] Außerdem

---

aufgrund einer indirekten Erzwingbarkeit der Verpflichtungswirkung durch die Arbeitnehmer über die Geltendmachung des allgemeinen arbeitsrechtlichen Gleichbehandlungsgrundsatzes in ErfK/*Kania*, § 75 BetrVG Rn. 1; zurückhaltend auch *Löwisch*, AuR 1972, 359, 364.

1168 ErfK/*Kania*, § 75 BetrVG Rn. 9.

1169 Mangoldt/Klein/*Starck*, Kommentar zum GG, Art. 2 I GG Rn. 17 f.

1170 Mangoldt/Klein/*Starck*, Kommentar zum GG, Art. 2 I GG Rn. 15.

1171 *Stein/Frank*, Staatsrecht, S. 251.

1172 *BVerfG* 10.01.1991 NJW 1991, 1477, 1477 f.; ebenso *Hufen*, Staatsrecht II, S. 175.

1173 *BVerfG* 16.01.1957 BVerfGE 6, 32, 37.

1174 *Löwisch/Kaiser*, BetrVG Kommentar, § 75 BetrVG Rn. 34; Richardi/u. a./*Reichold*, Münchener Handbuch zum Arbeitsrecht, § 86 Rn. 2, demgemäß jedoch nicht von einer Identität zwischen zivilrechtlichem Persönlichkeitsrecht und staatsgerichtetem Grundrecht auszugehen sei. Allerdings seien im Endeffekt keine sinnvoll differenzierten Ergebnisse zu erwarten, so dass der Unterscheidung rein formaler Charakter zukomme; gleichermaßen GK-BetrVG/*Kreutz*, § 75 BetrVG Rn. 104.

1175 *BVerfG* 23.10.1952 BVerfGE 2, 1, 12; *BVerfG* 15.01.1958 BVerfGE 7, 198, 205.

1176 *BVerfG* 15.01.1958 BVerfGE 7, 198, 205 f.; *BVerfG* 10.06.1964 BVerfGE 18, 85, 92; *BVerfG* 24.02.1971 BVerfGE 30, 173, 196 f.

1177 *BAG* 15.01.1955 BAGE 1, 258, 262; *BAG* 27.02.1985 BAGE 48, 122, 138 f.

hat der Gesetzgeber unter Berücksichtigung des Grundrechtsschutzes im Fall eines schwerwiegenden Ungleichgewichts auf die schwächere Partei zu reagieren.[1178] Handlungen des Arbeitgebers im Rahmen seiner wirtschaftlichen, organisatorischen oder intellektuellen Machtposition machen folglich eine Bindung an die Grundrechte notwendig.[1179]

a) Allgemeines Persönlichkeitsrecht

Neben subjektiven Abwehrrechten gegenüber Staatsorganen enthalten die Freiheitsrechte zugleich die Forderung, den Bürger durch den Staat zu schützen.[1180] Im Hinblick auf erlassene privatautonome Regelungen bedarf es daher der Bewahrung des einzelnen Grundrechtsträgers vor unverhältnismäßigen Einschränkungen dieser Rechte.[1181]

Das allgemeine Persönlichkeitsrecht umfasst drei Schutzfelder: die Sozialsphäre, die Privatsphäre und die Intimsphäre.[1182] Innerhalb von § 75 II 1 BetrVG wird auf den Wortlaut der allgemeinen Handlungsfreiheit gemäß Art. 2 I GG zurückgegriffen.[1183] Der Sinngehalt der Persönlichkeit beschreibt anders als die Bezeichnung der Person in Art. 2 II GG nicht lediglich die Existenz eines Menschen, sondern weist auf dessen individuelle personale Identität hin.[1184] Die Persönlichkeitsentfaltung beinhaltet das Element der Aktivität und lässt so eine Assoziation zu dem gestaltenden, bewusst handelnden Menschen entstehen.[1185] Dabei kann der Einzelne frei über das „Ob“ und „Wie“ seiner Selbstentwicklung entscheiden.[1186] Gleichsam fordert das Recht, den Betroffenen als Rechtssubjekt anzuerkennen und ihm die Möglichkeit einzuräumen, Beziehungen zu seiner Umwelt eigenverantwortlich zu bestimmen.[1187] Infolge der

---

1178 *BVerfG* 07.02.1990 BVerfGE 81, 242, 248 f.

1179 MüKO/*Müller-Glöge*, § 611 BGB Rn. 278.

1180 *BVerfG* 15.01.1958 BVerfGE 7, 198, 204; *BVerfG* 16.07.1969 NJW 1969, 1207, 1207; *BVerfG* 02.03.1977 NJW 1977, 2205, 2205; vgl. auch ErfK/*Schmidt*, Art. 2 GG Rn. 33; *Hufen*, Staatsrecht II, S. 53 f.; *Waltermann*, Rechtsetzung, S. 245.

1181 *BAG* 11.03.1998 BAGE 88, 162, 169; *BAG* 31.07.2002 BAGE 102, 65, 69; *LArbG Köln* 18.08.2010 NZA-RR 2011, 85, 87.

1182 *BVerfG* 09.10.2002 BVerfGE 106, 28, 39 f.; zustimmend Dreier/*Dreier*, GG Kommentar, Art. 2 I GG Rn. 69.

1183 *BAG* 21.08.1990 AP Nr. 17 zu § 87 BetrVG 1972 Ordnung des Betriebes, zu II. 3. a) der Gründe; *BAG* 19.01.1999 BAGE 90, 316, 323; *LArbG Köln* 18.08.2010 NZA-RR 2011, 85, 87; gleichermaßen ErfK/*Schmidt*, Art. 2 GG Rn. 64; GK-BetrVG/*Kreutz*, § 75 BetrVG Rn. 31; Richardi/*Richardi/Maschmann*, BetrVG Kommentar, § 75 BetrVG Rn. 44.

1184 *Jarass*/Pieroth, GG Kommentar, Art. 2 GG Rn. 39; von Münch/*Kunig*, GG Kommentar, Art. 2 GG Rn. 10.

1185 *BVerfG* 03.06.1980 BVerfGE 54, 148, 153; dem folgend von Münch/*Kunig*, GG Kommentar, Art. 2 GG Rn. 11.

1186 *Stein/Frank*, Staatsrecht, S. 251.

1187 *Hubmann*, Persönlichkeitsrecht, S. 82.

komplexen Reichweite des Persönlichkeitsrechts wird somit jede Form menschlichen Handelns, unabhängig der gewichteten Betätigungsfreiheit, geschützt.[1188] Das legt es laut Auffassung von *Hammer*[1189] nahe, die Verpflichtung der Betriebsparteien sowohl auf die passive als auch auf die aktive Dimension der Persönlichkeitsentfaltung zu erstrecken. Die besagte „Zwei-Schichtigkeit" des Begriffs sei Orientierungsmaßstab für die Anwendung des § 75 II 1 BetrVG. Mit Blick auf die gewollte Hervorhebung der Beteiligungsrechte in der Betriebsverfassung sei eine aktive Selbstgestaltung aller den Arbeitnehmer betreffenden Arbeitsbedingungen abzusichern. Davon erfasst seien ebenso dessen korrespondierende Vermögensinteressen. Dementsprechend sei die Selbstbestimmungsfreiheit des Einzelnen hinsichtlich aller Aspekte seines Arbeitsverhältnisses gemäß § 75 II 1 BetrVG Gegenstand des Schutzauftrags und der Förderpflicht gemäß § 75 II 1 BetrVG.[1190] Die positive, auf die Sicherstellung der Freiheitsrechte gerichtete Gestaltung der relevanten Arbeitsbedingungen, eröffnet für den Belegschaftsstamm im besten Fall eine den Kenntnissen und Fähigkeiten entsprechende Tätigkeitsausübung.[1191] Weitergehend wird sich davon die Gewährleistung eines Handlungsspielraums zur anhaltenden Persönlichkeitsentwicklung des jeweiligen Mitarbeiters versprochen.[1192] Dadurch gilt es zu verhindern, dass die ansteigende Modernisierung der Technologie den Arbeitnehmer zum bloßen Objekt des Arbeitsverfahrens degradiert.[1193]

b) Erweiterter Regelungsinhalt

Ferner erlaubt der Wortlaut des § 75 II 1 BetrVG in Verbindung zu dessen Regelungsgegenstand die Verzahnung mit einem „benannten" Freiheitsrecht, wie beispielsweise dem Art. 12 I GG.[1194] Der Gesetzgeber hat stellvertretend für weitere verfassungsrechtliche Werte nur den Wortlaut des „Hauptfreiheitsrechts"[1195] aus

---

1188 *BVerfG* 09.03.1994 BVerfGE 90, 145, 171; *BAG* 11.07.2000 BAGE 95, 221, 236.

1189 *Hammer*, Schutzpflicht für die Selbstbestimmungsfreiheit des Arbeitnehmers, S. 25, S. 27.

1190 *Hammer*, Schutzpflicht für die Selbstbestimmungsfreiheit des Arbeitnehmers, S. 25, S. 27.

1191 Däubler/u. a./*Berg*, BetrVG, § 75 BetrVG Rn. 114; Richardi/*Richardi/Maschmann*, BetrVG Kommentar, § 75 BetrVG Rn. 44.

1192 Däubler/u. a./*Berg*, BetrVG, § 75 BetrVG Rn. 114.

1193 *BVerfG* 03.06.1980 BVerfGE 54, 148, 153; *BVerfG* 15.12.1983 BVerfGE 65, 1, 41 f.; *BVerfG* 13.06.2007 BVerfGE 118, 168, 163; zustimmend *Edenfeld*/BAG 13.02.2007, AP Nr. 40 zu § 87 BetrVG 1972 Ordnung des Betriebes, zu 2; allgemein zur Funktionalisierung des Arbeitnehmers etwa *Söllner*, RdA 1968, 437, 439.

1194 *Löwisch*, AuR 1972, 359, 359; gleichermaßen *BAG (GS)* 07.11.1989 BAGE 63, 211, 217; *Waltermann*, Rechtsetzung, S. 245; *Hammer*, Schutzpflicht für die Selbstbestimmungsfreiheit des Arbeitnehmers, S. 108; *Löwisch/Kaiser*, BetrVG Kommentar, § 75 BetrVG Rn. 34.

1195 *Löwisch*, AuR 1972, 359, 359.

Art. 2 I GG in das Betriebsverfassungsrecht eingefügt[1196]. Hintergrund war die im staatlichen Verfassungsrecht geläufige, aber gesetzlich nicht festgeschriebene Vorstellung, dass aus diesem Grundrecht alle Einzelfreiheitsrechte als Konkretisierungen abzuleiten sind.[1197] Dies entspricht dem Verständnis der rechtlichen Qualifizierung des Art. 2 I GG als Auffanggrundrecht, das subsidiär anzuwenden ist, wenn die Verletzung nicht bereits in den Bereich einer besonderen Grundrechtsnorm fällt.[1198] Eine ähnliche Wirkungsweise kommt dem selbstständig daneben stehenden allgemeinen Persönlichkeitsrecht zu.[1199] In diesem Sinne werden die persönliche Integrität gesichert und die Grundbedingungen gewahrt, welche nicht abschließend durch weitere, speziell aufgeführte Freiheitsrechte erfasst sind.[1200]

2. Amtspflichten

Die Betriebspartner sind notwendigerweise gehalten, sich an den privatrechtlichen Persönlichkeitsrechten der Arbeitnehmer zu orientieren, ohne dass bereits eine Verletzung des Grundrechts vorliegen muss.[1201] Damit setzt der Schutzauftrag des § 75 II 1 BetrVG das Recht auf Selbstbestimmungsfreiheit der Arbeitnehmerschaft im Betrieb voraus, indem diese Aufgabe Arbeitgeber und Betriebsrat auferlegt wird.[1202] Grund dafür ist die stattfindende Transformation der grundrechtlichen Wertentscheidungen des Art. 2 I GG in das Privatrecht.[1203] Hingegen statuiert die

---

1196 *BAG* 21.08.1990 AP Nr. 17 zu § 87 BetrVG 1972 Ordnung des Betriebes, zu II. 3. a) der Gründe; *BAG* 19.01.1999 BAGE 90, 316, 323; so auch *Hammer*, Schutzpflicht für die Selbstbestimmungsfreiheit des Arbeitnehmers, S. 20; Richardi/*Richardi/Maschmann*, BetrVG Kommentar, § 75 BetrVG Rn. 44.

1197 *BVerfG* 30.04.1952 BVerfGE 1, 264, 273 f.; *BVerfG* 16.01.1957 BVerfGE 6, 32, 37 f.; *BGH* 02.04.1957 BGHZ 24, 72, 78 m. w. N.; mit Bedenken Maunz/Dürig/*Di Fabio*, GG Kommentar, Art. 2 GG Rn. 21; von Münch/*Kunig*, GG Kommentar, Art. 2 GG Rn. 90; *Scholz*, AöR 100 (1975), 80, 114.

1198 *BVerfG* 16.01.1957 BVerfGE 6, 32, 37; *BVerfG* 15.03.1967 BVerfGE 21, 227, 234; *BVerfG* 20.06.1984 BVerfGE 67, 157, 171; *BVerfG* 06.10.1987 BVerfGE 77, 84, 118; ebenfalls *Stein/Frank*, Staatsrecht, S. 252; von Münch/*Kunig*, GG Kommentar, Art. 2 GG Rn. 12; ErfK/*Schmidt*, Art. 2 GG Rn. 33; *Scholz*, AöR 100 (1975), 80, 112 f.

1199 *Stein/Frank*, Staatsrecht, S. 253; *Scholz*, AöR 100 (1975), 80, 114.

1200 *BVerfG* 03.06.1980 BVerfGE 54, 148, 153; sympathisierend Maunz/Dürig/*Di Fabio*, GG Kommentar, Art. 2 GG Rn. 127; ErfK/*Schmidt*, Art. 2 GG Rn. 33; *Stein/Frank*, Staatsrecht, S. 253.

1201 *Wiese*, NZA 2006, 1, 5 f.; zustimmend ErfK/*Kania*, § 75 BetrVG Rn. 9; *Fitting*, BetrVG Handkommentar, § 75 BetrVG Rn. 168; GK-BetrVG/*Kreutz*, § 75 BetrVG Rn. 106; *Hammer*, Schutzpflicht für die Selbstbestimmungsfreiheit des Arbeitnehmers, S. 112, der von einer „grundrechtsausführenden Norm" spricht; Hess/u. a./*Worzalla*, BetrVG Kommentar, § 75 BetrVG Rn. 32.

1202 *Wiese*, NZA 2006, 1, 5.

1203 GK-BetrVG/*Kreutz*, § 75 BetrVG Rn. 103; zustimmend *Wiese*, NZA 2006, 1, 5.

Förderpflicht das Freiheitsrecht als ein noch zu erreichendes Ziel.[1204] Insofern enthalten die Amtspflichten des § 75 II 1 BetrVG zwar die freie Gestaltung des eigenen Seins, aber sind nach Zweck und Umfang zu unterscheiden.[1205]

Im Rahmen des Schutzauftrags haben die Betriebsparteien bei eigenen Maßnahmen alles zu unterlassen und zu vermeiden, was die Selbstentfaltung der betrieblichen Arbeitnehmer beeinträchtigt.[1206] Aus diesem Grund ergibt sich eine Übereinstimmung mit dem Charakter der Persönlichkeitsrechte als Abwehrrechte gegen rechtswidrige Eingriffe von Privatpersonen.[1207]

Die Förderpflicht geht in Abgrenzung zu dem Schutzauftrag über den anerkannten privatrechtlichen Persönlichkeitsschutz hinaus und legt für Arbeitgeber und Betriebsrat positive Handlungspflichten fest.[1208] Dieser Verpflichtung wird im Rahmen der bestehenden Mitwirkungsrechte und der erzwingbaren Mitbestimmung ausreichend Rechnung getragen, wenn deren Ausübung wiederum zu einem Höchstmaß an Selbstentfaltung für die Arbeitnehmer führt.[1209] Neben der Herausstellung des zu schützenden Rechtsraums konkretisiert sich zugleich die freie Gestaltung der Persönlichkeit des Einzelnen im Hinblick auf das gesetzlich fixierte Wohl der Belegschaft gemäß § 2 I BetrVG.[1210] Die Betriebspartner genügen dieser umfassend angelegten Amtspflicht mit Blick auf den Arbeitsplatz, die betriebliche Ordnung sowie den beruflichen Aufstieg und die sozialen Kontakte[1211], wenn etwaige Beeinflussungen der Selbstbestimmungsfreiheit durch verschiedene Umstände vertretbar im gesamten Tätigkeitsbereich berücksichtigt werden[1212].

1204 GK-BetrVG/*Kreutz*, § 75 BetrVG Rn. 130; desgleichen *Fitting*, BetrVG Handkommentar, § 75 BetrVG Rn. 169.

1205 GK-BetrVG/*Kreutz*, § 75 BetrVG Rn. 102.

1206 *Fitting*, BetrVG Handkommentar, § 75 BetrVG Rn. 142; Wlotzke/*Preis*/Kreft, BetrVG Kommentar, § 75 BetrVG Rn. 44; vgl. zu einem Unterlassungsanspruch abgeleitet aus § 75 II 1 BetrVG siehe *BAG* 28.05.2002 BAGE 101, 216, 225 f.

1207 *Hubmann*, Persönlichkeitsrecht, S. 175.

1208 Richardi/u. a./*Reichold*, Münchener Handbuch zum Arbeitsrecht, § 86 Rn. 26; *Fitting*, BetrVG Handkommentar, § 75 BetrVG Rn. 166; GK-BetrVG/*Kreutz*, § 75 BetrVG Rn. 129; Wlotzke/*Preis*/Kreft, BetrVG Kommentar, § 75 BetrVG Rn. 45.

1209 ErfK/*Kania*, § 75 BetrVG Rn. 10; *Fitting*, BetrVG Handkommentar, § 75 BetrVG Rn. 168; GK-BetrVG/*Kreutz*, § 75 BetrVG Rn. 132; *Besgen*, Betriebsverfassungsrecht, S. 310.

1210 GK-BetrVG/*Kreutz*, § 75 BetrVG Rn. 130.

1211 Richardi/u. a./*Reichold*, Münchener Handbuch zum Arbeitsrecht, § 86 Rn. 26; *Hammer*, Schutzpflicht für die Selbstbestimmungsfreiheit des Arbeitnehmers, S. 25, dementsprechend kein Bezug nur zu einzelnen Regelungen des Arbeitsverhältnisses gefordert sei.

1212 ErfK/*Kania*, § 75 BetrVG Rn. 10; Hess/u. a./*Worzalla*, BetrVG Kommentar, § 75 BetrVG Rn. 41; Richardi/u. a./*Reichold*, Münchener Handbuch zum Arbeitsrecht, § 86 Rn. 26.

3. Rechtsfolgen des Normverstoßes

Findet ein ungerechtfertigter Eingriff in das Persönlichkeitsrecht der Belegschaft statt, ist die entsprechende Vereinbarung aufgrund der Verletzung des § 75 II 1 BetrVG als Verbotsgesetz gemäß § 134 BGB nichtig und damit rechtsunwirksam.[1213]

In Bezug auf persönlichkeitsverletzende Maßnahmen des Arbeitgebers hat das *BAG*[1214] ausdrücklich einen unmittelbaren Unterlassungsanspruch des Betriebsrats aus § 75 II 1 BetrVG verneint. So sei nicht jede Rechtsverletzung geeignet, trotz der an sich denkbaren Qualifizierung als selbstständig einklagbarer Nebenleistungsanspruch ohne explizite Gesetzesgrundlage ein solches Recht zu begründen. Daher sei diesbezüglich zu klären, ob eine Sicherung des in Frage stehenden Rechts einen entsprechenden Anspruch notwendig werden lasse. Unter Bezugnahme auf die Senatsentscheidung vom 08.06.1999[1215] sei deutlich geworden, dass im Rahmen des § 75 II 1 BetrVG keine Erweiterung der Mitbestimmungsrechte vorgesehen sei. § 75 II 1 BetrVG regele lediglich die Schutzaufträge und Förderpflichten von Arbeitgeber und Betriebsrat gegenüber betriebsangehörigen Arbeitnehmern, weshalb nicht von einer entsprechenden Erforderlichkeit auszugehen sei. Nur bei gemeinsamem Handeln bestehe im Verhältnis der Betriebsparteien zueinander die Pflicht, alles zu unterlassen, was das Recht der Betriebsangehörigen auf freie Entfaltung der Persönlichkeit verletzen könnte. Im Ergebnis sei aus diesem Grund die Vereinbarungskompetenz der Betriebspartner eingeschränkt. Wechselseitige Rechte und Pflichten seien nicht ersichtlich.[1216] Die Chance des Betriebsrats auf Geltendmachung eines Unterlassungsanspruchs folgt sodann zumindest aus § 23 III BetrVG.[1217]

Individualrechtliche Ansprüche der einzelnen Arbeitnehmer gegen den Arbeitgeber oder den Betriebsrat werden durch § 75 II 1 BetrVG nicht begründet.[1218] Zudem fehlt es an einem durchsetzbaren Rechtsanspruch des Betroffenen auf Tätigwerden

---

1213 *Besgen*, Betriebsverfassungsrecht, S. 311; Däubler/u. a./*Berg*, BetrVG, § 75 BetrVG Rn. 142; ErfK/*Kania*, § 75 BetrVG Rn. 12; Hess/u. a./*Worzalla*, BetrVG Kommentar, § 75 BetrVG Rn. 44; *Fitting*, BetrVG Handkommentar, § 75 BetrVG Rn. 177; Wlotzke/*Preis*/Kreft, BetrVG Kommentar, § 75 BetrVG Rn. 58; Richardi/u. a./*von Hoyningen-Huene*, Münchener Handbuch zum Arbeitsrecht, § 214 Rn. 40.

1214 *BAG* 28.05.2002 BAGE 101, 216, 225 f.

1215 *BAG* 08.06.1999 AP Nr. 31 zu § 87 BetrVG 1972 Ordnung des Betriebes, zu B. II. der Gründe, demnach sei aufgrund des Rechtscharakters einer Ausübungsschranke für die Beteiligungsrechte kein schützenswertes Interesse mehr erkennbar. Dies sei bedingt durch die fehlende Heilungsmöglichkeit einer persönlichkeitsverletzenden Regelung mittels Zustimmung des Betriebsrats.

1216 *BAG* 28.05.2002 BAGE 101, 216, 225 f.

1217 *BAG* 08.06.1999 AP Nr. 31 zu § 87 BetrVG 1972 Ordnung des Betriebes, zu B. II. der Gründe; vgl. ebenso Richardi/*Richardi/Maschmann*, BetrVG Kommentar, § 75 BetrVG Rn. 50; zum Anspruch des Arbeitgebers gemäß § 23 I BetrVG siehe *Fitting*, BetrVG Handkommentar, § 75 BetrVG Rn. 141.

1218 *Fitting*, BetrVG Handkommentar, § 75 BetrVG Rn. 141; Wlotzke/*Preis*/Kreft, BetrVG Kommentar, § 75 BetrVG Rn. 43.

des Betriebsrats gegenüber dem Arbeitgeber und anderen Mitarbeitern.[1219] Allerdings verbleibt dem Einzelnen im Fall einer rechtswidrigen Anordnung des Arbeitgebers ein Zurückbehaltungsrecht an seiner Arbeitsleistung gemäß § 273 BGB.[1220]

II. Beeinträchtigung des Persönlichkeitsrechts durch Kleidervorgaben

Die freie Entfaltung der Persönlichkeit wird gemäß Art. 2 I GG in den Grenzen der verfassungsmäßigen Ordnung garantiert, die aus der Gesamtheit der formell und materiell verfassungsgemäßen Normen resultiert[1221]. Nach ständiger Rechtsprechung des *BAG*[1222] sind hiervon auch die von den Betriebsparteien im Rahmen ihrer Regelungskompetenz geschlossenen Betriebsvereinbarungen, zum Beispiel aus § 87 I Nr. 1 BetrVG, erfasst. Dennoch sei nicht jede Ausübung der eingeräumten Entscheidungsbefugnis über das Arbeitnehmerverhalten einer Begrenzung durch § 75 II 1 BetrVG zugänglich. Das zulässige Ausmaß sei nach Maßgabe des Verhältnismäßigkeitsgrundsatzes[1223] zu bestimmen. Unter Rückgriff auf dieses verfassungsrechtliche Gebot sei es nötig, dass die von Arbeitgeber und Betriebsrat getroffene Regelung geeignet, erforderlich und angesichts der sicherzustellenden Persönlichkeitsrechte angemessen sei, um den erstrebten Zweck zu erreichen. Im Rahmen der Verhältnismäßigkeit im engeren Sinne (Angemessenheit) erfolge eine Gesamtabwägung zwischen der Intensität des Eingriffs und dem Gewicht der ihn rechtfertigenden Gründe, wobei ein zumutbares Ergebnis zu garantieren sei.[1224]

Grundsätzlich wird die vorzunehmende Interessenabwägung davon bestimmt, dass eine zulässige Beschränkung der persönlichen Freiheitsrechte des Arbeitnehmers von ihrer Zweckmäßigkeit im Rahmen des Arbeitsverhältnisses abhängt.[1225] Liegen gewichtige betriebliche Belange vor, haben die Betriebspartner einen weiten

---

1219 *Löwisch*, AuR 1972, 359, 362.

1220 ErfK/*Kania*, § 75 BetrVG Rn. 12; *Löwisch/Kaiser*, BetrVG Kommentar, § 75 BetrVG Rn. 46; Richardi/*Richardi/Maschmann*, BetrVG Kommentar, § 75 BetrVG Rn. 52; Däubler/u. a./*Berg*, BetrVG, § 75 BetrVG Rn. 142; a. A. GK-BetrVG/*Kreutz*, § 75 BetrVG Rn. 150.

1221 *BVerfG* 22.02.1956 BVerfGE 6, 32, 41; *BVerfG* 12.11.1997 BVerfGE 96, 375, 398.

1222 Grundlegend *BAG* 21.08.1990 AP Nr. 17 zu § 87 BetrVG 1972 Ordnung des Betriebes, zu II. 3. a) der Gründe.

1223 *BVerfG* 15.01.1958 BVerfGE 7, 377, 407; *BVerfG* 25.07.1963 BVerfGE 17, 108, 117; *BVerfG* 19.06.1969 BVerfGE 26, 215, 222; *BVerfG* 16.03.1971 BVerfGE 30, 292, 316; *BVerfG* 09.03.1994 BVerfGE 90, 145, 173.

1224 *BAG* 21.08.1990 AP Nr. 17 zu § 87 BetrVG 1972 Ordnung des Betriebes, zu II. 3. a) der Gründe; *BAG* 19.01.1999 BAGE 90, 316, 323 f.; *BAG* 29.06.2004 BAGE 111, 173, 178; *BAG* 12.12.2006 BAGE 120, 308, 316, wonach die Verhältnismäßigkeitsprüfung einer Betriebsvereinbarung restriktiver als die Kontrolle einer tariflichen Regelung vorzunehmen sei; *BAG* 13.02.2007 BAGE 121, 147, 155.

1225 *Wiese*, ZfA 1971, 273, 299; *Gamillscheg*, Kollektives Arbeitsrecht, Bd. II, S. 717.

Ermessensspielraum bei der Vereinbarung der jeweiligen Ordnungsmaßnahme.[1226] In der Praxis wird auf innerbetrieblicher Ebene für die inhaltliche Gestaltung einer einheitlichen Kleidervorgabe eine breite Palette an verhältnismäßigen Regulierungen zur Verfügung gestellt. Im Anschluss an ihre Darstellung sind notwendige Modifizierungen anhand einer Verhältnismäßigkeitsprüfung auf ihre Tauglichkeit zu untersuchen. Von dieser auf die Gestaltung einer Dienstkleidungsvorschrift bezogenen Betrachtung wird die Verbindung zum betrieblichen Umkleidevorgang gestützt.[1227] Aufgrund der wenig vorstellbaren Gestaltungsmöglichkeiten solcher Maßnahmen werden die dafür zweckmäßigen Schlüsse im Anschluss formuliert.

1. Verhältnismäßige Gestaltungsmodalitäten

Die zulässigen Vereinbarungsmöglichkeiten für die Gestaltung einer einheitlichen Bekleidung reichen von der Forderung nach einer dezenten und gedeckten Kleidung[1228], über eine zu vermeidende Tragewiederholung am darauffolgenden Arbeitstag[1229], bis zu der zu garantierenden Seriosität und Hervorhebung des Berufsstatus[1230]. Konkretisiert wird das begehrte Äußere mit Hilfe von partiellen Dienstkleidungsklauseln über einzelne Kleidungsstücke[1231], die Person des Arbeitnehmers allumfassenden Regelungen inbegriffen der Unterwäsche[1232] und Bestimmungen über Schnitt, Farbe sowie Material der Bekleidung[1233].

In Verbindung mit der Zweckkopplung an den Wunsch eines einheitlichen Erscheinungsbilds und der Aussicht auf eine Identifizierung des beschäftigten Personals ist eine solche Dienstkleidungsordnung entsprechend der Meinung von *Brose/Greiner/Preis*[1234] zur Erreichung des verfolgten Zwecks geeignet und erforderlich. Ein weniger geeigneteres Mittel sei nicht ersichtlich. Insoweit seien konkrete Vereinbarungen über Art und Farbe der Kleidung notwendig, um das erstrebte Ziel

---

1226 GK-BetrVG/*Wiese*, § 87 BetrVG Rn. 210 f.; weitergehend in Anerkennung anderer Gründe etwa *LArbG Köln* 08.06.1988 LAGE Nr. 5 zu § 87 BetrVG 1972 Betriebliche Ordnung, zu I. 1. der Gründe.

1227 Zur bestehenden Verbindung, vgl. 3. Teil. § 9. II. 1. e).

1228 *BAG* 08.08.1989 AP Nr. 15 zu § 87 BetrVG 1972 Ordnung des Betriebes, zu A.; *BAG* 19.05.1998 BAGE 89, 26, 26; *BAG* 13.02.2007 BAGE 121, 147, 148; so schon *ArbG Essen* 17.05.1966 BB 1966, 861, 861.

1229 Formuliert für Verkäufer in einem Möbelhaus gehobenen Genres *LArbG Hamm (Westfalen)* 22.10.1991 LAGE Nr. 11 zu § 611 BGB Direktionsrecht, zu B. 1. b) der Gründe; gleiches Verlangen im Wirkungskreis einer Spielbank siehe *BAG* 13.02.2007 BAGE 121, 147, 156.

1230 *Brose/Greiner/Preis*, NZA 2011, 369, 369.

1231 *LArbG Köln* 29.10.2012 LAGE Nr. 4 zu § 7 AGG, zu dem Sachverhalt, Blatt 2.

1232 *LArbG Köln* 18.08.2010 NZA-RR 2011, 85, 86.

1233 *LArbG Düsseldorf*, Beschluss vom 01.04.2009 – 4 TaBV 83/08 –, juris Rn. 73; *LArbG Köln* 18.08.2010 NZA-RR 2011, 85, 86; zusätzlich zum Sitz der Kleidung *BAG* 19.05.1998 BAGE 89, 26, 29 f.; ebenfalls *BAG* 13.02.2007 BAGE 121, 147, 156.

1234 *Brose/Greiner/Preis*, NZA 2011, 369, 378.

zu realisieren. Die Angemessenheit einer einheitlichen Kleidervorschrift kann regelmäßig angenommen werden, wenn der Einzelne mit einer entsprechenden Bekleidungsvorgabe rechnen musste. Demgemäß sei die Vorgabe einer tätigkeitsadäquaten Dienstkleidung für keinen Arbeitnehmer überraschend.[1235] In Anbetracht dessen erscheint auch das rechtskräftig gewordene „Schlüpfer-Urteil"[1236] des *LArbG Köln*[1237] nicht mehr abwegig. In dem zu besprechenden Sachverhalt wurde bei Fluggastkontrolleuren das Tragen von spezieller Unterwäsche vorgeschrieben beziehungsweise unter der Oberbekleidung versteckten T-Shirts als verhältnismäßig im Sinne des § 75 II 1 BetrVG qualifiziert. Die Maßnahme sei geeignet, da die in dem Eigentum des Arbeitgebers stehenden Blusen und Hemden durch das Tragen von Unterwäsche geschützt und weniger schnell abgenutzt würden. Neben nicht vorhandenen, weniger einschneidenden Mitteln bedinge die verbliebene Wahlmöglichkeit zwischen mehreren Wäschestücken die Erforderlichkeit der Maßnahme. Schlussendlich sei der Eingriff infolge der überwiegenden Arbeitgeberinteressen an einem ordentlichen Auftreten und einer möglichst geringen Abnutzung der Bekleidung angemessen. Die Konkretisierungen der Farbe der Unterwäsche oder ihrer Beschriftung und Muster seien aus diesem Grund ebenfalls unproblematisch. Dementsprechend sei auch die Trageverpflichtung von Strumpfhosen und Socken zu behandeln. So gesehen begründe das bekannte und verbreitete Gebaren bei kundenrepräsentativem Tätigwerden keine Außergewöhnlichkeit in den verlangten Bestimmungen.[1238] In Anerkennung der gefestigten Rechtsprechung zu den allgemeinen Grundsätzen des § 75 II 1 BetrVG wird jener Entscheidung überdies eine weitergehende, brauchbare Wichtigkeit abgesprochen.[1239] Als bedeutsamstes Ergebnis des Urteils gilt die Maßgabe der erforderlichen Einzelfallabwägung.[1240] Das zu schützende Rechtsgut des Persönlichkeitsrechts stellt in diesem Zusammenhang die Betroffenheit der Selbstdarstellung der eigenen Person in der Öffentlichkeit dar.[1241]

1235 *Brose/Greiner/Preis*, NZA 2011, 369, 378.

1236 Bezeichnung geprägt durch *Brose/Greiner/Preis*, NZA 2011, 369, 370.

1237 Unter Zurückweisung der eingelegten Beschwerde beim *BAG*, Beschluss vom 17.05.2011 – 1 ABN 2/11 –, juris, siehe *LArbG Köln* 18.08.2010, NZA-RR 2011, 85, 88.

1238 *LArbG Köln* 18.08.2010, NZA-RR 2011, 85, 88.

1239 *Salamon*/LArbG Köln 18.08.2010, ArbRAktuell 2011, 78, 78.

1240 *Salamon*/LArbG Köln 18.08.2010, ArbRAktuell 2011, 78, 78; *Klüting*, AuA 2011, 441, 441.

1241 *LArbG Köln* 08.06.1988 LAGE Nr. 5 zu § 87 BetrVG 1972 Betriebliche Ordnung, zu I. 1. der Gründe; differenzierend nach Maßgabe der Sphärentheorie in Abhängigkeit des verwendeten arbeitsrechtlichen Regelungsinstruments *Brose/Greiner/Preis*, NZA 2011, 369, 374, dementsprechend die erkennbaren Kleidungsstücke infolge deren Wahrnehmung durch andere der Sozialsphäre zuzuordnen seien. Hingegen falle die Unterbekleidung in den Intimitätsbereich einer Person und sei deshalb Teil der Privatsphäre; Wesentliches zum Inhalt des Schutzgegenstands der Selbstdarstellung und einer diesbezüglichen Interessenabwägung grundlegend *BVerfG* 05.06.1973 BVerfGE 35, 202, 220.

In Anwendung der bewährten Sphärentheorie[1242] ist die Dienstkleidung Teil der Sozialsphäre, da sie die Ausschmückung des selbstgewählten sozialen Geltungsanspruchs und was diesen im Verhältnis zu der Öffentlichkeit ausmacht, beeinflusst[1243]. Anders als die Privatsphäre schützt die Integrität des Selbstverständnisses einer Person das Recht auf die autonome Gestaltung des wahrnehmbaren Auftretens[1244], wodurch das äußere Bild in seiner Erscheinung abgesichert wird[1245]. Im Speziellen ist dies nicht vollständig für die Unterbekleidung auszuschließen, welche teilweise für Dritte, gewollt oder ungewollt, erkennbar sein kann.[1246] Im Hinblick auf Letzteres zeigt sich die eruierte Schwachstelle der Sphärentheorie, wonach durchaus eine Vermischung der gebildeten Schutzbereiche erfolgt.[1247] Im Fall der für Dritte verborgenen unteren Kleidungsstücke ergibt sich jedoch allenfalls ein Bezug zu der Privatsphäre des Betroffenen. Die Menschenwürde gemäß Art. 1 I GG als Ursprung der abgeleiteten Intimsphäre wird durch eine solche Bestimmung nicht angetastet.[1248] Daher verbleibt es in der Konsequenz bei der Anwendung des Verhältnismäßigkeitsmaßstabs und dementsprechend einer Rechtfertigungsmöglichkeit etwaiger Maßnahmen. Dem angeführten Eingriff in den Schutzbereich der freien Entfaltung der Persönlichkeit begegnen die Entscheidungsbegründungen mit den anerkannten und daher rechtfertigenden Begrenzungen: den aus betrieblichen Verhältnissen resultierenden Sicherheitsinteressen, wie der Bewahrung vor Eigentumsschädigungen oder Unfallgefahren[1249], und Unternehmenswerten zur Sicherstellung der Belange

---

1242 Erstmalig verfassungsrechtlicher Ansatz der Intimsphäre in *BVerfG* 16.01.1957 BVerfGE 6, 32, 41; *BVerfG* 16.06.1969 BVerfGE 27, 1, 6; weiterentwickelt im Rahmen von *BVerfG* 05.06.1973 BVerfGE 35, 202, 220 f. und angelehnt an die zivilrechtlichen Sphärenbegriffe *BGH* 19.12.1978 BGHZ 73, 120, 121 ff.; *BGH* 20.01.1981 NJW 1981, 1366, 1366; *BGH* 24.11.1987 NJW 1988, 1984, 1985.

1243 *BVerfG* 03.06.1980 BVerfGE 54, 148, 155; *BVerfG* 08.02.1983BVerfGE 63, 131, 142.

1244 Angenommen für die in Frage stehende Haartracht von Soldaten und Polizisten etwa *BVerwG* 25.07.1972 BVerwGE 46, 1, 2; *BVerfG* 14.02.1978 BVerfGE 47, 239, 248 f.; in entsprechender Anwendung auf die Kleidung siehe Mangoldt/Klein/*Starck*, Kommentar zum GG, Art. 2 I GG Rn. 112; ErfK/*Schmidt*, Art. 2 GG Rn. 83; *Pieroth/Schlink/Kingreen/Poscher*, Grundrechte, S. 100; für den Fall der Vorführung eines Strafgefangenen in der Anstaltskleidung zu dessen Hauptverhandlung formuliert von *BVerfG* 03.11.1999 NJW 2000, 1399, 1400.

1245 Von Münch/Kunig/*Schnapp*, GG Kommentar, Art. 2 GG Rn. 35.

1246 Diese Gegebenheit bereits angedeutet in *Brose/Greiner/Preis*, NZA 2011, 369, 377.

1247 Mangoldt/Klein/*Starck*, Kommentar zum GG, Art. 2 I GG Rn. 16; Dreier/*Dreier*, GG Kommentar, Art. 2 I GG Rn. 92 f.

1248 *Brose/Greiner/Preis*, NZA 2011, 369, 375; anders *Utess*/LArbG Köln 18.08.2010, AiB 2011, 476, 477, dementsprechend ein Eingriff in die Intimsphäre des Einzelnen erfolge.

1249 Zu den Gefahren für die Arbeitsmittel oder die Arbeitsgegenstände, zum Beispiel ausgelöste Schädigungen des Fußbodens mittels Pfennigabsätzen oder Bleistiftabsätzen von Frauenschuhen etwa *Gumpert*, BB 1961, 1380, 1380.

gesellschaftlicher Anspruchsgruppen.[1250] Damit wird zugleich das Verständnis einer in Bezug zu setzenden freien Persönlichkeitsentfaltung des Mitarbeiters zu ihrer Gemeinschaftsgebundenheit betont.[1251] So gesehen erscheint es ebenfalls nicht widersprüchlich, dass die Grundrechte des Arbeitnehmers umso stärker betroffen sind, je detailreicher die Bestimmung über die Kleidung ausfällt.[1252] Immerhin ist unter Berücksichtigung des schon in § 8 I AGG herangezogenen Blickwinkels des *LArbG Hamm*[1253] keine Beeinträchtigung der Würde des Menschen für den Fall vorgegebener Unterbekleidung anzunehmen. Dafür sei notwendig, dass das Tragen der Dienstkleidung den Einzelnen in seiner körperlichen Bewegungsfreiheit beschränke oder die Beschaffenheit der Kleidung mit einer außergewöhnlich ungünstigen Optik verbunden sei. Die in dem besagten Sachverhalt geforderte grelle Westenausstattung einer Verkäuferin im Einzelhandel sei zwar unvorteilhaft. Indessen sei im Rahmen der Einführung und Ausgestaltung einer Dienstkleidung zwangsläufig das ästhetische Empfinden und Aussehen abhängig von der Person, welche die Bekleidung letzten Endes trägt.[1254] Im Speziellen verbleibt mittels der Formulierung, „(...) Diese Unterwäsche ist in weiß oder in Hautfarbe ohne Muster/Beschriftungen/Embleme, etc. zu tragen bzw. anders farbige Unterwäsche darf in keiner Form durchscheinen."[1255], genügend Entwicklungsraum für die arbeitsbedingten physischen Aktivitäten und aufgrund der fehlenden Sichtbarkeit kein Platz für ein zu Diffamierung führendem Auftreten des Arbeitnehmers. Dazu appelliert das Gericht mittelbar an die subjektive Einstellung der Betroffenen hinsichtlich der Gestaltung einer einheitlichen Bekleidungsvorschrift. Es wird ausdrücklich das Bewusstsein für verschieden ausgelöstes Erscheinen und entsprechende Schönheitsbeurteilungen durch andere Personen hervorgerufen sowie verstärkt. Mit Zurückhaltung kann von einem gerichtlich geforderten Entgegenkommen der Belegschaft gegenüber den eigenen optischen Ansprüchen und arbeitgeberseitigen Realisierungsmitteln ausgegangen werden.[1256]

Dieser Überblick zu den bisher anerkannten Regelungsspielräumen von Arbeitgeber und Betriebsrat lässt erkennen, dass sich die Grenze zu unverhältnismäßigen Gestaltungen einer einheitlichen Bekleidung in uferlosen Anordnungsmöglichkeiten aufgelöst hat. Die Argumentationsgrundlagen entsprechen dabei der im

---

1250 Engere Auffassung in *Löwisch/Kaiser*, BetrVG Kommentar, § 75 BetrVG Rn. 39, woraufhin diese Aspekte nur für betriebliche Gründe relevant seien. Dagegen stelle der eine Dienstkleidungsordnung rechtfertigende Kundenkontakt eine Besonderheit dar.

1251 *ArbG Essen* 17.05.1966 BB 1966, 861, 862.

1252 *Brose/Greiner/Preis*, NZA 2011, 369, 378.

1253 *LArbG Hamm (Westfalen)* 07.07.1993 LAGE Nr. 14 zu § 611 BGB Direktionsrecht, zu II. der Gründe.

1254 *LArbG Hamm (Westfalen)* 07.07.1993 LAGE Nr. 14 zu § 611 BGB Direktionsrecht, zu II. der Gründe.

1255 *LArbG Köln* 18.08.2010 NZA-RR 2011, 85, 87.

1256 Vgl. 3. Teil. § 8. III. 3. c) bb).

Dienstkleidungsbereich entwickelten Verkehrssitte, die gestellten Erwartungen verschiedener Personengruppen im Arbeitsalltag zu erfüllen.[1257] Gesellschaftliche Konventionen und ausgeprägte Traditionsbilder sind tragende Säulen der durch die Gerichte erfolgenden Rechtskontrolle.[1258] Auch nach Ansicht von *Duchstein*[1259] ist die Akzeptanz in der Bevölkerung neben den konkreten Interessen der Betroffenen ein wichtiges Maß für die Zulässigkeitsbeurteilung einer Dienstkleidungsordnung. Dahingehend sei die Verbreitung des Erscheinungsbilds in der Gesellschaft ein Indiz für die gefestigten Einstellungen über das öffentliche Auftreten. So seien Mehrheitsergebnisse einer Meinungsumfrage der Allgemeinheit geeignet, auf der einen Seite selbst gewählte Bekleidung des Personals durch den Arbeitgeber verbieten zu lassen und auf der anderen Seite einer korrespondierenden Anweisung nicht Folge leisten zu müssen.[1260] Wird eine betriebseinheitliche Kleidung bereits längerfristig ohne Bedenken von der Belegschaft getragen, ist die Wirksamkeit der Maßnahme und dementsprechend keine gegenteilige Interessenlage des Arbeitgebers anzunehmen.[1261] Indes knüpfen daran kritische Stimmen an: *Utess*[1262] stellt die vorgenommene und begründungsarme Grenzziehung des Gerichts zwischen noch zulässigen Vorgaben und unverhältnismäßigen Regelungen in Frage. Der mit Hilfe der Vorgabe von Farbe und Aussehen der Unterwäsche erfolgte Eingriff sei nicht ausreichend vom Zweck der Vorschrift gedeckt. Die gesellschaftliche Berechtigung gewisser Anforderungen sei nicht immerfort existenzbegründend für eine Rechtsnorm im beruflichen Leben. Das öffentliche Auftreten sei nur Ausdruck des Pflichtbewusstseins des Arbeitnehmers.[1263] In der Konsequenz des „Schlüpfer-Urteils“[1264] müssen gerichtliche Verfahren die Vernunft solcher tiefgreifenden Dienstkleidungsvorgaben unkommentiert lassen.[1265] Die Gefahr überregulierender Maßnahmen ist somit allgegenwärtig und bedingt die Frage, inwieweit mit diesen einheitlichen Bekleidungsvorschriften die Schutzpflicht und der Förderauftrag gemäß § 75 II 1 BetrVG ausreichend umgesetzt werden. Offensichtlich rückt das ansonsten vehement vertretene Schutzbedürfnis der Arbeitnehmer im

---

1257 Vgl. 3. Teil. § 8. III. 3. a).

1258 Vgl. zu der Rechtfertigung einer Ungleichbehandlung im Sinne des Allgemeinen Gleichbehandlungsgesetzes, 5. Teil. § 14. II. 1.

1259 *Duchstein*, BB 2011, 1717, 1719.

1260 *Duchstein*, BB 2011, 1717, 1719.

1261 *LArbG Hamm (Westfalen)* 07.07.1993 LAGE Nr. 14 zu § 611 BGB Direktionsrecht, zu II. der Gründe; *Hessisches LArbG*, Beschluss vom 08.04.2010 – 5 TaBV 123/09 –, juris Rn. 47.

1262 Unter Bezugnahme auf *Brose/Greiner/Preis*, NZA 2011, 369, 375 etwa *Utess*/LArbG Köln 18.08.2010, AiB 2011, 476, 477.

1263 *Utess*/LArbG Köln 18.08.2010, AiB 2011, 476, 477.

1264 Bezeichnung laut *Brose/Greiner/Preis*, NZA 2011, 369, 370.

1265 In Anbetracht der Zurückweisung der eingelegten Beschwerde beim *BAG*, Beschluss vom 17.05.2011 – 1 ABN 2/11 –, juris; ebenso *Brose/Greiner/Preis*, NZA 2011, 369, 378.

Bereich der prinzipiellen Bejahung eines Mitbestimmungsrechts an dieser Stelle in den Hintergrund.[1266] Das Tätigwerden des Betriebsrats stellt sich wenig interessengerecht dar, wenn die Gestaltung der Unterbekleidung festgelegt wird und einer Inhaltsüberprüfung nach Maßgabe der Freiheitsrechte standhält. Deshalb kann nicht davon die Rede sein, dass der Betriebsrat seine Mitbestimmungsrechte nutzt, um solche Vereinbarungen zu vermeiden und der einsichtige Arbeitgeber etwaige Regelungen nicht von seinen eigens ausgewählten Mitarbeitern fordert, sondern diesen ein Vertrauen zu teil werden lässt, das ihnen zusteht[1267]. Obgleich den Betriebsparteien damit zu viel an gegenseitiger Rücksichtnahme abverlangt wird, ist die Lösung einer generellen Unwirksamkeit solcher Bestimmungen trotz allem zweifelhaft.

2. Korrekturmöglichkeiten von Überregulierungen?

Mithin ist zu erörtern, inwieweit den als verhältnismäßig erachteten Beeinträchtigungen der Selbstbestimmungsfreiheit des Arbeitnehmers gefolgt werden muss und/oder welche weitergehenden Betrachtungen notwendigerweise in die Rechtskontrolle einzubeziehen sind, um eine Überschreitung der eingeräumten Regelungsbefugnisse zu vermeiden.

a) Legitimer Zweck

Der Maßnahme wird durch alle Zwecke Legitimität verliehen, die sich im Wege der Auslegung ermitteln lassen.[1268] Bedingt durch ein öffentliches Interesse, das in Abhängigkeit vom jeweils betroffenen Grundrecht verfassungsrechtlich nicht ausgeschlossen sein darf[1269], kommen infolge der Einbindung des Arbeitnehmers in den Betrieb nur dementsprechende Ziele in Betracht.

Die verbliebene mitbestimmungspflichtige Maßnahme in Dienstkleidungsangelegenheiten eröffnet in Ansehung des mit ihr verfolgten Zwecks den Anwendungsbereich des § 75 II 1 BetrVG. Es wird deutlich, dass es sich vordergründig um ein arbeitgeberseitiges Interesse im Zusammenhang zu der Wirtschaftlichkeit des jeweiligen Betriebs handelt. Um dem so entstehenden Eindruck entgegenzuwirken, dass nur dem Begehren des Arbeitgebers nach betrieblicher Konformität stattgegeben wird[1270], kann neben den Anforderungen verschiedener außerhalb des Betriebs stehenden Personengruppen eine Verbindung zu dem berechtigten

1266 Vgl. 3. Teil. § 8. III. 2.

1267 So aber gefordert von *Utess*/LArbG Köln 18.08.2010, AiB 2011, 476, 478.

1268 Dreier/*Dreier*, GG Kommentar, Vorbemerkung vor Art. 1 GG Rn. 146; *Jarass*/Pieroth, GG Kommentar, Art. 20 GG Rn. 116; *Pieroth/Schlink/Kingreen/Poscher*, Grundrechte, S. 72.

1269 *BVerfG* 06.06.1989 BVerfGE 80, 137, 159.

1270 Kritsch *Edenfeld*/BAG 13.02.2007, AP Nr. 40 zu § 87 BetrVG 1972 Ordnung des Betriebes, zu 2., infolge dessen die Zweckkopplung an die Einheitlichkeit einer strengen Handhabung unterlegen sei.

Sicherheitsbedürfnis der übrigen Belegschaft und damit den Grundrechten Dritter hergestellt werden. Entsprechend der Meinung von *Preis/Greiner*[1271] ist beispielsweise für den Schutz des Flugverkehrs eine eindeutige Identifizierbarkeit der Betriebsangehörigen notwendig. Auf diese Weise sei garantiert, dass die Mitarbeiter als Ansprechpartner der Fluggäste wahrgenommen werden und diese ihre Anweisungen befolgen würden. Gerade in Krisensituationen sei eine Wechselbeziehung zur Sicherheit der in dem Gefahrenbereich befindlichen Personen unvermeidbar. Demzufolge seien der Schutz der körperlichen Integrität anderer Betriebsangehöriger und die Gewährleistung eines ungestörten Luftverkehrs Legitimationsquelle für die Erforderlichkeit einer Dienstkleidungsordnung.[1272] Folglich ist eine für alle Beteiligten ansonsten vorauszusetzende Kenntnis über die Betriebszugehörigkeit im Hinblick auf die Identifikationsmöglichkeiten nicht zumutbar. Gleichermaßen wird mit dem einheitlichen Erscheinungsbild der nötige Respekt zur Realisierung des vorstehend gewünschten Zwecks gewährleistet, so dass die sich an einer Ordnungsfunktion ausrichtenden Berufe, wie zum Beispiel das Sicherheitspersonal eines Nahverkehrsbetriebs, jenen Anforderungen zulässigerweise ausgesetzt sehen.[1273] Insofern ermöglicht eine betriebseinheitliche Kleidervorschrift in Abgrenzung zu der typischen Schutzbekleidung mittelbar den Schutz anderer dienstkleidungspflichtiger Arbeitnehmer. Aus diesem Grund ergibt sich eine vergleichbare Interessenlage mit dem bereits angesprochenen Rauchverbot im Betrieb, das gerechtfertigt in die Lebensgewohnheiten und die persönliche Lebensgestaltung der Belegschaft eingreift, um bestehenden Sicherheitsvorschriften und der Gefahr gesundheitlicher Nachteile für die übrigen Arbeitnehmer (Nichtraucher) Rechnung zu tragen[1274]. So gesehen erfolgt eine Ergänzung des legitimen Zweckbereichs einer Dienstkleidungsmaßnahme durch Inbezugnahme der passiven Ausübung von Persönlichkeitsrechten.

b) Geeignetheit

Ein Mittel ist geeignet, wenn mit dessen Hilfe der verfolgte Zweck erreicht beziehungsweise der gewünschte Erfolg gefördert werden kann.[1275] Demzufolge sind

---

1271 Formuliert im Rahmen einer praktischen Konkordanz mit Art. 4 I GG von *Preis/Greiner*/BAG 10.10.2002, RdA 2003, 244, 248.

1272 *Preis/Greiner*/BAG 10.10.2002, RdA 2003, 244, 248.

1273 *Duchstein*, BB 2011, 1717, 1719.

1274 Vgl. 3. Teil. § 8. III. 3. c) aa); weitergehend *Waltermann*, Rechtsetzung, S. 209, woraufhin auch jede außerhalb des Betriebs stehende Person, die in keinem Arbeitsverhältnis zum Betriebsinhaber stehe, sich an diese Anordnung halten müsse.

1275 Stetige Rechtsprechung des Gerichts grundlegend *BVerfG* 16.03.1971 BVerfGE 30, 292, 316; nachfolgend *BVerfG* 10.05.1972 BVerfGE 33, 171, 187; *BVerfG* 20.06.1984 BVerfGE 67, 157, 175.

Maßnahmen, welche die Erlangung des beabsichtigten Ziels erschweren oder hinsichtlich des Ergebnisses überhaupt keine Wirkungen entfalten, untauglich.[1276]

Ausgangspunkt für die Beurteilung der Geeignetheit einer einheitlichen Kleidervorschrift bildet die Notwendigkeit der Regelungstiefe mancher Gestaltungsmodalitäten. Ohne Zweifel ist überhaupt die Ausgestaltung der Bekleidungsvorgabe erforderlich, um den betrieblichen Arbeitgeberbedürfnissen gerecht zu werden, so dass bestimmte Kleidungsstücke zwangsläufig vorzugeben sind. Ob Schnitt, Farbe und Material konkretisierungsfähig sind, lässt sich unterschiedlich beurteilen.

Teilweise wird postuliert, dass die vorstehend genannten Aspekte der Dienstkleidung nicht notwendigerweise von den Funktionen der Einheitlichkeit verlangt werden.[1277] Die Kenntlichmachung im dienstlichen Interesse des Arbeitgebers[1278] erfolgt beispielshalber schon mittels der Anordnung einer Krawatte als einer Art einer businessbezogenen Trageverpflichtung oder durch den Aufdruck des Unternehmenslogos auf ein sichtbares Bekleidungsteil, ohne das es einer spezifizierten Angabe zu der Art des Kleidungsstücks bedarf. Vor diesem Hintergrund sind laut *Verwaltungsgericht Berlin*[1279] Mitarbeiter einer Konditorei nicht zwingend verpflichtet, helle Arbeitskleidung zu tragen. Zwar sei für ein Tätigwerden im Lebensmittelbereich nach der europarechtlichen Verordnung (EG) Nr. 852/2004 eine passende und saubere Bekleidung, erforderlichenfalls eine Schutzkleidung, unentbehrlich. Gleichwohl seien zur Durchführung dieser Vorgaben ebenso dunkle Kleidungsstücke zweckdienlich, infolge dessen die Farbe in diesem Bereich kein passendes Kriterium der Gestaltung sei.[1280] Trotz der Selbstverständlichkeit solcher allgemein bewährten Vorstellungen über das zu besprechende äußerliche Berufsbild überzeugt diese Handhabung im Hinblick auf eine seriöse Geschäftskleidung und Uniformen nicht. Dahingehend ist eine präzise Farbbestimmung sowie Formvorgabe unerlässlich.[1281] So zum Beispiel statuieren die Rocklänge, das Krawattenmuster oder das Kolorit der Anzughose in einer Bank, einem Architekturbüro oder einem Schienenverkehrsunternehmen die entsprechende Wichtigkeit. Demzufolge bedingen die bereits aufgeführten gesellschaftlichen Erwartungen das klassische Auftreten der in diesen Tätigkeitskreisen beschäftigten Personen, weshalb die entsprechenden Anweisungen sachgerechten Einfluss auf die rechtliche Wirksamkeit der Maßnahme nehmen. Wohl einschränkend werden Teile der Unterbekleidung davon nicht erfasst, da diese sich in den überwiegenden Berufsfeldern nicht zweckfördernd auf das Arbeitsverhältnis auswirken. Für die mit dem Arbeitnehmer in Kontakt tretende Person und darüber

1276 *Pieroth/Schlink/Kingreen/Poscher*, Grundrechte, S. 72.

1277 *Wiese*, FS Roeber, 671, 683, demgemäß auch eine denkbare Beschaffungspflicht des Arbeitnehmers jenes Verständnis bedinge.

1278 Vgl. 2. Teil. § 7.

1279 *VG Berlin*, Urteil vom 26.07.2012 – 14 K 342.11 –, juris Rn. 9.

1280 *VG Berlin*, Urteil vom 26.07.2012 – 14 K 342.11 –, juris Rn. 9.

1281 Auch *BAG* 13.02.2007 BAGE 121, 147, 156, wonach die einfache Anordnung von Krawatten, Ansteckern oder Schildern nicht genügend zur Zielumsetzung beitrage.

hinaus den Geschäftsabschluss ist es irrelevant, welche Unterwäsche der jeweilige Mitarbeiter zu diesem Zeitpunkt trägt. Sollte es sich somit nicht um Wirkungsbereiche der Arbeitnehmer handeln, in denen die oberen Kleidungsstücke einen Blick auf die darunter getragene Bekleidung gewähren sollen, stellt sich diese Anforderungserfüllung der Gesellschaft als genereller Rechtfertigungsaspekt fehlgeleitet dar. Solche Regelungen versprechen keine positiven oder überhaupt Folgen für die genannten Zielverwirklichungen: Die wissentlich herbeigeführte Einheitlichkeit, frei von einer bewussten Wahrnehmung der gewünschten Adressaten, begründet deren unberechtigt ausgelöste Überzeugung von Verschiedenartigkeit. Insofern bringt der vorgenommene Vergleich der Wäschestücke mit Socken oder Feinstrumpfhosen[1282] keinen Erkenntnisgewinn, weil zumindest letztere Kleidungsteile regelmäßig für die Öffentlichkeit sichtbar sind. In Ermangelung einer vorliegenden Ungewöhnlichkeit, diese Unterbekleidung zu tragen, wird eine solche Anweisung obsolet. Zur Vermeidung entsprechender Bestimmungen und überdies zur Begründung ihrer Erforderlichkeit, sind die Betriebsparteien gehalten, die wahrnehmbaren Bekleidungsstücke in Schnitt und Material so auszurichten, dass sie weder transparent noch zu freizügig sind.[1283] Der dadurch fällig werdende Mehraufwand an finanziellen Mitteln ist mit Blick auf die erzielte Nachhaltigkeit in der Anwendung der betriebseinheitlichen Kleidervorgabe von den Beteiligten in Kauf zu nehmen.[1284] In Bezug darauf muss auftretenden Hautunverträglichkeiten, verursacht durch die Qualität des Stoffes, in gebührender Weise begegnet werden. Das führt dazu, dem dafür verantwortlichen Arbeitgeber die Bereitstellung wenigstens einer Materialalternative aufzuerlegen. Denn etwaig hervorgerufene gesundheitliche Belastungen des betroffenen Arbeitnehmers sind diesem nicht zuzumuten. Eigenverantwortliche Gegenmaßnahmen sind in diesem Fall nicht einzuleiten. Dies folgt aus der Förderpflicht der Betriebspartner gemäß § 75 II 1 BetrVG, wonach als Konkretisierung der Fürsorgepflicht des Arbeitgebers Sorge für die Verwirklichung des Persönlichkeitsschutzes und die Sicherheit der körperlichen Integrität zu tragen ist.[1285]

c) *Erforderlichkeit*

In Anerkennung einer Einschätzungsprärogative des Urhebers über die Regelung wird jene als notwendig angesehen, wenn zur Verfolgung des bestimmten Ziels kein gleich geeignetes, weniger stark in andere Rechtsgüter eingreifendes Mittel zur Verfügung steht.[1286]

1282 *LArbG Köln* 18.08.2010, NZA-RR 2011, 85, 88.

1283 Gleichermaßen *Utess*/LArbG Köln 18.08.2010, AiB 2011, 476, 477 f.

1284 *Utess*/LArbG Köln 18.08.2010, AiB 2011, 476, 477 f.

1285 GK-BetrVG/*Kreutz*, § 75 BetrVG Rn. 136.

1286 Ständige Rechtsprechung des Gerichts grundlegend *BVerfG* 15.01.1958 BVerfGE 7, 377, 405; nachfolgend *BVerfG* 14.12.1965 BVerfGE 19, 330, 337; *BVerfG* 16.03.1971 BVerfGE 30, 292, 316; *BVerfG* 05.03.1974 BVerfGE 37, 1, 20; *BVerfG* 20.06.1984 BVerfGE 67, 157, 176.

Denkbare Ausnahmen im persönlichen und räumlichen Anwendungsbereich einer einheitlichen Bekleidungsvorschrift oder der Einsatzdauer während der Arbeitszeit greifen in vergleichsweise genauso starker Intensität in die Persönlichkeitsrechte der Mitarbeiter ein und schwächen dabei die Umsetzung der angestrebten Ziele. Lediglich die gemeinsame Formulierung der Kleidervorgaben von Arbeitgeber, Betriebsrat und der dienstkleidungspflichtigen Belegschaft erscheint in den beeinträchtigten Auswirkungen geringer. Auf diese Weise kann der mit der Einführung des § 75 II BetrVG begehrte gesetzgeberische Wille umgesetzt werden, die freie Entfaltung der Persönlichkeit nicht am Betriebseingang enden zu lassen. Beides wird mit der Intensivierung der förderfähigen, ideellen Arbeitnehmerinteressen durch den Nachtrag des § 75 II 2 BetrVG im Rahmen der aktuellsten Novellierung des Betriebsverfassungsgesetzes unterstützt.[1287] Danach haben die Betriebsparteien die Eigeninitiative und Selbstständigkeit der Arbeitnehmer und Arbeitsgruppen zu fördern. In der entsprechenden *Regierungsbegründung*[1288] heißt es, dass mit Hilfe von § 75 II 2 BetrVG „ein Beitrag zu mehr Demokratie im Betrieb geleistet werden soll". Die Ausrichtung der Betriebsorganisation und der Arbeitserbringung sei im Hinblick auf die Schaffung von Entscheidungsspielräumen, Selbstständigkeit und Ideenreichtum der Mitarbeiter sowie der Arbeitsgruppen vorzunehmen.[1289] Die in § 75 II BetrVG enthaltenen Sätze sind daher gesetzessystematisch als Ganzes zu betrachten.[1290] Durch § 75 II 2 BetrVG wird dem bisher geltenden Teilhabewunsche Genüge getan und der persönliche Geltungsbereich auf die Arbeitsgruppen erstreckt.[1291] Über die Gewährleistung des Persönlichkeitsschutzes hinaus ermöglicht der Arbeitgeber durch die Beteiligung des Personals eine aktive Mitgestaltung der betrieblichen Gegebenheiten. Insoweit realisiert sich der Wille des Gesetzgebers zum Abbau der Weisungsgebundenheit beziehungsweise der Dezentralisierung betriebsverfassungsrechtlicher Entscheidungsstrukturen. Jedoch lässt sich eine schon an sich bedenkliche gesetzgeberische Verknüpfung von Persönlichkeitsschutz und Demokratie in § 75 II BetrVG bezüglich der einheitlichen Kleidervorschriften nur bedingt nachweisen. Unter dem Begriff der Demokratie gemäß Art. 20 II 1 GG wird die Herrschaft durch das Volk und damit die Identität von Regierenden und Regierten verstanden.[1292] Die in Deutschland ausgeübte repräsentative Demokratie

1287 *Wiese*, NZA 2006, 1, 6; Düwell/*Lorenz*, BetrVG Handkommentar, § 75 BetrVG Rn. 55.

1288 *Gesetzesentwurf der Bundesregierung* 02.04.2001, BT-Drucksache 14/5741, S. 45.

1289 *Gesetzesentwurf der Bundesregierung* 02.04.2001, BT-Drucksache 14/5741, S. 45.

1290 Richardi/*Richardi/Maschmann*, BetrVG Kommentar, § 75 BetrVG Rn. 46.

1291 *Wiese*, NZA 2006, 1, 6; *Franzen*, ZfA 2001, 423, 425; *Fitting*, BetrVG Handkommentar, § 75 BetrVG Rn. 170; Däubler/u. a./*Berg*, BetrVG, § 75 BetrVG Rn. 140 f.; allgemein kritisch *von Hoyningen-Huene*, Betriebsverfassungsrecht, S. 16, demzufolge die Schaffung etwaiger Normen mit Blick auf die Behandlungsweise der dadurch hervorgerufenen Detailbestimmungen fraglich sei.

1292 *BVerfG* 02.03.1977 BVerfGE 44, 125, 138; *BVerfG* 15.02.1978 BVerfGE 47, 253, 271; *BVerfG* 24.05.1995 BVerfGE 93, 37, 66; *BVerfG* 05.02.2000 BVerfGE 107, 59, 92.

verwirklicht sich mittels der politischen Willensbildung vom Volk zu den Staatsorganen.[1293] Über Partizipation, Meinungsäußerung, Versammlung, Medien und Beteiligung des Bürgers am politischen Prozess[1294] wird eine fortwährende Legitimationskette hergestellt[1295]. Die Staatsgewalt erfasst dabei jede Verhaltensart mit Entscheidungscharakter.[1296] Unabhängig von der problematischen Nutznießung verfassungsrechtlicher Prinzipien für die Konkretisierung geltender Freiheitsrechte in Teilen des Sonderprivatrechts[1297] kann die umfassend geforderte Selbstausrichtung des Einzelnen aufgrund der möglichen Meinungsverschiedenheiten in der Belegschaft und den Auswirkungen auf die unternehmerische Freiheit des Arbeitgebers nicht gewährt werden[1298]. So gesehen verringert sich die Praxisrelevanz des niedergelegten Schutzauftrags und der Förderpflicht gemäß § 75 II 1 BetrVG im Zusammenhang mit der gesteigerten Schutztendenz des Satzes 2 von § 75 II BetrVG.[1299] Unter der ausreichenden Berücksichtigung von zweifelsohne gegebenen Arbeitnehmerwünschen durch die Betriebspartner verbleibt zumindest tendenziell ein milderes Ausmaß an Einschränkungen.

Ferner erscheint die Anweisung einer entsprechenden Vorlaufzeit der Dienstkleidungsmaßnahme zweckmäßig, um der Belegschaft die Möglichkeit zu geben, sich auf die veränderten Bedingungen im Betrieb einzustellen.[1300] Anlässlich der betroffenen wirtschaftlichen Belange des Arbeitgebers wird für den Test der einheitlichen Kleidervorgabe eine „Probezeit" von circa vier Wochen als ausreichend erachtet. Im Anschluss daran muss zwingend eine Rückmeldung bei den dienstkleidungspflichtigen Mitarbeitern erfolgen, um denkbaren Verbesserungsvorschlägen der erarbeiteten Bekleidung die genügende Beachtung beizumessen. Im Gleichlauf damit ist eine Evaluation des Personals über diese grundlegende Vorgehensweise denkbar.

1293 *BVerfG* 19.07.1966 BVerfGE 20, 56, 98 f.; *BVerfG* 02.03.1977 BVerfGE 44, 125, 142.

1294 Im Zusammenhang mit dem Verhältnis zu den Grundrechten formuliert in *Hufen*, Staatsrecht II, S. 10.

1295 *BVerfG* 15.02.1978 BVerfGE 47, 253, 271; *BVerfG* 01.10.1987 BVerfGE 77, 1, 40; *BVerfG* 24.05.1995 BVerfGE 93, 37, 66; *BVerfG* 05.02.2000 BVerfGE 107, 59, 87; von Münch/Kunig/*Schnapp*, GG Kommentar, Art. 20 GG Rn. 18; Jarass/*Pieroth*, GG Kommentar, Art. 20 GG Rn. 9, Rn. 11.

1296 *BVerfG* 01.10.1987 BVerfGE 77, 1, 40; *BVerfG* 24.05.1995 BVerfGE 93, 37, 67.

1297 Schon in 4. Teil. § 12.

1298 Vgl. 3. Teil. § 8. III. 3. c) bb).

1299 Richardi/*Richardi/Maschmann*, BetrVG Kommentar, § 75 BetrVG Rn. 45; dergleichen *Franzen*, ZfA 2001, 423, 425, woraufhin die Selbstbestimmung des Arbeitnehmers entweder auch durch eine Zurückhaltung der Beteiligung oder mit Hilfe vertraglicher Regelungen zu verwirklichen sei.

1300 Angewendet von Arbeitgeber und Betriebsrat im Fall eines betrieblichen Rauchverbots siehe *BAG* 19.01.1999 BAGE 90, 316, 329.

d) Angemessenheit

Unter Berücksichtigung der Zumutbarkeitsgrenze für eine in Frage stehende Vereinbarung[1301] wird zur Ermittlung der Verhältnismäßigkeit im engeren Sinne der erstrebte Zweck in Relation zu dem erforderlichen Mittel gesetzt[1302]. Neben der Interessenabwägung zwischen den persönlichkeitsrechtlichen Belangen des Arbeitnehmers und den unternehmerischen Arbeitgeberinteressen bedarf es eines erweiterten Prüfungsprogramms, wenn schutzbedürftige Werte anderer Mitarbeiter betroffen sind.[1303] In Anlehnung an die eingangs dargelegte grundrechtliche Betroffenheit der Beteiligten ist der notwendige Ausgleich zwischen den Interessen vorzunehmen.[1304]

aa) Freie Persönlichkeitsentfaltung des Arbeitnehmers

Zur Sicherstellung der entsprechenden Rechte der Arbeitnehmerschaft knüpft das Betriebsverfassungsgesetz an Sachkomplexe und an den Betrieb als Lebensbereich an.[1305] Infolge der Betroffenheit aller dienstkleidungspflichtigen Mitarbeiter und vorgenommener Regelungen, die das Selbstbestimmungsrecht weitgehend verkürzen, stellt sich die Eingriffsintensität als hoch dar. Unter Berücksichtigung des illustrierten rechtlichen Bewertungsmaßstabs besteht mittlerweile nicht mehr lediglich die Gefahr einer „Transparenz der Menschen und der Gesellschaft bis auf die Unterwäsche", sondern schon der tatsächliche Eingang dessen in den Berufsalltag. Im Besonderen verstärkt sich somit die in dem Rechtscharakter des Dauerschuldverhältnisses angelegte Offenbarung höchstpersönlicher Sachverhalte und steigert das vorherrschende Konfliktpotential um ein Vielfaches. Die existenzielle Bindung des Arbeitnehmers an den Arbeitgeber und somit den entsprechenden Arbeitsplatz[1306] ruft unweigerlich eine Zwangssituation des Betroffenen hervor.

Zusätzlich können aus einer betriebseinheitlichen Kleidervorschrift Selbstwertprobleme des einzelnen Arbeitnehmers resultieren, welche die Betroffenen und ihre Umgebung ebenso angesichts der verschiedenen ästhetischen Wahrnehmungen

---

1301 *BVerfG* 15.01.1958 BVerfGE 7, 377, 407; *BVerfG* 23.03.1960 BVerfGE 11, 30, 42 f.; *BVerfG* 16.03.1971 BVerfGE 30, 292, 316; *BVerfG* 31.10.1984 BVerfGE 68, 272, 282; *BVerfG* 17.10.1990, BVerfGE 83, 1, 19.

1302 Stetige Rechtsprechung des Gerichts grundlegend *BVerfG* 15.01.1958 BVerfGE 7, 377, 406 f.; nachfolgend *BVerfG* 17.07.1961 BVerfGE 13, 97, 113; *BVerfG* 29.06.1965 BVerfGE 19, 93, 96.

1303 Eine „dreiseitige Interessenabwägung" postulierend ErfK/*Schmidt*, Art. 2 GG Rn. 66; *Pieroth/Schlink/Kingreen/Poscher*, Grundrechte, S. 103, dementsprechend diese Grundrechtsschranke von der „verfassungsmäßigen Ordnung" gemäß Art. 2 I GG mit umfasst sei.

1304 Vgl. 1. Teil. § 1.

1305 *Waltermann*, Rechtsetzung, S. 226.

1306 Vgl. dazu *BAG* 10.10.2002 BAGE 103, 111, 111 ff.; geschützt über Art. 12 I GG, *BVerfG* 07.02.1990 BVerfGE 81, 242, 254.

anfällig für beeinträchtigende Störungen wie zum Beispiel Mobbing[1307] werden lassen. Insoweit ist der Arbeitgeber verpflichtet, derartigen persönlichkeitsverletzenden Handlungen der Kollegen untereinander entgegen zu wirken.[1308] Daraus lässt sich gleichsam unter Heranziehung des arbeitsrechtlichen Gleichbehandlungsgrundsatzes aus § 75 I BetrVG[1309] die Unzulässigkeit einer „Karrierekleidung" gestaffelt nach dem Status der Mitarbeiter ableiten[1310]. Die vorwiegend sachliche Übereinstimmung der äußeren Gesetzessystematik von §§ 75 I, II BetrVG in Ziel, Funktion und Ausgestaltung der Normtexte stellt in diesem Zusammenhang den Grund für die Einarbeitung der grundrechtlichen Werte dar. Die Unterscheidung zwischen einem „normalen" Arbeitnehmer[1311] und beispielsweise führendem Personal ist weder nachvollziehbar noch sachgerecht, wohingegen die Differenzierung nach Funktionsgruppen[1312] aufgrund der Erforderlichkeit einer Differenzierung im Betrieb erlaubt bleibt. Überhaupt muss im Hinblick auf den notwendigen Schutzmechanismus für die Personen in leitenden Positionen die wesentliche Problematik im persönlichen Geltungsbereich des § 75 II BetrVG angesiedelt werden. Der Gesetzeswortlaut von § 75 II BetrVG gibt vor, dass „alle im Betrieb tätigen Personen" erfasst werden. Darunter fallen sowohl die Belegschaft, Arbeitnehmer anderer Arbeitgeber, soweit sie eingegliedert sind und im Betrieb beschäftigt werden, als auch Ausländer, Ruheständler und andere ausgeschiedene Arbeitnehmer, vorausgesetzt die entsprechende Betriebsvereinbarung ist auf jene Personengruppen anwendbar.[1313] Darüber hinaus bleibt diskussionswürdig, ob § 75 BetrVG gleichermaßen für die leitenden Angestellten gemäß § 5 III BetrVG gilt.[1314] Vordergründig wird gegen die betriebsverfassungsrechtliche Berücksichtigung der besonders gestellten leitenden Angestellten eines Betriebs ihr schon angemessen garantierte Schutzbedürftigkeit eingewendet. Die Fürsorgepflicht des Arbeitgebers, der arbeitsrechtliche Gleichbehandlungsgrundsatz und der mit dem Wortlaut von §§ 75 I, II 1 BetrVG

1307 *BAG* 16.05.2007 BAGE 122, 304, 304; *BAG* 25.10.2007 BAGE 124, 295, 295 ff.; bedingt durch das personenrechtliche Gemeinschaftsverhältnis siehe *Meys*, Rechtsfortbildung extra legem im Arbeitsrecht, S. 101.

1308 Hergeleitet aus der Fürsorgepflicht des Arbeitgebers etwa *BAG* 16.05.2007 BAGE 122, 304, 321 f.; *BAG* 25.10.2007 BAGE 124, 295, 306; zu weiteren aus der Schutzpflicht resultierenden Haftungen des Arbeitgebers *BAG* 16.05.2007 BAGE 122, 304, 325 f.; bereits angedeutet in 3. Teil. §. 8. III. 3. c) aa).

1309 Vgl. 3. Teil. § 8. III. 3. b) aa).

1310 Im Zusammenhang mit der Verwirklichung eines Werbeeffekts siehe *Wiese*, FS Roeber, 671, 689; allgemeiner GK-BetrVG/ *Wiese*, § 87 BetrVG Rn. 211.

1311 Bedenklich *Preis/Greiner*/BAG 10.10.2002, RdA 2003, 244, 248, dementsprechend aus einem nicht vorhandenen Kundenkontakt zugleich eine rangniedere Stelle im Betrieb abzuleiten sei.

1312 *BAG* 13.02.2007 BAGE 121, 147, 148 f.

1313 *Gamillscheg*, Kollektives Arbeitsrecht, Bd. II, S. 718.

1314 Offen gelassen von *BAG* 05.04.1984 AP Nr. 2 zu § 17 BBiG, zu II. 3. a) der Gründe; bejahend hingegen *Herschel*/BAG 05.04.1984, AP Nr. 2 zu § 17 BBiG, zu 2., wobei § 75 BetrVG nicht bei Vorliegen freier Dienstverträge anwendbar sei.

übereinstimmende § 27 SprAuG[1315] bilden diese rechtlichen Absicherungsmöglichkeiten. Die Einbeziehung von Führungskräften erscheint obgleich ihrer verstärkten Treuepflichten[1316] nicht zweckmäßig, weil danach stets mit einer Interessenabwägung zu Gunsten der unternehmerischen Entscheidungsfreiheit des Arbeitgebers zu rechnen ist. So gesehen führt die Ausdehnung der persönlichen Reichweite von § 75 II BetrVG dazu, dass sich zwar eine allgemeine Pflicht der Betriebsparteien auf alle Mitglieder des Betriebs erstreckt, aber dem Gesetzgeberwillen im Sinne von § 5 BetrVG nicht alle Personen wunschgemäß diesem Wirkungskreis des Betriebsrats angehören sollen. Da im Betriebsverfassungsgesetz keine Differenzierung nach dem Status der betroffenen Arbeitnehmer angelegt ist, geht deshalb auch ein möglicher Vergleich zu den Arbeitsgruppen fehl, die genau wie die leitenden Angestellten durch Herstellung einer betrieblichen Hierarchie die Dezentralität der Verantwortungsstruktur ausmachen. Im Ergebnis ist die ausbleibende Anwendung des betriebsverfassungsrechtlichen Schutzauftrags und der entsprechenden Förderpflicht unschädlich für die Interessenwahrnehmung der leitenden Angestellten. Dahingehend entfaltet § 27 II SprAuG deckungsgleiche Folgen für die zulässigen Einschränkungen der Dienstkleidungsangelegenheiten. Letztendlich wird die äußerlich sichtbar werdende Unterscheidung der Belegschaft nach deren jeweiligen Rangpositionen im Betrieb wie die Umstellung des dienstlichen Gebarens der Arbeitnehmer untereinander auf die Anrede mit Vornamen und „Du"[1317] behandelt. Danach ist der einzelne Mitarbeiter in der Kommunikation mit dem Gegenüber weiterhin in seinem Recht auf das „Siezen" geschützt, da es sich um einen nicht zugänglichen Eingriff in die Selbstdarstellung der Person handelt.[1318] Insofern kann nichts Anderes für die Gestaltungsmodalitäten einer einheitlichen Kleidervorgabe gelten, wodurch beispielsweise die Ausklammerung von Namensschildern für die Auszubildenden[1319] verboten ist. Unter Berücksichtigung der beruflichen Einbettung

1315 In Ermangelung der nach § 5 III BetrVG verlangten „ausdrücklichen" Bestimmung im Gesetz dazu *BAG* 19.02.1975 BAGE 27, 33, 42, wonach lediglich von einer mittelbaren Wirkung auf die besondere Stellung der leitenden Angestellten auszugehen sei. Eine Doppelzuständigkeit von Betriebsrat und Sprecherausschuss sei erkennbar nicht gewollt; gleichermaßen Richardi/*Richardi/Maschmann*, BetrVG Kommentar, § 75 BetrVG Rn. 7; GK-BetrVG/*Kreutz*, § 75 BetrVG Rn. 14; Hess/u. a./*Worzalla*, BetrVG Kommentar, § 75 BetrVG Rn. 3; ErfK/*Kania*, § 75 BetrVG Rn. 3.

1316 *Brose/Greiner/Preis*, NZA 2011, 369, 379.

1317 *Edenfeld*/BAG 13.02.2007, AP Nr. 40 zu § 87 BetrVG 1972 Ordnung des Betriebes, zu 2.; GK-BetrVG/*Wiese*, § 87 BetrVG Rn. 232; *Roellecke*, NJW 1999, 999, 1000; a. M. *LArbG Hamm* 29.07.1998 LAGE Nr. 10 zu § 611 BGB Persönlichkeitsrecht, zu 2. der Gründe, dementsprechend die widerspruchslose Hinnahme des betrieblichen Anredeverhaltens durch den Betriebsrat dessen Wirksamkeit bedinge. Gleiches sei bestimmend für die Zulässigkeit auf individualrechtlicher Ebene, so dass der geforderte Umgang nicht Teil des Arbeitsverhältnisses sei.

1318 *Roellecke*, NJW 1999, 999, 1000; *Löwisch/Kaiser*, BetrVG Kommentar, § 75 BetrVG Rn. 38.

1319 Gegenteilig *BAG* 17.02.2009 BAGE 129, 335, 336.

der zuletzt angesprochenen Personengruppe im Betrieb und der Einwirkungsmöglichkeit auf ihre zukünftige Persönlichkeitsentwicklung muss dem Schutzauftrag dahingehend im besonderen Maße nachgegangen werden.[1320]

bb) Betriebliche Belange des Arbeitgebers

Im Zusammenhang mit dem „Kopftuch-Urteil"[1321], wonach laut Gericht die Weigerung einer angestellten Verkäuferin, ihr Kopftuch bei der Arbeit abzulegen, nicht geeignet ist, um eine verhaltensbedingte oder personenbedingte Kündigung zu rechtfertigen, wurde bereits die weite Einschränkungsmöglichkeit des wirtschaftlichen Gestaltungsspielraums des Arbeitgebers erkennbar[1322]. Gefordert waren konkrete, durch das Tragen dieses auffälligen religiösen Symbols hervorgerufene Nachweise über betriebliche Störungen oder unternehmerische Verluste; alleinige Verdachtsmomente reichten nicht für die Zurückdrängung der grundrechtlichen Arbeitnehmerinteressen aus.[1323] Insofern sind Besuchszahlen, Umsatz, Gewinn und Sitz des Unternehmens sowie ernst zu nehmende Beschwerden oder erheblicher Absatzrückgang als maßgebende Belegkriterien einer genügenden Beeinträchtigung der Unternehmerfreiheit zu qualifizieren. In der Konsequenz ist gewiss eine hinreichende Dimension erreicht, wenn die Kunden in Anbetracht des äußeren Erscheinungsbilds den Kontakt zu dem Betrieb abbrechen wollen. Unter Berücksichtigung der übrigen Unternehmensfaktoren stellt sich *Thüsing*[1324] in Verbindung mit dem getragenen Kopftuch die Frage, wie der Arbeitgeber den geforderten Nachweis erbringen kann. Im Vergleich sei sowohl für die durch ein öffentliches Auftreten bedingten finanziellen Ausfälle als auch für die mit Hilfe einer Werbeanzeige folgenden Gewinneinnahmen, das Erscheinungsbild nicht sicher als Auslöser dafür zu qualifizieren. Im Speziellen sei das religiöse Symbol lediglich geeignet, einen gewissen Einfluss darauf zu nehmen.[1325] Infolge dessen ist es dem Arbeitgeber gerade nicht zumutbar, unaufhörlich beträchtliche Umsatzeinbrüche abzuwarten. Deshalb macht die Grenzziehung zwischen einem für den Arbeitgeber erträglichen Verlust und einem unhaltbaren Finanzzustand einen problematischen Eindruck, zumal es an einer offensichtlichen, aber nicht unweigerlich ausgeschlossenen Ursachenrückführung auf die Kleiderordnung mangelt. Die Lösung können demnach entweder nur umfassende Reaktionsmöglichkeiten, bestehend aus den genannten erweiterten Belegen in Form von Meinungsumfragen und Resultaten der Testphase einer einheitlichen Bekleidungsvorschrift, oder die Herabsetzung des Gefährdungsgrads der wirtschaftlichen Betätigungsfreiheit auf abstrakte Einschränkungen sein. Letzteres

---

1320 Vor allem im Hinblick auf die Gemeinschaftsgebundenheit von Art. 2 I GG *ArbG Essen* 17.05.1966 BB 1966, 861, 862.
1321 *BAG* 10.10.2002 BAGE 103, 111, 111.
1322 *Preis/Greiner*/BAG 10.10.2002, RdA 2003, 244, 247.
1323 *BAG* 10.10.2002 BAGE 103, 111, 122.
1324 *Thüsing*, JZ 2006, 223, 227.
1325 *Thüsing*, JZ 2006, 223, 227.

ist in Abhängigkeit von der Wertigkeit der sich gegenüberstehenden Grundrechte zu beurteilen. Unter der Voraussetzung, dass den jeweiligen Interessen, anders als im Verhältnis zu Art. 4 I GG, ein übereinstimmender Stellenwert inne wohnt[1326], wird eine erfolgversprechende Handhabung ermöglicht. Dahingehend liegt die Betonung auf der Bedeutsamkeit einer betriebseinheitlichen Kleidervorgabe für den Unternehmenserfolg, wobei nicht zwangsläufig von einer sicheren Einflussgarantie auszugehen ist. Aus diesem Grund ist Zurückhaltung bezüglich der Anerkennung einer abstrakten Gefährdung geboten; es bleibt bei dem Verweis auf die entsprechend vorzulegenden Nachweise durch den Arbeitgeber.

Desgleichen muss dem Arbeitgeber ein seinem Ermessen unterliegender Entscheidungsbereich aufgrund der regelmäßig stattfindenden Kostenverteilung der Dienstkleidung[1327] eingeräumt werden. Infolge der Übernahme des Unternehmensrisikos sind schnell die Grenzen der betrieblichen Erfordernisse erreicht, so dass etwaige Schädigungen nicht pauschal dem Arbeitgeber aufzuerlegen sind.[1328] Das durch die Finanztragung entstehende Leihverhältnis begründet korrespondierende Pflichten des Mitarbeiters und ruft damit Zweifel über die Unzulässigkeit der vorgenommenen Überregulierungen hervor. Trägt das Personal eine nicht geeignete Unterbekleidung aus abriebfördernden oder mit dem Obermaterial unverträglichen Stoffen und zieht auf diese Weise unter billiger Inkaufnahme die sichtbaren Kleidungsstücke in Mitleidenschaft, entsteht ein Anspruch auf Schadensersatz gegen den Arbeitnehmer. Respektive ist zu bedenken, ob eine detailliertere Dienstkleidungsanordnung nicht ebenfalls mit Blick auf zukünftige betriebliche Auseinandersetzungen ein geringeres Ausmaß an Beeinträchtigung der Betroffenen darstellt.

Außerdem können die außerhalb des Betriebs eintretenden positiven Folgen einer einheitlichen Bekleidungsvorschrift den Betriebsfrieden und Teile des Zusammenlebens der Belegschaft beeinflussen.[1329] Neben den Auswirkungen auf die schon angeführten Charaktereigenschaften des Einzelnen[1330] besteht die Möglichkeit, dass die entstehende Drucksituation im Hinblick auf die neuesten Modetrends und demnach die Finanzsituation eines jeden Mitarbeiters eingedämmt wird.[1331] So gesehen verkehrt sich die vorgenommene Begrenzung der Persönlichkeitsentfaltung in eine einträgliche Umsetzung des Gleichheitssatzes. Ein ausgewogenes Verhältnis zwischen den Betriebsangehörigen kann zumindest gefördert werden, wodurch das Arbeitgeberinteresse an einer die Person ganzheitlich umfassenden Dienstkleidungsvorgabe nicht auszuschließen ist.

1326 *Thüsing*, JZ 2006, 223, 224.

1327 Vgl. 2. Teil. § 7. II.

1328 Für den Bereich der Drittschädigung fordernd *Löwisch*, AuR 1972, 359, 364.

1329 Kritisch dazu selbst in 3. Teil. § 8. III. 3. c) aa).

1330 Vgl. 3. Teil. § 8. III. 3. c) bb).

1331 Dazu im Zusammenhang mit der Rechtfertigung einer Benachteiligung nach dem Allgemeinen Gleichbehandlungsgesetz etwa Schiek/*Schiek*, AGG Kommentar, § 4 AGG Rn. 13.

cc) Herstellung praktischer Konkordanz

Der unstrittig forderungsfähige gesellschaftliche und kommunikative Mindeststandard hinsichtlich eines entsprechenden Auftretens in der Öffentlichkeit und die Erwartungserfüllung eines einheitlich erkennbaren Erscheinungsbilds unterliegen bereits der vorgenommenen Annäherung zwischen den Beteiligten. Wie soeben aufgezeigt, kann ebenfalls den Überregulierungen in einer einheitlichen Kleidervorgabe begegnet werden, infolge dessen die hervorgerufene Zweck-Mittel Relation zu erörtern ist.

Aus der gesetzessystematischen Stellung des § 75 BetrVG im vierten Teil des BetrVG „Mitwirkung und Mitbestimmung der Arbeitnehmer“ unter dem Punkt „Allgemeines“ folgt, dass eine Anwendung der Vorschrift in allen Bereichen der Beteiligung gewünscht und verlangt wird. Die Freiheit und Gleichheit der Einzelpersönlichkeit soll damit der Betriebsverfassung das prägende Charakteristikum verleihen.[1332] Gleiches ergibt sich aus der umfassenden Einordnung des Betriebsverfassungsgesetzes in das allgemeine Rechtssystem als ein Teil des Sonderprivatrechts Arbeitsrecht.[1333] Die gesamte Arbeitsrechtsordnung orientiert sich an den Interessen der Arbeitnehmerseite, die als die schwächere Vertragspartei postuliert wird.[1334] Deshalb sind die Stärkung des Arbeitnehmerschutzes und damit die Gewährleistung eines Mindestmaßes an gesetzmäßigem Verhalten des Arbeitgebers Sinn der arbeitsrechtlichen Gesetze. Speziell in der Betriebsverfassung muss dem Umstand Rechnung getragen werden, dass auch gemeinsame Maßnahmen mit dem Betriebsrat fremdbestimmt auf das Arbeitsverhältnis Einfluss nehmen, demzufolge von einer fortwährenden, potentiellen Freiheitsgefährdung auszugehen ist.[1335] Indes lässt sich daraus weder unausweichlich der vollständige Entzug oder die Ablehnung von unternehmerischen Entschlüssen noch die Berechtigung zu darüber hinausgehenden Arbeitnehmerinteressen ableiten[1336]. Der gesetzgeberische Wille zielt auf konkrete Lösungen, so dass die freiheitssichernde Funktion des § 75 II BetrVG zum Teil nur eingeschränkt Berücksichtigung finden kann.[1337] Die im Rahmen der Verhältnismäßigkeitsprüfung erwogenen Bedingungen für die Vornahme der Ausgestaltung einer Dienstkleidung entsprechen diesem adäquaten Kompromiss zwischen den jeweiligen Wertvorstellungen der Betroffenen. Der Arbeitgeber ist an

---

1332 Richardi/*Richardi/Maschmann*, BetrVG Kommentar, § 75 BetrVG Rn. 44.

1333 Mithin heute vornehmliche Rechtsauffassung laut Däubler/u. a./*Däubler*, BetrVG, Einleitung Rn. 69; *Fitting*, BetrVG Handkommentar, § 1 BetrVG, Rn. 262; Richardi/*Richardi*, BetrVG Kommentar, Einleitung Rn. 131; *Gamillscheg*, Kollektives Arbeitsrecht, Bd. II, S. 161; *Zöllner/Loritz/Hergenröder*, Arbeitsrecht, S. 606; kritisch *Bachmann*, Private Ordnung, S. 137.

1334 *Meys*, Rechtsfortbildung extra legem im Arbeitsrecht, S. 88.

1335 *Hammer*, Schutzpflicht für die Selbstbestimmungsfreiheit des Arbeitnehmers, S. 113.

1336 Mit Einwänden unter Rückgriff auf die früher geltenden betriebswirtschaftlichen Organisationstheorien etwa *Roellecke*, NJW 1999, 999, 1001.

1337 *Zöllner/Loritz/Hergenröder*, Arbeitsrecht, S. 620.

dem bestmöglichen Unternehmensauftritt interessiert, der notwendigerweise nur mit Hilfe seiner absichtlich eingestellten Mitarbeiter verwirklicht werden kann. Die nicht widerlegbaren nachteiligen Folgen für die persönliche Entfaltung der Arbeitnehmer und etwaige Störungen im betrieblichen Miteinander sind den Betroffenen unter Berücksichtigung der formulierten Ziele und den zur Verfügung stehenden Mitteln zumutbar. Insoweit ist die sowohl positive als auch negative Wirkungsweise der Dienstkleidung auf die Belegschaft und das betriebliche Zusammenleben[1338] tatsächlich von diesen paradoxen Folgen entbunden. Die nachstehenden Maßnahmen erhalten zum einen den Kernbereich des Allgemeinen Persönlichkeitsrechts und verhelfen der Unternehmerfreiheit zum anderen dadurch zu einer entsprechenden Geltung.[1339] Grundlage für die Übereinkunft zwischen den Beteiligten bildet die Orientierung an den Arbeitnehmervorstellungen, die im Rahmen einer gemeinsamen Absprache zu erörtern sind. Diesbezüglich ist davon auszugehen, dass die Zielrichtung der vorgenommenen Novellierung des Betriebsverfassungsgesetzes im Jahr 2001 in Form einer umfangreicheren Mitsprache der Belegschaft an Entscheidungen des Betriebsrats verwirklicht wird[1340]. Gleichsam tritt durch den Einsatz der „Motivatoren" Partizipation und Verantwortungsübernahme erwartungsgemäß eine Steigerung der Arbeitszufriedenheit der Mitarbeiter ein.[1341] In Anbetracht der zumutbaren Kosten für den Arbeitgeber erfolgt mittels der Bereitstellung von Kleidungsalternativen in Schnitt und Material die Sicherstellung eines ansprechenden optischen Auftretens. Bereits in der Ausarbeitung der Gestaltungsmodalitäten ist die Einbeziehung der Unterbekleidung zu vermeiden. Auch die Farbkomposition der Dienstkleidung bleibt mit Blick auf den zu garantierenden Wiedererkennungswert des Betriebs unberührt. Der geforderte Testlauf für die Kleiderordnung und die anschließende Rückversicherung bei den dienstkleidungspflichtigen Arbeitnehmern vervollständigen die berechtigte Umsetzung der einheitlichen Bekleidungsvorgabe. In Abhängigkeit des konkreten Einzelfalls sind allerdings Abweichungen in der Realisierung der Vorschläge anhand der jeweiligen Gegebenheiten des Betriebs erlaubt.[1342] Je nachdem, ob es sich um einen größeren Betrieb oder einen Kleinstbetrieb handelt, können Anpassungen in Bezug auf den Umfang der Kleiderauswahl oder den zeitlichen Aspekt der Vorlaufphase erforderlich sein. Die Gründe für diese zu ergreifenden Schritte liegen neben dem Arbeitnehmerschutz und der Sicherung der begehrten Zwecke ebenfalls in der Flexibilitätsanforderung einer solchen

1338 Erkennbar in 3. Teil. § 8. III. 3. c) aa); ebenso 5. Teil. §. 15. II. 2. d) aa)/bb).

1339 Als grundlegendes Ziel verstanden in *Gamillscheg*, AcP 164 (1964), 385, 434.

1340 *Gesetzesentwurf der Bundesregierung* 02.04.2001, BT-Drucksache 14/5741, S. 1.

1341 Im Sinne der als Inhaltstheorie der Motivation qualifizierten Zwei-Faktoren-Theorie von Herzberg siehe *Herzberg*, Harvard Business Review 46 (1968), 53, 57, dementsprechend zum Beispiel der Status oder der Lohn des Einzelnen lediglich dazu geeignet seien, das Aufkommen von Unzufriedenheit zu verhindern. Insoweit handele es sich um so genannte „Hygienefaktoren", mit deren ausschließlichen Einsatz keine Zufriedenheit herzustellen sei.

1342 *BAG* 19.01.1999 BAGE 90, 316, 326.

Gestaltungsmaßnahme. Die vergangene gesellschaftliche Entwicklung ermöglicht es, in weiten Bereichen des Arbeitslebens eine aus früherer Zeit qualifizierte Freizeitkleidung im Berufsalltag zu tragen, oder ruft gesteigerte Bekleidungscharakteristika hervor, die erst mit dem gegenwärtigen Stand der Kleiderindustrie zu verwirklichen sind.[1343] Dementsprechend geben Konventionen der Allgemeinheit die maßgebende Richtung für die ästhetische Beurteilung, die Branchenüblichkeit und insgesamt die Verhältnismäßigkeit von einheitlichen Kleidervorgaben vor. Darauf basieren sowohl die Anforderungen der arbeitsvertraglich und betriebsverfassungsrechtlich Beteiligten als auch die Erwartungen der Anspruchsgruppen, infolge dessen der Wandel der Zeit als Entscheidungsfaktor für „Außergewöhnlichkeit" und „Normalität" zu bestimmen ist. Nicht nur, dass sich das Verantwortungsgefühl des Mitarbeiters aus einem Gesellschaftsanspruch entwickelt – zumeist wird dieses Bewusstsein unaufgefordert hinsichtlich aller das Arbeitsverhältnis betreffenden Angelegenheiten gelebt und kann daher ein maßgebendes Kriterium für den Interessenausgleich sein.

Weiterhin sollte stets bedacht werden, dass die Dienstkleidungsvorschrift an sich nicht das beeinträchtigende Element darstellt. Wird diese ebenso im Rahmen der angeführten Funktionsgruppeneinteilung als eine Art organisierte Ungleichheit verstanden, ist vielmehr das dadurch hervorgerufene Verhalten der Betroffenen oder der zu diesen in Kontakt stehenden Personen Ursache für die aufkommenden Streitigkeiten.[1344] Mit anderen Worten wird der Adressat des entsprechenden Gebots oder Verbots automatisch nach den Grundsätzen der „Pflichtigkeit"[1345] bestimmt. So gesehen werden die Mitarbeiter, welche eine Dienstkleidungsvorschrift boykottieren, in die Verantwortung genommen. In Abhängigkeit des betroffenen Rechtsgebiets verursachen diese Personen durch ihr Handeln die als nachteilig empfundene Situation – im übertragenden Sinne hier für andere Betriebsangehörige, Kunden, Lieferanten oder Geschäftspartner. Die Anerkennung einer solchen Störung durch den Arbeitnehmer führt keinesfalls zu einem Widerspruch bezüglich einer denkbaren Organisationspflicht des Arbeitgebers, solche Beeinträchtigungen zu vermeiden, um einer anderenfalls eintretenden deliktischen Haftung zu entgehen[1346]. Insoweit sind die inhaltliche Reichweite der Anwendungsfälle, die zu ergreifenden Gegenmaßnahmen und die Beweislastverteilung weitgehend unklar und daher pauschal nicht geeignet, Ansprüche der Arbeitnehmer hinsichtlich der Verwirklichung dieser Arbeitgeberpflicht zu begründen.[1347] Die deshalb

---

1343 Noch mit Bedenken hinsichtlich übermäßiger Anforderungen an das öffentliche Auftreten siehe *Wiese*, FS Roeber, 671, 686.

1344 Gestützt auf die Auswirkungen einer privaten Liebesbeziehung im Betrieb in *LArbG Düsseldorf* 14.11.2005 LAGE Nr. 2 zu § 87 BetrVG 2001 Betriebliche Ordnung, zu B. V. 3. c) der Gründe.

1345 Übertragen aus dem Gefahrenabwehrrecht *Schenke*, Polizei- und Ordnungsrecht, S. 159.

1346 Angeführt für Mobbingfälle und grundlegend Persönlichkeitsverletzungen etwa *BAG* 16.05.2007 BAGE 122, 304, 330.

1347 Dazu *BAG* 16.05.2007 BAGE 122, 304, 330 f. m. w. N.

notwendig werdende, nachträgliche Störungsbeseitigung ist mitunter mit einem großen Aufwand, zusätzlichen finanziellen Belastungen und möglicherweise personellen Umstrukturierungen im Betrieb verbunden, woraufhin eine zuvor angelegte Vermeidung dieser Folgen sachgerecht erscheint.[1348] Die Verbindung zu der betrieblichen Regelungsbefugnis und den korrespondierenden kollektivrechtlichen Vereinbarungen von Arbeitgeber und Betriebsrat wird über eine etwaig ausgelöste Benachteiligung im Sinne des § 3 III AGG i. V. m. § 1 AGG hergestellt. Der denkbare „Mobbingcharakter“ einer Dienstkleidungsordnung ist aufgrund der weitergehenden Erfassung von jedweden Benachteiligungsgründen als denen in § 1 AGG Genannten, als „Belästigung“ im Sinne des § 3 III AGG zu verstehen.[1349] Wird jene Betrachtung auf § 75 I BetrVG[1350] übertragen, verbleibt die Möglichkeit, den den Betriebsfrieden störenden Arbeitnehmer gemäß § 104 BetrVG zu entfernen. Ansonsten verlagert sich diese Problematik auf die individualrechtliche Ebene mit Blick auf den Umfang des Direktionsrechts des Arbeitgebers.[1351]

e) Zwischenergebnis

Werden die aufgeführten Interessen und genannten Einwände gegenüber gestellt, erfolgen beiderseitig Beeinträchtigungen von Grundrechtspositionen, die vor allem aus dem besonders engen und zeitintensiv gestalteten Arbeitsverhältnis[1352] resultieren. Aus dem Zusammenspiel der legitimen Zwecke und dem nötigen Entgegenkommen des Arbeitgebers selbst sowie in Verbindung mit der Zusammenarbeit mit dem Betriebsrat ergibt sich indes die Chance, alle Beteiligten zufrieden zu stellen und gerichtliche Verfahren zu verringern oder gar zu verhindern. Die als problematisch qualifizierten Überregulierungen lassen sich erfolgversprechend umgehen, so dass der nötige Grenzverlauf zu einem selbstbestimmten Bereich des Einzelnen ermöglicht wird. In zumutbarer Weise werden die ideellen Arbeitnehmerinteressen an der freien Entfaltung der Persönlichkeit mit Hilfe des festgelegten, dreistufigen Verfahrens in Dienstkleidungsangelegenheiten eingeschränkt. Beginnend mit einer Orientierungsphase, über die Ausarbeitung von Alternativen, bis hin zu einem Probeabschnitt, sind die dienstlich, unumgängliche Lage und die Analyse vielfältiger sowie fallabhängig, gesellschaftlich bestehender Konventionen abgedeckt. Zielführend vermittelt das Ergebnis einer geplanten und ausgewählten Verschiedenartigkeit der Betroffenen einen positiven Eindruck, der konsensfähig ist. Damit einhergehend können mittels der entwickelten Vorgaben ähnlich oder übereinstimmend gelagerte

---

1348 *Kolle/Deinert*, AuR 2006, 177, 180, demzufolge ein Unterlassungsanspruch des Arbeitgebers lediglich als ultima ratio im Fall der Existenzgefährdung begründet sei.

1349 *BAG* 25.10.2007 BAGE 124, 295, 303 f. unter Referenz auf *BAG* 16.05.2007 BAGE 122, 304, 318, wonach die Erweiterung des Anwendungsbereichs infolge der notwendigen Gesamtschau vieler einzelner Handlungen sachgerecht sei.

1350 Vgl. 5. Teil. § 14. II. 1.

1351 *Blomeyer*, ZfA 1972, 85, 106 f., 122 f.; *Kolle/Deinert*, AuR 2006, 177, 179.

1352 *BAG* 10.11.1955 BAGE 2, 221, 224.

Sachverhalte auf gleiche, betriebsverfassungsrechtliche Weise gehandhabt werden. Dadurch wird die notwendige Rechtssicherheit für die Betroffenen und damit im Endeffekt für den Justizapparat hergestellt. Das auf diese Weise hervorgerufene Vertrauen in den Rechtsverkehr ermöglicht eine dementsprechende Kontinuität und Gewährleistung der gleichförmigen Rechtsanwendung. Dies verhilft gleichsam der Mitbestimmungsausübung zu ihrer Wirksamkeit und Effektivität zu Gunsten beider Betriebsparteien.

3. Ergebnisse

Abschließend behauptet sich eine einheitliche Bekleidungsvorschrift unter Berücksichtigung der verfolgten Ziele grundsätzlich in der in jedem Fall nötigen Verhältnismäßigkeitsprüfung im Sinne des § 75 II 1 BetrVG. Die gegenwärtigen Versuche der Betriebspartner, weitergehende Dienstkleidungsregelungen als Vorschriften über die Oberbekleidung und/oder für die Öffentlichkeit sichtbaren Kleidungsstücke im Betrieb umzusetzen, scheitern allerdings an dieser Rechtskontrolle. Insofern wirkt sich die Aufforderung der anlassgebenden Rechtsprechung zu mehr Toleranz und Beachtung neuer Gegebenheiten nicht positiv auf die festzustellende Wirksamkeit aus. Im Einklang mit den Kritikern entbehrt es diesbezüglich den Ansprüchen an ausreichenden Rechtfertigungsbegründungen in den gerichtlichen Entscheidungen. Die damit einhergehende Förderung des für das gesamte, vordergründig weit gegliederte Arbeitsrecht typisch entstehenden Interpretationsspielraums[1353] muss aufgrund des aufgezeigten Bedarfs nunmehr eingeschränkt werden. Da der Einfluss einer Trageordnung für Dienstkleidung auf die unternehmerische Freiheit des Arbeitgebers nur schwerlich zu dokumentieren ist, kann der Nachweis unter Heranziehung weiterer Belege oder mit zurückhaltendem Blick auf die Absenkung eines bestehenden Gefährdungspotenzials geführt werden. Das heißt, die detailtiefen Gestaltungsmodalitäten erweisen sich unter Berücksichtigung der genannten Faktoren als korrekturfähig und korrekturpflichtig. Nur dann lassen sich die jeweiligen Entscheidungskompetenzen gesetzesgemäß einhalten. In dieser Hinsicht erfolgt für den Arbeitnehmer zumutbar eine Erweiterung der legitimen Zweckrichtungen auf den Schutz anderer Betriebsangehöriger in Gefahrsituationen. Mit Ausnahme der Unterbekleidung, deren Regulierung selten erkennbare Auswirkungen auf das verfolgte Ziel deutlich werden lässt, fungieren Anordnungen über Farbe und Schnitt funktionsfördernd. Die Kommunikation mit der Arbeitnehmerschaft schärft den Blick für Arbeitszufriedenheit, gesundheitliche Belastungen und Störungen des betrieblichen Zusammenlebens und realisiert gleichsam den im Betrieb zu verwirklichenden Demokratiegedanken. Im Rahmen des vorgenommenen Interessenausgleichs wird die bestehende Gefahr einer „Durchsichtigkeit“ des Arbeitnehmers vermieden und dessen Gleichstellung mit den übrigen Kollegen sichergestellt. Eine

---

1353 *Meys*, Rechtsfortbildung extra legem im Arbeitsrecht, S. 104; unter Forderung einer entsprechenden Rücksichtnahme auch *Thüsing*, JZ 2006, 223, 224.

gewisse Verantwortung der Belegschaft ist zumutbar und kann ihnen in Ansehung ihrer zugeschriebenen Störereigenschaft nicht abgesprochen werden. Im Hinblick auf die entstehenden Vorteile in der nachhaltigen Unterstützung der beruflichen Weiterentwicklung des Einzelnen und dem betrieblichen Zusammenwirken wird eine Anwendung der besprochenen Vorgehensweise empfohlen, um den Schutzauftrag und die Förderpflicht des § 75 II 1 BetrVG in allen dienstkleidungsbezogenen Angelegenheiten zu erfüllen. Dies fordert nicht die Opferung der zu erzielenden Einzelfallgerechtigkeit, sondern deren Herstellung zu einem früheren Zeitpunkt. Im Zweifelsfall sind die gesetzlichen Regelungen und demgemäß auch die Beteiligungsrechte des Betriebsrats in einer der Zielsetzung des § 75 II 1 BetrVG entsprechenden Weise auszulegen.[1354]

Daraus folgt, dass der betriebliche Kleiderwechsel ebenso leitlinienkonform durch die Betriebsparteien zu gestalten ist. Angesichts der Ausweitung der übertragbaren legitimen Zwecke auf das fundamentale Begehren die einheitliche Kleidervorgabe im Betrieb zu realisieren und dabei die private Lebensgestaltung unberührt zu lassen, verweist schon allein der örtliche Zusammenhang auf die angemessene Berücksichtigung der Persönlichkeitsrechte der Arbeitnehmer im Rahmen dieser Maßnahme. Die zu schaffenden Gestaltungsbedingungen des Umkleidevorgangs in Form eines vorhandenen Zeiterfassungsgeräts und einer Räumlichkeit für den Kleiderwechsel sind geeignet, den gewünschten Erfolg herbeizuführen. In Ermangelung einer forderungsfähigen Umkleidepflicht[1355] stellen sich die Maßnahmen als mildeste Mittel dar. Auch insoweit wird die Zumutbarkeitsgrenze für die Beteiligten nicht überschritten.

§ 16. Unternehmensautonomie

Der unternehmerische Bezug einer Maßnahme erhält sein Gepräge maßgebend durch die den Markt geforderten Vorbehalte und ihre arbeitstechnischen Realisierungsprozesse im Betrieb.[1356] Bereits mit der Anerkennung der Initiativrechte des Betriebsrats[1357] kann der Einfluss dieser Aktivitäten auf die wirtschaftliche Entscheidungsfreiheit des Arbeitgebers nicht verleugnet werden. Wird insofern ein unzulässiger Eingriff in den Unternehmensgegenstand befürchtet, ist aufgrund der Einheit von Initiativrecht und Mitbestimmungsrecht[1358] eine generelle Ausweitung dieser Folge auf die bestehende Mitbestimmung des Betriebsrats zu untersuchen. Auch in Anbetracht der nicht vorhandenen positivistischen Regelung der wirtschaftlich

1354 Richardi/*Richardi/Maschmann*, BetrVG Kommentar, § 75 BetrVG Rn. 46; enger formuliert im Hinblick auf die Förderpflicht in ErfK/*Kania*, § 75 BetrVG Rn. 10.

1355 Vgl. 3. Teil. § 9. II. 2. b) aa).

1356 Richardi/*Richardi*, BetrVG Kommentar, § 87 BetrVG Rn. 44, wobei der angeführte Literaturverweis in Anbetracht der verschiedenen Rechtsauffassungen kritisch zu bewerten ist.

1357 Vgl. 4. Teil. § 10.

1358 Vgl. 4. Teil. § 10.

gewährten Freiheit des Arbeitgebers sowie der eingeräumten Initiativrechte des Betriebsrats[1359] im Betriebsverfassungsgesetz stellt sich daher die Frage, ob der Unternehmensgegenstand eine taugliche Schranke der Mitbestimmungsausübung sein kann. Gerade mit Perspektive auf die mitbestimmungspflichtigen Dienstkleidungsangelegenheiten, deren Regelungsnotwendigkeiten von wirtschaftlichen Arbeitgeberinteressen getragen werden, steht eine denkbare Vorrangigkeit der Unternehmensautonomie im Zentrum der Kontroverse.[1360]

I. Grenzuntauglichkeit

Die Rechtsprechung und der überwiegende Teil der Lehre sprechen der unternehmerischen Betätigungsfreiheit prinzipiell eine einschränkende Wirkung ab.[1361] Entsprechend der maßgeblichen Entscheidungsbegründung des *BAG*[1362] ist die gegenstandsbezogene Verknüpfung von mitbestimmungspflichtigen Angelegenheiten mit der Unternehmensautonomie des Arbeitgebers Folge des Bestehens von Mitbestimmungsrechten. Insoweit sei das Gesetz selbst unter Anwendung des abgestuften Systems der Beteiligungsrechte die Lösung für den hervorgerufenen Interessenkonflikt. Diese rechtliche Vorgehensweise zu Gunsten der Mitbestimmung sei in gerichtlichen Verfahren unumgänglich und schon gar nicht korrekturbedürftig in Form der Anerkennung einer etwaigen Sperrwirkung. Demgemäß seien die Grenzen des in Frage stehenden Mitbestimmungstatbestands aus dem Recht selbst, anderen gesetzlichen Vorschriften sowie der Systematik und dem Sinnzusammenhang des Betriebsverfassungsgesetzes abzuleiten. Selbst denkbar betroffene arbeitstechnische Angelegenheiten zur Verwirklichung des Unternehmensgegenstands seien schon relevant für die aktiven Teilhabemöglichkeiten des Betriebsrats am Betriebsgeschehen. Der dadurch ausgelöste, unvermeidbare Einfluss auf die wirtschaftliche Betätigungsfreiheit begrenze die Dispositionsbefugnis des Arbeitgebers über die Mitbestimmungsrechte. Je präziser die unternehmerischen Vorgaben seien, desto weniger Gestaltungsspielraum sei bereits für die Umsetzung

1359 GK-BetrVG/*Wiese*, § 87 BetrVG Rn. 143.

1360 Vgl. 1. Teil. § 1. III.

1361 *BAG* 31.08.1982 BAGE 40, 107, 113; *BAG* 04.03.1986 BAGE 51, 187, 196; *LArbG Baden-Württemberg* 28.02.1980 LAGE Nr. 3 zu § 87 BetrVG 1972 Initiativrecht, zu den Gründen, Blatt 2; *Fitting*, BetrVG Handkommentar, § 87 BetrVG Rn. 586, woraufhin gerade die Einschränkung der Gestaltungsfreiheit des Arbeitgebers Ziel des § 87 I BetrVG sei; so auch Wlotzke/Preis/Kreft/*Bender*, BetrVG Kommentar, § 87 BetrVG Rn. 17; *Löwisch/Kaiser*, BetrVG Kommentar, § 87 BetrVG Rn. 3; Richardi/u. a./*Matthes*, Münchener Handbuch zum Arbeitsrecht, § 238 Rn. 42; *Besgen*, Betriebsverfassungsrecht, S. 483; zurückhaltend Däubler/u. a./*Klebe*, BetrVG, § 87 BetrVG Rn. 24, demnach der Unternehmensgegenstand zumindest innerhalb der Ermessensprüfung einer angerufenen Einigungsstelle gemäß § 76 V 3 BetrVG als Sperre der Mitbestimmungsausübung zu berücksichtigen sei.

1362 *BAG* 31.08.1982 BAGE 40, 107, 114 ff.

der Mitbestimmung des Betriebsrats erkennbar. Die Reduzierung der Unternehmensautonomie auf ihren „Kernbereich“ oder die „besonderen“ Gesichtspunkte sei unbefriedigend, weil über die entstehenden Abgrenzungsprobleme hinaus mit einer Wertminderung der wirtschaftlichen Entscheidungsfreiheit zu rechnen sei. Insofern müsse der Regelungsumfang einer angerufenen Einigungsstelle gemäß § 76 V 3 BetrVG entsprechend dem des Mitbestimmungsrechts und daher des Initiativrechts bestimmt werden.[1363] Nach alldem besteht der Bezug zur Unternehmerfreiheit des Arbeitgebers ausschließlich innerhalb des § 87 I BetrVG, so dass dem jeweiligen Mitbestimmungstatbestand die darauf beruhenden Einschränkungen inne wohnen.[1364] Zwangsläufige Folge ist deshalb das Fehlen eines allgemeinen Vorbehalts, dass mittels der Mitbestimmungsrechte nicht zulässig in den Schutzbereich der unternehmerischen Betätigungsfreiheit eingegriffen werden kann.[1365] So sind aus Schutzgründen lediglich unmittelbare Beeinträchtigungen der wirtschaftlichen Entscheidungsfreiheit unwirksam; danach darf der Arbeitgeber frei von der Mitbestimmung des Betriebsrats entsprechende unternehmensbezogene Bestimmungen treffen.[1366] Unabhängig davon, ob diese Einschätzungsprärogative des Arbeitgebers bereits aus der freiheitlichen Wirtschaftsordnung und Sozialordnung oder den grundrechtlich geschützten Werten aus Art. 12 I GG, 14 I GG abgeleitet wird[1367], orientiert sich jene Beurteilung anhand der Auslegung eines jeden Gegenstandsbereichs des betroffenen Mitbestimmungsrechts[1368]. Es werden beispielhaft

1363 *BAG* 31.08.1982 BAGE 40, 107, 114 ff.

1364 *Fitting*, BetrVG Handkommentar, § 87 BetrVG Rn. 22.

1365 Grundlegend mit Blick auf die Unberührtheit des Kerns der wirtschaftlichen Betätigungsfreiheit formuliert von *BVerfG* 18.12.1985 NZA 1986, 199, 200; *BAG* 14.11.1974 AP Nr. 1 zu § 87 BetrVG 1972, zu II. 2. der Gründe; nachfolgend Wegfall dieser Einschränkung laut *BAG* 31.08.1982 BAGE 40, 107, 113 f.; *BAG* 04.03.1986 BAGE 51, 187, 196; *BAG* 24.11.1987 AP Nr. 6 zu § 87 BetrVG 1972 Akkord, zu B. II. 1. d) der Gründe; *BAG* 16.07.1991 AP Nr. 49 u § 87 BetrVG 1972 Lohngestaltung, zu B. II. 2. der Gründe; *BAG* 26.10.2004 BAGE 112, 227, 235; zustimmend *Gäbert*, NZA 1986, 412, 413.

1366 *LArbG Baden-Württemberg* 28.02.1980 LAGE Nr. 3 zu § 87 BetrVG 1972 Initiativrecht, zu den Gründen, Blatt 2; GK-BetrVG/*Wiese*, § 87 BetrVG Rn. 146, woraufhin es dem Betriebsrat nicht gestattet sei, eine unternehmerische Entscheidung mit Hilfe geeigneter Formulierungen in die erzwingbare Mitbestimmung sozialer Angelegenheiten einzubeziehen; *Brose/Greiner/Preis*, NZA 2011, 369, 373; Hess/u. a./*Worzalla*, BetrVG Kommentar, § 87 BetrVG Rn. 85; Richardi/*Richardi*, BetrVG Kommentar, § 87 BetrVG Rn. 41; *Fitting*, BetrVG Handkommentar, § 87 BetrVG Rn. 22; *Fischer*, NJW 2015, 744, 745.

1367 *Gamillscheg*, Kollektives Arbeitsrecht, Bd. II, S. 699.

1368 *Gäbert*, NZA 1986, 412, 413; Däubler/u. a./*Klebe*, BetrVG, § 87 BetrVG Rn. 24; Wlotzke/Preis/Kreft/*Bender*, BetrVG Kommentar, § 87 BetrVG Rn. 17; GK-BetrVG/*Wiese*, § 87 BetrVG Rn. 146; Richardi/*Richardi*, BetrVG Kommentar, § 87 BetrVG Rn. 43, demzufolge dem Betriebsrat keine weitergehenden als die vom Gesetz eingeräumten Rechte zuzugestehen seien.

Regelungen über den Unternehmenszweck, die Ladenöffnungszeiten, die Produktionsabläufe oder die denkbare Schließung des Betriebs erfasst.[1369] Dahingehend verbleibt immerhin die Abschlussmöglichkeit freiwilliger Betriebsvereinbarungen mit dem Betriebsrat gemäß § 88 BetrVG.[1370]

In der Konsequenz muss für die mitbestimmungspflichtige Ausgestaltung einer Dienstkleidung und den korrespondierenden betrieblichen Umkleidevorgang die Eingriffsqualität in die wirtschaftliche Betätigungsfreiheit erörtert werden. Nach Ansicht des *BAG*[1371] ist beispielsweise der Anordnung einer besonders attraktiven Arbeitskleidung mit Blick auf die Umsatzsteigerung eine entscheidende Verbindung zum Unternehmen zu unterstellen. Daraus sei ungewollt der vollständige Ausschluss eines denkbaren Mitbestimmungsrechts oder wenigstens die Verkürzung auf unbedeutende Gestaltungsfragen abzuleiten.[1372] Folglich war bereits zu diesem Entscheidungszeitpunkt im Jahr 1982 offensichtlich, dass die Festlegung von Ausgestaltungsmerkmalen der Kleidung im besonderen Maße Einfluss auf die unternehmerische Entscheidungsfreiheit ausübt. Wie vorstehend angeführt, stellt das öffentliche Auftreten der Belegschaft gegenwärtig ein Mittel zur Unterstützung und Verbreitung der Unternehmensphilosophie dar[1373], aufgrund dessen jedenfalls eine mittelbare Verknüpfung zu der Unternehmerfreiheit des Arbeitgebers besteht. Hingegen lässt sich ein direkter Zusammenhang zwischen etwaigen Maßnahmen und der Unternehmensautonomie nur schwer begründen. Dazu verdeutlicht das *LArbG Hamm*[1374] zumindest den Einfluss einer vom Arbeitgeber vorgegebenen Verkaufsstrategie auf das Arbeitsverhältnis des Arbeitnehmers. Solle eine betriebseinheitliche Kleidung zu diesem Marketingkonzept gehören, müssten sich die Arbeitnehmer diesem Wunsch unterordnen. Grund sei, dass das Unternehmensziel des Arbeitgebers und der arbeitsrechtlich verfolgte Zweck des Arbeitnehmers sich gegenseitig bedingen.[1375] So gesehen verläuft die Grenzziehung zwischen mittelbaren und unmittelbaren Eingriffen in die wirtschaftliche Beeinträchtigungsfreiheit an der konkreten Formulierung der in Frage stehenden Klausel. Exemplarisch sollten daher Anweisungen wie in einem Bestattungsunternehmen, anstatt der gedeckten, dunklen Kleidung farbenfrohe Hawaiihemden und Bermudashorts zu tragen oder in einer Striptease-Bar gewisse Rocklängen und hochgeschlossene Kleidungsstücke anzulegen, keinem Mitbestimmungsrecht unterliegen[1376]. Angesichts der

---

1369 GK-BetrVG/*Wiese*, § 87 BetrVG Rn. 146.

1370 *Gamillscheg*, Kollektives Arbeitsrecht, Bd. II, S. 699.

1371 *BAG* 31.08.1982 BAGE 40, 107, 117.

1372 *BAG* 31.08.1982 BAGE 40, 107, 117.

1373 Vgl. 3. Teil. § 8. III. 3. a).

1374 *LArbG Hamm (Westfalen)* 07.07.1993 LAGE Nr. 14 zu § 611 BGB Direktionsrecht, zu II. der Gründe.

1375 *LArbG Hamm (Westfalen)* 07.07.1993 LAGE Nr. 14 zu § 611 BGB Direktionsrecht, zu II. der Gründe.

1376 *Brose/Greiner/Preis*, NZA 2011, 369, 373 f.; zur Reichweite der Entscheidungskompetenz einer Einigungsstelle, vgl. 4. Teil. § 12.

unmittelbaren Betroffenheit des Unternehmenszwecks und der Beeinträchtigung der Funktionsfähigkeit des Betriebs ist von vornherein eine Mitbestimmung des Betriebsrats ausgeschlossen. Unter Berücksichtigung der vorstehenden einzelfallbezogenen Regelungen kann die Unternehmensautonomie ausnahmsweise eine Schrankenwirkung für einzelne mitbestimmungspflichtige Ausgestaltungen einer einheitlichen Bekleidungsvorschrift entfalten.

Angesichts dieser Erkenntnisse gilt Gleiches für den Umkleidevorgang im Betrieb. Im Gleichlauf mit den regelungsfähigen Gestaltungsmodalitäten einer Dienstkleidung wirkt sich der Kleiderwechsel auf die unternehmerische Betätigungsfreiheit aus, in dem eine entsprechende Forderung den organisatorischen Arbeitsablauf verändert und den Beginn der Arbeitserbringung im bereits gekleideten Zustand unmöglich werden lässt. Auch die erforderliche Einrichtungsgestaltung der geschaffenen Umkleideräume mit Blick auf die Freiwilligkeit des Arbeitnehmerentschlusses über den Ort des Umkleidens beeinflusst durch die dafür notwendigen finanziellen Mittel die wirtschaftlichen Aktivitäten des Arbeitgebers. Demgemäß wird der in der Mitbestimmung angelegte Automatismus in Gestalt mittelbarer Folgen auf den Unternehmensgegenstand bei Bestimmungen von Beginn und Ende sowie Verteilung der Arbeitszeit ausgelöst.[1377] Im Gegensatz dazu rechtfertigt die besondere Betroffenheit der unternehmerischen Entscheidungsfreiheit in § 87 I Nr. 2 BetrVG[1378] einen umfassenden Wegfall der Mitbestimmung des Betriebsrats und fordert Toleranz für die wirtschaftlichen Interessen in den für den Markterfolg wichtigen Bereichen.[1379] Sobald die Arbeitszeit eine unabdingbare Voraussetzung für die Verwirklichung des Betriebszwecks ist oder die Erfüllung der Angebotsleistung für den Kunden betrifft[1380], kann ein Widerspruch gegen diese berechtigten Aspekte im Zusammenhang mit der Mitbestimmungsausübung nicht geduldet werden.

II. Letztverantwortlichkeit des Arbeitgebers

Im Gleichlauf mit der bereits ergangenen Rechtsprechung des Gerichts zu freiwilligen Sozialleistungen[1381] formuliert die Lehre vereinzelt, dass der Unternehmensgegenstand ausnahmslos eine immanente Grenze der einzelnen Mitbestimmungstatbestände darstellt[1382]. Ausgehend von § 76 V 3 BetrVG gebieten

---

1377 Ebenfalls *LArbG Baden-Württemberg* 28.02.1980 LAGE Nr. 3 zu § 87 BetrVG 1972 Initiativrecht, zu den Gründen, Blatt 2.

1378 Hess/u. a./*Worzalla*, BetrVG Kommentar, § 87 BetrVG Rn. 81, Rn. 87; Richardi/*Richardi*, BetrVG Kommentar, § 87 BetrVG Rn. 42.

1379 *Zöllner/Loritz/Hergenröder*, Arbeitsrecht, S. 604 f.

1380 Ausdrücklich für Dienstleistungsunternehmen angenommen von Richardi/*Richardi*, BetrVG Kommentar, § 87 BetrVG Rn. 43.

1381 *BAG* 13.03.1973 BAGE 25, 93, 95 ff.

1382 *Rüthers*, ZfA 1973, 399, 419 f.; *Reuter*, ZfA 1981, 165, 181, wonach das Mitbestimmungsmodell in wirtschaftlichen Angelegenheiten gemäß §§ 111 f. BetrVG auf § 87 I BetrVG übertragbar sein; GK-BetrVG/*Wiese*, § 87 BetrVG Rn. 142 ff.; zurückhaltend

insofern die Differenzierungsschwierigkeiten zwischen den mitbestimmungspflichtigen Vereinbarungen und den Bestimmungen über den arbeitstechnischen Prozess eine Sperrwirkung, um auf diese Art einem etwaigen finanziellen Aufwand Rechnung zu tragen und die Verhinderung unternehmerischer Aktivitäten einzudämmen.[1383] Dies kann laut Auffassung von *Reuter*[1384] nur erreicht werden, wenn der hierarchische Umsetzungsverlauf eines wirtschaftlich geprägten Entschlusses in den Betrieb umgekehrt wird und dementsprechend die soziale Entscheidung an die vorhergehende unternehmerische Aktivität anknüpft. Mit Hilfe dessen sei es möglich, die Vorstellungen des Unternehmens mittelbar zu korrigieren. Im Ergebnis sei zwingend ein gegenseitiger Ausschluss von wirtschaftlicher Betätigungsfreiheit und Mitbestimmungsrecht gegeben. Aufgrund dessen sei auch die später angerufene Einigungsstelle nicht in der Lage, den Unternehmensgegenstand in deren Ermessensabwägung zu bedenken.[1385] Ferner folgt jene nötige Abgrenzung aus der verfassungskonformen Auslegung des § 87 BetrVG, wonach hierdurch den grundrechtlichen Wertungen wie beispielsweise Art. 2 I GG, Art. 12 I GG und Art. 14 I GG die größtmögliche Wirkung verliehen wird.[1386] Die vor die Klammer gezogene Vorschrift des § 76 V 3 BetrVG über den Ermessensspielraum der Einigungsstelle ist der Ursprung des Schutzbedürfnisses der Unternehmensautonomie[1387] und in Anerkennung einer begrenzenden Wirkung auf die arbeitsorganisatorischen Inhalte auszulegen.[1388] Somit dürfen eine unternehmensbezogene, mitbestimmte Vereinbarung[1389] und das entsprechende Initiativrecht[1390] nicht schrankenlos realisiert werden.[1391]

Bei den verbliebenen mitbestimmungspflichtigen Dienstkleidungsangelegenheiten handelt es sich um Vereinbarungen, welche die Unternehmerfreiheit des

---

Walker, ZfA 2004, 501, 529, 535, dementsprechend zwar der selbstregulierenden Funktion der Gesetzessystematik zuzustimmen sei, aber die rechtliche Behandlung zu bemängeln sei; unter Äußerung von Bedenken Hess/u. a./*Worzalla*, BetrVG Kommentar, § 87 BetrVG Rn. 84, woraufhin nach dem Gesetzgeberwillen eine Teilhabe der Arbeitnehmer an der Ausgestaltung des Unternehmensgegenstand ausdrücklich nicht vorgesehen sei; zu den unterschiedlichen methodischen Ansätzen und Abweichungen innerhalb dieser Rechtsauffassung siehe *Weingart*, Betriebliche Mitbestimmung und unternehmerische Entscheidungsfreiheit, S. 83 ff.

1383 *Reuter*, ZfA 1981, 165, 181 f.

1384 *Reuter*, ZfA 1981, 165, 177 ff.

1385 *Reuter*, ZfA 1981, 165, 177 ff.

1386 Hess/u. a./*Worzalla*, BetrVG Kommentar, § 87 BetrVG Rn. 86, demzufolge die Mitbestimmungsrechte einer strengen Handhabung unterlegen seien.

1387 *Reuter*, ZfA 1981, 165, 182.

1388 *Rüthers*, ZfA 1973, 399, 423.

1389 *Reuter*, ZfA 1981, 165, 176; Richardi/*Richardi*, BetrVG Kommentar, § 87 BetrVG Rn. 71.

1390 *Rüthers*, ZfA 1973, 399, 420; GK-BetrVG/*Wiese*, § 87 BetrVG Rn. 148.

1391 Zu dem zeitlichen Ausgangspunkt etwa *Weingart*, Betriebliche Mitbestimmung und unternehmerische Entscheidungsfreiheit, S. 84 f.

Arbeitgebers in einem gewissen Ausmaß berühren. Schon allein deshalb erfolgt dadurch eine Beeinträchtigung der wirtschaftlichen Betätigungsfreiheit, die gleichsam einen Wegfall der Mitbestimmungsrechte herbeiführt. So sind durch ein nicht vorgegebenes äußeres Erscheinungsbild ausgelöste finanzielle Einbußen nicht in dem Umfang hinzunehmen, dass eine dauerhafte Abwanderung der Kunden gefördert wird.

III. Würdigung

Unbestritten vermischen sich soziale Maßnahmen zumeist mit dem Inhalt unternehmerischer Entscheidungen, so dass schlussendlich das Interesse eines Beteiligten nur einschränkend realisiert werden kann. Dahingehend verbleibt zwar aus verschiedenen Gründen, aber im Ergebnis nach beiden Meinungen die Mitbestimmungsfreiheit der Vereinbarung, wenn unmittelbar in die Unternehmensaktivitäten eingegriffen wird: Sowohl die Auslegung des betroffenen Mitbestimmungsrechts als auch die bloße Anerkennung der Grenzwirkung entscheiden zu Gunsten der wirtschaftlichen Betätigungsfreiheit. Gleichzeitig scheidet beide Male die Gewährung aktiver Teilnahme des Betriebsrats am Betriebsgeschehen in Form etwaiger Initiativrechte aus. Daraus folgt, dass lediglich die Qualifizierung nicht direkt wirkender Einflüsse von mitbestimmten Vereinbarungen auf den Unternehmensgegenstand in der Konsequenz verschieden rechtlich behandelt werden, dementsprechend differenzierte Teilhabemöglichkeiten erlauben und eventuell die Ermessenausübung einer angerufenen Einigungsstelle binden. Für den Fall einer solch gestalteten Vereinbarung ist die grundsätzliche Frage der Begrenzungstauglichkeit der wirtschaftlichen Betätigungsfreiheit entscheidungsbedürftig. Dabei wird sich an der maßgebenden Reichweite des betroffenen Mitbestimmungstatbestands orientiert. Denn diese Verpflichtung des Betriebsrats ist die Voraussetzung für die Inanspruchnahme seines Initiativrechts darstellt und deshalb bereits zeitlich gesehen einzig daran anzuknüpfen ist[1392]. Anhand der jeweils eintretenden Rechtsfolgen wird die Angemessenheit der besprochenen Lösungen beurteilt.

Auf der einen Seite greift das Argument nicht, demgemäß zum Zeitpunkt eines aktiven Tätigwerdens des Betriebsrats der Ausgang über einen möglichen Abschluss einer solchen Vereinbarung noch ungewiss ist und der befürchtete Eingriff in die Unternehmerfreiheit deshalb unbeachtlich bleiben kann. So ist es vorstellbar, dass keine Einigung zwischen den Betriebsparteien zustande kommt und der Bedarf besteht, die Einigungsstelle gemäß § 87 II BetrVG anzurufen. In diesem Fall liegt auch eine Unvorhersehbarkeit des Ergebnisses vor. Zwar sind aus dem Sinn und Zweck des Mitbestimmungstatbestands keine Einschränkungen des Initiativrechts zur Vermeidung von erweiterten Arbeitgeberpflichten ersichtlich.[1393] Die ausbleibende Auferlegung von weiterführenden Aufgaben kann jedoch nicht den Entzug

1392 Ebenso *Zöllner/Loritz/Hergenröder*, Arbeitsrecht, S. 677.
1393 Grundsätzlich zu den gegenstandsbezogenen Initiativrechten in 4. Teil. § 10.

von wirksamen Rechten des Arbeitgebers bedingen. Des Weiteren sind infolge der nicht vorhandenen Gesetzesfixierung von initiativen Möglichkeiten des Betriebsrats keine betriebsverfassungsrechtlichen Sanktionsinstrumente entsprechend anwendbar, so dass etwaigen Störungen anderweitig nicht Einhalt geboten werden kann.

Muss daher aufgrund der Anerkennung einer Einschränkungswirkung mittelbarer Eingriffe die Mitbestimmung des Betriebsrats entfallen, genügen dem Schutzbedürfnis der Arbeitnehmer die in Betracht kommenden Mitwirkungsrechte. Insofern werden dem Betriebsrat wie bei dem Erlass einer Dienstkleidungsordnung[1394] Möglichkeiten der Unterrichtung und Beratung gemäß §§ 80 II 1, 90 I Nr. 4, II 1 BetrVG zugebilligt sowie dem einzelnen Betroffenen selbst Chancen zur Mitsprache über §§ 81 I, IV, 82 I BetrVG eingeräumt.

Im Verhältnis zu der Anerkennung einer begrenzenden Wirkung der wirtschaftlichen Entscheidungsfreiheit erscheint es noch durchgreifender, den Abschluss mittelbar auf das Unternehmen bezogener Maßnahmen auf die individualrechtliche Ebene zu verlagern, indem mit Blick auf die Steigerung der intrinsischen Motivation zur Erbringung der geschuldeten Arbeitsleistung[1395] eigene Tätigkeitsräume für die Belegschaft geschaffen werden[1396]. Insoweit besteht die Forderung nach einer Teilhabe des Betriebsrats nur, wenn ein Einvernehmen zwischen Arbeitnehmer und Arbeitgeber nicht erzielt wird.[1397] Danach spricht das betroffene Personal auf deren Wunsch dem Betriebsrat die Rolle des vermittelnden Dritten zu.[1398] Als Zielrichtung sollte sodann verinnerlicht werden, die Kommunikation zwischen den Arbeitsvertragsparteien zu fördern und eine für alle Beteiligten zufriedenstellende Lösung zu finden. Zur Vermeidung einer unzulässigen Entrechtung und Zurückdrängung des Betriebsrats, ausgelöst durch das angedachte Subsidiaritätsprinzip für das Betriebsverfassungsgesetz[1399], sind die selbstständig regelbaren Komplexe in Übereinstimmung mit dem Betriebsrat ausdrücklich festzuhalten. Dennoch wird trotz dieser Aussichten die Disposition über die Beteiligungsrechte schon unabhängig von etwaig auftretenden Haftungsfragen aufgrund der überwiegend formulierten Rechtsstellung[1400] und der gesetzlich fixierten Einwirkungskompetenz des Betriebsrats[1401] aufgehoben. Demnach werden die betriebsverfassungsrechtlichen Aufgaben fremdnützig für die Arbeitnehmerschaft in Form der Zwangsrepräsentation ausgeübt, wozu der Betriebsrat infolge seines betriebspolitischen Mandats demokratisch

1394 Vgl. 3. Teil. § 8. III. 3. c) aa).

1395 Angedeutet für die Ausgestaltung einer einheitlichen Kleidervorgabe, vgl. 3. Teil § 8. III. 3. c) bb).

1396 *Kaiser*, FS Kreutz, 183, 195.

1397 Im Sinne des geforderten Subsidiaritätsprinzips etwa *Picker*, RdA 2001, 259, 264; vgl. 5. Teil. § 14. I. 1. c).

1398 *Gamillscheg*, Kollektives Arbeitsrecht, Bd. II, S. 24.

1399 Vgl. 5. Teil. I. 1. a).

1400 Zu weiteren Argumenten gegen die Anerkennung dieses Konzepts, vgl. 5. Teil. § 14. I. 1. c).

1401 Richardi/*Richardi*, BetrVG Kommentar, Einleitung Rn. 131.

legitimiert ist.[1402] Als Zuordnungsobjekt der Beteiligungsrechte nimmt dieser jene Teilhabemöglichkeiten im eigenen Namen und höchstpersönlich wahr[1403], so dass die Arbeitnehmer nicht eigenmächtig über die in Frage stehenden Pflichten verfügen können.

Unter Berücksichtigung der kritischen Stimmen, dass ein etwaiger Schrankenvorbehalt selbst nicht durch die Grundrechte geschützt[1404] und der Arbeitgeber stets in seinen Entscheidungen an die Beachtung der Mitbestimmungsrechte gebunden ist[1405], wird deshalb eine schriftliche Fixierung der begrenzenden Wirkung von mittelbaren Eingriffen in die Unternehmensautonomie angetragen. So ist eine Zirkularität der Begründungsbasis erkennbar, wenn im Vergleich dazu die unmittelbaren Eingriffe in die wirtschaftliche Betätigungsfreiheit aufgrund der Auslegung des Gesetzeswortlauts einschränkende Folgen auslösen kann, ohne dass dieser Aspekt explizit in der entsprechenden Norm vorkommt. Soll bereits die fundamentale Gewährleistung berechtigter Interessen nicht ausreichen, mindert sich insofern die Wertigkeit der ansonsten eingeräumten Schutzgarantie des Art. 12 I GG sowie anderer Grundrechte. Eine fehlende Regelung beziehungsweise eine Negativbestimmung für beide Seiten bietet nicht genügend Rechtssicherheit.[1406] Ähnlich wie im Rahmen der wirksamen Geltendmachung des Tarifvorrangs, dementsprechend es explizit auf eine abschließende Sachvorschrift ankommt[1407], bedingen die eintretenden Auswirkungen für die Mitbestimmung des Betriebsrats eine solche Forderung. Um der Unternehmerfreiheit zu ihrer berechtigten Geltung auch bei indirekten Eingriffen zu verhelfen, bleibt eine Verschriftlichung unausweichlich. In der betrieblichen Umsetzung kann dieser Notwendigkeit bereits in Betriebsvereinbarungen Rechnung getragen werden, die damit in Zusammenhang stehende Angelegenheiten behandeln und so zukünftig auftretende Kompetenzprobleme verhindern.

Trotzdem sind auf der anderen Seite der freien Gewährung des Arbeitgebers in der Realisierung seiner unternehmerischen Vorstellungen nicht fortwährend positive Resultate zu unterstellen, so dass es einer begrenzenden Wirkung der mittelbaren Eingriffe durch die Mitbestimmungsrechte des Betriebsrats von vornherein nicht

---

1402 *Belling*, Haftung des Betriebsrats, S. 54 m. w. N. zu Lehrbeiträgen.

1403 *Bergwitz*, Rechtsstellung des Betriebsrats, S. 466; Däubler/u. a./*Wedde*, BetrVG, Einleitung Rn. 127.

1404 *Gäbert*, NZA 1986, 412, 413; Däubler/u. a./*Klebe*, BetrVG, § 87 BetrVG Rn. 24 m. w. N. in Fußnote 88.

1405 *BVerfG* 18.12.1985 NZA 1986, 199, 200.

1406 Anders Wlotzke/Preis/Kreft/*Bender*, BetrVG Kommentar, § 87 BetrVG Rn. 17, wonach eben daraus die mangelnde Chance und Erforderlichkeit für die Anerkennung einer Verkürzung abzuleiten sei; vollständige Ablehnung des Schrankenvorbehalts siehe *Weingart*, Betriebliche Mitbestimmung und unternehmerische Entscheidungsfreiheit, S. 107 f., S. 184, demzufolge die Reichweite der Begrenzung anhand des enteignenden Eingriffs zu bestimmen sei.

1407 Vgl. 5. Teil. § 14. II.

bedarf. Die bloße Vermutung, dass die Arbeitnehmer gleichzeitig einen Nutzen daraus ziehen, wenn der Betrieb Erfolge verzeichnet, ist nicht sachgerecht.[1408] Zudem wird der Arbeitgeber in der Ausgestaltung der Dienstkleidung und dem betrieblichen Kleiderwechsel daran interessiert sein, sich nicht eigens unnötige finanzielle Belastungen aufzuerlegen. Deshalb kann beispielsweise die realitätsferne Vorstellung über Kleidungsstücke exklusiver Marken oder die Verwendung teurer Stoffe ausgeschlossen werden. Vergleichbares ist für eine außergewöhnliche Einrichtung der Umkleideräume anzunehmen. Ob diese Entscheidungen des Arbeitgebers generell dem Dafürhalten des Betriebsrats entsprechen, mag dahingestellt bleiben. Jedenfalls werden die entsprechenden Einschätzungen solcher Regelungsmöglichkeiten bereits innerhalb der Ausübung der Mitbestimmung vorgenommen.

In Anbetracht der Bindung des Betriebsrats an die aus der Mitbestimmung resultierenden Vorgaben und der korrespondierenden Kenntnis darüber bestimmt sich die Reichweite des Initiativrechts des Betriebsrats. Im Sinne der Deckungsgleichheit von Initiativrecht und Mitbestimmungsrecht ist davon auszugehen, dass der Betriebsrat ernsthaft das Ziel verfolgt, eine Regelung herbeizuführen, und der Arbeitgeber diesem Ansinnen im Hinblick auf die Gestaltung der einheitlichen Kleidervorschrift und auf den betrieblichen Umkleidevorgang entsprechen wird, um deren Realisierung sicherzustellen. Gerade in Anbetracht dessen erscheint der indirekte Einfluss auf die Unternehmensautonomie vielmehr als bewusste Inkaufnahme des Arbeitgebers.

Selbst wenn keine Einigung zwischen den Betriebspartnern zustande kommt, mangelt es an ausreichenden Argumenten für die Anerkennung einer Grenztauglichkeit mittelbarer Eingriffe in die unternehmerische Entscheidungsfreiheit. Hierfür streiten die auf eine grammatikalische Bezeichnung wirkenden Veränderungen der Zeit, welche durch die Flexibilität, Anpassungsfähigkeit und Kreativität der Sprache bedingt werden.[1409] Der allgemein gedachte Wortsinn eröffnet einen Raum für Modifikationen der inhaltlichen Tragweite und die Anwendung weiterer Auslegungsmethoden.[1410] Die teleologische Reduktion des Wortlauts von § 76 V 3 BetrVG auf die arbeitstechnischen Bereiche läuft dahingehend leer. Begrifflich konvergierend mit dem „betrieblichen Wohl" des § 2 I BetrVG, das bereits die Kundenerwartungen integriert[1411], besteht somit die Tendenz auch die bekannt gültigen Anforderungen in die Abwägung der „betrieblichen Belange" gemäß § 76 V 3 BetrVG einzubeziehen. Dadurch wird verhindert, dass der gerichtlich zu klärende Differenzierungsverlauf in einer Willkürprüfung mündet, welcher der Arbeitgeber mit Behauptungen begegnen kann, die lediglich dem Maßstab der Plausibilität

1408 Allgemein zu mit dem Nachweis entsprechender Folgen auf den Unternehmensgewinn verbundenen Problemen etwa *LArbG Hamm (Westfalen)* 07.07.1993 LAGE Nr. 14 zu § 611 BGB Direktionsrecht, zu II. der Gründe, wobei eine mögliche Erfolglosigkeit nicht von vornherein den Widerstand der Mitarbeiter rechtfertige.

1409 *Rüthers/Fischer/Birk*, Rechtstheorie, S. 448 f.

1410 *Larenz/Canaris*, Methodenlehre, S. 141 f.

1411 Vgl. 3. Teil. § 8. III. 3. a).

unterliegen.[1412] Die formulierten Bedenken hinsichtlich des Appellcharakters von § 2 I BetrVG, wonach den unternehmerischen Vorstellungen und vor allem den Erwartungshaltungen der Allgemeinheit nicht ausreichend Rechnung getragen wird[1413], findet in diesem Rahmen keine Stütze. Die in Aussicht gestellte Anrufung der Einigungsstelle bietet mit der vorzunehmenden Ermessenprüfung gemäß § 76 V 3 BetrVG genügenden Schutz und Gewährleistung für die Unternehmensautonomie. Grund dafür ist, dass die Spruchfindung unter der Gefahr und der Drucksituation erfolgt, einen Ermessensfehler zu begehen, wenn die betrieblichen Belange nicht hinlänglich sichergestellt werden.[1414] Die auf diese Weise herbeigeführten Bedingungen für Handlungen innerhalb des überlassenen Regelungsspielraums ermöglichen den begehrten unternehmensverträglichen Ausgleich.[1415] Schlussfolgernd daraus gilt, je mehr die wirtschaftliche Entscheidungsfreiheit eingeschränkt wird, desto größer müssen die sozialen Belange gewichtet werden.[1416] Womöglich findet auch das zunächst in die Mitbestimmung des Betriebsrats eingebundene „Ob" eines unternehmerischen Entschlusses mittels der Beeinträchtigung des Mitbestimmungsrechts auf den Kleinstwert im Nachhinein seine Billigung. Demgegenüber ist die Empfehlung, zur Bewältigung der Differenzierungsproblematik für jeden einzelnen Mitbestimmungstatbestand in der Praxis handhabbare Kriterien im Umgang mit sozialen und unternehmerischen Belangen zu entwickeln[1417], nicht umsetzbar. Längst ist dies mit der vorgenommenen Einteilung in mittelbare und unmittelbare Beeinträchtigungen geschehen. Eine weitergehende Aufspaltung oder Konkretisierung wirkt angesichts der Vielschichtigkeit sozialer Angelegenheiten nicht zielführend, so dass eine auf eine Vielzahl von denkbaren Regelungen anwendbare Schablone nicht brauchbar gemacht werden kann. Mögliche Abstufungen innerhalb der mittelbaren Eingriffsintensität entbehren geeigneten Abgrenzungskriterien, da beispielsweise eine fixierte Kostengrenze oder das Maß des hervorgerufenen Umstrukturierungsaufwands für den Arbeitgeber wiederum in Abhängigkeit des betroffenen Mitbestimmungstatbestands zu beurteilen ist.

Genau genommen verbleibt entweder der Verweis auf die betrieblichen Mitwirkungsrechte unter der Bedingung einer schriftlichen Fixierung des unternehmerischen Vorbehalts oder die Anerkennung einer berechtigten mittelbaren Einflussnahme der Mitbestimmungsrechte auf den Unternehmensgegenstand. In Anbetracht der

---

1412 Richardi/u. a./*Matthes*, Münchener Handbuch zum Arbeitsrecht, § 238 Rn. 44, dementsprechend die Freigabe der Schranken zur Disposition des Arbeitgebers zu befürchten sei.

1413 Vgl. 3. Teil. § 8. III. 3. a).

1414 Richardi/u. a./*Matthes*, Münchener Handbuch zum Arbeitsrecht, § 238 Rn. 45.

1415 *Gamillscheg*, Kollektives Arbeitsrecht, Bd. II, S. 700; skeptisch GK-BetrVG/*Wiese*, § 87 BetrVG Rn. 306 f.

1416 GK-BetrVG/*Wiese*, § 87 BetrVG Rn. 149.

1417 Mit dem Ziel der Garantie vorhersehbarer Entscheidungen der Arbeitsgerichte und Einigungsstellen etwa GK-BetrVG/*Wiese*, § 87 BetrVG Rn. 149.

Rückdatierung des Ursprungs des bestehenden Meinungsstreits auf die 70-er Jahre des letzten Jahrhunderts erscheint die fehlende Sachregelung einer solchen Schrankenwirkung gewollt. Die dazu verstrichene Chance während der letzten Novelle des Betriebsverfassungsgesetzes im Jahr 2001[1418] kann als Anerkennungsverzicht der angezeigten Erforderlichkeit gedeutet werden. Ohne Frage lässt sich gleiches gesetzgeberisches Schweigen für die Verschriftlichung eines fehlenden allgemeinen Vorbehalts ableiten. So oder so ist deshalb aus den vorstehend genannten Gründen eine Niederlegung in den Normabschnitten „Allgemeines" oder „Soziale Angelegenheiten" der „Mitwirkung und Mitbestimmung der Arbeitnehmer" des Betriebsverfassungsgesetzes zu empfehlen. Insbesondere scheint es nicht notwendig, das Gesetz offen zu gestalten, da eine sachbezogene Veränderung der Thematik in der Zukunft nicht abzusehen ist. Nichtsdestotrotz ist unter Berücksichtigung des angenommenen Verständnisses über den Zweck einer Dienstkleidungsordnung mit Blick auf die Gestaltungsmodalitäten der Bekleidung und den betrieblichen Umkleidevorgang tendenziell keine weitergehende Begrenzungserforderlichkeit für die mittelbare Beeinträchtigung der Unternehmerfreiheit ersichtlich. Die ausgelösten Folgen dieser mitbestimmungspflichtigen Angelegenheiten sind im kollektiven Bereich zu erwarten[1419], so dass ein unternehmerischer Bezug bereits in dem jeweiligen Mitbestimmungstatbestand impliziert ist. Der Erhalt des Mitbestimmungsrechts trägt der zu erwartenden Mannigfaltigkeit der Ausgestaltungbestimmungen Rechnung, zumal an der Umsetzung der Maßnahmen ein bedeutsames Eigeninteresse des Arbeitgebers besteht. Die Bejahung einer begrenzenden Wirkung höhlt anderenfalls im Speziellen die verbliebenen Mitbestimmungsrechte aus, infolge dessen der Arbeitnehmerschutz weitgehend gefährdet wird. Überhaupt ist ein „unternehmensfreier" Bereich von mitbestimmungspflichtigen Angelegenheiten schon allein infolge des räumlichen Anknüpfungspunkts des Betriebsverfassungsgesetzes undenkbar.

IV. Ergebnis

Letzten Endes zieht nur die Anerkennung der Grenzuntauglichkeit der Unternehmensautonomie den Sinn und Zweck der erzwingbaren Mitbestimmungsrechte nicht in Zweifel. Über die Gewährleistung der Mitbestimmungsfreiheit von unmittelbar unternehmensbezogenen Dienstkleidungsmaßnahmen hinaus besteht insbesondere unter Berücksichtigung der praktischen Betriebssituation kein Schutzbedürfnis des Arbeitgebers, das eine vollständige Gestaltungsfreiheit dieser Regelungen begründen kann. Der vorgenommene Interessenausgleich in der Ermessensabwägung der Einigungsstelle gemäß § 76 V 3 BetrVG stellt sich als geeignete Kompromisslösung dar, die nicht einer grundlegenden Anerkennung der Schrankenwirkung bedarf. Einzig dieses angeordnete gerichtliche Verfahren bietet die Überprüfungsmöglichkeit denkbarer

1418 Vgl. 1. Teil. § 2.

1419 Vgl. 3. Teil. III. 3. c) bb); ebenso in 3. Teil. § 9. II. 2. b).

Grenzüberschreitungen eines eingeräumten Mitbestimmungsrechts.[1420] Unbeachtlich davon bezeugen schon die Uneinigkeiten und rechtlichen Modifikationen innerhalb der Rechtsauffassung über die Letztverantwortlichkeit des Arbeitgebers die damit verbundenen Rechtsunsicherheiten. Beginnend mit den Differenzierungen über den zeitlichen Anknüpfungspunkt erstrecken sich die Schwachstellen bis hin zu dem dogmatischen Begründungsumfang. Folglich verbleibt Raum für eine begrenzende Wirkung der Unternehmensautonomie nur in der vorzunehmenden Interessenabwägung des § 75 II 1 BetrVG.[1421] Trotz allem wird nicht in Abrede gestellt, dass der Interessenkonflikt anders zu beurteilen ist, wenn ein entsprechender Schrankenvorbehalt schriftlich fixiert wird und dahingehend alle Beteiligten etwaige Rechtskenntnis erlangen können.

In Anbetracht aller grenzbezogenen Untersuchungen spielen die für die Dienstkleidungsangelegenheiten erwähnenswerten Schranken lediglich eine untergeordnete Rolle. Allein die genügende Beachtung von § 75 II 1 BetrVG erfordert eine erhöhte Aufmerksamkeit der Betriebsparteien bei der Ausübung der Mitbestimmung. Die insoweit abgeschlossenen Betriebsvereinbarungen unterliegen infolge der Mannigfaltigkeit arbeitsrechtlicher Gestaltungsfaktoren einer denkbar zulässigen Gegenüberstellung mit bereits bestehenden oder zukünftig geschaffenen Regelungen. Das sodann zu betrachtende Verhältnis zwischen inhaltsgleichen Bestimmungen lässt eine Regelungsverschränkung und/oder Interdependenz der jeweiligen Rechtsfolgen auf das Arbeitsverhältnis des Einzelnen erkennen. Respektive handelt es sich um eine Konkurrenzfrage, die sich im speziellen Fall einer betriebseinheitlichen Kleidervorgabe vornehmlich auf eine Kollision mit vertraglichen Vereinbarungsmöglichkeiten konzentriert.

1420 So schon *Henssler*/BAG 08.08.1989, SAE 1990, 343, 345.
1421 Vgl. 5. Teil. § 15. II. 2. d) bb).

6. Teil. Konkurrenz zu vertraglichen Regelungsinstrumenten

Regelmäßig löst sich das Spannungsverhältnis zwischen Betriebsvereinbarungen über die mitbestimmungspflichtigen Maßnahmen einer Dienstkleidungsvorschrift gemäß §§ 87 I Nr. 1, 2 BetrVG und identischen arbeitsvertraglichen Bestimmungen mit Hilfe des anwendbaren Rangprinzips („lex superior derogat legi inferiori") zu Gunsten der betrieblichen Übereinkunft auf[1422]. Im Gegensatz dazu verdrängen unter Zugrundelegung der Rangpyramide arbeitsrechtlicher Rechtsquellen zwingende Normen des Tarifvertrags solche des Betriebsverfassungsgesetzes.[1423]

Eine Abkehr von diesen Grundsätzen der Rechtsquellenlehre begründen vertragliche Regelungen, die eine entsprechende Offenheit garantieren.[1424] Neben den tariflichen Öffnungsklauseln im Sinne des § 77 III 2 BetrVG[1425] können Arbeitsverträge unter dem Vorbehalt einer mitbestimmungsrechtlichen Gestaltung zustande kommen[1426]. Die inhaltliche Bezugnahme auf eine Betriebsvereinbarung fungiert auf diese Weise als positivrechtlicher Eingang in das Arbeitsverhältnis.[1427]

1422 *Kelsen*, Reine Rechtslehre, S. 271; *Rüthers/Fischer/Birk*, Rechtstheorie, S. 169; ErfK/*Preis*, § 611 BGB Rn. 237; *Zöllner/Loritz/Hergenröder*, Arbeitsrecht, S. 69 f.; grundlegend dazu 3. Teil. § 8. II. 3.

1423 *Rüthers/Fischer/Birk*, Rechtstheorie, S. 170 m. w. N. zu einem Lehrbeitrag.

1424 ErfK/*Preis*, § 611 BGB Rn. 237.

1425 Vgl. 5. Teil. § 14. II.

1426 Unter der Voraussetzung einer hinreichenden Klarheit der entsprechenden Öffnungsklausel *BAG* 12.08.1982 BAGE 39, 295, 295; *BAG* 03.11.1987 AP Nr. 25 zu § 77 BetrVG 1972, zu II. 3. a) der Gründe; anlässlich der nötigen Flexibilität elementar für die Festlegung der Arbeitszeitlage in *BAG* 23.06.1992 AP Nr. 1 zu § 611 BGB Arbeitszeit, zu II. 2. der Gründe, infolge dessen eine solche Vereinbarung trotz einer gegenteiligen, persönlichen Interessenlage zum Zeitpunkt des Arbeitsvertragsabschlusses erforderlich sei; *BAG* 20.04.1999 BAGE 91, 244, 254; *BAG* 29.10.2002 BAGE 103, 187, 191; *BAG* 16.11.2011 AP Nr. 289 zu § 611 BGB Gratifikation, zu II. 2. c) aa) der Gründe; zustimmend Schaub/*Koch*, Arbeitsrechts-Handbuch, S. 2429, woraufhin ebenso eine durch die kollektive Vorschrift eintretende Verschlechterung erfasst sei, da die in Frage stehende Vertragsbestimmung in Übereinkunft mit dem Betriebsrat abgeschlossen oder geändert worden sei; *Eich*, NZA 2010, 1389, 1394; Richardi/*Richardi*, BetrVG Kommentar, § 77 BetrVG Rn. 158; einschränkend zustimmend ErfK/*Kania*, § 77 BetrVG Rn. 83–86; zu weiteren Schranken dieser Regelungsbefugnisse siehe *Annuß*, NZA 2001, 756, 763; ErfK/*Kania*, § 77 BetrVG Rn. 79 ff.

1427 *Fitting*, BetrVG Handkommentar, § 77 BetrVG Rn. 198; in der Annahme einer konstitutiven Bedeutung, Richardi/*Richardi*, BetrVG Kommentar, § 77 BetrVG Rn. 135; dagegen mit deklaratorischem Charakter versehen etwa *Eich*, NZA 2010, 1389, 1394.

Gleichsam wie offen formulierte Vertragsregelungen werden Maßnahmen, die sich als mitbestimmungswidrig[1428] oder insbesondere als nachteilig für den Arbeitnehmer erweisen[1429], auf Konkurrenzebene nicht primär nach den Regeln der Rechtsquellenlehre behandelt. Diesbezüglich ist anhand einer (hypothetisch) vergleichenden Günstigkeitsprüfung beim erstmaligen Vorkommen der Konkurrenz[1430] zu prüfen, ob im Verhältnis zu der bestehenden erzwingbaren oder freiwilligen[1431] Betriebsvereinbarung Verpflichtungen der Mitarbeiter vermehrt oder deren Rechte reduziert

---

1428 Unter Referenz darauf, dass dem Arbeitgeber aus einem Verstoß gegen die Mitbestimmungsrechte kein Nutzen zufließen soll etwa *BAG (GS)* 16.09.1986 BAGE 53, 42, 73 f., dementsprechend kein homogenes Sanktionssystem in der erzwingbaren Mitbestimmung angelegt sei. Vielmehr sei in Abkehr von der Theorie der Wirksamkeitsvoraussetzung die arbeitsvertragliche Regelung wirksam, wenn der eintretende Kollisionsfall die Anerkennung einer möglichen Vorteilhaftigkeit bedinge; Hess/u. a./*Worzalla*, BetrVG Kommentar, § 77 BetrVG Rn. 163; Richardi/*Richardi*, BetrVG Kommentar, § 77 BetrVG Rn. 150; angesichts der Erweiterung von § 23 III BetrVG auf zukünftig mitbestimmungsverletzende Maßnahmen auch *Blomeyer*, NZA 1996, 337, 342; *Hurlebaus*, Fehlende Mitbestimmung bei § 87 BetrVG, S. 33 m. w. N. zu Lehrbeiträgen, wobei eine diesbezügliche Integration jeglicher vorteilhafteren Regelung nicht sachgerecht erscheint; zögerlich dagegen Schaub/*Koch*, Arbeitsrechts-Handbuch, S. 2429; a. A. GK-BetrVG/*Kreutz*, § 77 BetrVG Rn. 259.

1429 Günstigkeitsprinzip als allgemeiner Grundsatz des gesamten kollektiven Arbeitsrechts verstanden und damit in weitergehender Anerkennung als der gesetzlichen Fixierung des § 4 III Alt. 2 TVG grundlegend *BAG (GS)* 16.09.1986 BAGE 53, 42, 60; nachfolgend *BAG (GS)* 07.11.1989 BAGE 63, 211, 219 m. w. N. zu Lehrbeiträgen; sympathisierend Richardi/*Richardi*, BetrVG Kommentar, § 77 BetrVG Rn. 143; ErfK/*Kania*, § 77 BetrVG Rn. 68; *Fitting*, BetrVG Handkommentar, § 77 BetrVG Rn. 196; Wlotzke/*Preis*/Kreft, BetrVG Kommentar, § 77 BetrVG Rn. 82; Richardi/u. a./*Rieble/Klumpp*, Münchener Handbuch zum Arbeitsrecht, § 183 Rn. 6 ff.; *Gamillscheg*, Kollektives Arbeitsrecht, Bd. II, S. 798 f.; zurückhaltend ebenso Hess/u. a./*Worzalla*, BetrVG Kommentar, § 77 BetrVG Rn. 162; GK-BetrVG/*Kreutz*, § 77 BetrVG Rn. 252; missverständlich von Staudinger/*Richardi/Fischinger*, Kommentar zum BGB, § 611 BGB Rn. 728, der von einer „Schranke" der kollektiven Gestaltungskompetenz ausgeht; zur historischen Entwicklung dieser gegenwärtig herrschenden Rechtsauffassung siehe *Annuß*, NZA 2001, 756, 756 ff.; Allgemeines zur rechtlichen Grundlage in *Blomeyer*, NZA 1996, 337, 338 f.

1430 *BAG* 25.11.1970 AP Nr. 12 zu § 4 TVG Günstigkeitsprinzip, zu den Gründen, Blatt 838; *BAG* 27.01.2004 BAGE 109, 244, 249; vgl. auch *Löwisch/Rieble*, TVG Kommentar, § 4 TVG Rn. 539 ff., Rn. 626; Richardi/u. a./*Rieble/Klumpp*, Münchener Handbuch zum Arbeitsrecht, § 183 Rn. 65 m. w. N.; GK-BetrVG/*Kreutz*, § 77 BetrVG Rn. 265; *Fitting*, BetrVG Handkommentar, § 77 BetrVG Rn. 200; Hess/u. a./*Worzalla*, BetrVG Kommentar, § 77 BetrVG Rn. 165.

1431 *BAG (GS)* 16.09.1986 BAGE 53, 42, 60; Hess/u. a./*Worzalla*, BetrVG Kommentar, § 77 BetrVG Rn. 163.

werden[1432]. Ergänzend zu der selbstverantwortlich erteilbaren Subsidiarität durch die Beteiligten[1433] stellt insoweit die betriebliche Einigung ein Mindestmaß an zulässigen Arbeitsbedingungen sicher[1434].

§ 17. Arbeitsvertrag

Im Bereich der arbeitsvertraglichen Regelungen nimmt die Interessenverfolgung des Betriebsrats an der Veränderung der zeitlich zuvor oder nach dem Inkrafttreten der Betriebsvereinbarung geschaffenen Arbeitsvertragsbestimmung[1435] die ausschlaggebende Rolle ein. In der Konsequenz hat der Arbeitnehmer infolge des eingeräumten Anwendungsvorrangs[1436] die Möglichkeit, sich auf die jeweils günstigere Regelung zu berufen, ohne dass die entsprechend kollidierende Vereinbarung unwirksam und damit nichtig wird[1437]. Zur Feststellung der nötigen Vorteilhaftigkeit findet ein Sachgruppenvergleich zwischen den voneinander abweichenden Bestimmungen statt, soweit ein innerer Zusammenhang der Regelungsgegenstände mit Hilfe der Auslegung ermittelbar ist.[1438] Die darauf folgende Konkretisierung der Günstigkeit

---

1432 GK-BetrVG/*Kreutz*, § 77 BetrVG Rn. 264.

1433 *Jahnke*, Tarifautonomie und Mitbestimmung, S. 141.

1434 *BAG* 18.08.1987 BAGE 56, 18, 26.

1435 *BAG* 11.10.1967 AP Nr. 1 zu § 1 TVG Tarifverträge – Rundfunk, zu den Gründen, Blatt 127; *BAG (GS)* 07.11.1989 BAGE 63, 211, 221; *BAG* 12.12.2007 BAGE 125, 179, 190; ebenfalls Däubler/u. a./*Berg*, BetrVG, § 77 BetrVG Rn. 34; *Fitting*, BetrVG Handkommentar, § 77 BetrVG Rn. 197; ErfK/*Kania*, § 77 BetrVG Rn. 68.

1436 *Annuß*, NZA 2001, 756, 763; *Fitting*, BetrVG Handkommentar, § 77 BetrVG Rn. 196; Hess/u. a./*Worzalla*, BetrVG Kommentar, § 77 BetrVG Rn. 160.

1437 Mittels Verdrängung der individualrechtlichen Bestimmung für die Dauer der normativen Geltung der Betriebsvereinbarung einschließlich des Nachwirkungszeitraums gemäß § 77 VI BetrVG etwa ErfK/*Kania*, § 77 BetrVG Rn. 68; Däubler/u. a./*Berg*, BetrVG, § 77 BetrVG Rn. 37; Richardi/*Richardi*, BetrVG Kommentar, § 77 BetrVG Rn. 159.

1438 *BAG* 19.12.1958 BAGE 7, 149, 151, wobei die sprachliche Fassung missverständlich ist, wenn das Gericht von einem „Gesamtvergleich" der Bestimmungen spricht, die eine Verknüpfung aufweisen; *BAG* 12.04.1972 BAGE 24, 228, 231; *BAG (GS)* 07.11.1989 BAGE 63, 211, 220; *BAG* 20.04.1999 BAGE 91, 210, 231; *BAG* 27.01.2004 BAGE 109, 244, 250, dementsprechend eine „funktionale Äquivalenz der Leistungen" erforderlich sei; zustimmend Wiedemann/*Wank*, TVG Kommentar, § 4 TVG Rn. 472; *Fitting*, BetrVG Handkommentar, § 77 BetrVG Rn. 199; unter Verweis auf Schwierigkeiten der Günstigkeitsbeurteilung ebenso *Gamillscheg*, Kollektives Arbeitsrecht, Bd. II, S. 799 f.; a. A. durch Vornahme eines Einzelvergleichs siehe Däubler/*Deinert*, TVG, § 4 TVG Rn. 713; Wesentliches über die Begründungsansätze einer Verbindung zwischen den jeweils erlassenen Teilkomplexen Wiedemann/*Wank*, TVG Kommentar, § 4 TVG Rn. 471 m. w. N.

orientiert sich an einem objektiven Maßstab, der nach der allgemeinen Verkehrsauffassung bestimmt wird.[1439]

Bezogen auf die Gestaltungsmodalitäten einer einheitlichen Bekleidungsvorschrift und den betrieblichen Umkleidevorgang stellen sich zum einen die Arbeitsordnung, respektive das betriebliche Ordnungsverhalten, und zum anderen die Arbeitszeit als relevante Sachgruppen dar. Insofern wird für die Bestimmung einer etwaigen Vorteilhaftigkeit die Betroffenheit dieser Regelungsgegenstände in der jeweiligen Vorschrift vorausgesetzt. Die Eröffnung der vergleichenden Günstigkeitsbetrachtung begründen die verschieden garantierten Gegenleistungen.[1440] Grundsätzlich wirkt eine zuvor ungeregelte Realisierung freiheitlicher Handlungen, wie beispielsweise die Wahl über das Tragen eigenverantwortlich ausgesuchter Kleidungsstücke oder den Umkleideort, nicht bereits mittels einer vorstellbar wirksamen Einschränkung auf kollektivrechtlicher Ebene ungünstiger.[1441] In Anbetracht des klar gefassten § 87 BetrVG ist es den Betriebspartnern vielmehr gestattet, der Arbeitnehmerschaft durch den Abschluss von Betriebsvereinbarungen Lasten aufzubürden.[1442] Insofern stellt zwar auch eine betriebseinheitliche Kleidervorgabe in ihrer Gesamtheit eine erschwerende Maßnahme für den Mitarbeiter dar[1443], aber bestimmte Veränderungen erweisen sich in Bezugnahme der vielfältigen Regelungsmöglichkeiten als vorteilhafter. So sind zum Beispiel den Arbeitnehmern zugestandene Entscheidungsspielräume bei der Ausgestaltung der Dienstkleidung günstiger, die mehr Freiheiten als die im Rahmen von § 75 II 1 BetrVG angeordneten Maßnahmen einräumen und auf diese Weise im Gegenzug ein größeres Maß an Arbeitszufriedenheit herstellen.[1444] Ferner wird die Kostenübernahme der einheitlichen Kleidung durch den Arbeitnehmer als klassischer Anwendungsfall der individuell vergleichenden Günstigkeitsbeurteilung behandelt, weil sich ansonsten der vertraglich sichergestellte Lohnanspruch verkürzen würde.[1445] Dagegen ist für den betrieblichen Kleiderwechsel und der dadurch veranlassten Arbeitszeiterfassung eine

1439 *BAG* 23.05.1984 BAGE 46, 50, 58; Wiedemann/*Wank*, TVG Kommentar, § 4 TVG Rn. 451, demzufolge sei den subjektiven Elementen der Auffassung der Arbeitnehmer eine Indizwirkung beizumessen; Richardi/*Richardi*, BetrVG Kommentar, § 77 BetrVG Rn. 146; *Fitting*, BetrVG Handkommentar, § 77 BetrVG Rn. 200; Düwell/*Lorenz*, BetrVG Handkommentar, § 77 BetrVG Rn. 68; Hess/u. a./*Worzalla*, BetrVG Kommentar, § 77 BetrVG Rn. 164; GK-BetrVG/*Kreutz*, § 77 BetrVG Rn. 264; *Blomeyer*, NZA 1996, 337, 344.

1440 *BAG* 27.01.2004 BAGE 109, 244, 250.

1441 *BAG* 21.08.1990 AP Nr. 17 zu § 87 BetrVG 1972 Ordnung des Betriebes, zu II. 4. b) der Gründe.

1442 *BAG* 30.01.1970 BAGE 22, 252, 259; *BAG* 03.06.2003 BAGE 106, 204, 216; sympathisierend *Linsenmaier*, RdA 2008, 1, 7.

1443 Vgl. 3. Teil. § 8. III. 3. b) aa).

1444 Dazu 5. Teil. § 15. II. 2. d) cc).

1445 In Ansehung von *BAG* 01.12.1992 BAGE 72, 40, 47 etwa *Blomeyer*, NZA 1996, 337, 340.

steigerungsfähige Erleichterung für die Mitarbeiter überwiegend nicht ersichtlich. Die von einer Freiwilligkeit geleiteten Vorgänge des Umkleidens lassen mit Blick auf die autonome Wahl des Umkleideorts sowie die Nutzung der räumlichen Einrichtungen zum Ankleiden und Ablegen der einheitlichen Bekleidungsstücke keine weitergehenden Begünstigungen mit Ausnahme der inakzeptablen Nichtvornahme des Kleiderwechsels zu. Nur ein Entgegenkommen hinsichtlich der Benutzung der Zeiterfassungsanlagen bedeutet mit Blick auf das zu leistende Entgelt für die Erbringung der Arbeitsleistung einen Vorteil für die Arbeitnehmer.[1446]

Schlussendlich wird für eine auf die Ausgestaltung einer einheitlichen Kleidervorschrift bezogene Regelung im Arbeitsvertrag nicht offensichtlich der Anwendungsbereich einer vergleichenden Günstigkeitsbetrachtung eröffnet. Lediglich eine weitergehende Gewährung von Freiheit für die Arbeitnehmer im Umgang mit einer einheitlichen Bekleidungsvorgabe kann sich im Verhältnis zu einer entsprechenden Betriebsvereinbarung konkurrenzfähig und unter Nutzung des individuellen Günstigkeitsgrundsatzes vorteilhafter erweisen. Dergleichen sind Abweichungen in der Nutzung der arbeitszeiterfassenden Geräte zu beurteilen. Es kann davon ausgegangen werden, dass den jeweils veranlassten Folgen eine positive Einschätzung der Arbeitnehmer inne wohnt und die Realisierung der begehrten Schutzwirkung unterstützt wird. Bleiben Zweifel hinsichtlich der Annahme einer Günstigkeit, ist die bereits vorhandene, zwingende Bestimmung weiterhin gültig und sperrt insofern die Berücksichtigung der differenten Regelung.[1447] Ebenso begründet ein doppeldeutiges Missverhältnis die Annahme einer solchen „Günstigkeitsneutralität".[1448] Bezugnehmend darauf ist es durchaus vorstellbar, dass die schon angeführte Vorteilhaftigkeit in Form eines größeren Einflusses des Arbeitnehmers auf die Gestaltung der Dienstkleidung ambivalent erscheint. Denn grundlegend verbleibt es bei dem Verbot, die Kleiderwahl selbst zu treffen oder überhaupt private Bekleidung zu

---

1446 Ähnlich *Gamillscheg*, Kollektives Arbeitsrecht, Bd. II, S. 802.

1447 *BAG* 12.04.1972 BAGE 24, 228, 231 m. w. N. zu Lehrbeiträgen; *BAG* 27.01.2004 BAGE 109, 244, 250; so ebenfalls Däubler/*Deinert*, TVG, § 4 TVG Rn. 747; ErfK/*Franzen*, § 4 TVG Rn. 40 f., wonach ansonsten von einer Umgehung der gesetzlich angeordneten, zwingenden Wirkungsweise auszugehen sei. Gleichwohl sei das Konkurrenzverhältnis zu Gunsten der abweichenden Vorschrift zu lösen, wenn jene dem Mitarbeiter ein korrespondierendes Wahlrecht zugestehe; a. A. Wiedemann/*Wank*, TVG Kommentar, § 4 TVG Rn. 453, infolge dessen der begehrte Schutzaspekt durch die Nutzung eines objektiven Maßstabs mit Blick auf die entstandene Neutralität fernerhin garantiert sei.

1448 *BAG* 17.04.2002 AP Nr. 40 zu § 611 BGB Mehrarbeitsvergütung, zu II. 4. b) der Gründe, demzufolge es nicht vorhersehbar sei, inwieweit sich die in Frage stehende Maßnahme als günstiger erweise; gleichermaßen Wiedemann/*Wank*, TVG Kommentar, § 4 TVG Rn. 452; *Löwisch/Rieble*, TVG Kommentar, § 4 TVG Rn. 594, Rn. 635 f.; Däubler/*Deinert*, TVG, § 4 TVG Rn. 747; a. A. unter Vornahme einer Einzelfallabwägung in *LArbG München* 04.05.1990 LAGE Nr. 3 zu § 4 TVG Günstigkeitsprinzip, zu 3. der Gründe.

tragen. Auch aus Gründen der Rechtssicherheit wird daher eine arbeitsvertragliche Regelung nur in Verknüpfung mit zugestandenen Individualrechten vorrangig behandelt. Es ist davon auszugehen, dass sich dieses Resultat auch an den beabsichtigten Zielen der Betriebsratstätigkeit orientieren wird, zumal selbst eine Reduzierung der Ausgestaltung der Dienstkleidung auf ein Mindestmaß an Vorgaben das Tragen einer einheitlichen Bekleidung und damit die Verwirklichung des gewünschten Zwecks sicherstellt. Mit Rücksicht auf den Untersuchungsgegenstand scheidet eine etwaige Nutzung des kollektiven Günstigkeitsprinzips aus. Der sachliche Anwendungsbereich dieses Grundsatzes erstreckt sich für gewöhnlich auf vom Arbeitgeber gewährte Sozialleistungen, die quantitativ bezifferbar sind, zueinander in einem Bezugssystem stehen und typischerweise aufgrund von Gesamtzusagen, betrieblichen Übungen oder arbeitsvertraglichen Einheitsregelungen gewährt werden[1449].

§ 18. Tarifvertrag

Für die Nutzung des Günstigkeitsprinzips bei einem Aufeinandertreffen von Betriebsvereinbarung und einer korrespondierenden tariflichen Klausel gilt grundlegend das zum Arbeitsvertrag Gesagte.[1450] Ergänzend hierzu muss allerdings beachtet werden, dass die Notwendigkeit für eine entsprechende Kollisionslösung in dieser Konstellation gering einzuschätzen ist. Vor dem Eingreifen einer vergleichenden Günstigkeitsbetrachtung findet zunächst die Verteilung der allgemeinen und ausschließlichen Regelungsbefugnis statt, welche erst das Entstehen einer Konkurrenzsituation bedingt.[1451] Insoweit mindert der Tarifvorbehalt des § 77 III 1 BetrVG, wonach Arbeitsentgelte und sonstige Arbeitsbedingungen, die durch Tarifvertrag geregelt sind oder üblicherweise geregelt werden, nicht Gegenstand einer Betriebsvereinbarung sein können, die Relevanz der Kollisionsnorm und verdrängt demgemäß § 4 III 2 TVG.[1452] Ziele dieser Sperrwirkung sind der verfassungsrechtlich garantierte Schutz der Tarifautonomie gemäß Art. 9 III GG vor etwaigen Veränderungen durch die Betriebsparteien und der integrierte Erhalt der Funktionsfähigkeit

1449 *BAG (GS)* 16.09.1986 BAGE 53, 42, 64 f.; dergleichen Richardi/u. a./*Rieble/Klumpp*, Münchener Handbuch zum Arbeitsrecht, § 183 Rn. 24; Schaub/*Koch*, Arbeitsrechts-Handbuch, S. 2430; ErfK/*Kania*, § 77 BetrVG Rn. 70.

1450 Vgl. 6. Teil. § 17.

1451 Von Staudinger/*Richardi/Fischinger*, Kommentar zum BGB, § 611 BGB Rn. 728; auch im Sinne von *BAG* 18.08.1987 BAGE 56, 18, 26.

1452 *BAG* 26.02.1986 BAGE 51, 178, 181; von Staudinger/*Richardi/Fischinger*, Kommentar zum BGB, § 611 BGB Rn. 728, Rn. 852; ErfK/*Franzen*, § 4 TVG Rn. 32; *Jahnke*, Tarifautonomie und Mitbestimmung, S. 142; *Fitting*, BetrVG Handkommentar, § 77 BetrVG Rn. 97; Richardi/*Richardi*, BetrVG Kommentar, § 77 BetrVG Rn. 278; Schaub/*Koch*, Arbeitsrechts-Handbuch, S. 2423; Düwell/*Lorenz*, BetrVG Handkommentar, § 77 BetrVG Rn. 35; allgemein dazu 5. Teil. § 14. II./III.

von Koalitionen.[1453] Aus diesem Grund wird eine inhaltsgleiche Betriebsvereinbarung vollständig von einem geltenden Tarifvertrag zurück gewiesen und von Anfang als unwirksam behandelt.[1454] Gleiches gilt für den Spruch einer angerufenen Einigungsstelle.[1455] Raum zur Entfaltung des Günstigkeitsvergleichs gewährt sozusagen nur eine Kompetenzfreigabe für den Abschluss einer Betriebsvereinbarung.[1456]

Die sodann notwendig werdende konkurrenzrechtliche Behandlung orientiert sich an der auf die Statuierung von Mindestarbeitsbedingungen reduzierten Wahrnehmung der tariflichen Gestaltungskompetenz für den einzelnen Mitarbeiter.[1457] Unter Berücksichtigung der häufig vorkommenden Inhalte einer Tarifvertragsregelung über die Dienstkleidungsangelegenheiten[1458] und den soeben angeführten relevanten Gegenleistungen konzentriert sich die Günstigkeitsprüfung auf den Sachgruppenvergleich von Finanzverteilungsfragen oder Bestimmungen der arbeitszeitrechtlichen Lage. Die festzustellende Vorteilhaftigkeit wird wiederum durch den Schutzbereich der tariflichen Vereinbarung definiert.[1459] Das heißt, sobald dem Arbeitnehmer persönliche Rechte eingeräumt werden, erweist sich die betreffende Regelung als günstiger. Insoweit rufen die regelmäßige Kostenübernahme durch den Arbeitgeber[1460] und Veränderungen des zeitlichen Arbeitsablaufs einen Anwendungsvorrang der Tarifvertragsbestimmung hervor. Eine inhaltsbezogene Erweiterung des vorausgesetzten Sachzusammenhangs ist dadurch nicht zu befürchten.[1461] Kommt eine Betriebsvereinbarung lediglich unter Bezugnahme auf einen Tarifvertrag zustande und entsteht daher eine Kollision zu geltenden tariflichen Vorschriften, erfolgt angesichts der gewünschten allumfassenden Integration

1453 *BAG* 22.05.1979 AP Nr. 13 zu § 118 BetrVG 1972, zu II. 1. der Gründe; *BAG* 22.01.1980 BAGE 32, 350, 361; *BAG* 24.02.1987 BAGE 54, 191, 199; *BAG* 18.08.1987 BAGE 56, 18, 26; *BAG (GS)* 03.12.1991 BAGE 69, 134, 150; *BAG* 24.01.1996 BAGE 82, 89, 93 f.; *BAG* 20.04.1999 BAGE 91, 244, 255; *BAG* 29.10.2002 BAGE 103, 187, 189; *BAG* 21.01.2003 AP Nr. 1 zu § 21a BetrVG 1972, zu B. II. 2. c) aa) (1) der Gründe.

1454 *BAG* 21.01.2003 AP Nr. 1 zu § 21 a BetrVG 1972, zu B. II. 2. c) aa) (1) der Gründe, dementsprechend gegenteilige Vorstellungen von Arbeitgeber und Betriebsrat irrelevant seien; *BAG* 10.10.2006 AP Nr. 24 zu § 77 BetrVG 1972 Tarifvorbehalt, zu B. I. 2. c) cc) (1) der Gründe; *BAG* 18.03.2010 AP Nr. 228 zu § 626 BGB, zu B. II. 2. a) cc) (2) (a) der Gründe.

1455 Schaub/*Koch*, Arbeitsrechts-Handbuch, S. 2423.

1456 *Löwisch/Rieble*, TVG Kommentar, § 4 TVG Rn. 539; *Gamillscheg*, Kollektives Arbeitsrecht, Bd. II, S. 799.

1457 ErfK/*Franzen*, § 4 TVG Rn. 31; mit Blick auf die Vermeidung einer Bevormundung *Löwisch/Rieble*, TVG Kommentar, § 4 TVG Rn. 531 f.; Grundlegendes in Wiedemann/*Wank*, TVG Kommentar, § 4 TVG Rn. 383 ff.

1458 Eruiert in § 14. II.

1459 Richardi/u. a./*Rieble/Klumpp*, Münchener Handbuch zum Arbeitsrecht, § 183 Rn. 37 ff.

1460 Vgl. 2. Teil. § 7. II.; auch schon in 6. Teil. § 17.

1461 Ausführlich zu dieser Problematik etwa Richardi/u. a./*Rieble/Klumpp*, Münchener Handbuch zum Arbeitsrecht, § 183 Rn. 49 m. w. N.

von Arbeitsbedingungen ein Gesamtvergleich der sich gegenüberstehenden Regelwerke im Sinne des Günstigkeitsgrundsatzes.[1462] Dass entgegen dem Willen der Arbeitsvertragsparteien verschiedene Klauseln gegeneinander abgewogen werden[1463], überzeugt aufgrund des Rechtscharakters einer Inbezugnahme nicht. Ein in Ausnahmefällen vorgenommener Sachgruppenvergleich einzelner Vorschriften ist infolge der Gefahr einer Herausnahme nur der vorteilhaftesten Regelungen nicht möglich.[1464] Probleme bei der Konkretisierung der Günstigkeit einer Vielzahl von Bestimmungen[1465] können mit Hilfe der Entwicklung geeigneter Prüfungskriterien, wie beispielsweise den grundlegenden Tarifbestrebungen oder umfassend bestehenden Schutztendenzen, minimalisiert werden. In Anbetracht des Verlangens der Betroffenen nach einer allseitigen Gültigkeit tariflicher Regelungen ist der möglicherweise erzeugte Zeitaufwand einer Günstigkeitsprüfung in Kauf zu nehmen. Nur so entfaltet der begehrte Schutzmechanismus für den, dafür im Grunde genommenen selbstverantwortlichen, Arbeitnehmer umfassende Wirkung.

Im Endeffekt sind die Beteiligten gehalten, das tarifliche Grundanliegen sicherzustellen. Das Resultat eines möglicherweise vorzunehmenden Günstigkeitsvergleichs stellt den Ausfluss ihrer Gestaltungsspielräume dar.[1466]

1462 ErfK/*Franzen*, § 4 TVG Rn. 37; Richardi/u. a./*Rieble/Klumpp*, Münchener Handbuch zum Arbeitsrecht, § 183 Rn. 50; unter Äußerung von Bedenken ebenso *Löwisch/Rieble*, TVG Kommentar, § 4 TVG Rn. 544 f., demgemäß ein Kollisionsausgleich zwischen zwei Tarifverträgen stattzufinden habe.

1463 Wiedemann/*Wank*, TVG Kommentar, § 4 TVG Rn. 470.

1464 Verstanden als so genanntes „Rosinenpicken" *Löwisch/Rieble*, TVG Kommentar, § 4 TVG Rn. 545; indes diese rechtliche Betrachtungsweise befürwortend *BAG* 12.12.2012 AP Nr. 122 zu § 1 TVG Bezugnahme auf Tarifvertrag, zu 2. b) bb) (2) (a) der Gründe; ErfK/*Franzen*, § 4 TVG Rn. 36.

1465 ErfK/*Franzen*, § 4 TVG Rn. 36; Däubler/*Deinert*, TVG, § 4 TVG Rn. 713 f., woraufhin die sprachliche Fassung von einem Vergleich zwischen „Regelungen" ausgehe, so dass eine Gegenüberstellung der Gesamtwerke nicht dem Sinn der Norm zu entnehmen sei; desgleichen Richardi/u. a./*Rieble/Klumpp*, Münchener Handbuch zum Arbeitsrecht, § 183 Rn. 45, wobei bedenklich ist, dass der Autor diese Ansicht in der Folgefußnote revidiert.

1466 *Von Hoyningen-Huene*/BAG 18.08.1987 AP Nr. 23 zu § 77 BetrVG 1972, zu 4. d) der Anmerkung; Richardi/u. a./*Rieble/Klumpp*, Münchener Handbuch zum Arbeitsrecht, § 183 Rn. 49.

7. Teil. Zusammenfassung

Die bereits in den einzelnen Zwischenergebnissen formulierten Schlussfolgerungen der Untersuchung werden nun abschließend im Überblick thesenhaft dargestellt.

1. Das Arbeitsverhältnis mit seinem Dauerschuldcharakter fordert die Gegenüberstellung jeweiligen Grundrechte von Arbeitnehmer und Arbeitgeber automatisch heraus, weil durch die umfassende Gestaltung des Vertrags ein überwiegender Teil des Lebensbereichs der Beteiligten berührt wird. Insoweit kann die Erfüllung der Arbeitspflicht im Betrieb auch eine wesentliche Persönlichkeitsverwirklichung für den Arbeitnehmer sein, die wie die Kleiderwahl der Definition des eigenen Daseins in dem situativ relevanten Sozialumfeld dient. Demgegenüber steht für den Arbeitgeber die äußere Erscheinung des Mitarbeiters als Attraktivitätsattribut für das Unternehmen im Vordergrund. Dem öffentlichen Auftreten werden positive Auswirkungen auf die Gewinnsituation, den Kundenumgang und den Identifikationsgrad der Mitarbeiter, auch mit Blick auf die in Konkurrenz stehenden Betriebe zugeschrieben. Die auf beiden Seiten unweigerlich bestehenden Auffassungen über die Ästhetik eines für Dritte zugänglichen Erscheinens rufen bei einem Aufeinandertreffen die entscheidenden Konfliktsituationen hervor. Der dadurch notwendige Interessenausgleich lässt sich mit Hilfe der einschlägigen Normen des Betriebsverfassungsrechts vollziehen.
2. Die Auflösung eines solchen Spannungsverhältnisses weist derzeit rechtlich fragwürdige Mängel auf. Das vermehrte Aufkommen arbeitsgerichtlicher Verfahren zu Dienstkleidungsangelegenheiten führt zu Unsicherheit in der rechtlichen Behandlung. So fußt die überwiegende Bejahung von Mitbestimmungsrechten des Betriebsrats gemäß §§ 87 I Nr. 1, 2 BetrVG auf unklaren Beurteilungskriterien – verursacht durch einseitige Begründungsansätze ohne dogmatischen Anknüpfungspunkt. Die Anwendung des Betriebsverfassungsgesetzes, welches auf der Realisierung des berechtigten Teilhabegedankens des Arbeitnehmers basiert, unterliegt daher einer pauschal begründeten Entscheidungsohnmacht zu Gunsten dieses Beteiligten.
3. Aus Arbeitgebersicht besteht der Nutzen einheitlicher Kleidung, die während der Arbeitszeit anstelle der individuellen Zivilbekleidung getragen wird, in der besonderen Kenntlichmachung des Arbeitnehmers im dienstlichen Interesse. Kategorisch gesehen, handelt es sich dabei um Uniformen, werbeträchtige Kleidungsstücke und Seriosität vermittelnde Bekleidung. In Ermangelung einer gesetzlichen Fixierung basiert die Integration einer Dienstkleidung in das konkrete Arbeitsverhältnis auf den bekannten individualrechtlichen und kollektivrechtlichen Arbeitsrechtsinstrumentarien. Eine analoge Anwendung der für die Schutzkleidung herangezogenen Vorschrift des § 618 I BGB scheidet aus. So mangelt es in Anbetracht der historischen Gesetzesentwicklung und Bedeutungsminderung von § 618 I BGB im Verhältnis zu anderen Rechtsquellen an

einer erforderlichen planwidrigen Regelungslücke. Selbst wenn angenommen wird, dass dem Gesetzgeber diese fehlende schriftliche Fixierung der Dienstkleidungsangelegenheiten nicht bewusst war und daher ein Redaktionsversehen vorliegt, kann § 618 I BGB nicht entsprechend angewendet werden. Denn trotz des ähnlichen persönlichkeitsrechtlichen Einschlags einer Schutzkleidung lässt sich eine Übereinstimmung der gegebenen Interessenlagen im Vergleich zur Dienstkleidung nicht erkennen. In Abgrenzung zu dieser Bekleidungsart orientiert sich die Verwendung einer Schutzkleidung im beruflichen Alltag an dem zu realisierenden Schutzmechanismus für den betreffenden Träger selbst. Dies gilt insoweit auch für die Arbeitskleidung und Berufskleidung, wenn jene Bekleidungsstücke zum Schutz der zivilen Kleidung des Arbeitnehmers eingesetzt werden. Die Dienstkleidung dient demgegenüber ausschließlich den betrieblichen Interessen des Arbeitgebers.

4. Die Einführung und Ausgestaltung einer einheitlichen Kleidervorgabe im Rahmen einer kundenrepräsentativen Tätigkeit unterliegt nach herrschender Ansicht dem Mitbestimmungstatbestand des § 87 I Nr. 1 BetrVG, wenn der Zweck in einem uniformen Auftreten des Personals liegt. Bestärkt durch aktuelle Entwicklungen und aufblitzende Tendenzen bedarf es zur Sicherstellung einer gebührenden Interessenabwägung einer Konzentration auf das mitbestimmungsfreie Arbeitsverhalten. Mithin erfolgt eine Abkehr von der rechtlichen Beurteilung durch Rechtsprechung und Lehre, die das Ordnungsverhalten im Sinne von § 87 I Nr. 1 BetrVG und damit ein Mitbestimmungsrecht des Betriebsrats favorisieren. Als Ergebnis der zulässigen teleologischen Reduktion in § 87 I Nr. 1 BetrVG ist deshalb maßgebend, ob durch etwaige Dienstkleidungsvereinbarungen das Direktionsrecht des Arbeitgebers konkretisiert wird und sich dementsprechend organisationsrechtliche sowie leitungsorientierte Entscheidungsbefugnisse des Arbeitgebers realisieren.
5. Das Tragen „korrekter" und damit typischerweise branchenüblicher Kleidung im Arbeitsleben ist eine aus dem Arbeitsverhältnis resultierende Nebenpflicht des Arbeitnehmers. Die vor allem im Dienstkleidungsbereich über diese Nebenpflicht hinausgehenden Anforderungen bestimmen die wesentlichen Untersuchungsmaßstäbe in Form der Zweckbindung, der Auswahl der dienstkleidungspflichtigen Mitarbeiter und des sachlichen Umfangs.
6. Ziel einer betriebseinheitlichen Kleidervorgabe ist nach dem hiesigen Verständnis die Erfüllung der gängigen Erwartungen von außerhalb des Betriebs stehenden Personengruppen. Unter Zugrundelegung einer umfassenden Einbeziehung bestehender Vorstellungen findet deshalb neben der Berücksichtigung von Kundenanforderungen auch eine Betrachtung aus Sicht der Lieferanten und Geschäftspartner statt. In jenen Erwartungen ist die gewachsene Verkehrssitte gemäß § 242 BGB verwurzelt, nach außen einheitlich im Rahmen der Erfüllung arbeitsvertraglicher Pflichten aufzutreten. So gesehen weist die Einführung und Ausgestaltung der Dienstkleidung einen Bezug zu Gesellschaft und Kultur auf. Entsprechende Kleiderregelungen werden von der Belegschaft zumeist freiwillig und demnach ohne ausdrückliche Aufforderung eines anderen eingehalten. Es erscheint in diesem Zusammenhang rechtmäßig, dem Arbeitgeber einen korrespondierenden

Anspruch auf Erbringung der Arbeitsleistung in einer vorgegebenen Bekleidung einzuräumen. Als Teil des Direktionsrechts gemäß § 106 GewO unterliegt eine solche Maßnahme der alleinigen Fremdbestimmung durch den Arbeitgeber und muss daher mitbestimmungsfrei bleiben.

7. Die Festlegung des persönlichen Anwendungsbereichs einer einheitlichen Bekleidungsvorschrift orientiert sich an den als relevant erachteten Berufsfeldern. Im Zuge der Untersuchung hat sich herausgestellt, dass etwaige Kleidungsanweisungen für das Dienstleistungsgewerbe, das Verkehrswesen und die Logistik, das wirtschaftliche und behördliche Arbeitsfeld, das Pädagogikressort sowie für die Unterhaltungsbranche von wesentlicher Bedeutung sein können. Zur Einhaltung des betriebsverfassungsrechtlichen Gleichbehandlungsgrundsatzes gemäß § 75 I BetrVG ist der Arbeitgeber sowohl gegenüber dem gesamten angestammten Personal als auch unter Berücksichtigung der jeweiligen Weisungszuständigkeit gegenüber den Leiharbeitnehmern mit Blick auf den Erlass einer Kleiderordnung anordnungsbefugt. Die insoweit geschaffene Homogenität der Dienstkleidungspflicht erfasst jedoch keine Betriebsratsmitglieder, da diese Mitarbeiter aufgrund ihrer ehrenamtlichen Stellung nicht weisungsgebunden arbeiten.

8. Aufgrund der in der Praxis vorkommenden Differenziertheit von Dienstkleidungsklauseln und der Verhinderung einer unzulässigen inhaltlichen Ausdehnung des Mitbestimmungsrechts erfolgt nach hier vertretener Auffassung eine Aufspaltung des sachlichen Anwendungsbereichs einer einheitlichen Bekleidung in ihre Einführung und Ausgestaltung. Die betreffende Maßnahme wird somit jeweils für sich mitbestimmungsrechtlich betrachtet.
Die ausschließlich als Erlass zu verstehende Einführung der einheitlichen Kleidung im Betrieb unterliegt keiner Mitbestimmung des Betriebsrats gemäß § 87 I Nr. 1 BetrVG. Die propagierten Auseinandersetzungen im betrieblichen Zusammenleben können nicht mit an Sicherheit grenzender Wahrscheinlichkeit der eingesetzten Dienstkleidung zugeordnet werden, zumal ein etwaig notwendiger Persönlichkeitsschutz nur mittelbar einen Regelungsgegenstand des Mitbestimmungstatbestands darstellt. Dem Teilhabegedanken des Betriebsverfassungsgesetzes genügen daher die Abschlussmöglichkeit einer freiwilligen Betriebsvereinbarung gemäß § 88 BetrVG und die bereits vor dem Zustandekommen der Maßnahme angelegten Mitwirkungsrechte für Betriebsrat und Arbeitnehmer.
Die Ausgestaltung einer einheitlichen Bekleidungsvorschrift bleibt im Dienstleistungsgewerbe als Berufsfeld mit einem überwiegenden Bezug des Arbeitnehmers zu den Kunden mitbestimmungsfrei und ist daher auch nur den Mitwirkungsrechten des Betriebsrats zugänglich. Insoweit wird die gestalterische Aufgabe des Arbeitgebers als Ausführung der gesellschaftlichen Erwartungshaltungen betrachtet, welche zugleich die Wächterstellung unberechtigter Dritter verhindert. In den restlichen Berufsbranchen löst eine Kleiderordnung vornehmlich im Betrieb selbst und damit das Ordnungsverhalten der Arbeitnehmer betreffende Folgen aus, so dass es bei einer Erzwingbarkeit der Mitbestimmung gemäß § 87 I Nr. 1 BetrVG verbleibt. Der Grund dafür liegt in dem nur geringen unmittelbaren Kundenkontakt der Mitarbeiter. Der in der Dienstkleidung angelegte Zweck,

die Anforderungen verschiedener Personengruppen zu erfüllen, kann sich hier nicht direkt realisieren.
Ein Mitbestimmungsrecht über die Kostentragung und die Beschaffungspflicht der einheitlichen Bekleidung wird angesichts eines fehlenden Sachzusammenhangs zu mitbestimmungspflichtigen Vorschriften des § 87 I Nr. 1 BetrVG nicht begründet. Regelmäßig hat der Arbeitgeber die Kosten der Dienstkleidungsangelegenheiten zu tragen, so dass zugleich eine Art Leihverhältnis mit entsprechenden Pflichten für den Mitarbeiter und daraus resultierenden Ansprüchen des Arbeitgebers entsteht.

9. Der Annahme, dass es sich bei der Umkleidezeit des Arbeitnehmers um eine mitbestimmungspflichtige Angelegenheit des Betriebsrats gemäß § 87 I Nr. 2 BetrVG handelt, liegt der betriebsverfassungsrechtliche Arbeitszeitbegriff zugrunde. Danach ist Arbeitszeit die Zeit, währenddessen der Arbeitnehmer die von ihm in einem bestimmten zeitlichen Umfang vertraglich geschuldete Arbeitsleistung tatsächlich erbringen soll. Durch die Mitbestimmung des Betriebsrats ist im Rahmen von § 87 I Nr. 2 BetrVG daher eine angemessene Freizeitgestaltung in Abgrenzung zur Lage der Arbeitszeit zu gewährleisten.
10. Die mit dem Charakter des Arbeitsverhältnisses einhergehende Transparenz persönlicher Umstände begründet zulässigerweise einen Zusammenhang zwischen dem Tragen der Dienstkleidung und einem dazugehörigen Kleiderwechsel. Hingegen überzeugt die arbeitszeitrechtliche Konkretisierung des Umkleidevorgangs mit Hilfe der zu bestimmenden Auffälligkeit einer Bekleidung nicht. Wenn „Dienstkleidung" entsprechend dem hiesigen Verständnis definiert wird, führt das genannte Kriterium zu einer sachlich nicht gerechtfertigten Ungleichbehandlung innerhalb der erfassten Kleidungsformen. Die besondere Erkennbarkeit einer Kleidung kann auch nicht aufgrund anderer Merkmale nachgewiesen werden und impliziert diesbezüglich einen weiten, nicht vertretbaren Interpretationsspielraum. Die unwiderlegbare Verknüpfung einer solchen Auffälligkeit einer Bekleidung mit der Kenntnis der Betroffenen, dem Wiedererkennungswert des Betriebs und in der Konsequenz mit der Kleidervorgabe durch den Arbeitgeber begründet die Abkehr von diesem von der Rechtsprechung entwickelten Abgrenzungsmerkmal im Bereich des § 87 I Nr. 2 BetrVG. Die Einschätzung, ob die in Frage stehende Maßnahme die private Lebensführung oder die Arbeitszeit der Mitarbeiter betrifft, ist daher anhand ihrer vollständigen Fremdnützigkeit für den Arbeitgeber vorzunehmen. Es wird deutlich, dass die Bejahung des Mitbestimmungstatbestands des § 87 I Nr. 2 BetrVG untrennbar mit der in einer Regelung behandelten Kleidungsart verbunden ist.
11. Das Tragen der Dienstkleidung auf dem Arbeitsweg des Einzelnen ist keine betriebsverfassungsrechtliche Arbeitszeit und damit mitbestimmungsfrei. Denn dieser Kleiderwechsel dient unter Zugrundelegung der hier vertretenen Auffassung nicht nur den Bedürfnissen des Arbeitgebers im Sinne einer umfassenden Fremdnützigkeit. Der persönliche Nutzen des Arbeitnehmers besteht in der Erleichterung eigener Lebensbedingungen, wenn zum Beispiel der Kleiderwechsel zuhause Zeit spart. Auch ist nicht auszuschließen, dass der Betroffene

eine eigenverantwortliche Verbreitung der Unternehmenskultur befürwortet und auf diese Weise im eigenen Interesse handelt. Insbesondere die erschwerte Zeiterfassung des Wegs von und zur Arbeitsstätte aufgrund verschieden weit entfernter Wohnorte des Personals und die Annahme, dass in dieser Zeit keine geschuldeten Arbeitsaufgaben erbracht werden, sprechen gegen die ausschließliche Umsetzung von Arbeitgebervorstellungen. Es verbleiben lediglich freiwillige Vereinbarungsmöglichkeiten für die Betriebspartner gemäß § 88 BetrVG.

Im Gegensatz dazu ist der betriebliche Kleiderwechsel als umfassend fremdnützig zu qualifizieren. In der Erwartung eines räumlich jederzeit anzutreffenden Publikums und der auch funktionellen Nähe zur konkreten Tätigkeitsausübung des Mitarbeiters wird aus Schutzgründen eine Grenzziehung zu dessen Freizeit im Sinne des § 87 I Nr. 2 BetrVG unumgänglich. Umkleidezeit im Betrieb unterfällt daher dem betriebsverfassungsrechtlichen Arbeitszeitbegriff.

Der Ort für den an sich verpflichtenden Umkleidevorgang kann autonom von jedem Einzelnen gewählt werden. Zur Sicherstellung einer Gleichbehandlung aller Arbeitnehmer ist der Arbeitgeber deswegen gehalten, einen Umkleideraum und eine Zeiterfassungsanlage im Betrieb bereitzustellen. Das „Wie" solcher Maßnahmen unterliegt infolge des Bezugs zum Ordnungsverhalten des Personals der Mitbestimmung des Betriebsrats gemäß § 87 I Nr. 1 BetrVG.

12. Der Abschluss einer den vollständigen sachlichen Anwendungsbereich einer Dienstkleidungsmaßnahme umfassenden Betriebsvereinbarung bietet sich zur Realisierung der hier zuerkannten Mitbestimmungsrechte des Betriebsrats nicht an. Grund dafür ist, dass auf diese Weise die berechtigte Anerkennung mitbestimmungsfreier Teile einer Kleiderordnung konterkariert wird.
13. Dem Betriebsrat steht im Umfang der Mitbestimmungsrechte eine aktive Beteiligung am Betriebsgeschehen durch die Nutzung seiner Initiativrechte zu. Angesichts mangelnder Negativauswirkungen für die Arbeitnehmer sind etwaige teleologische Einschränkungen in Ansehung von Sinn und Zweck des jeweiligen Mitbestimmungsrechts nicht geboten.
14. Im Zusammenhang mit der entscheidenden Annahme eines zwingenden Erfordernisses für eine unternehmenseinheitliche Regelung kann der Gesamtbetriebsrat gemäß § 50 I 1 Hs. 1 BetrVG für den Abschluss der Betriebsvereinbarung im Sinne des § 87 I Nr. 1 BetrVG zuständig sein. Die Ausweitung des persönlichen Anwendungsbereichs der Dienstkleidungsmaßnahmen auf die gesamte Arbeitnehmerschaft führt automatisch die als erstes Tatbestandsmerkmal vorausgesetzte „Überbetrieblichkeit" des 50 I 1 Hs. 1 BetrVG herbei.

    Die Erforderlichkeit einer betriebsübergreifenden Vorschrift lässt sich auf die in dem „Ursprungszweck" angelegte Berücksichtigung wirtschaftlicher und gesellschaftlicher Anforderungen stützen. Damit einher geht das Verlangen nach einem ganzheitlichen Unternehmenskonzept. Der dann nicht mehr vorhandene konkrete Betriebsbezug nimmt dem Einzelbetriebsrat eine entsprechende Regelungsbefugnis.

    Dagegen stellt eine Entscheidungskompetenz des Gesamtbetriebsrats für die Mitbestimmungsangelegenheiten des § 87 I Nr. 2 BetrVG grundsätzlich den

Ausnahmefall dar. Nur das Eintreten einer technisch untragbaren Störung anlässlich der produktionstechnischen Verknüpfung der Betriebe kann hier die sachliche Rechtfertigung einer unternehmenseinheitlichen Bestimmung schaffen. Mit Blick auf die Dienstkleidungspflicht aller Mitarbeiter und aufgrund der konkreten Gefahr der Nichtberücksichtigung von Interessen auf Unternehmensebene ist die Zuständigkeitsfrage somit nicht von vornherein zu Gunsten des Einzelbetriebsrats zu beantworten.
Trotz allem muss eine Einzelfallentscheidung die Lösung bleiben, zumal die Normvoraussetzungen des § 50 I 1 Hs. 1 BetrVG stets unsicher sind. Insoweit unterliegt die rechtliche Ausfüllung des „Nichtregelnkönnens" auf betrieblicher Ebene verschiedenen Lösungsvorschlägen und lässt dadurch Zweifel über die eindeutige Annahme einer Zuständigkeit des Gesamtbetriebsrats entstehen.

15. Die in Ermangelung einer betrieblichen Übereinkunft gemäß § 87 II 1 BetrVG anzurufende Einigungsstelle ist verpflichtet, die Durchführung der gewünschten Unternehmervorstellungen sicherzustellen und den Unternehmenszweck nicht in die Ermessensabwägung gemäß § 76 V 3 BetrVG einzubeziehen.
16. Betriebsverfassungsrechtliche Sanktionen eines mitbestimmungswidrigen Verhaltens der jeweiligen Betriebspartei sind auf die gesetzlich vorgesehenen Fälle begrenzt. Im Rahmen der Dienstkleidungsvorschriften wird dieser sachliche Anwendungsbereich eingeschränkt. So veranlassen die miteinander unvereinbaren Rechtsauffassungen, die für die mitbestimmungsrechtliche Behandlung einer Dienstkleidungsmaßnahme herangezogen werden, bei einem einmaligen Verstoß nur eine begrenzte Geltendmachung des Unterlassungsanspruchs gemäß § 23 III BetrVG durch die Berechtigten. Insofern drängt sich dem Arbeitgeber das rechtskonforme und damit erforderliche Handeln aufgrund der Uneinigkeit in Rechtsprechung und Lehre nicht auf, welches eine zukünftige, rechtlich anerkannte Störung im Sinne einer Wiederholungsgefahr begründen könnte. Wenn in diesem Fall ein grober Verstoß gemäß § 23 III BetrVG und Anspruch gegen den Arbeitgeber negiert wird, erleidet dieser auch keinen Nachteil aus einer etwaig bestehenden Rechtsunsicherheit und hat die Chance, sein Handeln auf eine akzeptable rechtliche Meinung zu stützen. Die nötige Flexibilität für die Umsetzung von dienstkleidungsbezogenen Interessen im Arbeitsalltag übt ebenfalls einen begrenzenden Einfluss auf die Gültigkeit der weitgehend vertretenen Theorie der Wirksamkeitsvoraussetzung aus. Im Ergebnis sind die Rechtsfolgen eines mitbestimmungswidrigen Verhaltens somit anhand des Zwecks des einschlägigen Mitbestimmungsrechts zu bestimmen.
17. Wie die grundlegende Eröffnung des Mitbestimmungstatbestands von § 87 I BetrVG gelten ebenso die Schranken der Mitbestimmungsrechte als zielführend für die wirksame und rechtmäßige Realisierung der Maßnahme im Betrieb. Die Ausgestaltung einer einheitlichen Kleidervorgabe und der betriebliche Kleiderwechsel unterliegen indes nur wenigen Grenzen.
18. So sind gesetzliche und tarifliche Vorschriften gemäß des Eingangssatzes von § 87 I BetrVG entsprechend der hiesigen Rechtsauffassung zumeist nicht vorrangig gegenüber der betrieblichen Einigung.

Die Persönlichkeitsrechte der Arbeitnehmer gemäß Art. 2 I GG i. V. m. Art. 1 I GG stellen bei Dienstkleidungsangelegenheiten überhaupt keine gesetzliche Schrankenregelung im Sinne des § 87 I BetrVG dar. Unter Berücksichtigung einer zu befürchtenden Schutzlücke mit Blick auf die gerichtliche Geltendmachung der Arbeitnehmerinteressen und die damit eingeschlossene Wertminderung der Betriebsratsfunktion hat das eingeräumte Mitbestimmungsrecht fernerhin neben einer grundrechtlichen Überprüfung Bestand.
Die speziellen Arbeitsschutzgesetze belassen mittels ihrer offenen Fassung die notwendigen Gestaltungsmöglichkeiten. Insofern verhindert ein gewährtes Ermessen die Bewertung eines abschließenden und zwingenden Charakters der Gesetzesvorschrift im Verhältnis zu dem konkreten Regelungsinhalt der mitbestimmten Maßnahme. Die in der Praxis vorliegenden tariflichen Klauseln im Sinne des Eingangssatzes von § 87 I BetrVG sind ebenfalls nicht vorrangig gegenüber den Mitbestimmungsrechten des Betriebsrats anzuwenden, da es diesen Vorschriften an explizit formulierten Arbeitnehmeransprüchen und dementsprechend der notwendigen Schutzwirkung mangelt.
Tendenziell von besonderer Bedeutung für die Reichweite der Betriebsautonomie sind zunehmend die Normen des Allgemeinen Gleichbehandlungsgesetzes. Aufgrund geschlechtsspezifischer Kleidervorgaben oder mittelbar auftretenden Folgen durch das gewünschte einheitliche Erscheinungsbild kann eine Ungleichbehandlung vorliegen. Rechtfertigungsgründe dafür lassen sich jedoch aus den Traditionsbildern des öffentlichen Auftretens und weiteren argumentativen Hilfsmitteln gemäß § 8 I AGG und dem damit vergleichbaren Maßstab in § 3 II Hs. 2 AGG herleiten. Die zu realisierenden organisatorischen Schutzmaßnahmen beeinträchtigen die Betriebspartner hingegen nicht direkt und maßgeblich in ihrer Gestaltungsfreiheit.

19. Schwerpunkt der zu betrachtenden Schranken bildet die betriebliche Verfolgung des Schutzauftrags und der Förderpflicht gemäß § 75 II 1 BetrVG. Im Rahmen des weiten Gestaltungsspielraums der Betriebspartner müssen die ideellen Arbeitnehmerinteressen mit Blick auf die Realisierung gesellschaftlicher Mindestanforderungen an das öffentliche Auftreten und die oftmals in der Praxis notwendige Funktionsgruppeneinteilung der Belegschaft zurücktreten. Hingegen ist eine Korrektur über die ausgelöste Verhältnismäßigkeitsprüfung in § 75 II 1 BetrVG erfolgversprechend bei Maßnahmen mit einer überhandnehmenden Ausstattung mit regelungstiefen, also die Person des Arbeitnehmers „bis auf die Unterwäsche" umfassenden, Vorschriften. Die von den Gerichten geforderte Toleranz und das Entgegenkommen der Betroffenen in den eigenen subjektiven Einschätzungen sind nicht geeignet, die Verhältnismäßigkeit etwaiger Bestimmungen zu begründen. Das hier empfohlene, dreistufige Verfahren – Orientierung, Implementierung, Rückabsicherung – wirkt positiv auf den Lösungsprozess der widerstreitenden Interessen. Letztendlich garantiert jene vertrauensvolle Zusammenarbeit der Betriebsparteien mit der Belegschaft die Integration der Vielgestaltigkeit von Berufsbranchen, der Einzelfallgerechtigkeit und des Demokratiegedankens. Die erzeugte Kontinuität schafft Vertrauen

aller Beteiligten in die Rechtsanwendung, fördert die effektive Ausübung der betrieblichen Mitbestimmung und verhindert die Zunahme von Problemfällen in den entsprechend zuständigen Organen der Justiz.

20. Der Bestand der Unternehmensautonomie lässt sich lediglich vor unmittelbaren Eingriffen durch die eingeräumten Mitbestimmungsrechte schützen. Mittelbare Auswirkungen einer unter erzwingbarer Beteiligung des Betriebsrats geschaffenen Regelung sind vom Arbeitgeber in Kauf zu nehmen. Ansonsten wird die Existenzberechtigung jeglicher Mitsprache in Frage gestellt. Aus Gründen der Rechtssicherheit ist jedenfalls die gesetzliche Fixierung unternehmerischer Vorbehalte zu empfehlen, insbesondere weil diese bisher bestehende Offenheit des Gesetzes nicht durch einen sachlichen Grund gerechtfertigt werden kann.
21. Nach der Schaffung einer Betriebsvereinbarung über dienstkleidungsbezogene Angelegenheiten wird ein auftretendes Kollisionsverhältnis zu vertraglichen Regelungsinstrumenten mit Hilfe des Günstigkeitsprinzips beseitigt.
Es besteht die Möglichkeit, dass Bestimmungen aus dem Arbeitsvertrag vorteilhafter für den Betroffenen sind, wenn individuelle Rechte verbleiben. Insoweit wirken im Rahmen einer einheitlichen Kleidervorgabe gewährte Entscheidungsspielräume der Arbeitnehmer günstiger, die Raum für die Entfaltung der Persönlichkeit belassen. Bei ambivalenten Vereinbarungen hingegen liegt die Betonung auf dem zwingenden Rechtscharakter der Ausgangsbestimmung.
Im Zusammenhang mit Vorschriften aus einem gültigen Tarifvertrag erscheint das Aufkommen einer Konkurrenzsituation infolge des Tarifvorbehalts gemäß § 77 III 1 BetrVG unwahrscheinlich. Ansonsten löst sich die Kollision nach den gleichen Vorgaben wie bei den arbeitsvertraglichen Regelungen auf.

Schlussendlich ist stets zu bedenken: Werden weder Arbeitgeber noch Betriebsrat als geeignete Geschmackswächter qualifiziert, bleibt offen, wer diese von außenstehenden Personengruppen eingeforderte Aufgabe für den Betrieb übernimmt. Das heißt, die gesellschaftliche und kulturelle Entwicklung bildet den stetigen, maßgebenden Faktor für die Bestimmung der Wirksamkeit und Reichweite von Weisungsrechten sowie der betrieblichen Mitbestimmung, der Rechtfertigungsmöglichkeiten und der grundrechtlich geprägten Verhältnismäßigkeitsmaßstäbe. Insofern werden Werke wie der „Business-Knigge“ auch zukünftig keine Ausnahme sein und einer fortwährenden Anpassungsnotwendigkeit unterliegen. Für die deshalb nicht zu verhindernden und wiederkehrenden Beeinträchtigungen der Beteiligten hängt der betriebsverfassungsrechtlich herbeigeführte Interessenausgleich als schützender „Radmantel“ zur Beseitigung von Gegensätzlichkeit im „Kleiderschrank“ der verfassungsmäßigen Ordnung; er muss lediglich hervorgeholt und „richtig“ angezogen werden.[1467]

1467 „(...) Was die Ereignisse in Goldach betraf, so wies der Advokat nach, daß Wenzel sich eigentlich gar nie selbst für einen Grafen ausgegeben, sondern daß ihm dieser Rang von andern gewaltsam verliehen worden (...).“, *Keller*, Die Leute von Seldwyla, S. 325.

Literaturverzeichnis

Adam, Roman F.: Die Bestimmung des Umfangs der zu vergütenden Arbeitszeit, AuR 2001, 481 ff.

Adomeit, Klaus: Rechtsquellenfragen im Arbeitsrecht, München 1969

Adomeit, Klaus/Mohr, Jochen: Allgemeines Gleichbehandlungsgesetz (AGG): Kommentar zum AGG und anderen Diskriminierungsverboten, 2. Auflage, Stuttgart u. a. 2011

Altvater, Lothar/u. a.: BPersVG Bundespersonalvertretungsgesetz: mit Wahlordnung und ergänzenden Vorschriften sowie vergleichenden Anmerkungen zu den Landespersonalvertretungsgesetzen, 9. Auflage, Frankfurt am Main 2016

Amthauer, Ingo: Zu den Auswirkungen des AGG auf die Betriebsverfassung, 1. Auflage, Baden-Baden 2009

Annuß, Georg: Der Eingriff in den Arbeitsvertrag durch Betriebsvereinbarung, NZA 2001, 756 ff.

Annuß, Georg: Das Allgemeine Gleichbehandlungsgesetz im Arbeitsrecht, BB 2006, 1629 ff.

Aronson, Elliot/Wilson, Timothy D./Akert, Robin M.: Sozialpsychologie, 8. Auflage, Hallbergmoos 2014

Bachmann, Gregor: Private Ordnung: Grundlagen ziviler Regelsetzung, Tübingen 2006

Bamberger, Heinz Georg (Hrsg.)/Roth, Herbert (Hrsg.): Kommentar zum Bürgerlichen Gesetzbuch, Band 1: §§ 1–610, CISG, 3. Auflage, München 2012

Bamberger, Heinz Georg (Hrsg.)/Roth, Herbert (Hrsg.): Kommentar zum Bürgerlichen Gesetzbuch, Band 2: §§ 611–1296, AGG, ErbbauRG, WEG, 3. Auflage, München 2012

Barth, Thomas: Mitbestimmungs- und Beteiligungsrechte des Betriebsrates bei der Beschäftigung von Leih- und Fremdfirmenarbeitnehmern, Diss. Erlangen-Nürnberg 1996

Bauer, Jobst-Hubertus: Dienstkleidungsvorschriften für das Cockpitpersonal, ArbRAktuell 2015, 47

Becker, Friedrich: Betriebsverfassungsrechtliche Aspekte beim drittbezogenen Personaleinsatz, AuR 1982, 369 ff.

Behne, Jan: Die Kompetenz des Gesamtbetriebsrates, AiB 1990, 321 ff.

Belling, Detlev W.: Die Haftung des Betriebsrats und seiner Mitglieder für Pflichtverletzungen, Tübingen 1990

Bepler, Klaus (Hrsg.)/u. a. (Hrsg.): Beck'scher Online-Kommentar TVöD, München 2016 (Stand: 01.06.2016, Edition: 38)

Bergwitz, Christoph: Die Rechtsstellung des Betriebsrats, Berlin 2003

Bertzbach, Martin: Anmerkung zu LArbG Hessen 08.04.2010, 5 TaBV 123/09, jurisPR-ArbR 6/2011, Anmerkung 4

Besgen, Nicolai: Karneval und Arbeitsrecht, BB 2008, 274 ff.

Besgen, Nicolai: Handbuch Betriebsverfassungsrecht: Verfahren, Gebühren und Streitwerte, 2. Auflage, Stuttgart u. a. 2010

Besgen, Nicolai/Roloff, Sebastian: Grobe Verstöße des Arbeitgebers gegen das AGG – Rechte des Betriebsrats und der Gewerkschaften, NZA 2007, 670 ff.

Blanke, Thomas: Verwaltungsmodernisierung: Direktionsrecht des Arbeitgebers, Mitwirkungsrechte des Personalrats und Tarifautonomie; Rechtsgutachten im Auftrag der Hans-Böckler-Stiftung, 1. Auflage, Baden-Baden 1998

Blomeyer, Wolfgang: Die Zuständigkeit des Gesamtbetriebsrats nach § 48 BetrVG, DB 1967, 2221 ff.

Blomeyer, Wolfgang: Die rechtliche Bewertung des Betriebsfriedens im Individualarbeits- und Betriebsverfassungsrecht, ZfA 1972, 85 ff.

Blomeyer, Wolfgang: Das Günstigkeitsprinzip in der Betriebsverfassung. Die Betriebsvereinbarung zwischen Individual- und Tarifvertrag, NZA 1996, 337 ff.

Böker, Alexander: Das Weisungsrecht des Arbeitgebers, Frankfurt am Main 1971

Boemke, Burkhard: Schuldvertrag und Arbeitsverhältnis, München 1999

Boemke, Burkhard: Anmerkung zu LArbG Köln 29.10.2012, 5 Sa 549/11, jurisPR-ArbR 16/2013, Anmerkung 2

Bötticher, Eduard: Einseitige Leistungsbestimmung im Arbeitsverhältnis (Zugleich eine Besprechung der gleichnamigen Schrift von Alfred Söllner), AuR 1967, 321 ff.

Böttner, Walter: Das Direktionsrecht des Arbeitgebers, Marburg 1971

Bommermann, Ralf: Die Theorie der Wirksamkeitsvoraussetzung, Frankfurt am Main u. a. 1992

Borgmann, Bernd/Faas, Thomas: Das Weisungsrecht zur betrieblichen Ordnung nach § 106 S. 2 GewO, NZA 2004, 241 ff.

Brill, Werner: Das Verhältnis zwischen Gesamtbetriebsrat und Einzelbetriebsräten, AuR 1983, 169 ff.

Brose, Wiebke/Greiner, Stefan/Preis, Ulrich: Kleidung im Arbeitsverhältnis. Persönlichkeitsrechtliche Schranken arbeitsrechtlicher Regelungen, NZA 2011, 369 ff.

Buchner, Herbert/Becker, Ulrich: Mutterschutzgesetz und Bundeselterngeld- und Elternzeitgesetz: Kommentar, 8. Auflage, München 2008

Bundesagentur für Arbeit: BERUFENET, https://berufenet.arbeitsagentur.de/berufenet/faces/index;BERUFENETJSESSIONID=xyaPGIXWAONnHKPYatP9yA5btMC1-kT2sjO0f5cNYibs_eH2UQKf!135545908?path=null/berufsfelder (Stand: 14.01.2017, zuletzt aufgerufen am 15.01.2017, 14.30 Uhr)

Bundesinstitut für Berufsbildung: Liste der staatlich anerkannten Ausbildungsberufe, http://www.bibb.de/de/759.php (Stand: 19.05.2014, zuletzt aufgerufen am 15.01.2017, 14.45 Uhr)

Buschmann, Rudolf/Ulber, Jürgen: Arbeitszeitrechtsgesetz: mit weiteren Arbeitszeitvorschriften, Köln 1994

Compensis, Ulrike: Vertrauensarbeitszeit – arbeitnehmerbestimmte Arbeitszeit (auch) im Arbeitgeberinteresse, NJW 2007, 3089 ff.

Däubler, Wolfgang: Arbeitsrecht konkret. Oder: die Tätigkeit der Kassiererin K., AiB 2009, 350 ff.

Däubler, Wolfgang: Soft law und kollektives Arbeitsrecht, NZA 2011, 42 ff.

Däubler, Wolfgang (Hrsg.): Tarifvertragsgesetz: mit Arbeitnehmer-Entsendegesetz, 4. Auflage, Baden-Baden 2016

Däubler, Wolfgang/Bertzbach, Martin (Hrsg.): Allgemeines Gleichbehandlungsgesetz: Handkommentar, 3. Auflage, Baden-Baden 2013

Däubler, Wolfgang (Hrsg.)/u. a. (Hrsg.): BetrVG Betriebsverfassungsgesetz: mit Wahlordnung und EBR-Gesetz, 11. Auflage, Frankfurt am Main 2008

Däubler, Wolfgang (Hrsg.)/u. a. (Hrsg.): BetrVG Betriebsverfassungsgesetz: mit Wahlordnung und EBR-Gesetz, 15. Auflage, Frankfurt am Main 2016

Danne, Harald Th.: Anmerkung zu BAG 18.10.1994, 1 ABR 17/94, SAE 1995, 358 ff.

Danne, Harald Th.: Von der fremdbestimmten Arbeitszeit zur „selbstbestimmten Arbeitnehmerbeschäftigung"?, in: Europas universale rechtsordnungspolitische Aufgabe im Recht des dritten Jahrtausends: Festschrift für Alfred Söllner zum 70. Geburtstag, Hrsg. Köbler, Gerhard, München 2000, 199 ff.

Dauner-Lieb, Barbara (Hrsg.)/Langen, Werner (Hrsg.): BGB Schuldrecht, Band 2/1: §§ 241–610, 3. Auflage, Baden-Baden 2016

Dauner-Lieb, Barbara (Hrsg.)/Langen, Werner (Hrsg.): BGB Schuldrecht, Band 2/2: §§ 611–853, 3. Auflage, Baden-Baden 2016

Denecke, Johannes: Arbeitszeitordnung: nebst der Arbeitszeitregelung für Jugendliche nach dem Jugendarbeitsschutzgesetz sowie die Vorschriften über Sonntagsarbeit, Lohnzahlungen an Feiertagen und den Ladenschluß: Kommentar, 11. Auflage, München 1991

Derleder, Peter: Einstweiliger Rechtsschutz und Selbsthilfe im Betriebsverfassungsrecht (Zur Beschränkung der Abwehransprüche des Betriebsrats gegen mitbestimmungswidrige Maßnahmen des Arbeitgebers), AuR 1985, 65 ff.

Döring, Arnold: Die Zuständigkeitsabgrenzung zwischen Gesamtbetriebsrat und Betriebsrat, DB 1980, 689 ff.

Dreier, Horst (Hrsg.): Grundgesetz: Kommentar, Band I: Präambel, Artikel 1–19, 3. Auflage, Tübingen 2013

Duchstein, Michael: Das Erscheinungsbild des Arbeitnehmers, BB 2011, 1717 ff.

Düwell, Franz Josef (Hrsg.): Betriebsverfassungsgesetz: Handkommentar, 4. Auflage, Baden-Baden 2014

Ebert, Christoph: Das „Recht am Arbeitsplatz“: ein sonstiges Recht im Sinne des § 823 Abs. 1 BGB?, Pfaffenweiler 1990

Edenfeld, Stefan: Anmerkung zu BAG 13.02.2007, 1 ABR 18/06, AP Nr. 40 zu § 87 BetrVG 1972 Ordnung des Betriebes

Edenfeld, Stefan: Betriebsverfassungsrecht: Mitbestimmung in Betrieb, Unternehmen und Behörde, 4. Auflage, Heidelberg u. a. 2014

Ehmann, Horst: Anmerkung zu BAG 29.06.2004, 1 ABR 21/03, AP Nr. 41 zu § 87 BetrVG 1972 Überwachung

Ehrich, Christian: Die Zuständigkeit des Gesamtbetriebsrats nach § 50 Abs. 1 Satz 1 BetrVG und ihre Bedeutung bei den betrieblichen Beteiligungsrechten, ZfA 1993, 427 ff.

Eich, Rolf-Achim: Betriebsvereinbarung – Das verkannte Medium, NZA 2010, 1389 ff.

Eisenbeis, Ernst/Nießen, Christoph: Auf Kollisionskurs: Ethikrichtlinien nach US-amerikanischen Vorbild und deutsches Arbeitsrecht, in: Festschrift für Wolfgang Leinemann zum 70. Geburtstag, Hrsg. Düwell, Franz Josef, Neuwied 2006, 697 ff.

Erfurter Kommentar zum Arbeitsrecht, *Müller-Glöge, Rudi (Hrsg.)/Preis, Ulrich (Hrsg.)/Schmidt, Ingrid (Hrsg.)*, 17. Auflage, München 2017

Etzel, Gerhard: Betriebsverfassungsrecht: systematische Darstellung, 8. Auflage, Neuwied 2002

Fischer, Christian: Anmerkung zu BAG 11.12.2001, 1 AZR 193/01, SAE 2003, 44 ff.

Fischer, Christian: Anmerkung zu BAG 15.01.2002, 1 ABR 10/01, RdA 2003, 114 ff.

Fischer, Friedrich-Wilhelm: Nicht bekannt gemachte Betriebsvereinbarung, BB 2000, 1143 f.

Fischer, Ulrich: Anmerkung zu BAG 17.11.2015, 1 ABR 76/13, jurisPR-ArbR 8/2016, Anmerkung 5

Fischer, Ulrich: Die Pilotenmütze und das BAG, NJW 2015, 744 ff.

Fischer, Ulrich: Mitbestimmung bei der Dienstkleidung, NZA-RR 2015, 169 ff.

Fitting, Karl/Auffarth, Fritz/Kaiser, Heinrich: Betriebsverfassungsgesetz: Handkommentar, 14. Auflage, München 1984

Fitting, Karl: Betriebsverfassungsgesetz: Handkommentar, 28. Auflage, München 2016

Franzen, Martin: Die Freiheit der Arbeitnehmer zur Selbstbestimmung nach dem neuen BetrVG, ZfA 2001, 423 ff.

Franzen, Martin: Umkleidezeiten und Arbeitszeit, NZA 2016, 136 ff.

Gäbert, Jens: Das Initiativrecht des Betriebsrates bei der Einführung von Kurzarbeit, NZA 1986, 412 ff.

Galperin, Hans: Anmerkung zu BAG 23.09.1975, 1 ABR 122/73, SAE 1976, 100 ff.

Gamillscheg, Franz: Grundrechte im Arbeitsrecht, AcP 164 (1964), 385 ff.

Gamillscheg, Franz: Kollektives Arbeitsrecht: Ein Lehrbuch, Band II: Betriebsverfassung, München 2008

Gemeinschaftskommentar zum Betriebsverfassungsgesetz, Band I: §§ 1–73 b mit Wahlordnungen und EBRG, *Wiese, Günther/u. a.*, 10. Auflage, Köln 2014

Gemeinschaftskommentar zum Betriebsverfassungsgesetz, Band II: §§ 74–132, *Wiese, Günther/u. a.*, 10. Auflage, Köln 2014

Gick, Dietmar. Gewerbsmäßige Arbeitnehmerüberlassung zwischen Verbot und Neugestaltung, Berlin 1984

Grimberg, Herbert: Umkleiden als Arbeitszeit, AiB 1995, 533 f.

Grobys, Marcel/Steinau-Steinrück, Robert von: Umkleidezeit als Arbeitszeit, NJW-Spezial 2010, 116

Gumpert, Jobst: Kann der Arbeitgeber das Tragen von „Pfennigabsätzen" verbieten?, BB 1961, 1380

Gutzeit, Martin: Theorie der notwendigen Mitbestimmung, NZA 2008, 255 ff.

Hamann, Wolfgang: Anmerkung zu BAG 19.06.2001, 1 ABR 43/00, EzA Nr. 63 zu § 87 BetrVG 1972 Arbeitszeit

Hamann, Wolfgang: Mitbestimmung des Betriebsrats in Arbeitszeitfragen bei der gewerbsmäßigen Arbeitnehmerüberlassung, AuR 2002, 322 ff.

Hamann, Wolfgang: Betriebsverfassungsrechtliche Auswirkungen der Reform der Arbeitnehmerüberlassung, NZA 2003, 526 ff.

Hammer, Michael: Die betriebsverfassungsrechtliche Schutzpflicht für die Selbstbestimmungsfreiheit: Bedeutung des § 75 Abs. 2 BetrVG für Grund und Grenzen betrieblicher Regelungsgewalt, Heidelberg 1998

Hanau, Peter: Allgemeine Grundsätze der betrieblichen Mitbestimmung, RdA 1973, 281 ff.

Hayen, Ralf-Peter: Handlungsmöglichkeiten und Durchsetzungsdefizite für Interessenvertretungen nach dem Allgemeinen Gleichbehandlungsgesetz, AuR 2007, 6 ff.

Heese, Matthias: Anmerkung zu BAG 11.06.2002, 1 ABR 46/01, AuR 2003, 234

Heilmann, Joachim: Vier Fragen zu Sicherheitskleidung, Dienstkleidung und Waschzeit, AiB 1994, 7 ff.

Heilmann, Joachim: Der Gesamtbetriebsrat, AuA 1995, 48 ff.

Heinze, Meinhard: Inhalt und Grenzen betriebsverfassungsrechtlicher Rechte, ZfA 1988, 53 ff.

Henssler, Martin: Anmerkung zu BAG 08.08.1989, 1 ABR 65/88, SAE 1990, 343 ff.

Herschel, Wilhelm: Anmerkung zu BAG 05.04.1984, 2 AZR 513/82, AP Nr. 2 zu § 17 BBiG

Herzberg, Frederick: One more time: How do you motivate employees? Not by improving work conditions, raising salaries, or shuffling tasks, Harvard Business Review 46 (1968), 53 ff.

Hess, Harald/u. a.: BetrVG: Kommentar, 9. Auflage, Köln 2014

Heusch, Andreas: Der Grundsatz der Verhältnismäßigkeit im Staatsorganisationsrecht, Berlin 2003

Hexel, Christoph/Lüders, Holger: Mitbestimmung bei personellen Einzelmaßnahmen. BAG weist die Betriebsparteien in ihre Schranken bei Vertragsstrafenvereinbarungen, NZA 2010, 613 ff.

Hofmann, Robert Carl Werner: Die Grenzen der Substitution im Arbeitszeitgesetz, 1. Auflage, Lohmar – Köln 2007

Hoyningen-Huene, Gerrick von: Anmerkung zu BAG 23.10.1984, 1 ABR 2/83, AP Nr. 8 zu § 87 BetrVG 1972 Ordnung des Betriebes

Hoyningen-Huene, Gerrick von: Anmerkung zu BAG 18.08.1987, 1 ABR 30/86, AP Nr. 23 zu § 77 BetrVG 1972

Hoyningen-Huene, Gerrick von: Die fehlerhafte Beteiligung des Betriebsrats in sozialen Angelegenheiten – Rechtsfolgen und Handlungsmöglichkeiten des Betriebsrats, DB 1987, 1426 ff.

Hoyningen-Huene, Gerrick von: Anmerkung zu BAG 15.12.1992, 1 ABR 38/92, SAE 1994, 112 f.

Hoyningen-Huene, Gerrick von: Betriebsverfassungsrecht, 6. Auflage, München 2007

Hubmann, Heinrich: Das Persönlichkeitsrecht, 2. Auflage, Köln 1967

Hueck, Alfred: Anmerkung zu BAG 11.06.1958, 4 AZR 514/55, AP Nr. 2 zu § 611 BGB Direktionsrecht

Hümmerich, Cindy: Die Zuständigkeitsabgrenzung zwischen Gesamtbetriebsrat und Einzelbetriebsräten, Frankfurt am Main 2010

Hufen, Friedhelm: Staatsrecht II: Grundrechte, 5. Auflage, München 2016

Hurlebaus, Günther: Fehlende Mitbestimmung bei § 87 BetrVG, Köln u. a. 1987

Ilbertz, Wilhelm/Widmaier, Ulrich/Sommer, Stefan: Bundespersonalvertretungsgesetz: mit Wahlordnung unter Einbeziehung der Landespersonalvertretungsgesetze: Kommentar, 13. Auflage, Stuttgart 2014

Isele, Hellmut Georg: Reflexwirkungen der Betriebsverfassung im Individualbereich, RdA 1962, 373 ff.

Jahnke, Volker: Tarifautonomie und Mitbestimmung, München 1984

Jarass, Hans D./Pieroth, Bodo: Grundgesetz für die Bundesrepublik Deutschland: Kommentar, 14. Auflage, München 2016

Jauernig, Othmar: Bürgerliches Gesetzbuch: mit Allgemeinen Gleichbehandlungsgesetz (Auszug): Kommentar, 15. Auflage, München 2014

Jauernig, Othmar: Bürgerliches Gesetzbuch: mit Allgemeinen Gleichbehandlungsgesetz (Auszug): Kommentar, 16. Auflage, München 2015

Joussen, Jacob: Anmerkung zu BAG 26.10.2004, 1 ABR 31/03 (A), AP Nr. 113 zu § 87 BetrVG 1972 Arbeitszeit

Joussen, Jacob: Der Verzicht des Betriebsrats auf seine Mitbestimmungsrechte, RdA 2005, 31 ff.

Jüttner, Andreas: Kollektivrechtliche Auswirkungen der gewerbsmäßigen Arbeitnehmerüberlassung im Betriebsverfassungsrecht, Berlin 2006

Kaiser, Dagmar: „Korrekt in weißen Socken" – § 87 I Nr. 1 BetrVG, in: Festschrift für Peter Kreutz zum 70. Geburtstag, Hrsg. Hönn, Günther/Oetker, Hartmut/Raab, Thomas, Köln 2010, 183 ff.

Kappes, Karl-Heinz: Mitbestimmung als Waffe? – Zulässigkeit von „Kopplungsgeschäften" im Zusammenhang mit § 87 BetrVG? –, DB 1997, 277 f.

Kaufmann, Stephanie: Die betriebsverfassungsrechtliche Zuordnung gewerbsmäßig überlassener Leiharbeitnehmer, Frankfurt am Main u. a. 2004

Keller, Gottfried: Die Leute von Seldwyla: Erzählungen, Stuttgart 2002

Kelsen, Hans: Reine Rechtslehre, 2. Auflage, Wien 1960

Klinkhammer, Patrick/Schlicht, Alexander: Dienstkleidungsvorschriften in Betriebsvereinbarungen – Mitbestimmungsrecht und Gleichbehandlungsgrundsatz, ArbRAktuell 2015, 68 ff.

Klocke, Daniel: Anmerkung zu LArbG Berlin-Brandenburg 29.10.2015, 10 TaBV 929/15, jurisPR-ArbR 19/2016, Anmerkung 6

Klüting, Cornelia: Betriebsvereinbarung zum äußeren Erscheinungsbild u. a., AuA 2011, 441 f.

Knitter, Janna: Anmerkung zu LArbG Köln 29.10.2012, 5 Sa 549/11, BB 2013, 256

Kohte, Wolfhard/Bernhardt, Ute: Anmerkung zu BAG 10.11.2009, 1 ABR 54/08, jurisPR-ArbR 30/2011, Anmerkung 2

Kolle, Tina/Deinert, Olaf: Liebe ist Privatsache, Grenzen einer arbeitsvertraglichen Regelung zwischenmenschlicher Beziehungen, AuR 2006, 177 ff.

Kort, Michael: Ethik-Richtlinien im Spannungsfeld zwischen US-amerikanischer Compliance und deutschem Konzernbetriebsverfassungsrecht, NJW 2009, 129 ff.

Küttner, Wolfdieter: Personalbuch 2016: Arbeitsrecht, Lohnsteuerrecht, Sozialversicherungsrecht, 23. Auflage, München 2016

Lakies, Thomas: Das Weisungsrecht des Arbeitgebers (106 GewO) – Inhalt und Grenzen, BB 2003, 364 ff.

Larenz, Karl/Canaris, Claus-Wilhelm: Methodenlehre der Rechtswissenschaft, 3. Auflage, Berlin u. a. 1995

Linsenmaier, Wolfgang: Normsetzung der Betriebsparteien und Individualrechte der Arbeitnehmer, RdA 2008, 1 ff.

Löwisch, Manfred: Schutz und Förderung der freien Entfaltung der Persönlichkeit der im Betrieb beschäftigten Arbeitnehmer (§ 75 II BetrVG 1972), AuR 1972, 359 ff.

Löwisch, Manfred/Kaiser, Dagmar: Betriebsverfassungsgesetz Kommentar, 6. Auflage, Frankfurt am Main 2010

Löwisch, Manfred/Mikosch, Ernst: Anmerkung zu BAG 23.09.1975 und BAG 06.04.1976, 1 ABR 122/73 und 1 ABR 27/74, AP Nr. 2 zu § 50 BetrVG 1972

Löwisch, Manfred/Rieble, Volker: Tarifvertragsgesetz: Kommentar, 4. Auflage, München 2017

Löwisch, Manfred/Robrecht, Wiebke: Anmerkung zu BAG 15.01.2002, 1 ABR 10/01, SAE 2003, 4 ff.

Looschelders, Dirk: Schuldrecht: Allgemeiner Teil, 14. Auflage, München 2016

Luhmann, Niklas: Rechtssoziologie, 3. Auflage, Opladen 1987

Lunck, Stefan: Die originäre Zuständigkeit des Gesamtbetriebsrats gem. § 50 I 1 BetrVG – eine kritische Bestandsaufnahme der Fallgruppen, NZA 2013, 233 ff.

Mangoldt, Hermann von/Klein, Friedrich/Starck, Christian (Hrsg.): Kommentar zum Grundgesetz, Band 1: Präambel, Artikel 1–19, 6. Auflage, München 2010

Marschall, Dieter: Anmerkung zu BAG 19.06.2001, 1 ABR 43/00, AP Nr. 1 zu § 87 BetrVG 1972 Leiharbeitnehmer

Martinek, Michael: Moderne Vertragstypen, Band II: Franchising, Know-How-Verträge, Management- und Consultingverträge, München 1992

Matthes, Hans-Christoph: Anmerkung zu LArbG Hessen 26.01.2012, 5 TaBV 117/11, jurisPR-ArbR 32/2012, Anmerkung 6

Maunz, Theodor/Dürig, Günter: Grundgesetz: Kommentar, Band I, Texte, Art. 1–5, München 2016 (Stand: Mai 2016, 77. Lieferung)

Mengel, Anja: Compliance und Arbeitsrecht: Implementierung, Durchsetzung, Organisation, München 2009

Meyer, Wolfgang: Die materielle Zuständigkeit des Gesamtbetriebsrats, AuR 1964, 362 ff.

Meys, Tilman: Rechtsfortbildung extra legem im Arbeitsrecht: Dargestellt anhand zentraler Entscheidungen des Bundesarbeits- und Bundesverfassungsgerichts, Frankfurt am Main 2009

Mletzko, Frank J.: Mitbestimmung bei der Einführung von Namensschildern für Fahrpersonal, AiB 2003, 629 ff.

Molitor, Erich/Volmer, Bernhard/Germelmann, Claas-Hinrich: Jugendarbeitsschutzgesetz: Kommentar, 3. Auflage, München 1986

Molkentin, Thomas: Das Recht auf Arbeitsverweigerung bei Gesundheitsgefährdung des Arbeitnehmers, NZA 1997, 849 ff.

Moll, Wilhelm (Hrsg.): Münchener Anwaltshandbuch Arbeitsrecht, 4. Auflage, München 2017

Mothes, Harald: Anmerkung zu BAG 23.09.1975, 1 ABR 122/73, AuR 1976, 190 ff.

Müller, Gerhard: Die Stellung des Gesamtbetriebsrates und des Konzernbetriebsrates nach dem neuen Betriebsverfassungsgesetz, in: Recht und Staat: Festschrift für Günther Küchenhoff zum 65. Geburtstag am 21.8.1972, Hrsg. Hablitzel, Hans/ Wollenschläger, Michael, Berlin 1972, 283 ff.

Müller-Petzer, Sabine: Fürsorgepflichten des Arbeitgebers nach europäischem und nationalem Arbeitsschutzrecht, Frankfurt am Main u. a. 2003

Müllner, Wolfgang: Aufgespaltene Arbeitgeberstellung und Betriebsverfassungsrecht, Berlin 1978

Münch, Ingo von: Kleidung und Recht, Berlin 2005

Münch, Ingo von /Kunig, Philip (Hrsg.): Grundgesetz Kommentar, Band 1: Präambel bis Art. 69, 6. Auflage, München 2012

Münchener Kommentar zum Bürgerlichen Gesetzbuch, *Säcker, Franz Jürgen (Hrsg.)/ Rixecker, Roland (Hrsg.)/Oetker, Hartmut (Hrsg.)/Limperg, Bettina (Hrsg.)*, Band 2: Schuldrecht – Allgemeiner Teil, §§ 241–432, 7. Auflage, München 2016

Münchener Kommentar zum Bürgerlichen Gesetzbuch, *Säcker, Franz Jürgen (Hrsg.)/ Rixecker, Roland (Hrsg.)/Oetker, Hartmut (Hrsg.)*, Band 4: Schuldrecht – Besonderer Teil II: §§ 611–704, EFZG, TzBfG, KSchG, 6. Auflage, München 2012

Münchener Kommentar zum Bürgerlichen Gesetzbuch, *Säcker, Franz Jürgen (Hrsg.)/ Rixecker, Roland (Hrsg.)/Oetker, Hartmut (Hrsg.)*, Band 5: Schuldrecht – Besonderer Teil III, §§ 705–853, PartGG, ProdHaftG, 6. Auflage, München 2013

Natzel, Ivo: Subsidiaritätsprinzip im kollektiven Arbeitsrecht, ZfA 2003, 103 ff.

Nasserke, Horst: Die Abgrenzung der Aufgaben des Betriebsrats und des Gesamtbetriebsrats, AuR 1966, 140 ff.

Neumann, Dirk/Biebl, Josef: Arbeitszeitgesetz: Kommentar, 16. Auflage, München 2013

Niechoj, Christoph: Mitbestimmungspflichtige Arbeitszeit, AiB 2005, 313 ff.

Nikisch, Arthur: Arbeitsrecht, Band III: Betriebsverfassungsrecht, 2. Auflage, Tübingen 1966

Oberwetter, Christian: Das Allgemeine Gleichbehandlungsgesetz im Bereich der Personaldienstleistungen, BB 2007, 1109 ff.

Ohlendorf, Bernd/Salamon, Erwin: Interessenausgleich mit Namensliste im Zuständigkeitsbereich des Gesamtbetriebsrats, NZA 2006, 131 ff.

Palandt, Otto: Bürgerliches Gesetzbuch: mit Nebengesetzen, 76. Auflage, München 2017

Pfarr, Heide M.: Anmerkung zu BAG 09.12.1980, 1 ABR 1/78, AP Nr. 2 zu § 87 BetrVG 1972 Ordnung des Betriebes

Picker, Eduard: Betriebsverfassung und Arbeitsverfassung, RdA 2001, 259 ff.

Pieroth, Bodo/Schlink, Bernhard/Kingreen, Thorsten/Poscher, Ralf: Grundrechte Staatsrecht II: Mit ebook: Lehrbuch, Entscheidungen, Gesetzestexte, 31. Auflage, Heidelberg 2015

Plander, Harro: Kapazitätsorientierte variable Arbeitszeit als Gegenstand von Tarifverträgen und Betriebsvereinbarungen, AuR 1987, 281 ff.

Pleyer, Klemens: Anmerkung zu BAG 05.02.1965, 1 ABR 14/64, SAE 1965, 195 f.

Preis, Ulrich/Greiner, Stefan: Anmerkung zu BAG 10.10.2002, 2 AZR 472/01, RdA 2003, 244 ff.

Quittschau, Anke/Tabernig, Christina: Business-Knigge: Die 100 wichtigsten Benimmregeln, 4. Auflage, Freiburg 2015

Raab, Thomas: Mitbestimmung des Betriebsrats bei der Einführung und Ausgestaltung von Krankengesprächen, NZA 1993, 193 ff.

Raab, Thomas: Der kollektive Tatbestand als Voraussetzung der Mitbestimmung des Betriebsrats in sozialen Angelegenheiten, ZfA 2001, 31 ff.

Ramdohr, Ludwig (Hrsg.): Das Tarifrecht der Angestellten im öffentlichen Dienst: Kommentar, Teil 1a, München u. a. 2007, (Stand: Januar 2007, 271. Lieferung)

Rancke, Friedbert (Hrsg.): Mutterschutz, Elterngeld, Elternzeit, Betreuungsgeld: MuSchG, BEEG, MuSchEltZV, PflegeZG, FPfZG, Kindergeldrecht, UVG: Handkommentar, 4. Auflage, Baden-Baden 2015

Reichold, Herrmann: Zeitsouveränität im Arbeitsverhältnis: Strukturen und Konsequenzen, NZA 1998, 393 ff.

Reuter, Dieter: Die Mitbestimmung des Betriebsrats über die Lage der Arbeitszeit von Ladenangestellten, ZfA 1981, 165 ff.

Richardi, Reinhard: Anmerkung zu BAG 14.11.1974, 1 ABR 65/73, AP Nr. 1 zu § 87 BetrVG 1972

Richardi, Reinhard (Hrsg.): Betriebsverfassungsgesetz mit Wahlordnung: Kommentar, 15. Auflage, München 2016

Richardi, Reinhard/Bayreuther, Frank: Kollektives Arbeitsrecht, 3. Auflage, München 2016

Richardi, Reinhard (Hrsg.)/Dörner, Hans-Jürgen (Hrsg.)/Weber, Christoph (Hrsg.): Personalvertretungsrecht: Bundespersonalvertretungsgesetz mit Erläuterungen zu den Personalvertretungsgesetzen der Länder: Kommentar, 4. Auflage, München 2012

Richardi, Reinhard (Hrsg.)/u. a. (Hrsg.): Münchener Handbuch zum Arbeitsrecht, Band 1: Individualarbeitsrecht, 3. Auflage, München 2009

Richardi, Reinhard (Hrsg.)/u. a. (Hrsg.): Münchener Handbuch zum Arbeitsrecht, Band 2: Kollektivarbeitsrecht/Sonderformen, 3. Auflage, München 2009

Röder, Gerhard/Gragert, Nicola: Mitbestimmungsrechte bei Untätigkeit eines zuständigen Gesamt- bzw. Konzernbetriebsrats am Beispiel von Betriebsänderungen, DB 1996, 1674 ff.

Roellecke, Gerd: Das Du im Recht, NJW 1999, 999 ff.

Rüthers, Bernd: Rechtsprobleme des Zeitlohns an taktgebundenen Produktionsanlagen, ZfA 1973, 399 ff.

Rüthers, Bernd/Fischer, Christian/Birk, Axel: Rechtstheorie mit Juristischer Methodenlehre, 9. Auflage, München 2016

Salamon, Erwin: Anmerkung zu LArbG Köln 18.08.2010, 3 TaBV 15/10, ArbRAktuell 2011, 78

Salamon, Erwin/Ohlendorf, Bernd: Umkleide- und Waschzeiten in der Betriebsverfassung, unter vergütungsrechtlichen Aspekten sowie im öffentlichen Arbeitszeitrecht, ArbRAktuell 2012, 61

Schaub, Günter: Arbeitsrechts-Handbuch: systematische Darstellung und Nachschlagewerk für die Praxis, 16. Auflage, München 2015

Schenke, Wolf-Rüdiger: Polizei- und Ordnungsrecht, 9. Auflage, Heidelberg 2016

Schiek, Dagmar (Hrsg.): Allgemeines Gleichbehandlungsgesetz (AGG): Ein Kommentar aus europäischer Perspektive, München 2007

Schindele, Friedrich: Anmerkung zu BAG 10.11.2009, 1 ABR 54/08, ArbRAktuell 2010, 75

Schlachter, Monika: Mitbestimmung bei der Einführung von „Ethikregeln" in transnationalen Wirtschaftseinheiten, in: Festschrift für Reinhard Richardi zum 70. Geburtstag, Hrsg. Annuß, Georg, München 2007, 1067 ff.

Schleusener, Aino/Suckow, Jens/Voigt, Burkhard: AGG: Kommentar zum Allgemeinen Gleichbehandlungsgesetz, 4. Auflage, Köln 2013

Schliemann, Harald: ArbZG: Kommentar zum Arbeitszeitgesetz mit Nebengesetzen, 3. Auflage, Köln 2017

Schlüter, Wilfried: Die Rechtsfolgen mangelnder Beteiligung des Betriebsrates in sozialen Angelegenheiten (§ 87 BetrVG n. F.) (Teil II), DB 1972, 139 ff.

Schmid, Ronald/Roßmann, Hans-Gerhard: Das Arbeitsverhältnis der Besatzungsmitglieder in Luftfahrtunternehmen, Neuwied u. a. 1997

Schmidt, Ludwig: Schmidt Einkommenssteuergesetz, 35. Auflage, München 2016

Scholz, Rupert: Das Grundrecht der freien Entfaltung der Persönlichkeit in der Rechtsprechung des Bundesverfassungsgerichts (1. Teil), AöR 100 (1975), 80 ff.

Schüren, Peter (Hrsg.): Arbeitnehmerüberlassungsgesetz: Kommentar, 4. Auflage, München 2010

Schuster, Doris-Maria: Anmerkung zu BAG 14.11.2006, 1 ABR 05/06, FD-ArbR 2007, 220826

Selzner, Harald: Betriebsverfassungsrechtliche Mitbestimmung in Franchise-Systemen, 1. Auflage, Baden-Baden 1994

Shao, Chris Y./Baker, Julie/Wagner, Judy A.: The effects of appropriateness of service contact personnel dress on customer expectations of service quality and purchase intention: The moderating influences of involvement and gender, Journal of Business Research 57 (2004), 1164 ff.

Söllner, Alfred: Betrieb und Menschenwürde, RdA 1968, 437 ff.

Sommer, Stefan: Mitbestimmungsrecht des Betriebsrats bei Erlass einer Kleiderordnung zur Gewährleistung eines einheitlichen Erscheinungsbildes/Regelung von Beschaffung und Kostentragung, ZBVR online 2007 (Ausgabe 6), 16 ff.

Sommer, Stefan: Anweisung zum Umkleiden außerhalb der Arbeitszeit als mitbestimmungspflichtige Änderung der Arbeitszeit, ZBVR online 2010 (Ausgabe 3), 4 ff.

Springer, Thomas/Wrieske, Holger: Umkleidezeiten als Arbeitszeiten, AuR 2010, 303 ff.

Staudinger, Julius von: Kommentar zum Bürgerlichen Gesetzbuch mit Einführungsgesetz und Nebengesetzen, Buch 2: Recht der Schuldverhältnisse: §§ 611–613 (Dienstvertragsrecht 1), Neubearbeitung, Berlin 2016

Staudinger, Julius von: Kommentar zum Bürgerlichen Gesetzbuch mit Einführungsgesetz und Nebengesetzen, Buch 2: Recht der Schuldverhältnisse: §§ 613a–619a (Dienstvertragsrecht 2), Neubearbeitung, Berlin 2016

Staudinger, Julius von: Kommentar zum Bürgerlichen Gesetzbuch mit Einführungsgesetz und Nebengesetzen, Buch 2: Recht der Schuldverhältnisse: Einleitung zum Schuldrecht, §§ 241–243 (Treu und Glauben), Neubearbeitung, Berlin 2015

Stein, Ekkehart/Frank, Götz: Staatsrecht, 21. Auflage, Tübingen 2010

Stern, Klaus: Das Staatsrecht der Bundesrepublik Deutschland, Band I: Grundbegriffe und Grundlagen des Staatsrechts, Strukturprinzipien der Verfassung, 2. Auflage, München 1984

Stern, Klaus: Das Staatsrecht der Bundesrepublik Deutschland, Band III: Allgemeine Lehren der Grundrechte: Grundlagen und Geschichte, nationaler und internationaler Grundrechtskonstitutionalismus, juristische Bedeutung der Grundrechte, Grundrechtsberechtigte, Grundrechtsverpflichtete, München 1988

Strohm, Helmut: Kleidung im Beruf, AuA 2000, 456 ff.

Stück, Volker: Mitbestimmung bei Umkleidezeit, AuA 2011, 121 f.

Stürmer, Stefan: Sozialpsychologie: Mit 3 Tabellen und 48 Übungsaufgaben, München u. a. 2009

Süllwold, Susanne: Mitbestimmung bei elektronischen Datenverarbeitungssystem/Trennung der Zuständigkeit von Betriebs und Gesamtbetriebsrat, ZBVR online 2007 (Ausgabe 4), 7 f.

Thannheiser, Achim: Umkleidezeiten. Wann beginnt die Mitbestimmung des Betriebsrats?, AiB 2011, 7 ff.

Thiele, Willi: Personalvertretungsrecht ist öffentliches Recht (zugleich eine Rezension des 1989 im Verlag Franz Vahlen erschienen Buches „Arbeitsrecht im öffentlichen Dienst" – Ein Handbuch für Studium und Praxis, 357 Seiten, kartoniert, 48.- DM, von Bernd Müller), PersV 1990, 99 ff.

Thüsing, Gregor: Kleiderordnungen, JZ 2006, 223 ff.

Thüsing, Gregor (Hrsg.): Arbeitnehmerüberlassungsgesetz: Kommentar, 3. Auflage, München 2012

Thüsing, Gregor: Arbeitsrechtlicher Diskriminierungsschutz: Das Allgemeine Gleichbehandlungsgesetz und andere arbeitsrechtliche Benachteiligungsverbote, 2. Auflage, München 2013

Tipke, Klaus: Zur Abgrenzung der Betriebs- oder Berufssphäre von der Privatsphäre im Einkommensteuerrecht, Zur Lübecker Jahrestagung der Deutschen Steuerjuristischen Gesellschaft e.V. am 20./21. September 1979, StuW 1979, 193 ff.

Trittin, Wolfgang/Fischer, Esther: Mitbestimmung bei individuellen Zielen? Zu den Rechten des Betriebsrats bei Zielvereinbarungen, AuR 2006, 261 ff.

Utess, Mario: Anmerkung zu LArbG Köln 18.08.2010, 3 TaBV 15/10, AiB 2011, 476 ff.

Walk, Werner/Shipton, Beatrice: Zu den Beteiligungsrechten des Betriebsrats im Rahmen des AGG, BB 2010, 1917 ff.

Walker, Wolf-Dietrich: Anmerkung zu BAG 11.10.2000, 5 AZR 122/99, SAE 2002, 16 ff.

Walker, Wolf-Dietrich: Die freie Unternehmerentscheidung im Arbeitsrecht, ZfA 2004, 501 ff.

Waltermann, Raimund: Rechtsetzung durch Betriebsvereinbarung zwischen Privatautonomie und Tarifautonomie, Tübingen 1996

Wank, Rolf: Der kollektive Tatbestand als ungeschriebenes Tatbestandsmerkmal des § 87 Abs. 1 BetrVG, in: Festschrift für Günther Wiese zum 70. Geburtstag, Hrsg. Hanau, Peter, Neuwied u. a. 1998, 617 ff.

Weinbrenner, Lars: Arbeitskleidung und Mitbestimmungsrechte des Betriebsrats, ArbRAktuell 2010, 260

Weingart, Hans-Joachim: Betriebliche Mitbestimmung und unternehmerische Entscheidungsfreiheit: eine Untersuchung zu der Interessenkollision zwischen Unternehmer-Leitungsinteressen und den Mitbestimmungsrechten des Betriebsrats, Frankfurt am Main u. a. 1992

Weiss, Manfred/Weyand, Joachim: Betriebsverfassungsgesetz, 3. Auflage, Baden-Baden 1994

Wendeling-Schröder, Ulrike: Mitbestimmung im öffentlichen Bereich und Demokratieprinzip, AuR 1987, 381 ff.

Widmaier, Ulrich: Zur Abgrenzung des Arbeitsrechts vom öffentlichen Dienstrecht – Dargestellt am Personalvertretungsrecht – (§ 1 Bundespersonalvertretungsgesetz und § 1 Betriebsverfassungsgesetz), PersV 1978, 299 ff.

Wiedemann, Herbert (Hrsg.): Tarifvertragsgesetz: mit Durchführungs- und Nebenvorschriften: Kommentar, 7. Auflage, München 2007

Wiese, Günther: Der Persönlichkeitsschutz des Arbeitnehmers gegenüber dem Arbeitgeber, ZfA 1971, 273 ff.

Wiese, Günther: Anmerkung zu BAG 08.08.1989, 1 ABR 65/88, AP Nr. 13 zu § 87 BetrVG 1972 Betriebliche Ordnung

Wiese, Günther: Anmerkung zu BAG 22.03.1995, 5 AZR 934/93, SAE 1996, 371 ff.

Wiese, Günther: Freiheit und Bindung des Arbeitnehmers bei der Gestaltung seines Äußeren, in: Festschrift für Georg Roeber, Hrsg. Herschel, Wilhelm, Goldbach 1995, 671 ff.

Wiese, Günther: Beteiligungsrechte des Betriebsrats bei Drittbeziehungen des Arbeitgebers, NZA 2003, 1113 ff.

Wiese, Günther: Individuum und Kollektiv im Betriebsverfassungsrecht, NZA 2006, 1 ff.

Winzer, Thomas: Anmerkung zu BAG 17.01.2012, 1 ABR 45/10, ArbRAktuell 2012, 284

Wisskirchen, Gerlind: Der Umgang mit dem Allgemeinen Gleichbehandlungsgesetz – Ein „Kochrezept" für Arbeitgeber, DB 2006, 1491 ff.

Wißmann, Hellmut: Leitlinien aktueller Rechtsprechung zur Betriebsverfassung, NZA 2003, 1 ff.

Wißmann, Tim: Anmerkung zu BAG 19.09.2012, 5 AZR 678/11, ArbRAktuell 2013, 17 ff.

Wlotzke, Otfried/Preis, Ulrich/Kreft, Burghard: Betriebsverfassungsgesetz: Kommentar, 4. Auflage, München 2009

Wolter, Henner: Die Wirksamkeit der Theorie der Wirksamkeitsvoraussetzung. Zu den Schwierigkeiten der Harmonisierung von Kollektiv- und Individualrecht, RdA 2006, 137 ff.

Zippelius, Reinhold: Juristische Methodenlehre, 11. Auflage, München 2012

Zmarzlik, Johannes/Anzinger, Rudolf: Jugendarbeitsschutzgesetz: Kommentar, 5. Auflage, München 1998

Zöllner, Wolfgang/Loritz, Karl-Georg/Hergenröder, Curt Wolfgang: Arbeitsrecht, 7. Auflage, München 2015

www.ingramcontent.com/pod-product-compliance
Ingram Content Group UK Ltd.
Pitfield, Milton Keynes, MK11 3LW, UK
UKHW021913290926
8980IPUK00015B/1229

9 783631 721124